24个好习惯

幼儿园主题教育活动课程

左　宁　李宝玲◎主编

燕山大学出版社
·秦皇岛·

图书在版编目（CIP）数据

24 个好习惯：幼儿园主题教育活动课程 / 左宁，李宝玲主编．—秦皇岛：燕山大学出版社，2022.9
ISBN 978-7-5761-0363-2

Ⅰ．①2… Ⅱ．①左… ②李… Ⅲ．①活动课程－学前教育－教学参考资料 Ⅳ．①G613

中国版本图书馆 CIP 数据核字（2022）第 091399 号

24 个好习惯

——幼儿园主题教育活动课程

左　宁　李宝玲　主编

出 版 人：陈　玉
责任编辑：孙志强　　策 划 人：孙志强
责任印制：吴　波　　封面设计：刘韦希
出版发行：燕山大学出版社 YANSHAN UNIVERSITY PRESS　　电　　话：0335-8387555
地　　址：河北省秦皇岛市河北大街西段 438 号　　邮政编码：066004
印　　刷：秦皇岛墨缘彩印有限公司　　经　　销：全国新华书店

开　　本：210mm×285mm　1/16　　印　　张：39.5
版　　次：2022 年 9 月第 1 版　　印　　次：2022 年 9 月第 1 次印刷
书　　号：ISBN 978-7-5761-0363-2　　字　　数：920 千字
定　　价：155.00 元

前　　言

孔子言“少成若天性，习惯如自然”，幼儿时期是习惯养成的关键期。良好的习惯将让幼儿受益一生，爱孩子就从好习惯培养开始。

本书依据《3 ～ 6 岁儿童学习与发展指南》，结合不同年龄段幼儿心理和生理特点，由浅入深分层梳理出了包含自理能力、文明礼仪、保护自己、爱护环境、社会公德、学习习惯六大版块的 24 个好习惯。从幼儿步入幼儿园开始，每月重点进行一个好习惯的培养，让幼儿在园 3 年养成 24 个好习惯。每个好习惯养成教育为一个主题活动，每个主题活动包括主题名称及说明、主题目标、主题口号、三字儿歌、集体教学活动、个别化学习活动、户外运动活动建议、日常生活活动建议、环境创设、家园共育、社会实践、发展评估等内容。

本书各部分内容紧扣好习惯养成，凸显幼儿园教育特点。其中主题说明“全家总动员”以家长告知单的形式对主题活动进行了整体介绍；“主题口号”与“三字儿歌”更易于幼儿对好习惯内容的理解；“主题目标”整合了《3 ～ 6 岁儿童学习与发展指南》五领域目标中与主题相关的内容；“集体教学活动”多依托绘本进行游戏化教学设计，对目标、流程、方法等都进行了详尽的描述；“家园共育”向家长提供了具体有趣、可行性强的操作建议，家园同步巩固幼儿良好的行为习惯，实现好习惯养成的共同目标；“社会实践”让幼儿走进社会、走入生活，在喜闻乐见的活动中践行好习惯；发展评估既有教师评价，也有幼儿和家长的评价。本书力求将习惯养成教育融入幼儿的学习、游戏、运动、生活活动之中，让幼儿通过直接感知、实际操作和亲身体验逐步养成良好习惯。

本书为幼儿园提供了具有较强实用性、操作性的好习惯主题教育课程，并为家庭提供了幼儿习惯养成教育的指导建议。

由于编写人员水平有限，本书中还存有疏漏和不完善之处，希望幼教工作者和家长朋友提出宝贵意见。我们将继续改进和完善，帮助幼儿养成良好的习惯，为幼儿一生的发展奠基。

目　　录

好习惯一　按时活动

【主题名称】滴答小闹钟

全家总动员

亲爱的家长朋友：

您好！现在的孩子大多没有时间概念，做事比较任性，总是以自我为中心，经常出现吃饭磨磨蹭蹭、做事拖拖拉拉、不按时睡觉和起床等行为，这些都可能会导致孩子在入园初期出现分离焦虑、吃饭时间过长、不能按时午睡和起床等现象。为了帮助孩子形成一定的时间观念，按合理的作息时间进行生活、活动，本月我们将开展的主题活动是“滴答小闹钟”，旨在培养孩子“按时活动”的好习惯。

在幼儿园，我们有目的地进行培养，希望孩子能达到如下目标：

1. 喜欢上幼儿园，坚持按时入园，愿意与同伴一起游戏，并较快地适应幼儿园的生活。

2. 乐于参加幼儿园的一日活动，养成及时如厕，按时进餐、散步、午睡、学习、运动、游戏的好习惯。

3. 知道与他人约会后要按时赴约。

4. 了解白天和黑夜不同的活动。

在家庭生活中，我们建议您从以下几个方面进行关注：

1. 请您以身作则，合理安排时间，作息要有规律，如：早睡早起、按时进餐、按时上班不迟到等。

2. 结合幼儿园一日生活合理安排孩子在家里的作息时间，如：按时起床、进餐、午睡等。

3. 请您监督孩子，帮助孩子养成“按时活动”的好习惯，建议您和孩子做个约定，互相监督。

感谢您的参与，为了孩子的成长，让我们一起努力！

【主题目标】

1. 坚持按时入、离园，并较快地适应幼儿园的生活。
2. 及时表达自己如厕的需要，练习正确的如厕方法，养成良好的如厕习惯。
3. 知道按时吃饭有益于身体健康，养成按时进餐的好习惯。
4. 知道饭后散步的好处，了解适宜散步的时间。
5. 按时睡觉，知道在午睡时不吵闹、不做小动作，养成安静、独立入睡的好习惯。
6. 知道与他人约会后要按时赴约，了解按时赴约的方法，养成早睡早起、按时出门的习惯。
7. 认识白天和黑夜，了解白天和黑夜不同的活动，感知白天和黑夜的轮回交替。
8. 乐于参加幼儿园的生活、运动、学习、游戏等一日活动，养成按时活动的好习惯。

【主题口号】

按时活动有规律，宝宝守时人人夸

【三字儿歌】

小钟表

小钟表，滴滴答。
早早睡，早早起。
作息表，有规律。
惜时间，强身体。

【集体教学活动】

活动一　爱上幼儿园

◎活动目标

1. 欣赏故事内容，感受小兔子从不愿上幼儿园到喜欢幼儿园的变化。
2. 喜欢上幼儿园，知道每个孩子长大都要上幼儿园。
3. 愿意坚持每天按时高高兴兴上幼儿园。

◎活动准备

1. 课件：《快乐的一天开始了》《找朋友》音乐；《我不要去幼儿园》绘本故事图片；幼儿在园

照片。

2. 手偶：小兔子。

◎活动过程

一、跳起舞蹈，开始开心快乐的一天

师：孩子们，快乐的一天开始了，我们一起跳起来吧！

播放音乐，师幼随音乐快乐舞蹈。

二、手偶互动，认识故事中的主角

师：孩子们，我们听着好听的音乐开始了快乐的一天。今天，有一位好朋友来到了我们的班级，你们看，它是谁呀？

教师出示手偶，幼儿根据手偶形象回答。（小兔子）

师：它的名字叫西蒙，它是一只淘气的小兔子。

三、欣赏故事，对比入园前后心情

师：为什么说西蒙是一只淘气的小兔子呢？我们来看一看、听一听发生了什么事情。

教师出示绘本图片，讲述故事《我不要去幼儿园》第一段。幼儿边看边听。

师：小兔子就要上幼儿园了，可是他对爸爸妈妈怎么说的？

幼儿根据故事内容回答。（我不要）

师：小兔子为什么不要去幼儿园呢？我们继续听故事。

教师出示图片，讲述故事第二段。幼儿边看边听。

教师依次提问：晚上小兔子怎么也睡不着，他在做什么？妈妈是怎样鼓励他的？小兔子为什么不要去幼儿园？

幼儿观察图片，根据故事内容和已有经验回答。

师：第二天，小兔子要上幼儿园了，又发生了什么事情呢？

教师播放图片，讲述故事《我不要去幼儿园》第三段。幼儿边看边听。

师：爸爸妈妈对小兔子说了什么？小兔子为什么不要去幼儿园呢？

幼儿根据故事内容和已有经验回答。

师：小兔子来到了幼儿园，这一天发生了很多很多事情，都发生了什么？

教师出示绘本图片，讲述故事第四段。幼儿根据故事内容回答。（和小伙伴做游戏、画画、吃巧克力点心、睡午觉、打小鼓等）

师：妈妈来接他时，西蒙是怎么说的？为什么？

幼儿根据故事内容回答。（我不要；西蒙和小伙伴在一起很开心，不想走）

师：小兔子不想去幼儿园，“我不要”是小兔子对爸爸妈妈的百般安慰所作的唯一回答。在幼儿园快乐地生活了一天，小兔子爱上了幼儿园，爱上了老师，爱上了同伴，到放学的时候都不愿离开。

四、音乐游戏，熟悉班级老师同伴

师：孩子们，我们来玩一个游戏好不好？游戏的名字叫《找朋友》。我们随音乐边唱边找朋友，找到好朋友后向对方作自我介绍“你好，我叫×××”，游戏继续。

师幼随音乐做游戏《找朋友》。

师：孩子们，我们找到了这么多的好朋友，你们开心吗？在幼儿园里我们和好朋友们一起学本领、一起游戏，多快乐呀！

五、观看照片，感受幼儿园的快乐

师：我们小朋友第一次上幼儿园，第一次不在家睡午觉，第一次没有爸爸妈妈陪伴在身边……看，这是你们在幼儿园的照片，请和伙伴说说你在幼儿园都做了什么。

播放幼儿在园照片，幼儿自由和伙伴交谈。

师：孩子们，我们已经长大，我们要学本领，要交朋友，要快乐健康成长。幼儿园就是我们快乐的家，是我们成长的乐园。明天，老师希望看到你们开心的笑脸，我们一起在幼儿园开始快乐的一天，好吗？拉钩。

教师与每个幼儿拉钩。

附：

我不要去幼儿园

从前，有一只淘气的小兔子，你肯定认识他。妈妈对他说：“明天是你第一天上幼儿园，我的小兔子！”他说：“我不要！”爸爸对他说：“你就要学写字了，我的小兔子！”他说：“我不要！”

晚上，西蒙怎么也睡不着……“妈妈！我不要去上幼儿园！”妈妈说：“你是最勇敢的小兔子，你是我的超人兔！”他说：“我不要！”

第二天早上，妈妈对他说：“快点吃你的面包片，我的小兔子，该去幼儿园了！”他说：“我不要！”在路上，爸爸对他说：“你会认识很多新朋友，还会学到很多新东西。你是我的大兔子了！”他说：“我不要！”在幼儿园门口，爸爸亲了亲他 ，说：“一会儿见，我的小兔子，我走了。”小兔子用非常非常小的声音说：“我不要！”

这一天在幼儿园，发生了很多很多事……一开始他哭啊哭，后来他画了画。课间休息时，他玩了玩。午饭时，他吃了巧克力点心，然后睡了午觉。下午，他打了会儿小鼓。下午四点半，妈妈来接他：“我们该回家了，我的小兔子。”西蒙说：“我不要！”

（秦皇岛市启航幼儿园 / 郭旭）

活动二　我会上厕所

◎活动目标

1. 了解厕所的用途，认识公共厕所的标志。

2. 知道憋尿对身体的危害，养成不憋尿及时如厕的好习惯。

3. 愿意大胆表达自己如厕的需要，在厕所人多时学会谦让不争抢。

◎活动准备

课件：幼儿园厕所图片，男女厕所标志图片，憋尿、如厕拥挤、如厕排队等判断对错图片；小猪乔治不及时如厕结果尿床的视频，憋尿肚子不舒服律动视频。

◎活动过程

一、观看图片，说说厕所的标志

师：这是什么地方？在幼儿园你想上厕所应该怎么做？

出示幼儿园厕所图片，幼儿回答。（幼儿园厕所；跟老师说去厕所）

师：如果我们在户外或者其他公共场所游玩时，想要大小便，应该怎么做呢？

幼儿根据经验回答。（找公共厕所）

师：怎么样才能找到公共厕所呢？

幼儿根据已有经验回答寻找公厕的方法。（按标志寻找）

师：公共厕所的标志是什么样的？谁来说一说？

幼儿根据已有经验回答。（一个男生、一个女生两个小人站在一起）

师（出示公厕标志）：这就是公共厕所标志，当我们想如厕时按这个标志走就可以找到厕所啦。

二、互动游戏，辨认标志做出动作

师：公共厕所是分男厕所和女厕所的。你觉得哪个标志是男厕所，哪个标志是女厕所呢？为什么？

出示三组男女厕所标志，幼儿观察回答。

师：我们一起来玩区分男女生的游戏吧。请听好游戏规则，我出示男生标志，男生站好，女生蹲下；我出示女生标志，女生站好，男生蹲下。

师幼互动游戏，幼儿根据指令活动。

三、欣赏绘本，知道乔治尿床的原因

师：孩子们，你们认识小猪乔治吗？今天的故事就发生在乔治身上，让我们一起来看一看吧！

播放小猪乔治不及时如厕结果尿床的视频，幼儿观看。

师：小猪乔治半夜憋尿为什么不愿意上厕所？结果怎么样了？

幼儿根据故事内容回答。（小猪乔治怕冷不愿意上厕所，结果尿床了）

师：你们有没有憋尿的时候？是因为什么原因憋尿呢？

幼儿自由回答。（吃东西、怕厕所脏、玩游戏、看动画片入迷等）

四、交流讨论，谈一谈憋尿的危害

师：如果不及时去厕所会有什么危害呢？我们应该怎么做？

幼儿观看视频相关部分，根据视频内容回答。（尿床、对身体有害、尿频、尿尿没有知觉，还

会生很严重的病；我们有尿了要及时去厕所）

师：在玩游戏时、吃饭时、集体活动时想尿尿了怎么办？

教师引导幼儿大胆表达。（在集体活动前、饭前、睡觉前上厕所；有小便时应及时上厕所，不要憋尿）

师：憋尿对我们的身体危害很大，肚子会不舒服，严重了会尿道发炎、膀胱发炎、小便疼痛、尿尿没有知觉等，所以当你有尿时一定及时去厕所。

五、观察图片，分辨如厕方法对错

师：这个小朋友怎么了？他为什么会尿裤子？他这样憋尿好吗？怎么样才不会尿在身上呢？

出示尿裤子图片，幼儿观察回答。（这个小朋友尿裤子了，因为他憋尿；憋尿是不好的，有尿就要上厕所）

师：图上的小朋友在做什么？他们做得是对还是错？

教师依次出示如厕拥挤、如厕排队图片，幼儿根据图片内容作出判断并说出原因。

师：如果排队上厕所的人比较多，而你特别着急上厕所该怎么办？你排队等候上厕所时遇到有人向你请求着急想先去厕所该怎么办？没有尿可不可以去厕所？

教师引导幼儿大胆交流表达。

师：孩子们，我们要知道，在有尿的时候要及时去厕所，不憋尿；上厕所时要主动排队，不推不挤；遇到你着急去厕所时，可以向他人请求可不可以先去；遇到有人着急去厕所向你请求时，如果我们不是很急，要表示愿意让他先去；如果没有尿不要去厕所。

六、师幼互动，跟随音乐有序如厕

师：今天，我还给大家带来一个有趣的小律动，接下来我们就一起动起来吧！

播放《憋尿肚子不舒服》律动视频，师幼跟随音乐共同进行律动。

师：今天我们学习了与如厕有关的知识，了解了憋尿给我们带来的危害，还知道有尿要及时如厕。孩子们你们现在有尿了吗？有尿的宝贝现在可以去厕所了，可千万不要憋尿哦！

（秦皇岛市启航幼儿园 / 翟颖）

活动三　肚子里的闹钟

◎活动目标

1. 知道按时吃饭是身体的需要。

2. 初步了解肚子里的闹钟，知道每天适合进餐的时间。

3. 愿意按时进餐，养成定时进餐的习惯。

◎活动准备

1. 课件：《肚子里的闹钟》绘本故事图片、《沃福不吃饭》视频。

2. 时钟表盘、数字头饰。

◎活动过程

一、师幼讨论，初步了解肚子里的闹钟

师：大家看，这是什么？这个闹钟跟其他闹钟有什么不一样？

出示肚子里的闹钟图片，幼儿观察回答。（表，闹钟；闹钟上有面包，闹钟上有好吃的东西）

师：你们观察得真仔细。这个闹钟上面有食物，它是肚子里的闹钟。我们每个人肚子里都有一个小闹钟，它每天都会咕咕地响几次，提醒我们该吃东西了。

二、阅读绘本，知道吃饭是身体需要

师：肚子里的闹钟都在什么时间响呢？我们一起来听听故事吧！

教师出示绘本图片，讲述故事《肚子里的闹钟》第一段。幼儿边看边听。

师：肚子里的闹钟第一次响起是什么时间？这时候我们要做什么呢？肚子里的闹钟第二次响起是在什么时间？这时候要做什么了呢？

幼儿根据故事内容回答。（7 点左右，吃早餐；10 点左右，吃点心）

师：肚子里的闹钟第三次响起在什么时候？我们要吃哪一餐了？

教师出示绘本图片，讲述故事第二段。幼儿根据故事内容和生活经验回答。（12 点左右；午餐、中餐）

师：接下来，肚子里的闹钟会在什么时间响起？是哪一餐的时间到了呢？

教师出示绘本图片，讲述故事第三段。幼儿根据故事内容回答。（下午 5 点左右，幼儿园快放学的时候；晚餐时间到了）

师：肚子里的闹钟为什么会响呢？它在提醒我们什么？

幼儿根据已有经验回答。（因为肚子饿了所以响，提醒我们要吃饭了）

师：你有什么好办法让肚子里的闹钟不再咕咕响吗？

幼儿大胆回答。（吃东西，吃食物）

师：按时吃饭是身体的一种需要，肚子里的小闹钟提醒我们要按时吃饭，这样我们才有精力学习、玩游戏。

三、时钟游戏，找到适合的进餐时间

教师将 12 把椅子围成一圈摆放好，椅子上贴有数字 1 ～ 12，将时针转盘摆放到一圈椅子的中间。

师：接下来，我们一起来玩一个时钟游戏。请小朋友们选择一个数字头饰坐到贴有相同数字的椅子上。

幼儿从 1 ～ 12 数字头饰中任选一个戴好，按照头饰的数字选择对应的椅子坐好，开始游戏。

游戏玩法：12 名幼儿分别戴 1 ～ 12 数字头饰围圆坐在椅子上。幼儿头戴的数字是几，就代表几点钟到了。教师在 12 名幼儿中间，转动表盘指针，当指针停止时，指向一名幼儿。大家根据该幼儿头戴的数字，快速判断是否为进餐时间（指针指向 7、10、12、5 四个时间点为进餐时间）。若为进餐时间，幼儿迅速起立，并说出“早餐时间到 / 早点时间到 / 午餐时间到 / 晚餐时间到”。教师提问：“×××，你想吃什么？”被点名的幼儿回答：“我想吃 ×××。”如果不是进餐时间则不动。

四、观看视频，萌发按时进餐的意愿

师：孩子们，我们都知道要按时吃饭，可是有一个小朋友——沃福却不这样做，我们来看看沃福不按时吃饭结果怎样了？

播放《沃福不吃饭》视频片段，幼儿观看后回答。（沃福不按时吃饭，没有力气，头晕，晕倒了）

师：头晕的沃福最后是怎么好的？

幼儿根据视频内容回答。（吃东西就好了）

师：吃饭可以为我们的身体提供能量，所以我们一定要按时吃饭。

五、结合实际，养成良好的进餐习惯

师：孩子们，谁是吃饭最棒的小朋友呢？今天的早餐你按时吃了吗？

幼儿根据实际情况回答。

师：接下来大家一起相互监督，看一看谁是按时进餐的好宝贝。老师会帮助大家记录，按时吃饭的小朋友都可以得到一颗星，得到 10 颗星就可以兑换小礼物，大家加油啊！

附：

肚子里的闹钟

我肚子里有一个闹钟，它每天都要响几次。第一次，在早晨 7 点左右，它大声地响着，催促我快快起床，等待妈妈的早餐。上午 10 点钟左右，肚子的闹钟又咕咕响了，点心时间到啦！

到了 12 点，肚子里的闹钟第三次响起来，我知道该吃午饭了。即使身体停止活动，食物还是在慢慢消化。下午 5 点左右，肚子的闹钟又响起来了，幼儿园放学了，爸爸也来接我回家了。

空空的胃里需要许多食物才能填满，每一餐要吃饱才有精神哦。美好的一天，总是在妈妈讲故事的声音中结束。一天结束了，肚子里的闹钟这会儿也安静了。最后千万不要忘了每天都要便便哦。

（秦皇岛市启航幼儿园 / 冯立楠）

活动四　小朋友散步

◎活动目标

1. 知道饭后散步可以帮助消化，有利于更好地入睡。

2. 了解散步场所和适宜时间，喜欢同家人或伙伴一起散步。

3. 乐于参加模仿动物散步游戏，体验散步带来的愉快心情。

◎活动准备

1. 课件：小男孩图片，小男孩脚印，白鸭、鸵鸟、乌龟脚印图片，白鸭嘴巴、鸵鸟的脖子和腿、乌龟的龟壳特征图片，《一步一步走啊走》绘本图片，音乐《快与慢》。

2. 四块海绵垫子，摆成正方形。

◎活动过程

一、师幼谈话，知道散步有助消化利睡眠

师：孩子们，还记得之前学过的手指游戏吗？

师幼一起做手指操：白米饭，热腾腾，红烧肉，喷喷香，青青菜，营养高，豆腐汤，味道好，小朋友，吃饱啦！

师：饭菜真香，吃饱了饭，我们可以做哪些事？

幼儿根据已有经验回答。（散步、和朋友聊天、安静地看书、玩玩具）

师：饭后可以进行运动量小的活动，饭后散步就是一项很好的活动。散步有什么好处呢？

幼儿自由回答。（帮助消化、身体健康、身体舒服）

师：散步可以帮助我们消化，还可以让我们睡觉香香，所以在幼儿园小朋友吃完午饭后都会散步。

二、经验交流，了解散步适宜场所和时间

师：你和谁一起去散步的？去的哪里散步？散步时的心情怎么样？

幼儿根据自己的经历回答。（和家人一起去小区里散步，和伙伴在幼儿园里散步；散步时很开心）

师：可以和家人或者伙伴去公园、小区、海边等环境优美安全的地方散步。你都是什么时候去散步的？

幼儿自由回答。（在幼儿园吃完午饭后，吃完晚饭后）

师：选择在早上起床之后、吃完饭休息一会儿后、睡觉之前去散步，更有利于身体健康。

三、倾听音乐，练习根据音乐的快慢散步

师：今天有个小朋友也要去散步。看，他来了。

教师播放课件出示小男孩图片，幼儿观看。

师：这是男孩还是女孩？从哪里看出来的？

幼儿观察回答。（男孩；短短的头发、穿着短裤）

师：这个小男孩今天就和大家一起散步，他是怎么散步的？

教师播放课件出示小男孩脚印图片，幼儿观察回答。（一步一个脚印地散步）

师：他是一步一步走啊走。请你像小男孩一样一步一步走啊走，围着垫子走圈。请大家跟在我的后面，我会给大家放一段音乐，我们跟着音乐一步一步走啊走，不推不挤不吵闹。

教师播放整首音乐《快与慢》，幼儿跟随教师按音乐的快慢练习快走和慢走。

师：散步可以慢走和快走，要找到适合自己身体的速度进行散步。

四、观察课件，猜测散步遇到的动物数量

师：小哥哥一步一步走啊走，不推不挤不吵闹地去散步，路上遇到了动物朋友，看看遇到了几位动物朋友？

教师出示动物脚印图片，幼儿观察猜测动物数量。

师：动物有两只脚和四只脚的，这是几个动物朋友呢？

教师操作课件引导幼儿说出答案。（3个）

五、跟随音乐，大胆模仿动物散步的形态

师：这三个朋友都是谁？小男孩先遇到了哪个动物朋友呢？你是怎么猜出来的？

教师播放《快与慢》中的中速音乐，同时出示绘本中小男孩走路图片、白鸭脚印、白鸭嘴巴图片。幼儿观察回答。（白鸭）

师：小男孩一步一步走啊走，遇到的第一个朋友是大白鸭，谁会像大白鸭那样走路？我们一起来学学大白鸭。

再次播放中速音乐，请幼儿跟随音乐模仿白鸭走路。

师：小男孩和大白鸭一路上摇啊摇，他们遇到的第二位动物朋友会是谁？你们猜猜看。

教师播放《快与慢》中的快速音乐，同时出示绘本中小男孩和白鸭走路图片、鸵鸟脚印、鸵鸟脖子和腿图片，请幼儿边听边看边想。

师：这是谁？它的脖子和腿是什么样子的？它会怎么散步？

幼儿观察图片回答。（鸵鸟，脖子和腿长长的，散步的时候步子很大）

师：大鸵鸟一步一步跨啊跨，不推不挤不吵闹。

再次播放快速音乐，师幼一起模仿鸵鸟走路。

师：小男孩遇到的第三个朋友会是谁呢？你是怎么看出来的？

教师播放《快与慢》中的慢速音乐，同时出示绘本中小男孩、白鸭、驼鸟走路图片，乌龟脚印、乌龟壳图片，幼儿观察回答。（乌龟）

师：乌龟爬得快还是慢？它是怎么爬的？一起来学小乌龟，一步一步爬啊爬，不推不挤不吵闹。

再次播放慢速音乐，师幼一起模仿乌龟爬。

六、完整表演，体验散步带来的愉快心情

师：大家一起散步真开心。这么多朋友散步也要一步一步，不推不挤。现在大家跟着音乐一起来散步吧。

播放《快与慢》整段音乐，幼儿跟随音乐的快慢模仿动物走路。

师：孩子们，散步让我们身体健康，睡觉香香。想一想我们还可以学哪些小动物去散步呢？在我们的表演区一起学学看吧！

（秦皇岛市启航幼儿园 / 赵静）

活动五　午睡静悄悄

◎活动目标

1. 学唱歌曲《十二点钟静悄悄》，了解午睡的益处，知道午睡时不打扰别人。

2. 练习轻柔的声音演唱歌曲，唱准歌曲旋律。

3. 愿意独自午睡，养成按时午睡的好习惯。

◎活动准备

课件：《十二点钟静悄悄》歌曲；《小明睡午觉》视频；找不同图片、小朋友们在家安静午睡时的照片。

◎活动过程

一、观看视频片段，说说小明做错的地方

师：今天我给你们带来一段视频，我们一起来看看吧。

播放《小明睡午觉》视频，幼儿观看。

师：谁能说说，视频中是什么时候？

幼儿根据自己的经验回答。（午睡时间、睡午觉的时候等）

师：小明都做了什么？你们觉得他做得对吗？哪里不对？

幼儿自由回答。（说话、吵闹、手脚没有放好、衣物乱放等）

师：你们说得都很好，小明自己没有做到安静午睡还打扰了其他小朋友，这可真不好。

二、完整倾听歌曲，感受旋律并理解歌词

师：有一首歌是教小朋友们怎样午睡的，我们一起来听听吧。

教师播放歌曲第一遍。

师：谁能说一说这首歌的歌名？十二点钟是什么时候？你听到这首歌后，心里有什么样的感觉？

幼儿自由回答。（十二点钟静悄悄；中午午睡的时候；好听、舒服、轻柔、优美等）

师：谁还能说一说，你在这首歌里都听到了什么？能学一学吗？

幼儿根据歌词内容回答，并模仿脱衣、轻抬脚、闭眼睛等动作。

师：你们说了这么多，说得对不对呢？我们再来听一遍歌曲吧。

教师播放歌曲第二遍。

师：你们说得都很对，我们睡午觉时要轻轻脱衣服、轻轻抬脚、不说笑、盖好被，不打扰别人。

三、唱准歌曲旋律，练习轻柔的声音演唱

师：下面我们就来唱一唱这首好听的歌曲吧。

教师反复演唱并加动作帮助幼儿记忆歌词，幼儿跟唱，对于幼儿唱得不准确的乐句可多练习几遍。

师：我们已经学会了这首歌，那么谁来说一说应该用什么样的声音来演唱呢？为什么？幼儿自由回答。（用轻轻、轻柔、好听的声音演唱，因为这是一首跟午睡有关的歌）

师：你们说得太对了，我们一起用轻柔的、好听的声音来唱唱这首歌吧。

幼儿跟随音乐演唱几遍歌曲，教师适时介入指导与肯定，随机邀请幼儿到前面来演唱。

四、观察对比图片，找出内容的不同之处

师：你们的声音太美妙了，我要送给你们一个游戏作为奖励。图中有几处不一样的地方？看看谁的眼睛尖，能用最快的速度找到，每个人每次只能找出一个不同哦。

出示找不同图片，幼儿观察回答。（鞋子没摆放好、脱下的衣服没叠放好、睡姿不正确等）

五、了解午睡好处，养成良好的午睡习惯

师：这个游戏好不好玩？我们现在知道了午睡时要保持安静，不能打扰到其他人，还要把我们脱下来的衣物摆放好。那谁能说说，我们小朋友为什么要午睡呢？

幼儿根据经验自由发言。（长身体、身体累了得到休息、下午活动有精神）

师：午睡对我们小朋友来说非常重要，它不仅可以增强我们的记忆力，消除身体上的疲劳，提高身体的免疫力，帮助消化，还可以赶走我们心里不好的小情绪。午睡的作用可真大呀！我们现在已经是幼儿园小班的小朋友了，在午睡时还用大人陪吗？看，你们的爸爸妈妈特意把你们在家午睡的照片给我发了过来，我们一起来看看吧。

出示小朋友们在家安静午睡时的照片，幼儿在欣赏与讨论中自由下课。

附：

十二点钟静悄悄

1=D 3/4

3 4 3 1 | 6 6 5 - | 5 6 5 1 | 4 3 2 - | 3 4 3 2 | 1 2 3 - |

十 二 点 钟　静 悄 悄，　我 们 准 备　睡 午 觉，　轻 轻 脱 衣，　轻 抬 脚，

3 4 3 3 | 2 2 1 - | 1 4 4 6 | 5 5 3 - | 3 4 3 3 | 2 2 1 - ‖

轻 轻 躺 下　不 说 笑。　小 花 被 呀　盖 盖 好，　闭 上 眼 睛　睡 着 了。

（秦皇岛市启航幼儿园 / 潘韵明）

活动六　快睡吧，小田鼠

◎活动目标

1. 知道晚上要按时睡觉，不在睡前做拖拉的事情。

2. 尝试分辨对错，知道睡前适合做的事情。

3. 养成做事不拖拉、晚上按时睡觉的好习惯。

◎活动准备

课件：小老鼠数字简笔画、《快睡吧，小田鼠》故事图片、分辨对错图片。

◎活动过程

一、看简笔画，猜测画中伙伴的名字

师：我为大家带来一位小伙伴，你们来猜一猜他是谁。

教师操作课件分步出示小老鼠数字简笔画，幼儿观察回答。（小老鼠）

师：他的名字叫小田鼠，他每天睡觉前总要做很多事情。

二、观察图片，理解故事的相关内容

师：我们看看今天小田鼠做了哪些事情。小田鼠在做什么？他是怎么吃的？请你模仿一下。

出示小田鼠吃奶酪图片，幼儿看图回答并模仿。

师：小田鼠在奶酪上啃了几个洞？我们一起来数一数。

教师操作课件，与幼儿一起数。

师：小田鼠吃得可真香啊！足足吃了三口奶酪。小田鼠旁边这位是谁？她会对小田鼠说些什么呢？

幼儿观察回答。（妈妈；吃完了吗，快去睡觉吧）

师：小田鼠又是怎么做的呢？

教师出示小田鼠拍皮球图片，幼儿观察回答。（小田鼠又去拍皮球了）

师：他是怎么拍的？我们来数一数他拍了几下呢？

教师操作课件，幼儿模仿小田鼠拍球动作并数拍球数。

师：小田鼠吃完奶酪又去拍球，一共拍了 3 下。小田鼠的身边站的是谁？他在做什么？拍完球小田鼠会去睡觉吗？

幼儿观察图片，自由回答。（爸爸；爸爸在看表、在给小田鼠记时间；不会）

师：看，他又在做什么？

教师出示小田鼠浇花图片，幼儿观察回答。（小田鼠又去浇花了）

师：小田鼠还是不睡觉，这次他在浇花，他浇了几滴水呢？

教师操作课件，幼儿数浇花的水滴数。

师：小田鼠吃完奶酪、拍完球，还是没睡觉，他又给花浇了 3 滴水。这次田鼠妈妈真生气了，她要求小田鼠立刻去睡觉。小田鼠会不会乖乖听话呢？他又提了什么要求？

教师出示图片，讲述故事“小田鼠赶紧跳上了床”至结尾。幼儿根据故事内容回答。

师：小田鼠睡觉前又让爸爸给讲故事，他有没有听完故事？

幼儿根据故事内容回答。（没讲完故事他就睡着了）

师：小田鼠睡觉前做了太多的事情，他太累了，所以，爸爸的故事还没讲完他就睡着了。

三、交流讨论，知道按时睡觉的方法

师：为什么小田鼠没听完故事就睡着了？

幼儿自由回答。（因为他困了，做的事情太多，累了）

师：你们还记得他都做了哪些事吗？

出示小田鼠所做三件事情的图片，幼儿观察回答。

师：你们有什么好办法能让小田鼠听完故事吗？

幼儿根据已有经验回答。（早点上床，少做运动，就做一件事）

师：我们在睡觉前不要做太多的事情，要按时上床，这样就可以把故事听完再睡觉了。

四、分辨对错，知道睡前可做的事情

师：睡觉前还有哪些事可以做？请小朋友帮小田鼠看看。这里有三幅图，你们想先看哪幅图？

幼儿自由选择，教师操作课件出示相应图片。

师：小田鼠在做什么？这件事适合在睡前做吗？你知道为什么吗？

幼儿观察图片，根据内容辨别对错。

师：小朋友们说得非常好，在我们睡觉前需要做一些比较安静的活动，这样会让我们美美地睡个好觉。

五、行为要求，养成按时睡觉的习惯

师：小田鼠听了大家的意见，知道了睡前适合做什么活动了。你们在生活中有没有拖拉的习惯呢？今后你打算怎么做呢？

幼儿根据自身实际情况回答。（没有或有；睡前不做剧烈运动、早点上床、睡觉前洗脸刷牙等）

师：大家说得很好，我们一定要养成做事不拖拉、按时睡觉的好习惯。这样不仅为我们节省很多时间，可以做更多自己喜欢做的事情，还能让我们身体更好、长得更高。

附：

快睡吧，小田鼠（节选）

小田鼠赶紧跳上了床。可是，突然他又想起了一件事。“妈妈，我想喝水，最多 6 分钟！”小田鼠跑进厨房，足足喝了六大口凉水。“快睡觉吧！”爸爸说。“晚安，我的小乖乖！”妈妈说。

“等等，再给我5分钟。”小田鼠想起他的玩具动物们还没有上床呢。妈妈在沙发下面找出了5个玩具动物，放在小田鼠的床上。“晚安，做个好梦！”爸爸说。

“给我4分钟，我想上厕所！”刚才的水喝得太多了。上完厕所，小田鼠放水冲了4遍抽水马桶。“好了好了，现在可以睡觉了！”爸爸妈妈一起说。

“等等，我还没有刷牙呢，只要3分钟就可以了。”小田鼠跑进卫生间，开始刷他仅有的3颗牙。“现在总可以睡觉了吧？”爸爸说。

“不，还有一件事，只要2分钟！”小田鼠对着妈妈的耳朵说：“你是世界上最好的田鼠妈妈！”小田鼠对着爸爸的耳朵说：“你是世界上最好的田鼠爸爸！”“你是世界上最乖最棒的田鼠娃娃！”爸爸妈妈齐说，“好了，这下该睡了。”

“还有1分钟！”小田鼠恳求道，“你们要给我讲一个故事，否则我无论如何睡不着的。”“好吧。””爸爸叹了口气，从书架上拿了一本书，开始念了：“从前，有一个小田鼠，他总是不肯睡觉，再等10分钟，再等9分钟……”

快点睡吧，小田鼠！做个美梦，睡个好觉！

（秦皇岛市启航幼儿园 / 陈凯）

活动七　小熊赴约

◎活动目标

1. 知道与他人约定后要准时赴约，尝试说出小熊迟到的原因。

2. 喜欢玩找不同游戏，了解按时赴约的方法。

3. 养成早睡早起、按时出门的习惯。

◎活动准备

课件：小熊图片、《小熊赴约》绘本故事图片。

◎活动过程

一、听一听，了解故事前段内容

师：今天来了一位小客人。看，他是谁？

教师出示小熊图片，幼儿观察回答。（小熊）

师：小熊有一件事惹朋友不高兴了，很苦恼，我们一起来听一听发生了什么事情，看能不能帮到他。

教师出示绘本图片，讲述故事《小熊赴约》第一段，幼儿说说发生的事情。

二、想一想，分析小熊错的地方

师：小熊都出现了哪些错误？

幼儿根据故事内容回答。（不按时起床、约会迟到、穿衣邋遢等）

师：小熊这样做，朋友们高兴吗？还愿意靠近他吗？

幼儿根据故事内容回答。（不高兴，不愿意靠近他）

师：对，如果是我的朋友这样对我，我也不高兴，不想和他靠近了。

三、说一说，总结正确赴约方法

师：如果你是小熊，你会怎样做呢？

幼儿根据已有经验回答。（应该早睡早起，穿戴整齐后稍微提前到达约会地点）

师：我们赴约时要做到按时起床，穿戴整洁大方，稍微提前一点时间到达约会地点，讲话礼貌大方。我相信小熊要是按照大家说的这样做，朋友们一定会非常喜欢小熊的。

四、比一比，找出不同练习改正

1. 初次尝试，一处不同

师：刚才你们说出了正确的赴约方法，我要考考大家眼力了，下面会一同出现两张差不多的图片，但这两张图中有一处是不一样的，请你找出来，并将错误的做法改正。睁大眼睛，游戏开始！

出示图片，幼儿观察比较，找出不同之处，并将错误做法改正。

师：你们的小眼睛真厉害，还帮助小熊改正了错误的赴约方法，给你们点个赞！

2. 难度升级，三处不同

下面出现的两张图片有三处不同，请你找出来，并将错误的做法改正。准备，开始！

出示图片，幼儿观察比较，找出不同之处，并将错误做法改正。

师：孩子们，你们真棒！找得又快又准！

五、看一看，欣赏完整故事内容

师：我们都学会正确赴约的方法了。小熊也认识到自己的错误，以后是怎么做的呢？

教师出示绘本图片，讲述故事第二段。幼儿根据故事内容回答。（小熊早睡早起按时出门，把自己收拾得干干净净的）

师：孩子们，我们也一定要养成早睡早起按时出门的习惯，做一个遵守时间的好孩子，那样才会有更多的好朋友。

附：

小熊赴约

天已经亮了，可小熊还趴在床上睡得很香，做着美梦，一点儿都不想起床。时间一分一秒地过去了，等他睁开眼一看闹钟，脑袋“嗡”地响了一声，立马从床上蹦了起来，糟糕，都8点了，晚了，这可怎么办呀？赶紧起床吧。原来昨天小熊跟小猪和小鹿约好了今天一块儿去公园玩，没想到自己却一下子睡过了头，没办法小熊只好匆匆忙忙地穿好了衣服，牙也没刷，脸也没洗便冲出了屋子，飞似的向公园方向跑去。一路上，别人都怪怪地看着他，离他远远的。小熊有点纳闷，转念一想，这还不错，人们都知道我赶时间给我让路呢，今天真是太好了！一到公园门口，小熊就喊起来："不好意思啊！我的朋友们，我昨天看电视睡得太晚了，早上起来有点晚，这一路上紧跑慢跑还是迟到了，大家都别在意啊！"小熊希望自己得到朋友的谅解，一个劲地向他们解释。"你怎么才来啊？"小鹿看见他就埋怨道，"也不知道收拾一下，看看你的衣服，穿的什么啊？"经小鹿这么一说，小熊低头一看，发现自己的衣服扣子没有扣好，而且裤子上还有很多泥巴，小熊这才明白一路上的行人为什么都怪怪地看着自己，而且刻意地跟他保持距离，原来是把他看成怪物了！想到这里，小熊的脸一下子就红了，他心里暗下决心，以后要改掉睡懒觉的坏毛病，不再出现这样的状况了。

从那以后，小熊每天都在督促自己要改正不良的行为习惯，现在的小熊已经养成了早睡早起按时出门的习惯，而且随时都把自己收拾得干干净净的。朋友见到他，都夸奖他比以前好多了。

（秦皇岛市启航幼儿园 / 郑艳菊）

活动八　白天和黑夜

◎活动目标

1. 认识白天和黑夜，了解白天和黑夜不同的活动。

2. 学习儿歌，尝试用简单的语言讲述白天和黑夜所做的事情。

3. 感知白天和黑夜的轮回交替，喜欢观察大自然中的变化。

◎活动准备

1. 课件：太阳和月亮谜语图片、白天和黑夜活动场景图、《白天黑夜》歌曲视频、《为什么有白天和黑夜》视频。

2. 蜡烛、台灯、手电筒、太阳镜、太阳帽、遮阳披肩等实物若干，装入布袋子中。

◎活动过程

一、猜猜说说，感知太阳和月亮的特征

师：今天我给你们请来了两位小客人，你们猜猜他们是谁？

出示太阳和月亮谜语图片，幼儿根据谜面内容大胆猜测。

师：这两位客人就是太阳和月亮。你在什么时候能见到太阳和月亮呢？

幼儿根据已有经验回答。（白天、黑夜）

师：太阳是在白天的时候出现的，月亮是在晚上的时候出现的。

二、观察图片，了解白天和黑夜的活动

师：孩子们，你们看这幅图画的是白天还是黑夜？图片上都有谁？他们在干什么？

出示白天活动场景图，幼儿观察回答。（白天；公鸡在打鸣、鸟妈妈在喂鸟宝宝吃虫子、小朋友在做游戏等）

师：谁能说一说白天和黑夜你都可以做些什么事情呢？

幼儿根据已有经验回答。（白天要上幼儿园，可以去游乐场做游戏；晚上要睡觉等）

师：早上太阳出来了，天是亮亮的，我们要起床、上学，来幼儿园学本领，爸爸妈妈要去上班、工作。这幅图是什么时候呢？图上的小朋友在干什么？

出示黑夜活动场景图，幼儿观察回答。（晚上；小朋友在睡觉）

师：晚上，天变黑，月亮会出来，大家都躲进被窝里睡觉了。

三、触摸游戏，描述物品辨别使用时间

师：现在我们来做个小游戏。我这个袋子里面装了很多东西，请你上来摸出一件，说说你摸出的是什么；它是在白天使用的，还是在黑夜使用的。

幼儿玩触摸游戏，说出摸出物品的名称和使用时间。

四、欣赏歌曲，尝试跟随节奏进行表演

师：下面我们来欣赏一首《白天黑夜》的歌曲，听听歌曲中都有谁，他们在干什么。

播放《白天黑夜》歌曲视频，幼儿观看回答。（白天小鸟叫、小狗跳；晚上小猴子和小猫在屋里玩）

师：下面让我们一边听着歌曲，一边做动作吧。

师幼跟随音乐节奏进行动作表演。

五、观看课件，喜欢探索大自然的变化

师：你们知道为什么会有白天和黑夜吗？接下来我们一起来了解一下吧。

播放《为什么有白天和黑夜》视频，幼儿观看。

师：地球是会自转的，它不会发光，所以在同一个时间里太阳只能照亮地球表面的一半，被阳光照亮的是白天，没被照亮的是黑夜。大自然真神奇，在生活中只要用心去观察，你会发现更多的神奇的地方。

（秦皇岛市启航幼儿园 / 赵义艳）

【个别化学习活动】

区域	名称	材料	玩法	价值
语言区	睡吧，小田鼠	《睡吧，小田鼠》活页绘本故事图片，插入式图片展示板、小田鼠、鼠妈妈、鼠爸爸玩偶。	1. 幼儿自选图片插入展示板中，一边演示玩偶，一边讲述故事。 2. 幼儿3人一组，分别选择小田鼠、鼠妈妈、鼠爸爸玩偶，看展示板上的故事图片，合作讲述故事。	1. 清楚表达故事内容。 2. 体验合作讲故事的快乐。
	幼儿园的一天	在废旧台历上画幼儿入园、进餐、学习、游戏、午睡等活动场景的自制画册。	幼儿阅读自制画册，看看、说说幼儿园一天的活动。	1. 喜欢阅读自制图书。 2. 乐于参与幼儿园的活动。
益智区	白天和黑夜	白天和黑夜的背景图各一幅，白天、黑夜活动图片。	1. 幼儿将活动图片按白天和黑夜进行分类，分别放在相应的背景图上。 2. 分别说出白天和黑夜适宜做的活动。	分辨白天和黑夜的活动。
	指尖散步	手指颜色提示卡：小、大拇指分别代表红、蓝颜色；两色圆点任务卡：有起点和终点，中间用红蓝颜色圆点连接。	根据手指颜色提示，用相应的手指在两色圆点任务卡上进行按压，从起点到终点完成相应任务。	根据手印颜色、大小区分大、小拇指。
科学区	喂小动物	用废旧纸箱或塑料桶制作的小兔子、小猫、小狗等小动物，胡萝卜、鱼、骨头等食物，不同大小、材质的勺子，标有1～3数字的任务卡。	1. 幼儿自主选择勺子，根据小兔子、小猫、小狗等动物的生活习性，喂它们喜欢吃的食物。 2. 按任务卡上的数量，喂小动物吃它们喜欢的食物。	1. 知道小动物各自爱吃的食物。 2. 练习按数取物。
生活区	守时好宝宝	纸板制作的白天和夜晚标志图片，正面是太阳、背面是月亮。	1. 幼儿进入娃娃家，选择白天或夜晚的标志图片放于娃娃家显著位置。 2. 幼儿自选做爸爸、妈妈或孩子，用语言和动作模仿早上起床和晚上睡觉时的情景，如：早上妈妈叫宝宝起床、准备早餐；宝宝起床、刷牙、喝水、吃早餐等；晚上爸爸和宝宝一起游戏、给宝宝讲故事、哄宝宝睡觉等。	养成按时睡觉、起床的好习惯。
	我来配餐	适宜进餐时间钟表示意图，自制时钟若干，一次性纸盘、食物图片（牛奶、面包、饺子、水果、米饭、蔬菜、肉类等）、时钟图片。	1. 进入娃娃家，“宝宝”根据适宜进餐时间钟表示意图，将自制时钟指针拨到一个适宜进餐的时间，并说出早（中、晚）餐时间到；“妈妈”根据时间的不同，为“宝宝”搭配餐食。 2.“妈妈”配餐后，“宝宝”根据配餐说出自己吃的食物名称，并表达对妈妈的感谢。	1. 认识不同种类的食物，尝试搭配三餐。 2. 养成按时进餐的好习惯。
操作区	太阳宝宝穿新衣	制作太阳的材料：无孔和边缘有孔的圆形纸盘、纸板，盒盖；油画棒。 制作太阳光芒的材料：彩色纸条、彩纸、细吸管、瓦楞纸、瓦楞纸条、扭扭棒、毛线；不同大小、形状、颜色的夹子；剪刀、打孔器、胶棒。	1. 幼儿自主选择无孔的圆形纸盘、纸板或盒盖，用撕、剪、粘、夹等方法做太阳光芒。 2. 幼儿沿圆形纸盘、纸板边缘打孔或直接选择有孔的纸盘、纸板，用穿、粘、系等方法做太阳光芒。	1. 练习用剪刀剪直线。 2. 锻炼手部小肌肉。
	小手真能干	带有拉链、纽扣的衣裤，拉拉链、系纽扣的方法图片，整理衣裤流程图。	1. 幼儿自主选择带有拉链或纽扣的衣裤学习拉拉链、系纽扣。 2. 幼儿自主选择上衣或裤子，根据整理流程图练习整理衣裤。	1. 掌握扣纽扣、拉拉链的技能。 2. 练习整理衣裤。
	串窗帘	颜色、粗细、长短不同的塑料吸管和各种颜色的塑料瓶盖，毛线，塑料针，窗帘挂架，标有1～5数字和不同塑料吸管、瓶盖图片的任务卡。	1. 幼儿自选塑料吸管或瓶盖自由串在毛线上，做成帘子。 2. 幼儿自选任务卡，根据任务卡的要求点数出相应的材料进行串帘子。 3. 幼儿将做好的帘子挂到展示架上，装饰娃娃家。	练习串帘技能，锻炼手指灵活性。

（续表）

区域	名称	材料	玩法	价值
美工区	小鸡去散步	画有草地背景的图画纸，胶棒、彩笔、超轻黏土，团圆、压扁方法示意图。	1. 看团圆、压扁方法示意图，用超轻黏土团出大、小圆形并压扁做小鸡的头和身体，用胶棒粘贴在画有草地背景的图画纸上。 2. 用彩笔添画出小鸡的嘴和脚。	练习用捏泥、粘贴、绘画的方法创作小鸡平面造型。
	漂亮的钟表	有钟表表盘图案的涂色纸（设计不同难易程度的涂色分区，如：分二区则6小时一区，分三区则4小时一区等），油画棒。	1. 幼儿自主选择有钟表表盘图案的涂色纸，用平涂或先边缘后平涂的方法给表盘的分区涂上喜欢的不同颜色。 2. 幼儿自主选择有钟表表盘图案的涂色纸，用直线、波浪线、螺旋线等线条装饰表盘。	1. 学习用平涂和先边缘后平涂的涂色方法。 2. 练习用直线、波浪线、螺旋线等线条装饰表盘。
表演区	刷牙洗脸梳头	歌曲《刷牙洗脸梳头》音频，歌曲的动作分解图，牙刷、毛巾、梳子。	1. 幼儿自主选择牙刷、毛巾、梳子，根据动作分解图，随歌曲进行刷牙、洗脸、梳头的动作表演。 2. 幼儿变换所选材料，进行表演。	1. 掌握正确的刷牙、洗脸、梳头的方法。 2. 练习跟随音乐节奏和歌词做相应动作。
	十二点钟静悄悄	歌曲《十二点钟静悄悄》音频和节奏图；三角铁、木鱼、双响筒、铃鼓等打击乐器及乐器小图片若干。	1. 自选乐器图片卡插入在歌曲节奏图每小节下方。 2. 选择相应的乐器，看节奏图与同伴一起跟随音乐进行合奏。	1. 练习看节奏图演奏乐器为歌曲伴奏。 2. 体验合奏的快乐。
	去散步	小青蛙、小鸭子、小鸟头饰，音乐儿歌《去散步》。	1. 幼儿自选动物头饰，根据儿歌内容表演小青蛙、小鸭子、小鸟散步时的动作。 2. 幼儿互换头饰，模仿小动物散步动作。	练习根据音乐节奏和歌词模仿小动物走路动作。

【户外运动活动建议】

1. 坚持每天固定的时间组织幼儿进行户外活动，帮助幼儿养成按时运动的好习惯。

2. 可组织幼儿玩按指令要求进行活动的户外运动游戏，如：老狼老狼几点了、迷迷转、小孩小孩真爱玩、木头人等。

3. 在幼儿自选器械或大型玩具进行自主游戏时，提示幼儿遵守按时开始、按时结束的游戏要求。

4. 在幼儿做团体操时，关注幼儿每节操的动作与音乐和儿歌节奏相符合。

5. 在队列练习中，可让幼儿按指令变换简单队形。

【日常生活活动建议】

1. 提醒幼儿按时入、离园，高高兴兴在园活动。

2. 对按时吃饭、睡觉的幼儿给予表扬鼓励。

3. 坚持带幼儿午餐后散步，帮助幼儿养成餐后散步的好习惯。

4. 提示幼儿早入园向老师行鞠躬礼问好，晚离园时跟老师说再见。

5. 根据幼儿个体特点，分配他们一些要在规定时间内完成的小任务。

【环境创设】

1. 展示幼儿在园的午睡照片及正确的睡眠姿势图片。

2. 教师将幼儿画的《我在幼儿园最喜欢做的事》粘贴在主题墙上。

3. 展示幼儿与家长一起制作的钟表。

4. 将幼儿用吸管、珠子、彩泥串出的窗帘挂在主题墙上。

5. 将幼儿用超轻黏土制作的一个太阳和一个月亮粘贴在主题墙上，再将白天和黑夜做的不同事情的照片分别粘贴在太阳或月亮下面。

【家园共育】

1. 建议家长每天晚上在睡前固定的时间给孩子讲故事，选择一些舒缓的音乐作为故事的背景音乐，这样能培养幼儿按时睡觉的好习惯，还可以促进亲子之间的感情交流。

2. 家长可以每天为孩子设置不同的起床闹钟铃声，让孩子通过不同的铃声来分辨今天是星期几，提示孩子在固定时间起床，让孩子养成按时起床的好习惯。

【社会实践】

我和朋友有个约会

◎活动目标

1. 知道与小伙伴约会要遵守约定时间，乐于做个遵守时间的好孩子。

2. 了解按时赴约的方法，并用自己的语言表述。

3. 懂得遵守公共场所的秩序，体验和小伙伴一起约会的快乐。

◎活动建议

1. 幼儿与同伴一起商定约会的时间、地点、活动内容，由家长提前一天做好路线、环境、安全等情况的前期调查。

2. 教师和家长要为幼儿进行外出安全教育，如：约会时不得离开家长视线，不能做危险的事情，不得与同伴打闹等。

3. 约会前，家长与幼儿进行交流，让幼儿说一说约会的方法，并一起准备所需物品。

4. 幼儿知道要早睡早起，在睡前请家长帮忙设定闹钟，做到准时睡觉、按时起床。

5. 约会当天，幼儿要自己的事情自己做，由家长陪同按约定时间到达约会地点，不迟到。

6. 约会后，请幼儿和爸爸妈妈说一说约会的情况，幼儿讲述爸爸妈妈代笔写或由幼儿用画画的方法记录下来。

【发展评估】

“按时活动”好习惯养成幼儿家长评价表

宝贝们，经过一个月的时间，你养成“按时活动”的好习惯了吗？现在请你和爸爸妈妈一起玩一个问答小游戏。

班级：　　　　幼儿姓名：

评价内容	评价结果
1. 你能坚持按时入园、离园吗？说一说怎样才能做到入园不迟到呢？	
2. 你能按时睡觉吗？能做到在睡觉时不吵闹、不做小动作吗？睡觉前，你会做哪些事情呢？	
3. 你能坚持按时吃饭吗？按时吃饭有什么好处？	
4. 你知道饭后散步有什么好处吗？请你说说适宜散步的时间和地点。	
5. 在自己有如厕需求时，你能及时如厕吗？请你说一说正确如厕的方法。	
6. 你喜欢参加幼儿园的活动吗？请你说一说在幼儿园中最喜欢做的事情是什么。	
7. 请你说一说按时赴约的方法有哪些。	
8. 请你说一说白天和黑夜都可以做哪些事情。	

爸爸妈妈们请在沟通中对孩子的行为作出正确的评价，指导孩子用彩笔为自己的好习惯作出不同等级的笑脸评价。

评价标准：非常好 4　好 3　一般 2　差 1

“按时活动”好习惯养成教师评价表

班级：　　　　　幼儿姓名：　　　　　　　教师姓名：

目标	评价结果			
	4	3	2	1
1. 能做到每天坚持按时入离园，不迟到。				
2. 在幼儿园按时睡觉和起床，并能独自入睡，做到午睡时不打扰他人。				
3. 知道憋尿不利于身体健康，能做到及时如厕。				
4. 知道按时吃饭对身体是有好处的，能做到按时吃饭。				
5. 知道餐后要散步，能说出适宜散步的时间和地点。				
6. 能根据音乐快慢节奏，模仿不同动物的散步形态。				
7. 能简单叙述《睡吧，小田鼠》故事内容，说出三种睡觉前可以做的事情。				
8. 能简单叙述《小熊赴约》故事内容，清楚地表达出小熊迟到的原因。				
9. 懂得与他人约定后要准时赴约，知道准时赴约的方法。				
10. 能说出白天和黑夜的不同和明显的特征。				

评价标准：非常好 4　好 3　一般 2　差 1

好习惯二　正确进餐

【主题名称】饭菜香喷喷

全家总动员

亲爱的家长朋友：

您好！目前，很多孩子在吃饭时有用手抓菜、边吃边玩、大声讲话的现象；还有些孩子不吃蔬菜、剩饭严重、吃零食成瘾；与家人一同用餐时，不懂得礼让长辈。这些都是因为孩子没有养成良好的饮食和进餐习惯。为了让孩子摄取均衡的营养，健康地成长，养成正确使用餐具、安静独立进餐、不挑食、不剩饭等好习惯，同时了解基本的进餐礼仪，本月我们将开展的主题活动是“饭菜香喷喷”，旨在培养孩子“正确进餐”的好习惯。

在幼儿园，我们有目的地进行培养，希望孩子能达到如下目标：

1. 学会正确使用餐具、安静独立进餐。

2. 养成不挑食、不偏食、不掉米粒、不浪费饭菜的好习惯。

3. 知道进餐时不说话、不边吃边玩、细嚼慢咽。

4. 愿意饮用白开水、不贪喝饮料，养成健康的饮食习惯。

在家庭生活中，我们建议您从以下几方面进行关注：

1. 请您以身作则，与孩子一起安静愉快进餐、不挑食、不剩饭、不一边吃饭一边看电视。

2. 放手让孩子独立进餐，教给孩子正确的餐具使用方法。

3. 带孩子到超市或市场一同购买食材，认识不同种类的蔬菜、水果、肉类等，为孩子讲解食物的营养，激发孩子进食的欲望。

4. 家中饮食做到荤素搭配、营养均衡，尽量少煎炸、烧烤、腌制，让孩子多吃蔬菜和水果，日常生活中多喝白开水、少喝饮料。

感谢您的参与，为了孩子的成长，让我们一起努力！

【主题目标】

1. 正确使用餐具独立进餐，养成不挑食、不偏食、不掉米粒的好习惯。
2. 吃饭时注意力集中，不东张西望，不边吃边玩。
3. 知道进餐时不说话，不打扰别人。
4. 知道吃东西要适量，养成细嚼慢咽的好习惯。
5. 愿意饮用白开水，不贪喝饮料，少吃生冷食物。
6. 知道多吃蔬菜、水果有益身体健康，养成爱吃蔬菜、水果的好习惯。
7. 知道煎炸、烧烤、腌制食品的危害，养成健康的饮食习惯。
8. 做到吃饭时姿势正确，保持愉快心情。

【主题口号】

正确进餐，身体壮壮
礼貌进餐，宝宝棒棒

【三字儿歌】

正确进餐

小饭碗，扶扶好。
小饭勺，不乱敲。
自己吃，懂礼仪。
说笑闹，可不好。

【集体教学活动】

活动一　小牛学吃饭

◎活动目标

1. 知道“菜包肉”的进餐顺序对身体好。
2. 做到吃饭不挑食、不边吃边玩，养成安静进餐的好习惯。
3. 体验进餐游戏的快乐。

◎活动准备

1. 课件：《小牛学吃饭》绘本故事图片，蛋、奶、面包、蔬菜、水果等各种食物图片，《蔬菜进行曲》视频。

2. 蛋、奶、面包、蔬菜、水果等各种食物图片。

◎活动过程

一、观察图片，认识故事角色小牛

师：孩子们，你们看，这是谁？你们猜猜看，小牛为什么流口水呢？

出示绘本故事封面图片，幼儿观察图片。大胆猜想后，教师出示蛋、奶、面包、蔬菜、水果等各种食物图片，幼儿说出名称。

师：小牛真的是看到了许多好吃的。他是吃东西的天才。

二、比赛拼图，知道吃饭不能挑食

师：下面我们一起听听吃东西天才小牛的故事吧。

教师出示绘本图片，讲述故事《小牛学吃饭》第一段。幼儿边看边听。

师：妈妈为什么要让小牛去吃饭学校学吃饭？

幼儿根据故事内容回答。（吃饭关系到身体健康）

师：小牛为了自己的身体健康，到吃饭学校学习吃饭啦。小牛和同学们学习吃早饭。老师让同学们比赛拼图，看谁先拼完。我们和他们一起比赛吧。怎样拼出一份营养套餐呢？

出示拼图比赛图片，幼儿交流拼图方法后，教师分发蛋、奶、面包、蔬菜、水果等各种食物图片，幼儿分组进行比赛，选出每组的第一名。

师：我们看看吃饭学校的小动物们谁得了比赛的第一名。鹿鹿老师告诉大家吃饭时要注意什么。

教师出示绘本图片，讲述故事第二段中“小牛第一个拼完……所以不能挑食”，幼儿根据故事内容回答。（小牛；各种食物都要吃，不能挑食）

师：各种食物有不同营养，我们吃饭不能挑食。

三、倾听故事，学习正确进餐方法

师：鹿鹿老师还讲了什么？我们继续听故事。

教师出示绘本图片，讲述故事第三段，幼儿看图听故事后回答。（先吃几口蔬菜，再吃肉，然后再吃蔬菜）

师：鹿鹿老师告诉小牛按菜包肉的进餐顺序对我们的身体好。吃饭还要注意什么呢？

教师出示绘本图片，讲述故事第四、五段。幼儿根据故事内容回答。（吃饭时不能看电视、玩游戏、说话）

师：我们专心吃饭，不边吃边玩，才能更好地吸收饭里的营养。吃饭时也不可以说话，吃饭时说话，饭粒容易呛到气管里，所以我们要做到安静进餐。

四、自由发言，说说正确进餐方法

师：孩子们，小牛到吃饭学校学习，学会了哪些正确进餐的方法？

幼儿说说进餐的正确方法。（先吃几口蔬菜，再吃肉，然后再吃蔬菜；不能挑食；吃饭时不能

看电视、玩游戏、说话，不边吃边玩）

师：小牛吃饭好，结果怎么样呢？

教师出示绘本图片，讲述故事最后一段。幼儿根据故事内容回答。

师：小牛由于吃饭好，长得特别强壮，头脑也非常聪明，成为世界第一牛。你们好好吃饭，也能像小牛这样成为世界第一宝贝。

五、观看视频，师幼共同跳蔬菜舞

师：孩子们，现在我们一起来跳一个快乐的蔬菜舞吧。

播放《蔬菜进行曲》视频，师幼共同舞蹈。

附：

小牛学吃饭

小牛是吃东西的天才，他生下来不用学就会吃妈妈的奶。一天，妈妈对小牛说："你长大了，该断奶啦。"小牛问："那我以后吃什么？"妈妈说："你该吃饭啦。吃奶不用学，妈妈的奶能提供给你所需营养。吃饭要去学校学习，因为有好多种好吃的，吃什么，怎么吃，直接关系到身体的健康。"小牛一听说能去学校和很多小朋友一起学吃饭，特别高兴。

小牛成为"吃饭学校"的学生，同班还有小狮子、小狼、小狐狸和小熊猫。小牛和同学们学习吃早饭。老师让同学们比赛拼图，看谁先拼完。小牛第一个拼完。老师奖给他一本《皮皮鲁送你100条命》。老师说："生命就像这幅拼图，需要各种食物的不同营养支持，如果缺一种，生命的拼图就不完整了，所以不能挑食。"

老师又说："吃饭时，要先吃几口蔬菜，再吃肉，然后再吃蔬菜。菜包肉，对身体好。"

"吃饭时如果看电视、玩游戏，吃下去的饭里的营养就会被电视或游戏里的坏蛋偷走。"老师严厉地叮嘱。

小狮子在吃饭时说话，饭粒进入了气管，来了好多医生抢救小狮子，所以吃饭时不能说话。

小牛第一个从吃饭学校毕业，爸爸妈妈来参加他的毕业典礼。小牛由于吃饭好，长得特强壮，头脑也非常聪明，成为世界第一牛。

（秦皇岛市启航幼儿园 / 杨萍）

活动二　不做漏嘴巴

◎活动目标

1. 珍惜粮食，知道粮食的来之不易。
2. 吃饭时注意力集中，不东张西望。
3. 养成认真进食、不掉饭粒的好习惯。

◎活动准备

1. 课件：《大公鸡和漏嘴巴》故事图片。

2. 大公鸡玩偶。

◎活动过程

一、师幼谈话，猜猜大公鸡最爱吃的食物

师：这里有一位大家熟悉的老朋友，它还饿着肚子呢，你们看，它是谁？

出示大公鸡玩偶，幼儿观察回答。

师：你们知道大公鸡爱吃什么吗？

幼儿根据已有经验回答。（米、虫子）

二、倾听故事，了解大公鸡和漏嘴巴故事

师：饿着肚子的大公鸡吃到了它最爱吃的米，这米是从哪里来的呢？我们一起来听听故事吧。

教师出示图片讲述故事《大公鸡和漏嘴巴》，根据所讲内容依次提问：小弟弟坐在院子里干什么？为什么小弟弟的饭撒了一地？大公鸡跑过来干什么？小弟弟为什么哭了？小弟弟的嘴巴漏了吗？后来小弟弟还撒饭粒吗？幼儿根据故事内容回答。

师：你们觉得小弟弟做得对吗？

幼儿自由回答。（不对，小弟弟吃饭撒饭粒；后来小弟弟吃饭不撒饭粒，做得对）

三、分组讨论，找找小弟弟变漏嘴巴的原因

师：孩子们，你们知道小弟弟为什么变成漏嘴巴了吗？请你和小伙伴一起说一说吧！

幼儿与伙伴交流后回答。（不好好吃饭，吃饭时不专心，把饭粒撒到地上、桌子上、脸上）

四、自由发言，知道吃饭时候的正确做法

师：你们想变成漏嘴巴吗？怎么做才能不变漏嘴巴呢？

幼儿自由回答。（不想；好好吃饭，不掉饭、不撒饭等）

师：下面我要请一位小朋友示范一下，吃饭时间到了，他是怎样吃饭的。

个别幼儿示范吃饭的正确方法，其他幼儿观察并回答。

师：等到吃饭的时候，咱们就比一比谁做得最好，大家都不做漏嘴巴。

五、倾听儿歌，养成认真进食的良好习惯

师：漏嘴巴是一个坏习惯，小朋友们在吃饭的时候要注意力集中，不东张西望。我这里有一首小儿歌，咱们来一起学一学吧，相信你们都会做得很好。

幼儿学说《吃饭儿歌》。

附：

吃饭儿歌

一手拿着小勺子，一手扶着小盘子。

眼睛看着盘中餐，不东张也不西望。

一口饭来一口菜，饭菜全部吃光光。

大公鸡和漏嘴巴

有一只大公鸡在院子里走来走去，这里啄啄，那里啄啄，找不到虫子吃，急得“咕咕咕咕”地叫。

小弟弟捧着饭碗，坐在院子里吃饭。他一边吃，一边瞧着花蝴蝶飞来飞去，饭粒撒了一身，撒了一地。

大公鸡看见了，可高兴啦！它连忙跑了过去，嘴里嚷着：“好运气，好运气！今天碰到一个漏嘴巴的小弟弟。”大公鸡跑到小弟弟身边，啄起地上的饭粒来，“哆哆哆”，啄得可快呢。真好玩！小弟弟越看越高兴，连吃饭也忘了。

一会儿，大公鸡把撒在地上的饭粒吃光了，它还没吃饱呢。大公鸡抬起头来看了看，小弟弟的裤子上也有饭粒，就来啄小弟弟的裤子了。

小弟弟说：“大公鸡，大公鸡，你怎么啄我呀？”大公鸡说：“小弟弟，小弟弟，我不是啄你，我是啄饭粒呢！”

一会儿，大公鸡把撒在裤子上的饭粒吃光了，它还没吃饱呢。大公鸡抬起头来看了看，小弟弟的衣服上还有饭粒，就来啄小弟弟的衣服了。

小弟弟说：“大公鸡，大公鸡，你怎么啄我呀？”大公鸡说：“小弟弟，小弟弟，谁啄你了，我是啄饭粒呢！”一会儿，大公鸡把撒在衣服上的饭粒吃光了，它还没吃饱呢。大公鸡抬起头来看了看，小弟弟嘴巴旁边有一粒饭，就来啄小弟弟的嘴巴。

小弟弟害怕了，端起饭碗就跑：“大公鸡，大公鸡，别啄我，别啄我！”大公鸡说：“小弟弟，小弟弟，别跑，别跑，我不啄你，我不啄你，你嘴巴旁边有粒饭，让我吃了它！”大公鸡张开翅膀，一下子跳到小弟弟的肩膀上，朝着他嘴巴上的饭粒，“哆”地啄了一下。

小弟弟哭了起来：“奶奶来呀，奶奶来呀！”大公鸡可高兴呢，它说：“小弟弟是个漏嘴巴，掉下饭来，让我吃得乐哈哈。”奶奶来了，小弟弟问奶奶：“奶奶你说，我的嘴巴漏吗？”奶奶说：“傻孩子，哪有漏嘴巴呀，是你吃饭的时候，东看看，西瞧瞧，把饭撒了。”

奶奶又给小弟弟盛了半碗饭，“快吃，快吃，可别再撒了。”小弟弟端着饭碗吃饭。大公鸡又来了，它说：“我还没吃饱呢，漏嘴巴，漏嘴巴，撒点饭粒让我吃呀！”大公鸡等呀等，一粒饭也没吃到。哦，小弟弟这回吃饭，可不东看看西瞧瞧了！他把饭吃得干干净净，拿着空碗让大公鸡瞧了瞧，对它说：“我是好弟弟，不是漏嘴巴。”

大公鸡没办法，耷拉着脑袋，只好去找虫子吃了。

（秦皇岛市启航幼儿园 / 陈静）

活动三　我爱吃蔬菜

◎活动目标

1. 知道几种常见蔬菜的名称，了解这些蔬菜对身体的营养价值。

2. 尝试对蔬菜进行摆盘，增强吃蔬菜的欲望。

3. 养成爱吃蔬菜的好习惯。

◎活动准备

1. 课件：小猪佩奇《午餐，好好吃饭》绘本故事图片，芹菜、香菇、大葱图片和自我介绍动画，蔬菜拼盘图片。

2. 各种蔬菜头饰，几种蔬菜（切成各种形状），餐具（勺子、盘子）每人一份。

◎活动过程

一、理解故事，明白挑食是坏习惯

师：今天小猪佩奇一家去了爷爷奶奶家，让我们一起去看看他们一家发生了什么有趣的事情吧！

出示绘本图片，讲述故事《午餐，好好吃饭》第一至三段，幼儿边听边看。

师：猪爷爷从菜园里摘了什么蔬菜？

幼儿根据故事内容回答。（番茄、生菜、黄瓜）

师：对，有番茄、生菜和黄瓜。乔治和佩奇吃蔬菜了吗？你们喜欢佩奇，还是乔治？

幼儿自由回答。（佩奇把蔬菜全都吃光啦，乔治一口都不吃；喜欢佩奇，因为乔治挑食，不吃蔬菜）

师：挑食对身体有害，蔬菜里含有丰富的营养，这些营养是我们长身体所需要的。

二、观看动画，了解蔬菜的营养价值

师：我听说，咱们班有一些宝贝就很挑食，而且有几种蔬菜他们从来不吃，比如大葱、芹菜和香菇。这几位蔬菜宝宝听说有人不喜欢他们，都很着急，看！他们来咱们班啦！掌声欢迎几位蔬菜宝宝！

出示大葱、芹菜和香菇三种蔬菜图片，师幼鼓掌欢迎。

师：相信我们大家一定在超市里见过他们，我们先来仔细地观察一下他们的样子吧！

幼儿观察图片，说说三种蔬菜的样子。（大葱宝宝叶子是绿色的，杆是白色的；芹菜宝宝是翠绿色的，长满了绿叶；香菇宝宝是棕色的，像一把撑开的小伞一样）

师：他们不仅长得有特点，营养价值也很丰富，听听他们自己怎么说的吧！

播放三种蔬菜自我介绍动画，幼儿观看倾听。

师：刚才我们分别听了这几种蔬菜的自我介绍，现在请小朋友说说他们分别说了什么。

幼儿根据动画内容回答。（大葱促进血液循环，芹菜清洁肠道，香菇可以增强免疫力）

师：这些蔬菜宝宝都有自己的特点和营养价值，因此，我们一定要喜欢他们哟。

三、蔬菜摆盘，增加吃蔬菜的欲望

师：那么乔治最后把盘里的蔬菜吃了吗？我们接着听故事。

教师出示绘本图片，讲述故事第四至六段。幼儿根据故事内容回答。（吃了）

师：原来呀，是猪爷爷把乔治盘子里的蔬菜摆成了他最喜欢的恐龙造型。乔治最后把盘里的蔬菜全吃啦。小朋友们，你们看，这些美丽的图案都是用各种蔬菜摆出来的。

出示蔬菜拼盘图片，让幼儿说说是用什么蔬菜拼出来的。

师：你们想不想用蔬菜摆一个图案呢？看，盘子里有一些切好的蔬菜，请大家想一想自己要摆成什么形状，然后就动手摆一摆吧。

出示切好的蔬菜，幼儿自选蔬菜自由拼摆形状。

师：大家都摆出了自己喜欢的形状，都有了一盘专门属于自己的蔬菜。相信它们也一定很好吃。

四、安静品尝，感受各种蔬菜的美味

师：现在就请小朋友们把自己摆好的蔬菜吃掉吧！不能剩菜哟。

幼儿安静品尝。

师：我们自己摆的蔬菜拼盘，吃起来就是不一样。

五、集体游戏，加深对蔬菜的印象

师：接下来，我们一起来玩一个蔬菜蹲的游戏。请每人来选一个蔬菜头饰吧。

幼儿自选蔬菜头饰戴好，玩蔬菜蹲游戏。

游戏方法：大家围成一圈站好，集体说“×× 蹲，×× 蹲，×× 蹲完 ×× 蹲”。说到谁，谁就赶紧蹲下，蹲晚了的小朋友被罚下。接着循环游戏。

附：

午餐，好好吃饭

佩奇一家到猪奶奶家玩儿。猪奶奶笑盈盈地问：“我的小宝贝们，你们想到菜园里摘些蔬菜来做午餐吗？”“当然好啊，奶奶！”佩奇很开心。

佩奇和乔治来到菜园里。猪爷爷正在给蔬菜浇水。“早上好，小家伙们，我们一起去摘新鲜蔬菜吧。”猪爷爷说。他们先去摘番茄。猪爷爷摘下两个红红的番茄，问：“你们喜欢吃番茄吗？”佩奇捧着篮子回答：“我很喜欢，爷爷，但是乔治不喜欢。”接着，他们来到生菜园里。猪爷爷一边摘生菜，一边问：“你们喜欢吃生菜吗？”“我非常喜欢。爷爷！”佩奇对爷爷说。可是乔治也不喜欢吃生菜。最后，他们又来摘黄瓜。猪爷爷问：“那你们喜欢吃黄瓜吗？”佩奇也非常喜欢吃黄瓜。可乔治却说：“讨厌。”猪爷爷多么希望他的菜园里有乔治喜欢吃的蔬菜呀！

蔬菜摘完了！佩奇把蔬菜拿回厨房，请猪奶奶做成沙拉。午餐准备好了，猪爷爷摇响铃铛，大喊一声：“吃饭咯！”午餐非常丰盛，有美味的比萨，还有新鲜可口的沙拉。大家都把自己盘子里的食物吃光了，只有乔治还剩下一大盘沙拉。不管大家怎么哄，乔治就是不肯吃番茄、生菜和黄瓜。

猪爷爷脑子一转，想到了一个好办法。他把乔治的番茄、生菜和黄瓜拼成了一只恐龙！乔治最喜欢恐龙了，他大口大口地把蔬菜恐龙吃得干干净净。

最后，猪奶奶还给大家准备了香甜的巧克力蛋糕，那可是乔治的最爱！

今天的午餐真是棒极了！

（秦皇岛市启航幼儿园 / 刘聪颖）

活动四　扮家家

◎活动目标

1. 学唱歌曲《扮家家》，掌握说唱部分 $\underline{\times\times}\times|\underline{\times\times}\times|\underline{\times\times}\ \underline{\times\times}|\underline{\times\times}\times|$ 的节奏。

2. 尝试创编歌词，知道多吃蔬菜身体好。

3. 了解家人做饭和喂娃娃吃饭的动作，知道家人做饭的辛苦，懂得孝敬家人。

4. 愿意边唱边表演，感受歌曲的快乐情趣。

◎活动准备

1. 课件：娃娃饿了图片，《扮家家》钢琴伴奏，歌词图谱。

2. 黄瓜和菠菜图片各1张，放在盒子内，用毛巾盖住。

◎活动过程

一、观察思考，说说娃娃表情想法

师：今天有一个小娃娃要来咱们班做客，我们一起欢迎他吧。哟，这个小娃娃怎么了？

出示娃娃饿了图片，幼儿观察回答。（娃娃饿了、想吃饭等）

二、回忆模仿，学学父母炒菜动作

师：孩子们，如果在家里你的肚子饿了，是谁给你们做吃的呢？他们会炒一些什么菜给你们吃呢？

幼儿自由说说在家里给自己做饭的人和炒菜的名称。

师：今天我们就给这个小娃娃当爸爸妈妈，炒些菜喂给他吃好不好？那么你们知道用什么来炒菜吗？

幼儿自由回答。（锅、铲子）

师：谁来学一学爸爸妈妈是怎样炒菜的？

幼儿模仿父母炒菜的动作。（一只手把着锅，一只手拿着铲子炒菜）

三、倾听歌曲，学习念白部分节奏

师：今天我为大家带来一首歌曲，里面就有“炒菜”，我们来听一听。

教师边做动作边清唱《扮家家》歌曲一遍。

师：你最喜欢歌曲里的哪一句呢？

幼儿自由回答，学说歌词。

师：“炒小菜，炒小菜，炒好小菜开饭了”这句歌词是唱出来的还是说出来的？你们能学着说一说吗？

幼儿边做动作边按节奏学习说唱歌词。

四、学唱歌曲，感受表演唱的快乐

师：歌曲里除了“炒小菜”之外还唱了什么呢？我再来唱一遍，你们可要仔细听啊。

教师出示歌词图谱边做动作边清唱歌曲。

师：谁来说一说你还听到了什么？

幼儿根据歌词内容回答。（做爸爸、做妈妈、炒小菜、喂娃娃等）

师：在歌曲里我们听到了我来做爸爸，我来做妈妈，还有一起炒小菜喂娃娃吃。这首歌体现的就是爸爸妈妈做饭、喂宝宝吃饭的情景，歌名就叫《扮家家》。我们再来听一遍吧。

教师再次边做动作边清唱歌曲。

师：我们跟着图谱一起唱一唱吧。

播放《扮家家》钢琴伴奏，幼儿看图谱跟唱歌曲两遍。

五、创编歌词，完整熟练表演歌曲

师：你们表演得太棒了，给自己鼓鼓掌吧。小娃娃说了，只有吃不同的蔬菜身体才会长得高不生病。我这里还准备了一些其他的蔬菜，我们把这些蔬菜炒熟喂给娃娃吃好不好？

教师请个别幼儿在盒子中轮流拿出黄瓜或菠菜的图片，说一说它们的名称。播放《扮家家》钢琴伴奏，幼儿看图谱将“小菜”分别换成“黄瓜”“菠菜”表演歌曲两遍。

师：小娃娃把你们给他炒的菜全都吃光了，小朋友们也要向小娃娃学习不挑食不剩饭啊。爸爸妈妈为我们炒菜多辛苦呀，我们回到家把今天学到的歌曲唱给爸爸妈妈听吧。

附：

扮家家

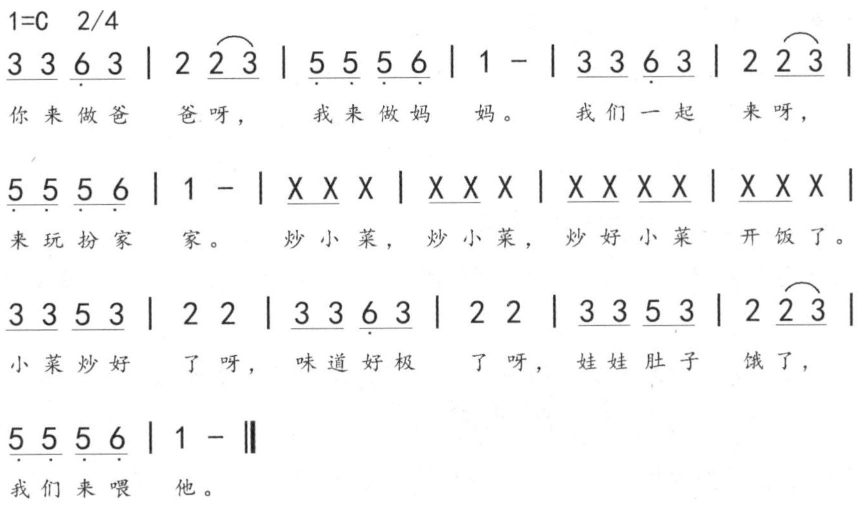

（秦皇岛市启航幼儿园 / 潘韵明）

活动五　爱吃水果的牛

◎活动目标

1. 理解故事内容，知道吃水果有益健康。

2. 养成爱吃水果的习惯。

3. 体验参加集体游戏的快乐。

◎活动准备

1. 课件：《爱吃水果的牛》绘本故事图片。

2. 杨桃、水果刀、切菜板，装有各种水果的魔法袋，画有牛奶杯的图画纸、油画棒。

◎活动过程

一、认识角色，一起来观察品尝水果

师：这是一只特别的牛，你们知道它爱吃什么吗？

出示绘本封面中牛的图片，幼儿观察回答。（爱吃苹果，爱吃水果）

师：这是一只爱吃水果的牛，它生活在一个长满各种果树的森林里，每天主人都摘各种好吃的水果给它吃。看，这是什么水果？

出示水果杨桃，引导幼儿说出其名称，观察其外部形状、颜色。

师：杨桃里面会是怎样的呢？我们把它切开来看看吧！把你们的小刀举起来。

幼儿举起小手，边做切的动作，边说“切，切，切杨桃”。教师切开杨桃。

师：杨桃切开来了，它是什么形状的？

幼儿观察回答。（星形）

师：大牛要来吃杨桃了。我们和它一起品尝吧。

幼儿品尝杨桃后，教师引导幼儿说“杨桃杨桃真好吃，我爱吃杨桃”。

二、倾听故事，知道吃水果有益健康

师：爱吃水果的牛还吃了哪些水果呢？我们一起来听故事吧。

教师出示绘本图片，讲述故事《爱吃水果的牛》。幼儿根据故事内容回答。

师：大风来了，其他人都生病了，为什么这只爱吃水果的牛没有生病呢？主人和邻居们身体是怎么变好的？这只牛怎么会挤出水果牛奶的呢？

幼儿根据故事内容回答。（因为这只牛爱吃水果；主人和邻居们吃了水果，身体变好了；因为这只牛吃了水果）

师：水果有很多营养，多吃水果可以让我们的身体更健康。你平时最喜欢吃什么水果？

幼儿自由回答。（苹果、橘子、香蕉、草莓、樱桃、西瓜等）

师：你们喜欢吃这么多水果呀！那你们的身体一定也很棒了。

三、师幼互动，体验摸水果游戏的快乐

师：看，这是一个魔袋，里面有很多好吃的水果。下面我们来玩一个好玩的游戏。

教师手拿装有各种水果的魔法袋子，组织幼儿玩摸水果的游戏。

游戏玩法：幼儿围成圆圈扮演牛，教师在圈中，手拿装有各种水果的魔袋扮演主人。幼儿模仿牛的样子绕圈走。教师学牛叫“哞——”时，幼儿停下。圈中扮演主人的教师随意指定一名幼儿到魔袋里摸出一个水果。该幼儿将所摸出的水果（如苹果）举起来，站在中间变成水果了。幼儿一起说“××（苹果），××（苹果）真好吃，我爱吃 ××（苹果）”。游戏继续进行。

四、自主选择，画出喜欢的水果牛奶

师：小牛们，我们刚刚一起玩了摸水果的游戏。接下来我们再来做一杯水果味道的牛奶吧。看，你面前的画纸上有一个牛奶杯，你喜欢什么口味的水果牛奶，就用油画棒把牛奶杯填满吧！

幼儿自由将牛奶杯涂上和水果有关的颜色。

五、作品分享，知道吃水果的益处多

师：我看到小牛们已经都将水果牛奶准备好了。哪位小牛愿意和大家分享一下你的水果牛奶呢？说一说你的水果牛奶是什么口味，为什么爱吃这个水果。

请个别幼儿展示并介绍自己的作品。

师：你们说得真好。每一种水果都有它自己独特的味道，也有自己的营养价值。希望大家都能像“爱吃水果的牛”一样幸福、甜蜜地享受各种水果。

附：

爱吃水果的牛

在一个长满各种果树的森林里，住着一只爱吃水果的牛。主人每天喂它各种好吃的水果，有红红的西瓜，有甜甜的木瓜，还有像星星一样的杨桃……

一天晚上，突然刮起了一阵大风，天气变得很冷很冷。主人着凉了，所有的邻居也都感冒了，只有爱吃水果的牛没有生病。

爱吃水果的牛吃了草莓，挤出了草莓牛奶给主人：“主人，请喝杯草莓牛奶吧！”还有香蕉牛奶、苹果牛奶、葡萄牛奶……

主人的感冒渐渐好了。邻居们吃了水果，病也好了。大家都变得爱吃水果了。

（秦皇岛市启航幼儿园 / 彭鹏）

活动六　馋嘴的小老鼠

◎活动目标

1. 了解不同食物的口感，丰富有关味道的认知。

2. 练习使用“×× 是 ×× 味道的”句式表达。

3. 知道吃东西要适量。

◎活动准备

1. 课件：《馋嘴的小老鼠》绘本故事图片，小老鼠画像。

2. 食物模型，苦瓜、糖果、山楂卷等食物。

◎活动过程

一、大胆进行猜测，认识故事角色老鼠

师：孩子们，今天我为大家请来了一位小客人，请你们来猜一猜他是谁呢？

逐步出示小老鼠的长尾巴、大耳朵、尖嘴巴，最后展示全部。

幼儿根据局部特征大胆猜测。

二、观察老鼠表情，了解不同食物口感

师：今天我为大家请来的小客人就是这只可爱的小老鼠。下面我们一起来看几张图片，看看小老鼠在干什么。

教师依次出示小老鼠吃葡萄、吃墨鱼、吃辣椒、吃柠檬的图片，幼儿观察回答。

师：请你仔细观察小老鼠的表情，猜一猜，这个食物是什么味道的呢？

幼儿根据小老鼠的表情猜测食物味道。

三、仔细倾听故事，学习使用特定句式

师：孩子们，下面我们一起来看看小老鼠吃的这些食物都是什么味道的吧！

教师完整讲述故事《馋嘴的小老鼠》，幼儿认真倾听。

师：小老鼠吃了很多种食物，每一种食物都有自己的味道，你还记得小老鼠吃的食物都是什么味道吗？

幼儿根据故事内容回答。（葡萄是甜的、墨鱼是咸的、辣椒是辣的、柠檬是酸的、草莓是香香的、棒棒糖是甜甜的等）

教师依次出示食物模型，幼儿练习用“×× 是 ×× 味道的”句式表达。

四、模拟故事情境，知道吃东西要适量

师：小老鼠吃食物的过程是什么样的？你能试着表演一下吗？

个别幼儿表演后，幼儿分组进行故事表演，体验小老鼠吃食物时的感受以及吃多了后的难受，知道吃东西要适量。

师：孩子们，每一种食物里都藏着不同的味道，有你喜欢的也有你不喜欢的，但是不管食物多好吃，我们也不能吃太多，不然就会像小老鼠一样难受，还要吃苦苦的药。

五、品尝多种食物，丰富有关味道认知

师：今天老师也为大家准备了一些食物，请你来尝一尝这些食物都是什么味道的。

出示苦瓜、糖果、山楂等食物，幼儿选择一种食物品尝并说出“×× 是 ×× 味道的”。

师：孩子们，不同的食物有不同的味道，不同味道的食物有不同的营养，我们要尝试吃不同的食物，均衡饮食，这样才能长得高、长得壮。

附：

馋嘴的小老鼠

小老鼠张大嘴巴，啪啦啪啦吃葡萄，葡萄是甜的。

小老鼠看到桌子上的墨鱼，心里想：“那个会是什么味道呢？”嗷呜嗷呜吃墨鱼，墨鱼是咸的。

小老鼠又看到桌子上的辣椒，心想：“那个会是什么味道呢？”咔嚓咔嚓吃辣椒，辣椒是辣的。

小老鼠看到茶几上的柠檬，又想：“那个会是什么味道呢？”吱溜吱溜吃柠檬，柠檬好酸啊。

美味的比萨，香香的草莓，甜甜的棒棒糖，甜甜圈，蛋糕和饼干，我要把这些都吃掉。

“小老鼠小老鼠，你怎么啦？”妈妈问。“哎哟，哎哟，好难受啊！”小老鼠躺在床上动弹不得。

“小老鼠怎么吃了那么多呀？快点吃药吧！”妈妈说着递上一杯药。咕咚咕咚，“啊！好苦啊，药是苦的！”小老鼠痛苦地说。

（秦皇岛市启航幼儿园 / 冯立楠）

活动七　肚子里的小人

◎活动目标

1. 初步了解食物在胃中的消化过程。

2. 知道保护胃的方法。

3. 养成吃饭适量、细嚼慢咽的饮食习惯。

◎活动准备

1. 幼儿简单了解身体里面的器官。

2. 课件：《肚子里的小人》绘本故事图片。

◎活动过程

一、师幼谈话，说说身体里的消化器官

师：你们了解自己的身体吗？说一说我们能看见的身体器官有哪些。

幼儿相互观察，说说能看见的身体器官。（眼睛、鼻子、嘴、耳朵）

师：身体里面有哪些器官？

幼儿自由回答。（心脏、胃、肠、肺、肝）

师：这就是我们的胃，你们看它像什么？

出示胃的图片，幼儿想象回答。（像一颗豆子一样）

二、观察图片，了解小伙伴的工作方法

师：这里面有些什么呢？我们一起看一看。

出示胃里小人图片，幼儿观察回答。

师：一个长得和我们一样的小伙伴，他在胃里都会做些什么呢？

幼儿自由回答。（吃饭、睡觉、做游戏 、学习）

师：除了这些，他还有一个重要的工作。有一块食物从上面掉了下来，哪儿去了？我们看看有什么变化。

教师出示消化食物的图片，幼儿观察后回答。（变小了）

师：如果我们把食物嚼嚼碎，小伙伴也用嚼嚼碎的方法把食物变小。如果遇到没嚼碎的小疙瘩，怎么办呢？我们看看小伙伴是怎么做的，这根管子里会喷出什么呢？

出示用管子喷食物的图片，幼儿观察回答。（小伙伴手里拿了一根长长的管子对准这些大块的食物，要把它们击碎；管子里会喷出像水一样的东西）

师：管子里喷出像水一样的液体叫胃酸，它可以把大的食物变小。

三、解决难题，知道保护小伙伴的做法

师：有时候小伙伴也会遇到难题，你们看，发生了什么事？

出示小人生气的图片，幼儿观察回答。

师：食物来得太快，个头又大，小伙伴忙不过来了。我们要怎么做，才能帮助他呢？

幼儿根据经验回答。（要慢慢吃、嚼嚼碎）

师：小伙伴为什么会这么难受？你们能帮帮他吗？

出示胃胀、小人难受的图片，幼儿观察回答。（我们不要吃太多食物，小伙伴就不会挤得难受了）

师：有时候小伙伴也会冻得瑟瑟发抖，这是为什么呢？我们应该怎么做？

出示小人发抖的图片，幼儿观察回答。（不喝凉水、不吃冰激凌、不喝冷饮，要喝热水）

师：平时要多喝温水，少吃生冷食物，吃饭要嚼嚼碎，不要吃太多食物，小伙伴就会既高兴又健康。

四、交流讨论，探索饮食与大便的秘密

师：我们吃不同的食物会排出不同的便便，你们知道哪种便便是健康的吗？为什么？

出示三种不同形态便便的图片，幼儿观察回答。（长长的，像香蕉的）

师：怎样才能排出香蕉便便呢？

出示运动、睡觉、吃饭的图片，幼儿观察图片自由回答。

师：我们不挑食、吃饭适量、细嚼慢咽、多运动、按时入睡就可以排出健康的香蕉便便了。

五、角色模仿，分辨饮食习惯的好与坏

师：现在我们去看看身边的小朋友都有哪些饮食习惯。这个小朋友在吃什么？如果你是他肚子里的小伙伴，你会怎么样？请用动作表现出来。

出示吃辣椒的图片，幼儿观看后回答并表演。

师：吃太多辣的食物，小伙伴就像被火烧一样难受，这种饮食习惯不好。

教师依次出示喝温水、躺着吃东西的图片，幼儿观察后说说这种饮食习惯的好与坏，表演肚子里小伙伴的动作。

师：我们要养成好的饮食习惯，少吃辣椒这些刺激性的食物，多喝温水，坐在桌子旁安静地进餐，肚子里的小伙伴才会更好地与我们相处，陪伴我们健康成长。

附：

肚子里的小人

在你的肚子里，住着一个和你长得一模一样的小人。他呀……嚼嚼碎，嚼嚼碎，和你吃一样的饭。嚼嚼碎，嚼嚼碎，呀，一个没嚼碎的小疙瘩。哟——小人把小疙瘩变成碎末末！可是，你要总是狼吞虎咽或者挑食吃一种食物，小人就会生气乱闹腾。如果你细嚼慢咽不挑食，蔬菜也都好好地吃，小人儿就会喜笑颜开心情好。

下面四件事儿，绝对不能做哟！吃太多、喝太多、躺着吃、肚子受凉。

吃太多饭的话……哎哟！哎哟！哎哟——好难受啊！喝太多果汁的话……咕嘟！咕嘟！咳咳咳——要淹死啦……嚼一嚼，咕噜咽下。呀，波浪来啦！

小肚子全都露出来了哟！冷啊！好冷啊！嘚嘚，嘚嘚嘚！嘚嘚嘚嘚嘚嘚嘚……要是一直这样的话……咕噜——咕噜噜那你的小肚子就要遭殃喽！憋不住了！憋不住了！解出来的，都是这样的便便！还有，还有呢！要是肚脐眼瘙痒，可要注意了哟！

“哼！哼哼！喂！你都干了些什么？”说话的是肚子里的小人！小人，跑出来了！

“听明白我的话了吧！”小人说出了解出好大便的秘密。不挑食、细嚼慢咽、好好睡觉、好好玩耍。要是这么做的话，一定可以……嗯——嗯嗯！噢耶！……解出来了！超级——超级大奇迹的香蕉大便！

（秦皇岛市启航幼儿园 / 陈凯）

活动八　健康饮食我知道

◎活动目标

1. 愿意饮用白开水，不贪喝饮料。

2. 知道煎炸、烧烤、腌制食品的危害。

3. 注意食品安全，养成健康的饮食习惯。

◎活动准备

1. 课件：《小老虎的牙科诊所》绘本故事图片，各种饮料图片，煎炸、烧烤、腌制食品图片。

2. 画对号和打叉的篮子各 4 个，健康和不健康的食品图片若干。

◎活动过程

一、观看图片，认一认各种碳酸饮料

师：孩子们，大家看看这些都是什么呀。

教师出示芬达、可口可乐、雪碧等饮料图片，幼儿观察回答。

师：除了这些饮料，大家还喝过什么饮料吗？

幼儿自由回答。（橘子味、苹果味的汽水等）

师：刚才大家说的这些有气的饮料都叫碳酸饮料。

二、倾听故事，知道喝白开水更健康

师：喝碳酸饮料对我们的身体好不好呢？我们请小老虎医生来告诉我们吧。

教师出示绘本图片，讲述故事《小老虎的牙科诊所》第一段。幼儿边看边听。

师：小象的牙齿为什么会疼呀？

幼儿根据故事内容回答。（小象的牙齿里长了牙虫子）

师：小象的牙齿里怎么会长牙虫子呀？小老虎能打过它吗？我们继续听故事。

教师出示绘本图片，讲述故事第二段。幼儿根据故事内容回答。（因为喝甜饮料，打不过）

师：怎么样才能打败牙虫子呢？请你们想个办法。

幼儿大胆表达自己的想法。

师：小老虎医生是用什么办法把牙虫子制服了？

教师出示绘本图片，讲述故事第三段。幼儿根据故事内容回答。（每天喝白开水，不喝饮料）

师：芬达、可口可乐、雪碧这些碳酸饮料，虽然味道甜甜很好喝，但是会让我们牙齿变坏，还会影响我们身体对钙的吸收，让我们身体变胖。所以在日常生活中我们要多喝白开水，不贪喝饮料！

三、对话交流，了解垃圾食品的危害

师：看，小老虎医生来到了我们班，咱们一起来听听它有什么话要说呢。

播放第一段小老虎录音：“小朋友来看看这些都是什么食品呀？”

教师依次出示薯条、油炸方便面、麻花等煎炸食品图片，烤肉串、烤鸡翅、烤鱼等烧烤食品图片，腊肠、辣条、泡菜等腌制食品图片，引导幼儿认识煎炸、烧烤、腌制类食品。

播放第二段小老虎录音：“你们知道吃这些食品会对我们的身体造成什么危害吗？”

幼儿自由回答。（会让我们生病、长胖等）

播放第三段小老虎录音：“我们刚刚看到的这些煎炸、烧烤、腌制类食品中含有让我们的身体生病的物质，对我们的身体有伤害。小朋友们要记住，尽量不要吃哟！我们要多吃水果蔬菜等新鲜的营养丰富的食品，远离不健康的食品哦！”

四、分组游戏，找一找有营养的食物

师：小老虎的牙科诊室来了好多小动物，因为他们分不清哪些是健康食品，哪些是不健康的食品，所以请小朋友来帮忙，把健康的食品放到划对号的篮子里面，把不健康的食品放到打叉的篮子里面。

幼儿分四组进行游戏，把健康食品和不健康食品图片分别放入相应的篮子中。教师巡视指导。

五、说说歌谣，知道饮食要注意安全

师：孩子们，现在我们一起来说一首关于健康饮食的歌谣吧。

师幼一起说食品安全歌谣，并进行动作表演。

师：孩子们，请你们回家后把你知道的健康食品和不健康食品和你的家人一起说一说吧。

附：

小老虎的牙科诊所

小老虎的牙科诊所开业了，第一位来看病的是小象，他坐在看牙齿专用的治疗椅子上面。小象告诉医生他的牙齿老是疼。这时候一只大牙虫子从小象的一颗牙齿里蹿了出来，手里还拿着枪，向小老虎扫射。

幸亏小老虎早有防范，他的衣服是防腐材料制成的。小老虎拔枪和牙虫对射，场面激烈。小象面如土色。没想到牙虫子非常厉害，小老虎败下阵来。牙虫子回到小象的牙齿里，高兴地跳起街舞。小象疼得直哆嗦。小老虎对小象说："真对不起，我打不过你嘴里的牙虫子，它是天天在你嘴里喝甜饮料的牙虫子，很难对付的。"

小老虎想了想，有了好主意。小老虎说："你如果每天喝白开水，牙虫子就会变得非常虚弱，不堪一击的。"小象回家以后再也不喝饮料了，睡觉前刷牙之后也不吃东西了。过了一些日子，小象又去看牙医了，小老虎医生轻而易举地就把牙虫子制服了。

食品安全歌谣

小朋友，要记牢，食品安全最重要。
甜饮料，有害处，多喝牙齿长不好。
煎炸食品要少吃，烧烤食品不能要。
腌制食品要远离，你能做到身体好。

（秦皇岛市启航幼儿园 / 朱宝）

【个别化学习活动】

区域	名称	材料	玩法	价值
语言区	趣味故事盒	《不做漏嘴巴》故事图片，做成卷轴；用纸盒做的播放卷轴的支架。	1. 幼儿转动卷轴，直到出现一幅完整的故事图片。 2. 幼儿观察图片，根据图片内容进行故事讲述。	清楚地讲述故事内容，知道不做漏嘴巴。
	猜猜看	不同水果卡片。	1. 两位幼儿面对面站立，一个幼儿选取一张水果卡片，根据卡片内容进行肢体表演和语言描述（但不能说出水果的名称），另一个幼儿猜测说出水果名称。 2. 两位幼儿面对面站立，一个幼儿根据卡片内容进行肢体表演（不能说话），另一个幼儿根据动作进行猜测，说出水果名称。	大胆描述不同水果的形状、味道、颜色等方面的特点。
	美味的食物	苹果、香蕉、甜甜圈、饼干、萝卜等食物卡片若干。	1. 幼儿抽取卡片，根据卡片上的食物说出"××是××味道的"。 2. 两名幼儿分别选取相同数量的食物卡片，一人出卡并说出"××是××味道的"；另一人也选择相同味道的食物卡片出卡并说出"××也是××味道的"。	练习按句式说出不同食物的味道。

（续表）

区域	名称	材料	玩法	价值
益智区	小熊吃豆豆	方形纸盒2～3个，上层纸板中间贴有小熊图案，小熊嘴的部位是漏洞；小珠子若干。	1. 幼儿选择2～3个小珠子放入方形纸盒的上层纸板上。 2. 幼儿双手把住纸盒两端，晃动纸盒，让小珠子从小熊的嘴部（漏洞处）漏下，掉入下面的空盒子里。 3. 盒子里小珠子全部漏空后，再次将漏掉的小珠子取出，放入盒子上层纸板上，进行游戏。 4. 2～3个幼儿可以同时游戏，进行比赛。	锻炼手眼协调能力。
	食物对对碰	带有12或16个方格的操作板，不同味道的食物卡片。	1. 将食物卡片依次放到操作板方格中，幼儿记忆食物的位置后，将卡片背面朝上放好。 2. 幼儿根据记忆选择两张卡片翻开，如果为同一味道的食物就成功配对，可以拿下来作为自己的收获，如果翻开的两张卡片不是同一种味道的食物，则背面朝上放回原位。 3. 卡片全部配对成功后游戏结束，若多名幼儿游戏，收获卡片最多的幼儿获胜。	知道不同种类食物的味道，锻炼记忆能力。
	美味营养餐	几组不同餐食的拼图。如：牛奶、鸡蛋、馒头等。各种食物模型，菜单、餐盘。	1. 依据局部图案、颜色等线索拼贴出完整的食物图案，并说出所拼出的食物名称。 2. 自选菜单，用食物模型进行营养餐搭配并说出营养餐中食物名称。	初步感知图形部分与整体的关系，发展观察力及语言表达能力。
生活区	大嘴娃娃吃饭	1. 用纸盒或塑料瓶制作的三个不同的大嘴娃娃。 2. 超轻黏土制作的各种不同的食物。 3. 不同材质、大小的勺子若干。 4. 任务卡，卡上标有数字和食物，食物的数量和搭配合理。	幼儿抽取一张任务卡，选择自己喜欢的勺子和大嘴娃娃，按任务卡上的食物及食物数量给大嘴娃娃喂食。	练习使用勺子，知道吃饭适量，合理搭配。
	小手真能干	水果切切乐玩具：苹果、橙子、火龙果、香蕉、草莓等水果，水果刀、切菜板、盘子；娃娃家环境。	1. 娃娃家的主人利用水果切切乐材料做水果拼盘，招待客人，并给客人介绍盘中水果。 2. 客人自己选择要吃哪些水果，主人根据客人要求完成水果拼盘。 3. 主人、客人互换进行游戏。	知道水果的名称，了解其内部。
科学区	找一找	墙面操作板分为两个板块，分别在上面粘贴两个同样的篮子图片；“√”“×”各1个。 牛奶、鸡蛋、花生、核桃、苹果、鸭梨、菠菜、西红柿等健康食品卡片，薯条、炸鸡块、烤羊肉串、汉堡、可乐、果冻、辣条等不健康食品卡片。	1. 幼儿选择“√”“×”分别贴在墙面操作板上篮子的上面。 2. 选取健康的食品卡片，粘在贴有“√”篮子图片下面，并说出“××是健康食品”。 3. 选取不健康的食品卡片，粘在贴有“×”的篮子图片下面，并说出“××是不健康食品”。	辨别健康食品和不健康食品并进行分类。

（续表）

区域	名称	材料	玩法	价值
科学区	分果果	不同水果图片各5个；数字卡片1～5；盘子5个，每个盘子用笔分画出一大一小两部分。	1. 幼儿先取一个数字放在盘子的小区域里；根据取出的数字，再取相应数量的水果图片，放在盘子的大区域里。 2. 幼儿先取5以内数量的水果图片，放在盘子的大区域里，再根据水果图片的数量选择相应的数字，放在盘子的小区域里。	1. 练习按数取物或按物取数。 2. 认识各种水果。
	动物宝宝要开饭	1. 操作板，上方贴有熊猫、兔子、小猴、小鸡、小狗、小猫图片，每个动物图片下方有5个粘扣；操作板下方有三排粘扣。 2. 白菜、萝卜、竹笋等蔬菜图片，桃子、香蕉、苹果等水果图片，骨头、鱼、虫子等肉类食物图片；小盘子图片。每个图片上都贴有子母扣。 3. 1～5数字卡片及点卡若干。	1. 教师或幼儿在小动物图片下方粘贴1～5不同数量的盘子。 2. 幼儿点数每只动物下方盘子的数量，分别用数字卡片和点卡标记出来。 3. 幼儿找出动物喜欢吃的正确数量的食物，一一贴在盘子上。 4. 将“食物”进行分类，贴到操作板上，并说说分类的理由。	1. 知道常见动物的名称与它们爱吃的食物。 2. 认识数字1～5，练习5以内点数和按数取物。 3. 按盘子数量摆放“食物”，感知数的概念。 4. 尝试进行食物分类。
美工区	蔬菜水果店	多种颜色小方形皱纹纸，胶棒，画有不同水果、蔬菜轮廓的图画纸。	1. 选取一张画有水果或蔬菜轮廓的图画纸。 2. 根据画纸上水果特点，选择相应颜色的皱纹纸团成小球，用胶棒将小纸球粘到相应位置。	练习用纸团粘出各种水果蔬菜颜色。
	小巧手	各种颜色超轻黏土，各种食物图片，各种食物的制作步骤图。	1. 任意选取食物图片，找到所选取食物的制作步骤图，尝试用超轻黏土参照步骤图制作该食物。 2. 用黏土自主创意制作食物。	练习用团圆、压扁的技能制作食物。
表演区	扮家家	《扮家家》音乐、歌曲图谱，爸爸妈妈头饰、小娃娃，不同蔬菜图片若干。	1. 幼儿自主选择头饰，跟随《扮家家》音乐，对照图谱，边唱歌边表演。 2. 选择蔬菜图片，更换图谱中蔬菜，按照新的图谱创编歌词，进行表演。	练习跟随音乐、看图谱表演炒小菜。
	蔬菜进行曲	《蔬菜进行曲》音乐视频，青菜、番茄、黄瓜、土豆、萝卜、青椒、大白菜、洋葱、大蒜、芥蓝、冬瓜、芹菜、芋头等蔬菜的头饰。	1. 幼儿选择自己喜欢的蔬菜头饰戴好。 2. 跟随音乐视频进行舞蹈表演。	练习跟随音乐表演蔬菜舞蹈。
建构区	小厨房	厨房实景图片，积木若干，锅、铲、勺、盘子等厨房玩具。	1. 观察厨房实景图片，说说厨房里有哪些物品。 2. 利用积木，尝试运用平铺、垒高、架空等技能建造厨房。 3. 将锅、铲、勺、盘子等玩具摆到厨房相应位置。	喜欢进行建构厨房游戏，掌握平铺、垒高、架空等基本的建构技能。

【户外运动活动建议】

1. 组织幼儿到户外进行与食物有关的游戏活动，如小兔子拔萝卜、小乌龟运果子等。

2. 餐后按时组织幼儿散步，散步时可采用模仿小猫、小鸭等小动物走路的形式，增加散步的趣味性。

3. 饭后短时间内不可进行剧烈运动，一小时后可进行适当的运动锻炼。

4. 户外运动后，提醒幼儿及时饮水，补充因运动身体流失的水分。

5. 保证幼儿每天运动时间，促进食物消化，增强食欲。

【日常生活活动建议】

1. 在吃饭前，可与幼儿交流今天的饭菜是什么，让幼儿说说“我喜欢吃什么”。

2. 引导幼儿不偏食、挑食，喜欢吃瓜果、蔬菜等新鲜食品。

3. 幼儿吃饭时不过分催促，提醒幼儿细嚼慢咽，不要边吃边玩。

4. 利用饭后散步的时间与幼儿交谈，说一说自己今天吃过的食物都到哪里去了，自己吃完饭之后的感觉。

5. 请吃饭不挑食的幼儿轮流担当小组长，负责分发勺子。

【环境创设】

1. 将正确进餐方法用图片或照片的形式展示在主题墙的知识板块上。

2. 将幼儿独立正确进餐的照片张贴在主题墙上或楼道吊饰上面。

3. 在活动室适当位置展示幼儿制作的夹心饼干、蔬菜印画等作品。

4. 将“光盘行动”记录卡展示在活动室适当位置。

5. 在主题墙上展示健康和不健康食品的图片。

【家园共育】

1. 建议家长收集有关正确进餐的绘本故事讲给孩子听。

2. 家长可与孩子玩一些正确进餐的亲子游戏，如夹菜大比拼：吃饭时和孩子比一比，谁的筷子夹的菜多；看谁耳朵灵：一个人轻轻说出菜名，另一个人迅速夹菜放入口中，锻炼幼儿手眼协调能力；大家照镜子：爸爸或妈妈吃饭时做什么动作，孩子就学什么动作，爸爸或妈妈可以每样菜都夹一些放到嘴里，以此来引导孩子慢慢改掉挑食的坏习惯。

【社会实践】

到餐厅吃饭

◎活动目标

1. 认识餐厅，知道进餐时不乱说话。

2. 尝试独立进餐，学习正确使用餐具的方法。

3. 感受进餐的快乐氛围，知道不浪费粮食。

◎活动建议

1. 活动前，家长与幼儿交流想吃的食物，商定进餐地点。

2. 家长带领幼儿进入餐厅，让幼儿自主选择喜欢的位置坐好。

3. 家长引导幼儿有礼貌地与服务员交谈，选择自己喜欢的食物，注意营养搭配合理。

4. 进餐时让幼儿正确使用餐具，独立进餐，做到吃东西适量、细嚼慢咽、不边吃边玩、不打扰别人。

5. 幼儿注意进餐礼仪，提醒幼儿进餐时将好吃的饭菜请长辈先吃。

6. 进餐后整理好自己的随身物品。

【发展评估】

“正确进餐”好习惯养成幼儿家长评价表

宝贝们，经过一个月的时间，你养成“正确进餐”的好习惯了吗？现在请你和爸爸妈妈一起玩一个问答小游戏。

班级：　　　　　幼儿姓名：

评价内容	评价结果
1. 你知道“菜包肉”的进餐顺序是什么吗？请说一说。	☺ ☺ ☺ ☺
2. 你爱吃的水果有哪些？请用“×× 是 ×× 味道的”句式说一说。	☺ ☺ ☺ ☺
3. 你知道多吃蔬菜有什么好处吗？请说出五种你爱吃的蔬菜。	☺ ☺ ☺ ☺
4. 你知道保护胃有哪些方法吗？请你说出三种。	☺ ☺ ☺ ☺
5. 喝白开水和碳酸饮料，哪个更健康？	☺ ☺ ☺ ☺
6. 我们要尽量少吃或不吃煎炸、烧烤、腌制类食品。你知道哪些食品属于煎炸、烧烤、腌制类食品吗？	☺ ☺ ☺ ☺
7. 健康的食品都有什么？请你说出五种以上。	☺ ☺ ☺ ☺
8. “独立进餐、细嚼慢咽、不挑食、不掉米粒、不贪喝饮料、不边吃边玩”，这些进餐好习惯你做到了哪些？	☺ ☺ ☺ ☺

爸爸妈妈们请在沟通中对孩子的行为作出正确的评价，指导孩子用彩笔为自己的好习惯作出不同等级的笑脸评价。

评价标准：非常好 4 ☺　好 3 ☺　一般 2 ☺　差 1 ☺

“正确进餐”好习惯养成教师评价表

班级：　　　　幼儿姓名：　　　　　教师姓名：

目标	评价结果			
1. 正确使用餐具，独立进餐。	4	3	2	1
2. 做到吃饭不挑食、不偏食、不掉米粒。				
3. 知道吃东西要适量，养成细嚼慢咽的好习惯。				
4. 做到进餐时不说话、不打扰别人、不边吃边玩，养成安静进餐的好习惯。				
5. 愿意饮用白开水、不贪喝饮料。				
6. 知道多吃蔬菜、水果有益身体健康，养成多吃蔬菜、水果的好习惯。				
7. 知道煎炸、烧烤、腌制食品的危害，养成健康的饮食习惯。				
8. 初步了解食物的消化过程，知道保护胃的方法。				
9. 了解不同食物的口感，会使用“×× 是 ×× 味道的”的句式进行表达。				
10. 会唱歌曲《扮家家》，边唱边进行表演。				

评价标准：非常好 4　好 3　一般 2　差 1

好习惯三　讲究卫生

【主题名称】香香好宝宝

全家总动员

亲爱的家长朋友：

您好！讲卫生就是在日常生活中养成一些良好的卫生习惯，幼儿园的孩子体质较弱，抵抗力较差，经常由于不讲卫生染上疾病。有的孩子还有吃东西前不洗手，经常吸吮手指、咬指甲，对着他人打喷嚏等不良的卫生习惯，这些都会影响孩子和他人的身体健康。幼儿期是卫生习惯养成的重要时期，良好的卫生习惯，不仅能保证自己的身体健康，干净整洁的外表还会给他人留下良好的印象。为了帮助孩子养成良好的卫生习惯，本月我们将开展的主题活动是“香香好宝宝”，旨在培养孩子“讲究卫生”的好习惯。

在幼儿园，我们有目的地进行培养，希望孩子能达到如下目标：

1. 学习正确的打喷嚏、擤鼻涕、洗手、刷牙的方法。
2. 知道饭前便后、游戏活动后及时洗手，不吮吸手指。
3. 做到勤洗澡、勤换衣、勤理发、勤剪指甲，养成爱清洁讲卫生的好习惯。
4. 懂得不用脏手揉眼睛，连续看电视等不超过 15 分钟，了解基本的用眼卫生。
5. 注意口腔卫生，养成早晚刷牙、饭后漱口的好习惯。

在家庭生活中，我们建议您从以下几个方面进行关注：

1. 给孩子做榜样，以身作则，自己要有良好的生活卫生习惯。
2. 教给孩子正确的洗脸、洗头、洗澡的方法，提醒孩子饭前、便后和手脏时要及时洗手，打喷嚏时不要对着他人。
3. 提醒孩子养成饭后漱口、早晚刷牙的习惯。
4. 勤为孩子剪指甲、换衣服，及时为孩子理发。
5. 提醒孩子不要用脏手揉眼睛，监督孩子看电视、手机或平板电脑时每次不超过 15 分钟。

感谢您的参与，为了孩子的成长，让我们一起努力！

【主题目标】

1. 知道洗手的正确方法，养成饭前便后洗手的良好生活习惯。
2. 知道爱护自己的小手，不吮吸手指，养成勤剪指甲的好习惯。
3. 知道洗澡的好处，喜欢洗澡，养成勤洗澡的好习惯。
4. 了解衣服更换的时间，养成勤换衣服的习惯。
5. 知道头发脏了要及时清洗，头发长了及时修剪。
6. 知道刷牙的正确方法，养成早晚刷牙的好习惯。
7. 懂得不用脏手揉眼睛，具有良好的用眼卫生行为。
8. 学习正确的打喷嚏、擤鼻涕的方法，养成爱清洁、讲卫生的好习惯。

【主题口号】

讲究卫生身体好，人见人爱香宝宝

【三字儿歌】

讲卫生

勤洗手，勤洗澡，
常换衣，要记牢。
护眼睛，要做到，
讲卫生，好宝宝。

【集体教学活动】

活动一　根本就不脏嘛

◎活动目标

1. 知道看起来并不脏的手上也会有很多细菌，了解洗手的重要性。
2. 学习洗手的正确方法。
3. 养成勤洗手的好习惯。

◎活动准备

课件：《根本就不脏嘛》绘本故事图片、细菌图片，《七步洗手法》的洗手视频。

◎活动过程

一、手指游戏，看看自己的小手

师：我们先来做个手指游戏吧！

师幼一起玩手指游戏。

师：刚才我们玩了手指游戏，现在请你们看看自己的小手干净吗？手上有细菌吗？

幼儿观看自己的小手后自由回答。（小手很干净；没有细菌）

二、倾听故事，说说手上的细菌

师：看着白白净净的小手上到底有没有细菌呢？我们一起来听个故事吧。

教师出示绘本图片，讲述故事《根本就不脏嘛》第一段。

师：朵拉认为什么时候才需要洗手呢？你觉得她说得对吗？

幼儿回答。（只有手很脏的时候才需要洗手；不对）

师：朵拉认为什么时候手是脏的？什么时候手根本就不脏呢？

教师出示绘本图片，讲述故事第二段。幼儿根据故事内容回答。（玩泥巴的时候手是脏的；摸小兔子、用餐具吃饭、玩水、摸鱼时手是干干净净的，手心白白的时候手不脏）

师：你认为朵拉的手脏不脏？手上有细菌吗？

幼儿自由回答。（脏；有细菌）

三、观察图片，了解洗手的重要性

师：我这里有一个很神奇的机器，它能让我们看见眼睛看不到的小细菌，它叫显微镜。我们来看看真正的细菌到底长什么样子吧！

出示细菌图片，幼儿观看。

师：孩子们，这就是我们眼睛看不见的细菌，它藏在我们的小手里。手越脏，细菌就越多。我们用没有洗过的手去拿东西吃，就会把细菌吃到肚子里。

四、继续讲述，知道不洗手的危害

师：把细菌吃到肚子里，会怎么样呢？

教师出示绘本图片，讲述故事第三段。幼儿根据故事内容回答。（会生病）

师：我们无论做了什么事情都要去洗手，尤其是饭前便后必须洗手。如果不洗手，把细菌吃到肚子里，我们会肚子疼、会呕吐、会发烧，生了病就要去医院做检查、打针。爸爸妈妈就会着急。

五、观看视频，学习七步洗手法

师：你们知道怎么洗手吗？谁来说一说，你们是怎么洗手的？

幼儿根据已有经验回答。（知道；用肥皂洗、好好搓一搓）

师：让我们一起来看一看正确的洗手方法吧！

播放《七步洗手法》视频。

师：孩子们，这就是七步洗手法。第一步“内”，是洗的手的哪个部位？怎么洗的？

幼儿回答后，教师带领幼儿做洗手掌动作，掌心相对搓 5 下。

其余六步学习方法同上。

七步洗手法的口诀：内、外、夹、弓、大、立、腕。

第一步（内）：洗手掌。流水湿润双手，涂抹洗手液或肥皂，掌心相对，手指并拢相互揉搓。

第二步（外）：洗背侧。指缝手心对手背沿指缝相互揉搓，双手交换进行。

第三步（夹）：洗掌侧。指缝掌心相对，双手交叉沿指缝相互揉搓。

第四步（弓）：洗指背。弯曲各手指关节，半握拳把指背放在另一手掌心旋转揉搓，双手交换进行。

第五步（大）：洗拇指。一手握另一手大拇指旋转揉搓，双手交换进行。

第六步（立）：洗指尖。弯曲各手指关节，把指尖合拢在另一手掌心旋转揉搓，双手交换进行。

第七步（腕）：洗手腕、手臂。揉搓手腕、手臂，双手交换进行。

师：下面我们一起按照七步洗手法来洗手吧！

教师发出指令，师幼一起按照七步洗手法做洗手动作。

附：

根本就不脏嘛

有一位小女孩，她叫朵拉，她说……为什么每天都要做些很无聊的事情呢？比如说，必须要早点上床呀，要端正地坐在桌子边呀，还有时刻都要洗手！只有手很脏的时候，我们才需要洗手，可是这种情况是很少见的哦！

我在玩泥巴的时候手才真的很脏！可我在裙子上蹭蹭，手不就干净了吗？每时每刻都要洗手，我真的很烦哎，因为我的手根本就不脏嘛！比如我刚刚摸了只小兔子，它白白的、软软的，怎么会脏呢？比如，在吃饭前，妈妈叫我一定要洗手，可是我一直用餐具吃饭啊，手怎么会脏呢？比如我玩过水，摸过鱼，手怎么会脏呢？可是妈妈却说，玩水不算是洗手。妈妈曾经告诉我："你手上其实有好多好多的细菌呢。"我看了看手，手指干干净净的，手心白白的，哪里有细菌哦？我什么都没看到呀！只不过，两个手指甲边上有点黑黑的，大拇指上有一点点番茄酱而已。

细菌好小好小，你根本看不到的哟！如果你不经常洗手，就会有越来越多的细菌躲在你的手心里，很快你会生病的！生病以后会怎么样呢？会肚子痛吗？会呕吐吗？会发烧吗？会不得不躺在床上吗？妈妈会着急地打电话，叫医生叔叔来吗？医生叔叔来了，肯定要我做好多好多的检查！救护车会"呜呜呜"地叫着，把我拉到医院里。到了医院，肯定要打针，打针可一点儿都不好玩，真的是好痛哦！这样想想，我是不是现在就应该好好洗手呢？

（秦皇岛市启航幼儿园 / 张伟铖）

活动二　勤剪指甲不吃手

◎活动目标

1. 知道指甲长了要及时修剪，养成勤剪指甲的好习惯。

2. 知道吸吮手指的危害，学习一些控制吮吸手指的办法。

3. 喜欢玩手指游戏，乐于参加儿歌表演。

◎活动准备

1. 课件：指甲长短图片、威威图片、吮吸手指不良后果的图片、手指变形的图片；《勤剪指甲讲卫生》视频、《吃手真是个坏习惯》故事视频。

2. 幼儿会做手指操《五指歌》。

◎活动过程

一、手指游戏，说说手指名称和用途

师幼做手指游戏《五指歌》。

师：我们每个人都有一双手，每只手上有几根手指？你们知道它们都叫什么名字吗？

幼儿根据教师引导按顺序说出各个手指的名称。（五根手指；拇指、食指、中指、无名指、小指）

师：我们的小手都有什么用途？

幼儿根据已有经验回答。（做游戏、洗衣服、做饭、打招呼）

二、师幼讨论，知道勤剪指甲讲卫生

师：我们的小手很重要，我们应该样爱护我们的手？

幼儿自由回答。（不让它受伤、不吃手、勤剪指甲）

师：为什么要勤剪指甲？

播放《勤剪指甲讲卫生》视频，幼儿根据视频内容回答。（指甲长了有细菌，吃到肚子里会生病）

师：因为指甲长了，里面就会藏泥土细菌，这样不卫生，会很容易生病的。所以大家要做一个勤剪指甲讲究卫生的好宝宝。指甲长到多长的时候需要修剪？

出示两张指甲图片，幼儿观察后指出需要剪指甲的图片。

师：当指甲长得超过指头上的小肉肉时，就需要请爸爸妈妈来帮忙修剪了。

三、观看视频，知道吃手不是好习惯

师：今天我给大家带来了一个朋友，我们一起来认识一下他！

出示绘本中小主人威威的图片，教师进行介绍。幼儿主动与威威打招呼。

师：威威特别喜欢吃手，为什么呢？让我们一起来看一看！

播放《吃手真是个坏习惯》故事视频第一段，幼儿根据故事内容回答。（吃手的时候很舒服很平静）

师：威威总是这样吃手，结果他的手指会怎么样呢？

播放视频故事第二段，幼儿根据故事内容回答。（手指会变形）

师：经常吃手指除了手指会变形还会有哪些危害呢？

教师出示吮吸手指不良后果图片，幼儿观察回答。

师：吮吸手指会让手指裂口子、变弯，使牙缝裂开、变形，还会让细菌进到肚子里。

四、想想办法，改掉吮吸手指的坏习惯

师：最后威威是怎样改掉吮吸手指的坏习惯的呢？

播放故事第三段，幼儿根据故事内容回答。（威威的手指涂了苦甲水，贴了创可贴，找需要动手的事情，玩玩具、画画、帮妈妈拿东西）

师：改掉吃手的坏习惯可以涂苦甲水、贴创可贴，还可以动手做一些事情，最重要的是不把手指往嘴里放。我们还可以找爸爸、妈妈、老师和小朋友监督，慢慢就能改掉吃手这个不好的习惯了。

五、儿歌表演，知道爱护自己的小手

师：今天我们学一个保护小手的儿歌吧。

幼儿跟随教师学说儿歌《爱护小小手》，师幼一起边说儿歌边做动作。

附：

五指歌

大拇指是爸爸，爸爸开汽车，嘀嘀嘀。（伸出双手大拇指，其他手指握拳，大拇指指尖朝上，当说嘀嘀嘀的时候两个大拇指同时向下弯三下）

食指是妈妈，妈妈洗衣服，擦擦擦。（伸出双手食指，其他手指握拳，食指指尖朝前，当说擦擦擦的时候两个食指同时向下做搓衣服动作）

中指是哥哥，哥哥打篮球，砰砰砰。（伸出双手中指，其他手指握拳，中指指尖朝前，当说砰砰砰的时候两个中指同时向上做打篮球投的动作）

无名指是姐姐，姐姐会跳舞，啦啦啦。（伸出双手无名指，其他手指握拳，无名指指尖朝上，当说啦啦啦的时候两个无名指同时指向上方转三下）

小手指是我呀，我会敲小鼓，咚咚咚。（伸出双手小手指，其他手指握拳，小手指指尖朝前，当说咚咚咚的时候两个小手指同时做三下敲鼓动作）

吃手真是个坏习惯

威威有个习惯，总是喜欢吃手。看电视的时候，看着看着，他就把手指放进了嘴里；发呆的时候，想着想着，他就把手指放进了嘴里，甚至晚上睡觉的时候都会含着手指入睡。这个习惯他从很小的时候就开始了，但是他现在长大了，爸爸妈妈为此伤透了脑筋。妈妈说：“吃手是小宝宝才有的习惯，你现在是大孩子了，要改掉这个习惯才行。”“为什么要改呢？”威威吮着手指想，“吃手的时候感觉很舒服，很平静。这是不对的吗？”

妈妈说：“像你这样总是吃手，你的手指会变形的。”威威看了看自己的手指，好像没有什么变化呀。但是妈妈每次看到威威吃手就会把他的手按下去，反复叮嘱他不能吃手。不能吃手，威威总觉得心里痒痒的，迫不及待想把手指放到嘴里，那样才能觉得满足。于是，威威和妈妈开始斗智斗勇，妈妈给威威的手指贴上创可贴，威威就会把创可贴撕掉；妈妈给威威的手指涂上苦甲水，威威就会把手洗干净再吃；威威总是会趁妈妈不注意的时候，悄悄地把手塞进嘴里。突然有一天，威威发现自己的手指看起来好像跟其他的小朋友有点不一样。跟好几个小朋友对比之后，威威终于发现自己的手指变形了。威威吓得哭起来，举着手指扑到妈妈怀里说："妈妈，我的手指变形了！"

妈妈安抚他说："不要紧，不严重，只要你戒掉吃手的坏习惯，就能够恢复的。"威威下定决心，配合妈妈改掉这个坏毛病。妈妈又给威威涂上了苦甲水，贴上了创可贴。威威看电视的时候，不知不觉又把手指放进了嘴里。咦？怎么吃到的感觉不一样？哦！原来是创可贴！威威想起了变形的手指，立刻就把手从嘴里放了下来。威威发呆的时候，不知不觉又把手指放到了嘴里。"咦？我怎么又开始吃手了？这可不行。"威威想，"我得找点需要动手的事情做。"于是，他拿出了自己的玩具。晚上睡觉的时候，手上的创可贴已经撕掉了，入睡前他刚把手放进嘴里，就尝到了苦甲水的味道——呸呸呸！这一整天，威威依然会习惯性地把手放进嘴里，但是马上就会反应过来，把手拿出来。渐渐地，日子一天天过去，威威吃手的次数越来越少了。他的手很忙，要忙着玩玩具、画画、帮妈妈拿东西……突然有一天，威威发现自己的手指跟其他的小朋友的手指一样了，没有变形了。他突然记起来："哦，我已经很久很久没有再吃手了，以后也不会再吃了！"

爱护小小手

我有一双小小手，一只左来一只右。

我们爱护小小手，勤剪指甲不咬手。

（秦皇岛市启航幼儿园 / 翟颖）

活动三　我爱洗澡

◎活动目标

1. 了解常用的沐浴用品和沐浴场所，知道洗澡的好处。

2. 尝试跟随音乐节奏表演洗澡动作。

3. 喜欢洗澡，养成爱清洁讲卫生的好习惯。

◎活动准备

1. 课件：《洗澡》绘本图片、小动物拿着洗澡用品图片、常用洗澡用品图片、家里浴室和公共浴室图片；《清洁歌》音乐。

2. 铃鼓、小娃娃、水盆。

◎活动过程

一、观察图片，知道洗澡的好处和场所

师：今天我们班来了一群朋友，你们看，他们要去干什么？你是怎么看出来的？

出示小动物拿着洗澡用品图片，幼儿观察回答。（洗澡；有水盆、毛巾等）

师：对，他们就是要去洗澡。我们为什么要洗澡？洗澡会让自己感觉怎么样？

幼儿根据已有经验说说洗澡的好处。（身体健康；身体香香的）

师：洗澡会保护我们的皮肤，使我们干净，会让我们很舒服，所以大家一定要勤洗澡。你都是在哪里洗澡的？

幼儿自由回答后，出示家里浴室和公共浴室图片。

师：在浴室洗澡要注意安全，不能跑，以免滑倒；去公共浴室要注意区分男女浴室，不要走错。

二、谈话交流，了解沐浴用品名称、用途

师：你洗澡的时候都需要什么物品？

幼儿根据已有经验回答后，出示小盆、香皂、毛巾等常用洗澡用品图片。

师：它们有什么用途？

幼儿说一说每个洗澡用品的用途。

三、经验回顾，尝试大胆模仿洗澡动作

师：洗澡要怎么洗呢？

教师播放课件出示绘本图片，幼儿观看。

师：先洗了哪里？怎么洗的？

出示洗小肚皮、小屁股图片，幼儿观察回答并进行动作模仿。

师：又洗了哪里？你来做一做。

出示洗小脸蛋、脑袋瓜儿图片，幼儿观察回答并进行动作模仿。

四、师幼互动，跟随指令进行洗澡表演

师：洗澡的时候，身体的每一个地方都要洗一洗。请大家准备好，我们开始洗澡啦。

教师依次说“洗小手、小脸蛋、脖子、前胸、小肚皮、后背、小屁股、小胳膊，洗洗腿、小脚丫、脑袋瓜儿”，幼儿说“泡泡，泡泡”；最后一起说“拿起喷头冲一冲，我是香香好宝宝”。

师：刚才我们是按什么顺序表演洗澡的？

幼儿说出表演洗澡的顺序。

五、律动游戏，体验洗澡时的愉快心情

师：下面，我们跟随音乐来表演洗澡吧。

播放《清洁歌》音乐，师幼跟随音乐节奏进行洗澡表演。

师：看一看你们的椅子下有一件乐器，拿出来，摇一摇，听听发出什么声音。

幼儿手摇铃鼓，倾听铃鼓发出的声音回答。（像冲水的声音）

师：一会儿我们进行洗澡表演的时候，听到冲水的声音就用铃鼓来表演。

再次播放《清洁歌》音乐，幼儿跟随音乐进行洗澡表演和铃鼓演奏。

六、角色扮演，帮助玩具娃娃快乐洗澡

师：洗澡真开心，现在我们帮助小娃娃来洗澡吧。

播放《清洁歌》音乐，幼儿跟随音乐用水盆给玩具娃娃洗澡。

附：

洗澡

洗澡啦洗澡啦，大家来洗澡。擦香皂，搓泡泡，泡泡，泡泡！小肚皮，泡泡，泡泡！小屁股，泡泡，泡泡！小脸蛋，泡泡，泡泡！脑袋瓜儿，泡泡，泡泡！泡泡，泡泡。大家都在泡泡里。出来啦，出来啦！拿起喷头冲一冲，哗！哗！哗！洗完了，香香的、滑滑的，洗澡我真喜欢！

（秦皇岛市启航幼儿园 / 赵静）

活动四　什么这么臭

◎活动目标

1. 理解故事内容，知道臭味的来源。

2. 知道勤换衣服的重要性，了解衣服的更换时间。

3. 体验洗衣服游戏的乐趣。

◎活动准备

1.《什么这么臭》绘本故事图片，标有数字 1 和 3 的脏衣筐和不同衣服的图片，妈妈洗衣服的图片。

2. 毛巾一条。

◎活动过程

一、观察图片，认识角色猜想情节

师：今天我给大家带来了一位新朋友，他叫艾略特，我们一起和他打个招呼吧！

出示艾略特在垃圾桶里的图片，幼儿向艾略特打招呼。

师：咦，大家看，艾略特待在了什么地方呢？为什么会在这里？

幼儿观察回答。（艾略特待在垃圾桶里；和小朋友玩捉迷藏、有坏人追他）

二、倾听故事，共同寻找臭味来源

师：到底发生了什么事？我们一起去故事中寻找答案吧！

教师出示绘本图片，讲述故事《什么这么臭》第一段。幼儿边看边听。

师：到底是什么这么臭？我们一起来帮艾略特找一找吧！

出示艾略特坐在脏乱房间床上的图片，幼儿观察回答。（小鸟拉粑粑的臭味、小刺猬的臭味、香蕉皮的臭味）

师：是不是你们说的那些味道，我们继续去破案吧！

教师出示绘本图片，讲述故事第二、三段。幼儿边看边听。

师：你们知道那股臭味是从哪儿来的吗？

幼儿根据故事内容回答。（艾略特身体的臭味、衣服的臭味）

三、师幼交流，知道勤换衣的重要

师：艾略特为什么会这么臭呢？

幼儿根据故事内容回答。（他不换衣服、不洗澡）

师：原来是因为他不爱换衣服，脏脏的，所以会有臭味。后来臭味是怎么消失的？艾略特换上他最好的睡衣，再也不愿脱下来了，这样可以吗？为什么？

幼儿回答。（洗了澡、换了干净的衣服；不可以，还会变臭）

师：那你们知道衣服有什么用吗？

幼儿根据生活经验回答。（穿衣服保暖、很漂亮、挡住阳光）

师：衣服除了好看，还能保护我们的皮肤，替我们挡住外面的脏东西。一件衣服穿久了会沾上很多脏东西，有外面的脏东西，还有自己身上的汗也会沾到衣服上，会滋生很多的细菌。这样的衣服穿在身上，不但保护不了我们的皮肤，还会损害我们的身体健康呢！所以我们要勤换衣服，讲卫生哦！

四、讨论操作，了解衣服更换时间

师：我们知道要勤换衣服，那到底要多久换才好呢？

幼儿根据生活经验回答。（衣服脏了就要换、妈妈让换就换）

师：衣服的更换时间是不一样的，贴身的内衣每天都要换。外衣更换的时间就要根据天气的冷暖来确定啦！夏天的时候出汗比较多，所以外衣每天都要换；春秋季节，天气不热，我们出汗不多，外衣可以三四天换一次；冬天穿的外套，因为不直接接触皮肤，所以一个星期换一次就可以啦！

教师播放课件，出示两个脏衣筐和衣服图片。

师：我这里有两个脏衣筐，想请大家来分分类。蓝色的标有1的脏衣筐放一天换一次的衣服，红色的标有3的脏衣筐放三四天换一次的衣服，谁来试一试？

个别幼儿在一体机上进行操作，将衣服按照更换时间放入相应的脏衣筐中。教师适时指导。

师：刚才我们把内衣、内裤和夏天穿的衣服放进了一天换一次的脏衣筐里，把春秋穿的薄外套、裤子放进了三四天换一次的脏衣筐里，剩下的冬天穿的棉袄和羽绒服就是一星期换一次的衣服。

五、动作模仿，体验洗衣服的乐趣

师：你们换下的脏衣服是谁来洗呢？

幼儿根据生活实际回答。（妈妈、爸爸、姥姥、姥爷、奶奶）

师：他们给我们洗衣服很累啦，我们可以学着自己洗衣服，帮他们减轻负担。怎么洗衣服呢？

出示妈妈洗衣服“洗、看、洗、拧、甩、晾”动作图片，引导幼儿进行洗衣服动作模仿。

师：大家都是懂事的好宝宝，那我们一起来学一首洗衣服的儿歌吧！

幼儿观看妈妈洗衣服六步图，学说儿歌“我们一起洗衣服，搓搓搓搓搓搓洗，搓搓搓搓搓搓看，搓搓搓搓搓搓洗，搓搓搓搓搓搓拧，拧拧拧拧拧拧甩，甩甩甩甩甩甩晾”。师幼一边说一边做动作。

师：大家现在都会洗衣服了吗？像袜子、内衣这类的衣服很小，我们可以自己来洗，不让妈妈那么辛苦哦！我们还要记住，要勤换衣服，这样才是干净的好宝宝。

附：

什么这么臭

一天清晨，艾略特被一种很难闻的气味儿弄醒了，他皱着眉头在房间里左看右看，什么这么臭？他想。

他看了看床底下，什么这么臭？可床底下还挺干净的。难道外面有臭鼬？他打开了窗户，可是外面闻上去就是早晨清新空气的味道。艾略特找不到那种臭味是从哪儿来的，是不是爸爸身上的味儿呢？可是爸爸闻上去还是挺香的。吃早饭的时候，妈妈严厉地说："艾略特今天不能再穿着那套衣服啦。"可是他不想脱掉，这可是他有史以来最好的衣服，它能在黑暗中闪闪发光，而且上面恰好有一副与他身体骨架完全一样的图案。况且他正在寻找那可怕的气味呢。他想狗有一股味道，但小狗迪西闻起来像培根。他用 100 颗软糖打赌，是小宝宝身上的臭味儿，但是小宝宝闻起来就是一股婴儿爽身粉的味道。也许是垃圾的臭味，可是垃圾桶里只有几块丢掉的糖果呀。是什么，是什么呢？到底是哪儿来的臭味儿？不是臭鼬，不是狗狗，不是垃圾桶，也不是小宝宝。他爬到阁楼上找，在地下室找，在阁楼和地下室之间的每个角落找。

"小子，立刻脱掉这件衣服。"妈妈说，"你该去洗澡啦。"艾略特最终也没有解开臭味儿之谜，他失望极了。妈妈拿着艾略特换下的睡衣穿过客厅，来到了洗衣机前。"是什么这么臭？"妹妹露西说。"什么这么臭呢？"奶奶说。"是什么臭？"爸爸说。"臭臭。"连小宝宝都这么说。艾略特洗呀洗，搓呀搓，洗得泡泡满天飞，等他洗完澡，似乎有什么东西随着水流被吸进了下水道，那股可怕的臭味儿也不见了。洗完澡，艾略特无比兴奋地穿上了他的新睡衣，这个是他有史以来最好的睡衣，睡衣上有真正的鳞片和又大又吓人的爪子，这感觉真的太好了，他再也不愿脱下来了。

（秦皇岛市启航幼儿园 / 付琳）

活动五 理发师

◎活动目标

1. 了解理发师的工作内容并尝试模仿理发动作。
2. 学唱歌曲《理发师》，大胆进行表演。
3. 知道头发脏了要清洗，长了要剪发，养成勤理发的好习惯。

◎活动准备

1. 课件：《理发师》视频，歌曲图谱。
2. 画有爸爸妈妈画像的画纸，幼儿每人一张。

◎活动过程

一、师幼谈话，说说理发过程

师：我请一位小朋友到前面来展示一下自己的发型。

教师请一名头型很酷的幼儿到前面。

师：这个小朋友的发型酷不酷？

幼儿回答后，请到前面的幼儿说一说他的发型是在哪里剪的。（理发店）

师：你们都去过理发店吗？谁来说说理发的过程？

幼儿根据自己去理发店的经历说说理发的过程。（洗头、剪头发、吹干）

二、播放视频，了解歌曲内容

师：我这里也有一名理发师，他是谁？他是怎样理发的？

播放《理发师》视频，幼儿回答问题，了解歌曲内容。（老爷爷；拿着剪刀、喷东西、照镜子）

三、模拟动作，看图谱说歌词

师：理发师在理发时剪刀发出什么样的声音？

幼儿说出“咔嚓咔嚓”并随着教师一起做剪发动作。

师：头发剪完要做造型，做造型要喷什么？

幼儿根据经验回答。（发胶，啫喱膏）

师：喷发胶时，我们应该怎么做？

幼儿回答。（把眼睛闭上，免得发胶进眼睛里伤到眼睛）

教师按节奏说“沙沙沙沙沙”并做出喷发胶的动作，幼儿跟随教师边说边做动作。

师：接下来我们看着图谱边做动作边熟悉歌词吧。

教师带幼儿看歌曲图谱模拟理发动作、说歌词，并练习“咔嚓咔嚓”“沙沙沙沙沙”两个动作及节奏。

四、跟随音乐，学习演唱歌曲

师：请你们和我一起来学唱这首歌曲吧。

教师清唱歌曲，幼儿观看图谱学唱。

师：你们真棒，现在我们请女孩来唱，男孩来进行动作表演。

女孩唱歌，男孩表演动作。然后互换，男孩唱歌，女孩表演动作。

师：现在让我们大家一起边唱歌曲边表演动作吧！

幼儿边唱歌曲边表演动作。

五、延伸活动，完成发型绘画

师：小朋友学会了《理发师》这首歌，想不想为爸爸妈妈设计发型？

教师发给幼儿每人一张图画纸，上面有爸爸妈妈的画像，幼儿填画头发。

附：

理发师

1=C 2/4

5555 | 6666 | 5 3 | 5 3 | 3333 | 4444 |
理发店的 老爷爷呀 咔 嚓 咔 嚓，手里拿着 一把剪刀
下面一位 请您过来 咔 嚓 咔 嚓，镜子里面 看一看哪

3 1 | 3 1 | i - | 67 i6 | 5 - | 5654 | 3 1 |
咔 嚓 咔 嚓。
咔 嚓 咔 嚓。} 哎！ 就快成功 啦！ 快快喷雾 沙 沙

11 | 10 ‖
沙沙 沙。

（秦皇岛市启航幼儿园 / 罗红）

活动六　我爱小牙刷

◎活动目标

1. 知道牙刷能清洁牙齿，学习刷牙的步骤和方法，养成早晚刷牙的好习惯。

2. 了解牙刷的结构，尝试使用搓、插等技能制作牙刷。

3. 体验制作牙刷的快乐。

◎活动准备

1. 课件：《刷牙》绘本故事图片、小鹿牙齿脏和牙齿干净的图片。

2. 彩泥牙刷作品、彩泥、彩色小卡片、牙刷两支。

◎活动过程

一、观察牙刷，了解小牙刷的基本结构

师：孩子们，今天我为大家带来了一位新朋友，看看它是谁。

教师出示牙刷，幼儿观察回答。

师：这个长长的是什么？这又是什么？

教师依次手指牙刷柄、牙刷毛，幼儿观察回答。

师：对，这个长长的叫牙刷柄，牙刷柄顶端的这个是牙刷毛。牙刷柄和牙刷毛组成我们平时用的小牙刷。

二、倾听故事，知道小牙刷能清洁牙齿

师：小牙刷要给我们带来一个好听的故事，我们来听一听吧。

教师出示绘本图片，讲述故事《刷牙》，幼儿边看边听。

师：这个故事的名字叫什么？故事里都有谁？故事里面的小动物都做了什么事情？

幼儿根据故事内容回答。（刷牙；小鳄鱼、小熊、小兔子、小老鼠、小猴子；刷牙）

师：小熊和它的小伙伴们都爱清洁，希望小朋友也能像它们一样。

三、观看课件，学习刷牙的步骤和方法

师：这是谁？它的牙齿怎么了？怎样才能让小鹿的牙齿变干净？

播放小鹿牙齿脏的图片，幼儿观看回答。（小鹿牙齿脏了，要用牙刷来帮助小鹿刷牙）

师：请小朋友给我点力量，吹一口气，让我来变出一支特别厉害的牙刷吧。

幼儿一起吹气，教师出示实物牙刷。

师：小鹿很想用这支牙刷把牙齿变干净，可是它不会刷牙，我们来教教它吧。

请幼儿说一说刷牙的方法，教师适时引导。

师：我把你们说的刷牙方法编成了一首儿歌，我们边说边做，教教小鹿吧。

教师边说《刷牙儿歌》，边示范正确的刷牙方法。幼儿跟随学习。

师：下面我们带着小鹿一起，一边说儿歌一边刷牙吧。

师幼一起边说儿歌边做刷牙动作。

师：我们来看看小鹿的牙齿变干净了吗。

出示小鹿牙齿干净的图片，幼儿观察回答。（干净啦）

师：孩子们，我们要坚持每天早晚用正确的方法刷牙，保持我们的牙齿干净哦。

四、观摩制作，掌握彩泥牙刷制作方法

师：请你们再给我点力量，吹一口气，让我变出一支特别的牙刷吧。

幼儿一起吹气，教师出示彩泥牙刷。

师：这个牙刷和我们平时用的牙刷一样吗？这是用什么做的牙刷呀？

幼儿观察回答。（不一样；彩泥）

师：我们也来做一支彩泥小牙刷吧。先看看都需要哪些材料，有大一点的蓝色彩泥，有小一点的白色彩泥，还有彩色小卡片。首先我们用大一点的彩泥搓一个粗粗的长条，这是牙刷柄。之后用白颜色的彩泥，搓成一个椭圆形，放在刚才搓好的牙刷手柄的最上端，用彩色小卡片在上面轻轻地压出一些小网格，做牙刷毛。这样彩色牙刷就做好了。注意牙刷毛要放在牙刷柄的上端，而且不能太长哦！现在请小朋友也试一试吧。

幼儿动手制作彩泥牙刷，教师进行个别指导。

五、师幼互动，养成早晚刷牙的好习惯

师：大家都制作出了自己喜欢的小牙刷。那你们知道我们什么时候需要刷牙吗？

幼儿回答。（早晨、晚上）

师：大家一定要养成每天早上起床后、晚上睡觉前刷牙的好习惯哦。大家还记得刷牙的儿歌吗？

幼儿教师一起说刷牙儿歌。

师：请大家把今天学到的刷牙好方法，回家以后和爸爸妈妈一起分享吧！

附：

刷牙

小伙伴们来找小鳄鱼玩儿，大家一起说：“小鳄鱼，出来玩吧！”小鳄鱼说：“等一下，我刷完牙就来。”小伙伴们想，我们也忘了刷牙。大家又一起对小鳄鱼说：“小鳄鱼，等一会儿吧，我们都忘记了一件事儿。”小熊说：“刷牙，千万不能忘。刷、刷、刷。”小兔子说：“跟妈妈说好的，吃完东西要刷牙，刷、刷、刷。”小老鼠说：“上面的牙，下面的牙，前面的牙，里面的牙。刷、刷、刷。”小猴子说：“含一口水，鼓起腮帮，咕噜、咕噜、咕噜。”小刺猬说：“嗯——噗！好，刷完了！”

大家说：“小鳄鱼，一起玩吧。”小鳄鱼说：“我们不要忘了什么事情呀？”大家一起说：“刷——牙！”

刷牙儿歌

小牙刷，手中拿，每天坚持把牙刷。

上面牙齿往下刷，下面牙齿往上刷。

左刷刷，右刷刷，里刷刷，外刷刷。

早晨刷，晚上刷，牙齿刷得白花花。

（秦皇岛市启航幼儿园 / 朱宝）

活动七　戴眼镜的龙爸爸

◎活动目标

1. 理解故事内容，知道龙爸爸眼睛近视的原因。

2. 学习保护眼睛的正确方法。

3. 养成爱护眼睛的好习惯。

◎活动准备

1.《戴眼镜的龙爸爸》绘本故事图片，正确用眼和错误用眼行为图片。

2. 磁力板上画有没有眼睛的娃娃脸，两颗磁力扣，眼罩。

◎活动过程

一、观察图片，认识戴眼镜的龙爸爸

师：今天我请来了一位好朋友，你们看是谁。

出示戴眼镜的龙爸爸图片，幼儿观察回答。（龙）

师：他是龙爸爸。你们猜一猜他为什么戴眼镜。

幼儿大胆猜想。（看不清楚、眼睛生病了、总看手机等 ）

二、倾听故事，知道龙爸爸近视的原因

师：龙爸爸为什么戴上了眼镜？他是怎么近视的？我们一起来听听他的故事吧！

教师出示绘本图片，讲述故事《戴眼镜的龙爸爸》第一段。幼儿根据故事内容回答。（总看电视、躺着看电视）

师：原来龙爸爸是因为看电视和电脑的时间太长，距离太近，姿势不正确，眼睛才近视的。

三、交流判断，学习护眼的正确方法

师：知道龙爸爸眼睛近视的原因以后，小龙是怎样保护眼睛的？

教师出示绘本图片，讲述故事第二段。幼儿根据故事内容回答。（看电视、玩游戏不超过半个小时；看书坐端正，在光线充足的地方；经常吃对眼睛有益的食物；不用手揉眼睛，不用别人的毛巾擦脸 ）

师：我们要保护好眼睛，看电视、玩电脑游戏保持一定距离，时间不能太长，我们小班小朋友每次看电视不超过15分钟；要在光线充足的地方看书，还要坐端正；平时经常吃胡萝卜、鸡蛋、肝、鱼等对眼睛有好处的食物；还要注意不用手揉眼睛，不用别人的毛巾擦脸，养成良好的用眼卫生习惯。这里有几幅图片，请你们判断这些做法对不对，并用肢体动作表达出对错。

出示正确用眼和错误用眼行为图片，请幼儿作出判断。教师操作课件进行验证。

四、蒙眼游戏，感受爱护眼睛的重要

师：接下来我们做一个有趣的游戏，名字叫作贴眼睛。

教师先请幼儿戴上眼罩帮娃娃贴眼睛，然后请幼儿不戴眼罩再次帮娃娃贴眼睛。

师：为什么刚才戴眼罩的小朋友贴不对，不戴眼罩的小朋友就贴对了？

幼儿回答。（戴眼罩看不见东西，不戴眼罩能够看清楚）

师：看不到东西会对我们的生活有很大的影响，所以眼睛对我们真的很重要，我们要保护好我们的眼睛。

五、爱护眼睛，一起做一做眼保健操

师：让我们再来学习一种保护眼睛的办法——做眼保健操。

教师发出口令，带领幼儿一起做眼保健操。（大家一起来，做眼睛体操。一二三，开始喽，眼睛向左看5秒，1、2、3、4、5；回到中间停一下，眼睛向右看5秒，1、2、3、4、5；回到中间停一下，眼睛向上看5秒，1、2、3、4、5；回到中间停一下，眼睛向下看5秒，1、2、3、4、5；回到中间停一下，闭上小眼睛，刮五下眉毛，1、2、3、4、5）

师：孩子们，现在我们一起去户外看看绿树、看看远方，让我们的眼睛休息一会儿吧。

附：

戴眼镜的龙爸爸

在小龙过一岁生日的时候呀，有好多朋友都来参加了生日庆典。大家问小龙有什么生日愿望，小龙说：“我想知道为什么爸爸戴眼镜，而妈妈不戴呢。”龙爸爸听了，从抽屉里拿出一个U盘插到电脑里面，他告诉大家，这是小龙的奶奶在他成长的过程中为他拍摄的视频，大家看了就知道他为什么戴眼镜啦。屏幕上出现了蓝天白云，空中出现了一条小龙，龙爸爸说：“这就是我。”童年的龙爸爸喜欢游戏机，他常常躺在云彩上一玩儿就是四五个小时，哪怕电闪雷鸣也不停下来呢！那时候的龙爸爸还喜欢看电视动画片，一看就是大半天……龙奶奶提醒龙爸爸每次玩游戏看电视不能超过半小时，可龙爸爸不听。有一天龙爸爸发现看东西模糊，只能离得近了才能看清楚，于是爷爷奶奶带龙爸爸去医院检查。龙爸爸眼睛近视了，配了眼镜。戴眼镜的龙爸爸感觉很不方便。

打这以后呀，小龙特别爱护自己的眼睛。他看电视玩游戏从来不超过半个小时，看书的时候坐得端端正正的，而且一定要在光线充足的地方。他还经常吃对眼睛有益的食物，不用手揉眼睛，不用别人的毛巾擦脸……

（秦皇岛市启航幼儿园 / 赵义艳）

活动八　一把鼻涕诞生记

◎活动目标

1. 了解鼻涕的产生过程及鼻涕的作用。

2. 学习正确的擦鼻涕方法，练习用纸巾擦鼻涕。

3. 不挖鼻孔，保持鼻腔卫生，愿意做爱干净的孩子。

◎活动准备

1. 课件：小朋友流鼻涕图片、鼻涕宝宝图片、鼻涕宝宝在鼻腔内部图片、模拟鼻腔通道图片、鼻涕流出鼻孔图片。

2. 地垫（铺成长长一条模拟鼻腔通道）、拱形门（放到地垫一端模拟鼻孔）、纸巾。

◎活动过程

一、观看图片，找流鼻涕的可能原因

师：孩子们，你们来看一看，图中的小朋友怎么了？

出示小朋友流鼻涕图片，幼儿观察回答。（流鼻涕了）

师：是的，他流鼻涕了。那你知道什么时候会流鼻涕吗？

幼儿根据已有经验回答。（感冒的时候会流鼻涕，生病的时候流鼻涕，打喷嚏的时候流鼻涕）

师：孩子们，我们的鼻子每时每刻都在产生鼻涕，只不过平时不会流出来，只有在感冒、哭泣或者鼻子感觉冷的时候才会流到鼻子外面。

二、积极探讨，知道鼻涕对人体的作用

师：你们喜欢鼻涕吗？为什么？

幼儿自由回答并说出原因。（不喜欢；有细菌 ）

师：你知道鼻涕有什么好处吗？

幼儿自由回答。（鼻涕把细菌带走了）

师：鼻涕可以湿润吸入鼻腔的空气，使我们感觉不那么干燥，还可以黏住空气中的微尘和病菌，保护身体健康。

三、阅读绘本，了解鼻涕的产生过程

师：这是鼻涕宝宝，你们猜他住在哪里。

教师出示鼻涕宝宝卡通形象图片，幼儿大胆猜测。（住在鼻梁里，住在鼻子里 ）

师：是的，鼻涕宝宝住在鼻子里面。这是鼻子里的一张图，你们来找一找鼻涕宝宝在哪里。

出示鼻涕宝宝在鼻腔内部的图片，幼儿看图回答。（在上面游泳，在小洞洞里）

师：在我们的鼻子里有许许多多的鼻涕宝宝，鼻涕宝宝要变成鼻涕需要通过一条长长的鼻腔通道，你们看看，这条通道是什么样的？

出示模拟鼻腔通道的图片，幼儿看图回答。（长长的，有黑色的草）

师：这个黑色像水草一样的东西就是我们鼻子里的鼻毛。大家和旁边的小朋友相互看看，鼻腔是什么样的？

幼儿相互观察鼻腔，然后回答。（像山洞一样，黑黑的 ）

师：鼻涕宝宝需要通过鼻腔通道运动到鼻腔的尽头，许许多多的鼻涕宝宝抱到一起才能变成鼻涕。

四、参与游戏，想办法通过鼻腔通道

师：请你来帮鼻涕宝宝想想办法，怎么才能通过鼻腔通道呢？假如地垫就是长长的鼻腔，你是鼻涕宝宝，你会怎么通过？

鼓励幼儿想办法，以不同的方式通过。个别幼儿用身体动作表演通过方法。

师：孩子们，你们真棒，想到了那么多方法。现在就请所有的鼻涕宝宝准备，通过鼻腔通道，注意要用和其他人不一样的方法通过。

播放音乐，幼儿依次通过。（像走路一样通过，旋转着通过，翻着跟头通过……）

师：到达鼻腔尽头后，所有的鼻涕宝宝紧紧地抱在一起变成了鼻涕，大鼻涕要流出鼻孔喽。

幼儿连在一起钻过拱形门。

五、亲身练习，掌握正确擦鼻涕的方法

师：鼻涕从鼻子里流出来了，我们应该怎么做？

出示鼻涕流出鼻孔的图片，幼儿自由回答。（用纸擦，擤鼻涕）

师：是的，流鼻涕的时候用纸轻轻擦掉就好了。有的小朋友说用手去挖一挖，那可是很不卫生的，容易造成鼻腔感染，还会伤害鼻子里面的黏膜，我们千万不要这样做哟！你知道怎么擦鼻涕吗？

幼儿根据已有经验做动作回答。（按住一个鼻孔，不能太用力，用纸巾擦鼻涕）

师：我们大家都有擦鼻涕的经历，但是有些擦鼻涕方法不正确，容易弄伤弄疼我们的鼻子，今天我教大家一种正确的擦鼻涕方法。首先，拿取纸巾，身体稍微前倾，堵住一边鼻孔，闭紧嘴巴，轻轻呼气；然后堵住另一边鼻孔，闭紧嘴巴，轻轻呼气，两面鼻孔的鼻涕就出来了，用纸巾轻轻擦掉就好了。你们都学会了吗？请你拿纸巾试一试吧！

幼儿和教师一起练习正确擦鼻涕方法。

师：今天我们一起了解了鼻涕的产生，学会了擦鼻涕的正确方法，希望你们都做一个爱干净的好宝宝，找到更多的好朋友。

（秦皇岛市启航幼儿园 / 冯立楠）

【个别化学习活动】

区域	名称	材料	玩法	价值
语言区	有趣的书宝宝	绘本故事书《小熊刷牙》、故事图片、展板。	根据绘本故事情节，按照顺序把图片排列到展板上，尝试看图片讲述故事。	了解故事情节，练习用清晰的语言讲述故事，锻炼语言表达能力。
科学区	小鸭子爱洗澡	小浴缸图片、小鸭子图片若干；1～5数字卡片。	1. 观察小浴缸上的数字后，取相同数量的小鸭子卡片粘贴到浴缸里。 2. 幼儿两人一组，一人在浴缸里放小鸭子图片，一人点数浴缸里的小鸭子数量，选择数字，粘贴到浴缸上。	1. 学习手口一致点数，并说出总数。 2. 练习按物取数或按数取物。
	神奇的泡泡	水、盆、洗洁精；剪好的上半截塑料瓶、湿纸巾、皮筋；不同形状的泡泡棒。	1. 将水、少量洗洁精放入盆内，自主选择泡泡棒进行吹泡泡游戏。 2. 将湿纸巾放到半截塑料瓶的下口，并用皮筋固定好；然后拿起塑料瓶将湿纸巾蘸上泡泡水；手拿塑料瓶，鼓足一口气，对准塑料瓶上口吹出泡泡，比一比谁吹出的泡泡多。	喜欢探究活动，享受吹泡泡的乐趣。
生活区	七步洗手法	《七步洗手法》步骤图。	1. 将打乱的七步洗手步骤图按正确的顺序排序，并粘贴到娃娃家洗手池上方位置，知道七步洗手法的流程。 2. 依据七步洗手法的步骤名称并做出相应动作。	学习并掌握七步洗手法的正确方法，养成随时随地洗手的好习惯。
	香香宝宝	娃娃玩偶；水盆、水、沐浴露、洗发露、香皂、毛巾；洗澡步骤图。	看洗澡步骤图，选择沐浴露、洗发露、香皂、水盆等洗澡用品模拟为小娃娃洗澡。	养成爱清洁、讲卫生的好习惯。
	宝宝勤换衣	娃娃玩偶；娃娃系扣、拉链衣服若干。	自主选择不同类型的服装为小娃娃换衣服。	1. 练习拉拉链、系纽扣、穿脱衣服，锻炼手指精细动作。 2. 知道爱清洁、勤换衣是好习惯。
益智区	手影对对碰	用手摆的造型图卡、对应的黑色手影；手电筒。	1. 选择手摆造型图卡，根据形态找出相应的手影摆放到一起进行配对。 2. 两人结组观察手摆造型图卡，一人在暗箱内摆出造型，另一人用手电筒照亮，使手影出现在暗箱壁上。	观察手影特征，正确配对，锻炼观察力。
表演区	讲卫生	歌曲《讲卫生》音频；音乐图谱；太阳、小朋友起床、洗手、洗脸、刷牙的图片；乐器：节奏棒、摇铃、腕铃、响板、沙锤、鼓。	1. 观看音乐图谱，倾听歌曲《讲卫生》音频，根据歌词内容模仿起床、洗脸、刷牙的动作。 2. 自选乐器，根据歌曲《讲卫生》音乐节奏进行演奏并演唱。	喜欢歌曲表演，尝试跟随音乐与同伴进行乐器演奏。
	爱护眼睛	《眼睛体操》录音。	听《眼睛体操》录音，按照指令做向上、下、左、右看和手指刮眉毛的动作。	练习按指令做动作，养成爱护眼睛的好习惯。

（续表）

区域	名称	材料	玩法	价值
美工区	五彩手绢	多色植物染料；白色棉布块、小水盆、滴管、量杯若干、搅拌棒；晾衣架。	1. 选择一种颜色的植物染料，放到量杯中，加入适量的水，用搅拌棒搅拌均匀，制成彩色染料。 2. 将白色棉布平铺到桌面上，用滴管吸取彩色染料，按照自己的想法滴到棉布上。 3. 选取其他颜色染料重复上面操作，直到染完为止。 4. 将染色后的棉布晾干后进行清洗晒干，五彩手绢完成。	练习使用滴管作画，感受染料在白棉布上色彩明暗的变化。
	清洁小牙刷	用轻黏土制作牙刷的步骤展板，用扭扭棒和黏土结合制作牙刷的步骤展板；扭扭棒，白色、深色轻黏土，剪刀。	1. 观看展板操作步骤图，选取制作材料，先用深色轻黏土经过揉、搓方法制作牙刷手柄，再用白色轻黏土经过团、搓方法制作牙刷毛，最后将牙刷毛粘到牙刷手柄上方。 2. 观看展板操作步骤图，选取制作材料，先用深色轻黏土经过揉、搓方法制作牙刷手柄，再用剪刀将扭扭棒剪成小段插到手柄上方。	知道牙刷的结构，练习搓、揉、团的操作技能。
	样样东西看得清	画有眼睛轮廓的纸、马克笔、油画棒。	在眼睛轮廓内把自己看到的各种各样的事物用马克笔自由地画出来，并用油画棒涂上颜色。	喜欢自由绘画，练习使用线条和图形进行创作。
操作区	毛线缠缠乐	不同颜色毛线若干；小鱼、胡萝卜、西瓜、冰激凌、松树等形状纸板若干，边缘剪出均匀的豁口。	自选纸板和毛线，将毛线头卡入纸板左侧上面第一个豁口中，用左手捏住、右手缠线，从左到右，从上到下依次缠绕。	练习按照从左到右、从上到下的顺序缠线，锻炼手的灵活性。
	系扣子	粘有圆形纽扣、暗扣的瓢虫身体操作板、有扣眼的圆片布；带有不同纽扣、暗扣、盘扣、牛角扣的衣服操作板。	1. 将瓢虫的身体部位用暗扣连接上，将圆布片依次系到瓢虫身上。 2. 练习给不同的衣服系扣子。	锻炼手部肌肉灵活性。
建构区	口腔小医院	香皂盒若干、塑料拼插玩具若干；口腔诊所场景图片、口腔检查工具图片；小娃娃若干。	1. 观察口腔诊所场景图片，用香皂盒和塑料拼插玩具创意组合，搭建出导诊台、治疗椅、药品柜等口腔医院的物品。 2. 观察口腔检查工具图片，通过扭动、连接等方式操作扭扭棒，制作出镊子、夹子、钩子、压舌板等口腔检查工具。 3. 加入小娃娃，利用建构的场景和物品开展游戏。	喜欢参加搭建游戏，大胆与同伴交流自己的想法，体验一起游戏的快乐。

【户外运动活动建议】

1. 户外活动前，教师根据天气冷暖，及时提醒幼儿增减衣服，做好防护。

2. 提醒幼儿每次户外活动回来后及时洗手。

3. 坚持每天组织幼儿参加户外活动，保护幼儿视力。

4. 按时给运动器械和大型玩具消毒，保持器械和玩具的清洁卫生。

5. 可组织幼儿玩与讲究卫生有关的户外运动游戏，如小鸭洗澡，让幼儿扮演小鸭子，走过斜坡进入小河去洗澡；消灭细菌怪兽，幼儿将投掷材料投向细菌怪兽图片，消灭细菌。

【日常生活活动建议】

1. 提醒幼儿饭前便后、游戏后及时按照七步洗手法洗手。

2. 提醒幼儿进餐后及时漱口，每天早晚刷牙。

3. 提醒幼儿要使用自己的水杯、毛巾、被褥等物品。

4. 提醒幼儿注意个人卫生，勤洗发、理发，勤换衣服。

5. 关注幼儿指甲长短，及时为指甲长的幼儿修剪指甲。

【环境创设】

1. 在主题墙上展示幼儿正确用眼的行为图片。

2. 在活动室展示幼儿制作的五彩手绢、小牙刷等美工作品。

3. 在家园联系栏中宣传讲究卫生常识。

4. 将亲子制作的讲究卫生宣传画展示在主题墙上。

【家园共育】

1. 建议家长经常帮孩子洗澡，每晚睡觉前提醒孩子洗脚、洗袜，鞋子也应定期换洗。

2. 建议家长为孩子选购毛束少、软硬适中的保健牙刷；家中的牙具、杯子、毛巾等要专人专用，防止传染疾病。

3. 建议家长勤为孩子剪指甲、换衣服，适时带孩子理发。

4. 提醒孩子不要用脏手揉眼睛，监督孩子看电视、手机或平板电脑时每次不超过 15 分钟。

5. 建议家长多给孩子讲关于讲卫生方面的故事，帮助孩子养成良好的卫生习惯。

【社会实践】

小小卫生宣传员

◎活动目标

1. 乐意和家人一起清洁小区卫生。

2. 大胆进行卫生知识宣传。

3. 知道保持环境卫生人人有责。

◎活动建议

1. 活动前，家长与幼儿进行交流，让幼儿说一说自己知道的卫生知识，一起制作讲究卫生宣传画。

2. 幼儿与家长一起提前准备好清洁卫生工具，商定活动的地点、内容。

3. 教师和家长要为幼儿进行外出安全教育，如使用清洁工具时需要注意的安全事项，做好个人防护等。

4. 活动当天，幼儿拿好清洁工具和宣传材料，做好防护，到商定地点开始卫生清洁和宣传活动。

5. 活动结束后，家长和幼儿及时洗手，做好个人清洁卫生。

6. 请幼儿说一说参加活动的感受，幼儿讲述，爸爸妈妈代笔写或由幼儿用画画的方法记录下来。

【发展评估】

“讲究卫生”好习惯养成幼儿家长评价表

宝贝们，经过一个月的时间，你养成“讲究卫生”的好习惯了吗？现在请你和爸爸妈妈一起玩一个问答小游戏。

班级：　　　　　幼儿姓名：

评价内容	评价结果
1. 你会“七步洗手法”吗？请你按照“七步洗手法”洗洗小手吧！	
2. 你能做到不吮吸手指吗？吮吸手指有哪些危害？	
3. 你知道为什么要勤洗澡、勤换衣吗？请你说一说。	
4. 你会唱《理发师》这首歌吗？头发长了怎么办？	
5. 看看你的指甲长吗？如果指甲长了怎么办？	

（续表）

评价内容	评价结果
6. 什么时候需要刷牙呢？请你说说应该怎样刷牙。	
7. 每次看电视不能超过多长时间？你还知道哪些保护眼睛的方法？	
8. 你知道打喷嚏时要注意什么吗？	
9. 你能说一说擤鼻涕的正确方法吗？	

爸爸妈妈们请在沟通中对孩子的行为作出正确的评价，指导孩子用彩笔为自己的好习惯作出不同等级的笑脸评价。

评价标准：非常好 4　好 3　一般 2　差 1

“讲究卫生”好习惯养成教师评价表

班级：　　　　幼儿姓名：　　　　教师姓名：

目标	评价结果			
	4	3	2	1
1. 知道洗手的重要性，会用“七步洗手法”洗手。				
2. 知道指甲长了要及时修剪。				
3. 不吮吸手指，能说出两种控制吮吸手指的方法。				
4. 能跟随指令和音乐进行洗澡表演。				
5. 知道勤换衣服的重要性，能根据儿歌模仿洗衣服的动作。				
6. 会唱歌曲《理发师》，会模仿剪发和喷发胶的动作。				
7. 能说出正确刷牙的方法和步骤。				
8. 能简单叙述《戴眼镜的龙爸爸》故事中龙爸爸戴眼镜的原因，说出三种保护眼睛的方法。				
9. 能根据指令认真做眼保健操。				
10. 不乱挖鼻孔，能用正确的方法擤鼻涕。				

评价标准：非常好 4　好 3　一般 2　差 1

好习惯四　及时整理

【主题名称】把它送回家

全家总动员

亲爱的家长朋友：

您有没有推开孩子的房门看到床上、桌上、地上到处散落着孩子的图书、玩具的情景？您有没有遇到要出门孩子不会自己穿衣服、穿鞋子让您着急的情况？这些都是因为孩子缺乏整理意识、不会及时整理造成的。整理是孩子成长过程应具备的一项技能，也是应该养成的重要习惯。它不仅包括孩子对物品的整理，如整理玩具、图书、书包、房间等；还包括对自身的整理，如正确地穿脱鞋袜、如厕结束后整理衣物等。让孩子学会整理，不仅可以锻炼和发展他们的动作技能，增强独立生活的能力，还可以促进他们认知能力的提高，培养责任感。因此，本月我们将开展的主题活动是“把它送回家”，旨在培养幼儿“及时整理”的好习惯。

在幼儿园，我们有目的地进行培养，希望孩子能达到如下目标：

1. 知道玩完玩具、看完书、用完椅子等放回原位，养成物归原位的好习惯。
2. 学习简单整理物品的方法，乐于整理自己的物品，做到自己的事情自己做。
3. 练习自己穿脱衣服、鞋子，养成睡前整理好自己衣物的好习惯。
4. 理解上下、前后、里外等方位词，尝试说出物品摆放位置。
5. 认识幼儿园中自己物品的标识，学会按照标识取放自己的物品。

在家庭生活中，我们建议您从以下几方面进行关注：

1. 家中物品的摆放有固定位置，做到整洁有序。
2. 请您在看完书、用完椅子、做完饭时做到物品及时归位整理，给孩子做榜样。
3. 让孩子承担力所能及的整理任务，如开饭前让孩子帮忙发放碗筷，吃完饭帮忙把椅子归位等。
4. 在整理房间的时候，您可以请孩子一起帮忙，教孩子一些简单的整理方法。
5. 请您监督孩子将用过的物品及时整理归位，养成“及时整理”物品的好习惯。

感谢您的参与，为了孩子的成长，让我们一起努力！

【主题目标】

1. 知道物品有固定摆放位置，养成物归原位的好习惯。
2. 喜欢和同伴一起玩玩具，尝试分类整理玩具。
3. 懂得爱护图书，知道看完书要放回原位。
4. 掌握正确拿放椅子的方法，知道不用时要把椅子放回原位，摆放整齐。
5. 知道睡觉之前要把衣物放在固定的位置，养成睡前整理好自己衣物的好习惯。
6. 乐于整理自己的物品，愿意和家人一起整理房间。
7. 初步学习整理物品，知道用过的东西及时归位。
8. 理解上下、前后、里外等方位词，尝试说出物品摆放位置。
9. 记住幼儿园中自己物品的标记，练习按照标记取放自己的物品。

【主题口号】

及时整理，整洁无比

【三字儿歌】

及时整理

小玩具，图画书，
衣服鞋，日常物，
使用时，要爱护，
不用时，归原处。

【集体教学活动】

活动一　物品也有家

◎活动目标

1. 知道物品有固定的位置，养成物归原位的好习惯。
2. 学会用“×× 应该放在 ××”的句式说出物品的家。
3. 记住幼儿园中自己物品的标记，练习按照标记取放自己的物品。

◎活动准备

课件：杯子、毛巾、拖鞋、衣服图片；杯子柜、毛巾柜、鞋柜、衣柜图片；幼儿照片与标记对照图；拿错杯子视频。

◎活动过程

一、观看课件，知道物品有固定位置

师：有几个物品宝宝被它的小主人遗忘了，找不到家了，我们来帮帮它们好吗？

教师出示杯子、毛巾、拖鞋、衣服图片，幼儿观看。

师：你们认识这些物品宝宝吗？它们都是谁？

幼儿根据图片回答。（杯子、毛巾、拖鞋、衣服）

师：它们的家应该在哪里？

幼儿根据生活经验回答出物品的家，教师适时出示杯子柜、毛巾柜、鞋柜、衣柜图片。

师：你们能找到物品宝宝的家吗？它们应该放在什么地方？

教师引导幼儿仔细看图，按句式“×× 应该放在 ××”说出物品的家。

教师操作课件将物品宝宝一一归位到空着的杯子柜、毛巾柜、鞋柜、衣柜中，幼儿集体说句式“×× 应该放在 ××”。

师：物品宝宝都找到家了。杯子柜是杯子的家，杯子要放在杯子柜中；毛巾柜是毛巾的家，毛巾要放在毛巾柜中；鞋柜是鞋子的家，鞋子要放在鞋柜中；衣柜是衣服的家，衣服要放在衣柜中。

二、师幼交流，说说自己物品的标记

师：在幼儿园里，你们也有自己的杯子、毛巾、衣柜、鞋柜、小床等物品。你们怎样能快速地找到它们呢？

幼儿根据生活经验回答。（看号码或图片）

师：你们在幼儿园的物品上都有像号码或图片的标记。谁来说说你的物品上有什么样的标记？

幼儿根据自己物品上的标记回答。（数字、名字贴）

师：把你的标记指给大家看一看。

播放幼儿照片与标记对照图，请个别幼儿指一指，说一说。

三、欣赏视频，了解拿错物品的危害

师：你们一定要记住自己的标记，按照自己的标记取放物品，不然就会闹出不开心的事情，你们看。

教师播放视频，幼儿观看。（视频内容：午饭时间到了，小朋友们分组去取杯子，老师给大家倒牛奶。突然，衣帽间传出了哭声。老师赶紧过去看，只见玲玲站在杯柜前大哭说“我的杯子没有了”，老师看了看杯子柜，原来和玲玲挨着的亮亮拿错了杯子。老师只好从消毒柜中拿了一个备用的杯子给玲玲用，并告诉小朋友，杯子拿错会传染疾病的。）

师：玲玲为什么哭了？玲玲的杯子哪儿去了？老师和小朋友们说了什么？

幼儿根据视频内容回答。（杯子被别人拿走了，拿错杯子会有传染病）

师：记不住自己的标记就会拿错物品，拿错物品小伙伴之间会不开心，有时还会传染疾病。

四、动手游戏，练习取放自己的物品

师：你们记住自己的标记了吗？我们来玩一个小游戏怎么样？看看你们是不是都记住自己物品

的标记了。这个游戏的名字叫“标记找朋友”。现在我们分成四组，第一组叫小杯子，第二组叫小毛巾，第三组叫小拖鞋，第四组叫小衣服。你们记住自己组的名字了吗？

幼儿分组说出自己组的名字。

师：现在请第一组按照你们组的名字，去取你们的物品，要按照自己的标记取，千万不要取错哟。

第一组幼儿去拿杯子，配班老师验证并指导。

教师依次请第二、三、四组幼儿取毛巾、拖鞋、衣服，配班老师验证并指导。

师（再次播放幼儿照片与标记对照图）：再看看你的标记是什么，一会儿请你们按照自己的标记把你手中的物品送回家。记得送回去的时候要说“杯子应该放在杯子柜中，毛巾应该放在毛巾柜中……”这次请第四组宝贝先去送。

第四组幼儿把衣服送回衣柜，配班老师验证并指导。

教师依次请第三、二、一组送拖鞋、毛巾、杯子回家，配班老师验证并指导。

师：刚刚 × 老师（配班老师）说，你们都是按照自己的标记取放物品的，表现得特别棒。一起夸夸自己吧！

师幼一起做“我真的很不错”夸奖自己。

五、生活寻找，发现更多物品都有家

师：除了杯子、毛巾、鞋子、衣服外，在我们的生活中，你还知道哪些物品和它的家？

幼儿思考回答。（玩具的家是玩具箱，书的家是书架）

师：回家后去找一找物品和它的家，明天告诉大家吧！

（秦皇岛市启航幼儿园 / 王洪品）

活动二　送玩具回家

◎活动目标

1. 知道玩完玩具要放回原位。
2. 认识玩具，了解玩具的种类，懂得爱惜玩具。
3. 体验与同伴一起玩玩具的乐趣，尝试分类整理玩具。

◎活动准备

1. 课件：《收起来》绘本故事图片，连线游戏，音乐《玩具进行曲》。
2. 事先在桌子上摆放好各种玩具。

◎活动过程

一、观察封面，说出绘本名称

师：今天我给你们带来了一本书，我们一起来看看这本书的名字有几个字。数数看。

出示绘本封面图片，幼儿点数后回答。（3 个）

师：这本书的名字叫《收起来》。仔细看看这本书的封面，你们猜猜，这本书讲的是谁的故事？要把什么收起来？

幼儿观察封面大胆回答。（小熊的故事，要把玩具收起来）

二、观看课件，尝试讲述故事

师：看，谁在哭呀？

出示玩具在哭图片，幼儿观察回答。（玩具在哭）

师：它们是谁的玩具？玩具们为什么哭呀？我们现在一起来看一看吧！

教师出示绘本图片，讲述故事《收起来》第一段。幼儿根据故事内容回答。（是小熊的玩具；小熊玩完玩具，没有把玩具收起来）

师：小熊会把它们送回家吗？

幼儿猜测后，教师出示绘本图片，讲述故事第二段。幼儿根据故事内容回答。（小熊把玩具送回家了）

师：小熊是怎么把玩具送回家的？

教师播放课件，幼儿根据课件内容说说小熊先收了什么，又收了什么，后来收了什么。（小熊先收了小汽车，又收了毛绒玩具，最后收了积木）

三、连线游戏，学习整理玩具

师：小熊把自己的玩具收起来送回了家。我们一起来帮我们班的玩具找找家吧。我指出一种玩具，你说出应该把它放在哪里好吗？

教师播放课件（上面是玩具的图片，下面是玩具柜、娃娃家等玩具的家），幼儿观看思考，说说每一种玩具应该放在哪里。教师操作课件和幼儿玩连线游戏。

师：积木的家在玩具架上，毛绒玩具的家在娃娃家中，操作材料的家在玩具柜中……我们玩完一定要记得把它们收起来送回家。

四、交流游戏，懂得爱护玩具

师：你们看，我们班里有很多的玩具，你们想不想来玩一玩呢？那么，玩玩具的时候要注意些什么呢？

幼儿根据已有经验回答。（不要把玩具丢在地上，不能把玩具弄坏，玩完后把玩具收起来）

师：对，我们要爱护玩具，轻轻地拿轻轻地放，不能把玩具弄坏，不然它会很疼的。现在就请你挑选一个自己喜欢的玩具，玩一会儿吧。音乐结束就停止游戏。

教师播放音乐《玩具进行曲》，幼儿玩玩具，教师巡回指导。

五、实际操作，练习收拾玩具

教师停止播放音乐。

师：音乐结束咯，我们玩玩具的游戏时间也结束了。现在请你轻轻地把它们收起来送回家好吗？千万不要送错哟。

幼儿把玩具送回家，教师对送错的幼儿个别指导。

师：还记得这本书是什么名字吗？

出示绘本封面图片，幼儿说出书的名字。

师：这本书的名字是《收起来》，幼儿园的玩具我们玩完后要收起来，家里的玩具玩完后也一定要记住收起来放回原位，送它们回家。

附：

收起来

小熊干什么？小熊玩完玩具啦！小熊的玩具真多呀，都有什么呢？小火车，布娃娃，还有……小熊走了，玩具们为什么哭了？

喔，小熊收玩具了。它先收了小汽车，又收了毛绒玩具，最后收了积木。小熊和玩具们说了什么？收好玩具，下次再玩！

（秦皇岛市启航幼儿园 / 贾倩）

活动三　书宝宝回家

◎活动目标

1. 初步认识各种各样的书，简单了解书的演变。
2. 理解并诵读《弟子规》节选内容，感受传统国学的文化魅力。
3. 懂得爱护图书，养成看完书放回原位的好习惯。

◎活动准备

课件：《弟子规》节选诵读视频、图解视频，动画《大毛找书》，古代孩子诵读视频、图片，各种书的图片。

◎活动过程

一、观察图片，认识古今不同的书

师：孩子们，你们喜欢看书吗？你们看的书都是用什么材料做成的？

幼儿根据已有经验回答。（纸）

师（播放纸质书和电子书图片）：我们现在的书大多都是纸做成的，还有电子书。那你们知道古代的书是什么样的吗？

幼儿自由回答。（竹子做的、布做的等）

师（依次播放古代书图片）：在最早的时候，没有纸，人们会把文字记录在龟壳、铜器上；到战国时期，他们将文字写在削制成的狭长竹片或玉板上，再用熟牛皮串在一起，人们叫它竹简；但是竹简很重，后来人们又把文字写在丝帛上，它很轻但很昂贵，普通百姓用不起；到汉代，人们开始使用卷轴，就是把字写在布和纸上，再将两端粘接在圆木上，卷成束；再到后来人们把字写在大小相等的纸上，用线穿起来，制成线装书，这时候就和我们现在的书很接近了。书是我们的好朋友，一定要爱护它们。你们知道怎么爱护书吗？

幼儿自由回答。（不撕书、轻轻翻看、保持干净平整等）

二、倾听诵读，熟悉《弟子规》的内容

师：我们来听听古人是怎样爱护书的吧。

播放《弟子规》节选诵读视频，幼儿观看倾听。

师：你在这首三字儿歌中听到了什么？

幼儿根据自己听到的内容回答。

师：我们再来仔细地听两遍，比比看谁的耳朵最灵，听到的内容最多。

再播放《弟子规》节选诵读视频两遍，幼儿说说自己听到的内容，教师引导幼儿完整说出《弟子规》节选的内容。

师：我们一起试着说一说吧。

师幼一起朗诵《弟子规》节选两遍。

三、观看视频，理解《弟子规》的含义

师：这首三字歌的内容没有难倒你们。那这首三字儿歌要告诉我们什么呢？我们一起来看看吧！

播放《弟子规》节选图解视频，幼儿说说三字歌的含义。

师：这首三字歌就是要告诉我们，各种书籍要摆放在固定的地方，读完的书要立刻放回原处。即使有急事，也要先收拾整齐后才能离开，书本有损坏的时候，一定要把它补好。

四、欣赏动画，明白书看完要归位

师：如果不按三字儿歌里说的去做，会发生什么事情呢？我们一起来看看。

播放动画《大毛找书》，幼儿观看。

师：大毛的书为什么找不到？大毛书乱丢，坏了也不修补，结果漫画书怎么样了？

幼儿根据动画内容回答。（大毛的书到处乱丢，东一本，西一本；被妹妹叠狗窝了）

师：我们一起用刚刚学过的三字儿歌告诉大毛怎么做好吗？

师幼一起诵读《弟子规》节选。

五、大声诵读，感受国学文化魅力

师：这段三字儿歌节选自我国古代文学家所写的《弟子规》。你们知道古代的孩子是怎么诵读儿歌的吗？

幼儿根据自己的经验回答后，播放古代孩子诵读的视频。

师：让我们也像古代的孩子一样大声地诵读我们刚刚学过的三字儿歌吧。

师幼一起看古代孩子诵读图片，大声诵读《弟子规》节选。

附：

弟子规（节选）

列典籍，有定处。

读看毕，还原处。

虽有急，卷束齐，

有缺坏，就补之。

译：各种书籍要摆放在固定的地方，读完的书要立刻放回原处，即使是有急事，也要先收拾整齐后才能离开，书本有损坏的时候，一定要把它补好。

（秦皇岛市启航幼儿园 / 郑艳菊）

活动四　小椅子放整齐

◎活动目标

1. 认识椅子，了解椅子的类型和作用。

2. 学说儿歌《搬椅子》，掌握单、双手正确拿放椅子的方法。

3. 懂得爱护小椅子，知道不用时要把椅子放回原位摆放整齐，做到轻拿轻放。

◎活动准备

课件：各种椅子图片，用椅子健身、跳舞、做游戏图片。

◎活动过程

一、猜猜谜语，知道椅子的特征

师：我们一起来猜一个谜语，谜面是“小平板儿，四条腿儿，靠着背儿，休息会儿”，谜底是一个家具用品。

幼儿猜谜。（椅子）

师：对，谜底是椅子。你们是怎么猜出来是椅子的？

幼儿根据谜面回答。

师：对，椅子是有四条腿、有靠背、供人坐着的日常生活用品。

二、经验回顾，认识椅子的类型

师：你看过什么样的椅子？在哪里看过？

幼儿根据已有经验回答。（木头椅子、塑料椅子、铁椅子；在商场见过，在公园见过，在幼儿园见过）

师：这是什么椅子？它和别的椅子有什么不一样？

教师依次出示高脚椅、躺椅、休闲椅图片，幼儿观察回答。（高脚椅，椅子腿高；躺椅，可以躺着；休闲椅，在公共场所有）

三、互动交流，了解椅子的用途

师：椅子除了用来坐着休息，还能做什么呢？看，他们用椅子做了什么？

出示用椅子健身、跳舞、做游戏图片，幼儿观察回答。

师：椅子不仅可以用来休息，还可以健身、跳舞和玩游戏。

四、探索操作，学习椅子拿法

师：你会搬椅子吗？怎么正确搬椅子？

请幼儿边做示范边说说搬椅子的正确方法。

师：我也来试试看，你们看我是怎么搬小椅子的。

教师一边念儿歌《搬椅子》，一边示范搬椅子。

师：刚才我是怎么搬椅子的？

幼儿根据儿歌内容和教师示范回答。

师：单手搬时椅子放腿边，一只手握住椅背；双手搬椅子的时候一只手握住椅子的前面，另一只手握住椅背，轻轻抬起，放到胸前，走向目的地，到达目的地后，轻轻放下。

五、师幼交谈，懂得爱护椅子

师：我们生活中要爱护椅子，怎样爱护椅子呢？

幼儿自由回答。（轻拿轻放，不拉着椅子走，不故意踩椅子，经常擦小椅子）

师：你们说得真好！我们爱护小椅子，不能爬到椅子上踩，不能乱扔椅子，不用的时候要搬回原处。

六、共摆椅子，一起快乐游戏

师：你想不想也来玩一玩椅子的游戏？玩椅子游戏需要什么？

幼儿回答。（玩椅子游戏需要小椅子的帮忙）

师：下面我们一起来玩椅子游戏。请你用正确的方法搬来一把椅子。

幼儿用正确方法搬椅子，教师个别指导。教师和幼儿一起布置游戏场地，玩椅子游戏。

游戏一：部分幼儿双手搭在椅子背上，用身体做山洞，其他幼儿依次钻过山洞。

游戏二：丛林探险。幼儿将桌子放倒左右交错当作树林；几组椅子放倒椅背相搭当作树洞，几组椅子相对当作独木桥。幼儿穿过树林，钻过树洞，走过独木桥。

附：

搬椅子

小椅子，我会搬，
单手抓住放腿边，
双手抓住放胸前。
轻轻拿，轻轻放，
整齐摆放我最棒。

（秦皇岛市启航幼儿园 / 赵静）

活动五　小猪找衣服

◎活动目标

1. 知道睡觉之前要把衣物整理好，放在固定的位置。

2. 复习叠衣服的方法。

3. 养成睡前整理好自己衣物的好习惯。

◎活动准备

1. 课件：小猪图片和声音，《小猪找衣服》绘本故事图片，《小猪睡觉》音频。

2. 衣服若干套。

◎活动过程

一、演唱歌曲，认识故事主人公

师幼随《小猪睡觉》音频，一起演唱歌曲。

师：我们刚才唱的这首歌叫什么名字？

幼儿根据歌曲内容回答。（小猪睡觉）

二、倾听讲述，知道不乱扔衣服

师：小猪睡醒觉后做了什么事情，你们想知道吗？那就请出小猪来告诉我们吧。

教师播放小猪的图片和声音。（小猪声音：小朋友们好，我有点不好意思讲）

师：孩子们，我们来问问小猪怎么了。

师幼一起与小猪对话。

操作课件继续播放小猪图片声音。（小猪声音：还是请 × 老师讲给你们听吧）

师：那好吧，我来讲给大家听。

教师出示绘本图片，讲述故事《小猪找衣服》第一段“小狗和小猪约好了……气喘吁吁地跑来了”。

师：小猪为什么会迟到呢？你们来猜猜看。

幼儿大胆猜想小猪迟到的原因。（起晚了、太磨蹭了等）

教师出示绘本图片，讲述故事第一段“他对小狗说……小狗带着小猪回家找衣服”。幼儿根据故事内容回答小猪迟到的原因。（小猪迟到是因为他的衣服找不到了）

师：小猪的衣服都在哪里呢？

出示小猪家里衣物乱扔的图片，幼儿看图寻找并回答。然后教师出示绘本图片，讲述故事第二、三段。

三、大胆表达，探讨放衣的位置

师：小猪怎么做才能不迟到呢？

幼儿大胆表达自己的看法。（不乱扔衣服、袜子、鞋子等）

师：那么，睡觉之前把衣服、袜子、鞋子放在哪里比较合适？

幼儿大胆表达自己的看法。（衣服放在床头柜上，袜子放在床尾，鞋子放在床下）

师：要把衣服放在固定的位置，可以把衣服、袜子摆放在床尾，把鞋摆放在床边。这样起床之后就能迅速地穿好衣服。

四、动手操作，复习叠衣的方法

师：衣服是随意放在床头还是要叠好放？叠衣服儿歌还会说吗？

师幼一起复习说叠衣服儿歌。

师：现在，请你在后面的桌子上选一套衣服，边说儿歌边叠衣服，我们来教教小猪叠衣服好吗？小猪你也和我们一起学学吧。

播放小猪的形象及声音。（小猪的声音：好的，我和大家一起学）

幼儿边说儿歌边叠衣服，教师巡回指导。

五、对话小猪，养成整理的习惯

师：我来看看你们都叠好了没有。哇，给自己鼓鼓掌，大家都叠得很好。我们来问问小猪学会了吗。

师幼同问："小猪，你学会了吗？"然后教师操作课件播放小猪的形象及声音（我也学会了，你们看），出示小猪叠好的衣服。

师：小猪你现在知道怎么做才能不迟到了吗？

播放小猪的形象及声音（我知道了，谢谢你们！你们看），出示小猪改正后的图片。

师：孩子们，我们也要做到，不管是在幼儿园还是在家中，都要养成睡前整理好自己衣物的好习惯。

附：

叠衣服

大门关关好，袖子向前抱，

腰儿弯一弯，衣服就叠好。

小猪找衣服

小狗和小猪约好了，今天要到游乐场去玩。小狗早早地起了床，然后自己穿衣服、叠被子。等了好久，小猪才裹着被子气喘吁吁地跑来了。它对小狗说："我的衣服又找不到了。"裹着被子上游乐场可不行，小狗带着小猪回家找衣服。

小猪的家里可真乱啊！找了老半天，在床下找到了一只鞋子……另一只鞋子和上衣都给扔到水桶里去了……后来，在吊灯上找到了小猪的裤子和袜子……

小狗告诉小猪，睡觉前把衣服放在固定的地方，放整齐，起床就很容易拿到。咦，这个办法真好！第二天早上，小猪一下子就找到了衣服。哈哈！一件也不少。

（秦皇岛市启航幼儿园 / 郭旭）

活动六　小威利做家务

◎活动目标

1. 知道家务包含的内容，了解妈妈的辛苦。

2. 尝试用简短的语言说出小威利帮妈妈做的家务。

3. 愿意和家人一起整理房间，感受为家人服务带来的幸福感。

◎活动准备

1. 课件：《小威利做家务》绘本故事图片，《小宝贝》音乐。

2. 玩具和玩具箱，碗筷、彩笔、图书若干；小奖品若干。

◎活动过程

一、倾听故事，说说小威利做的家务

师：孩子们，今天有一只小野猪来我们班做客。他的名字叫小威利。小威利一天天地长大，也越来越懂事了。我们来听一听他的故事吧！

教师出示小威利拿水桶、扫帚、抹布图片，讲述故事《小威利做家务》第一段。幼儿边听边看。

师：看，小威利手里拿着什么？大家猜一猜，他要和妈妈在一起做什么呢？

幼儿猜测。（接水，扫地，擦桌子）

师：你们猜对了吗？我们接着听故事。

教师出示小威利整理房间的三幅图片，讲述故事第二段。幼儿边听边看。

师：小威利把积木送到哪里？把彩色画笔放到哪里？把其他东西收到哪里？

幼儿根据故事内容回答。（积木送到箱子里，彩色画笔放到盒子里，其他东西放抽屉里）

师：小威利帮着妈妈整理好房间，接着又做什么了呢？

教师出示小威利帮妈妈晾衣服图片，讲述故事第三段。幼儿边听边看。

师：小威利是怎样帮助妈妈晾衣服的？

幼儿根据故事内容回答。（帮助妈妈递夹子）

师：衣服晾好了，妈妈要打扫卫生了，小威利又是怎样帮助妈妈的？

教师出示小威利帮妈妈打扫卫生的两幅图片，讲述故事第四段。幼儿根据故事内容回答。

师：小威利没有和爸爸去游乐园玩，而是留在家里帮妈妈做家务。他整理好自己的东西，还帮妈妈晾衣服、打扫卫生。妈妈很开心，他自己也感到了快乐和幸福。

二、师幼谈话，了解家务包含的内容

师：孩子们，你们的妈妈在家里都做过哪些家务活呢？

幼儿根据生活经验自由回答。（擦桌子、收碗筷、扫地等）

师：妈妈工作很辛苦，下班回到家里还要为我们做饭、洗碗、洗衣服、收拾房间……妈妈这么辛苦，我们应该怎样做呢？你们帮妈妈做过家务吗？都做过哪些家务活？

幼儿根据生活经验回答。

三、联系生活，学习整理物品的方法

师：这是什么？怎样进行整理？

教师依次出示彩笔、图书、碗筷、玩具，幼儿说说整理方法，教师适时指导。

四、竞赛游戏，我是整理家务小能手

师：孩子们，我们来玩个家务小能手的竞赛游戏，请你们自由选择需要整理的物品，看谁整理得最快最好，我们就评他为超级小能手。

幼儿自由选择需要整理的物品，分整理彩笔、整理图书、收拾碗筷、收拾玩具四组进行竞赛。并评选出超级小能手，教师为其颁发小奖品。

五、师幼律动，感受亲人之间的关爱

师：孩子们，我们是爸爸妈妈最亲的小宝贝，他们为我们做了很多很多。爸爸妈妈辛苦工作一天下班了，我们要帮助爸爸妈妈做一些家务活，及时整理好自己的玩具、图书等东西，做一个懂事的好孩子。

播放音乐《小宝贝》，师幼共同听音乐做律动结束。

附：

小威利做家务

星期天，爸爸要带小野猪们去游乐园，可是，小威利非要待在家里不可，因为他想和妈妈在一起。威利要帮妈妈做家务。是呀，有好多事情要做呢！

首先是整理房间，积木要放到箱子里。彩色画笔也要放回盒子里去。其他东西就放到抽屉里吧。“收好了！”威利说。“威利好棒哦！”妈妈表扬了他。

然后是晾衣服。小威利帮妈妈递夹子。先拿一个红色的夹子，然后拿黄色和绿色的，最后是蓝色的。

妈妈开始打扫卫生了，威利打开吸尘器。哦，天啊！玩偶小猪差一点就被吸了进去。“任何人刚开始都会这样的。”妈妈一边鼓励他，一边继续打扫屋子。不一会儿，小威利就帮助妈妈把房间打扫得干干净净。妈妈抱着小威利开心地说：“威利长大了，真是妈妈的好宝贝！”

（秦皇岛市启航幼儿园 / 王小剑）

活动七　及时整理好

◎活动目标

1. 理解故事内容，知道物品及时整理的重要性。
2. 初步学习整理物品，知道用过的东西及时归位。
3. 感受及时整理物品的快乐。

◎活动准备

课件：小猪球球图片，《全都收拾好》绘本故事图片，幼儿及时整理和不及时整理手工材料视频。

◎活动过程

一、观看图片，猜测主人公心情不好的原因

师：今天我们班来了一位小客人，我们来看看是谁，他怎么了。谁来猜一猜？

播放课件出示球球图片，幼儿大胆猜测原因。

继续播放课件。（球球：小朋友们，你们好！我今天心情有点糟糕，你们想知道原因吗？那就请看看关于我的故事吧！）

二、阅读绘本，了解及时整理物品的重要性

师：我们来看看球球发生了什么不开心的事情。

教师出示绘本图片，讲述故事《全都收拾好》第一、二段。幼儿根据故事内容回答。（作业本找不到了）

师：为什么球球会弄丢他的作业本？

幼儿根据故事内容回答。（他写完作业没把作业本收拾好就出去找小伙伴们玩，他用过的东西总是乱丢乱放）

师：用过的物品，马上就收拾好。如果不及时整理归位，就会很乱，想要的东西就会很难找到。

三、师幼交流，懂得用完物品后要及时整理

师：球球知道了用过的东西马上就要收拾好。我们看看他以后是怎么做的。

教师出示绘本图片，讲述故事第三段。然后出示相应绘本图片，引导幼儿看图说说球球的做法。教师适时用“……就……”句式表达，幼儿边跟说边进行动作模拟。（起床后，穿好衣服，就把床收拾好；刷完牙，就把牙刷放进水杯里；洗完手，就把毛巾放在架子上；吃完饭，就收拾碗筷，再把桌子擦干净）

师：球球改掉了乱丢乱放不及时收拾东西的坏习惯，他现在每次用完东西，都会马上收拾好，是一个及时整理物品的好宝宝。

四、情景判断，加深对及时整理物品的认识

师：下面我们看一看，视频中的小朋友做了什么？他的做法对吗？

播放视频：小明画完画，把画笔和水粉颜料扔在桌子上，就出去户外活动了。等活动回来以后再收拾，结果水粉颜料全都变干了。

幼儿观看后回答。（小明画完画没有把画笔和水粉颜料收拾好就出去玩，他的做法不对）

播放视频：小红用超轻黏土制作完手工，马上将黏土收拾好，这样，黏土就不会变干了。

幼儿观看视频，发表自己意见。（小红做完手工马上将黏土收拾好，她的做法对）

师：东西用完后，如果不及时整理，就会造成浪费或丢失，所以我们要把用过的东西马上就收拾好，不能拖拉。

五、儿歌表演，体验及时整理物品的好心情

师：我们已经知道了用完的物品要及时整理，相信你们会是整理的小能手哦！老师根据这个绘本故事编了一首儿歌，我们一起来说一说吧。

教师带领幼儿说根据绘本故事自编的儿歌。

师：让我们一边说儿歌一边做整理的动作。

师幼边说儿歌边进行动作表演。

附：

全都收拾好

小猪球球不喜欢收拾房子，用过的东西总是乱丢乱放，家里到处都是他的玩具。球球一边写作业，一边玩积木，写完作业把作业本一丢，就跑出去找小伙伴们了。第二天，球球坐在教室里，准备交作业，发现作业本怎么都找不到，这可急坏了球球。

回到家，球球在积木堆里找到了作业本。猪妈妈说："球球，要是你平时把东西都收拾好，作业本就不会找不到了。"球球点点头："妈妈，我以后一定把自己的东西都收拾好，再也不乱放了。"

早上起床，球球穿好衣服，开始叠被子，枕头也放好。刷完牙，牙刷放进水杯里。洗完手，毛巾放在架子上。吃完饭，把碗筷收拾到洗碗池边，再把桌子擦干净。

根据绘本故事自编儿歌

一二三，刷完牙，牙刷放进水杯里。
洗洗手，擦一擦，毛巾挂在架子上。
吃完饭，收拾碗，桌子也要擦一擦。
脱衣服，叠叠好，轻轻放进小衣柜。
及时整理心情好！

（秦皇岛市启航幼儿园 / 刘聪颖）

活动八　爱藏东西的小丑

◎活动目标

1. 理解上下、前后、里外等方位词。
2. 体验方位游戏的乐趣。
3. 养成物归原位的好习惯。

◎活动准备

1. 课件：小丑形象及声音，《我的灵魂》音乐。

2. 毛绒玩具猴子、小狗、小兔、小鸭、维尼小熊、小猫，娃娃家小帐篷、笼子车、小沙发、小篮子；图书、玩具等物品若干；物品摆放任务卡若干。

◎活动过程

一、小丑做客，相互之间问好

师：今天我们请来了一位特别的客人，看看是谁呢？

教师播放课件出示小丑形象，幼儿观看并回答。（小丑、演杂技的等）

师：我们请他自己来介绍一下吧。

播放小丑声音：小朋友们好，我是马戏团的小丑。

师：我们也和小丑打个招呼吧！

师幼一起和小丑打招呼。

二、观察实物，分辨物品位置

师：在马戏团里，有许多参加表演的小动物，这个小丑不是喜欢玩捉迷藏，而是特别喜欢藏东西，这不，他把好多小动物藏起来了，咱们一起来找一找吧。

1. 理解上下方位

教师出示玩玩家小帐篷，分别在帐篷的上、下位置摆放小熊、小猫两只小动物。

师：这里有两只小动物，看一看小丑把它们藏到了哪里。

幼儿观察回答。（小熊在帐篷上面，小猫在帐篷下面）

师：原来小丑把小熊藏到了帐篷的房顶上面，把小猫藏到了帐篷的下面。

2. 理解前后方位

教师分别在笼子车的前、后方位摆放小猴子、小鸭两只小动物。

师：这里有两只小动物，看一看小丑把它们藏到了哪里。

幼儿观察回答。（小猴子在笼子车的前面，小鸭在笼子车的后面）

师：原来小丑把小猴子藏到了笼子车的前面，把小鸭子藏到了笼子车的后面。

3. 理解里外方位

教师分别在帐篷的里、外方位摆放小狗、小兔两只小动物。

师：这里有两只小动物，看一看小丑把它们藏到了哪里。

幼儿观察回答。（小狗在帐篷的里面，小兔在帐篷的外面）

师：原来小丑把小狗藏到了帐篷的里面，把小兔藏到了帐篷的外面。

三、摆放物品，理解物体方位

师：你们观察得真仔细，说得也特别好。现在我请你们到前面来，按照我的指令把小兔放到对应的位置，你们敢不敢试试？

幼儿听教师指令，分别将小兔放到小沙发的上下前后方位，放到小篮子的里外方位。

师：接下来要增加难度了，看看你们行不行。

增加难度，一人完成两个方位任务。如：将小兔放到小篮子的里面，再将它们一起放在桌子的上面；把小篮子放在帐篷外面书架的前面。

师：你们准确找到了相应的位置，咱们一起给完成任务的小伙伴鼓鼓掌吧！

四、方位游戏，摆放动物位置

师：咱们一起学习了表示方位的符号，我这里有一些物品摆放任务卡，请你按照任务卡上的提示把相应的物品放到指定的位置吧。

幼儿自选任务卡，根据任务卡完成任务。

五、倾听音乐，自选物品归位

师：我这里还有一些物品没找到家，请你们帮助它们回家并说说你把这些物品都放在了什么地方，好吗？

出示图书、玩具等物品，播放《我的灵魂》音乐，幼儿自由选择物品归位，教师随机提问个别幼儿。

附：

爱藏东西的小丑

马戏团里有一个小丑，这个小丑不是喜欢玩捉迷藏，而是特别喜欢藏东西，这不，他把好多要参加表演的小动物藏起来了。马戏团的节目就要开始了，大家一起找一找小动物吧！原来小丑把小熊藏到了马戏团帐篷的房顶上面，把小猫藏到了马戏团帐篷的下面；把小猴子藏到了笼子车的前面，把小鸭子藏到了笼子车的后面；把小狗藏到了马戏团帐篷的里面，把小兔藏到了马戏团帐篷的外面。小动物们都找到了，表演可以正式开始了！

（秦皇岛市启航幼儿园 / 陈静）

【个别化学习活动】

区域	名称	材料	玩法	价值
语言区	说说摆摆	衣服、包包、鞋子、图画书、积木等物品图卡，居家环境背景图若干张。	1. 幼儿自选居家环境背景图，将物品图卡依次摆放到图中相应位置。 2. 幼儿一边将物品图卡摆放在背景图中，一边说“×× 应该放在 ××”。如：鞋子应该放在鞋架上。	1. 知道物品归位。 2. 练习用句式“×× 应该放在 ××”表达自己完成的整理活动。
	排排乐	《大毛找书》故事图片。	幼儿自选故事图片按情节先后顺序插入展示板中，讲述故事内容。	大胆用自己的语言讲述故事，锻炼语言表达能力。
	整理图书	图书整理任务卡，任务卡上列有不同排列顺序的图书封面；书架、图书。	幼儿自选一张任务卡，根据任务卡要求将图书摆放到书架相应位置。	学习整理图书，懂得爱护图书。
益智区	瓶子配对	大小、形状、颜色及上面图案不同的瓶子若干，每个瓶子照片各 1 张。	幼儿自主选择一张瓶子照片，根据瓶子的大小、形状、颜色及上面图案等特点，找到相应的瓶子进行配对，将配对好的瓶子正确摆放在相应位置。	锻炼观察力。
生活区	衣柜真整洁	各个季节的衣服、衣柜、衣架。	将衣服先按季节分类，再按类别整齐摆放在衣柜中。	学习整理衣柜。
	整洁小厨房	锅、盆、碗、筷等厨房用具，水果、蔬菜等模型，橱柜、灶台等厨房用品；物品位置标识图。	说出每件厨房物品的名称，然后观看物品位置标识图，将物品按标识放到相应的位置，将厨房收拾整齐。	认识厨房物品，学习整理厨房。
	整理玩具	各种玩具，玩具筐若干。	将玩具按种类分类，有序摆放在玩具筐里，再将玩具筐放到相应位置。	学习整理玩具。

（续表）

区域	名称	材料	玩法	价值
科学区	多样纽扣	超轻黏土若干、胶棒；不同季节、款式的衣服图样；贴有四季标志的衣橱。	1. 自选黏土用揉搓、按压的方法制作不同形状的扣子，并根据扣眼的位置一一对应粘贴在衣服图样上。 2. 将粘好黏土扣子的衣服图样，按季节分类整理，摆放到贴有四季标志的衣橱中。	1. 知道扣子和扣眼是一一对应的。 2. 练习按衣服类别整理衣橱。
	晾衣服	各种袜子、手套图片；晾衣绳，塑料夹子若干。	1. 将手套和袜子图片分类摆放。 2. 观察图片，找出图案和样式一样的袜子和手套进行配对，用夹子夹在晾衣绳上。	1. 知道同一种类的物品应该放在一起。 2. 根据物品的特征进行配对。
	摆餐具	自制任务卡一套（如 3 人喝水，4 人用餐等）；各种玩具餐具，餐桌、小储物柜。	自由选择任务卡，按照任务卡上的要求摆放、分发、收纳餐具。	练习点数物品，说出总数，按数取物。
	送玩具回家	标有 1 ～ 5 数字编号的玩具架背景图，标有 1 ～ 5 个点子的玩具图片若干。	点数玩具图片上的点子数量，找到背景图上对应的数字，将玩具图片摆放到相应位置。	练习手口一致点数 5 以内的数，将玩具正确归位。
美工区	漂亮的被子	画有被子背景图的图画纸，彩泥。	运用团圆、压扁的方法用彩泥制作小花并粘贴在有被子的背景图画上。	练习团圆、压扁、粘贴等技能。
表演区	抢椅子	小椅子若干把，《开火车》音乐。	1. 幼儿将椅子摆放成一个圆圈，座位朝外，数量比人数少一个。幼儿伴随音乐在圈外顺时针走动，当音乐停止后快速抢占椅子。 2. 播放音乐《开火车》，幼儿玩抢椅子游戏，当听到火车鸣笛声时快速抢占椅子。 3. 游戏结束后，幼儿将椅子整理好放回原处。	1. 喜欢玩抢椅子游戏，根据指令快速作出反应。 2. 养成及时整理的好习惯。
	丝带舞动	不同颜色、大小丝带，整理箱；《声音滑梯》音乐。	1. 幼儿自选丝带，跟随《声音滑梯》的音乐节奏和指令做相应的挥舞动作。 2. 表演结束后，把丝带按类别整理好，放入整理箱内。	1. 练习跟随音乐节奏和指令做身体动作。 2. 知道表演后及时整理道具。
建构区	做家具	垒高积木若干、家居摆放情景图、有不同椅子图案的任务卡。	1. 观察任务卡，尝试用垒高积木搭建不同类型的椅子。 2. 观察家居摆放情景图，尝试使用垒高积木搭建沙发、衣柜、椅子等家具，并摆放在相应的位置上。	1. 学习用垒高的技能搭建椅子。 2. 知道游戏后及时整理积木，放回原处。
操作区	串起来	不同颜色、大小、形状的扣子模型和珠子，放入同一盒子中；穿线绳、整理架。	1. 幼儿自选同一类别的扣子或珠子，用穿线绳穿起来。 2. 幼儿将穿好的扣子或珠子挂在整理架上。	练习把穿珠材料依次穿到一条绳子上，锻炼手指灵活性。

【户外运动活动建议】

1. 每天户外游戏前，提醒幼儿将班级内的活动物品放回原处。
2. 每天户外游戏结束后，及时将器械、游戏材料摆放回原来位置。
3. 可组织幼儿玩需将物品及时放回原位的户外运动游戏，如：运果子、投壶、赶小猪、打保龄球等。
4. 在幼儿做器械操后，提示幼儿将器械放回原处。
5. 整理户外运动游戏材料或器械，要关注全体幼儿，让每位幼儿都有锻炼的机会。

【日常生活活动建议】

1. 每天在入园、户外回来时提醒幼儿把自己的随身物品整齐叠放在小衣橱里。
2. 每天选一位值日生负责提醒大家将喝水用的杯子按照标识或学号将杯口朝上放入杯柜中。
3. 每天提醒幼儿午睡时，把衣物整理好，放在固定位置。
4. 用餐后，提醒幼儿将餐具放回餐车。
5. 洗手后，提醒幼儿将香皂、毛巾放回原处。
6. 每天离园时，提醒幼儿把椅子放在班级固定位置。

【环境创设】

1. 将幼儿在家中和幼儿园整理活动的照片展示在主题墙上。
2. 将幼儿制作的自己物品的标记粘贴在相应位置。
3. 班级内的物品及物品柜上都贴上相应的标记，让幼儿在日常生活中知道按标记取放物品。
4. 可组织幼儿用各种废旧材料制作收纳箱，摆放在活动室相应位置。
5. 教师可组织幼儿评选“整理小达人”，将获得荣誉称号的幼儿照片展示在家园联系栏中。

【家园共育】

1. 建议家长每天晚上回家后，将脱下的衣物放在固定地方，可以请孩子当监督员，培养孩子及时整理衣物的好习惯。

2. 请家长与孩子一起商议家庭清洁日，每隔一段时间一家人一起收拾房间，幼儿既能学习整理物品的方法，又能增强愿意承担家务的责任感。

【社会实践】

超市小小理货员

◎活动目标

1. 了解超市理货员的工作。
2. 学习整理货品的方法。
3. 遵守超市的规则，懂得爱惜别人的劳动成果。

◎活动建议

1. 家长在家中提前和幼儿查阅资料，提前知道超市都有哪些商品，知道超市的商品都是分类摆放的。

2. 活动当天，家长与幼儿和超市提前沟通好活动内容。如：可将收银台上未付款的商品放回到货架上。

3. 在逛超市时，发现货架上有不是一类的商品，先说出商品的类别，再找到相应货架，将其放回原处。

4. 活动后，可让幼儿将在超市理货的活动用绘画的形式记录下来并用语言进行讲述。

【发展评估】

“及时整理”好习惯养成幼儿家长评价表

宝贝们，经过一个月的时间，你养成“及时整理”的好习惯了吗？现在请你和爸爸妈妈一起玩一个问答小游戏。

班级：　　　　　　幼儿姓名：

评价内容	评价结果
1. 你在幼儿园的物品上有标记吗？请说出三种物品标记。	☺☺☺☺
2. 你是怎么叠衣服的？请你展示一下。	☺☺☺☺
3. 你都读过哪些书？你是怎么整理这些书的？	☺☺☺☺
4. 你家里有哪些玩具？你是怎么整理玩具的？	☺☺☺☺
5. 你知道怎样拿放小椅子吗？请你展示一下。	☺☺☺☺
6. 你经常帮助爸爸妈妈做家务吗？你都会做哪些家务？	☺☺☺☺
7. 你可以自己穿鞋子吗？请你展示一下。	☺☺☺☺
8. 请你使用上下、前后、里外这些方位词说一说你的物品都放在哪里。	☺☺☺☺

爸爸妈妈们请在沟通中对孩子的行为作出正确的评价，指导孩子用彩笔为自己的好习惯作出不同等级的笑脸评价。

评价标准：非常好 4☺　好 3☺　一般 2☺　差 1☺

“及时整理”好习惯养成教师评价表

班级：　　　　　幼儿姓名：　　　　　　　教师姓名：

目标	评价结果			
	4	3	2	1
1. 知道幼儿园中自己物品的位置，会按照标记取放自己的物品。				
2. 知道玩完玩具后，将玩具分类整理到玩具箱中。				
3. 做到看完书能放回书架上。				
4. 能做到轻拿轻放小椅子，用完放到固定位置。				
5. 知道睡觉前将衣服叠整齐并放在固定位置。				
6. 可以简单整理自己的床铺。				
7. 经常自己穿衣服和鞋子。				
8. 会用简单的方法自己叠衣服。				
9. 知道方位词上下、前后、里外。				
10. 会用句式“×× 放在 ××”说出物品的位置。				
11. 活动结束后，及时将物品进行整理并放回原位。				

评价标准：非常好 4　好 3　一般 2　差 1

好习惯五　姿态标准

【主题名称】真有精气神

全家总动员

亲爱的家长朋友：

您好！当我们提到解放军的时候，脑海中首先出现的就是他们挺拔的军姿、矫健的步伐，那种精气神让我们特别羡慕。但是，您是否关注过孩子立、坐、走、跑的动作呢？是否由于您的疏忽而导致孩子立、坐、走、跑的姿态不够标准？如躺着看电视、坐着的时候不能将身体挺直、走路的时候不能挺胸抬头等。这些都会影响孩子正常的生长发育。为了让孩子在立、坐、走、跑方面姿态标准，知道标准的姿态能给人带来精气神和健康的身体，本月我们将开展的主题活动是“真有精气神”，旨在培养孩子“姿态标准”的好习惯。

在幼儿园，我们有目的地进行培养，希望孩子能达到如下目标：

1. 学习立、坐、走、跑的标准动作，感受标准的立、坐、走、跑动作带给人的精气神。

2. 懂得和朋友见面时要有礼貌地打招呼，会行鞠躬礼。

3. 知道递接物品时要双手呈迎，养成双手递接物品的习惯。

4. 了解请、安静、胜利、棒等手势语的意义，感受手势语带给人们的便捷。

5. 学习邀请的基本动作，礼貌邀请他人。

在家庭生活中，我们建议您从以下几个方面进行关注：

1. 请您以身作则，给孩子做榜样，如不躺着看电视、看书，走路不看手机等，给孩子一个标准的姿态示范。

2. 建议您带孩子观看天安门升旗仪式，感受国旗护卫队战士的飒爽英姿。还可以带孩子到公共场所看各种职业人员的动作姿态，如：交通警察、迎宾员等，了解他们的工作姿态。

3. 请您监督孩子立、坐、走、跑的姿态，不标准时要及时提醒，督促孩子养成良好的动作姿态。

感谢您的参与，为了孩子的成长，让我们一起努力！

【主题目标】

1. 学习标准站立姿势，感受标准站姿带给人的精气神。
2. 学习正确的坐姿，知道错误坐姿的危害，注意保持正确坐姿。
3. 学习正确走路的姿势，乐于用正确的姿势走路。
4. 学习正确跑步的姿势，喜欢跑跑跳跳，感受奔跑带来的快乐。
5. 了解见面礼仪，学习鞠躬礼的标准动作，养成见面行礼的好习惯。
6. 知道递接物品时要双手呈迎，养成双手递接物品的习惯。
7. 愿意在适宜的场合使用手势语，感受手势语带给人们的便捷。
8. 学习邀请舞的基本动作，练习邀请方法，感受邀请舞的乐趣。

【主题口号】

动作规范，姿态优美
精神抖擞，身体健康

【三字儿歌】

站

两手臂，垂直放。背不驼，挺胸膛。
眼平视，看前方。腿脚并，不能忘。

坐

坐椅子，头抬起。眼平视，背挺直。
腿靠拢，脚并齐。两小手，轻放膝。

走

走路时，头昂起。匀摆臂，上身直。
双肩平，步轻盈。不冲撞，不抢行。

【集体教学活动】

活动一　神气的解放军

◎活动目标

1. 认识解放军，知道他们保家卫国是可亲可敬的人。

2. 了解解放军的生活，感受解放军的精气神。

3. 尝试站军姿，学习标准站立姿势，感受标准站姿带给人的精气神。

◎活动准备

课件：解放军齐步走图片，阅兵式、站军姿示范、解放军保家卫国的视频。

◎活动过程

一、观察图片，学学解放军叔叔走路

师：这是谁？他在干什么？

出示解放军齐步走图片，幼儿观察回答。

师：我们一起来学一学解放军叔叔走路吧！

幼儿模仿解放军叔叔走路。

二、欣赏视频，感受解放军的精气神

师：这有一个关于解放军叔叔阅兵式的视频，请大家仔细看，看看他们多么有精气神！

播放阅兵式视频，幼儿观看。

师：看了阅兵式，你想对解放军叔叔说什么？

幼儿自由回答。（解放军叔叔真精神，解放军叔叔真棒）

师：阅兵式上，解放军叔叔步伐整齐，口号响亮，多么神气。

三、尝试模仿，学习标准的站立姿势

师：我们再来看一看解放军叔叔是怎么站军姿的。

播放解放军站军姿示范视频，幼儿观看回答。（抬头、挺胸、收腹、肩平、两腿挺直）

师：解放军叔叔站军姿真神气，我们跟着解放军叔叔学一学站军姿吧！

幼儿模仿解放军站军姿，教师适时指导。（要领：头上顶、眼睁大、收下巴、肩要平、挺起胸、收起腹、腿伸直、脚并齐）

四、互动游戏，听口令进行动作模仿

师：今天我们来玩一个模仿解放军动作的游戏，我做指挥员，你们当解放军战士，解放军一定要听从指挥哦！

幼儿分成两组，面对面站好。教师发出稍息、立正、踏步、坐下、起立、敬礼等口令，幼儿听口令做动作，注意站姿标准。

五、观看交流，了解解放军保家卫国

师：解放军叔叔很勇敢、很伟大，他们时刻守护着我们，我们一起来看一看吧。

播放解放军保家卫国视频，幼儿观看。

师：视频中解放军叔叔都做了什么？

幼儿根据视频内容回答。（训练、打仗、在洪水中救人、地震时救人、有疫情时救人）

师：我们现在过上这么平安幸福的生活，都是因为有解放军叔叔保护着我们，守卫着我们的国家。今后我们要向他们学习，做一个勇敢、坚强、有精气神的好孩子。

（秦皇岛市启航幼儿园 / 付琳）

活动二　如果你坐得歪歪扭扭

◎活动目标

1. 辨别坐姿的对错，知道错误坐姿的危害。

2. 学习正确的坐姿，感受正确坐姿的舒适感。

3. 知道保持正确坐姿的重要性，愿意保持正确坐姿。

◎活动准备

课件：《如果你坐得歪歪扭扭》绘本故事图片。

◎活动过程

一、谈话交流，回忆生活中的坐姿

师：孩子们，我看到你们都安静地坐在小椅子上了！坐得真整齐！谁能说说还有什么时候也是坐在椅子上呢？

幼儿根据已有经验回答。（吃饭、上课、玩玩具、看书等）

二、欣赏绘本，了解错误坐姿的危害

师：孩子们，这个小朋友在干什么？他看书时的坐姿对吗？哪里不对？

出示小男孩坐得歪歪扭扭看书图片，幼儿观察回答。（他在看书；坐姿不对；托着头，身体歪了）

师：如果坐得歪歪扭扭对身体有什么影响呢？

教师出示绘本图片，讲述故事《如果你坐得歪歪扭扭》第一段。幼儿根据故事内容回答，教师适时出示绘本图片引导。（脊柱弯曲了，肩膀一高一低，血液无法顺畅流通，会晕过去，手脚冰凉，肚子胀，头痛，肩膀痛，变成“乌龟脖”）

师：如果坐得歪歪扭扭，会让我们感到不舒服，影响我们的骨骼发育，对我们的身体危害很大。

三、师幼互动，尝试练习正确坐姿

师：如果端端正正地坐着，会怎么样呢？

教师出示绘本图片，讲述故事第二段。幼儿根据故事内容回答，教师适时出示绘本图片引导。（身姿挺拔、血液流通顺畅、身体强壮、脊柱直直的、个子变高、头脑清醒、双眼有神）

师：你们说得都很好！现在让我们一起练练正确的坐姿吧！

教师说儿歌《小朋友坐端正》，幼儿根据儿歌提示练习正确坐姿，教师适时指导。

四、集体游戏，锻炼身体坐得端正

师：孩子们，接下来我们来玩一个小游戏，名字叫“小蚕蛹，变蝴蝶，真美丽”。

游戏玩法：当老师说“小蚕蛹”时，幼儿两手交叉抱住后脑勺。接着向前弯腰，同时把胳膊肘向前收拢，蜷缩上半身。当听到老师说“变蝴蝶”时，幼儿向外打开胳膊肘和胸膛，眼睛向前看。当听到老师说“真美丽”时，幼儿坐好，坐姿正确。重复练习 5 ～ 10 次。

师：刚刚从“小蚕蛹”变成“小蝴蝶”的时候，我们的脖子、脊柱、肩膀、手臂都得到了锻炼，这样我们的坐姿会更端正！

五、共同体验，感受坐姿影响情绪

师：孩子们，你们看这个小朋友怎么了？

出示小朋友伤心的图片，幼儿观察回答。（伤心、不高兴，有些累了）

师：我们都有不开心的时候，昂首挺胸，用力打开双肩，向上伸直双臂，心情瞬间就会变好。我们一起来试一试吧！

出示小朋友伸直双臂的图片，师幼一起做昂首挺胸、打开双肩、上伸双臂动作，体验开心快乐心情。

附：

如果你坐得歪歪扭扭

如果你坐得歪歪扭扭，屁股就会歪歪扭扭。屁股歪歪扭扭，脊柱就会弯曲。脊柱弯曲了，肩膀就会一高一低。肩膀一高一低，脑袋就会歪向一侧，整个身体就会嘎吱嘎吱响。身体的各个部位相互挤压，拧成一团，体内的血液无法顺畅流通。最后你会怎么样呢？会晕过去！如果你坐得歪歪扭扭，就会在炎热的夏天手脚冰凉，在寒冷的冬天身子像冰块一样！如果你坐得歪歪扭扭，肚子就会胀气。你会变得像河豚一样。啊，肚皮快被撑破了！如果你长时间低头玩手机，就会变得像乌龟一样，总是把脖子往前伸得长长的。长此以往，你会头痛、肩膀酸痛、颈部僵硬……你的脖子变成了“乌龟脖”！

平时，如果你坐得端正，不跷二郎腿，就会身姿挺拔！如果你身姿挺拔，身体的各个部位就不会相互挤压，拧成一团。体内的血液流通顺畅了，营养成分顺利抵达身体的各个部位，垃圾也被及时地排出体外。你会变得身体强壮。如果你坐得端正，挺直腰板，脊柱就会被拉得直直的。个子变高啦！如果你坐得端正，抬头挺胸，就会头脑清醒，双眼有神。课堂上老师讲的话也变得格外入耳。

小朋友坐端正

小小手，放膝盖。小脚丫，放放平。
小腰板，要挺直。小屁股，坐平稳。
头要正，胸要挺。小朋友，坐端正。

（秦皇岛市启航幼儿园 / 杨爽）

活动三　走啊走

◎活动目标

1. 欣赏故事，了解故事中动物走路的特点。

2. 学习走路的正确姿势，乐于用正确的姿势走路。

3. 交流正确走姿的感受，体验走路游戏的快乐。

◎活动准备

课件：《走啊走》绘本故事图片、正确和错误走姿图片、《周一到周六》音乐。

◎活动过程

一、倾听故事，了解动物走路特点

师：今天，有一些小客人来我们班做客，我们看看都有谁？它们是怎么走来的？有请第一位小客人。

出示《走啊走》绘本中蚂蚁排成一排走路图片，幼儿观看回答后，教师讲述绘本故事第一段。

师：蚂蚁走路发出了什么声音？谁想来模仿一下蚂蚁是怎么走路的？

幼儿根据绘本内容模仿蚂蚁走路动作和声音。

师：第二位小客人是谁呢？它是怎么走来的？

出示绘本中鳄鱼爬行图片，幼儿观看回答后，教师讲述绘本故事第二段。

师：鳄鱼走路发出了什么声音？为什么会这样？

幼儿根据故事内容回答。（嘿呦嘿呦；因为脚短、很吃力）

师：我们一起来模仿下鳄鱼走路的样子吧。

幼儿大胆模仿鳄鱼走路的样子。

师：第三位小客人是谁呢？它是怎么走来的？它走路发出了什么声音？

出示绘本中螃蟹横着哒哒哒走来图片，幼儿观看回答后，教师讲述绘本故事第三段。

师：我们一起来模仿下螃蟹走路的样子吧。

幼儿模仿螃蟹走路的样子和声音。

二、经验交流，学习走路正确姿势

师：最后谁来了？他是怎么走路的？

出示绘本中小朋友走路图片，幼儿观看回答后，教师讲述故事最后一段。

师：不管是动物还是人类，都要走路，都有自己走路的特点。那我们小朋友怎么走路才更加精神抖擞呢？

个别幼儿回答并进行演示，其他幼儿说说演示的幼儿走路的姿势是否正确。

师：正确的走路姿势非常重要，不仅使我们更有精气神，还可以使我们的骨骼发育得更健康。现在我来说一个正确走路的儿歌，你们一边听一边做。

教师说儿歌：上体正直稍挺胸，身体不要乱晃动，头部正直眼平视，摆臂自然又放松，脚尖抬起不擦地，步伐均匀真神气。幼儿听儿歌学走路的正确姿势。

三、判断对错，加深对走姿的认知

师：大家都学会了正确的走路姿势，这里有一些走路的图片，我们来看一看他们走路的姿势对不对。如果是对的走姿，就请你伸出大拇指；如果是错误的走姿，就用双臂打叉。

出示正确和错误走姿图片，幼儿观看、判断对错，并做出相应的动作。错误的走姿，教师引导幼儿指出错误的地方；正确的走姿，请幼儿站起来学着走一走。

四、走路游戏，共同体验正确走姿

师：相信大家都已经学会了正确的走路方法，我们一起来玩一个走路的游戏，叫“走走停停”。

游戏玩法：幼儿围圆圈。播放《周一到周六》音乐，教师发出快走、慢走、停等口令，幼儿按照教师的指令，按照顺时针方向用正确的走姿行走。

五、谈话小结，交流正确走姿感受

师：用正确的姿势走路，你有什么感受？

幼儿大胆交流。（很精神、很高、很神气等）

师：正确的走路姿势不仅使我们的骨骼能够健康地发育，让我们长得更高，还会让我们看着更有精气神。我们在平时走路的时候要保持正确的姿势，做个有精气神的好宝宝。

附：

走啊走（节选）

窸窸窣窣，窸窸窣窣，走啊走，寻找甜甜的食物，走啊走。

嘿呦嘿呦，走啊走。虽然脚短了一点，还是要走啊走。

哒哒哒哒哒哒，走啊走，从出生到现在，我都是往横的方向走啊走。

一二一二，走啊走，我精神抖擞，走啊走。

（秦皇岛市启航幼儿园 / 付琳）

活动四　我喜欢跑步

◎活动目标

1. 感受线条变化表现的速度感，欣赏动物奔跑时的形态。

2. 学习跑步的正确姿势，知道跑步的注意事项。

3. 喜欢跑跑跳跳，感受奔跑所带来的快乐。

◎活动准备

1. 课件：《跑啊》绘本图片、正确跑步姿势视频、奥尔夫音乐《走和跑》。

2. 标志盘 6 个。

◎活动过程

一、阅读绘本，知道跑步能带来快乐

师：孩子们，这些动物在干什么？它们为什么这样？

出示《跑啊》绘本中老虎懒懒地趴着、豹子无聊倒立、孔雀全身软趴趴地发呆、狮子蓬头垢面地撅着屁股神游的图片，幼儿观察回答。

师：是的，它们太无聊了，一点儿都不开心。再看看现在动物们在干什么？它们的心情怎么样？

出示绘本中动物们热情奔跑的图片，幼儿观察回答。（动物们在跑步，它们很开心）

师：跑步给动物们带来快乐，让它们很开心。我们也站起来跑一跑吧！

幼儿在活动室内跑动，感受跑步的快乐。

二、观看视频，学习跑步的正确姿势

师：我们平时都会跑步，但是有的小朋友的跑步姿势并不标准，我们一起来看一下跑步的正确姿势吧。

播放正确跑步姿势的视频，幼儿观看。

师：孩子们，看了视频，你知道要怎么跑步了吗？谁来试一试？

个别幼儿根据视频展示的方式进行跑步动作练习，教师纠正错误动作。

师：跑步是全身的运动，跑步时要做到抬头挺胸，眼睛向前看，双手轻轻握拳，双臂弯曲前后自然摆动，前脚掌着地。这样才能跑得又快又安全。我们一起来试一试吧。

幼儿原地做标准跑步动作，教师重点指导练习摆臂动作。

师：跑步的时候除了姿势正确，还应该注意些什么？

幼儿根据已有经验回答。（眼睛看前面、不要碰到别人等）

师：跑步前，我们要进行热身活动，避免突然运动身体受伤。大家一起跑步的时候还要注意观察周围，不要与他人碰撞。

三、根据节奏，练习跑步的不同方法

师：我为大家准备了一段音乐，请你听一听，并说说这段音乐给你的感觉。

播放音乐《走和跑》，幼儿倾听音乐回答。（有的地方快，有的地方慢）

师：跑步的时候，我们可以进行原地跑、慢跑、快跑等不同的训练。接下来，就让我们一起跟随音乐节奏跑起来吧！我们先做一做热身运动。

幼儿跟随教师做活动头、手腕、脚踝、腿及扩胸等热身运动。然后跟随音乐练习原地跑、慢跑、快跑。教师适时指导，提醒幼儿保持正确跑步姿势。

四、师幼互动，感受奔跑游戏的乐趣

师：接下来，我们一起来一场跑步比赛吧！注意跑步姿势要正确哟！

教师将标志盘摆放在活动室地面适当位置作为起点和终点，组织幼儿进行跑步比赛，适时提醒幼儿保持正确跑步姿势。

比赛分为两轮：第一轮为直线跑，从起点处出发跑到终点，再回到起点。前面的幼儿跑回来，下一名幼儿接着跑，组内幼儿都跑完则游戏结束，哪一组最先完成为胜利。

第二轮为障碍跑，在起点和终点间有三个障碍点，幼儿绕过障碍进行蛇形跑。同样从起点处出发跑到终点，再回到起点。前面的幼儿跑回来，下一名幼儿接着跑，组内幼儿都跑完则游戏结束，哪一组最先完成为胜利。

师：孩子们，运动可以让我们动作更灵活，身体更健康，还能让我们的心情更快乐，跑步真是太好了。

五、制订计划，养成每日跑步的习惯

师：跑步有这么多好处，我们可以多参加跑步的活动。你想和谁一起跑步呢？

幼儿自由回答。（爸爸、妈妈、小伙伴）

师：我们可以和爸爸妈妈一起制订一个跑步计划。让我们大家每天坚持跑步，一起加油吧！

（秦皇岛市启航幼儿园 / 冯立楠）

活动五　见面行个礼

◎活动目标

1. 欣赏绘本故事，懂得和朋友见面时要有礼貌地打招呼。
2. 了解见面礼仪，学习鞠躬礼的标准动作。
3. 知道中国是礼仪之邦，养成见面行礼的好习惯。

◎活动准备

课件：《见面》绘本故事图片，鞠躬、握手、拥抱图片，传统见面礼仪天揖、时揖图片，《找朋友》音乐。

◎活动过程

一、倾听故事，感受朋友见面的喜悦

师：今天我带来了一个关于好朋友见面的故事，我们一起来看看吧。

教师出示绘本图片，讲述故事《见面》。幼儿观看倾听。

师：故事中都有哪些好朋友见面了？它们是怎样打招呼的？

幼儿根据故事内容回答。（小鸡啄小嘴，小羊碰小角，小鸭扇翅膀，小象点头、勾鼻子，小狗嗅毛、摇尾巴）

师：它们见到好朋友后心情怎么样？

幼儿回答。（开心、快乐）

师：和好朋友见面，小动物们非常开心，并用自己独特的方式来相互问好、打招呼。

二、观察图片，了解日常的见面礼仪

师：孩子们，你们见面了都会怎样打招呼呢？

幼儿根据已有经验回答。（问好、摆手等）

师：我们一起来看一看，图片上这些人见面时是怎么做的？

教师依次出示摆手、握手、拥抱、鞠躬图片，幼儿观看并学习。

师：我们与人见面时可以用摆手、握手、拥抱、鞠躬等方式表示友好，做个有礼貌的好孩子。

三、观看示范，学习鞠躬礼标准动作

师：鞠躬礼一般在什么场合会用到呢？

幼儿根据已有经验回答。（见到老师、表演结束等）

师：在日常生活中，我们见到同伴、老师和长辈时可以行鞠躬礼。我们来看一看怎样行鞠躬礼。

教师示范正确的鞠躬礼，并讲解要求：面带微笑，双脚并齐，身体直立，双手轻搭放在小腹上；上身挺直向前倾斜（同伴间行礼身体前倾15度，向师长行礼身体前倾45度）；完成动作后恢复标准站姿，微笑注视对方。

师：请小朋友们来学一学吧。

幼儿练习鞠躬礼，教师适时指导。

四、趣味游戏，巩固已学的礼仪动作

师：接下来，我们要玩一个有趣的游戏——找朋友，我们先来听一听歌曲吧。

播放音乐《找朋友》，师幼共同倾听，随音乐做拍手、握手、拥抱、鞠躬等动作。

师：接下来我们就开始玩游戏啦。

播放音乐《找朋友》，师幼跟随音乐玩找朋友游戏。

游戏玩法：教师唱“找呀找呀找朋友，找到一个好朋友，握握手呀握握手（摆摆手呀摆摆手，鞠个躬呀鞠个躬，抱一抱呀抱一抱），你是我的好朋友，再见”。幼儿跟随音乐一边拍手一边走找朋友，根据教师唱词做出相应的行礼动作。

五、师幼谈话，了解古代的见面礼仪

师：孩子们，我们中国古代有很多种见面的礼仪，我们一起来看一看吧。

出示传统见面礼仪天揖、时揖图片，介绍其动作及使用场合。幼儿观看并学着做一做。

天揖：两手相搭，双臂环圆放在胸前；双手抬至额前，鞠躬。完成动作后恢复标准站姿。面对长辈可行此礼。

时揖：两手相搭，曲肘放在胸前；向前推手到双臂环圆，鞠躬；完成动作后恢复标准站姿。面对同辈可行此礼。

师：孩子们，我们中国是讲究礼仪的国家，我们与人见面要主动打招呼，做个讲文明、懂礼貌的好宝宝。

附：

见面

小鸡和小鸡见面了，叽叽叽，啄啄小嘴。

小羊和小羊见面了，咩咩咩，碰碰小角。

小鸭和小鸭见面了，嘎嘎嘎，扇扇翅膀。

小象和小象见面了，点点头，勾勾鼻子。

小狗和小狗见面了，嗅嗅毛，摇摇尾巴。

（秦皇岛市启航幼儿园 / 田璐）

活动六　递接物品要有礼

◎活动目标

1. 知道递接物品时要双手呈迎，眼睛看着对方。

2. 了解中国传统节日过年发红包的习俗。

3. 懂得尊重他人，养成双手递接物品的习惯。

◎活动准备

1. 课件：过年图片、递接红包图片、《递接物品要有礼》儿歌图片。

2. 红包若干，玩具、图书等礼物若干。

◎活动过程

一、倾听故事，了解过年的习俗

师：孩子们你们看，这幅图上的人在干什么？这是什么时候？

出示过年图片，幼儿根据已有经验回答。（贴窗花、放鞭炮、给长辈拜年、全家人在吃年夜饭；过年）

二、观看图片，说说送红包情景

师：过年的时候我们要给长辈拜年，长辈会给我们一个装有压岁钱的红包。图片上递红包的长辈和收红包的小朋友都是什么表情？他们是怎样递红包、接红包的？

出示长辈给小朋友红包图片，幼儿观察回答。（微笑；双手递红包、双手接红包、眼睛看着对方、鞠躬表感谢）

师：我们知道在接长辈的红包时，一定要双手接，微笑看着长辈，还要说“谢谢”。

三、学说儿歌，做做递接物动作

师：刚才你们说得真好，我们一起来看看递、接物品的动作吧。

教师出示《递接物品要有礼》图片说儿歌，幼儿看图片逐句学说儿歌。

师：孩子们，让我们一起边做动作边完整说说儿歌吧。

师幼共同说儿歌做递接物品标准动作。

四、操作练习，玩递接红包游戏

师：下面我们一起来玩“递接红包的游戏”。

游戏玩法：教师说“点一点二点红花，点到谁就是谁”。被点到的第一名幼儿递红包，被点到的第二名幼儿接红包。游戏时，要注意递接红包的礼仪，其他幼儿看看他们做得对不对。重复游戏 3 ～ 5 遍。

师：大家在递接红包时都做到了用双手递接，微笑看着对方说“谢谢”。

五、实践活动，坚持双手递接物

师：孩子们，这里有各种礼物，请你选一个送给你的好朋友吧。注意要用今天学习的递接物品的方法哟。

幼儿自选礼物，送给自己的好朋友，练习递接物品的正确动作。

师：我们要把今天学的递接物品的方法运用到生活中。递物品时，一定要双手递过去，然后微笑看着对方。接物品时，也要双手接，微笑看着对方，并说“谢谢”。

附：

递接物品要有礼

递物时，双手呈。接平稳，手再松。

接物时，双手迎。表感谢，把礼行。

（秦皇岛市启航幼儿园 / 张丽娜）

活动七　会“说话”的手

◎活动目标

1. 阅读绘本，了解请、安静、胜利、棒等手势语的意义。
2. 愿意在适宜的场合使用手势语，感受手势语带给人们的便捷。
3. 乐于用手势语与人交往。

◎活动准备

课件：《会说话的手》绘本图片，图书馆看书、运动场比赛、商场门口迎宾等情景图片。

◎活动过程

一、猜猜谜语，了解手的特征

师：我说一个谜语，大家来猜一猜谜底是什么。两棵大树十个丫，不长叶子不开花，能写会算还会画，天天干活不说话。

幼儿猜谜底。（手）

二、师幼交流，知道手会“说话”

师：我们的小手会做什么呢？

幼儿根据已有经验回答。（吃饭、画画、做游戏、玩玩具）

师：我们的手还有一个特殊的本领，可以用来“说话”。你们仔细看，我的手说的是什么话？

教师依次做出手势动作“你好、噤声、听”，幼儿根据教师手势回答。

师：五根手指张开左右摆动手，是在说“你好”；食指放在嘴上，是在说“嘘”请小声；五指并拢放在耳边，是在说“听”；双手拇指食指做“OK”状放在眼前，表示要认真看。

三、阅读绘本，了解手势意义

师：我们的手会说很多话，我们一起来看看它还会说什么。

教师出示绘本图片，讲述故事《会说话的手》第一段。幼儿边看边听。

师：小男孩做了什么手势？这个手势说的是什么？

幼儿学做五指伸出手势，说出手势的意义。（5 岁了）

依次出示绘本图片，讲述故事二、三、四段内容。幼儿学学图上的手势，并说出相应手势的意义。（竖起大拇指——棒，食指放在嘴前——安静，握拳——加油，伸出食指和中指——耶，成功）

四、观看情境，感受手势便捷

师：我们的手都会说话，现在请你来帮帮忙，看看下面这些情景，该做出什么手势。

依次出示图书馆看书、运动场比赛、商场门口迎宾等情景图片，幼儿观看图片做出安静、棒、成功、请等手势，并说出手势的意义。

师：手势给我们的生活带来很多方便，不用嘴巴说话，也可以表达出很多的意思。

五、游戏活动，做做各种手势

师：我们来玩一个“木头人”游戏。

游戏玩法：幼儿在活动室指定范围内自由走动，师幼齐说“我们都是木头人，不许说话不许动”，教师依次发出“安静、棒、成功、加油、胜利、请”等指令，幼儿根据指令做出相应手势，并保持不动。反复游戏后，教师可让幼儿自由做出手势动作。

附：

会说话的手（节选）

这就是我。有人问我几岁了，我就这样告诉他（伸出五根手指头）。

乡下奶奶来了，我帮她找到了老花镜，爸爸夸赞了我（竖起大拇指）。

我在老师讲故事时说话，老师提醒了我（食指放在嘴前）。

我一定要跳过去（握拳）！耶，成功了（伸出食指和中指）！

（秦皇岛市启航幼儿园 / 杨琪）

活动八　火车邀请舞

◎活动目标

1. 学习邀请舞的基本动作，练习火车舞的邀请方法。

2. 跟随音乐协调地做小跑步动作。

3. 乐意与同伴共同游戏，感受邀请舞的乐趣。

◎活动准备

1. 课件：《火车邀请舞》音乐、《开动的火车》视频，小女孩的图片及录音，打招呼、请的动作图片。

2. 火车头头饰两个。

◎活动过程

一、接受邀请，坐火车参加音乐会

师：今天我要给你们介绍一位新朋友，你们看，她来了！

播放课件中小女孩的图片及声音：小朋友们好，我是森林的小美女，我叫咪咪，森林里要召开音乐会，想请你们来参加，你们愿意吗？可是森林里太远了，小朋友们你们怎么去啊？

幼儿自己发表看法。（坐火车去、骑车去、开汽车、坐公交车去等）

师：有一列火车正好通往森林，我们就开着小火车去参加森林音乐会吧。

二、观看课件，学习舞蹈基本动作

师：小朋友们，你们见过的小火车是什么样子的？

幼儿根据经验回答。（长长的、轰隆隆的、有很多车厢等）

师：你们看小火车开来啦！火车是什么样子的？会发出什么声音？

播放视频《开动的火车》，幼儿观看回答。（火车长长的，发出“呜——”的声音）

师：我们来学学火车发出的声音吧！再像我这样把手举起来，代表火车鸣笛。

师幼一起用动作和声音模仿火车到站。

师：火车开动起来轮子是怎样转动的？会发出什么声音？我们也一起来学一学。

教师带幼儿练习双手放在身体两侧环绕、小跑步模仿火车开动，嘴里同时发出“哐当哐当”的声音。

师：我们把火车出发、到站连贯地模仿一遍好吗？

教师带幼儿围成圆圈一起连贯地将火车出发、到站动作做一遍。

师：小火车开到自己的座位停下，然后坐下来。我们一起来看一看，图片上的小朋友在干什么？

播放课件依次出示打招呼、请的动作图片，幼儿根据图片内容回答。

师：我们一起来模仿一下他们的动作吧！

师幼一起做邀请动作“打招呼、请”，注意邀请时小眼睛要看着被邀请小朋友的眼睛，面带微笑。反复练习几次。

师：当小朋友邀请你的时候应该表示感谢，我们用什么动作来表示一下？

幼儿根据已有经验回答。（鞠躬）

三、倾听音乐，感知舞蹈音乐旋律

师：嘘，我们一起听一听，这是什么声音？

播放《火车邀请舞》音乐，幼儿倾听回答。（火车鸣笛声、呜呜呜呜）

师：火车鸣笛时我们应该做什么动作？你们来做一下。

幼儿高高举起小手跟随鸣笛声上下摆动。

师：当欢快的音乐响起后火车就开动了。我们随着音乐来做一做。

师幼一起听音乐表演火车鸣笛和开动。

四、跟随音乐，练习正确邀请方法

师（头戴火车头头饰）：现在我变身成小火车头，要邀请你们坐上我的小火车，我的火车开到谁的面前，谁就要和我打招呼、鞠躬坐上我的火车哦！好，火车准备开动了。

教师扮演火车头示范邀请动作，邀请部分幼儿上火车。

师：小火车头要有礼貌地邀请小朋友上小火车，需要连贯地做打招呼、邀请这两个动作。被邀请的小朋友也要和邀请你的小朋友一起做动作，做完动作后把左手搭在前面小朋友的肩膀上，右手和小火车头一起开动起来，鸣笛时要和小火车头一样高高举起右手，并停下来等待下一个小朋友上火车。

教师扮火车头邀请幼儿进行练习。

五、集体舞蹈，体验邀请舞的快乐

师：现在，我要请一位小朋友和我一起当小火车头，我们开着两列小火车去森林里参加音乐会。

播放《火车邀请舞》音乐，教师和一位幼儿扮演火车头，邀请其他幼儿一起跳火车邀请舞。

师：小火车到站了，我们去参加音乐会喽！

附：

火车邀请舞

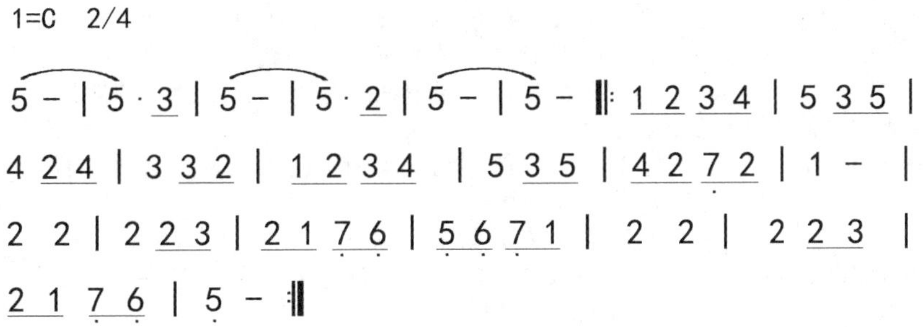

（秦皇岛市启航幼儿园 / 田璐）

【个别化学习活动】

区域	名称	材料	玩法	价值
语言区	好朋友见面	家、幼儿园、商场、游乐场等不同场景图若干，小狗、小猫、小兔子等小动物图片，老师、小朋友、服务员等不同职业人物图片若干。	1. 选择小动物图片，粘贴在相应的场景图中，根据其特征说出 ×× 和 ×× 见面，××××。例如：小狗和小狗见面，摇摇尾巴。 2. 选择人物图片，粘贴在相应的场景图中，根据其特点说出 ×× 和 ×× 见面，××××。例：老师和小朋友见面，鞠个躬。	练习说出小动物、人物打招呼的不同方式。
	我来说你来做	站、坐、走、跑姿态人物图片若干。	1. 一名幼儿选择一张姿态的人物图片，说出其姿态名称。 2. 另外一名幼儿根据名称做出相应的动作。	1. 愿意说出站、坐、走、跑的标准姿态。 2. 练习听口令变换不同姿态，感受与同伴游戏的乐趣。
	会说话的手	活页绘本故事《会说话的手》、插入式图片展示板；小男孩、老师、爸爸、奶奶等故事角色头饰。	两人或多人一组，分角色并佩戴头饰，自主选择图片放入图片展示板中，与同伴讲述故事内容，并做出手势。	讲述故事内容，乐于使用手势语言。

（续表）

区域	名称	材料	玩法	价值
益智区	影子找朋友	站、坐、走、跑等标准动作图及相关影子图片。	幼儿观察站、坐、走、跑等标准动作图片内容，找到与图片配对的影子并将其粘贴在一起。	乐于进行各种姿态标准动作配对游戏，锻炼观察力。
	谁“坐”得对	坐姿棋盘、骰子、红绿跳棋各一。	1. 两人一组，分别拿红色和绿色跳棋。两人轮流掷骰子，点数大者前进一步。 2. 遇到正确坐姿的情景图片向前走一步，遇到错误坐姿图片向后退一步，先到达终点者获胜。	辨别正确与错误坐姿，遵守游戏棋规则。
生活区	照镜子	镂空纸壳制作的镜子1个，各种见面礼仪图片若干。	1. 幼儿观看各种见面礼仪图片并模仿。 2. 两名幼儿为一组，站在自制镜子的两面，一名幼儿做动作，另一名幼儿模仿其动作，像照镜子一样。	1. 练习不同的见面礼仪。 2. 感受与同伴游戏的快乐。
	客人来我家	娃娃家里各种物品如衣服、餐具、玩具食物、玩具礼物、玩具梳妆台等物品。	幼儿在娃娃家里通过做客、待客游戏，递接各种游戏中所需物品，注意双手递接物品的礼仪。	练习双手递接物品的礼仪。
美工区	不同的姿态	不同姿态的人物图片若干，扭扭棒、扁冰棍棒、油画棒。	1. 选择一张人物图片，模仿其姿态。 2.用扭扭棒绑在冰棍棒的中间及底端部位，作为人物的胳膊和腿。 3. 根据图片中人物的姿态调整扭扭棒，模仿人物的姿态。 4.在冰棍棒的顶端用油画棒画出人物五官。	1. 练习用扭扭棒模仿不同姿态的人物。 2. 感受手工活动的乐趣。
	奔跑的动物	各种奔跑的简笔画小动物、硫酸纸、铅笔。	1. 将带有简笔画的画纸置于底层，上面铺上硫酸纸，用铅笔在硫酸纸上描出画中的小动物。 2. 在描好的小动物周围画出可以表现小动物跑动的线。 3. 将作品放置到展示栏中。	尝试用简单的线条表现动物奔跑。
	有趣的骨架	人体骨骼图、棉签、胶棒、黑卡纸。	参照人体骨骼图，在黑色卡纸上用棉签做骨架进行粘贴。	尝试用棉签作画表现人体骨骼的基本形态。
	万能小手变变变	倒在盘子里的各色颜料、卡纸、白乳胶、油画棒、各色羽毛、活动眼珠，用手印及羽毛、活动眼珠等材料制作的动物形态任务卡。	1. 幼儿自由选择任务卡，参照任务卡上图案用小手蘸取相同颜色颜料，在卡纸上印出小手印后，再选择羽毛、活动眼珠等材料进行粘贴。 2. 幼儿用小手蘸取不同颜色颜料在卡纸上印出小手印后，选择油画棒填画，并选择活动眼珠等材料塑造各种有趣造型。	感受手掌造型画的乐趣，享受创作的过程。
科学区	流动的水	两个矿泉水瓶，一个瓶子装满水。将两个矿泉水瓶的瓶盖分别打孔，连接在一根软管的两端，密封。	1. 幼儿将装有水的瓶子瓶口朝下举起，提至上方将管子拉直，另一个瓶子摆在桌子上，观察管子中的水流速度。 2. 幼儿将装有水的瓶子瓶口朝下举起，将管子弯曲后，另一个瓶子摆在桌子上，观察管子中的水流速度。	探索管子弯直变化与水流速度的关系。
	我的身体	人体模型两个、手套若干。	1. 观察人体模型，找到肌肉的分布。 2. 戴上手套，摆弄其中一个人体模型做出走、跑、坐等动作。 3. 观察做出动作的人体模型与不做动作的人体模型的区别之处，判断做出一个动作所需要调动的肌肉位置。	1. 知道人体肌肉分布在全身。 2. 感知规范动作的美，知道不规范动作会造成骨骼和肌肉损伤。
	手影游戏	手电筒、手电筒支架、小黑板、手影动作图。	幼儿打开手电筒，架在固定位打开。然后自主选择手影动作图，参照图上动作在黑暗的区域内做相同手势投印出不同手影。	感知光被手掌挡住会出现影子。

（续表）

区域	名称	材料	玩法	价值
表演区	学做解放军	《学做解放军》音乐、图谱（敲锣、打鼓、吹喇叭、排队等）；军帽、军服若干。	幼儿自选服饰穿戴好，看图谱跟随音乐边做标准动作边唱歌。	1. 感受解放军叔叔的精气神。 2. 体验音乐表演的乐趣。
	小动物走路	老虎、狮子、孔雀、兔子等动物头饰，音乐《小动物走路》。	幼儿自选动物头饰，跟随音乐与同伴一起按照歌词模仿动物走路。	模仿动物走路姿态，享受表演的乐趣。
	走圆圈	地面上贴好圆圈标识线	1. 幼儿双手打开，保持平衡沿圆圈走线，走线时前脚的脚后跟碰后脚的脚指头为一步。 2. 倒退沿圆圈走线，倒退时，后脚脚指头碰到前脚的脚后跟为一步。	锻炼平衡能力，养成自然伸直脊柱的习惯，保持正确的姿势。

【户外运动活动建议】

1. 坚持每天户外活动时提醒幼儿做到站、坐、走、跑等动作要标准。

2. 可组织幼儿玩动作要求较高的游戏，如：小乌龟运果子、送小鸟回家等，帮助幼儿掌握手脚爬、平举双臂保持平衡的标准动作，发展身体的协调和平衡能力。

3. 在幼儿取放器械时，提示幼儿正确取放，做到轻拿轻放。

4. 在幼儿做团体操时，提示幼儿每节操的动作要标准。

5. 在队列练习中，帮助幼儿掌握稍息、立正、向前看齐、齐步走等动作，养成姿态标准的好习惯。

【日常生活活动建议】

1. 提醒幼儿在日常生活中能够保持标准的站、坐、走、跑等标准动作。

2. 在递接物品时，提示幼儿双手递接物品，接物后要微笑说“谢谢”。

3. 坚持早入园时向老师行鞠躬礼问好，与同伴打招呼，离园时跟老师摆手说“再见”。

4. 提醒幼儿在楼道按箭头方向行走，上下楼梯靠右侧走。

5. 提示幼儿在睡觉、吃饭、游戏时可以使用恰当的手势语，如：举手、嘘、成功、胜利、棒等。

【环境创设】

1. 在主题墙上展示标准动作的图片或者照片。

2. 教师可将幼儿站、坐、走、跑等动作的自画像剪贴在主题墙上。

3. 在主题墙上展示幼儿与家长一起搜集的军人风采图片。

4. 在主题墙上展示双手递物品的图片及儿歌。

5. 可以用手势语图片和对应的场景图片装饰主题墙。

【家园共育】

1. 建议家长每天陪孩子走走、跑跑，也可以玩一些有趣的亲子游戏，如：两人三足、头顶书本我能行等，帮助孩子标准姿态的养成，促进亲子之间的感情交流。

2. 家长在日常注意关注孩子站、坐、走、跑的姿态，在其不标准时进行提醒并纠正，帮助其养成良好的姿态。

3. 家长递接物品时要注意双手递接，给孩子做榜样，让孩子懂得尊重他人，养成双手递接物品的习惯。

【社会实践】

参观交警队

◎活动目标

1. 懂得简单的交警指挥手势的意义。
2. 知道简单的交通安全知识。
3. 增强交通安全意识。

◎活动建议

1. 由老师或家长与交警队联系，并制定活动时间、地点和内容，家长提前一天做好路线、环境、安全等情况的前期调查。
2. 活动当天，家长陪同幼儿按指定时间到交警队门口集合，参加活动幼儿到齐后集体进入交警队。
3. 邀请交警为幼儿讲解简单的交通安全知识。
4. 请交警示范、讲解简单的交通手势意义。
5. 观看交通事故视频，增强幼儿交通安全意识。
6. 家长将幼儿带回，到家后可用幼儿讲述家长代笔写或由幼儿画画的方法将活动记录下来。

【发展评估】

“姿态标准”好习惯养成幼儿家长评价表

宝贝们，经过一个月的时间，你养成“姿态标准”的好习惯了吗？现在请你和爸爸妈妈一起玩一个问答小游戏。

班级：　　　　幼儿姓名：

评价内容	评价结果
1. 你能模仿一下解放军的标准站姿吗？说一说怎样才能站出解放军的精气神。	
2. 你能做出标准的坐姿吗？说一说保持正确的坐姿对身体有哪些好处。	
3. 你能正确走路吗？说一说正确走路带给你的感受。	
4. 你喜欢跑步吗？说一说跑步时要注意什么。	
5. 请你说出三种见面礼仪，再行一个标准的鞠躬礼吧。	
6. 你知道递接物品时要怎么做吗？请你说一说吧。	
7. 你喜欢使用手势语吗？说一说并做一做你常用的手势语吧。	
8. 你会做邀请的动作吗？请你邀请一个朋友吧。	

爸爸妈妈们请在沟通中对孩子的行为作出正确的评价，指导孩子用彩笔为自己的好习惯作出不同等级的笑脸评价。

评价标准：评价标准：非常好 4　好 3　一般 2　差 1

“姿态标准”好习惯养成教师评价表

班级：　　　　幼儿姓名：　　　　教师姓名：

目标	评价结果			
	4	3	2	1
1. 能保持正确的站姿，感受标准站姿带给自己的精气神。				
2. 能保持正确的坐姿，并能说出正确坐姿对身体的好处。				
3. 能简单叙述并模仿《走啊走》故事中动物的走路方式。				
4. 能说出正确走路的姿势，愿意用正确的姿势走路。				
5. 能根据《跑啊》绘本图片的线条变化，说出动物奔跑时的速度和形态。				
6. 知道跑步的正确姿势，喜欢跑跑跳跳。				
7. 懂得见面的礼仪，能说出三种以上见面礼仪，会做标准的鞠躬礼。				
8. 知道递接物品时要双手呈迎，养成双手递接物品的好习惯。				

（续表）

目标	评价结果			
	4	3	2	1
9. 愿意在适宜的场合使用手势语，能做出三种以上手势语并说出意义。				
10. 会做邀请舞的基本动作，知道火车舞的邀请方法，感受邀请舞的乐趣。				

评价标准：非常好 4　好 3　一般 2　差 1

好习惯六　礼貌待人

【主题名称】宝宝有礼貌

全家总动员

亲爱的家长朋友：

您好！礼貌是文明的体现，是与人交往必备的素质。礼貌待人可以拉近彼此间的距离，促进人际和谐。在日常生活中，孩子虽然知道很多礼貌用语，但是还存在对长辈说话没礼貌、礼貌用语使用不恰当、与同伴相处不够友好等行为。为了帮助孩子正确使用礼貌用语、友好对待他人，本月的主题活动是“宝宝有礼貌”，旨在培养孩子“礼貌待人”的好习惯。

在幼儿园，我们有目的地进行培养，希望孩子能达到如下目标：

1. 知道见到他人主动问好，做个有礼貌的好孩子。
2. 在他人与自己说话时及时回应。
3. 学会使用简单的礼貌用语。
4. 知道礼让长辈，懂得尊敬长辈是中华民族传统美德。
5. 在提醒下做到不打扰别人，懂得不打扰别人是有礼貌的表现。

在家庭生活中，我们建议您从以下几方面进行关注：

1. 请您为孩子做榜样，与人见面时能主动打招呼。
2. 对长辈说话用尊称，以尊重、关心的态度对待长辈，积极回应长辈的要求。
3. 和孩子交流时，恰当地使用礼貌用语。
4. 家里来客人时，有礼貌地接待客人。
5. 去别人家做客时，提醒孩子未经主人允许不乱翻、不随便拿别人的东西。

感谢您的参与，为了孩子的成长，让我们一起努力！

【主题目标】

1. 学说常用的礼貌用语，知道与人交往要有礼貌。
2. 知道遇到他人主动问好，对他人问好及时回应。
3. 知道向他人求助时要有礼貌。
4. 学习接打电话的礼仪，知道接打电话要有礼貌，电话轻拿轻放。
5. 学习敲门的礼仪，做到有礼貌地敲门。
6. 懂得不打扰别人是有礼貌的表现，做到在提醒下不打扰别人。
7. 知道长辈讲话时要认真倾听，礼让长辈。
8. 学习邀请语，尝试礼貌邀请好友。

【主题口号】

见面问声好，宝宝有礼貌

【三字儿歌】

礼貌歌

做错事，对不起，
用诚心，表歉意。
不要紧，没关系，
互谦让，明事理。

【集体教学活动】

活动一　有礼貌的小猫咪

◎活动目标

1. 知道见到他人主动问好，对他人问好及时回应。
2. 学说问好礼貌用语，尝试表演故事。
3. 喜欢问好游戏，体验游戏的快乐。

◎活动准备

1. 课件：《有礼貌的小猫咪》故事完整及分段视频，《你好》歌曲音频。
2. 小猫咪、鸟妈妈、小熊阿姨、长颈鹿伯伯的头饰。

◎活动过程

一、师幼交流，说说向谁问好

师：孩子们，你们好！

幼儿回应“老师好”。

师：刚才，老师向你们问好，你们也向老师问好。你们平时还向谁问过好呢？

幼儿根据已有经验回答。（爸爸、妈妈、爷爷、奶奶、小伙伴等）

师：你们真是有礼貌的好孩子。

二、观看动画，知道主动问好

师：有一只小猫咪，它也非常有礼貌。我们一起来看一看它的故事吧。

播放《有礼貌的小猫咪》故事视频，幼儿观看。

师：小猫咪都遇到了谁？它是怎样做的？

幼儿根据故事内容回答。（ 鸟妈妈、小熊阿姨、长颈鹿伯伯；向它们问好 ）

师：小猫咪遇到了鸟妈妈、小熊阿姨、长颈鹿伯伯首先向它们问好。我们也要向它学习，遇到他人首先问好。

三、学说语言，做到及时回应

师：清晨，小猫咪是怎样向鸟妈妈问好的？鸟妈妈又是怎样做的？怎样说的？

播放故事第一段视频，幼儿学说小猫咪问好语言，学学鸟妈妈听到小猫咪问好后的做法和回应问好的语言。

师：清晨，小猫咪见到鸟妈妈首先问“早上好”。鸟妈妈听到后马上回应，问候小猫咪早上好。它们都很懂礼貌。

教师按照上述方法引导幼儿学习故事第二、三段，学说小猫咪、小熊阿姨、长颈鹿伯伯问好的语言。

四、角色扮演，感受表演快乐

师：下面，我们请四位小朋友分别扮演小猫咪、鸟妈妈、小熊阿姨、长颈鹿伯伯，来表演这个故事。

教师先请四位幼儿，请他们戴上相应角色头饰。教师说故事旁白，四位幼儿分别说所扮演角色的语言。之后，教师可增加扮演每个角色幼儿的人数，进行故事表演。

五、音乐游戏，做有礼貌宝宝

师：孩子们，下面我们一起玩个问好的游戏。

播放音乐《你好》，师幼随音乐做问好动作。

师：孩子们，今天我们知道了遇见他人要首先问好，听到问好要马上回问他人好。放学后我们见到爸爸妈妈有礼貌地问声好，听听他们是怎样回应我们的吧！

附：

有礼貌的小猫咪

一天清晨，小猫咪蹦蹦跳跳地跑着去树林里玩。没走多久，它就碰见了鸟妈妈在树上搭窝。于是小猫咪站在树底下问候道：“鸟妈妈，早上好呀！”鸟妈妈连忙停下手上的活儿说道：“小猫咪，早上好。”

到了中午，小猫咪去商店买零食，它看见小熊阿姨在买东西。小猫咪走上前去，连忙说：“小熊阿姨，中午好。”小熊阿姨微笑着说：“小猫咪，原来是你呀，中午好。”

下午的时候，小猫咪准备回家，跑过树林的时候，它遇到了长颈鹿伯伯在吃树叶。于是小猫咪说：“长颈鹿伯伯，下午好。”长颈鹿伯伯一脸高兴地说：“小猫咪，下午好。”

（秦皇岛市启航幼儿园 / 王宏杰）

活动二　小猴问路

◎活动目标

1. 知道向他人求助时要有礼貌。
2. 尝试根据收集到的信息寻找答案。
3. 体验礼貌问路、找到目的地的快乐。

◎活动准备

课件：《小猴问路》绘本故事图片，《小猴找小老鼠家》游戏。

◎活动过程

一、观察图片，认识故事角色

师：今天给你们带来一个朋友，一起来看看它是谁，它要去干什么。

出示小猴走路图片，幼儿观察回答。（小猴；上学、旅游、去喂小动物等）

二、倾听故事，懂得礼貌问路

师：小猴到底要去干什么？它遇到了什么事情？我们一起听一听故事。

教师出示绘本图片，讲述故事《小猴问路》第一段，幼儿根据故事内容回答。（小猴上幼儿园；它迷路了，问黄牛幼儿园应该怎么走，黄牛不想告诉它）

师：这时小白兔也来了，它要干什么呢？我们一起来听听。

教师出示绘本图片，讲述故事《小猴问路》第二段，幼儿根据故事内容回答。（小白兔也迷路了，问黄牛伯伯幼儿园怎么走，黄牛伯伯很高兴地告诉了小白兔）

师：小猴和小白兔都向黄牛问路，黄牛为什么告诉小白兔而不肯告诉小猴呢？

幼儿根据故事内容回答。（小猴没礼貌，小白兔有礼貌）

三、交流讨论，知道问路礼仪

师：小白兔问路有礼貌，它是怎样向黄牛问路的？

教师引导幼儿学说小白兔问路语言，重点练说“请问、谢谢”。

师：因为小白兔在问路的时候，会使用“请问、您、谢谢”等礼貌用语，所以黄牛伯伯愿意帮助小兔。我们小朋友在问路的时候也要向小白兔学习，使用礼貌用语。

四、收集信息，寻找正确路线

师：最后小猴在妈妈的教导下，也变成了有礼貌的好孩子。周末，它要去找自己的好朋友小老鼠玩，走着走着又迷路了，我们一起来帮助小猴找到小老鼠的家吧。

教师播放《小猴找小老鼠家》游戏课件，讲述小猴找小老鼠家问路的过程。

师：小猴走在路上迷路了，（教师用手拖动屏幕上的小猴往前走）看到一幢绿色的小房子，我们看看是谁的家。一只乌龟来开门，小猴应该怎么问呢？

幼儿练习有礼貌问路。（乌龟哥哥，请问去小老鼠的家怎么走）

师：乌龟说“沿着这条路一直走就到了”。小猴应该怎么说？怎样走？

幼儿练习说礼貌用语“谢谢”。请个别幼儿走到大屏幕前，根据乌龟的提示，用手指点击小猴并拖动，把小猴拖动到红房子前。

师：小猴谢过乌龟继续往前走，来到一幢明亮的红房子前。一只公鸡来开门，小猴应该怎么和公鸡问路呢？

幼儿练习有礼貌问路。（公鸡哥哥，请问去小老鼠的家怎么走）

师：公鸡说“往前面大房子的方向走就到了”。小猴应该怎样说？怎样走？

幼儿练习说礼貌用语“谢谢”。请个别幼儿走到大屏幕前，根据公鸡的提示，用手指点击小猴并拖动，把小猴拖动到大房子前。

师：小猴谢过公鸡，向前走，看见一座大房子。一只老虎来开门，哦，这不是小老鼠的家。这个时候小猴应该怎么问呢？

幼儿练习有礼貌问路。（老虎叔叔，请问去小老鼠的家怎么走）

师：老虎说“就在我家前边，那幢黄色小房子”。哪幢房子应该是小老鼠的家呢？

教师引导幼儿看路线图回答，请个别幼儿根据老虎的提示，在大屏幕上拖动小猴来到黄色房子门前。

师：小猴一看，大房子旁边果然有幢黄色小房子。它按了一下门铃，正是小老鼠来开门。它们拥抱在一起。

五、总结归纳，遇事礼貌解决

师：在我们的生活中，会遇到很多的事情。当我们请他人帮忙的时候，一定要有礼貌。得到了他人的帮助，我们应该说什么？

幼儿说礼貌用语“谢谢”。

师：得到他人的帮助后要表示感谢，我们要做一个有礼貌的好孩子。

附：

小猴问路

有一只小猴子很不懂礼貌，跟谁说话都是“喂，喂，喂”，猴妈妈经常教育它要有礼貌，可小猴子就是不听。转眼小猴子该上幼儿园了，它背起书包高高兴兴地出了家门。小猴子太贪玩，一会儿跑到这条路上，一会儿跑到那条路上，最后竟迷了路。小猴子看到一头黄牛在路边卖水果，连忙跑过去说：“喂，老头子，去幼儿园的路怎么走？”黄牛生气地看了小猴一眼，不肯告诉它去幼儿园的路。

这时，一只小白兔也向黄牛问路：“请问牛伯伯，您知道去幼儿园的路怎么走吗？”黄牛微笑着说：“沿着这条路一直往前走就是幼儿园，路上要小心啊！”小白兔有礼貌地说：“谢谢牛伯伯。”然后一蹦一跳地走了。小猴子不知道黄牛为什么告诉小白兔而不肯告诉自己。

回到家后，它把事情告诉妈妈。妈妈说：“那是因为小白兔很懂礼貌，而你不懂礼貌。”小猴子听了，连忙向妈妈保证，它也要变成一个有礼貌的孩子。

（秦皇岛市启航幼儿园 / 符学超）

活动三　电话铃响了

◎活动目标

1. 知道及时接听电话，做到轻拿轻放。

2. 学习接打电话的礼貌用语。

3. 懂得邀请好朋友时要有礼貌。

◎活动准备

课件：《聪聪笨笨打电话》绘本故事图片、电话图片。

◎活动过程

一、经验回顾，说说接打电话的经历

师：孩子们，这是什么？

教师出示电话图片，幼儿观察回答。（电话）

师：你打过电话吗？给谁打的？都说了什么呢？

幼儿根据已有经验回答。（我打过电话；给妈妈打的，给爷爷奶奶打的，给好朋友打过；我想他们了，想去找他们玩）

二、倾听故事，知道打电话故事结局

师：有一个关于打电话的故事，我们来听一听！

教师出示绘本图片，讲述故事《聪聪笨笨打电话》。幼儿倾听。

师：故事当中的两只小猪分别叫什么名字？他们打电话有什么事情呢？

幼儿根据故事内容回答。（聪聪和笨笨；他们要过生日了，想要邀请朋友来参加生日聚会）

师：他们两个谁成功邀请到了好朋友呢？为什么他能成功？

幼儿根据故事内容回答。（聪聪邀请到好朋友了，因为聪聪打电话的时候很有礼貌）

三、交流讨论，学习接打电话的礼仪

师：聪聪成功邀请到了好朋友，他打电话的时候说了什么？做了什么？

教师出示绘本图片，讲述故事第二段。幼儿学学聪聪的语言和动作。

师：小狗是怎么做的？怎么说的？

幼儿根据故事内容说说小狗的做法，学说小狗的语言。（小狗及时接听了电话，说“好呀好呀，我一定去”）

师：聪聪打电话时语气很好，会温柔地说话，很有礼貌，会使用“您好、请问、好吗、谢谢、再见”这些礼貌用语，动作很温柔，轻轻地挂断电话。小狗及时接听了电话，接了电话后也很开心。现在我们一起学一学聪聪和小狗打电话吧！

教师邀请幼儿扮演聪聪和小狗，练习说打电话的礼貌用语、做轻轻挂电话的动作。

四、情景表演，练习礼貌邀请好朋友

师：我们学会了接打电话的礼仪，我周末的时候想去人民广场放风筝，谁想打电话邀请我一起去呢？

教师和一名幼儿上前表演打电话相约放风筝，教师提醒幼儿要注意打电话时的礼貌用语和动作。

师：我们两个刚才打电话时候是怎么做的？

幼儿回答。（你们两个打电话时非常有礼貌，电话轻拿轻放）

师：现在请你们两人一组，商量好谁来打电话，谁来接电话，一起来玩接打电话的游戏吧！

幼儿两人一组玩接打电话的游戏，教师邀请部分幼儿上前表演。

五、实践体验，礼貌地给亲友打电话

师：大家做得都很好，有礼貌接打电话，而且电话轻拿轻放。今天回到家，真正地给自己的亲人打个电话，问候一下他们。你想给哪位亲人打电话呢？

幼儿自由回答。（爷爷、奶奶、姥姥、姥爷、老姨、大舅等）

师：给他们打电话的时候一定要有礼貌。记得明天来到幼儿园和大家分享一下你打电话的内容哦。

附：

聪聪笨笨打电话

小猪笨笨和聪聪是双胞胎，他们要过生日了，想邀请好朋友们来参加自己的生日聚会。笨笨给小兔打了个电话，语气非常蛮横：“笨小兔，我要过生日了，给我准备最好的生日礼物来给我过生日，你要是不来，我们就不是朋友了。”还没等小兔开口说话，笨笨“啪”一下就把电话挂掉了。

聪聪也给自己的好朋友小狗打了个电话，邀请他来参加自己的生日聚会。聪聪温柔地说：“喂，您好，请问是小狗吗？我要过生日了，我邀请你来参加我的生日聚会，好吗？”小狗及时接听了电话并在那边说：“好呀好呀，我一定去。”聪聪说：“小狗，谢谢你能来参加我的生日聚会，再见。”聪聪轻轻地挂掉了电话。

（秦皇岛市启航幼儿园 / 符学超）

活动四 敲门

◎活动目标

1. 理解故事内容，知道敲门要有礼貌。

2. 学习敲门的礼仪，做到礼貌敲门。

3. 乐于参加“敲门”游戏，体验游戏的快乐。

◎活动准备

1. 课件：门的图片、《谁的主意好》绘本故事图片，轻轻敲门声和重重敲门声的音频。

2. 用木板制作的模拟门。

◎活动过程

一、听敲门声，说说听后感觉

师：孩子们，你们去好朋友家做客，如果门是关着的，你要怎么做呢？

幼儿根据已有经验回答。（敲门、打电话、叫他名字）

师：我们可以敲门、按门铃、打电话。现在一起来听一听下面的敲门声。

教师出示关着的门的图片，分别播放轻轻敲门声和重重敲门声音频，提示幼儿认真倾听。

师：你喜欢哪种敲门声？为什么呢？

幼儿回答。（喜欢第一种轻轻的敲门声，听着很舒服）

师：你们都喜欢第一种敲门声。第一种声音听起来轻轻的、慢慢的，这样敲门很有礼貌。

二、倾听故事，辨别错误做法

师：今天天气很好，小猫、小羊、小鸭和小鸡想找小兔一起做游戏。它们来到小兔家门口。小兔家的门是开着还是关着呢？

教师出示小动物们来到小兔家门口的图片，幼儿观察回答。（门是关着的）

师：我们一起来听一听这个故事吧！

教师出示绘本图片，讲述故事《谁的主意好》第一段。幼儿边看边听。

师：小猫是怎样敲门的？小羊是怎样敲门的？小鸭是怎样敲门的？门开了吗？

幼儿根据故事内容回答。（小猫用手捶门、小羊用力踢门、小鸭大声喊叫；门没开）。

师：用使劲捶门、用力踢门和大声喊叫的方法敲门，门没有开。

三、交流探讨，学习敲门礼仪

师：接下来又有谁来敲门了呢？门开了吗？

教师出示绘本图片讲述故事第二段。幼儿根据故事内容回答。（小鸡，门开了）。

师：小鸡是怎样敲门的？谁来试一试？

幼儿模仿小鸡敲门的语言和动作。

师：小兔为什么没给小猫、小羊、小鸭开门，而给小鸡开门了呢？

教师出示绘本图片，讲述故事第三段。幼儿根据故事内容回答。（小猫、小羊、小鸭没有礼貌，小鸡有礼貌）。

师：小兔想听见有礼貌的敲门声，小鸡轻轻地、有礼貌地敲门。如果到别人家做客，我们也要学会有礼貌地敲门，这样才能成为受欢迎的客人。

四、共同游戏，练习正确敲门

师：我们一起来玩一个敲门游戏吧！这有一扇门，我站在门里作为主人，你们来我家做客吧。

教师站在木质模拟门内，幼儿逐个参与敲门游戏。如果敲门方式正确，教师开门请幼儿进入。如果不礼貌地敲门，就不打开门并对不礼貌的行为进行个别指导。游戏时也可请个别幼儿在门内扮演主人。

五、行为要求，做到礼貌敲门

师：到他人家做客，除了敲门的时候要有礼貌，还有哪些事情要做到有礼貌呢？

幼儿根据已有经验回答。（见到客人说你好、走的时候说再见、不乱动主人家东西）

师：我们到别人家做客时，一定要做个有礼貌的好孩子！

附：

谁的主意好（节选）

小猫说："喵、喵、喵，我来使劲把门捶，咚、咚、咚。"门没有开。小羊说："咩、咩、咩，我来用力把门踢，咚、咚、咚。"门没有开。小鸭说："呷、呷、呷，我来放开喉咙大声喊，小兔在家吗？"门没有开。

小鸡说："叽、叽、叽，我来轻轻把门敲，小兔在家吗？"小兔高兴地打开门说："你们好！小动物。我在家呢！"小鸡说："小兔，你好！"

小猫、小羊、小鸭生气地说："为什么听到我们的敲门声不开门？"小兔回答道："因为我想听到有礼貌的敲门声。"小猫、小羊和小鸭不好意思地低下了头。

（秦皇岛市启航幼儿园 / 彭鹏）

活动五　对不起，没关系

◎活动目标

1. 学习使用"对不起，没关系"礼貌用语。
2. 学唱歌曲，跟随音乐表演歌曲。
3. 感受友好交往带来的快乐。

◎活动准备

课件：两个小朋友做游戏时一人摔倒图片，《对不起，没关系》歌曲音频。

◎活动过程

一、观看图片，了解歌曲内容

师：户外时间到了，小朋友们在操场上玩游戏可开心了。可是突然发生了一件事，你们看一看，发生了什么事？

出示小朋友做游戏时摔倒图片，幼儿观察回答。（有人摔倒了）

师：大家在做游戏，有一位小朋友摔倒了，你猜猜，他们会说什么呢？

幼儿根据已有经验回答。（你疼不疼啊，我扶你起来吧，别哭了，对不起，没关系，我帮你揉一揉）

师：如果不小心绊倒了别人，要真诚地说声“对不起”；听到别人说“对不起”要回应说“没关系”。

二、学说歌词，练习礼貌用语

师：现在我给大家唱一首名字叫《对不起，没关系》的歌，请你认真听。

教师清唱歌曲《对不起，没关系》，幼儿倾听。

师：孩子们，歌曲里都唱到了谁？他们在做什么？

幼儿根据歌词内容回答。（我和小刚，做游戏）

师：他们做游戏的时候发生了什么事？

教师适时分句清唱歌曲，幼儿根据歌词回答，重点练习礼貌用语“对不起，没关系”。（我一不小心把小刚绊倒在地，我急忙扶起他，说声“对不起”，他笑着对我说“没关系”）

师：“对不起，没关系”是常用的礼貌用语。当我们不小心碰到谁或伤害到了谁，我们要主动说一声“对不起”，对方也会回应“没关系”，这样就不会引起矛盾。

三、倾听歌曲，尝试进行演唱

师：我再完整唱一遍歌曲，如果你会唱可以跟着我一起唱。

教师重复演唱歌曲，幼儿小声跟唱。

师：这次试一试我唱前半句，你们接后半句。

教师和幼儿轮唱歌曲两遍，可互换角色。

四、创编动作，感受演唱快乐

师：你们唱得可真好听。《对不起，没关系》这首歌我们会唱了，让我们再用动作进行表演吧。

师幼一起逐句创编动作，进行歌曲表演。

师：孩子们，现在咱们两人为一组，边唱歌曲边进行表演吧。

播放音乐，师幼一起表演歌曲。

五、情景拓展，礼貌友好交往

师：孩子们，今天我们学会了什么礼貌用语？

幼儿一起说礼貌用语“对不起，没关系”。

师：在生活中，如果不小心伤害到别人，要及时对他说“对不起”。当别人说了“对不起”，我们要回答“没关系”。相信你们都能做一个有礼貌的好孩子！

附：

对不起，没关系

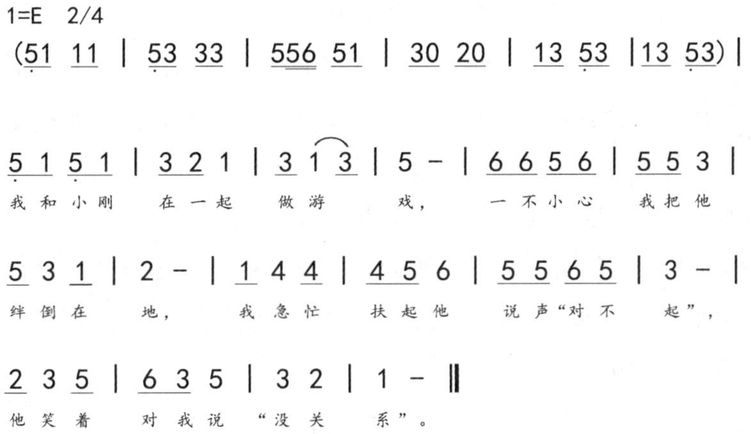

（秦皇岛市启航幼儿园 / 陈静）

活动六　不打扰别人

◎活动目标

1. 懂得不打扰别人是有礼貌的表现。
2. 知道在别人学习、休息、工作时不打扰。
3. 在日常生活中做到在提醒下不打扰别人。

◎活动准备

1. 课件：《不要打扰别人》故事视频，歌曲《小动物走路》，小朋友在幼儿园午睡、爸爸妈妈在家工作、学习图片。

2. 积木、拼图、皮球、电动汽车等玩具，小粘贴若干。

◎活动过程

一、欣赏歌曲，学习轻轻走路

师：孩子们，让我们听着歌曲，学着小动物走路，走进活动室吧！

播放歌曲《小动物走路》，教师带领幼儿模仿小鸭子、小兔子、小乌龟、小花猫走路，走进活动室。

师：歌曲中说小花猫是怎样走路的？

幼儿根据歌词内容回答。（静悄悄）

师：怎样走路才能做到静悄悄呢？

幼儿根据已有经验回答，并进行现场演示。

师：静悄悄走路要慢慢走、轻轻落脚、不出声音，这样走才能不打扰别人。

二、观看视频，了解故事内容

师：下面请大家看个动画片，这个动画片的名字就叫《不打扰别人》。

播放《不要打扰别人》故事视频第一部分，幼儿观看。

师：中午，妈妈在干什么？爷爷在干什么？爸爸在干什么？ 蓝迪和淘淘做什么事打扰了他们？

幼儿根据视频内容回答。（妈妈哄妹妹睡觉，爷爷在睡觉，爸爸在工作；蓝迪和淘淘跑进屋敲鼓唱歌打扰了他们）

播放《不要打扰别人》故事视频第二部分，幼儿观看。

师：妈妈对蓝迪和淘淘说了什么？听了妈妈的话，蓝迪和淘淘是怎样做的？

幼儿根据视频内容回答。（不要打扰别人休息和工作，轻轻地走出房间到外面去了）

三、谈话交流，知道正确做法

师：看了这个故事，你们知道在什么时候不可以打扰别人吗？

幼儿自由回答。教师适时引导幼儿学说“别人学习不打扰，别人休息不打扰，别人工作不打扰”。

师：我们怎样做才是不打扰别人呢？

幼儿根据已有经验回答。（不吵闹，轻轻走路，保持安静等）

师：我们是小孩子，喜欢蹦蹦跳跳、说说笑笑，很容易会打扰到别人。我们一定要注意在别人学习、休息、工作时不可以打扰别人，说话声音要小、做事动作要轻，尽量保持安静。

四、情景表演，不要打扰别人

师：看，图片上谁在做什么？这时你想上厕所，你应该怎样做？

教师出示小朋友在幼儿园午睡图片，幼儿观察回答，并进行现场演示，教师适时指导。

师：午睡时想上厕所，应该轻声和看睡老师请假，学小花猫静悄悄走路去厕所。看图片上谁在做什么？这时你想玩玩具，你应该怎样做？

出示爸爸在家里工作图片和积木、拼图、皮球、电动汽车等玩具实物，幼儿观察回答并进行现场演示，教师适时引导。

师：在家人工作、学习的时候，我们不要玩能发出声音的玩具，玩的时候动作和声音都要轻一点，尽量不要打扰到他们工作和学习。

五、学说儿歌，做有礼貌宝宝

师：这有一首儿歌，我们一起来说一说。

幼儿跟随教师学说儿歌《不要打扰别人》并进行动作表演。

师：在别人学习、休息、工作的时候，我们不要打扰，做个有礼貌的好宝宝！

附：

不要打扰别人

中午，在蓝迪的家里，爷爷在睡觉，爸爸在工作，妈妈哄妹妹睡觉。这个时候蓝迪和淘淘想要练习比赛歌曲《不要打扰别人》。他们在家里又敲鼓又唱歌，弄出了很大的声音，把妹妹吓哭了，也打扰了爷爷休息、爸爸工作。妈妈出来教育他们说："孩子，你们歌唱得很好，却没有注意你们唱的歌词是什么吗？正是告诉你们，不要打扰别人的休息和工作。"在妈妈的提醒下，蓝迪和淘淘认识到了自己的错误，轻轻地走出房间到外面去练习唱歌了。

不要打扰别人

好宝宝，懂礼貌，
别人学习不打扰，
别人休息不打扰，
别人工作不打扰，
做个礼貌好宝宝。

（秦皇岛市启航幼儿园 / 吕志洁）

活动七　您先请

◎活动目标

1. 了解"长辈"的含义，懂得尊敬长辈是一种美德。
2. 理解绘本故事内容，知道乘车、进餐时要礼让长辈。
3. 知道长辈讲话时要认真倾听，礼貌地表达自己的想法。

◎活动准备

课件：《您先请》绘本故事图片、《见长辈有礼貌》儿歌图片；在超市幼儿非要买玩具，不给买就与家长耍赖的视频。

◎活动过程

一、师幼谈话，知道"长辈"的含义

师：孩子们，你们家里都有哪些人啊？

幼儿根据自己家庭情况回答。

师：爷爷奶奶、外公外婆、爸爸妈妈、伯伯舅舅、姑姑阿姨，他们的年纪比我们大，辈分比我们高，他们都是我们的长辈。他们都为我们做过哪些事呢？

幼儿自由回答。（洗衣服、做饭、带我们去游乐场玩、在我们生病时照顾我们等）

师：我们小的时候，长辈为我们做好吃的饭菜，带我们去游乐场，陪我们玩玩具、做游戏，给我们讲故事，当我们生病时还照顾我们，真是太辛苦了。那我们又为长辈们做过哪些事呢？

幼儿自由回答。（为他们端水、捶腿、按摩、做家务等）

师：你们为长辈做了这么多的事，你们可真棒！

二、倾听故事，懂得要礼让长辈

师：有这样几只小兔子，他们和长辈之间也发生了一些事，我们一起来听一听吧。

教师出示绘本图片，讲述故事《您先请》第一段。幼儿边看边听。

师：在这段故事里都有谁？他们要去干什么？公交车一来，妈妈是怎样做的？

幼儿根据故事内容回答。（故事里黄毛毛、斑点点、妈妈和奶奶；他们要坐公交车去公园看蝴蝶花；妈妈让奶奶先上车）

师：妈妈先让奶奶上了车，斑点点看到了是怎么说的？我们一起来说一遍。

幼儿学说“妈妈，您先上车”。

师：乘车时，我们要礼让长辈，让长辈先上车。我们继续听故事。

教师出示绘本图片，讲述故事第二段。幼儿边看边听。

师：在这段故事里都有谁？他们在做什么？胡萝卜端上来了，爸爸是怎样做的？白眼圈是怎样做的？

幼儿根据故事内容回答。（故事里有黄毛毛、白眼圈、爸爸和爷爷；他们在吃饭；爸爸扶着爷爷坐下，拿起一个胡萝卜给了爷爷；白眼圈让爸爸坐下，拿起一个胡萝卜给了爸爸）

师：进餐时，我们要礼让长辈，让长辈先吃。我们继续听故事。

教师出示绘本图片，讲述故事第三、四段。幼儿边看边听。

师：这段故事里都有谁？他们都做了什么事？

幼儿根据故事内容回答。（故事里有黄毛毛、白毛毛、奶奶、妈妈；白毛毛扶奶奶坐到椅子上，黄毛毛让妈妈先吃）

师：黄毛毛最后对妈妈说了什么话？我们一起来说一遍吧。

幼儿学说“妈妈，您先吃”。

师：小兔子们对长辈有礼貌，他们的表现可真棒啊！

三、情景表演，体验礼貌的行为

师：现在我就是兔妈妈，公交车来了，小兔子该怎么说、怎么做呢？谁来演一演？

师幼表演小兔子和妈妈乘公交车的情景。幼儿让“妈妈”先上车，并练习说“妈妈，您先上车”。

师：现在我是兔爸爸，胡萝卜端来了，小兔子该怎么做呢？谁来演一演？

师幼表演小兔子和爸爸一起吃饭的情景。幼儿让“爸爸”先吃，并练习说“爸爸，您先吃”。

师：尊重长辈是一种美德，不管是上车、吃饭，还是出门，我们都要长幼有序，长辈优先，晚辈排在后。

四、经验迁移，有礼貌地表达想法

师：在日常生活中，我们要尊重长辈。下面的情景，请你说一说，我们该如何去做？

播放在超市幼儿非要买玩具，不给买就与家长耍赖的视频。幼儿观看。

师：这段视频里发生了什么事？小朋友做得对吗？如果爸爸妈妈不同意的话，小朋友该怎么做、怎么说呢？

幼儿自由回答。（爸爸不给小朋友买玩具，小朋友就闹；他做得不对；爸爸妈妈不同意时，要有礼貌地说出自己的想法）

师：长辈跟我们讲话时我们要认真听。当爸爸妈妈不同意我们的要求时，我们一定要有礼貌地表达自己的想法，耍闹是不对的。

五、学说儿歌，做有礼貌的孩子

师：我们一起来学一首《见长辈有礼貌》的儿歌吧。

教师出示图片，引导幼儿学说儿歌、表演儿歌。

师：今天，我们不仅知道了在生活中要礼让长辈、认真倾听他们的话、有礼貌地表达自己的想法，还学会了好听的儿歌，收获可真多啊！回到家，我们把这首儿歌，给爷爷奶奶、爸爸妈妈们说一说吧。

附：

见长辈有礼貌

见长辈，要问好，
敬长辈，应优先。
长辈说话记心间，
孝敬长辈多陪伴。

您先请（节选）

黄毛毛去找斑点点玩儿。“我要去坐公交车。”斑点点对黄毛毛说，“坐公交车去公园看大片大片的蝴蝶花。”公交车一来，妈妈拉着奶奶，先让奶奶上了车。斑点点一愣，然后她使劲儿抓住妈妈的手：“妈妈，您先上车。”妈妈开心地笑了，接着给了斑点点一个好大好大的拥抱。黄毛毛看了，嘴巴翘了翘：“有什么了不起！”他觉得，他也会有这样一个拥抱，而且比蹦蹦床还要大。

黄毛毛去找白眼圈玩儿。白眼圈一家正打算吃早饭。“吃饭喽！吃饭喽！”白眼圈对黄毛毛说，“嘎嘣嘎嘣脆的胡萝卜别提多好吃了！”胡萝卜端来了，爸爸扶着爷爷坐下，拿起一个嘎嘣嘎嘣脆的胡萝卜给了爷爷。白眼圈一愣，拉起爸爸的手，让爸爸先坐下，也拿起一个嘎嘣嘎嘣脆的胡萝卜给了爸爸。爸爸眯着眼睛笑了，接着给了白眼圈一个很大很大的拥抱。黄毛毛噘着小胖嘴说：“哼！有什么了不起！”他觉得，他也会有这样一个拥抱，而且比滑梯还要大。

黄毛毛去找白毛毛玩儿。玩儿着玩儿着，白毛毛突然跑开了。发生了什么事？哦，原来是奶奶要出门。她弯着腰，走路可费劲儿啦！白毛毛跑过去，扶着奶奶走出门口，将奶奶扶到椅子上才跑回来。“等等——”奶奶叫住了她，“好孩子，我有一件东西忘了给你！”奶奶使劲儿抱住了白毛毛，给了她一个非常大非常大的拥抱。黄毛毛嘴巴噘得老高：“哼！没什么了不起的！”他相信，他也会有这样一个拥抱，肯定比游乐场还要大。

黄毛毛玩儿累了，回到了家。妈妈端出了香香甜甜的玉米粥，还有诱人的胡萝卜蛋卷。黄毛毛刚想吃，他犹豫了一下，然后拉着妈妈坐下，把这些好吃的都放在了妈妈面前：“妈妈，您先吃！”

（秦皇岛市启航幼儿园 / 潘韵明）

活动八　你别想让河马走开

◎活动目标

1. 理解故事内容，懂得礼貌待人。

2. 知道礼貌待人会拥有更大的力量。

3. 体验有礼貌与人交往的快乐。

◎活动准备

课件：《你别想让河马走开》绘本故事图片，大肚子河马看见鳄鱼骑自行车、想喝狮子的牛奶、遇到蜜蜂追的图片。

◎活动过程

一、遇到挡路，猜猜老师说的话语

教师带孩子们进入活动室，门口设定很窄的过口，有一位老师故意挡在那里。

师：宝贝们，咱们一起拉着小火车进入活动室，去听一个有趣的故事吧。

孩子们进活动室，被门口老师挡住去路。

师：咱们进教室的路被挡住啦，该怎么办呢？

幼儿根据已有经验说出办法。（我们挤过去，我们闯过去）

授课教师悄悄在挡路教师耳边说一句悄悄话（请你让一让），挡路教师让路，孩子们通过。

师：孩子们你们猜猜老师刚刚说了什么话？

幼儿自由回答。（快让开，让我过去吧）

二、欣赏故事，说说河马不走的原因

师：等我们学完了今天的故事，大家就会知道正确答案了。看，故事封面上除了有书名，你还看到了什么？

出示绘本封面图片，幼儿观察回答。（河马）

师：故事就和这只河马有关，下面就让我们听听故事吧。

教师出示绘本图片，讲述故事《你别想让河马走开》第一段“一个大热天……我命令你走开”。幼儿边看边听。

师：狮子用什么办法让河马走开？河马会走开吗？

幼儿根据故事内容回答并进行猜想。（大声喊，让河马走开；河马会走开或不会走开）

师：河马走开了吗？为什么没有走开？

教师出示绘本图片，讲述故事第一段最后一句。（河马没走开；因为狮子太凶了，没礼貌）

师：狮子用大喊大叫的方法不会让河马走开。

教师按照上述方法讲述故事第二、三段，提出问题，引导幼儿分别说说小猴子、疣猪用什么办法让河马走开，河马走开了吗，为什么没有走开。（小猴子用力推河马让它走开，河马没有走开，因

为小猴子用力推河马没礼貌；小疣猪跳起来要把河马弹开，河马没有走开，因为小疣猪没有礼貌）

师：狮子的大喊大叫、小猴子用力推、疣猪弹开，都不能让河马走开。因为他们的做法都没有礼貌。

三、师幼讨论，分析过桥成功的方法

师：后面又来了一只小老鼠，他用什么办法让河马走开呢？河马走开了吗？

教师出示绘本图片，讲述故事第四段。幼儿根据故事内容回答。（小老鼠轻轻地在河马耳边说“请你走开”，河马走开了）

师：刚才小老鼠轻轻地有礼貌地说了一句“请你走开”，大河马就乖乖走了，是不是很神奇呢？现在就请小朋友扮演小老鼠，老师扮演大河马，你们来我耳边说一说小老鼠说的那句有礼貌的话吧。

部分幼儿上前来到教师耳边学说“请你走开”这句话，最后幼儿一起轻轻地说“请你走开”。

师：孩子们，我们平时说话一定要有礼貌，大家都喜欢我们有礼貌地说话。

四、情景演练，学习使用礼貌用语

师：这里又来了一只大肚子河马。大肚子河马看见鳄鱼骑自行车，他也想骑。大肚子河马应该怎么礼貌地对鳄鱼说？

教师出示大肚子河马看见鳄鱼骑自行车的图片，幼儿根据情境练习说礼貌用语。（请借我骑一下吧）

教师依次出示大肚子河马想喝狮子的牛奶、大肚子河马遇到蜜蜂追的图片，说明情境：“狮子喝牛奶，大肚子河马也想喝；大肚子河马遇到蜜蜂追，想请大象帮忙。”幼儿根据情境练习说礼貌用语。（请给我喝点牛奶好吗，请帮我把蜜蜂赶走好吗）

师：在生活中，我们总会和许许多多的人打交道，我们需要讲礼貌，友善地对待他人。当希望他人做某件事情的时候，我们需要说“请”；得到他人帮助后，对他人表示感谢，需要说“谢谢”；向他人道歉，需要说“对不起”；接受他人的道歉，需要说“没关系”。

五、前后呼应，知道待人要有礼貌

师：孩子们，现在我们排队到外面去活动吧。

教师带孩子们离开活动室，又有一位老师故意挡在出口那里。

师：孩子们，我们该怎么办呢？

幼儿说出请老师让路的礼貌用语。（老师，请您让我们过去吧；老师，请您走开吧）

师：那就请我们一起说出那句有礼貌的话吧。

幼儿一起说“请您让一下好吗”，挡路教师让开路。

附：

你别想让河马走开

一个大热天，太阳照下来，照着弯弯曲曲的小河，照着摇摇晃晃的小桥，照着一只睡觉的河马。这河马很大，这河马很重，挡住了通道。“真是糟透了！”一只棕色的狮子说，“我最喜欢的阴凉地方在桥那边，这河马躺在桥当中，我过不去。他非走开不可，我要命令他从桥上走开。”他大步走到睡觉的河马身边："哇哇哇哇！我命令你走开！"可是睡觉的河马只管睡他的觉，打他的呼噜。

长尾巴猴子从树上爬下来说："桥那边有多汁的成熟果子，可河马躺在这里，我过不去。他得走开。"狮子说："可他不走，我试过命令他走，他就是不走！""那我们得把他推走。"猴子说，"来吧！""一、二、三，推！"可是河马没动，一动也不动。"再用力点推！"狮子哇哇说。"你倒说得好，"猴子上气不接下气地说，"我这头重，用足力气了！"可是河马只管睡他的觉，照旧打他的呼噜。

一只浑身刚毛的疣猪走过来，看到河马躺在桥上，说道："我打滚的最好的烂泥在桥那边，这河马躺在这里，我过不去。他非走开不可。"刚刚的小动物说："我们命令过他走开，他不走开。我们推他走开，他就是不走开。"疣猪说："我们必须把他从桥上弹走。"他们来到桥上："各就各位，预备——跳！"他们落了下来，落到下面的桥上。与此同时，河马弹了上去。可接着河马也落了下来。河马一落到桥上，所有动物就弹上去，弹上去，弹上去……接着他们落下来，落下来，落下来……落到下面的河里！

"请问，"一只小老鼠急急忙忙走来，吱吱地问道，"出什么事啦？""我们要过桥，那河马就是不肯走开！我们命令过他走开，我们想要推他走开，我们甚至想要把他弹开，可他就是不肯走开！""让我来试试看。"小老鼠吱吱地说。然后，他向睡觉的河马跑去。老鼠扭动他的鼻子，抖动他的胡子，在河马耳朵边说悄悄话。河马一下子大大打了一个哈欠，伸了个懒腰，站起身来。他和老鼠并排走过了桥。"哇！"当大家看着又大又重的河马和又矮又小的老鼠走开时都很好奇。"那个小家伙说了什么，能让那河马走开呢？"小老鼠回过头来："就是一句话——请你走开！"

（秦皇岛市启航幼儿园 / 杨琪）

【个别化学习活动】

区域	名称	材料	玩法	价值
语言区	卡片猜猜乐	进餐、郊游、家中来客人、尊敬长辈等不同情景图片，点赞图片若干，桌子、骰子。	1. 将图片扣放在桌面上。 2. 两名幼儿一组，通过掷骰子决定抽取图片者。抽取图片者说出图片上情景所用到的礼貌用语。另一人判断其礼貌用语的使用是否正确，如果正确则给对方一个点赞图片，如果错误进行改正。 3. 获得点赞图片多者获胜。	练习礼貌用语的应用。
	电话铃响了	去广场放风筝、去海边挖贝壳、去游乐场玩滑梯等情景图片；电话两部。	1. 两名幼儿自由选择情景图片，根据图片情景玩接打电话的游戏，说话时恰当使用礼貌用语，做到电话轻拿轻放。 2. 两名幼儿自由选择话题玩接打电话的游戏。	礼貌接打电话，锻炼语言表达能力。
	迷路了怎么办	幼儿在公园里、商场里、郊游的野外迷路等情景图片。	幼儿自由抽取一张图片，观察图片内容，大胆讲述在这一地方迷路了应该怎么做。	知道有礼貌地向他人求助。
	辨对错	在墙面利用KT板和塑封膜制作出透明插袋；有礼貌行为图片和没礼貌行为图片若干。	幼儿自由抽取一张图片，讲述图上的人的做法，说明这种做法是否正确，并将图片插在对应的对错透明插袋中。	连贯讲述图中人物做法，辨别对错。

（续表）

区域	名称	材料	玩法	价值
益智区	找不同	敲门、接打电话、问好、礼让长辈、不打扰别人等有礼貌行为图片各一组，每组两幅，用塑封膜封好，两幅图片有3～5个不同之处，记号笔。	幼儿自由选择一组图片，仔细观察，找出两幅图片的不同之处，并用记号笔标记出来。	锻炼观察能力。
	拼一拼说一说	路上偶遇好伙伴、别人寻求帮助、打电话、客人敲门、长辈上公交车让座等与礼貌待人有关的拼图及相应的复原图。	1. 自由选择一张复原图仔细观察，找到相应的拼图碎片进行拼图。 2. 说一说所拼好的图片的内容。	锻炼手眼协调能力，知道礼让长辈。
生活区	请长辈吃饭	锅、碗、勺子、盘子、桌子、椅子等厨房玩具放于娃娃家中；肉、水果、蔬菜、鸡蛋、牛奶等食物玩具若干。	幼儿进入娃娃家，自选做爷爷、奶奶、姥姥、姥爷、爸爸、妈妈或孩子，利用厨房玩具、食物玩具，玩请长辈“吃饭”的游戏，游戏中恰当使用礼貌用语。	知道在进餐时礼让长辈。
	客人来我家	沙发、茶几、果盘等玩具放于娃娃家客厅中；水果、饮料等食物玩具若干。	幼儿进入娃娃家，自选做爸爸、妈妈、孩子或客人。利用沙发、茶几、果盘、食物等玩具，玩招待“客人”的游戏，游戏中恰当使用礼貌用语。	练习礼貌待客、做客。
科学区	颜色变变变	装有红色、黄色、蓝色、绿色、紫色等颜料的瓶子，玻璃杯若干、搅拌棒、记录表。	1. 幼儿将两种颜料混合在一个玻璃杯中，再用搅拌棒搅拌均匀，观察颜色的变化，并做记录。 2. 在拿玻璃杯和搅拌棒时要轻拿轻放，有礼貌。	感知两种颜色混合后变出新颜色，体验颜色变化带来的乐趣。
	敲敲门	木板、毛毡板、塑料板、纸板、布板、海绵板，手套；声音大小记录卡、戴与不戴手套记录卡。	1. 幼儿自选记录卡，按记录卡上的图片提示选择相应的板子模拟敲门，边敲边礼貌地问好。 2. 幼儿用手敲击任务卡中的板材，倾听敲击时发出的声音，辨别不同板材声音的大小，并填画在记录卡上。声音大的板材画一个大圆圈，声音小的板材画一个小圆圈。 3. 幼儿自选一种板材，采用戴上手套和不戴手套两种方法，用相同力量敲击板材，将敲击板材时发出的声音大小填画在记录卡上。	感知敲击不同材料发出声音的变化。
美工区	静音鞋垫	各色皱纹纸宽条，胶棒、各种鞋垫轮廓。	将皱纹纸撕成条，用手团成球，再用胶棒粘到鞋垫的轮廓内做成超软的静音鞋垫。	练习撕、团球、粘贴的技能。
	给奶奶做寿面	彩色寿面范例，画有不同长度直线的彩纸，塑料碗若干，剪刀，胶棒。	幼儿观看彩色寿面范例，用剪刀将彩纸沿直线剪长条做成面条，并把剪下的面条错落有致地贴在碗里。	正确取放、使用剪刀，练习剪、粘的美工技能。
表演区	好宝宝懂礼貌	《好宝宝懂礼貌》手势舞视频，碰铃、沙锤、铃鼓、三角铁等乐器。	1. 幼儿观看《好宝宝懂礼貌》手势舞视频，跟随进行表演。 2. 幼儿自选乐器，尝试用乐器给《好宝宝懂礼貌》歌曲配伴奏。	练习手势舞表演，尝试用乐器随音乐打节奏。
	找朋友	《找朋友》歌曲音频，小猫、小狗、小兔子、小老鼠、小狐狸、河马等动物头饰。	幼儿自由选择动物头饰扮演不同的动物，自由围成一个圈，跟随《找朋友》歌曲，顺时针方向走。第一段唱完，交到一个好朋友，并模仿小动物做有礼貌的动作。	随音乐模仿各种动物动作，有礼貌交朋友。
	有礼貌的小猫咪	《有礼貌的小猫咪》故事音频，小猫咪、鸟妈妈、小熊阿姨、长颈鹿伯伯头饰。	幼儿自由选择故事角色，戴好头饰，跟随故事音频，进行故事表演。	喜欢故事表演，感受表演快乐。
建构区	礼貌过桥	木质积木、塑料积木；桥的图片，汽车、自行车、人物、小动物玩具若干。	幼儿用积木拼搭出各种桥，并自选汽车、自行车、人物、小动物等玩具摆放在桥的适当位置，建构礼貌过桥情景。	用垒高、围合等技能拼搭出各种桥。

【户外运动活动建议】

1. 在游戏中，提醒幼儿遵守游戏规则，做到不打扰别人。

2. 提醒幼儿在户外游戏活动中注意使用礼貌用语，与同伴友好相处。

3. 在自由活动时，引导幼儿使用礼貌用语邀请同伴共同游戏。

4. 可组织幼儿学习礼仪操。

5. 可组织幼儿玩与礼貌待人有关的户外游戏活动，如小袋鼠运果果：幼儿将自己的身体装在尼龙袋中扮演小袋鼠，一个跟着一个跳，过程中不能推到别的小朋友；到达终点时脱下尼龙袋，再乘坐由圆滚筒制作的小汽车，排队坐车，不推不挤；最后摘到由沙包制作的果子，再把身体装进尼龙袋，用下巴夹住沙包，跳回起点，将沙包放在筐里。

【日常生活活动建议】

1. 早入园时，教师与幼儿、幼儿与幼儿间互相问好。

2. 在一日活动中，会正确使用礼貌用语，如进餐前对教师说“谢谢”，需要别人帮助时说“请”，与同伴发生冲突时要主动道歉说“对不起”。

3. 在早入园晚离园时间，师幼可玩点名游戏，当教师叫到幼儿的名字时，幼儿能做到及时回应。

4. 午睡时如有需求，轻声寻求教师帮助，不打扰别人。

5. 晚离园时，教师与幼儿互动，使用礼貌用语“再见”。

【环境创设】

1. 将幼儿有礼貌行为的图片，如：给爷爷奶奶敲敲背、捶捶腿，见到老师鞠躬问好等，张贴在主题墙上或楼道吊饰上面。

2. 在主题墙上展示《我是礼貌好宝宝》亲子绘画及手工作品。

3. 在活动室适当位置展示幼儿用黏土制作的电话、桌椅等手工作品。

4. 在读书区展示有关礼貌待人的绘本封面图片。

【家园共育】

1. 建议家长给孩子讲述有关礼貌待人的绘本故事。

2. 提醒孩子见到熟人时礼貌地打招呼。

3. 建议家长在日常交流中多使用礼貌用语，如睡觉前和孩子互道晚安、不小心发生碰撞时说“对不起”等。

4. 教育孩子尊敬长辈，愿意为长辈做一些力所能及的事情，如：为爷爷奶奶捶捶背、坐车时主动让座等。

【社会实践】

我是小主人

◎活动目标

1. 练习使用礼貌用语邀请伙伴来家中做客。
2. 尝试独自招待客人，招待客人时使用“您好，请进，谢谢，再见”等礼貌用语。
3. 感受与同伴友好相处的乐趣。

◎活动建议

1. 活动前幼儿与家长商定邀请伙伴来家里做客的时间和人数。
2. 家长与幼儿交流招待客人的生活经验，一起准备好招待客人时用到的物品。
3. 幼儿使用礼貌用语邀请伙伴来家里做客。
4. 客人来了之后，幼儿尝试独自招待，正确使用礼貌用语，如“你好、请进”等。
5. 提醒小客人不随便乱动主人家的物品。
6. 幼儿使用礼貌用语送客人离开，如“再见，欢迎下次再来”等。
7. 幼儿与家长共同整理好招待客人的物品。

【发展评估】

“礼貌待人”好习惯养成幼儿家长评价表

宝贝们，经过一个月的时间，你养成“礼貌待人”的好习惯了吗？现在请你和爸爸妈妈一起玩一个问答小游戏。

班级：　　　　　幼儿姓名：

评价内容	评价结果
1. 你见到别人是怎样问好的？别人向你问好时，你应该怎么做？	☺ ☺ ☺ ☺
2. 向他人求助时应该怎么说？请你说一说。	☺ ☺ ☺ ☺
3. 接听电话时要使用哪些礼貌用语？	☺ ☺ ☺ ☺
4. 你知道怎样有礼貌地敲门吗？请你试一试。	☺ ☺ ☺ ☺

（续表）

评价内容	评价结果
5. 你是怎样尊重、礼让长辈的？请你说一说。	
6. 你邀请过小伙伴一起玩吗？你是怎么说的？	
7. 哪些行为是有礼貌的表现？请你说出三种以上。	
8.“您好、再见、对不起、没关系、请坐、请稍等”，这些礼貌用语你会说了哪些？	

爸爸妈妈们请在沟通中对孩子的行为作出正确的评价，指导孩子用彩笔为自己的好习惯作出不同等级的笑脸评价。

评价标准：非常好 4　好 3　一般 2　差 1

“礼貌待人”好习惯养成教师评价表

班级：　　　　幼儿姓名：　　　　　教师姓名：

目标	评价结果			
	4	3	2	1
1. 知道见到他人主动问好，对他人问好及时回应。				
2. 知道向他人求助时要有礼貌。				
3. 知道接打电话要有礼貌，电话轻拿轻放。				
4. 邀请好友能做到有礼貌。				
5. 学习敲门礼仪，知道敲门的正确方法。				
6. 会唱歌曲《对不起没关系》，边唱边进行表演。				
7. 在提醒下能做到不打扰别人。				
8. 知道乘车、进餐时要礼让长辈，并认真倾听长辈讲话。				
9. 能经常使用礼貌用语，与人交往有礼貌。				

评价标准：非常好 4　好 3　一般 2　差 1

好习惯七　大胆表达

【主题名称】勇敢说出来

全家总动员

亲爱的家长朋友：

您好！现在的孩子因为被过度保护，在社交场合常常表现出畏缩、胆怯、不敢表达自己的想法。在幼儿园里，有些孩子遇到拉尿裤子、和小朋友发生争执、做事情遇到困难的时候不敢大胆地说出来，而是采用一些激进的方法表现出来，如大哭、吵闹、打架等。为了让孩子敢于大胆将自己的意愿、想法、喜欢、不喜欢等通过语言表达出来，本月我们将开展主题活动“勇敢说出来”，旨在培养孩子“大胆表达”的好习惯。

在幼儿园，我们有目的地进行培养，希望孩子能达到如下目标：

1. 知道需要帮助和身体不适时告诉家人或老师。
2. 学习勇敢表达自己的需求和感受。
3. 愿意在他人面前说话，大方地与人打招呼。
4. 知道想加入同伴游戏时，能友好地提出请求。
5. 乐意提问各种问题，愿意表达自己的发现和想法。
6. 用简短的语言介绍自己的家庭成员，大胆表达对家庭成员的爱。

在家庭生活中，我们建议您从以下几个方面进行关注：

1. 在生活中，多与孩子交谈，讲话时自身的语言清楚、简洁。
2. 带孩子到户外多和他人接触，鼓励孩子敢于和同伴交流，大方地介绍自己。
3. 提醒孩子需要帮助时及时告诉家长。
4. 营造温馨的家庭环境，愿意和家庭成员表达爱意。

感谢您的参与，为了孩子的成长，让我们一起努力！

【主题目标】

1. 知道有想法时不害羞，有勇气说出自己想说的话。
2. 学习用清楚的语言表达自己的需要。
3. 懂得大胆提出问题，养成有问题勇敢问的好习惯。
4. 学习表达爱意的方式，感受表达爱的快乐。
5. 愿意介绍自己的家庭成员，感受家人之间的关爱。
6. 敢于表达交朋友的意愿，知道交朋友的方法。
7. 学习用简单的语言讲述故事主要情节，表达自己的感受。
8. 愿意与同伴一起交谈，相互讲述见闻、趣事或看过的图书、动画片等。

【主题口号】

大声说出来，沟通乐开怀

【三字儿歌】

自我介绍

做介绍，要大方，口齿清，声响亮。
先名字，后年龄，让对方，更知情。

介绍他人

客人到，先问好，进门后，做介绍。
先家人，后来客，按顺序，不要错。

【集体教学活动】

活动一　不要害羞，勇敢地说

◎活动目标

1. 倾听故事，懂得只要鼓起勇气就能说出自己想说的话。
2. 知道有想法时不要害羞、勇敢地说出来。
3. 体验大胆表达自己想法的快乐。

◎活动准备

1. 课件：《不要害羞，勇敢地说》绘本故事图片，小象图片。

2. 水果、生活用品若干，装入布袋内。

◎活动过程

一、观察图片，猜测失落的原因

师：这是谁？它是什么表情？它为什么不开心？

出示小象图片，幼儿观察回答。（小象；不开心；它不喜欢裤子的颜色，别人不跟他玩）

师：它叫小象妮妮，低着头好像有什么不开心的事情。

二、倾听故事，了解故事的内容

师：到底发生了什么事情？我们一起听听吧！

教师出示绘本图片，讲述故事《不要害羞，勇敢地说》第一至三段。幼儿边看边听。

师：小象妮妮为什么无精打采？

幼儿根据故事内容回答。（没和欢欢坐一起，没回答出问题）

师：像妮妮这样不敢在老师、朋友面前大声说出自己的想法，而且说话还脸红的表现叫害羞。你们能想个办法，让妮妮不要害羞吗？

幼儿大胆表达自己的想法。（告诉它不要害怕、鼓励它）

师：妈妈想了一个什么办法帮助妮妮变勇敢呢？

教师出示绘本图片，讲述故事第四段。幼儿根据故事内容回答。（送给它一个勇气袋）

师：有了这个勇气袋，妮妮都做了哪些事情？

教师出示绘本图片，讲述故事第五段。幼儿根据故事内容回答。（回答了老师的问题，勇敢地跟朋友说了一起玩跳绳，勇敢地和欢欢说坐到它身旁）

师：小象妮妮有了勇气袋后变得勇敢了，大胆地说出了自己的想法。

三、交流讨论，知道勇气在心里

师：勇气真的在勇气袋子里吗？我们继续听故事吧！

教师出示绘本图片，讲述故事最后一段。幼儿根据故事内容回答。（袋子里没有勇气，勇气在心里）

师：勇气在我们的心里，我们每个人只要鼓起勇气就能说出自己想说的话。今天我们听的这个故事名字叫《不要害羞，勇敢地说》。当我们不敢说的时候，可以重复说这句话。

教师引导幼儿重复说故事名称“不要害羞，勇敢地说”。

四、互动游戏，摸摸猜猜说出来

师：妮妮战胜了自己，我们真为它感到高兴。我这里有一个布袋，里面装着很多物品。接下来我们玩个有趣的游戏叫“神秘口袋。”

教师组织幼儿玩游戏，鼓励摸物品的幼儿大胆说出自己的感受，其他幼儿大胆猜测答案。

游戏玩法：教师请个别幼儿在布袋中拿住一个物品，但不拿出布袋口，大声说出摸到这个物品的感受，如“它是圆圆的、硬硬的、软软的，它像××”等。其他幼儿根据提供的信息大胆猜测摸到的物品是什么。猜测后，摸物品的幼儿将物品拿出进行验证。

五、鼓起勇气，勇敢表达我自己

师：你有什么想法？想对谁说？鼓起勇气向他说出来吧！

幼儿向他人表达自己的想法。

师：希望每一名小朋友心中充满勇气，有想法都能勇敢地说出来。

附：

不要害羞，勇敢地说

今天，小动物们在幼儿园里学习认水果。“有一种水果，圆圆的、红红的，吃起来香脆可口，它是什么呢？”山羊老师的话刚说完，小动物们就争先恐后地举手发言。“我知道！我知道！”一向害羞的小象妮妮犹豫了一下，也悄悄地举起了手。山羊老师说：“好，妮妮，你说说看吧。”“嗯，嗯，就是……”妮妮的脸唰一下就红了，它吞吞吐吐，半天也没有说出答案。“苹果！”小狐狸丽丽实在等不及了，就抢着说了出来。小猫几几指着妮妮说：“老师，妮妮的脸像苹果一样红！”大家哄堂大笑。

放学了，妮妮去坐校车的时候暗暗想道：“今天我一定要跟欢欢坐到一起。”小熊猫欢欢是妮妮最喜欢的朋友。但是因为害羞，妮妮根本没把自己的想法跟妮妮说清楚。“那个，那什么，嗯……”咣当当！咣当！妮妮还在吞吞吐吐，几几走过来一屁股就坐到了欢欢的旁边。

“我回来了。”妮妮耷拉着脑袋跟妈妈打招呼。“妮妮回来了。今天过得好吗？”妈妈高兴地迎接妮妮，“咦，你怎么无精打采的啊？”

“妈妈，今天我在幼儿园……哇——”妮妮一边哭一边对妈妈讲了今天发生的事情。“是吗？原来我家妮妮因为害羞没有说出心里话啊。”妈妈看着妮妮，认真地替它想办法。妈妈拿出了一个小袋子。“妮妮，这个袋子里装满了勇气。你只要拿着它，就能勇敢地说出你想说的话了。”“真的吗？”妮妮盯着勇气袋子好一会儿。

第二天，妮妮带着勇气袋子去了幼儿园。今天，小动物们在幼儿园里学习季节。“一提起冬天，大家就会想到什么呢？”“手套！”“圣诞节的礼物！”丽丽和欢欢抢着回答。小伙伴们哈哈大笑。妮妮没有笑，它紧张地用力抓住勇气袋子，慢慢地举起了手：“雪人！”“对！今天妮妮说得可真好！大家为它鼓掌好不好啊？”小伙伴们热烈地鼓掌。妮妮的脸涨得红通通的，但是心里美滋滋的。有了勇气袋子，妮妮什么都敢说了。妮妮可会跳绳了，于是它走到正在跳绳的朋友们旁边说：“让我一起玩吧！”朋友们都同意它加入。“好啊，你来跳吧！”“哇！妮妮跳得可真棒！”妮妮的鼻子翘得都快够到天上的云朵了。妮妮上了回家的校车，它低头看了看勇气袋子。“我有勇气袋子，今天我一定要……”正在这时，欢欢上车了。“欢欢，来，坐到我的旁边吧。”欢欢走过来坐到妮妮旁边，两个好朋友开心地聊了一路。

“妈妈！”一下车，妮妮就大声地叫妈妈，“妈妈，勇气袋子好神奇啊！可是，里面真的装满了勇气吗？”“我亲爱的妮妮，勇气其实就在你心里。我们每个人只要鼓起勇气，就能说出自己想说的话。”

（秦皇岛市启航幼儿园 / 冷婧）

活动二　有事说出来

◎活动目标

1. 理解故事内容，知道小猪尿裤子的原因。

2. 练习清楚表达喝水、如厕、吃饭及穿脱衣等生活上的需要。

3. 知道需要帮助时要大胆说出来。

◎活动准备

课件：《小猪尿裤子了》绘本故事图片；明明口渴了、涛涛没吃饱、丽丽穿着厚外套感觉热了等情景图片。

◎活动过程

一、观察图片，认识故事的角色

师：你们看，这是谁？猜一猜，它怎么了？

教师出示故事主人公小猪图片，幼儿观察猜测。（小猪；它肚子疼了、它想妈妈了）

二、倾听故事，了解故事的内容

师：我们一起来看看小猪到底怎么了。

教师出示绘本图片，讲述故事第一段。幼儿根据故事内容回答。（小猪尿裤子了）

师：小猪为什么会尿裤子呢？

幼儿根据故事内容回答。（想上厕所没有告诉老师）

师：小猪想去厕所却没有把自己的需要说出来，所以才尿了裤子。

三、阅读绘本，学习有事说出来

师：小猪怎样才不会尿裤子呢？

教师出示绘本图片，讲述故事第二段。幼儿根据故事内容回答。（想上厕所要告诉老师）

师：把自己的需要说出来，就会得到别人的帮助。

四、情景表演，练习表达的方法

师：孩子们，我们知道了在有需要时，要大胆地告诉老师。请看下面图中的小朋友应该怎么做？怎么说？

教师依次出示明明口渴了、涛涛没吃饱、丽丽穿着厚外套感觉热了等情景图片并进行情景说明，幼儿观察回答。（老师，我口渴了，我想喝水；老师，我没吃饱，还要再吃一点；老师，我有点热）教师适时予以回应。（找到自己的小杯子，自己接点水喝；我再给你盛点饭，慢慢吃；来，我帮你把厚外套脱掉吧）

师：孩子们，你们真棒，能主动将自己的需要告诉老师。

五、大胆表达，说出自己的需要

师：孩子们，你现在有什么需要想告诉老师？

幼儿自由回答。（我想和悦悦在一起玩，我想听一个故事，我想去外面滑滑梯）

师：孩子们，你们真棒，有需求就大胆地说。只有你大胆地表达了自己的需求，老师才会帮助你。回家后有什么需要也要大胆地告诉爸爸妈妈，有需要就要说出来哦。

附：

小猪尿裤子了

动画片真好看，小伙伴看得津津有味。这时候，小猫站起来大声说道："山羊老师，我想上厕所！""去吧！"山羊老师温顺地说道。接着，小狗站起来叫道："老师，我也要上厕所！""去吧，不然尿到裤子上了。"山羊老师说道。这时，小猪不自然的表情引发了山羊老师的留意。山羊老师走到小猪跟前问道："小猪，你怎么了？"小猪支支吾吾不说话……这时候，小猴叫了起来："老师，小猪的裤子是湿的。"山羊老师低头一看，说："噢，原来是小猪尿裤子了！"

"小猪，没有憋住尿湿了裤子是没有关系的，老师帮助你换上干净的裤子吧！"老师亲切地走到小猪身边一边换裤子一边说，"以后有需要老师帮助的要大胆地告诉老师，老师会帮助你换上干净又舒服的裤子，不然穿着湿裤子很难受，还会生病呢！"就这样，老师帮助小猪换了裤子。小猪很开心！接着，老师抱了抱小猪，说："以后如果想去厕所就要告诉老师，这样就不会尿裤子了。"

（秦皇岛市启航幼儿园 / 贾倩）

活动三　不要害怕，勇敢地问

◎活动目标

1. 理解故事内容，知道有问题要勇敢地问。
2. 积极参与游戏，练习大胆提出问题。
3. 愿意表达自己的想法和需要。

◎活动准备

课件：《不要害怕，勇敢地问》绘本故事图片，幼儿园图片，公园游乐场、幼儿园操场、超市场景图片。

◎活动过程

一、师幼谈话，猜测怕怕的由来

师：你们看，这里有一只小浣熊，他有一个特别的名字叫"怕怕"，你们猜他为什么叫"怕怕"？

教师出示故事主人公怕怕图片，幼儿观察，大胆猜测。

师：你们猜得对不对呢？

教师出示绘本图片，讲述故事《不要害怕，勇敢地问》第一段。幼儿根据故事内容回答。

师：原来是因为他的胆子很小，有问题不敢开口问，所以大家都叫他"怕怕"。

二、观察图片，理解怕怕的情绪

师：我们一起来看看，怕怕有什么问题没敢问？结果怎么样呢？

教师出示绘本图片，讲述故事“在幼儿园里”至“爸爸给我买了一辆蓝色小汽车”。幼儿根据故事内容回答。（吃饭的时候遇到大灰狼怎么办，想玩小朋友玩具，有没有红色小汽车；想做的事都没有做成）

师：你们觉得他的心情怎么样？

幼儿根据故事内容回答。（不开心、难过）

师：怕怕因为胆子小而不敢问，结果他想的事情都没做成，觉得很难过。

三、阅读绘本，感受勇敢问真好

师：怕怕抱着蓝色小汽车睡着了，在梦里，怕怕居然坐在了他梦寐以求的红色小汽车上。

教师出示绘本图片，讲述故事“吃了晚饭后”至“问一问就知道别人的想法跟我的想法是不是一样的”。幼儿边看边听。

师：怕怕坐上了问问车，勇敢地问了哪些问题？这些问题帮他解决困难了吗？

幼儿根据故事内容回答，学说怕怕提问的话。

师：怕怕通过勇敢地问，找到了鲜嫩的树叶，找到了卫生间，玩到了好朋友壮壮的消防车，还知道了问问车也想回家。有问题勇敢地问真好。

四、互动游戏，练习勇敢地提问

师：问问小汽车又带怕怕到了哪里？

出示问问小汽车来到幼儿园的图片，幼儿观察回答。

师：怕怕坐着问问小汽车来到幼儿园，他想邀请你们一起乘坐问问小汽车。不过想要坐上问问小汽车可不那么容易，需要观察这些图片，然后提出问题。

教师出示公园游乐场、幼儿园操场、超市的场景图片，组织幼儿玩乘坐问问车游戏。

游戏玩法：教师模拟开车动作，边开车边说“谁想坐上问问车”？幼儿回答“我想坐上问问车”。教师提问“你有什么问题”，幼儿根据图中场景提出自己的问题，教师邀请幼儿说“请上车”。游戏中让每个孩子都提出自己的问题，参与游戏。

师：孩子们，你们真棒，都能勇敢地问。

五、经验分享，愿意大胆地表达

师：刚才你们都勇敢地提出了问题。怕怕也做了一件特别勇敢的事情，是什么呢？

教师出示绘本图片，讲述故事“我睡醒了”至结尾。幼儿根据故事内容回答，学说怕怕提问的话。

师：在生活中，你大胆地问过哪些问题？

幼儿根据生活经验回答。

师：孩子们，你们真棒，有问题就勇敢地问，真的特别好。只有你大胆地表达了自己的想法，别人才会知道，你的问题才能得到解决，所以大家一定要勇敢地问呀！

附：

不要害怕，勇敢地问

我的名字叫怕怕，我的胆子很小，从来不敢开口问。爸爸妈妈经常鼓励我，有问题就大胆地问。可是对我来说，问问题并不像他们说的那样简单。

在幼儿园里，老师让小朋友们讨论餐桌上应该遵守的规矩，我很想知道吃饭的时候遇到大灰狼怎么办，但是因为胆子太小，不敢问大家，最后只好郁闷地回家了。

我去好朋友家玩的时候，想要玩小朋友的玩具，可我因为胆怯，不敢开口问，所以只能垂头丧气地回家了。

爸爸带我去商店买礼物，我想要一辆红色的玩具汽车，可货架上只有其他颜色的玩具汽车。我很想问玩具店老板有没有红色的玩具汽车，但是因为胆子小而没问出口。最后，爸爸给我买了一辆蓝色的玩具汽车。

吃了晚饭后，我抱着蓝色的玩具汽车睡着了。睡梦中，我居然坐在了梦寐以求的红色玩具汽车上。最稀奇的是，这辆红色的玩具汽车居然会说话！“你好，我是问问小汽车，你就叫我问问车吧！”

“我们现在在问问王国，只要你肯问，任何问题都不是问题。”突然，我的肚子咕噜咕噜一阵响，好饿呀！可是，左看看右看看，我也没看到自己最喜欢吃的鲜嫩树叶。这时问问车说话了：“问问路人吧，在问问王国，你不管问谁，都能得到想要的答案。”于是我小声地问一位路过的大叔：“您知道哪里有鲜嫩的树叶吗？”哇，太神奇了，话音未落，我的手上就出现了鲜嫩的树叶。

吃了很多东西，现在我想尿尿了，可是哪儿有卫生间呢？要问一下别人，现在就问，正好有个阿姨从我身边走过。“阿姨，您知道哪儿有卫生间吗？”突然，一扇门“咣当”一声弹开了——卫生间。

咦？那不是我的好朋友壮壮吗？他正在开心地玩他的玩具消防车。“啊，我好想玩儿一下壮壮的车呀！”我看了看问问车，暗暗鼓起了勇气：“壮壮，我可以玩一下你的玩具车吗？”“嗯，但是你要小心一点，别弄坏了哦。”壮壮把他心爱的玩具消防车借给了我。

问问车载着我在问问王国里东奔西跑。我累了就问道：“问问车，我们现在回家好吗？”“好啊，说实话我还真有点儿累呢！”哈哈，有问题就勇敢地问，真好！问一问就知道别人的想法跟我的想法是不是一样的。

我睡醒了，发现那辆蓝色的玩具汽车还在我的身边。啊，原来是一个梦！

爸爸进来了。我大声说道：“爸爸，今天您能再陪我去一趟玩具店吗？我想问玩具店老板一个问题。”“好啊，我们现在就去吧！”

我拿着蓝色的玩具汽车，跟爸爸一起来到了玩具店。我鼓起勇气问玩具店老板：“叔叔，您这儿有红色的玩具汽车吗？我想换一辆红色小汽车。”“你是昨天才买的，当然可以换。”叔叔回答。

我再一次见到了问问车，特别开心。“有问题就勇敢地问，真的特别好！”

（秦皇岛市启航幼儿园 / 冯立楠）

活动四　我爱你

◎活动目标

1. 理解故事内容，知道爱要大声说出来。

2. 学习用语言或动作表达“我爱你”，尝试用多种方式表达爱。

3. 感受大胆表达爱的快乐。

◎活动准备

课件：《我爱你》绘本故事图片。

◎活动过程

一、欣赏故事，知道“爱”是要表达的

师：今天我带来了一个关于“爱”的故事，名字叫《我爱你》。

教师出示绘本图片讲述故事，幼儿倾听。

师：长颈鹿老师教给小朋友们一句什么话？非非对谁说过这句话？

幼儿根据故事内容回答。（我爱你；小树，小花，爸爸，妈妈）

师：非非说“我爱你”的时候心情怎么样？爸爸妈妈听后有什么感受？

幼儿自由回答。（非非说的时候很开心，爸爸妈妈听到很温暖）

师：爱是要说出来的。说了以后，自己很快乐，听的人也很高兴。

二、现场练习，感受表达爱的快乐

师：小朋友们都有自己的亲人，有老师和朋友。你爱谁？应该对他怎么说？

幼儿大胆表达，教师引导幼儿走到朋友身边对他表达爱，提醒听者回应。（我喜欢老师，我喜欢彤彤；老师我爱你，彤彤我爱你）

师：非非对自己喜欢的东西，大胆地说“我爱你”。你喜欢什么？应该对它怎么说？

幼儿大胆表达爱。（我喜欢小花，我喜欢春天；小花我爱你，春天我爱你）

三、交流讨论，说出表达爱的方式

师：心中有了爱，除了可以说出“我爱你”，还可以用什么方式来表达？

幼儿回答后，教师出示拥抱、拍手、贴脸、送礼物、揉肩、捶背等图片讲述表达爱的方式。

师：这么多的方式都可以表达我们的爱。

四、集体游戏，大胆改编表达爱意

师：爱是要表达出来的，我们一起来玩《爱你我就抱抱你》的游戏，表达出心中的爱吧！

教师带领幼儿进行游戏。

游戏玩法：教师和幼儿围成圆圈，按照顺时针方向边走边说儿歌《爱你我就抱抱你》，根据儿歌内容和伙伴做出相应的动作。玩过几次之后，鼓励幼儿根据其他表达爱的方式改编儿歌，如“爱你我就说出来（揉揉肩、拍拍手、贴贴脸）”，并说出相应的话、做出相应的动作。

五、亲身体验，回家勇敢地表达爱

师：刚刚我们用多种方式表达出了自己的爱，现在你的心情怎么样？接受了爱的表达，你的心情怎么样？

幼儿自由表达感受。（开心，高兴）

师：今天我们听了一个故事，名字叫《我爱你》，通过故事我们知道爱要大声地说出来，知道了可以用各种不同的方式表达自己的爱，自己表达了爱会很高兴，别人感受到你的爱意也很快乐。今天回到家，要对你的亲人、朋友以及所有你爱的东西都说一句："我爱你！"

附：

我爱你

今天，长颈鹿老师教给小朋友们一句话：我爱你。长颈鹿老师说："爱是要说出来的呀！"

回家的路上，非非可忙了——"小树，我爱你！小花，我爱你……"

回到家，非非一见到妈妈，就喊起来："妈妈，我爱你！"

非非一见到爸爸，就喊起来："爸爸，我爱你！"

开饭了，非非一边吃饭一边说："米饭，我爱你！青菜，我爱你……"

该睡觉了，非非爬上床说："小床，我爱你！枕头，我爱你！小布熊，我爱你……"

爸爸妈妈你看看我，我看看你，突然一起说："我爱你！"

爱你我就抱抱你

爱你我就陪陪你，爱你我就亲亲你，

爱你我就夸夸你，爱你我就抱抱你。

（秦皇岛市启航幼儿园 / 燕红）

活动五　亲亲一家人

◎活动目标

1. 知道自己的家庭成员以及父母姓名。
2. 练习用简单的语言介绍自己的家人。
3. 感受家人之间互相关爱的温暖。

◎活动准备

1.课件：歌曲《让爱住我家》；小红以及她的爸爸、妈妈、爷爷和奶奶的图片，小红一家人的图片。
2. 幼儿从家中带来一家人的照片。

◎活动过程

一、欣赏歌曲，谈话引出课题

师：我带来了一首歌，我们一起听听吧。

师幼边欣赏歌曲《让爱住我家》，边做律动。

师：刚刚我们听的这首歌里都唱了些什么？

幼儿根据歌词内容回答。（爸爸、妈妈、弟弟、妹妹、家等）

师：这首歌的名字叫作《让爱住我家》。我们一起搭建一个家，住到里面去吧！

师幼一起做家的手语：双手搭成“∧”形，如屋顶状。

二、观赏课件，认识小红一家

师：今天有一位小朋友，她特别想把自己的家人介绍给大家，我们一起来认识一下吧。

出示小红的图片，播放课件声音：“小朋友们好，我是小红。请你们到我家来看看吧。”

师：我们看看小红家都有谁。

逐一出示小红的爸爸、妈妈、爷爷、奶奶的图片并播放配音：看报纸的是爸爸，正在拖地的是妈妈，刚刚锻炼回来的是爷爷和奶奶。幼儿观看。

三、家中做客，了解成员喜好

师：我们来猜猜小红的家人都是做什么工作的，喜欢什么。

幼儿自由回答。（教师、医生；喜欢织毛衣、喜欢上网）

师：我们一起来看一看吧！

出示小红一家人的图片，幼儿观察回答后，教师进行讲解：小红的爸爸叫李明，是一名作家，喜欢看报纸。妈妈叫王丽，她是一名护士。妈妈非常爱干净，喜欢做家务。家里还有爷爷、奶奶。爷爷奶奶喜欢锻炼身体。小红喜欢玩玩具。他们一家人相亲相爱地生活在一起。

四、相互介绍，感受家人关爱

师：听了小红的介绍，你们想不想把你们的家人介绍给大家？现在和你旁边的好朋友说一说你的家里都有谁？

幼儿拿出一家人的照片，相互之间介绍自己的家人，说说自己的家里都有谁、叫什么名字、做什么工作、平时喜欢干什么等。教师随机请 3 ～ 4 名幼儿到前面介绍自己的家人。

师：小朋友们说得可真好！那你的家人爱你们吗？你是怎么知道的？他们都为你做过什么事情？

个别幼儿说说自己的想法。（抱抱我、喂我吃饭、买新衣服等）

师：原来小朋友们的家人都非常爱你们，那你爱你的家人吗？你怎么表现你的爱？你都为他们做过哪些事情？

幼儿根据已有经验回答。（帮妈妈洗碗、给奶奶捶背等）

师：今天回到家里，就把你们的爱大声地告诉你的家人，对他们说“我爱你”，还要把你们的爱表现出来，为你的家人做点事，比如捶捶背、揉揉肩，好不好？

五、首尾呼应，让爱住进我家

师：那我们就一起唱起《让爱住我家》这首歌，让爱住进我们每个人的家里！

师幼共同做律动《让爱住我家》。

（秦皇岛市启航幼儿园 / 陈冉）

活动六 我想和你交朋友

◎活动目标

1. 倾听故事，知道想交朋友要有勇气说出来。

2. 大胆表达交朋友的意愿。

3. 体验成功交到新朋友的快乐。

◎活动准备

课件：《我想和你交朋友》绘本故事图片。

◎活动过程

一、师幼交流，谈一谈你的朋友

师：你的好朋友是谁？你为什么喜欢和他做好朋友？

幼儿大胆回答。（他对我好，他喜欢我，她会跳舞）

师：原来你们每个人的朋友都有这么多优点。因为喜欢一个人的优点，才会想和他做朋友。

二、欣赏故事，说说交朋友办法

师：有一个小朋友叫小团子，她也想交朋友，我们来听一听她的故事。

教师出示绘本图片，讲述故事《我想和你交朋友》第一至三段。幼儿边看边听。

师：小团子喜欢哪位小朋友？为什么喜欢她？

幼儿根据故事内容回答。（小桃；画画好、对小金鱼好、穿的裙子好看）

师：小团子不敢和小桃交朋友，她的爸爸有什么好办法？

幼儿根据故事内容回答。（交朋友要有勇气说出来、夸夸他的优点）

师：如果你想和一个人交朋友，就要鼓起勇气，勇敢地迈出第一步，大胆地说出想和他交朋友的想法。

三、观看图片，表达交友的想法

师：小团子想和小桃交朋友，她应该怎么说？

教师依次出示小桃画画、喂金鱼、穿花裙子的图片，引导幼儿观看图片练习表达。（小桃，你画得真棒；小桃，我可以和你一起喂小金鱼吗；小桃，你的裙子真好看，你看起来就像漂亮的花仙子）

四、角色扮演，感受交友的快乐

师：我们听一听小团子是怎么对小桃说的。小团子和小桃成为好朋友了吗？

教师出示绘本图片，讲述故事第六段。幼儿根据故事内容回答，学说故事中小团子和小桃的语言。

师：小团子和小桃成了好朋友。我们请两位小朋友来扮演小团子和小桃，演一演她们是怎么交朋友的。

教师请两名幼儿表演小桃和小团子交友过程。然后幼儿两两一组进行表演。

五、现场体验，尝试结交新朋友

师：你想不想再多交几个朋友呢？勇敢地去试一试吧！

幼儿从身边找到想结交的新朋友，大胆表达交朋友的想法。

附：

我想和你交朋友

我叫小团子。莎莎老师有时候叫我“团子”。我很喜欢莎莎老师，她的头发真香啊。我在幼儿园有很多好朋友，或许，明天我又可以交到一个新朋友……我爱上幼儿园。

绘画课上，小桃画了一棵糖果树。她画得可真棒！所以米老师把她的画贴在墙上，好让大家都看到。小桃经常喂动物角的小金鱼。她对小金鱼们可好啦，经常和它们说话，还给每条小金鱼都取了名字。小桃今天穿了一条很好看的花裙子。她看起来就像漂亮的花仙子。

一连好几天，小团子每天从幼儿园放学回家都会说起小桃。“小团子，你这么喜欢小桃，为什么不去和她交朋友呢？”“可是……小桃会喜欢我吗？”小团子小声问。“当然会啦，谁会不喜欢这么可爱的小团子呀！”爸爸走过来抱起了小团子。“其实，交朋友一点儿也不难，你只需要鼓起勇气迈出第一步。”爸爸说，“比方说，当小桃画了好看的画时，你可以说‘嗨，小桃，你画得真棒！’你试试，好不好？”

第二天的绘画课上，小桃又画了一幅很漂亮的画。小团子想好了，一下课就去跟小桃说“小桃，你画得真棒！”但是下课后，小团子有些紧张，有些害羞，还有些……口渴，她决定先去喝水。等小团子磨磨蹭蹭喝完半杯水，下一节课就要开始了。于是，小团子刚刚鼓起的一点儿勇气立刻消失得无影无踪。

第三天当小桃蹲在动物角喂小金鱼的时候，小团子决定走到她身边，对她说“小桃，我可以和你一起喂小金鱼吗？”可是小团子有些紧张，有些害羞，还有些……想尿尿。她决定先去尿尿。可是，等小团子磨磨蹭蹭从厕所出来，小桃已经不在动物角了。

第四天，小桃戴了一个蝴蝶发卡来上幼儿园。小团子觉得那个小发卡太好看了，她终于鼓起了勇气——“嗨，小桃，你的发卡真好看哪。”小团子说。“你喜欢吗？”小桃笑得眼睛弯成月牙，她把发卡摘了下来，说：“送给你吧。”小团子又惊又喜，连忙把自己头上的花朵发卡摘下来，说：“那这个送给你！”小桃戴上了花朵发卡。小团子戴上了蝴蝶发卡。两个小姑娘互相望着，然后一起笑了起来。

（秦皇岛市启航幼儿园 / 张悦）

活动七　老鼠阿姨的礼物

◎活动目标

1. 尝试用听一听、闻一闻、摸一摸、尝一尝的方法猜出礼物。
2. 学习用简单的语言讲述老鼠阿姨送礼物的故事情节和自己的感受。

3. 体验与老师、同伴一同玩感官游戏的快乐。

◎活动准备

1. 课件：老鼠阿姨端着礼物的图片，小松鼠图片，小兔的耳朵、小猪的鼻子、小青蛙的嘴图片，《老鼠阿姨的礼物》绘本故事图片。

2. 装满糖果的礼物盒、眼罩。

◎活动过程

一、大胆猜测，产生活动兴趣

师：这是什么？是谁要送礼物？数数看，老鼠阿姨拿了几份礼物？

出示老鼠阿姨端着礼物的图片，幼儿观察回答。（礼物，老鼠阿姨要送礼物；四份礼物）

师：这四份礼物是要送给谁的？

幼儿大胆表达自己的想法。（送给小猫的，送给小朋友的，送给小老鼠的）

二、观察图片，发现动物朋友

师：今天是小松鼠和好朋友的生日，老鼠阿姨给他们准备了礼物。咦，小松鼠的朋友们呢？

教师出示小松鼠和小兔的耳朵、小猪的鼻子、小青蛙的嘴的图片，幼儿观看。

师：你知道他们都是谁吗？你是从哪里看出来的？

幼儿大胆回答。（小兔、小猪、青蛙；小兔子有长耳朵、小猪的鼻子是大大的、青蛙有大嘴巴）

师：原来长长耳朵的是小兔，大大鼻子的是小猪，大大嘴巴的是小青蛙。他们都得到了老鼠阿姨送的礼物，真是太高兴了。盒子里面装的是什么？老鼠阿姨让大家猜一猜，于是大家打算用自己的本领猜一猜，究竟盒子里是什么好东西。

三、感官游戏，猜出礼物名称

师：小动物用什么方法猜礼物？

教师出示绘本图片，讲述故事《老舅阿姨的礼物》第一段。幼儿根据故事内容回答。（听一听、闻一闻、摸一摸、尝一尝）

师：用这些方法能猜出礼物是什么吗？我们也来试一试吧。

教师出示礼盒、眼罩，和幼儿一起玩游戏“猜礼物”。教师晃动装满糖果的礼盒，请个别幼儿戴好眼罩进行猜测。

师：我们先用耳朵来猜，你听到了什么？你怎么知道礼物很多？

幼儿倾听，大胆表达自己的想法。

师：这次是用鼻子，你闻到了什么味道？你觉得盒子里装着什么好东西？

幼儿闻一闻，根据自己的感受大胆表达。

师：这次比比谁的手最灵，这个礼物摸起来是什么感觉？

幼儿摸一摸，根据自己的感受大胆表达。

师：你猜到盒子里到底装的是什么了吗？想不想和小青蛙一起尝一尝？你吃到的是什么？

教师将一颗糖果放入参加游戏的幼儿口中，幼儿品尝，并说出答案。

师：原来我们用耳朵听一听、鼻子闻一闻、小手摸一摸、嘴巴尝一尝就能猜到答案了。

四、观看课件，讲述故事情节

师：小动物们收到了老鼠阿姨的礼物，对老鼠阿姨说了什么？

教师出示绘本图片，讲述故事第二段。幼儿根据故事内容回答。（老鼠阿姨，谢谢您）

师：现在，我们讲一讲故事《老鼠阿姨的礼物》吧。

教师出示《老鼠阿姨的礼物》绘本图片，引导幼儿观看图片，尝试用简单的语言讲述故事情节。

五、分享糖果，说出糖果味道

师：刚才你们讲得都非常好，我也为你们准备了糖果，你们要对我说什么呢？

幼儿大声说“谢谢老师”。

师：不客气，你们都是有礼貌的好孩子，我请刚刚讲故事很好听的宝贝来分糖果，请你把糖果分给朋友尝一尝，并告诉朋友“我请你吃 ×× 味的糖果”。

请 4 ～ 5 位幼儿来分糖果给朋友们。

师：糖果好吃吗？和身边的朋友说一说你吃的糖果的味道。

幼儿大胆表达自己所吃的糖果的味道。

师：今天回去可以和爸爸妈妈玩一玩猜声音、闻味道、摸物体的游戏哟！

附：

老鼠阿姨的礼物

今天是小猪、小兔、小松鼠和小青蛙的生日，他们在老鼠阿姨的小花园里快乐地玩耍。“孩子们，快点过来吧！”老鼠阿姨亲切地端出一大盒礼物热情地招呼他们。小动物们一个个都拿到了礼物。老鼠阿姨送的礼物是什么，是什么？“猜猜会是什么呢？”小兔子竖起耳朵听声音……小猪哼哧哼哧用鼻子闻气味……小松鼠小心地用手摸了摸……小青蛙放到嘴里尝了尝……

老鼠阿姨送的礼物是什么，是什么呢？是糖果哦！“老鼠阿姨，谢谢您！”

（秦皇岛市启航幼儿园 / 陈静）

活动八　我会购物

◎活动目标

1. 练习将常见商品进行简单分类。
2. 学说购物时的礼貌用语，大胆表达购物意愿。
3. 体验购物成功的快乐。

◎活动准备

1. 课件：《小动物购物》绘本故事图片，超市图片。
2. 操作材料：食品类、日用品类、服装类、玩具类商品图片若干，四张画好货架的 KT 板。

◎活动过程

一、师幼交谈，说说自己的购物经历

师：你们去过超市吗？你在超市买过什么商品？

出示超市图片，幼儿说一说自己购物的经历。（去过；买过玩具，买过饼干，买过水果）

二、动手操作，练习将商品进行分类

师：你们每个人的小椅子下面放了商品的图片，拿出来和伙伴说一说你拿到的是什么商品。

幼儿拿出图片，和伙伴交流商品的名称。

师：这里有四个货架，分别是食品货架、日用品货架、服装货架、玩具货架。谁拿的是食品类的商品？请你放到食品货架上。

拿到食品类商品图片的幼儿说出商品名称并将图片贴在食品货架上。

教师依次引导拿到日用品类、服装类、玩具类商品图片的幼儿，说出商品名称并将图片贴在相应的货架上。

三、倾听故事，学说购物的礼貌用语

师：商品都摆放到了货架上。买卖商品时应该怎么说呢？一起来听听故事吧。

教师出示绘本图片，讲述故事《小动物购物》第一段。幼儿边看边听。

师：谁来到了商店？熊猫是怎么招呼他的？

幼儿根据故事内容回答，学说语言“您好，您想买点什么”。

师：长颈鹿想买什么？他是怎么说的？长颈鹿买到围巾后说了什么？

幼儿根据故事内容回答，学说语言“您好，我想买……”“谢谢，我非常喜欢”。

教师按照上述方法引导幼儿学习绘本故事第二段、第三段。

四、角色扮演，练习使用购物用语

师：货架上有这么多的商品，你想买什么？现在我来扮演售货员，谁来扮演小顾客？

教师请一名幼儿扮演小顾客，表演买东西的过程。

师：下面请四位小朋友来扮演售货员，每个货架前有一位售货员，其他小朋友扮演小顾客。

教师请四位幼儿扮演售货员，其他幼儿扮演小顾客表演买东西的过程，大胆表达，练习售卖、购买商品。教师适时指导，幼儿互换角色进行扮演。

五、接受任务，体验和家长购物的快乐

师：如果有机会和爸爸妈妈去购物，你想买什么？

幼儿互相交流想买的商品。

师：给你们布置一个小小的任务，购物时由你负责和售货员沟通，告诉售货员你想买什么，买完后要说“谢谢”。希望你们能购物成功。

附：

小动物购物

长颈鹿到商店里来，熊猫问他：“您好！您想买点什么呢？”长颈鹿说：“您好，我想买条围巾。”熊猫抱出一大堆围巾，帮长颈鹿选了一条合适的围巾。长颈鹿高兴地对熊猫说：“谢谢，我非常喜欢。”

河马到商店里来，熊猫问他：“您好，您想买点什么呀？”河马说：“您好，我想买只口罩。”熊猫抱出一大堆口罩，帮河马选了一个合适的口罩。河马可高兴了，并对熊猫说：“谢谢，我非常喜欢。”

大象到商店里来，熊猫问他：“您好，您想买点什么呀？”大象说：“您好，我想买条腰带。”熊猫捧出一大堆腰带，帮大象选了一条合适的皮带。大象可高兴啦，并对熊猫说：“谢谢，我非常喜欢。”

（秦皇岛市启航幼儿园 / 张悦）

【个别化学习活动】

区域	名称	材料	玩法	价值
语言区	小小讲解员	公园、超市、游乐场等不同场景主题背景板；引导旗、话筒。	幼儿自主选择不同场景的主题背景板，手持引导旗和话筒做讲解员，根据所选主题大胆与同伴讲解所见所闻。	敢于在集体面前大胆表达，愿意将自己的所见所闻与大家分享。
	有趣的故事	《小猪尿裤子了》绘本图片、故事展板。	幼儿根据绘本故事情节，按照顺序把图片粘贴到展板上，边看图片边讲述故事。	练习用清晰的语言讲述故事，锻炼语言表达能力。
	我爱家人	在墙面利用KT板和塑封膜制作出带有若干透明插袋的故事板；居住的小区，父母，全家福，和家人聚餐、游玩等照片。	幼儿将照片一张张放在故事板的插袋中，根据照片上的内容，为同伴介绍自己的家及家人，说说自己的家庭住址及家人的姓名、属相、工作、喜好等，讲讲和家人在一起的事。	用简单的语言介绍自己的家及家人，表达对家人的爱。
	藏在哪里了	在墙面制作出森林背景图，图片上可插入的有天空、树、小河、山石、草地等；小鸟、大雁、天鹅、长颈鹿、老虎、豹子、大象、猴子、松鼠、鸭子等空中飞、水里游、陆地走、树上爬的动物图片若干。	两名幼儿一组。一名幼儿从若干图片中选择动物图片，认真观察后将其准确地插放在天空、树、小河、山石、草地等相应位置；另一名幼儿说出动物所藏的位置。	练习用语言描述动物所藏的位置。
科学区	糖果不见了	冰糖、方糖、巧克力糖、白砂糖、棉花糖、QQ糖；透明量杯若干、水、搅拌器。	1. 2～3名幼儿共同游戏，选择3～5个透明量杯，分别放入不同的糖果，倒入水后用搅拌器进行搅拌。 2. 幼儿观察量杯中糖果的变化，并大胆说出自己的发现。	观察不同糖果在水里的变化，大胆表达自己的发现。

（续表）

区域	名称	材料	玩法	价值
生活区	倾诉小屋	帐篷、录音娃娃。	进入帐篷搭建的倾诉小屋，打开录音娃娃，说说自己遇到的问题或者有意思的事情。播放录音，听听自己的声音。	愿意在遇到事情的时候大胆说出来，感受倾诉之后的轻松愉悦。
	照顾宝宝	布置好的娃娃家的生活场景。	1. 两名名幼儿扮演爸爸和妈妈，其他幼儿扮演宝宝。 2. 宝宝清楚地将如厕、喝水、身体不舒服等各种生活上的需求及时告诉爸爸妈妈。爸爸妈妈及时予以回应。	愿意大胆表达自己的需求。
益智区	猜猜我是谁	小动物不同成长时期的照片、幼儿不同成长时期的照片，照片反面有答案。	两人一组观察同伴或小动物不同时期的照片，根据外貌特征，一人猜猜他（它）是谁，说出猜测的理由，另一人翻看照片反面进行验证。	锻炼观察力、判断力。
	问问车回家	操作板（蛇形路线上有起点和终点，途中设置各种情境的图片）、小汽车2辆、骰子1个。	1. 幼儿两人游戏，分别将小汽车放到起点处，轮流投掷骰子后，按照骰子上所示的点数行驶小汽车前进。 2. 前进途中，遇到情境需要提出相应的问题方可继续前进。遇到星星可跳进两格，遇到火苗需要后退两格。	练习大胆提出问题，锻炼思维能力。
	采购小达人	在墙面用KT板制作货架；食品类、日用品类、衣服类、玩具类图片若干。	1. 观察图片，将物品图片分类摆放在相应类别的货架上。 2. 分类后和同伴说一说货架上的商品名称。	认识常见商品并进行分类。
表演区	开心舞台	音乐《让爱住我家》、动作图谱、音乐播放器。	1. 打开音乐播放器，播放音乐《让爱住我家》。 2. 幼儿观察动作图谱，边听音乐边进行动作表演。	练习跟随音乐进行动作表演，感受家人之间的关爱。
美工区	长寿面	彩色寿面范例，画有直线的彩纸、彩纸大碗若干，剪刀、胶棒。	1. 用剪刀将彩纸沿直线剪成长条状。 2. 将彩纸条团出一团，用胶棒贴在彩纸大碗里做成长寿面。	喜欢剪剪贴贴，体验做寿面的乐趣。
	问问小汽车	画有小汽车轮廓的卡纸、打孔的圆形瓶盖、马克笔、剪刀、连接按扣、打孔器。	1. 用剪刀将卡纸上小汽车的轮廓剪下来。 2. 在剪下的小汽车下边用打孔器打孔。 3. 将圆形瓶盖放置到打孔处，用按扣将瓶盖和卡纸相连，做出汽车轮子。 4. 用马克笔装饰小汽车，画出车窗和车门。	练习制作小汽车并进行装饰，喜爱美工活动。
操作区	糖果礼物	1. 方形的彩色包装纸、皱纹纸若干。 2. 泡沫玉米粒、超轻黏土。	1. 用泡沫玉米粒、超轻黏土制作糖果心。 2. 选择一种包装纸，将糖果心放在包装纸下方，再用卷的方法把包装纸合上，最后把两端的包装纸拧紧。 3. 和同伴说一说糖果的口味。	练习卷、拧等动作，锻炼手部小肌肉群的力量。
	彩色项链	彩色手工纸、剪刀、绳子、胶棒。	1. 自由选用自己喜欢的彩色手工纸团成球状。 2. 根据自己的喜好将团好的球粘贴在绳子上制作成彩色项链。 3. 和同伴介绍自己制作的项链。	练习团、粘等动作，锻炼手部肌肉灵活性。
建构区	百货商店	百货商店场景图片；香皂盒若干，塑料拼插玩具若干。	观察百货商店场景图片，大胆与同伴交流，用香皂盒和塑料拼插玩具创意组合，搭建出收银台、货架、冰箱等商店的物品。	喜欢参加搭建游戏，大胆与同伴交流自己的想法。

【户外运动活动建议】

1. 户外活动前和活动后，教师提醒幼儿及时表达喝水、去厕所的需求。

2. 提醒幼儿户外混龄活动时与新认识的伙伴一起游戏。

3. 提醒幼儿户外活动时根据天气和运动量表达穿脱衣服的需求。

4. 游戏活动前，鼓励幼儿大胆表达想玩的游戏。

5. 可组织幼儿玩与大胆表达有关的户外运动游戏，如：户外过家家，幼儿扮演家庭成员，进行户外游戏；切西瓜，幼儿大胆说出游戏儿歌和指令。

【日常生活活动建议】

1. 提醒幼儿大胆表达喝水、如厕的需要。

2. 提醒幼儿进餐时大胆表达添饭的需求。

3. 提醒幼儿不舒服时及时表达自己的感受。

4. 提醒幼儿早入园和晚离园时大方与人打招呼。

5. 可利用早入园和晚离园的时间为幼儿创造相互交谈的机会，让幼儿谈论感兴趣的话题。

【环境创设】

1. 在主题墙上展示幼儿表达爱的行为图片。

2. 在活动室展示幼儿制作的小爱心、问问小汽车等美工作品。

3. 在家园联系栏中宣传亲子交流小常识。

4. 将幼儿的“全家福”照片展示在主题墙上，方便幼儿向同伴介绍自己家人。

【家园共育】

1. 家长可以给孩子讲述关于大胆表达方面的故事，鼓励孩子勇敢表达自己的想法。

2. 建议家长多和孩子交流在幼儿园有趣的事情。

3. 建议家长经常带孩子外出游玩，到大自然中去，在游玩的过程中多和孩子交流，相互说说自己的感受和发现。

4. 家长积极回应孩子的合理需求，创造有爱的家庭环境。

5. 当孩子因为急于表达而说不清楚的时候，家长要耐心倾听，鼓励孩子慢慢说、说清楚。

【社会实践】

我是小小采购员

◎活动目标

1. 了解超市购物的流程，感受超市给人们生活带来的便利。

2. 掌握与导购员交流的礼貌用语。

3. 大胆表达购买意愿，体验购物成功的乐趣。

◎活动建议

1. 活动前，教师和家长要对幼儿进行外出安全教育，家长提前考察好路线、环境、安全等情况，和幼儿一起商讨去超市的时间。

2. 活动前家长与幼儿交流购物的流程和方法，掌握与导购员交流的礼貌用语。

3. 幼儿与家长共同商讨制作购物任务卡。

4. 活动当天，幼儿与家长带好购物袋前往超市购物，根据购物任务卡，大胆与导购员进行交流，表达购买意愿。

5. 活动结束后，家长和幼儿一起将商品分类进行存放。

6. 请幼儿说一说购物的感受。幼儿讲述爸爸妈妈代笔写或由幼儿用画画的方法记录下来。

【发展评估】

“大胆表达”好习惯养成幼儿家长评价表

宝贝们，经过一个月的时间，你养成“大胆表达”的好习惯了吗？现在请你和爸爸妈妈一起玩一个问答小游戏。

班级：　　　　　幼儿姓名：

评价内容	评价结果
1. 当我们不敢说的时候，可以重复说哪句话？	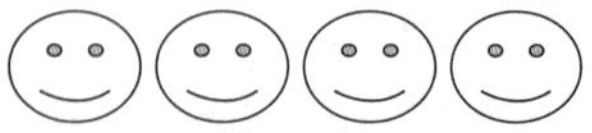
2. 当你身体不舒服需要爸爸妈妈帮助时，要怎么说？	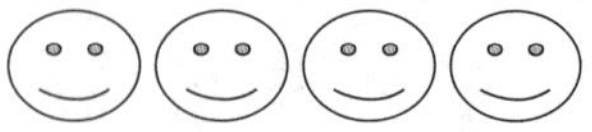
3. 你想上厕所，应该怎么和老师说？	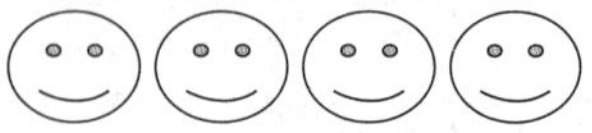
4. 你敢提问吗？你大胆地问过哪些问题？	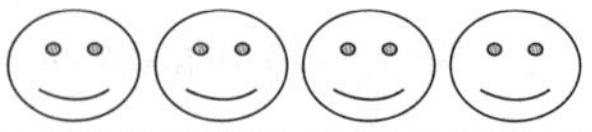
5. 你叫什么名字？多大了？喜欢做什么？请你介绍一下自己吧。	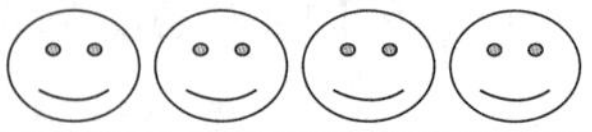

（续表）

评价内容	评价结果
6. 请说出你的家庭住址和家人的姓名、电话、爱好。	
7. 你知道哪些表达爱的方式？请你用拥抱、贴脸的方式表达对家人的爱。	
8. 你想和谁交朋友？你想怎么和他说？	
9. 购物时应该和售货员说什么？买到商品后说什么？	

爸爸妈妈们请在沟通中对孩子的行为作出正确的评价，指导孩子用彩笔为自己的好习惯作出不同等级的笑脸评价。

评价标准：非常好 4　好 3　一般 2　差 1

“大胆表达”好习惯养成教师评价表

班级：　　　　幼儿姓名：　　　　　教师姓名：

目标	评价结果			
	4	3	2	1
1. 知道有想法时不害羞、勇敢地说出来。				
2. 知道生活中有需求时及时告诉老师。				
3. 有问题时能大胆提问。				
4. 能说出表达爱的三种方式。				
5. 能说出自己家庭成员的姓名、工作、爱好。				
6. 在集体面前勇敢地介绍自己的姓名、年龄、特点。				
7. 说出交朋友的两种方法，会表达交朋友的意愿。				
8. 大胆说出自己的购物经历，购物时能恰当地使用礼貌用语。				
9. 能用简单的语言讲述《老鼠阿姨送礼物》的故事情节。				

评价标准：非常好 4　好 3　一般 2　差 1

好习惯八　分享谦让

【主题名称】大家一起玩

全家总动员

亲爱的家长朋友：

分享是幼儿将自己的物品与别人一同使用、体验的行为。谦让是指谦虚地礼让或退让。分享和谦让是中华民族的传统美德，是幼儿品德教育的一项重要内容。在日常生活中，学会分享和谦让，可以让幼儿与同伴更为友好地相处，促进幼儿良好的社会性发展。本月我们将开展的主题活动是“大家一起玩”，旨在培养幼儿“分享谦让”的好习惯。

在幼儿园，我们有目的地进行培养，希望孩子能达到如下目标：

1. 愿意把自己喜欢的东西与大家分享，养成良好的分享习惯。
2. 乐于与同伴分享自己的心情，享受分享的乐趣。
3. 知道在活动中要互相谦让，养成谦让他人的好习惯。
4. 乐意与同伴交换物品，感受交换的好处。
5. 学习用谦让的方法解决问题，与同伴友好相处。

在家庭生活中，我们建议您从以下几方面进行关注：

1. 请您以身作则，每天和孩子分享自己的心情并引导孩子与家人分享自己的心情。
2. 请您在家庭生活中注意引导孩子有喜欢的东西不独占，愿意把自己心爱的物品分享给他人。
3. 请您在生活中，主动谦让他人，营造一个互相谦让的生活环境。
4. 当孩子与他人发生冲突时，提示孩子谦让他人。

感谢您的参与，为了孩子的成长，让我们一起努力吧！

【主题目标】

1. 知道分享就是将自己喜欢的东西与他人共享，乐于分享。
2. 学习分享的方法，并为自己的分享行为感到高兴。
3. 在日常生活中愿意与伙伴分享玩具，体会分享的快乐。
4. 学习交换的方法，知道交换的好处。
5. 尝试用不同的方式分享自己的心情。
6. 知道谦让是中华民族的传统美德，乐于谦让。
7. 学习一个接一个轮流等待的方法，知道其重要性。
8. 学习用谦让的方法解决问题，知道谦让他人。
9. 知道好朋友要互相谦让，争吵后会主动道歉和好。

【主题口号】

好东西共分享，好朋友互谦让

【三字儿歌】

分享谦让

好东西，一起享。
小碰撞，让一让。
手拉手，好朋友。
学分享，要谦让，

【集体教学活动】

活动一　玩具真好玩

◎活动目标

1. 阅读绘本故事，知道玩具和大家一起玩才开心。
2. 尝试介绍自己手中的玩具并与同伴分享玩具。
3. 在日常生活中愿意与伙伴分享玩具，体会分享的快乐。

◎活动准备

1. 课件：《不许碰，这都是我的》绘本故事图片，《安静的午后》音乐。

2. 幼儿每人自带一个玩具。

◎活动过程

一、观察图片，认识故事的主人公贝贝

师：孩子们，大家看一看，图片上是谁？他的表情怎样？你是怎么看出来的？

出示绘本封面图片，幼儿观察回答。（小男孩；不高兴，生气了）

师：这个小男孩叫贝贝，他不高兴了。

二、倾听故事，说说贝贝不开心的原因

师：我们一起看一看发生了什么事。

教师出示绘本图片，讲述故事《不许碰，这都是我的》第一段。幼儿边看边听。

师：贝贝最喜欢的一句话是什么？他都是在什么时候说这句话的？

幼儿根据故事内容回答。（这是我的；他喜欢的东西会说“这是我的”，他碰过的东西也会说“这是我的”）

师：大家听了这句话还愿意和他做朋友吗？

教师出示绘本图片，讲述故事第二段。幼儿根据故事内容回答。（大家都不理他了，都不和他做朋友了）

师：为什么大家不理贝贝了？贝贝自己玩心情怎么样？

幼儿根据故事内容回答。（因为大家生气了，因为他抢别人的玩具，因为他有玩具不和大家一起玩；自己玩没意思，自己玩一点儿都不开心，心情特别不好）

师：孩子们，我们喜欢的东西要和小伙伴分享，大家一起玩才开心。

三、对比体会，讲讲贝贝变开心的感受

师：贝贝后来说了什么？是怎么做的？

教师出示绘本图片，讲述故事第三段。幼儿根据故事内容回答。（对不起；把不是自己的东西还给了小朋友，和大家一起排队滑滑梯，邀请大家一起搭积木）

师：现在贝贝的心情怎么样？你喜欢现在的贝贝吗？为什么？

幼儿自由回答。（开心；喜欢现在的贝贝；贝贝知道和小朋友一起分享玩具，不再独占玩具了）

师：大家在一起玩，才更开心。

四、互相交流，说说分享玩具的心情

师：贝贝现在愿意和小朋友分享玩具了，你有没有和其他小朋友一起分享过玩具？你都和谁分享过什么呢？

幼儿根据自己的经历回答。（分享过；和妹妹一起玩洋娃娃，和小朋友一起玩小汽车，和哥哥一起看书）

师：当你和伙伴一起玩分享时，心情怎么样？

幼儿自由回答。（很有意思，比一个人玩更好，很快乐，很高兴）

五、共同游戏，体会分享玩具的快乐

师：今天大家都带来了自己的玩具，你们找到好伙伴一起玩一玩吧！

出示汽车、娃娃、玩具枪、球、玩具熊等幼儿带来的玩具，播放《安静的午后》音乐，幼儿自由结组玩玩具。音乐停止，幼儿把玩具放回原位，回到座位。

师：刚才你和谁一起玩玩具的？怎么玩的？

幼儿根据玩玩具情况回答。（我和 ×× 一起玩玩具熊和小娃娃；我和 ×× 一起玩小汽车；我和 ×× 先玩一会儿他的小手枪，再玩一会儿我的魔方）

师：看来大家玩得很愉快！大家愿意把自己的玩具拿出来和伙伴一起玩，和大家分享，都是好孩子。原来大家一起玩比自己一个人玩更开心。和大家一起玩，不但可以玩到更多的玩具，还可以交到好朋友。

附：

不许碰，这都是我的

贝贝五岁啦，他最喜欢说的一句话是："这是我的。"他喜欢的东西，不管在哪儿，他都会指着说："这是我的。"在他手上的东西，不管写着谁的名字，他都抱紧了说："这是我的。"从别人手里夺了东西，不管别人生不生气，他都会得意地说："这是我的。"甚至他碰过的东西，不管自己还玩不玩，他都很霸道地说："这是我的。"即使长得像他的玩具，不管别人怎么解释，他都皱着眉头说："这是我的。"他先看到的东西，不管谁来认领，他都说："这是我的。"搭积木的时候，如果别的小朋友想玩，他就会说："你不许碰，所有的积木都是我的。"玩滑梯的时候，如果别人也想玩，他就会说："你不许玩，整个滑梯都是我的。"

大家都生气了。当他玩够了滑梯，发现小伙伴们都走了。当他搭好了积木，发现小伙伴们都离他远远的。他把橄榄球抛了出去，却没有人接。他喊小伙伴把球传给他，却没有人理他。他坐在跷跷板的一端，发现一个人根本就玩不了。

他突然意识到自己错了，然后低着头很小声地说："对……对不起。"他把不属于自己的东西还给了小朋友，还认真地对每个人说："这……这是你的。"等再去玩滑梯的时候，贝贝会跟大家一起排队，轮流着滑下去。再搭积木的时候，贝贝会邀请大家一起帮忙。贝贝越来越受欢迎了。临睡之前，贝贝对妈妈说："我喜欢和大家一起玩。"妈妈笑了，给了他一个亲亲。

（秦皇岛市启航幼儿园 / 陈静）

活动二　我们来分享

◎活动目标

1. 知道分享就是将自己喜欢的东西与小伙伴们共享。

2. 尝试用你一个我一个或从中间分开的方法和同伴分享玩具和食物。

3. 愿意与人分享，并为自己的分享行为感到高兴。

◎活动准备

1. 课件：《你一半我一半》绘本故事图片，玩具熊、巧克力图片。

2. 水果切切乐、塑料刀每两人一份。

◎活动过程

一、观察图片，认识故事角色

师：今天我们一起来认识两个新朋友，看看他们是谁呀。

出示绘本《你一半我一半》封面图片，幼儿观察回答。（两个小人）

师：这两个人一个叫小黄，一个叫小黑，他们是最好的朋友，有什么好东西都一起分享。

二、观看绘本，总结分享方法

师：你们看这是什么？有多少个？小黑和小黄怎么分享呢？

出示分享两个苹果图片，幼儿回答后，教师讲述故事第一段。（这是苹果，有两个，一人一个）

师：你们看这是什么？有多少？小黑和小黄怎么分享呢？

出示分享糖果图片，幼儿观察回答。（糖；很多，一盘子；一个一个分，你一半我一半）

师：小黑和小黄到底是怎么分糖果的？

教师出示绘本图片，讲述故事第二段。幼儿根据故事内容回答。（你一个我一个，分完为止）

师：当我们分享很多个物品的时候，可以用你一个我一个，你再一个我再一个，直到分完的方法来分享。

三、互动游戏，尝试分享物品

师：小黑和小黄分享了苹果和糖果，这里还有好吃的和好玩的，我们来帮小黑和小黄分一下吧！你们看这是什么？有多少个？小黑和小黄怎么分享呢？谁愿意到前面来分一分？

出示分享两个玩具熊图片，请一名幼儿进行操作，拖动玩具熊图片分别给小黑和小黄。其他幼儿边看边说“小黄一个，小黑一个”。

教师按照上述方法，出示分享六个巧克力图片，提出问题，幼儿说出分享方法后，请一名幼儿进行操作，拖动巧克力图片轮流分给小黑和小黄，每人三个。

师：六个巧克力，两人分，你三个，我三个，刚刚好。

四、实物操作，尝试一分为二

师：小黑和小黄遇到难题了，看这是什么？有几根香肠？小黑和小黄怎么分享呢？

出示一根香肠图片，幼儿观察回答。（是香肠；一根香肠；中间切开，你咬一口我咬一口，切两半）

师：小黑和小黄到底是怎么分享香肠的呢？

教师出示绘本图片，讲述故事第三段。幼儿根据故事内容回答。（从中间切开，一人一半）

师：一根香肠，从中间切开，你一半，我一半，刚刚好。这里有水果切切乐玩具，你们两人拿一个，来分一分吧。

幼儿两人为一组，取水果切切乐玩具进行操作，教师巡回指导。

师：刚才你们是怎么分的？

幼儿根据分享情况回答。（从中间切开、从中间掰开）

师：我们两个好朋友分享一个水果，一人一半，刚刚好。

五、继续阅读，享受分享喜悦

师：接下来我们再看看小黑和小黄又分享了什么，怎么分享的。

教师出示绘本图片，讲述故事第四段。幼儿根据故事内容回答。（你玩一会儿，我玩一会儿）

师：一只小狗，除了“你玩一会儿，我玩一会儿”，还有什么分享方法呢？

幼儿根据已有经验回答。（两个人一起玩，别人玩完我再玩）

师：一只小狗，两个人可以轮流玩，也可以一起玩。有一天突然下雨了，可是只有一把伞，一把伞要怎么分享？

出示分享一把雨伞的图片，幼儿观察回答。（你打一会儿，我打一会儿；一起用）

师：小黑和小黄到底是怎么分享雨伞的呢？

教师出示绘本图片，讲述故事第五段。幼儿根据故事内容回答。（两人一起打伞）

师：下雨了，一把伞，两人同时出门要一起用。分享能给别人带来快乐，也能给自己带来快乐。你想跟你的好朋友分享什么呢？活动结束后，就去跟他分享吧。

附：

你一半我一半（节选）

两个苹果，两人分，一人一个，刚刚好。

好多糖果，两人分，你一个，我一个，你再一个，我再一个，再一个，再一个，分完了，刚刚好。

一根香肠，两人分，切开来，你一半，我一半，刚刚好。

一只狗，两人分，你一会儿，我一会儿，出门时，是你的狗。回来时，变成我的狗。

一把雨伞，两人分，出门时，你先用，回来时，该我用，这样子，两人都淋雨，两人都变成落汤鸡。还是一起用吧！

（秦皇岛市启航幼儿园 / 孟微）

活动三　交换一下吧

◎活动目标

1. 理解交换的含义，知道交换的好处。
2. 学习礼貌交换的方法，乐于分享。
3. 体验交换分享的快乐。

◎活动准备

1. 课件：《交换一下吧》绘本故事图片，《真开心》音乐。

2. 幼儿每人带一件交换用的书、玩具等物品。

◎活动过程

一、观看图片，认识故事角色

师：孩子们，图片上有谁？

教师出示绘本悠悠在拍球、乐乐在看书的图片，幼儿观察回答。（两个小朋友）

师：这是悠悠，这是乐乐。悠悠在干什么？乐乐在干什么？

幼儿观察回答。（悠悠在拍球，乐乐在看书）

二、倾听故事，知道交换的好处

师：悠悠有球，乐乐有书，他们是怎么交换的？

教师出示绘本图片，讲述故事《交换一下》第一段。幼儿根据故事内容回答。（悠悠把球给乐乐玩，乐乐把书给悠悠看）教师引导幼儿按“×× 把 × 给了 ××”的句式，学习交换的方法。

师：悠悠和乐乐手里拿的是什么？悠悠的贴纸是什么形状的？乐乐的贴纸是什么形状的？

教师出示悠悠和乐乐玩贴纸的图片，幼儿根据故事内容回答。（贴纸；悠悠的是星星形状，乐乐的是爱心形状）

师：悠悠有星星贴纸，乐乐有爱心贴纸，他们是怎么交换的？

教师出示绘本图片，讲述故事第二段。幼儿根据故事内容回答。（悠悠把星星贴纸给了乐乐，乐乐把爱心贴纸给了悠悠）

师：悠悠和乐乐手里拿的是什么？悠悠的蛋糕是什么形状的？乐乐的面包是什么形状的？

教师出示悠悠手拿蛋糕和乐乐手拿面包的图片，幼儿根据故事内容回答。（蛋糕和面包；悠悠的蛋糕是月牙形，乐乐的面包是三角形）

师：悠悠有月牙蛋糕，乐乐有三角面包，他们是怎么交换的？

教师出示绘本图片，讲述故事第三段。幼儿根据故事内容回答。（悠悠把月牙蛋糕给了乐乐，乐乐把三角面包给了悠悠）

师：孩子们，悠悠和乐乐刚才分别交换了哪些东西？

幼儿根据故事内容回答。（球、书、贴纸、面包、蛋糕）

师：他们交换了这些东西后，心情是怎样的？

幼儿自由回答。（很高兴、非常开心）

师：交换能够让我们体验更多的东西，同时收获不同东西带来的快乐。我们也要像悠悠和乐乐一样，有好东西要学着交换，相互分享。

三、相互交流，学习礼貌交换

师：你想和同伴交换什么东西？交换时应该怎么说？

幼儿自由回答。（我想交换汽车，我想交换图书；你能和我交换一下吗？我们换着玩一玩好不

好？我用 ×× 交换你的 ×× 好吗）

师：当我们和他人交换时，要学会用礼貌用语说出自己的意愿。

四、互换游戏，获取交换经验

师：悠悠和乐乐交换到了自己喜欢的东西，接下来我们就进行交换游戏吧！音乐开始就可以寻找伙伴进行交换了，要注意在交换时使用礼貌用语哦。

播放音乐《真开心》，幼儿自由交换自己喜欢的东西，教师巡回指导幼儿交换物品时使用礼貌用语。

五、大胆分享，体验交换快乐

师：刚才你和谁进行了交换？交换到了什么？你的心情是怎样的？请和大家分享一下吧！

幼儿大胆讲述。（我和 ×× 交换了书，我和 ×× 交换了汽车；我很开心，我非常高兴）

师：通过交换我们可以分享到更多的东西，体验到加倍的快乐！和好朋友一起玩时不争不抢、交换使用，我们才会玩得更开心。

附：

交换一下吧

悠悠在拍球，球是圆的。乐乐在看书，书是方的。交换一下吧，乐乐拍圆的球，悠悠看方的书。

悠悠有一张“星星”贴纸，乐乐有一张“爱心”贴纸。交换一下吧，悠悠很喜欢乐乐的“爱心”贴纸，乐乐很喜欢悠悠的“星星”贴纸。

悠悠有月牙蛋糕，乐乐有三角面包。交换一下吧，乐乐和悠悠吃到了好吃的面包，也吃到了好吃的蛋糕，太好了。

（秦皇岛市启航幼儿园 / 张晓旭）

活动四　快乐心情

◎活动目标

1. 尝试用动作和语言表达自己的快乐心情。
2. 知道分享快乐的方法。
3. 愿意与周围的人分享快乐。

◎活动准备

课件：《我好快乐》绘本故事图片，小兔子开心图片。

◎活动过程

一、观察图片，感受小兔的快乐心情

师：这是谁？它心情怎么样？你怎么看出来的？

教师出示小兔子开心图片，幼儿观察回答。（小兔子；很开心、很高兴；因为它在笑，蹦起来了）

二、倾听故事，学学快乐的表达方式

师：小兔子真的很快乐，我们一起来听听它的故事吧。

教师出示绘本图片，讲述故事《我很快乐》第一段，幼儿倾听。

师：小兔子都是怎样表达快乐的？

幼儿根据故事内容回答并学一学小兔子表达快乐的动作。（蹦起来，跳起来，微笑，一直笑）

师：小兔子非常开心，又蹦又跳，不停地笑啊笑。

三、相互交流，了解快乐时做的事情

师：小兔子开心的时候做了什么？

教师出示绘本图片，讲述故事第二段，幼儿根据故事内容回答。（和朋友一起游戏、和奶奶一起烤饼干、和爸爸一起说说笑笑）

师：你开心的时候做了什么事情？

幼儿自由回答。（转圈、唱歌、跳舞、亲一亲、抱一抱）

师：快乐的时候我们可以和朋友们一起唱歌、跳舞、做游戏，和家人说说笑笑，亲一亲抱一抱。

四、分享快乐，说说自己开心的经历

师：快乐的时候还可以做另外一件事情，那就是和别人分享心情。分享后会怎么样呢？听一听故事里的小兔子是怎么说的吧。

教师出示绘本图片，讲述故事第三段，幼儿根据故事内容回答。（不快乐的人也快乐啦，快乐变多了）

师：分享真的很美妙，让我们的快乐变得更多了。小兔子把它的快乐分享给了我们，我们也把自己的快乐分享给小兔子吧。

教师和幼儿讲述自己开心的经历，表达快乐的心情。

师：刚刚大家分享了自己开心的事情，小兔子听完，也觉得很开心。

五、实际体验，把好心情分享给他人

师：好心情分享以后大家都很开心，都很幸福。你今天开心了吗？你想把开心分享给谁呢？

幼儿自由回答。（开心；分享给爸爸、妈妈、小伙伴）

师：那就请你在活动结束后把自己的好心情分享给他们吧，让他们也一起变得更开心。

附：

我好快乐（节选）

当我快乐的时候，我好像变成了小小回力球，蹦，蹦跳，跳出开心的节奏。当我快乐的时候，我会一直面带微笑，觉得这个世界真是好美妙。我会不停地笑呀笑，哈哈哈，就是这样！笑的感觉真是好！

开心时，我和朋友们一起玩游戏；开心时，我和奶奶一起烤香喷喷的小饼干；开心时，我和爸爸一起去快乐地旅行，围着篝火，一边烧烤一边说说笑笑。让我觉得多么幸福，多么美妙！

快乐像花粉一样，轻轻地、轻轻地飞扬，让不快乐的人也感染到快乐的力量。分享快乐，更让我的快乐成倍地增长。嘿，分享快乐真是一种美妙的感觉！我喜欢分享快乐，它让我的每一天都充满自信，都洒满阳光。

（秦皇岛市启航幼儿园 / 杨琪）

活动五　李小多分果果

◎活动目标

1. 学习歌曲，感受歌曲中小伙伴之间谦让的情感。

2. 尝试用肢体动作表演歌曲。

3. 知道谦让他人，在日常生活中做到谦让。

◎活动准备

课件：《李小多分果果》歌曲音频，小朋友分苹果视频。

◎活动过程

一、观看视频，说出谦让行为

师：孩子们，我们来看一段视频，看看视频里的小朋友在做什么。

播放小朋友分苹果视频，幼儿观看后回答。（小朋友在分苹果，分苹果的小朋友把最小的苹果留给自己）

师：这个分苹果的小朋友叫李小多，他是个懂得谦让的好孩子，把大苹果送给了别人，小苹果留给他自己。

二、倾听歌曲，熟悉歌词内容

师：有一首歌就唱了刚才李小多分苹果的事情，歌曲名字就叫《李小多分果果》。我们听一听这首歌。

播放《李小多分果果》歌曲音频，幼儿听后重复说说歌曲名称。（李小多分果果）

师：我们再来听一遍歌曲，李小多是怎么分果果的？

再次播放歌曲音频，幼儿根据歌词内容回答，教师引导幼儿说出歌词。（分到后来剩两个；一个大，一个小；大的留给张小弟，小的留给他自己）

三、学唱歌曲，感知歌曲节奏

师：我再完整唱一遍歌曲，如果你会唱可以跟着我一起唱。

教师清唱歌曲，幼儿小声跟唱。

师：我们再来唱一遍，请你和我一起打节奏，强拍拍手、弱拍拍腿。

教师和幼儿一起边打节拍边演唱歌曲两遍。

四、表演歌曲，感受谦让品质

师：李小多是一个懂得谦让的孩子，他把大的苹果让给别人，小的留给自己，大家都喜欢他。现在找到你的好朋友，表演这首歌曲吧！

教师播放 2 ～ 3 遍歌曲音频，幼儿找好朋友一起表演。

师：我要邀请一组好朋友再来表演这首歌，请大家跟着一起做。

教师播放歌曲音频，邀请一组幼儿到前面进行表演，其他幼儿跟着做。

五、谈话分享，学做谦让宝宝

师：谦让他人是一个好习惯，你平时是怎样谦让小朋友的？请你说一说吧。

幼儿根据自己经历回答。（吃水果的时候把大的让给别人，玩玩具的时候让别人先玩）

师：我们要学会谦让，做一个懂礼貌、谦让他人的好孩子。

附：

李小多分果果

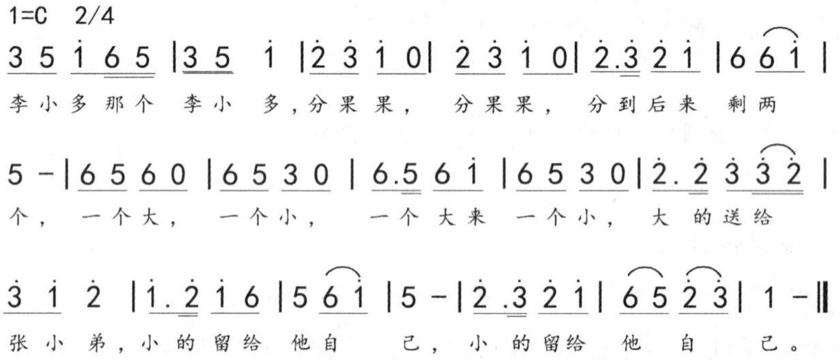

（秦皇岛市启航幼儿园 / 智力）

活动六　小羊过桥

◎活动目标

1. 倾听故事，知道两只小羊过桥掉到水里的原因。
2. 了解谦让的好处，学习用谦让的方法解决问题。
3. 懂得同伴之间要互相谦让，知道谦让是中华民族的传统美德。

◎活动准备

1. 课件：《小羊过桥》故事图片和第一段、第二段故事视频。
2. 长条凳 2 ～ 3 个。

◎活动过程

一、观看图片，猜想故事内容

师：图中有谁？请你猜一猜，发生了什么事？

出示两只小羊在桥中间的图片，幼儿观察回答。（小黑羊、小白羊；它们在桥中间过不去了，撞上了）

二、倾听故事，思考解决办法

师：我们来听一个故事，看看你猜得对不对。

播放《小羊过桥》第一段故事视频，幼儿观看。

师：小白羊要去哪里？要经过哪里？小白羊在桥上遇到了谁？

幼儿根据故事内容回答。（要去奶奶家，经过一座独木桥，遇到了小黑羊）

师：想一想，小白羊和小黑羊会怎么过桥？

幼儿自由猜想。（小白羊从小黑羊身上跨过去，小黑羊让小白羊回去，小白羊让小黑羊先过去）

三、续听故事，知道互相谦让

师：它们到底是怎么过桥的呢？结果怎么样？

播放《小羊过桥》第二段故事视频，幼儿根据故事内容回答。（它们互相顶，谁也不让着谁，都让对方退回去；小白羊和小黑羊都掉到了河里）

师：孩子们，我们遇到这样的情况应该谦让他人，一起商量解决问题。

四、过桥游戏，体验互相谦让

师：这里有长条凳，我们请两个小朋友从凳子两头走过长条凳。请大家仔细看，看看他们是怎么做的。

搬出长条凳，幼儿两人一组，分别从长条凳两头向中间走，尝试过长条凳。其他幼儿观看。游戏进行 3 ～ 5 组。

师：谁来说一说刚才的小朋友是怎么过桥的？

幼儿根据现场表演回答。（一个人退回去了，另一个人先过；他们商量着谁先过）

五、续编故事，理解谦让美德

师：小黑羊和小白羊因为不谦让、互相顶撞，结果都掉到了河里。它们应该怎么过桥呢？

幼儿自由回答。（应该相互谦让着过桥；小白羊让着小黑羊，自己退回去，让小黑羊先过；小黑羊退回去让小白羊先过）

师：孩子们，谦让可以帮助我们解决问题。在日常生活中，我们要做到互相谦让，这样才能交到更多好朋友。

附：

小羊过桥

有一天，天气特别好，天空呀蓝蓝的，红红的太阳从一朵白云的后面探出了脑袋，张开了笑脸。一只小白羊蹦蹦跳跳地往前走，一边走还一边唱着歌。小白羊为什么这么高兴呢？原来呀，它要到奶奶家去玩。奶奶家的青草又鲜又嫩，味道又香又甜，小白羊可喜欢吃了。它美滋滋地想："咩咩，到奶奶家我一定要吃个痛快，不到天黑呀就不回家。"它一边唱一边走，很快就来到了一条小河边。这条小河呀，虽然不宽，却非常非常深，河水哗哗地流个不停，挺吓人的。不过呀，小河上有一座独木桥，小白羊就不慌不忙地朝独木桥走去。就在这个时候，河对面走过来一只小黑羊，它也朝着独木桥这边走呢！小白羊刚踏上桥面，小黑羊也上来了，一步、两步，哎呀！两只小羊在桥中间碰头了，独木桥太窄了，小白羊走不过去，小黑羊也走不过来，只好都停下了。

小白羊把头一抬说："小黑羊，你快退回去，让我先过桥，我要到奶奶家去呢！"小黑羊一听也把头一抬说："我要过桥去看我爷爷，天黑就得回来，你快退回去，别耽误我时间。"小白羊生气了，瞪着眼睛说："怎么让我退回去？是我先上的桥，你后上的，应该你退回去才对！"小黑羊也生气了，小蹄子蹬得独木桥嘚嘚直响，它大声说："是我先上桥的，要退该你退！"小白羊一听发火了："明明是我先上桥的，你怎么不讲理呀，哼！"小黑羊也发火了："你才不讲理呢！赶快退回去，不然我就把你抵下河去！"说着说着，小白羊和小黑羊就吵了起来。它们越吵越凶，谁也不肯让谁，过了好半天还是待在桥中间。小白羊发脾气了，它低下头把两只角对着小黑羊狠狠地冲了过去。小黑羊见小白羊冲了过来，也急忙低下头把尖尖的角冲着小白羊。"咚"的一声，两只小羊的头重重地撞到了一起，它们都不肯退回来，还在那拼命地抵呀抵呀，慢慢地两只小羊站不住了，最后只听"扑通、扑通"两声，小白羊和小黑羊全都掉到河里去了。

（秦皇岛市启航幼儿园 / 智力）

活动七　排好队，一个接一个

◎活动目标

1. 倾听故事，知道轮流玩的含义，懂得其重要性。
2. 学习一个接一个轮流等待的方法，乐意做一个谦让的好孩子。
3. 享受轮流玩游戏的快乐。

◎活动准备

课件：《排好队，一个接一个》绘本故事图片。

◎活动过程

一、倾听故事，理解轮流玩的含义

师：孩子们，你们玩过滑梯吗？在哪里玩的？

幼儿根据自己的经历回答。（玩过，游乐场、楼下公园、家里小区）

师：森林幼儿园的小动物们也喜欢玩滑梯，咱们一起看一看它们是怎样玩的吧！

教师出示绘本图片，讲述故事《排好队，一个接一个》第一段。幼儿边看边听。

师：你们看都有谁在玩滑梯？小动物是怎样玩滑梯的？

幼儿观察绘本图片回答。（小河马、小兔子、小熊、小猪、小猫、小老鼠、小猴子、小鼹鼠；轮着滑、排队滑）

师：玩滑梯的时候，大家排好队，轮流等待，一个接一个地滑下来。

二、师幼谈话，懂得轮流玩的重要

师：小动物们为什么要这样一个接一个地玩滑梯呢？

幼儿思考回答。（因为大家都可以玩到滑梯，这样排队玩很安全）

师：小动物们这样轮流等待，一个接一个地玩滑梯，非常有秩序。不争也不抢，非常安全。

三、解决问题，学习轮流玩的方法

师：小动物们又玩了什么？是怎么玩的？

教师出示绘本图片，讲述故事第二段。幼儿根据故事内容回答。（秋千、木马；一个接一个地玩）

师：小动物们在荡秋千、玩木马的时候也是一个接一个轮流玩的。幼儿园的玩具是大家的，小朋友在玩的时候要知道谦让，不争也不抢，做一个知道谦让他人的好孩子。

四、分组游戏，体验轮流玩的快乐

师：接下来我们玩个游戏放松一下。大家一起玩游戏，你们要学会谦让，大家轮流玩。

教师说明游戏规则，幼儿分组游戏。教师引导幼儿相互谦让，一组一组地轮流玩。

游戏玩法：幼儿分成4组，教师用双手抬至胸前呈圆形做渔网，幼儿扮演鱼群排好队从网下通过。教师和幼儿一起唱《捉小鱼》（许多小鱼游来了，游来了，游来了，许多小鱼游来了，快快抓住），唱到“快快抓住”时，教师双手放下捕小鱼。一组一组轮流玩。

师：你们都能够做到轮流等待，一组一组地玩儿，真是知道谦让的好孩子！

五、回忆经验，联系生活中的应用

师：咦？小动物们排队在等着干什么呢？

教师出示小动物等待上厕所的图片，讲述故事第三段。幼儿根据故事内容回答。（上厕所）

师：上厕所的时候应该怎么做呢？

幼儿根据故事内容回答。（上厕所也要排队，一个接一个）

师：还有什么事情也要排队、一个接一个地做呢？

幼儿根据已有经验回答。（进出门、上下楼梯、玩玩具、喝水等）

师：在生活中有许多事情都需要我们排队、轮流做。我们要遵守这个规则，不争不抢，懂得谦让，这样我们的生活才会有秩序，你才会开心、快乐。

附：

排好队，一个接一个

大象滑梯真好玩儿。小河马滑下去，嗖——小兔子滑下去，嗖——轮到小熊了。小熊滑下去，嗖——小朋友一个接一个，嗖——嗖——

企鹅秋千真好玩儿。小猫咪坐在上面摇啊摇……1、2、3……小熊也坐上去，摇啊摇。数到10，就下来，让给下一个小朋友，1、2、3、4、5、6、7、8、9、10。咴，咴，咴——小木马，真好玩儿。等等，再等等，排好队，一个接一个。

我想快点儿轮到我，排好队，一个接一个。嗯？大家又在排队，等什么呢？哦，上厕所也要排队，一个接一个！

（秦皇岛市启航幼儿园 / 安新蕊）

活动八　对不起

◎活动目标

1. 理解故事内容，懂得好朋友要互相谦让，不争吵。

2. 知道自己犯错后，主动和好朋友道歉和好。

3. 感受好朋友间美好的情感。

◎活动准备

1. 课件：《对不起》绘本故事图片，《对不起，没关系》歌曲音频。

2. 小兔、小熊头饰各一个。

◎活动过程

一、师幼交流，回忆生活经验

师：孩子们，你有好朋友吗？和好朋友在一起你们会做什么事呢？

幼儿自由回答。（有；画画、玩过家家、一起玩捉迷藏）

二、倾听故事，体会美好情感

师：我们和好朋友一起做这么多事。我这里有一个故事，我们来看一看故事中这两个好朋友在一起都做些什么事呢。

教师出示绘本图片，讲述故事《对不起》第一段。幼儿根据故事内容回答。（在一起睡觉、吃东西、做饭）

师：他们在一起时心情怎么样？

幼儿根据故事内容回答。（心情很好、棒极了）

师：后来小熊和小兔发生了什么事情？

教师出示绘本图片，讲述故事第二段。幼儿根据故事内容回答。（吵架了、生气了）

师：他们为什么争吵？争吵之后心情怎么样？

幼儿根据故事内容回答。（他们觉得照片里都是自己，都想要那张照片；心情不好、孤独、没意思）

师：小兔和小熊都认为这个怪东西是自己的而争吵起来，他们都没有站在对方的角度考虑问题。争吵之后，他们都很难过，非常后悔、孤独，又想念对方。

三、角色表演，深入理解故事

师：孩子们，如果你是小熊和小兔，你打算怎么做？

幼儿自由回答。（找好朋友道歉，和他说对不起）

师：我们来看看小熊和小兔到底是怎么做的。

教师出示绘本图片，讲述故事第三段。幼儿根据故事内容回答。（小熊先去找小兔和好，小兔跟小熊道歉）

师：两个好朋友见面了，说了什么？结果怎么样？心情怎么样？

幼儿根据故事内容回答。（小兔对小熊说“对不起”，小熊也说“对不起”；他们俩和好了；特别开心）幼儿回答后，教师引导幼儿练习说小兔和小熊的对话。

师：两个好朋友和好了，又相亲相爱地在一起了，小熊和小兔都开心极了。我们也要像故事里的小兔子和小熊一样，发生冲突后要先和对方认错，主动想办法和好。好朋友之间要相互理解、相互包容，这样，我们就会收获更多的快乐。下面请小朋友们来演一演小兔和小熊是怎么和好的吧！

教师说旁白内容，两名幼儿戴头饰表演故事小兔和小熊和好部分。

四、经验迁移，学习和好方法

师：孩子们，你们在生活中和好朋友争吵过吗？为什么吵？是怎么和好的？

幼儿自由回答。（吵过；小朋友推我了，他抢我玩具了；我们互相道歉了，我们握手和好了）

师：现在我们知道好朋友之间要相互包容。当和好朋友发生冲突时，你们还有什么好的办法和好呢？和大家分享一下吧！

幼儿自由回答。（送他礼物，给他买好吃的，邀请好朋友到家里做客，和好朋友拥抱）

师：大家分享了那么多和好的方式，可以主动和朋友认错、可以送给好朋友礼物、可以讲笑话给他听。大家要把自己心中的歉意勇敢地表达出来。

五、歌曲表演，懂得友好相处

师：接下来我们一起跟随音乐动起来吧！

教师播放《对不起，没关系》音频，幼儿进行歌曲表演。

附：

对不起

小熊和小兔是一对好朋友。他们相亲相爱，同住在一栋温馨的小屋里。他们在一起做饭，小兔很会绘声绘色地给小熊讲故事。能有一个好朋友，并且能成为别人的好朋友，这种感觉真是棒极了！

一天早上，小兔子站在树屋里欣赏风景。忽然，他发现有个东西在阳光下闪闪发光。“看哪，小熊！”他说，“那是什么？”他们好奇地向那个奇怪的东西跑去，小熊小心翼翼地凑近，仔细端详那个怪东西。“天哪！”他说，“这是我的照片！我有一对多么毛绒绒的耳朵呀！”小兔子听了也凑上去。“开什么玩笑？”他说，“这明明是我的照片！多漂亮的长耳朵，你没看到吗？”“不可能！”小熊抓起那个怪东西说，“这明明是一对毛绒绒的小圆耳朵。这是我的照片！”小兔子不甘示弱，一下把那个怪东西夺了过来。他们拉拉扯扯，谁也不让谁。“刺啦”一声，亮闪闪的怪东西被撕成了两半。小熊和小兔子各自抓着手里的那一半，怒气冲冲地走了。小兔子早早地爬上了床，宽敞的小屋里，只有他一个人。另外一边，生气的小熊爬上了树屋，感到了悲伤和孤独。

“怎么才能让小兔子开心起来，重新成为我的好朋友呢？”小熊想。有了，他想到了一个好主意！小熊爬下树，悄悄地走向他和小兔子的家。一看到小熊，小兔子就连忙奔过去，小声地说：“对不起，小熊，这个还给你！”“不，该我说对不起！”小熊也递上了自己手里的那半张“照片”。

小熊和小兔终于和好如初了。当他们依偎在一起，看向那个亮闪闪的怪东西时，你猜他们看到了什么？——是他们两个人的合影！“太棒了”，小熊和小兔子都开心极了。

（秦皇岛市启航幼儿园 / 张晓旭）

【个别化学习活动】

区域	名称	材料	玩法	价值
语言区	交换图书	绘本若干。	1.2 ～ 3 名幼儿为一组，在图书角自选图书安静阅读。 2. 练习用“我用 ×× 交换你的 ×× 好吗”的句式交换图书。	1. 知道自选图书时要礼貌谦让。 2. 愿意与同伴交换分享图书。
	小羊过桥	《小羊过桥》活页故事图片、插入式图片展示板。	1. 两名幼儿为一组，尝试用协商的办法选择排序或讲故事的任务。 2. 两名幼儿按照协商的结果，一人按照故事情节先给图片排序，另一人再用完整的语言讲述故事。	1. 愿意表达自己的需要和想法。 2. 练习口齿清楚地复述故事内容。
	故事屋	《排好队，一个接一个》绘本故事中滑滑梯、荡秋千、骑木马、上厕所场景图片；小猪、小猫、小河马、小老鼠、小猴子、小熊动物指偶若干。	1. 幼儿两人一组自由选择动物指偶及场景图片。 2. 幼儿将指偶套在手指上，根据所选场景图片，表演出动物们“一个接一个”滑滑梯、荡秋千、骑木马、上厕所。 3. 幼儿用简单的语言讲述动物们轮流玩的情景。	练习用简单的语言讲述动物们轮流玩的情景，体会一个接一个玩的好处。
益智区	拼出好玩具	整套的七巧板材料 2 ～ 3 套，用七巧板拼出来的玩具造型任务卡图片 5 ～ 6 幅。	1. 两名幼儿协商选出一幅七巧板拼出的玩具造型任务卡图片。 2. 根据任务卡图片，轮流摆出玩具造型，共同完成拼图游戏。	尝试与同伴用轮流玩的方法完成任务。
	大家来排队	洗手池、卫生间、饮水桶、公交车等背景板；小熊、小兔、小猫、小老鼠、小猴子等小动物图片；任务卡。	两名幼儿合作，选取任务卡，按照任务卡中小动物的排队顺序一个接一个地轮流在背景板上粘贴上小动物们正确的顺序。	1. 学习一个接一个地轮流进行游戏。 2. 练习按照要求完成拼摆游戏。
	表情拼拼乐	两张磁力空白脸，贴有磁力贴的不同表情的眼睛、鼻子、眉毛、嘴。	1. 两人一组，自选五官，在空白脸上拼贴出生活中常见的表情。 2. 两人一组，一人说出表情指令，另一人选择相对应五官在空白脸上进行拼贴。	了解生活中常见表情的面部特征，锻炼观察力。
生活区	我的家	爸爸、妈妈、爷爷、奶奶、姐姐、弟弟等角色头饰；将娃娃家布置成家中客厅的样子；大小不一的水果玩具若干。	1. 幼儿协商选择角色，戴好头饰。 2. 幼儿模仿家人吃水果的场景，将大“水果”谦让给他人。	懂得在日常生活中谦让他人。
	分水果	香蕉、火龙果、猕猴桃、苹果等易切开的水果若干；幼儿专用水果刀。	1. 两名幼儿为一组，协商选出一个想吃的水果和切水果的人。 2. 一名幼儿用水果刀将水果从中间切成两半。 3. 两名幼儿一人一半分享水果。	1. 练习切的技能。 2. 尝试用一人一半的方法分享水果。

（续表）

区域	名称	材料	玩法	价值
科学区	你一个我一个	苹果、蓝莓、草莓水果图片若干，两个盘子。	两名幼儿为一组，选择一种水果的图片，然后按照你一个我一个的分享方法把水果图片分别粘在两人的盘子里，说出每个盘子中的水果数量。	1. 尝试用你一个我一个的方式与伙伴分享水果。 2. 发现生活中很多地方都用到数。
	开心瓶盖走迷宫	自制心情迷宫圆盘，磁力棒 1 个，画好微笑表情的磁力扣 1 个。	1. 观察迷宫圆盘中小人不同的表情，选择出心情愉快的小人所在的道路。 2. 从起点出发，尝试用磁力棒带动有微笑表情的磁力扣，走过有心情愉快小人的道路，直达终点。 3. 成功后，和同伴说一说成功的秘诀。	发现磁力棒可以带动表情磁力扣现象，喜欢探索磁力奥秘。
美工区	你画一半我画一半	画有蝴蝶、西瓜、花朵、脸谱等对称图案轮廓的带有中分线的图画纸，油画棒。	两名幼儿为一组，自由选择画有对称图案轮廓的画纸，以中分线为界，用油画棒一人涂一半颜色，两人合作完成作品。	1. 练习涂色，锻炼手部精细动作。 2. 愿意与同伴合作完成一幅绘画作品。
	快乐娃娃	超轻黏土、彩笔、纸盘。	1. 用水彩笔在纸盘上画出开心的表情。 2. 运用搓条、按压、团圆的方法用黏土为纸盘娃娃做出头发等装饰品。 3. 向同伴介绍自己的纸盘娃娃做法。	1. 喜欢用涂涂画画方式画出开心的表情。 2. 愿意与同伴分享自己制作的作品。
表演区	李小多分果果	《李小多分果果》歌曲音频；带有强弱标识的节奏图谱；小鼓、响板若干。	1. 幼儿跟随《李小多分果果》音频跟唱歌曲并做相应身体动作。 2. 幼儿自选小鼓、响板，根据节奏图谱，跟随音乐演奏歌曲。	1. 体验用身体动作表演歌曲的快乐。 2. 感受歌曲中强拍和弱拍的变化，练习演奏小鼓、响板。
建构区	我们一起搭积木	各种形状的木质积木若干。	1. 两名幼儿为一组，用你一个我一个的方式分积木。 2. 两人得到相同数量的积木后，各自搭建作品，分别展示在建构区。	尝试用你一个我一个的方法分享建构材料，感受与同伴一起游戏的快乐。
	纸杯垒高	一次性纸杯若干，纸杯垒高任务卡。	1. 幼儿选择纸杯垒高任务卡，观察任务卡上纸杯的数量和位置。 2. 两名幼儿为一组，选择纸杯按照任务卡提示轮流将纸杯垒高。	喜欢参加垒高游戏，锻炼动手能力。
操作区	夹毛球	四色毛球若干放于一个大塑料盘中，四色塑料碗各 1 个，夹子 4 个；装有若干毛球的盒子 1 个，小碗 2 个，勺子 2 个。	1. 四人一组，相互商量，每人选择一个颜色的毛球。用夹子从大塑料盘中将选定颜色的毛球夹入相同颜色的塑料碗中，看谁先夹完。 2. 两人一组，用勺子从盒子中舀出一个小毛球，按照轮流的方法依次放在两个小碗中，分完为止。	练习用夹子、勺子取毛球，锻炼手指灵活性。

【户外运动活动建议】

1. 每天户外前，提醒幼儿排队时互相谦让。
2. 在自选器械游戏时，提醒幼儿要和小伙伴交换分享游戏器械。
3. 在幼儿玩滑梯、秋千等大型玩具时，提示幼儿学会轮流等待，一个接一个玩。

4. 游戏时，乐于与同伴分享游戏玩法。
5. 游戏结束后，组织幼儿分享游戏后的快乐心情。

【日常生活活动建议】

1. 每天如厕时，知道排队等待。
2. 进餐前，知道排队轮流取餐。
3. 喝水时，提醒幼儿按顺序排队。
4. 上下楼时，提醒幼儿互相谦让。
5. 每天利用晚离园的时间，组织幼儿分享自己当天在幼儿园开心的事情。

【环境创设】

1. 在主题墙开设分享、谦让专栏，为懂得分享、谦让的小朋友奖励爱心贴纸。
2. 将幼儿开心的照片粘贴在主题墙上，与伙伴分享。
3. 设置分享区角，幼儿把自己最想和伙伴分享的物品放在区角中，和小伙伴分享。
4. 将亲子制作的开心表情手工作品粘贴在主题墙上。
5. 在好书推荐栏目中展示有关分享谦让的绘本封面。

【家园共育】

1. 建议家长和孩子一起阅读有关分享谦让的绘本。
2. 在家人一起吃水果时，让孩子担任分水果的任务，提醒孩子把大的分给长辈。
3. 提醒孩子在与同伴游戏时要分享玩具，懂得谦让。
4. 建议家长每晚睡前主动与孩子相互分享自己的心情。

【社会实践】

快乐采摘

◎活动目标

1. 了解采摘的流程，学习采摘的方法，体验采摘的乐趣。
2. 采摘时做到谦让，乐意将采摘的果实分享给他人。

◎活动建议

1. 活动前家长与幼儿一起了解采摘时需要注意的安全事项。

2. 家长与幼儿商定好采摘地点、时间，做好与采摘园工作人员的沟通，提前考察好路线、环境等情况。

3. 采摘前，熟悉采摘园的环境，做好个人防护，采摘熟透的果实。

4. 采摘时，做到不乱踩踏其他植物，相互谦让不争抢。

5. 采摘后，幼儿和家长一起请工作人员称重并由家长付款。

6. 家长鼓励幼儿将采摘的果实分享给小伙伴或家人。

7. 回家后，幼儿与家人分享采摘的心情。

【发展评估】

“分享谦让”好习惯养成幼儿家长评价表

宝贝们，经过一个月的时间，你养成“分享谦让”的好习惯了吗？现在请你和爸爸妈妈一起玩一个问答小游戏。

班级：　　　　幼儿姓名：

评价内容	评价结果
1. 你愿意与同伴分享玩具吗？请你说一说都分享过哪些玩具。	
2. 如果只有一个苹果，你会用什么方法分享给小伙伴呢？	
3. 当你要和小伙伴交换物品时，你会怎么说？	
4. 请你说出一件开心的事情，做一做开心的表情吧！	
5. 你谦让过别人吗？说一说你是怎么做的。	
6. 在进门、出门的时候，有他人从对面走来，你会怎么做？	
7. 你是怎样和小伙伴们玩滑梯的？请你说一说。	
8. 和好朋友争吵后，应该怎样做？	

爸爸妈妈们请在沟通中对孩子的行为作出正确的评价，指导孩子用彩笔为自己的好习惯作出不同等级的笑脸评价。

评价标准：非常好 4　好 3　一般 2　差 1

“分享谦让”好习惯养成教师评价表

班级：　　　　幼儿姓名：　　　　　　教师姓名：

目标	评价结果			
	4	3	2	1
1. 知道不同物品的分享方法，乐于与他人分享。				
2. 能和小伙伴分享自己喜欢的玩具。				
3. 知道交换的好处，能有礼貌地交换物品。				
4. 会使用“我用 ×× 交换你的 ×× 好吗”的句式和小伙伴进行交换。				
5. 能用语言、绘画的形式和小伙伴分享快乐心情。				
6. 会唱《李小多分果果》歌曲，并用肢体动作进行表演。				
7. 知道谦让是解决问题的好方法，做到同伴之间互相谦让。				
8. 知道轮流玩的好处，能做到轮流等待，一个接一个地玩。				
9. 知道自己犯错后，和好朋友主动道歉并和好。				
10. 知道在取餐、喝水、如厕时有序排队。				

评价标准：非常好 4　好 3　一般 2　差 1

好习惯九　适宜穿戴

【主题名称】魔法小衣橱

全家总动员

亲爱的家长朋友：

您好！讲礼仪是获得尊重、获得良好人际关系的重要途径，适宜穿戴是礼仪中的一个重要部分。整洁合体的穿戴不仅能给自己带来自信，更能给别人留下良好的印象。我国古代就很重视对孩子的着装礼仪教育。《弟子规》上说：“冠必正，纽必结。袜与履，俱紧切。”为了让我们的孩子学习根据不同天气、不同活动、不同场合等合理穿戴，本月的主题活动是“魔法小衣橱”，旨在培养孩子“适宜穿戴”的好习惯。

在幼儿园，我们有目的地进行培养，希望孩子能达到如下目标：

1. 知道根据不同的天气、不同的活动、不同场合等选择合适的穿戴。
2. 了解着装的基本礼仪，养成良好的着装习惯。
3. 熟练掌握自己穿脱衣服、鞋袜等技能。
4. 感受服装的美，体验适宜穿戴给人的舒适感。

在家庭生活中，我们建议您从以下几方面进行关注：

1. 关注自己的着装，给孩子树立一个好的榜样。
2. 在家中给孩子一些合理的建议，根据不同天气、活动、场合来合理搭配服装。
3. 为孩子介绍一些最基本的着装礼仪。有条件的话可以带孩子出席一些正式的社交场合，如带孩子听音乐会时要着正装，参加生日聚会要着盛装等。
4. 鼓励孩子每天自己穿脱衣服鞋袜，不用家人帮忙。
5. 多带孩子去感受服装搭配带来的美感，如看时装秀、逛服装商场等。

感谢您的参与，为了孩子的成长，让我们一起努力吧！

【主题目标】

1. 了解服装的起源和演变过程。
2. 学习判断衣服是否合身，知道要穿大小合适的衣服。
3. 体验穿大鞋和小鞋的不同感受，知道应该穿适合脚的鞋子。
4. 根据不同的天气、季节变化，进行适宜的服饰搭配。
5. 认识不同的帽子，知道适合不同季节、职业佩戴的帽子。
6. 知道运动服、家居服、礼服、泳装等服装种类及其适合的场合。
7. 愿意按照服装的不同种类整理收纳衣物。
8. 了解医生、消防员、厨师、环卫工人、宇航员等职业服装的特点及作用。
9. 知道服饰上的小饰品可能带来的危险，懂得不穿戴有危险物品的服饰。

【主题口号】

穿衣有讲究，大家来遵守

【三字儿歌】

穿衣歌

小朋友，穿脱衣。
看天气，及时替。
衣和裤，有次序。
衣整洁，要合体。
看场合，来穿衣。
知礼貌，守礼仪。

【集体教学活动】

活动一　服装演变史

◎活动目标

1. 了解服装的起源和演变过程。
2. 知道不同时期服装的特点和作用，懂得服装是随着人们生活的需要而变化的。
3. 喜欢参与记忆游戏，体验游戏快乐。

◎活动准备

课件：远古服装（草裙、兽皮衣）、古代服装（上衣下裳）、近代服装（中山装、学生装、旗袍）、现代服装（休闲服、西服、运动服、礼服）图片。

◎活动过程

一、师幼谈话，介绍自己衣服特点

师：今天大家都穿来了自己喜欢的衣服，可真漂亮。谁来给大家介绍下你的衣服是什么样子的呢？

幼儿从颜色、款式、图案等方面说说自己衣服的特点。（我的衣服上有小雨伞，我的衣服是红白条纹的，我的衣服上有小鹿图案）

师：我们现在的衣服颜色丰富，款式多样，还有各种各样的图案。

二、倾听故事，了解服装演变过程

师：那你们知道在远古时代，最早的衣服是什么样子的吗？又有什么作用呢？我们一起去看一看吧！

教师出示远古草裙服装图片，讲述故事《服饰简史》第一段。幼儿根据故事内容回答。（用草做的裙子；可以预防蚊虫叮咬，还可以遮羞）

师：随后衣服又有什么变化？这种衣服有什么好处？

教师出示远古兽皮衣服图片，讲述故事第二段。幼儿根据故事内容回答。（用树叶做衣服，用兽皮做斗篷，用兽皮做衣服；可以防蚊虫、抵御寒冷、保护人的安全）

师：你们觉得这种衣服穿起来舒服吗？为什么？

幼儿自由回答。（不舒服；太重了、不卫生）

师：在远古时代，人们用树叶、茅草和兽皮制作衣服，这种衣服虽然可以防虫保暖，保护安全，但是衣服不美观，穿起来也不舒服。聪明的人类又发明了哪种更适合穿着的衣服呢？这种衣服有什么好处？

教师出示古代上衣下裳服装图片，讲述故事第三段。幼儿根据故事内容回答。（用棉布、丝绸做衣服，有上衣有长裙子；穿着舒服、轻便）

师：古代的人们用棉布和丝绸制作成上衣下裳的衣服。这种衣服可以遮住腿脚，周正庄重，落落大方。到了中国近代，服装又出现了什么变化？

教师出示近代中山装、学生装、旗袍图片，讲述故事第四段。幼儿根据故事内容回答。（更加方便、分上下装、更漂亮）

师：在中国近代，男性穿上了上衣和裤子，女性穿上了上衣、过膝裙子或旗袍。这时候的衣服比古代的服装更加轻便。现在的衣服又有哪些变化？穿起来有什么感觉？

教师出示现代休闲服、西服、运动服、礼服图片，讲述故事第五段。幼儿根据故事和图片内容回答。（样式多，有休闲服、西服、运动服、礼服；更舒服、更方便、更漂亮）

师：现在我们穿的衣服的材料和样式多种多样，更加舒适和便利。

三、排序游戏，巩固服装演变顺序

师：刚才我们了解了衣服的演变历史，我们再来看一遍吧！

教师依次出示远古服装、古代服装、近代服装、现代服装图片，幼儿观看图片依次说出各个时代的服装。（草裙、兽皮衣；上衣、长裙子；上衣、裤子，上衣、过膝裙子，旗袍；休闲服、西服、运动服、礼服）

师：下面我们来玩一个服装排队的游戏。

游戏玩法：按服装演变顺序出示服装图片，幼儿观察记忆图片10秒。之后教师操作课件，显示缺少一种服装。幼儿根据记忆说出缺少哪种服装，并操作课件进行验证（从提供的无序服装中选择一种，选择正确则可以拖动到相应位置）。再增加难度，缺少的服装种类逐渐增多。

四、讨论交流，懂得服装演变原因

师：在现在的日常生活中，我们还穿古代的上衣长裙可以吗？为什么？

教师组织幼儿和身边伙伴讨论后，请个别幼儿回答。（不可以；衣服太长不方便，上下楼时容易踩到，没法骑车，跑步时迈不开腿，上洗手间不方便）

师：服装的变化是随着人们生活的需要而变化的。现代人的生活节奏快，对美的追求越来越高，所以衣服向简便、舒服、多样、个性化演变。

五、创意延伸，展望未来设计服装

师：我们知道了衣服的发展过程，请你想一想，未来的衣服会是什么样的呢？

幼儿大胆想象未来的衣服。（可以灭火，可以像变色龙一样变色，夏天可以变凉爽，冬天可以变热）

师：你们的想法都很棒！请回家后把你设计的未来服装画出来，明天带到幼儿园和大家一起分享吧！

附：

服饰简史（节选）

远古时代，人们居住在洞穴，过着最原始的生活。人类是不穿衣服的，他们全身长着厚厚的毛发，可以抵御风寒。随着人类的不断进化，身上的毛发越来越少。人们在采集果实的过程中，将树叶、茅草系在腰间，这便是最初的草裙衣。随后人们发现草裙不仅能预防蚊虫叮咬，还可以遮羞，但树叶做的衣服虽然轻便，但是风一吹就飞走了，一点儿也不暖和。

渐渐地，人们学会了人工取暖，将捕获的野兽烤熟，吃掉，用兽皮和树叶制成简易的服装，用来防蚊虫，抵御寒冷。后来，人们为了便于穿着，开始在兽皮中央穿个洞，或是在一端切个口，这样就形成了斗篷，这便是最早的成型衣服。人们学会了制作骨针之后，开始用骨针来缝制兽皮制作衣服。穿上这件衣服，如同拥有了保护伞，如果再加上兽头兽脚，就可以伪装成野兽，接近猎物时也会更安全，大大提高了狩猎效率。

之后中国古代的人们在探索自然的过程中学会了种植棉花和养蚕，经过加工编织成布和丝绸，做成衣服非常舒服。他们的服装都以上衣下裳为主。这种衣服可以遮住腿脚，让人看起来周正庄重，落落大方。

中国近代，男性穿上了中山装。女子也穿上了学生装或旗袍。

现在，服装的潮流开始朝着个性化和多样化的方向发展，时尚成了人们生活中不可或缺的部分。

（秦皇岛市启航幼儿园 / 付琳）

活动二　莎娜的红毛衣

◎活动目标

1. 学习判断衣服是否合身。

2. 知道要穿大小合适的衣服。

3. 体会朋友、亲人对自己的爱。

◎活动准备

1. 课件：《莎娜的红毛衣》绘本故事图片。

2. 不同大小的衣服若干。

◎活动过程

一、师幼谈话，猜猜莎娜的礼物

师：有一个小姑娘叫莎娜，今天她特别开心，因为她收到了一份礼物。是什么礼物呢？是谁送给她的呢？

幼儿自由猜想。（蛋糕、玩具、衣服；妈妈、好朋友）

二、观看图片，说说不合适衣服

师：原来她收到奶奶寄给她的毛衣。莎娜的这件毛衣合身吗？

出示绘本《莎娜的红毛衣》莎娜试毛衣图片，幼儿观察回答。（不合适，太紧）

师：衣袖太短，下摆也短，衣服小了怎么办？看，他们在干什么？

幼儿自由讨论办法后，教师出示绘本拉毛衣的图片，幼儿观察回答。（在拉毛衣）

师：这样毛衣能穿了吗？为什么？

幼儿观察回答。（不能；衣袖变长了，身体太短了）

师：这时候拉哪里呢？毛衣有没有变大？这件毛衣合身吗？

出示绘本毛衣变大的图片，幼儿观察回答。（同时拉领子和下摆；毛衣变大了，变成一件怪毛衣；不合身，太大了）

师：毛衣太大了，不合身，洗一洗，也许会变小呢。

教师带领幼儿边做洗衣动作边说：“洗涮涮，洗涮涮，快快变小！泡泡越来越多啦！”

师：毛衣洗好了，经过太阳公公的照射，毛衣真的变小了。这下可以穿了吗？

出示绘本晒毛衣的图片，幼儿观察回答。（还是不能穿，太小了）

三、欣赏故事，了解故事的内容

师：毛衣拆下来变成一堆毛线啦，谁来织呢？

出示绘本拆毛衣的图片，幼儿自由猜想。（妈妈织，小伙伴一起织等）

师：莎娜他们拆了毛衣，后来发生什么事情？我们来听一听《莎娜的红毛衣》这个故事吧。

教师出示绘本图片，完整讲述故事。幼儿根据故事内容回答。（奶奶给莎娜重新织毛衣了）

师：原来是一阵风把他们吹到了奶奶身边，奶奶重新帮莎娜织毛衣了，你看奶奶多爱莎娜呀！新毛衣做好了，不大不小真合身。

四、穿衣体验，选择合身的服装

师：这里有几件衣服，请小朋友到前面来试一试，说一说你穿哪件衣服比较合身。

教师出示准备好的不同大小的衣服，幼儿试穿后说出哪件衣服合身并说说理由。

师：穿合身的上衣，衣襟和袖子都不长不短，穿在身上要不肥不瘦。裤子也要不长不短，松紧带要松紧适度。太松裤子会掉，太紧勒得不舒服。现在你们还要长身体，每天要活动，所以选择的衣服要宽松、柔软、有弹性，这样穿着才舒服。

五、情感升华，体会亲人的关爱

师：故事里一开始莎娜收到的毛衣不合适，朋友们都想办法帮助。最后奶奶见到莎娜拆了毛衣并没有生气，而是帮莎娜重新织了合身的衣服。莎娜很感谢朋友们的帮忙，也非常爱她的奶奶。接下来请你们想一想，你遇到困难时身边的朋友帮助过你吗？你有没有帮助过朋友呢？你爱你的亲人吗？怎样表达你对他们的爱呢？下面就请你们自由地说一说吧。

幼儿根据自身经验自由表达。（帮助过我；我帮助过好朋友穿衣服，帮助小朋友拿东西；我爱妈妈所以经常抱抱她亲亲她，我爱爷爷所以帮爷爷按摩捶腿）

师：好朋友、亲人之间就是应该互相关心互相爱护，请你回家多为你的亲人或好朋友做一些事情表达你的爱吧！

附：

莎娜的红毛衣

莎娜收到了奶奶寄来的红毛衣，还有一张贺卡。“小莎娜，你好吗？是不是长大了？”“奶奶给你织了一件毛衣，穿穿看吧！”毛衣有一点儿小，穿在身上紧绷绷的。“莎娜的奶奶弄错了大小吧？”鲁鲁嘻嘻地笑着说。

莎娜说：“不要紧，拉一拉就会变大的。”于是，莎娜和鲁鲁开始拉毛衣。嗨哟——哎呀呀！“毛衣变得怪怪的！”这回，她俩抓住毛衣的领子和下摆：“准备——”嗨哟——可这回却怎么也拉不长。朋友们都跑过来帮忙。“嗨哟、哼唷、嗨哟、哼唷……”这下毛衣是拉大啦，可是，却成了一个妖怪毛衣！莎娜很失望。

鲁鲁对她说：“洗洗看吧，也许会缩小的，穿上就合适啦。”莎娜和朋友们一下子来劲了，开始洗毛衣。咕吱咕吱、哗啦哗啦、咕吱咕吱、哗啦哗啦……毛衣毛衣，你一定要变小啊！

可是，晒干了以后……毛衣却缩成这么一点点小啦！莎娜拉了拉毛衣，硬硬的，怎么也拉不动。莎娜说："我一定得穿上这件毛衣呀！"

这回，小兔子说："看来，只有拆开毛衣重新织了。"莎娜和朋友们又来劲了，开始刺啦刺啦地拆毛衣。拆开的毛线乱乱地堆起来，越堆越多，越堆越多……毛衣终于拆完了。莎娜笑眯眯地说："那么，谁给我织毛衣呢？"可是，大家你看看我，我看看你，扭扭捏捏的，好像没有一个会织毛衣的。"怎么办呢？"

不久，天冷起来了。大家阿嚏阿嚏不断地打喷嚏。莎娜说："快钻进毛线堆里吧！"大家赶紧钻进毛线堆里："毛线真暖和，软绵绵的。"这时候，呼呼呼地刮来一阵大风，把毛线团和莎娜他们一起吹到冬天的天空中。莎娜大声叫着："飞呀——飞呀——飞到奶奶家去吧！"毛线团被风吹呀吹呀……最后落到了奶奶家的院子里。奶奶看到莎娜，好高兴呀。"真对不起，奶奶。"莎娜对奶奶说了她怎么弄坏了毛衣。可是，奶奶并没有生气，反而高兴地笑着说："小莎娜，长这么大啦！怪不得嫌毛衣小啦！"奶奶特别会织毛衣。她拿起毛线针，一针一针地织起来，很快就织好了毛衣。这是一件——莎娜穿得多合身的毛衣啊！你看，莎娜好高兴哟！

（秦皇岛市启航幼儿园 / 胡雅欣）

活动三　天气变变变

◎活动目标

1. 了解不同的天气，知道不同天气的服饰变化。

2. 根据不同的天气、季节变化，进行适宜的服饰搭配。

3. 体验适宜的服饰搭配为生活带来的便捷与快乐。

◎活动准备

1. 课件：《天气变变变》绘本故事图片，不同天气符号图片，"穿搭小达人"游戏。

2. 操作材料：春季雨天、夏季晴天、秋季刮风多云和冬季雪天四种不同天气场景图片；连衣裙、短袖、短裤、长衣、长裤、雨伞、雨靴、棉服、遮阳帽、棉帽等服饰图片若干；男生、女生模特图片 4 组。

◎活动过程

一、观看图片，说说各种不同天气

师：孩子们，你们认识这些符号吗？它们是什么意思？

出示不同天气符号图片，幼儿观察回答。（晴天、阴天、雨天、雾天、雪天、风天等）

师：这些是天气符号，是代表各种天气现象、云状、天空状况等的专用符号。

二、倾听故事，知道不同天气的穿衣

师：不同的天气，我们要穿不同的衣服。我们一起来看看，这是什么季节？小朋友穿着什么样的衣服？

教师出示绘本图片，讲述故事《天气变变变》第一段。幼儿根据图片和故事内容回答。（夏天；

男孩穿着短袖、短裤，女孩穿上了短裙）

师：在太阳高照、阳光非常充足的情况下，小朋友是怎样保护自己的呢？

幼儿观察图片回答。（戴遮阳帽、太阳眼镜）

师：下雨了，小朋友又会穿什么呢？

教师出示绘本图片，讲述故事第二段。幼儿根据故事内容回答。（穿雨靴、打伞）

师：下雨时，我们会看到什么、听到什么？小朋友为什么要赶快躲到屋里去？

幼儿根据故事内容回答并学一学打雷的声音。（会看到闪电、听到雷声；躲在房间里是因为淋雨后着凉，会生病或被闪电击到）

师：雨后的彩虹有哪些颜色？你最喜欢哪种颜色呢？

幼儿观看图片依次说说彩虹的七种颜色和自己最喜欢的颜色。

师：风婆婆来了，什么季节到了？小朋友穿上了什么样的衣服？

教师出示绘本图片，讲述故事第三段。幼儿根据故事内容回答。（秋天到了；小朋友穿上了长衣、长裤）

师：下雪啦，小朋友的服饰发生了哪些变化？下雪天可以做哪些游戏呢？

教师出示绘本图片，讲述故事第四段。幼儿根据故事内容回答。（衣服变厚了，穿上厚厚的棉衣、围围巾、戴帽子、穿棉鞋；堆雪人、打雪仗、滑雪等）

师：我们听的这个故事的名字就叫作《天气变变变》。我们的衣服要随着不同的天气、季节而变化。夏季穿轻薄的衣服，方便散热；太阳高照时戴上墨镜与帽子，减少强光、紫外线带来的伤害；秋季风大，气温变低，我们就要穿上长衣、长裤；寒冷的冬天我们就要穿上厚厚的棉衣、棉鞋保暖。

三、操作游戏，根据天气选择服饰

师：我们看到故事中的小朋友都能根据不同的天气选择适合的服饰进行穿搭。接下来咱们玩个游戏，名字叫“穿搭小达人”。看看你能不能准确地在不同天气中选择最适宜的服饰进行穿搭。我们分为四组进行游戏。

出示操作材料，四组幼儿每组选择一种天气场景图片。根据背景中的天气，选择服饰图片，为模特进行穿戴。之后教师出示课件，每组选一名幼儿代表进行操作讲解，说说选择这些服饰的理由。服饰搭配正确的一组幼儿获得“穿搭小达人”称号。

四、讨论交流，了解适宜穿戴的意义

师：刚才你们每一组的表现都很棒，看来大家都是真正的“穿搭小达人”。谁知道为什么我们要根据天气的变化，及时增减衣物、穿戴不同服饰呢？

幼儿根据已有经验回答。（天冷时如果衣服薄，就要加厚，不然会感冒生病；雨天要穿防水的雨衣，不然浑身湿透易生病；天气炎热，不要穿太多，以免中暑）

五、生活体验，做到及时增减衣物

师：你们看看今天的天气怎么样，你都穿了哪些衣服？这些衣服合适吗？

幼儿根据自身穿搭回答。

师：在日常生活中，小朋友们要注意，当天气有变化时，记得根据天气情况，及时增减衣物哟！

附：

天气变变变

夏天的广场上，孩子们看着太阳爬上了天空，这画面简直太美了！在太阳光照射下，别忘了保护自己哟！看，小女孩戴上了太阳帽，小男孩戴上了太阳眼镜。

小心哪，一场暴风雨就要来啦！乌黑的云团很快就变成大滴大滴的雨了。小朋友们迫不及待地穿上雨衣、雨靴，撑上雨伞。在暴风雨来临的时候，我们会看到闪电，还会听到雷声。孩子们，快找个安全的地方躲一躲。很快，雨停了，太阳出来了。哇！那边有彩虹：红、橙、黄、绿、青、蓝、紫！你最喜欢哪种颜色呢？当太阳光穿过水滴或者水汽，就会形成彩虹。

秋天到啦，风婆婆来了，一阵又一阵地吹着大地。她吹走了乌云，也吹动了孩子们的小帆船。风吹走了树上的叶子，叶子落到地上，慢慢枯萎了。小朋友的头发也被吹起来了，他们穿上了长衣、长裤。

下雪了，小朋友们穿上厚厚的大棉袄，围上暖和的围巾，戴上棉帽子，再穿上棉鞋。他们都到雪地里堆雪人、打雪仗啦！他们用雪、胡萝卜和帽子，堆了一个大大的雪人！它圆圆的、白白的，你来摸摸它，一定会觉得心里好柔软呢。

（秦皇岛市启航幼儿园 / 冷婧）

活动四　凯蒂的衣服

◎活动目标

1. 知道运动服、家居服、礼服、泳装等种类服装适合的场合。
2. 尝试根据不同场合为凯蒂搭配合适的服饰，体验为凯蒂搭配服饰的快乐。
3. 愿意按照服装的不同种类整理收纳衣物。

◎活动准备

课件：《凯蒂的衣服》绘本故事图片，不同场景图、衣物图片。

◎活动过程

一、观看图片，感受服装种类的多种多样

师：孩子们，今天老师要给大家介绍一位新朋友，她的名字叫凯蒂。凯蒂有很多漂亮的衣服，我们来看看都是什么衣服呢？

出示各种服装图片，幼儿观察回答。（雨衣、泳衣、裙子、睡衣等）

师：哇！凯蒂的衣服可真多呀！

二、阅读绘本，知道不同服装适合的场合

师：凯蒂什么时候会穿上这些衣服呢？我们一起来看一看吧！

教师出示绘本图片，讲述故事《凯蒂的衣服》。幼儿边看边听。

师：阳光明媚的日子，凯蒂穿什么衣服？

幼儿观察相应图片，根据故事内容回答。（T恤、裙子和靴子）

教师依次提问下雨天、游泳的时候、寒冷的冬天、生日聚会上、睡觉时，凯蒂会穿什么衣服，幼儿根据故事内容回答。（下雨天穿雨衣和雨鞋；游泳时穿泳衣；冬天戴棉帽子、围巾、手套，穿羽绒服、靴子；生日聚会上穿公主裙和水晶鞋，戴小皇冠；睡觉时穿睡裙）

师：不同的服装，适合的场合也不一样。

三、观看课件，认识常见服装的基本类型

师：凯蒂的家里还有更多的衣服呢！她把这些衣服都放到了衣橱里，我们一起来看看凯蒂有几间衣橱。

出示衣橱图片，幼儿观察回答。（四个）

师：我们先看哪一间衣橱呢？

幼儿自由选择。（运动类）

师：这间衣橱的衣服有什么特点呢？

教师操作课件出示衣橱内的衣服，幼儿观察回答。

师：这些衣服有一个统一的名字叫运动服，运动服是什么时候穿的衣服啊？

幼儿根据已有经验回答。（运动的时候）

师：运动服的面料舒适且吸汗性强，设计都很宽松，特别适合活动量大、出汗多的时候穿。

教师分别出示其他三间衣橱的衣物，并介绍其种类、特点以及适合穿的场合。（礼服面料大多是蕾丝、绸缎和纱，装饰性特别强，穿上显得特别隆重，适合参加庆典类活动穿着；泳衣的面料比较少，特别紧身，面料弹性特别大、不透气，游泳的时候穿不易滑落；家居服面料柔软舒适，款式比较宽松，行动方便，适宜在家里休息或睡觉时穿着）

四、互动游戏，根据不同的场合搭配服饰

师：凯蒂要去幼儿园参加运动会了，她穿上了她最喜欢的白雪公主裙子。你们认为她这样穿着合适吗？

幼儿根据已有经验回答。（穿裙子运动不合适）

师：你能为她找到适合的服饰吗？

教师播放课件，出示凯蒂参加运动会情景，幼儿通过拖拽的操作方式，为凯蒂选择适合的服饰。

教师依次出示凯蒂参加婚礼、游泳、在家休息的情境，幼儿用同样方式为凯蒂选择适合相应场合的服饰。

师：多亏了你们的帮助，凯蒂在每个场合都穿上了适合的服饰，凯蒂太开心了。

五、延伸活动，按照服装的种类收纳衣物

师：孩子们，你都有哪些种类的衣服呢？

幼儿根据实际情况回答。（运动服、礼服裙等）

师：我们也可以跟凯蒂一样，把不同种类的服装分开，把相同种类的服装放到一起收纳。这样做，不但可以让小衣橱变得更整洁，在找衣服的时候也更方便，我们回家都试一试吧！

附：

凯蒂的衣服

阳光明媚的日子，凯蒂会穿什么衣服呢？T恤、裙子和靴子，哇，凯蒂看起来真漂亮，连蝴蝶和花儿都被她吸引住了。

下雨天，凯蒂会穿什么衣服呢？雨衣和雨鞋。现在凯蒂要去外面遛狗，即使雨很大，她也不会被淋湿。

游泳的时候，凯蒂会穿什么衣服呢？当然是泳衣啦，凯蒂跳进水里，一边游泳一边玩球，好快乐呀！

寒冷的冬天，凯蒂会穿什么衣服呢？棉帽子、围巾、羽绒服，还有手套和靴子，现在凯蒂可以去滑雪啦！

生日聚会上，凯蒂会穿什么衣服呢？看！漂亮的公主裙和水晶鞋，还有金光闪闪的小皇冠，凯蒂像童话世界里的公主一样，漂亮极了。

睡觉时，凯蒂会穿什么衣服呢？睡裙，粉红色的睡裙是妈妈买的，穿上它既舒适又漂亮，凯蒂非常喜欢。

（秦皇岛市启航幼儿园 / 冯立楠）

活动五　神奇的职业装

◎活动目标

1. 认识医生、消防员、厨师、环卫工人、宇航员等职业服装。
2. 了解职业服装的特点及作用。
3. 懂得尊重不同职业的人。

◎活动准备

课件：不同职业的服装图片，服装搭配游戏，宇航员服装视频。

◎活动过程

一、看看猜猜，认识不同职业服装

师：小朋友们猜猜这位叔叔是干什么的。

出示医生图片，幼儿观察回答。（医生）

师：对，这是医生。医生的工作是做什么呢？

幼儿根据已有经验回答。（给病人看病，为人检查身体）

教师依次出示消防员、厨师、环卫工人、宇航员的图片，按以上方法提问。幼儿根据已有经验回答。（消防员，救火；厨师，做饭；环卫工人，清扫街道；宇航员，在太空中探索宇宙奥秘）

师：社会上有各种各样的职业，每种职业所从事的工作是不一样的。我们的生活离不开他们，他们虽然平凡，但却是我们的社会生活中不可缺少的人。

二、思考推理，说说职业服装的作用

师：刚才你们是怎么猜出他们职业的呢？

幼儿自由回答。（看他们的衣服）

师：不同的职业，需要穿不同的衣服。不同的职业有不同的需要，所以这些衣服的作用也不同。下面我们就来了解一下不同职业的衣服有什么作用。

教师分别出示医生、消防员、厨师、环卫工人、宇航员的服装，请幼儿观察并说说这些衣服有什么特殊作用。（医生的服装为了防止接触病菌；消防员的服装由耐高温的特殊材料制成，方便进入火场时保护自己；厨师的服装通常为白色显得干净整洁，围裙为了方便烹饪，帽子防止掉头发；环卫工人的马甲上有反光带，是为了在光线不好的情况下反射灯光保护生命安全；宇航员的宇航服由多层各种特殊材料制成，满足宇航员在太空当中的各种需求）

师：你们说得都对。尤其是宇航员的服装是非常特别的，我们一起来看一看宇航员的服装到底有什么作用。

播放宇航员服装视频，幼儿观看回答后，教师小结。（宇航服可以减小真空环境辐射和温度带给人体的伤害，保持人体内外平衡。新型的宇航服还有液冷降温功能，随时适应不断变化的宇宙环境）

三、操作配对，根据动作搭配服装

师：了解了这么多职业的服装，接下来就让我们找出不同职业所需要的服装吧！

幼儿分为五组。每一组商量后选择医生、消防员、厨师、环卫工人、宇航员等其中一种职业进行动作模仿，每人的动作尽量不同。其他幼儿看动作猜职业。最先猜出的人可以到屏幕前操作课件，选择正确的服装穿在模特身上。

四、大胆表达，畅想今后职业理想

师：在社会上还很多职业的人，都在辛勤地工作着。那小朋友们想一想，你们长大了以后想做什么职业？为什么做这个职业？

幼儿根据自己的想法自由回答。（当医生治病救人，当警察抓坏人，当消防员救火、帮助别人等）

五、回顾内容，尊重不同职业人群

师：生活中我们会遇到各种各样职业的人。你觉得哪些职业比较辛苦呢？

幼儿根据生活经验回答。（环卫工人、服务员、快递员、医生等）

师：你的爸爸妈妈都是做什么工作的？辛苦不辛苦呢？

幼儿根据自己的实际情况回答。（医生、律师、老师；辛苦）

师：各行各业的人都为我们的生活付出了很多的辛苦，所以我们要感恩和尊重每一个为我们服务和奉献的人。

（秦皇岛市启航幼儿园 / 胡雅欣）

活动六　大鞋和小鞋

◎活动目标

1. 体验穿大鞋和小鞋的不同感受。

2. 练习按节奏的变化自由变换跺脚或拍手。

3. 知道应该穿适合脚的鞋子。

◎活动准备

1. 课件：《大鞋和小鞋》歌曲音频、节奏图谱。

2. 每名幼儿自带爸爸的大鞋一双。

◎活动过程

一、观察鞋子，说说作用

师：看看我手上的是什么，我们为什么要穿鞋子？

教师出示大号男鞋实物，幼儿观看回答。（鞋子；因为要保暖、要保护脚不受伤）

师：鞋子可以保护我们的脚。

二、大鞋小鞋，穿着不同

师：这是谁的鞋子？为什么这么大？

幼儿根据已有经验回答。（爸爸的；爸爸比我们高，所以爸爸的脚大鞋子也大）

师：那爸爸穿小小的鞋子会怎么样？

幼儿根据已有经验回答。（不舒服，穿不进去）

师：大脚穿大鞋，爸爸人高脚也大，穿上大鞋才舒服。宝宝人小脚就小，小鞋穿着才合适。

三、现场试穿，亲身感受

师：我们穿自己的鞋子，是什么感觉？舒服吗？

幼儿根据自身感受回答。（很舒服、走路很舒服）

师：小朋友都希望自己快快长大，下面我们就穿上爸爸的鞋子走走，扮演一下自己神气的爸爸吧。感受一下穿上爸爸的鞋子是什么感觉。

幼儿穿上自己爸爸的鞋子，在活动室里走一走，走的时候可以学一学爸爸走路的样子，也可以尝试穿上爸爸的鞋子原地跳一跳。体验后，说说穿上大鞋的感受。（累，太大，太沉了）

师：我们穿爸爸的鞋子，会很大，不舒服，走路会很累。穿自己的鞋子正好，走路会很舒服。下面请一位小朋友穿爸爸的鞋子，一位小朋友穿自己的鞋子，进行走路比赛。比比谁走得快。

教师请两名幼儿分别穿大鞋和小鞋进行走路比赛，幼儿观看后说说为什么穿小朋友的鞋子走得比较快。（因为是自己的鞋子、因为鞋子穿着正好）

师：爸爸的鞋子太大，不适合小朋友穿，我们要穿合适的鞋子走路才会舒服。合适的鞋对我们的脚很重要。

四、倾听歌曲，尝试模仿

师：穿上大鞋、小鞋走在地板上会发出什么声音？

播放《大鞋和小鞋》歌曲音频，幼儿倾听回答。（大鞋踢踏踢踏，小鞋嘀笃嘀笃）

师：爸爸的鞋子像什么？走路是什么声音？宝宝的鞋子像什么？走路是什么声音？

播放《大鞋和小鞋》歌曲音频，幼儿倾听回答后，教师引导幼儿说出歌词：我穿爸爸的鞋，就像两只船，开在大大的海洋里，踢踏，踢踏，踢踢踢踢踏。我穿娃娃的鞋，就像两顶帽，套在小小的脚趾上，嘀笃，嘀笃，嘀嘀嘀嘀笃。

师：下面我们穿上大鞋或小鞋，模仿大鞋和小鞋走路的声音吧。

出示《大鞋和小鞋》节奏图谱，幼儿按照节奏图谱，穿上大鞋或小鞋模仿大鞋和小鞋走路的不同声音，进行节奏练习。

五、跟随音乐，唱跳表演

师：孩子们，现在让我们一起按节奏来表演《大鞋和小鞋》这首歌吧！

播放《大鞋和小鞋》歌曲音频，男孩穿大鞋，女孩穿小鞋，师幼跟随音乐进行歌曲表演。教师提示幼儿注意安全。

附：

大鞋和小鞋

（秦皇岛市启航幼儿园 / 张伟铖）

活动七　有趣的帽子商店

◎活动目标

1. 认识不同的帽子，知道适合不同季节、职业佩戴的帽子。
2. 倾听故事，感受故事中帽子的奇妙有趣。
3. 喜欢玩帽子游戏，大胆想象表达。

◎活动准备

1. 课件：帽子商店图片，冬季、夏季背景图，宝宝洗头发、泳池游泳场景图片，冰激凌、水果、荷花图片，《米莉的帽子变变变》绘本故事图片；夏季帽子、冬季帽子、浴帽、泳帽等各种帽子图片；建筑工人、警察、厨师、护士等不同职业的人头戴安全帽、警帽、厨师帽、护士帽的图片；幼儿熟悉的歌曲一首。

2. 实物帽子一顶。

◎活动过程

一、观察图片，认识帽子商店

师：孩子们，你们看这是什么地方。

出示帽子商店图片，幼儿观察回答。（帽子商店、卖帽子的地方）

师：这是一家卖帽子的商店，橱窗里有许多不同的帽子。

二、根据季节，佩戴合适帽子

师：一年有四个季节，分别是春、夏、秋、冬。图上是什么季节？我们会戴什么帽子？

出示冬季背景图和棉质帽子、毛线帽子、羊毛帽子、针织帽子图片，幼儿观察回答。

师：这是什么季节？我们会戴什么帽子？

出示夏季的背景图和凉帽、草帽、遮阳帽图片，幼儿观察回答。

师：帽子种类特别多，我们要根据四季的变化，选择佩戴合适的帽子。冬天帽子可以为我们保暖，夏天帽子可以为我们遮凉。

三、师幼交流，了解职业帽子

师：孩子们，有些职业的人要求必须在工作中佩戴帽子，你知道他们是谁吗？

幼儿根据已有经验回答。（医生、警察等）

师：他们为什么在工作中要戴帽子呢？

依次出示建筑工人、警察、厨师、护士等不同职业的人头戴安全帽、警帽、厨师帽、护士帽的图片，幼儿观察回答。教师依次进行总结。（建筑工人头上戴的帽子叫安全帽，为了保护自己的生命安全；警察头上戴的帽子叫警帽，为了警容严整，会显得更有威严；厨师头上戴的帽子叫厨师帽，为了保证食物卫生，也可避免头发或者头屑掉入菜中，另外我们还可以根据厨师帽子的高低分清楚等级，等级越高的厨师，帽子越高；护士头上戴的帽子叫护士帽，是护理职业的一种象征）

四、根据场合，学会选择帽子

师：帽子真是神奇，有这么多不同的作用。我们在这些不同场合会戴什么帽子呢？

出示宝宝洗头发、泳池游泳两个场景图片，幼儿观察回答。（洗澡戴浴帽、游泳戴泳帽）

师：孩子们，我们要记得，洗澡的时候要戴浴帽，游泳的时候要戴泳帽哦。

五、倾听故事，感受帽子的奇妙

师：看，这位小朋友叫米莉，她来到帽子商店得到了一顶神奇的帽子，我们来看一看发生了什么事情。

教师出示《米莉的帽子变变变》绘本图片，讲述故事。幼儿边看边听。

师：米莉的帽子真神奇，请你来说一说故事中米莉的帽子都变成了什么。

幼儿根据故事内容回答。（变成孔雀帽子、蛋糕帽子、花帽子、喷泉帽子）

师：如果米莉又看到这些，米莉的帽子又会发生什么变化呢？

出示冰激凌、水果、荷花图片，幼儿观察回答。（会变成冰激凌帽子、水果帽子、荷花帽子）

师：米莉帽子真神奇，帽子会有这么多不同的变化。

六、帽子游戏，大胆表达想象

师：老师这里也有一顶神奇的帽子，我们要用这顶神奇的帽子玩一个游戏。

教师出示实物帽子，组织幼儿玩传递帽子的游戏。

游戏玩法：播放幼儿熟悉的歌曲音乐，幼儿随音乐依次传递帽子。当音乐停止后，帽子在谁手中谁来戴。大家提问："××（幼儿名字）的帽子变变变，变什么？"戴帽子的幼儿回答："我的帽子变变变，变××（随意猜想）。"

师：孩子们，你们的想象真丰富。回到家可以和爸爸妈妈接着玩这个游戏哦。

附：

米莉的帽子变变变

小女孩米莉在放学回家的路上，看到了一家卖帽子的商店，米莉发现一顶特别漂亮的帽子，于是她忍不住走进店里看一看。米莉在帽子店里看到了一顶非常好看的羽毛帽子，于是店员拿来了这顶帽子，让米莉试了试。米莉很喜欢，准备把这顶帽子给买下来，于是询问了店员价格。可是帽子太贵了，米莉的钱不够买下来这顶羽毛帽子。

米莉打开钱包，看了看，又问店员："有便宜一点的帽子吗？""女士，你觉得多少钱的比较合适呢？"店员亲切地问她。"嗯……我的钱包里只有这些。"米莉一边说，一边把钱包拿给店员看，里面是空的。"哦！我知道了……"店员嘟哝了几句，并抬头注视着天花板。米莉也看着天花板。那是很有趣的一种图案。"啊哈！"店员突然说，"我想到了，有一顶帽子很适合你，请你等一下。"店员走进商店后面。几分钟后，他回来了，手上拿着一个盒子。他把盒子放在桌子上，并且打开盒盖。"女士，这是一顶非常神奇的帽子。"店员说，"它可以变成你想要的各种尺寸、形状或颜色。你唯一要做的是运用你的想象力。"店员小心翼翼地拿出帽子，并且把它戴在米莉的头上。它真的好适合米莉啊！"谢谢。"米莉说，"我非常喜欢这一顶帽子。"

她把手放进钱包，拿出"所有的钱"交给店员。"谢谢。"店员说，"女士，你要不要把帽子放在盒子里？""不要。我想戴着它。"

米莉很开心地戴着新帽子。"我现在必须想象它看起来是哪一种帽子。"她想。也许它像橱窗里那顶有彩色羽毛的帽子，或是有更多更漂亮羽毛的……孔雀帽子！

米莉经过一家蛋糕店，她停下来从窗户看进去。所有的蛋糕看起来好好吃哦！因此，米莉有了一顶蛋糕帽子！

米莉经过一家花店——她的帽子上插满了美丽的花朵。

走进公园里，她就戴上了一顶喷泉帽子。突然，她发现不只是她戴着特别的帽子。每个人都有自己的帽子，而且全都不一样哦！米莉觉得像唱歌一样开心，她的帽子也唱着歌。

米莉回到家了，因为帽子太高，没有办法进门，因此，她又想象出另一种帽子……

看见爸爸和妈妈的时候，米莉问："你们喜欢我的帽子吗？""帽子？"妈妈说，"没有看到啊！"突然，妈妈停了一下，微笑着说："哦！真是一顶很神奇的帽子，我真希望自己也有这样的帽子呢！"米莉说："你有啊！你只要想象，它就会戴在你的头上。"

米莉说对了！每个人都有自己的神奇帽子。

（秦皇岛市启航幼儿园 / 朱宝）

活动八　服饰上的危险

◎活动目标

1. 知道服饰上的小饰品可能带来的危险，找出自己和同伴身上有危险的饰品。

2. 掌握避免服饰上危险的方法，了解简单的救护方法。

3. 懂得不穿戴有危险物品的服饰。

◎活动准备

1. 课件：由于玩弄小饰品而发生危险的新闻视频；错误行为图片（拉扯小朋友脖子上的饰品，上课时把饰品放到嘴里，把饰品上的带子缠绕到手指上，午睡时啃咬饰品）。

2. 亮片、珍珠、小钻石、项链、玉坠、手链等小饰品实物，标签若干。

◎活动过程

一、参观展览，知道小饰品存在危险

师：今天老师给你们带来许多漂亮的小饰品，我们一起来看一看吧。

幼儿边走边欣赏桌子上摆放的各种小饰品。

师：这些小饰品你有吗？它们的作用是什么？

幼儿自由谈论。（我有这些珍珠头绳，它可以把我的头发绑起来，让我变漂亮；我妈妈有项链，戴上项链会让我妈妈变得更漂亮）

师：没错，它们会使我们更漂亮，但是这些小饰品还有容易被人们忽略的一面，那就是如果佩戴和使用不当，它们会存在危险。

二、观看新闻，明白小饰品的危险性

师：我们来看看，这些小饰品到底会给小朋友带来哪些危险呢？

播放由于玩弄小饰品而发生危险的新闻视频，幼儿观看后回答。（勒住小朋友脖子喘不上气，会不小心进入嘴里有危险，会窒息）

师：由于这些小朋友佩戴和摆弄小饰品，居然出现了这么多的危险，有些小朋友甚至失去了生命。这些小饰品实在是太危险了。

三、找找说说，指出身上危险的饰品

师：你身上和家里有这些危险的小饰品吗？老师找到了一个，就是我的珍珠戒指。如果我摆弄珍珠戒指，把珍珠不小心吃到嘴里，吸到气管里，就容易窒息，很危险的。现在你来找找，你和身边小朋友的服饰上，哪些饰品存在危险？找到存在危险的饰品我们就用手里的标签给它做上记号。

幼儿寻找自己和同伴身上的危险饰品并粘贴好标签，并说说找到的危险饰品。

师：你们真厉害，不仅找到了自己身上有危险的饰品，还帮助小伙伴找到了有危险的饰品。这些饰品存在什么样的危险呢？

幼儿自由回答。（会扎到眼睛，会堵住鼻子的呼吸，会勒到脖子）

师：小发夹的装饰物如果太硬，会硌到头皮，也会扎到眼睛；衣服上的小亮钻、小扣子不能含在嘴里、塞到鼻子和耳朵里；脖子上戴的项链也有可能勒到脖子引发窒息。

四、分组讨论，掌握简单的救护方法

师：如果真的发生危险该怎么做呢？请你和身边的小伙伴们讨论一下吧。

幼儿分组讨论后，每组幼儿代表回答讨论结果。

师：如果真的发生这样的危险我们不要害怕。假如你将小饰品塞进了鼻子里不要往里吸气，摁住没有塞进东西的鼻孔，使劲往外擤，这样异物就出来了。如果情况特别紧急，一定要及时请医生帮忙。

五、纠正错误，知道入园不带危险品

师：接下来，我们一起看看图片中小朋友的做法哪里不对，并说明你的理由。

教师出示错误行为图片，幼儿根据已有经验判断图片中行为错在哪里，并说出理由。

师：除了我们刚才说到的小饰品有危险性，还有哪些好玩的玩具也有危险性呢？

幼儿自由回答。（小手枪、氢气球、玻璃球等）

师：这些玩具虽然很好玩，但是它们也是有一些危险性的，我们在玩的时候最好有大人的陪同，一定要注意安全，更不能带到幼儿园来。

师：怎么才能不让图片中这些危险发生呢？

幼儿自由发言。（不穿太长的裙子，不戴硬硬的卡子，不乱摆弄衣服上的饰品）

师：你们说得都有道理，我们要注意不穿戴有危险物品的服饰。如果特定场合必须在衣服上佩戴一些饰品，那我们就要正确佩戴，不摆弄，避免发生危险。

（秦皇岛市启航幼儿园 / 张丽娜）

【个别化学习活动】

区域	名称	材料	玩法	价值
语言区	穿戴安全我知道	幼儿安全穿戴和不安全穿戴卡片若干；安全穿戴和不安全穿戴分类粘贴板。	两名幼儿一组，猜拳决定抽卡的先后顺序。两名幼儿依次抽出一张卡片判断卡片中的穿戴是否安全，并用语言讲述理由，将卡片粘贴到对应的粘贴板上。	辨别穿戴是否安全，并用语言清楚说明理由。
	职业讲解员	旧台历分为两部分，一部分粘有医生、消防员、厨师、环卫工人、宇航员等图片，另一部分粘有与各职业相对应的车辆或工具图片，两部分的顺序打乱。	1. 两名幼儿一组，一名幼儿将打乱顺序的职业服装和相对应工具或车辆图片翻出配对，另一人讲述图中的人所从事的职业和所穿服装的作用。 2. 两名幼儿互换角色，继续游戏。	了解不同职业的服装及作用。
益智区	服装演变史	远古、古代、近代、现代服装图片，不同难度（用星级表示）的服装演变顺序的填充底板（背面有正确答案小图）。	幼儿选择不同难度的服装演变顺序填充底板，按服装演变顺序，将各时代服装图片放在填充底板上，翻看背面验证答案。	了解服装演变的顺序，锻炼记忆力、观察力。
	衣服帽子对对碰	两个六格板块，分别贴上6张穿不同衣服的儿童图片和6张和服装相对应的帽子图片。图片可以翻转。	1. 两人合作游戏，分别选择一个板块，快速记忆6张图片内容以及摆放的位置。记忆后两人同时翻转图片。 2. 两人猜拳，获胜的一方翻开一张自己板块方格内的任意一张图片；对方根据图片内容，找出自己板块方格内相对应的图片，翻开。猜对图片保持翻开，猜错图片翻转回去。两人继续猜拳游戏，先翻开全部图片者获胜。	1. 锻炼记忆力。 2. 练习将衣服和帽子进行适宜搭配。
	服饰搭配	可粘贴操作板，春夏秋冬四季图，游泳馆、运动场、婚礼现场、幼儿园活动室、舞台等场合图，晴天、阴天、雨天、雪天、大风、大雾等天气标志图；男女模特图片两张；不同上衣、裤子、裙子、围巾、帽子、鞋子、手套、包等图片若干。	1. 幼儿自由选择四季图、天气标志图片粘贴在操作板上。根据季节和天气，选择合适的服饰，粘贴在模特身上。 2. 幼儿自由选择场合图粘贴在操作板上，根据场合，选择适合的服饰，粘贴在模特身上。	练习根据不同季节、天气及场合搭配适合的服饰。
科学区	细细的水流	毛线若干、水杯2个、水1瓶，颜料、剪刀、透明胶。	1. 将毛线用水浸湿，两端用透明胶分别紧贴在两个杯子内壁固定。 2. 在一个杯子中倒入水，加入少许颜料。 3. 高举有颜色水的杯子将毛线拉直，把有颜色的水沿毛线缓慢倾倒至空杯子中，观察水流沿毛线缓慢流动的现象。	了解虹吸原理。
	起舞的毛线	塑料尺子2把、绸子布1块、细毛线头若干。	用绸子布摩擦塑料尺，再拿塑料尺去接触毛线头。观察摩擦过的塑料尺吸起毛线头的现象。	感知摩擦起电的现象。

（续表）

区域	名称	材料	玩法	价值
操作区	整理小能手	各种服装若干、自制整理柜，不同服装的折叠步骤图。	观察不同服装的折叠步骤图，按照不同服装的折叠方法将衣服叠整齐，分类放入整理柜。	练习不同衣服的折叠方法，并整理收纳。
	我会穿鞋带	自制系带鞋板（将硬纸板剪成鞋底形状并打孔），鞋带；多种穿鞋带方法示意图。	1. 一名幼儿选择一种方法练习穿鞋带。 2. 两名幼儿选择同样穿鞋带方法进行穿鞋带比赛。	练习穿鞋带的几种方法。锻炼手的灵活性。
	我会编织	固定了纵向毛线的操作板，各色毛线，塑料毛线针若干。	自选毛线，用塑料针将毛线横向交叉编织在操作板纵向毛线上，形成美丽的图案。	练习简单的横纵编织的方法。
美工区	美丽的小花裙	身穿白色连衣裙的小姑娘图片，彩泥、各色彩纸、皱纹纸，水彩笔、胶棒。	幼儿自选材料，用绘画、捏塑、撕贴、揉搓等方法装饰小姑娘的连衣裙。	练习用多种材料装饰连衣裙
	小礼帽	礼帽制作步骤图，白色纸杯、白色圆形卡纸若干，油画棒、彩色纸屑、胶棒。	观看礼帽制作步骤图，自选材料装饰白色纸杯和圆形卡纸，装饰好后将纸杯口倒扣粘贴在圆形卡纸中心，制成礼帽的造型。	练习用不同材料制作帽子。
	多彩袜子	白色棉质袜子若干、调色碗若干、各色染料、水。	1. 幼儿将袜子随意打结，选择自己喜欢的颜色进行浸染。 2. 将浸染好的袜子取出、拧干、拆结、晾干。	学习用扎染的方法装饰袜子。
	小拖鞋	各色超轻黏土、拖鞋制作流程图、成品图。	幼儿自选超轻黏土，按照流程图用搓、捏、团圆等方法制作小拖鞋。	练习搓、捏、团圆等手工技能。
表演区	服装秀	仿兽皮服装、汉服、旗袍、现代演出服饰等，走秀音乐。	幼儿自己搭配演出服饰并穿戴整齐，随音乐进行走秀。	练习搭配演出服饰。
	大鞋和小鞋	《大鞋和小鞋》音乐，跺脚和拍手节奏图谱、器乐演奏节奏图谱；音乐播放器，碰铃、三角铁、响板、双响筒等打击乐器。	1. 幼儿按照跺脚和拍手的节奏图谱随音乐进行表演。 2. 幼儿自由选择乐器，按照器乐演奏节奏图谱，随音乐合作进行表演。	练习按照图谱随音乐拍打节奏、演奏打击乐器。

【户外运动活动建议】

1. 提醒幼儿在户外运动时一定要穿轻便适合运动的衣服。

2. 要求幼儿在运动时要穿运动鞋。

3. 提示幼儿在运动出汗后不要马上脱下外衣，以免着凉。

4. 冬季户外运动时，提醒幼儿不要穿过长的棉服，保证幼儿运动时的安全。

5. 可以组织幼儿玩一些与穿戴有关的游戏，如好玩的大鞋：幼儿将挖好洞洞的盒子当成大鞋穿在脚上，进行走路比赛。

【日常生活活动建议】

1. 提醒幼儿每天按照天气情况合理搭配服装。

2. 对能自己穿好衣服穿好鞋的幼儿给予表扬鼓励。

3. 提示幼儿来园时要穿方便运动的服装。

4. 根据幼儿每天午睡起床穿戴情况，包括衣服鞋子的反正、扣子拉链的情况、穿戴的速度、是否有进步等，评选出优胜者，授予“穿衣小能手”称号。

5. 每天由班级小安全员检查幼儿衣服上有没有危险的饰品，发现问题及时解决，增强幼儿穿戴安全意识。

【环境创设】

1. 幼儿将自己在家或出游时最满意的服装搭配照片展示在主题墙上，并向其他幼儿作介绍。教师收集合理搭配的服饰照片展示在主题墙上，让幼儿学习一些搭配的技巧。

2. 幼儿收集一些漂亮的有创意的鞋帽图片在主题墙上展示。

3. 幼儿将自己设计的鞋子在活动室适当位置展示。

4. 幼儿将喜爱的衣服画出来，用漂亮的线条和图案装饰衣服并涂上喜爱的颜色，剪下后贴在主题墙上。

5. 请家长帮助搜集各种少数民族服饰图片在主题墙上展示，请幼儿为其他人作介绍。

【家园共育】

1. 建议家长和孩子一起阅读有关服饰搭配的书籍，帮助孩子学会自己搭配合适的服饰。

2. 建议家长提醒孩子在叠放衣服的时候，按照季节、衣服种类分类摆放，锻炼孩子的整理能力。

3. 在选购服装时家长可以试着让孩子参与意见，提升孩子自己搭配服装的能力。

【社会实践】

逛商场

◎活动目标

1. 了解商场中服装的基本分类。

2. 知道买衣服的基本流程。

3. 感受各种服饰的美。

◎活动建议

1. 活动前与幼儿交流，说说想买的衣服和要去的商场。

2. 提前考察好路线、环境、安全等情况，做好去商场的各项准备工作。

3. 提前做好安全教育，如人多的地方要拉好家长的手，不随意乱跑。
4. 在商场，幼儿选择自己喜欢的服装并向家长说明购买理由，家长同意后一起购买。
5. 完成购买后，家长和幼儿交流感受。

【发展评估】

“适宜穿戴”好习惯养成幼儿家长评价表

宝贝们，经过一个月的时间，你养成“适宜穿戴”的好习惯了吗？现在请你和爸爸妈妈一起玩一个问答小游戏。

班级：　　　　　幼儿姓名：

评价内容	评价结果
1. 远古时代人类穿什么衣服？请你说一说。	
2. 夏天和冬天的衣服有什么不一样？	
3. 运动时、睡觉时和参加婚礼时要穿什么衣服？	
4. 你能自己整理自己的衣柜吗？请你说说整理的方法。	
5. 宇航员服装有哪些作用？请你说一说。	
6. 请你说一说，穿大鞋子有哪些不方便？	
7. 厨师帽、消防帽和警帽各有什么作用？请你说一说。	
8. 怎样避免身上的服饰伤到自己？	

爸爸妈妈们请在沟通中对孩子的行为作出正确的评价，指导孩子用彩笔为自己的好习惯作出不同等级的笑脸评价。

评价标准：非常好 4　好 3　一般 2　差 1

“适宜穿戴”好习惯养成教师评价表

班级：　　　　　幼儿姓名：　　　　　　教师姓名：

目标	评价结果			
	4	3	2	1
1. 知道人类从远古服装到现代服装的演变过程。				
2. 知道穿大小合适的服装和鞋子。				
3. 学会穿衣服、裤子、鞋的顺序和基本方法。				
4. 能根据季节和天气搭配合适的衣服。				
5. 知道帽子的不同种类和用途。				
6. 掌握运动服、家居服、礼服、泳装等服装种类及其适合的场合。				
7. 了解不同职业服装的特征以及作用。				
8. 能做到不穿戴有危险的服饰。				

评价标准：非常好 4　好 3　一般 2　差 1

好习惯十　躲避危险

【主题名称】安全记心间

全家总动员

亲爱的家长朋友：

您好！随着现代社会多元化的发展，生存环境的日趋复杂，关于孩子们的不安全事件频频发生，拐骗儿童、交通事故、高处跌落、溺水、触电、利器伤害，乃至性侵害等，严重损害了他们的身心健康。而孩子社会经验少，认知水平低，对周围环境的认识往往比较片面、肤浅，不能清晰地看到周围环境中潜伏的危险因素，缺乏对行为结果危险性的预测，更缺少正确、及时地应对各种突发危险事件的经验，从而酿成严重后果。针对这种现象，本月我们将开展的主题活动是“安全记心间”，旨在培养孩子“躲避危险”的好习惯。

在幼儿园，我们有针对性地进行培养，希望孩子能达到如下目标：

1. 知道在公共场合不远离成人的视线，不跟陌生人走。
2. 知道自己身体的隐私部位是任何人不可以触碰的。
3. 知道远离有电、燃气、火、水等危险的地方。
4. 知道安全乘车的注意事项。
5. 学习正确拨打特殊电话号码110、119、120，知道不随意拨打特殊电话号码。

在家庭生活中，我们建议您从以下几方面进行关注：

1. 带孩子外出前，提醒孩子公共场合所潜在的危险，嘱咐孩子不能跟陌生人走，不吃陌生人给的食物。
2. 告诉孩子不能让别人摸自己身体的隐私部位。
3. 和孩子出行时文明乘车，遵守交通规则。
4. 请您以身作则，不做危险的事情。
5. 让孩子熟记自己的家庭住址及家长的电话号码，增强安全防范意识。

感谢您的参与，为了孩子的成长，让我们一起努力！

【主题目标】

1. 知道在公共场合不远离成人的视线单独活动，掌握在遇到危险时简单的自救和求助方法。
2. 了解男孩和女孩身体的隐私部位，知道隐私部位是任何人不可以触碰的。
3. 知道不跟陌生人走，不吃陌生人的东西，不给陌生人开门。
4. 知道远离有电、燃气、火、水等危险的地方，具有安全意识，懂得躲避危险。
5. 了解生活中造成烫伤的原因，知道简单的防烫知识和措施。
6. 学习安全乘车的注意事项，做到安全乘车。
7. 了解放风筝中可能出现的安全隐患，知道放风筝的安全注意事项。
8. 了解特殊电话号码 110、119、120 的使用场合，学习正确拨打特殊电话号码的方法。

【主题口号】

躲避危险，安全常伴

【三字儿歌】

躲避危险

危险事，我不做。
安全事，记心上。
遇危险，要机灵。
巧应对，莫慌张。
平常日，多演练。
少危险，多安康。

【集体教学活动】

活动一　走丢了也不怕

◎活动目标

1. 大胆猜想故事情节并进行表述，感受主人公的心理变化。
2. 掌握走丢后简单的自救和求助方法。
3. 知道在公共场所不远离成人的视线单独活动。

◎活动准备

1. 课件：《汤姆走丢了》绘本故事图片，自救和求助方法图片，警察图片，收银员、保安、售货员等商场工作人员图片。

2. 智慧星贴纸，火车厢、医院、马路、超市场景及其工作人员图片，跑和原地等的图片，跟陌生人走和不跟陌生人走的图片。

◎活动过程

一、观察图片，猜测汤姆哭泣的原因

师：孩子们，你们看，这是小兔子汤姆，他怎么了？为什么哭？

出示《汤姆走丢了》绘本汤姆哭了的图片，幼儿观察回答。（他哭了；摔倒了、不开心）

二、阅读绘本，说说汤姆走丢的情景

师：我们来看一看到底发生了什么事情。我们来找一找哪个是汤姆。汤姆现在的心情如何？哪个是汤姆的妈妈？你是怎么知道的？

出示绘本汤姆和妈妈在一起的图片，幼儿观察回答。（穿蓝上衣的是汤姆，他很开心；穿红色大衣的是汤姆的妈妈，因为他们手拉手）

师：你们观察得真仔细，汤姆今天穿了一件蓝色的上衣，妈妈穿了一件红色的大衣。妈妈在做什么？汤姆在做什么呢？

教师出示绘本图片，讲述故事第一段。幼儿根据图片和故事内容回答。（汤姆妈妈在看衣服；汤姆在看自己的周围）

师：原来汤姆看到了自己想买的裤子，你们猜，汤姆接下来会做什么呢？

幼儿大胆猜测。（会去找自己喜欢的裤子）

师：你们猜对了，汤姆真的跑去找他想买的裤子去了。结果发生了什么事？

教师出示绘本图片，讲述故事第二段。幼儿根据故事内容回答。（汤姆想拉着妈妈去看他喜欢的裤子，结果拉错人了，他拉的不是他的妈妈）

师：你怎么知道这不是他的妈妈？这个时候汤姆心情是怎样的？

幼儿根据图片和故事内容回答。（因为这位阿姨穿的衣服和他妈妈不一样；汤姆很害怕）

三、站队游戏，学习两种自救方法

师：汤姆找不到妈妈了，他做了什么，为什么这样做？

教师出示绘本图片，讲述故事第三段。幼儿根据图片和故事内容回答。（跑，他想快点找到妈妈）

师：那你觉得是应该站在原地等妈妈，还是跑着去找妈妈呢？我们来玩一个站队游戏。

教师将孩子走丢后跑和原地等的图片分别粘在两张椅子背后面，认为应该跑着找妈妈的幼儿和认为应该原地等妈妈的幼儿分别站在相应的椅子后面。教师在每队选 2 ～ 3 个幼儿说说理由。

师：哪一种做法是正确的呢？

教师出示自救方法一的图片，进行解说：发现和家人走散了，别慌张，不要怕，更不能哭，要保持冷静。我们应该先待在原地不动，也可以站在高处大声喊妈妈，妈妈会来找我们的。然后教师带领幼儿试试这一方法，再让选对的幼儿到前面取一颗智慧星的粘贴。

师：接下来，汤姆又遇到了谁？汤姆认识他吗？他是什么人？

教师出示绘本图片，讲述故事第四段。幼儿根据故事和图片内容回答。（一位老先生，一位兔子爷爷；不认识；是陌生人）

师：汤姆是跟这位老先生走，还是不跟他走呢？请你们选一选吧！

教师将跟陌生人走的图片、不跟陌生人走的图片分别粘在两张椅子背后面，认为应该和这位老先生走去给妈妈打电话的幼儿和认为不应该和这位老先生走的幼儿分别站在相应的椅子后面。教师在每队选 2 ～ 3 个幼儿说说理由。

教师出示自救方法二的图片，进行解说：遇到陌生人不能跟他走，更不能跟陌生人去别的地方打电话，要大声地说“我不和你走”。然后教师带领幼儿试试这一方法，再让选对的幼儿到前面取一颗智慧星的粘贴。

四、经验交流，总结简单的求助方法

师：汤姆没有和这位老先生走，也没有和这位老先生说话，很快地跑开了。可是汤姆还是没有找到妈妈，那我们来帮他想想办法吧！你们有什么好的办法，能帮助汤姆找到妈妈呢？

幼儿根据生活经验回答。（找警察）教师出示警察图片。

师：没错！走丢了不要怕，可以向他人求助。我们可以找警察帮忙。怎么找到警察帮忙？

幼儿根据生活经验回答。（打电话、打 110）

师：商场里没有警察，我们可以找谁帮忙？

幼儿根据生活经验回答。（收银员、保安、售货员等）教师根据幼儿的回答出示商场工作人员图片。

师：我们可以找商场里的工作人员帮忙，找到他们以后我们怎么做才能很快地找到妈妈呢？

教师引导幼儿说出给妈妈打电话，说说妈妈及其他家人的电话和家庭地址。

教师出示求助方法三的图片，进行解说：求助商场的工作人员，并告诉他们自己的姓名、家人的电话或者居住小区的名字。掌握了这些方法，走丢了也不怕。

五、继续阅读，感受汤姆的心理变化

师：让我们来看看，汤姆向谁求助帮忙找妈妈了？

教师出示绘本图片，讲述故事第五段。幼儿根据图片和故事内容回答。（汤姆找收银员阿姨帮忙了）

师：如果在商场走丢了千万不要走出商场，可以去找收银员阿姨。孩子们，你们的爸爸妈妈带你们外出的时候，有没有和你们说过什么？

幼儿根据生活经验回答。（别跑远了、别乱跑、跟好爸爸妈妈）

师：我们继续往下看，到底是谁帮助汤姆找到了妈妈？找到妈妈后汤姆的心情是什么样的？你猜汤姆会对妈妈说些什么？

教师出示绘本图片，讲述故事第六段。幼儿根据图片和故事内容回答。（保安叔叔；开心、激

动；妈妈我好害怕，妈妈我好想你）

师：孩子们，汤姆找不到妈妈会着急、害怕、紧张。其实妈妈也一样，也会很着急。汤姆对妈妈说：“亲爱的妈妈，我要永远和你在一起。”于是，汤姆紧紧地拉着妈妈的手，跟在妈妈的身边。

六、情境练习，巩固方法运用求助

师：孩子们，刚刚我们讲了几种走丢后的自救求助方法？还记得是哪些方法吗？

教师出示自救求助方法图片，幼儿看图讲述。

师：刚刚我们说了求助方法是找警察和工作人员来帮忙，在商场里我们找收银员、保安来帮忙，在下面这些地方，我们应该找谁来帮忙呢？

教师分别出示超市、马路、火车厢、医院四种不同场景图粘贴在黑板上，幼儿从小椅子后面取下工作人员图片，将其贴到相应的场景图上。然后说说在超市、马路、火车厢、医院分别可以找谁来帮忙。师幼一起检查粘贴得是否正确，如有错误进行纠正。

师：孩子们，走丢了千万别慌张。因为只有保持冷静，才能更好地思考。记住这些走丢自救求助的方法，并把这些方法告诉你的朋友吧。

附：

汤姆走丢了（节选）

今天，妈妈带我到百货商店去买东西。她想给我买一条新裤子，就像我朋友嘎比的裤子，裤子的两边都有裤兜。大街上有好多人，他们总是一路小跑，来去匆匆。在商店门口，妈妈告诉我，千万不要乱跑，让我一直跟在她的身边。当妈妈给自己挑选衣服的时候，我就看着自己的周围，哎呀！我看到了我要买的裤子！

“快来，妈妈，我给你看我要的裤子，这正是我想要的。”我转过身，想问妈妈是不是她也觉得我挑的裤子很漂亮。咦，怎么是位阿姨！我认错人了！她不是我妈妈。我的心开始怦怦乱跳起来。

我撒开腿拼命地跑，得赶快找到妈妈。我看到妈妈的红大衣了，嗨！我追上妈妈了！我刚才真害怕！但是，她也不是妈妈！还是一位阿姨，穿着和妈妈一样的红大衣。那妈妈去哪儿了？我在商店的过道里跑。

一位长着奇怪脑袋的老先生弯下腰，问我为什么哭。我害怕极了，很快地跑开了。

我记得，爸爸对我说过：“如果你走丢了，千万不要出商店，而要去找收银台的阿姨。”我想和收银台的阿姨说话，可她看不见我。

一位穿制服的叔叔走过来了，粗声粗气地问我叫什么名字。接着，他对我说，我们一起找妈妈。叔叔把我带到他的办公室，对着话筒说我走丢了。整个商店都能听到他的声音。从广播里听到我的名字，我感觉怪怪的。一位阿姨让我一边等妈妈，一边给图画填色，我很害羞，也很着急……突然，门开了，是妈妈！我看到她也哭了。她和我一样害怕。妈妈，亲爱的妈妈，我要永远和你在一起！

（秦皇岛市启航幼儿园 / 张伟铖）

活动二　不要随便摸我

◎活动目标

1. 了解男孩和女孩身体的隐私部位，知道隐私部位是任何人不可以触碰的。

2. 倾听故事，学习保护隐私部位的方法。

3. 大胆对不适当的亲密行为说不，提高自我保护意识。

◎活动准备

1. 课件：男孩女孩穿内衣图片、《不要随便摸我》故事图片；音乐《啄木鸟》。

2. 男女孩卡通人体图片，幼儿每人一组；“小星星”贴纸若干。

◎活动过程

一、律动游戏，引出活动主题

师：小朋友还记得“碰一碰”的游戏吗？我们一起来玩一玩。

游戏玩法：教师说“找个朋友碰一碰、碰一碰”，幼儿问“碰哪里”。教师说出某一身体部位，幼儿和周围的伙伴碰一碰。

师：你们刚刚都碰了好朋友的哪些部位？

幼儿根据游戏回答。（头、手、膝盖、脚等）

师：我们的手、脚、头这些部位是可以轻轻地碰一碰的。

二、说说贴贴，了解隐私部位

师：除了这些身体部位我们可以轻轻碰一碰，还有一些部位是不能碰的，你们猜猜看是哪些部位？

幼儿自由回答。（眼睛、鼻子、嘴、屁股等）

师：小朋友们都有自己的想法，你们看一看，这个小朋友怎么了？

出示男孩女孩穿内衣图片，幼儿观看。（没穿外衣）

师：没有穿外衣，所以他们的隐私就暴露了。你们知道什么叫隐私吗？

幼儿根据经验回答。（自己的事情、不能说的事情）

师：隐私就是不愿意告诉别人或者不愿意公开的事情，隐私部位就是不能随便看、不能随便摸的部位。我为你们每个人准备了人体图片，请你们帮帮他，把不能让别人随便看、随便摸的隐私部位用“小星星”遮盖起来。

幼儿回到桌子前拿到一张卡通人体图片，用小星星贴纸将隐私部位粘贴起来。操作完毕后拿好人体图片回到座位。

师：你所遮盖的地方是身体的哪些部位？为什么不能碰一碰呢？

幼儿展示自己操作的图片，说一说遮挡的身体部位。

师：我们用小星星贴纸遮盖起来的部位，像胸部、屁股，还有我们大小便的部位等，都不能随便露出来，不能让别人随便看、随便摸，它们都是小朋友身体的隐私部位。

三、倾听故事，学习保护方法

师：小朋友都知道了身体的隐私部位，那怎样保护我们的隐私部位呢？

幼儿根据已有经验大胆地发表看法。

师：我带来一个故事，故事中小女孩是怎样保护隐私部位的？我们一起听一听。

出示《不要随便摸我》故事图片，讲述故事第一段，幼儿倾听。

师：故事中的小女孩遇到了危险，她是怎样做的？

幼儿根据故事内容回答。（立刻逃出家门告诉了她的爸爸妈妈）

师：遇到危险时我们要赶快逃走，来保护自己。回家后还要赶紧把事情告诉爸爸妈妈。

四、继续阅读，加深保护意识

师：吉米有什么好办法来保护自己？

出示《不要随便摸我》故事图片，讲述故事第二段，幼儿倾听。（大胆拒绝，对不适当的行为大声说："住手，我不喜欢你这样做！"）

教师出示拒绝的图片，帮助幼儿理解，鼓励幼儿大胆说出"住手，我不喜欢你这样做"。

师：除了这几种方法，你们有什么好的方法来保护自己呢？

幼儿大胆回答。（不和陌生人出去，出门前和爸爸妈妈打招呼）

教师出示拒绝陌生人的图片，帮助幼儿理解。

师：孩子们，保护好自己的隐私，也要尊重别人的隐私。比如别人去厕所的时候，不要故意去看。

五、音乐游戏，保护隐私部位

师：下面我们再玩一次"碰一碰"的游戏。

游戏玩法：播放一段音乐，大家围着圆圈走走。音乐一停，幼儿问教师"碰哪里"。教师说出一个身体部位，如果可以碰，幼儿就去找自己的好朋友碰一碰；如果不能碰，就赶紧抱紧自己，保护好自己。

师：孩子们，希望你们学会尊重别人，保护好自己，开心快乐每一天。

附：

不要随便摸我

吉米妈妈给吉米讲了一个故事。有这么一个小女孩，有一天，她在外面玩时，一个邻居叔叔走过来对她说："你要不要到我家去看看刚出生的小猫咪呀？"小女孩认得这个叔叔，又对刚出生的小猫咪很好奇，就跟着他回家了。进了屋，小女孩左看右看，没有看到小猫咪。她问叔叔："小猫咪在哪里呢？"邻居叔叔说："如果你过来坐在我腿上，我就让你看那些小猫咪。"小女孩突然有一种很不舒服的感觉，她说："我想回家。"但是，那个邻居叔叔竟然把手伸进了她的内裤里！小女孩立刻逃出了门。她成功逃掉了，她气都不敢喘地冲回家，把事情的经过告诉了爸爸妈妈。

"后来呢？"吉米问。"邻居叔叔对那个小女孩做的事是不对的，触犯了法律。他受到了应有的惩罚，好让他记住这次教训，以后永远不再做这种事。来我们来模拟一下，如果有人想要把手伸进你的衣服里面摸你的身体，你会怎么做？”“我会让他把手拿开。”“没错！你首先要告诉那个人马上住手。但是，要对一个个子比你高、年龄比你大的人说出这样的话可能有些困难，我想我们需要练习练习。跟我说——‘住手！我不喜欢你这样做！’”吉米大声重复道：“住手！我不喜欢你这样做！”“你说得很好！这样一来，那个人就会知道你的真实想法。孩子，你要记住：如果没有正当理由，除了你自己，没有任何一个人有权利乱摸你的隐私部位，即使是爸爸和我，也不可以。”妈妈说。

（秦皇岛市启航幼儿园 / 赵静）

活动三　不上你的当

◎活动目标

1. 知道不跟陌生人走，不吃陌生人的东西，不给陌生人开门。

2. 发现游戏成功和失败的原因，并愿意表述。

3. 感受游戏的快乐，遵守游戏规则，做到不上当。

◎活动准备

1. 课件：陌生人敲门、送外卖和查水电的音频；陌生人哄骗幼儿去游乐场、给好吃的、带去找妈妈、让打开家门的视频。

2. 糖果若干。

3. 幼儿会玩“木头人”游戏。

◎活动过程

一、回忆规则，同玩游戏

师：孩子们，我们都玩过“木头人”的游戏。谁还记得游戏的口令是怎么说的吗？

幼儿说说“木头人”游戏口令：我们都是木头人，不会说话不许动，看谁坚持 1 分钟。

师：你们记得好清楚呀，我们来玩一次吧。

师幼玩游戏“木头人”。

师：好，放松。谁来说说如果要赢得这个游戏，最关键要做到什么？

幼儿自由回答。（不能动，不能说话，坚持住）

师：玩这个游戏就要坚持住一动不动，谁先动了、笑了、说话了谁就输了。

二、语言干扰，坚持不动

师：你们还想再玩一次游戏吗？好，游戏开始，看谁能坚持住。

师幼再次游戏，当幼儿停住不动后，教师用语言故意干扰幼儿。

师：请动了、笑了的宝贝们站到我的左手边，请坚持住一动不动的宝贝们站到我的右手边。你们为什么会输掉游戏？你们为什么会赢？

幼儿分析输赢的原因。（输了是因为动了、出声音了、笑了等；赢了是因为坚持一动不动、没有笑、没有出声音等）

师：只有不被我干扰，坚持住一动不动的宝贝才会赢得胜利哦。

三、要带你走，不可答应

师：我们再来玩一次游戏，看看这次谁会赢。动了的木头人要被罚停玩游戏一次。

师幼游戏，当幼儿停住不动后，教师用同上方法故意干扰幼儿。幼儿不被干扰后，教师扮演陌生人用“我带你去 ×× 处玩”来干扰幼儿。

师：看看谁动了？你为什么要动？

幼儿说明失败的原因。失败者被罚停玩游戏一次。（想跟陌生人去玩）

师：我们在玩《木头人》游戏时，你们都是木头人，不管我说什么，木头人能动吗？能说话吗？刚才有几个木头人上了我的当，那么这次看看还会不会有木头人会上当。

师幼继续游戏，教师扮演陌生人用“我带你找妈妈”来干扰幼儿。请动的幼儿说说失败的原因，请坚持住的幼儿说说成功的原因。失败者被罚停玩游戏一次。（输了是因为想跟着陌生人去找妈妈、听了陌生人的话等；坚持住了，是因为不能跟陌生人去找妈妈、木头人不能动等）

师：在游戏进行中不管我说什么，木头人都是不能动不能说话的，如果你上了我的当，那就要输掉游戏了。

四、生人敲门，不要打开

师：你们还想不想继续迎接挑战？让我们一起接着游戏吧。

师幼继续游戏，当幼儿停住不动后，教师播放音频，用敲门、送外卖、查水电的声音对幼儿进行干扰。

师：看看谁上我的当了？为什么会上当呢？

幼儿说明失败的原因，失败者被罚停玩游戏一次。（动了、说话了、想去开门等）

师：在游戏中不管听到谁来敲门，木头人都是不能动不能去开门的。如果你动了，那就是上了我的当，这一局你就输掉了。

五、糖果诱惑，不能品尝

师：还有这么多的木头人没有上当呀，我们继续游戏吧。

师幼继续玩《木头人》游戏，教师扮演陌生人用“我的糖果可甜了，你来尝尝吧”来干扰幼儿。

师：看看谁上我的当了？你为什么会上当呢？

请上当的幼儿说说失败的原因，失败者被罚停玩游戏一次。（想去拿糖果等）

师幼继续游戏，教师扮演陌生人再次用糖果对幼儿进行干扰，如幼儿不被干扰，教师可增加糖果的数量使其上当。请动的幼儿说说失败的原因，请坚持住的幼儿说说成功的原因。失败者被罚停玩游戏一次。（输了是因为看到这么多的糖果馋了、糖果太好吃了等；坚持住了，是因为不能吃陌生人的糖果、木头人不能动等）

师：在游戏进行中不管糖果多么美味，木头人都是不能动不能吃的，如果上了我的当，那就要输掉游戏了。

六、观看视频，掌握方法

师：在游戏中你们都能做到坚持住一动不动，如果真的有不认识的人来带你走，给你糖果吃，敲你家的门，你该怎么说，怎么做呢？

幼儿自由回答。（我不跟不认识的人走、不要他们的糖果、不开门等）

师：你们说这么多，我们一起来看看，视频里的小朋友是怎么做的？

播放陌生人哄骗幼儿去游乐场、给好吃的、带去找妈妈、让打开家门的视频。幼儿根据视频内容回答。（视频里的小朋友没有跟陌生人走，没要陌生人的食物，没给陌生人开门）

师：如果小朋友上了坏人的当，会怎么样呢？

幼儿自由回答。（会很危险，再也见不到爸爸妈妈了）

师：有些坏的陌生人特别喜欢骗小孩子，让我们上当。我们一定不要跟陌生人走，不吃陌生人给的食物，更不能随便把家里的门打开让陌生人进来。如果我们被坏人骗走了，就再也看不到爸爸妈妈了，所以我们一定要保护好自己，不上坏人的当。

（秦皇岛市启航幼儿园 / 潘韵明）

活动四　聪明的小猴

◎活动目标

1. 知道远离有电、燃气、火、水等危险的地方。
2. 具有安全意识，懂得躲避危险。
3. 愿意参与集体游戏，遵守游戏规则。

◎活动准备

1. 课件：《聪明的小猴》绘本故事图片，高压电线、人工湖、水库、热水壶、火炉、液化气罐、篝火图片，《菊次郎的夏天》音乐。
2. 电妖怪、燃气妖怪、火妖怪、水妖怪、热水妖怪头饰，呼啦圈 5 个。

◎活动过程

一、师幼谈话，聊聊“妖怪”的话题

师：孩子们，你们见过妖怪吗？你在哪里见过妖怪？妖怪长什么样子？

幼儿自由回答。（书里、电视里；全身漆黑有一个眼睛，头上长着角，身上都是毛）

二、倾听故事，认识隐藏的“妖怪”

师：我认识了一位新朋友——小猴，他说他的家里就有妖怪。我们一起来看一看小猴家里的妖怪是谁。

出示妖怪们开会图片，幼儿观察图片，说说是什么妖怪、是怎么看出来的。

师：到底这些都是什么妖怪呢？我们一起来听一听。

教师出示绘本图片，讲述故事《聪明的小猴》第一段，适时在图中指示相应妖怪。幼儿根据故事内容回答。（电妖怪、燃气妖怪、火妖怪、水妖怪和开水妖怪）

师：原来这些妖怪平时都会藏在不同的地方，不会轻易出来。你觉得电妖怪会藏在哪里？

幼儿根据已有经验回答。（电视机里、电冰箱里、电脑里、电插孔等）

师：电妖怪藏在有电源插座的地方。

教师依次提问火妖怪、燃气妖怪、水妖怪和开水妖怪分别会藏在哪里，幼儿回答后，教师小结。（火妖怪和燃气妖怪藏在燃气灶里；水妖怪和开水妖怪藏在热水器里）

三、交流讨论，说说打“妖怪”的办法

师：如果遇到这些妖怪，用什么办法打败它们呢？我们来看看小猴是怎么做的。

教师出示绘本图片讲述故事第二段，幼儿说说小猴打败妖怪的办法。（不碰它、不进厨房、远离它们）

师：小猴子可真聪明。原来打败妖怪的办法就是不靠近它们、不碰它们。只要不靠近它们，不碰它们，妖怪就不会跑出来伤害我们了。

四、共同游戏，远离“妖怪”我最棒

师：下面我们来玩个“打败妖怪”的游戏吧。

教师将呼啦圈放在活动室适当位置，介绍游戏方法，播放音乐，组织幼儿进行游戏。

游戏方法：教师和个别幼儿戴头饰扮演“妖怪”，各自站在自己的呼啦圈里，脚不能迈出圈外。其他幼儿随音乐自由活动，注意不要靠近“妖怪”。当幼儿靠近呼啦圈，“妖怪”就伸手摸幼儿，幼儿被妖怪摸到就算被“妖怪”抓住。游戏时，妖怪的数量可先为2个，再变为3～5个。游戏反复进行。

五、延伸活动，打败更多的“妖怪”

师：孩子们，这些地方藏了什么妖怪？怎样打败它们？

依次出示高压电线、人工湖、水库、热水壶、火炉、液化气罐、篝火图片，引导幼儿说说这些地方藏了什么“妖怪”及打败“妖怪”的方法。（高压电线里藏着电妖怪，人工湖和水库里藏着水妖怪，热水壶里藏着热水妖怪，火炉、篝火里藏着火妖怪，液化气罐里藏着燃气妖怪；打败妖怪的办法是不靠近它们、不碰它们）

师：孩子们，我们的生活中除了家里会隐藏着电妖怪、燃气妖怪、火妖怪、水妖怪和开水妖怪，在户外也会隐藏这些“妖怪”，我们遇到它们时也一样要远离，不要自己独自去危险的地方。

附：

聪明的小猴

这天，小猴在睡觉。他忽然听见卫生间里有人说话。小猴悄悄走过去，顺着门缝儿往里看。原来是几个妖怪在开会。有电妖怪，有燃气妖怪，有火妖怪，有水妖怪和开水妖怪。妖怪们一边哈哈大笑一边聊天。电妖怪说：“小猴是我的了！我已经在插座上设了圈套。只要小猴用手摸插座，我就抓住他，把他吃了。”燃气妖怪说：“你想得美！小猴是我的。他只要一进厨房，就会拧燃气炉灶上的开关，我就会跑出来毒死他。”水妖怪说：“依我观察，小猴最喜欢洗澡。我和开水妖怪商量好了，只要小猴一开热水器，我们就烫他。”小猴把妖怪们的话都记住了。他回到床上假装睡觉。妖怪们从卫生间出来，藏进各自的地方。

小猴起床后，他经过插座时，在插座旁边跳街舞，就是不碰插座。气得电妖怪大喊大叫。小猴哈哈大笑。小猴饿了，快要走到厨房时，燃气妖怪兴奋得手舞足蹈。可是小猴跑到厨房门口就停住了。他没有进厨房。燃气妖怪也被小猴打败了。客厅桌子上有妈妈提前准备好的早餐。小猴细嚼慢咽。吃完了饭，小猴去卫生间洗手，压根不碰热水器。开水妖怪在旁边看着干着急。“叮咚”，门铃响了。小猴确定是爸爸妈妈回来了，才打开门。妖怪们见势连忙逃窜。

（秦皇岛市启航幼儿园 / 王宏杰）

活动五　小心，烫

◎活动目标

1. 了解生活中造成烫伤的原因，知道简单的防烫知识和措施。

2. 尝试借助工具探索将热果汁变凉的办法。

3. 喜欢参与探索游戏，萌发自我保护意识。

◎活动准备

1. 课件：熊猫淘淘去浴室、去客厅、去厨房图片，熊猫爸爸为淘淘处理烫伤步骤图片，烫伤标志图片，小朋友被烫伤照片。

2. 热水和凉水各 1 杯、托盘 2 个，装有 60 摄氏度热水和装有冷水的暖水袋各 1 个。

◎活动过程

一、师幼谈话，感知烫烫小魔鬼存在

师：孩子们，看这个托盘上有什么？你是怎样知道的？

出示放于托盘上的一杯热水、一杯凉水，幼儿观察回答。（两杯水；有一个杯子的杯壁上有哈气）

师：第二个盘子里是什么呢？

出示放于托盘上的分别装有热水和冷水的暖水袋。幼儿观察回答。（暖水袋）

师：哪个暖水袋是热的，哪个是凉的呢？你们来猜一猜。你有什么办法知道谁猜得对？

幼儿大胆猜测，说说验证方法。

师：我们可以直接去摸吗？怎样才能不被热水烫到？

幼儿根据已有经验回答。（不能直接摸上去；可以在暖水袋上面盖一层小毛巾再去摸）

师：在这些热的东西里面藏了一个名字叫“烫烫”的小魔鬼，你一不注意，他就会把你烫伤了。我们摸的时候一定要小心。

教师在两个暖水袋上放上毛巾，请个别幼儿摸一摸，确定哪个暖水袋是热的，哪个是凉的。

师：你们还发现过烫烫小魔鬼躲在哪些烫烫的东西里吗？

幼儿大胆表达。（打火机、煮粥的饭锅、烤箱等）

二、行为判断，找家中的烫烫小魔鬼

师：有一只熊宝宝名字叫淘淘，他在外面玩得好开心呀，满头大汗，回到家就跑进浴室准备洗澡了。你们看，淘淘能直接就进到浴缸里洗澡吗？为什么？

出示淘淘跑进浴室要进浴缸水中洗澡的图片，幼儿观察回答。（不能直接进去洗澡；要先试一试水温，如果水温太高会被烫伤）

师：你认为淘淘应该怎样做？

幼儿根据已有经验回答。（淘淘应该先开冷水再开热水，把浴缸里的水温调好再进去洗澡）

师：你们说得都很有道理，洗澡的时候要先开冷水，再开热水，最后用手试试水温，水温正好才可以洗澡。你们看淘淘用正确的方法洗澡，洗得多舒服多开心呀！

出示淘淘在浴缸中洗澡图片，幼儿观看。

师：洗了个舒服的热水澡，淘淘来到了客厅玩。客厅都摆放着哪些东西？适合淘淘玩吗？为什么？

出示淘淘在客厅玩图片，幼儿根据已有经验找出烫烫小魔鬼，教师操作课件显示烫烫小魔鬼的位置。（桌上有打火机、鞭炮，电吹风的插头用完没有拔掉等；这些都很危险，淘淘不适合在这里玩）

师：你们发现了，在客厅的这些东西里面都藏着烫烫小魔鬼，如果淘淘在这里玩是非常危险的。

三、观看图片，了解防烫知识和措施

师：淘淘离开了客厅，走到了厨房，把妈妈刚烧的一锅热汤给端出来了，一不小心洒在了身上，这时淘淘应该怎么办呢？

出示淘淘去厨房图片，幼儿观察回答。（淘淘应该赶快喊家里的大人寻求帮助、赶快用冷水冲洗伤口）

出示熊爸爸为淘淘处理烫伤步骤图片，幼儿观察了解处理烫伤的方法。

师：幸亏爸爸发现及时，把淘淘抱到水龙头上用冷水冲洗伤口（冲），然后在水中把烫伤部位的衣服脱掉（脱），并在水中泡了半个小时（泡），泡好后在伤口上盖上干净的布（盖），可是淘淘的伤口太大了，爸爸只能赶紧把他送去医院（送）。刚刚熊爸爸是怎样做的？

教师引导幼儿观察图片，说说处理烫伤的方法。

师：先冲洗伤口，再在水中脱掉烫伤部位的衣服，然后在水里泡，用干净的布盖在上面，送医院。

四、联系生活，发现防止烫伤的标志

师：还好熊爸爸处理正确及时，淘淘只在医院住了几天就康复回家了。淘淘是幸运的，可是有些小朋友就没那么幸运了，你们看，这是他们被烫烫小魔鬼烫伤的照片，你看了这些照片心里是什么感觉？

出示小朋友被烫伤照片，幼儿观看并说说自己的感觉。（很害怕、很伤心）

师：那我们今后该怎样做来防止我们被烫伤呢？这是什么？你在哪里见过它？它是用来做什么的呢？

出示烫伤标志，幼儿观察回答。（这是防止烫伤标志；我在饭店里见过；它告诉我要小心烫伤）

师：这是防止烫伤的安全标志，提示我们这里有易发生烫伤的物品，要小心烫伤。看来烫烫小魔鬼就躲在我们生活的各个角落，我们要时刻注意提高警惕，别让自己和身边的朋友受伤害，要用小眼睛仔细观察周围的物品上是不是贴有防止烫伤的标志，这样烫烫小魔鬼就不会找到我们了。

五、动手实验，探索热果汁变凉办法

师：出了院的淘淘再也不敢对烫烫小魔鬼掉以轻心了。今天他又遇到了一个难题，淘淘很想喝这杯果汁，可是它太热了，他想请你们帮他想一想怎样才能把热果汁变凉。现在每个小朋友的面前都有一杯热果汁和一些小工具，请你们来试一试寻找热果汁变凉的好办法吧。

幼儿选择工具探索将热果汁变凉的方法。

师：你是怎样让热果汁变凉的？

幼儿根据实际操作回答。（将热果汁吹一吹，用小勺搅拌使果汁变凉，拿出另一个纸杯来倒一倒）

师：可以吹一吹、搅一搅、用两个杯子来回倒一倒或者兑一些凉开水，这些都是把热果汁变凉的好方法。淘淘说，你们真聪明，现在请你们一起来分享这杯美味的果汁吧！

（秦皇岛市启航幼儿园 / 杨爽）

活动六　去野餐

◎活动目标

1. 学习安全乘坐私家车的注意事项。
2. 了解不注意安全乘车的后果。
3. 体验乘车情境游戏的快乐。

◎活动准备

1. 课件：乘车注意事项图片，动物乘坐汽车正确与错误做法图片。
2. 小椅子 4 把，圆圈 1 个（模拟方向盘）。

◎活动过程

一、师幼谈话，说说交通工具

师：孩子们，你们去野餐过吗？你们和谁一起去的？是乘坐什么交通工具去的？

幼儿根据自身经历回答。

二、结合经验，学习注意事项

师：优优一家准备周日开自己家的车去郊区的公园野餐，但是他们遇到一些问题，咱们一起帮助他们吧。早上晴空万里，优优早早地收拾好自己的东西和平衡车，终于一家人收拾妥当准备出发。优优应该从汽车的哪一侧上车呢？

出示优优一家准备开车出发图片，幼儿观察回答。

师：优优应该从汽车的右侧上车。这时，优优为自己应该坐在什么位置上犯了愁，优优应该坐在哪个位置呢？

出示优优站在车内图片，幼儿观察回答。

师：优优应该坐在后排，并且要坐在安全座椅上系好安全带。优优坐在安全座椅上，爸爸开着车子出发了。优优看着窗外迷人的风景，期待着中午的野餐。优优应该怎样欣赏车窗外的风景？

出示优优坐在行驶的汽车内看风景图片，幼儿观察回答。

师：优优应该透过车窗欣赏风景，而不是摇下车窗，将头手伸到车窗外去欣赏风景。你知道为什么不能将头手伸出车窗外吗？

幼儿根据已有经验回答。（会被旁边的车撞到、会被车外面的东西碰到等）

师：在车子行驶的时候，将头手伸出窗外是非常危险的，因为同向或者逆向行驶的汽车、旁边的建筑物等会碰撞到你，导致你受伤。一路畅通，车辆驶出市区，看着窗外优美的风景，想象着中午美味的野餐，很快优优一家到达野餐的地方。优优一家到达目的地，她要如何下车呢？

出示优优一家到达公园停车图片，幼儿观察回答。

师：优优要仔细观察车辆后方，确认没有车辆或行人经过，再从车子的右面打开车门下车。优优一家安全到达野餐地点，度过了愉快的一天。刚刚优优坐车的时候都注意到了什么，你们还记得吗？

幼儿说说乘坐汽车的注意事项。

三、判断正误，了解危险后果

师：看来你们已经知道如何安全乘车了，那么你们愿不愿意接受一个小挑战？这个小挑战非常简单，只要你们刚刚有认真听，肯定难不倒你们。游戏的名字叫“判断正误”，观察图片中动物的做法是否正确，为什么？

出示动物乘坐汽车正确与错误做法图片，幼儿判断后，教师操作课件进行验证，引导幼儿说一说做错的后果。

师：看来忽视安全乘车注意事项是非常危险的，轻则受伤，重则失去生命。

四、情景模拟，体验正确乘车

师：看来你们已经掌握了安全乘车的注意事项，接下来我们一起开车出去玩好不好？现在我们用小椅子拼出一辆汽车，我是妈妈我来开车，你们都是我的孩子，我们都要按照刚刚学习的安全乘车事项去做，准备出发了。

师幼进行乘坐汽车情景模拟，幼儿体验坐安全座椅、系安全带、不将头手伸出窗外、右侧上下车等注意事项。

五、接受任务，一起广泛宣传

师：今天我们一起学会了如何安全乘车，相信你们今后在乘车的时候都能够做到。现在请你做一个安全宣传员，你想把这些安全乘车的做法告诉谁呢？

幼儿自由回答。（爷爷、奶奶、小伙伴等）

师：我们把这些知识告诉更多的人，让他们和我们一样，能够平安出行。

（秦皇岛市启航幼儿园 / 安新蕊）

活动七　我爱放风筝

◎活动目标

1. 了解放风筝中可能出现的安全隐患。

2. 知道放风筝的安全注意事项。

3. 增强自我保护意识，在日常生活中遵守放风筝的安全规则。

◎活动准备

1. 课件：《村居》音乐，小男孩哭声音频，风筝线把小朋友脖子伤到的新闻视频，放风筝的注意事项视频；小男孩脖子受伤图片，地面平坦和不平坦的海边图片、空旷和有高压电线的草地图片、空旷的广场和人员密集的广场图片，手套图片、雷雨天气图片、和爸爸妈妈一起放风筝图片、大风天气图片、倒着跑放风筝图片、把断线及时收回图片、离远观看放风筝图片、有车行驶的马路图片、小区进出口图片。

2. 游戏图片：禁止图标、正确图标。

3. 实物：风筝、风筝线，手套，水萝卜、香蕉、角瓜、黄瓜等蔬菜水果。

◎活动过程

一、观看图片，说说受伤的原因

播放音乐《村居》，师幼共同拍手进入活动室。

师：咦？你们听到了什么声音？

播放小男孩哭声，幼儿倾听回答。（哭声）

师：猜一猜，他怎么了？

幼儿自由猜想。（摔倒了、生病了、找不到妈妈了等）

师：我们一起来看一看，他究竟怎么了？

出示小男孩脖子受伤图片，幼儿观察回答。（受伤了、脖子破了）

师：猜一猜他的脖子是怎么受伤的呢？

幼儿大胆猜想。（摔倒了、被小动物抓的）

师：其实老师已经知道是什么东西伤到了他，伤害这个小男孩的凶手就在我们面前。猜猜它是什么呀？

教师拉出风筝断线的线头，幼儿猜想。然后教师一点点拉出事先藏好的断线风筝。幼儿观察回答。（线、细绳、风筝线等）

师：原来是一个断了线的风筝，就是这根细细软软的风筝线把小男孩的脖子伤到了。它是怎么伤害小男孩的呢？我们来看一看当时的新闻报道。

播放风筝线伤到小朋友的新闻视频，幼儿观看后回答。（小男孩看放风筝的时候，骑滑板车从旁边路过，被断了线的风筝刮伤了脖子）

二、模拟实验，确认放风筝危险

师：这细细软软的风筝线真的能有这么大的杀伤力吗？我们来做个模拟实验。

教师出示风筝、风筝线和水萝卜、香蕉、角瓜、黄瓜等蔬菜水果，进行模拟实验并讲解。幼儿观看倾听。

模拟实验方法：授课教师和配课老师戴好手套，配课老师手持一种蔬菜，授课教师一手持风筝，一手持线，模拟风筝飞起来时风筝线紧绷的样子，去“切”蔬菜水果 1 ～ 2 种。

师：这小小的风筝线还真的是很厉害呢，哪位勇敢的小朋友想到前面来亲身尝试一下呢？

请个别幼儿自由选择一种蔬菜或水果，戴上手套后和教师一起进行模拟实验。

师：我们要注意避免风筝线伤到自己。观看别人放风筝的时候，不要离放风筝的人太近；自己放风筝时，风筝线掉落，要及时整理风筝线。

三、交流讨论，选择适合的地方

师：你们和爸爸妈妈放过风筝吗？你们都去哪儿放过风筝呀？

幼儿根据自己的经历回答。（放过风筝；去海边、去广场放过风筝）

师：这是哪里呀？这两张沙滩的图片有什么不同？你选择去哪片沙滩放风筝呢？

出示地面平坦和不平坦的两张沙滩图片，幼儿观看对比后选择出适合放风筝的沙滩并说说原因。（选择平坦的沙滩放风筝；不平坦的沙滩有很多的石头，不小心会摔倒的）

师：地面不平我们有可能会摔倒，要选择地面平坦的地方放风筝。

教师按照上述方法，依次出示空旷和有高压电线的两张草地图片、人员密集和空旷的两张广场图片，提出问题。幼儿观看对比后选择出适合放风筝的地方并说说原因。（选择空旷没有高压电线的草地，因为风筝碰到高压线会触电；选择空旷的广场放风筝，因为人多时风筝线容易划伤人）幼儿回答后，教师进行小结。（如果在有高压电线的草地上放风筝，风筝有可能会飞到电线上，电顺着风筝线会电到人；如果在人员密集的广场放风筝，风筝线会缠绕在一起，并且很容易误伤到人）

师：放风筝的时候，还需要注意什么呢？我们一起看一个放风筝的视频。

播放放风筝注意事项视频，幼儿观看后回答。（在空旷、地面平坦的场地放风筝，雨天、大风天气不能放风筝，不能倒着跑，放风筝时远离电线杆，放风筝时要戴好手套）

师：放风筝要选择空旷、地面平坦、没有电线杆、人少风筝少的场地。要和家人一起去，最好戴上手套。要注意不在雷雨天气或大风天气里放风筝。而且除了放风筝注意安全，观赏风筝也要注意保护自己，观赏时要保持安全距离。

四、行为辨别，知道正确的做法

师：知道了这么多放风筝的注意事项，我们一起来做个游戏吧。

游戏玩法：教师将“禁止图标”和“正确图标”分别粘贴在两把小椅子背后，随机出示放风筝时戴手套、雷雨天气、和爸爸妈妈一起放、大风天气、倒着跑放风筝、把断线及时收回、离远观看、有车行驶的马路、小区进出口的图片，幼儿进行判断并选择站队。图片上的内容属于危险的，幼儿到禁止图标前站队；如果是安全的，到正确图标前站队。

师：放风筝有危险的有，倒着跑放风筝、雷雨天气和大风天气放风筝、马路和小区进出口放风筝。放风筝安全的有，和家人一起放风筝、戴上手套放风筝、在风筝线断了后及时收起、看别人放风筝时要离得远一点。

五、放飞风筝，共同为家人祈福

师：我们现在知道了放风筝的注意事项。放风筝是大家非常喜欢的活动，你想和谁到哪里去放风筝？

幼儿自由回答。（想和爸爸妈妈一起去广场放风筝，想约小伙伴一起去沙滩放风筝）

师：风筝被我们中国传统文化赋予了吉祥如意、健康长寿的美好寓意。那就让我们先将风筝装饰得漂亮一点，然后一起到外面放风筝为家人祈福吧！

（秦皇岛市启航幼儿园 / 杨琪）

活动八　特殊的电话号码

◎活动目标

1. 知道特殊电话号码 110、119、120 的使用场合。
2. 学习正确拨打特殊电话的方法。
3. 知道乱报警的危害，懂得不随意拨打特殊电话号码。

◎活动准备

1. 课件：数字 0、1、2、9；有人受伤、遇到伤害、着火的情景图片；不同报警方法的图片。
2. 笔，黑板，数字 0、1、2、9 卡片若干。

◎活动过程

一、猜猜说说，分享熟悉的号码

师：有一件东西每个人家里都有，有了这件东西你可以和很远很远地方的人说话，你们猜猜是什么呢？

幼儿根据经验回答。（电话、手机）

师：孩子们，你打过电话吗？给谁打过电话？你打的电话号码是什么？

幼儿自由回答。（打过；朋友、爸爸妈妈、爷爷奶奶等）

师：你打的电话号码是由多少个数字组成的？

幼儿自由回答。（11 个数字、7 个数字）

师：今天我也带来几个电话号码，看看和爸爸妈妈的电话有什么不一样呢？我们来比较一下。

出示三个问号的图标，幼儿观察回答。（只有三个数字）

师：我们发现家人的号码比较长，特殊的电话号码比较短，只有三位数。

二、数字组合，了解特殊的号码

师：这些特殊的电话会是什么呢？有一个线索告诉我们，特殊的电话是由这几个数字组成的。用这几个数字可以组成什么特殊的电话号码呢？

教师出示数字 0、1、2、9，请幼儿大声读出数字，尝试将数字组合成电话号码。

师：你组合了哪些电话号码？

幼儿说出组合特殊的电话号码，教师进行记录。

师：我们组合了这些号码，在什么时候会用到这些号码呢？

幼儿根据自己经验回答问题。

师：遇到危险求助拨打 110；遇到生命危险和伤害时拨打 120；遇到火灾、紧急情况拨打 119。

三、组合游戏，模拟报警的情景

师：现在我们每个人的椅子下面都有一个数字，请你贴到自己身上，并向伙伴大声介绍自己的数字。

幼儿在椅子下面拿出数字贴在身上并轮流说出自己的数字。

师：接下来我们玩一个游戏，根据图片内容，确定好发生这样的事情应该拨打哪个电话号码，并根据自己身上的数字找到其他的数字排在一起组合成电话号码。

教师依次出示有人受伤、遇到伤害、着火的情景图片，幼儿找到其他数字组合并排列好，说出自己组成的号码，教师和幼儿一起根据情景图片进行验证。

四、观察图片，知道乱报警的危害

师：拨打 110、120、119 的时候应该怎么说呢？

幼儿自由回答。

师：拨打 110 时，要提供准确的地址，简要说出报警内容，还要保持冷静，主动和警察沟通；拨打 120 时，首先要稳定情绪，说清病情，然后告诉自己的地址，最后保持电话畅通，引导救护车；拨打 119 时，首先要说清说全着火地址，什么物质着火，说出报警人电话。这里有几幅拨打报警电话的图片，你们来看看这些报警的方法是否正确。

播放不同报警方法的图片，幼儿进行判断。

师：乱报警影响正常的社会秩序，浪费社会资源，所以我们不能随便拨打这些特殊的电话号码。

五、活动留疑，组合更多的号码

师：这些数字还可以组成哪些特殊号码？可以问问爸爸妈妈，让他们帮忙查查资料，下次我们再分享你知道的特殊号码。

教师出示数字 0、1、2、3、4、5、6、7、8、9，鼓励幼儿了解更多的特殊号码。

（秦皇岛市启航幼儿园 / 赵静）

【个别化学习活动】

区域	名称	材料	玩法	价值
语言区	我需要帮助	公交车、商场、超市、十字路口、游乐园、医院等场景图片，穿着工作服的公交车司机、售货员、收银员、理货员、交警、售票员、医生、护士等人物图片及陌生人图片。	1. 自由抽取模拟走失的场景图片，选择与场景相应的工作人员摆在场景图片旁。 2. 用完整的语言向工作人员求助，说明求助原因、自己及父母的姓名、父母的电话、自己居住的小区等信息。	知道使用礼貌用语，完整说出自己及家人的信息。
	接打电话	遇到物品被盗、发生打架等危险需拨打 110 的情景图片，遇到生命危险和伤害等需拨打 120 的情景图片，遇到火灾、紧急情况需拨打 119 的情景图片；电话机 2～3 部。	两名幼儿一组，商议抽取情景图片，模拟拨打、接听特殊电话号码。	练习拨打特殊电话号码 110、119、120，锻炼语言表达能力。
	该怎么办	遇到坏人、着火、生病等情景图片，各种情况的处理方法图片，标有箭头提示的操作板。	1. 选择情景图片贴到操作板上，将相对应的处置方法图片按照箭头提示依次粘贴到操作板上。 2. 和同伴说一说遇到情景图片中的危险后的处理方法。	用连贯的语言讲述突发事件的处理方法，增强自我保护意识。
	故事小屋	操作板 1 块，上面标有数字序号；《汤姆走丢了》绘本故事图片及故事音频。	幼儿倾听故事《汤姆走丢了》，根据故事内容将打乱顺序的故事图片按故事内容的发展顺序进行排列，排列后尝试自己看图讲故事。	倾听故事，尝试完整讲述故事，懂得保护自己。
益智区	破译电话号码	图形数字提示卡（红色和蓝色的圆形、三角形、正方形、长方形、椭圆形分别代表数字 0～9 中的一个数字），小动物电话号码卡（标有小动物图案和由不同图形组成的 7 位固定电话号码或 11 位移动电话号码），0～9 的数字卡若干组。	1. 观察图形数字提示卡，说一说每种图形对应的数字是几。 2. 选择小动物电话号码卡，根据号码卡上的图形，找到相应的数字卡对应摆放。 3. 连贯说出小动物的电话号码。	对数字和图形感兴趣，锻炼记忆力。
	安全乘车我知道	乘坐私家车、公交车、电动车等交通工具的情景塑封图片（如乘坐私家车不系安全带，公交车上把头伸出车窗，电动车不戴头盔等），笑脸和哭脸图标板，彩笔。	选择一种乘坐交通工具的情景图片，根据图片的内容作出判断，并将做错的地方用彩笔圈出来，挂到哭脸图标处，做法正确的图片直接挂到笑脸图标处。	掌握乘坐不同交通工具的安全知识。
	防止烫伤安全棋	防止烫伤安全棋棋盘，棋盘上有存在烫伤危险和不存在烫伤危险情境图片；红、绿跳棋各 1 个，骰子 1 个。	两人一组，轮流掷骰子，按照点数在棋盘上前进相应步数。遇到没有烫伤危险的情景图片正常前进，遇到有烫伤危险的情景图片向后退一步。先到达终点者获胜。	了解防烫伤知识，体验合作玩棋的乐趣。

（续表）

区域	名称	材料	玩法	价值
科学区	热果汁变凉	55度热果汁、凉果汁，小勺1个、杯子2个，记录表。	尝试用吹、小勺搅拌、两个杯子互倒、兑一些凉果汁等方法，让热果汁变凉，并在记录表上记录结果。	探索将热果汁变凉的方法。
	切水果	香蕉、苹果等水果，风筝线、A4纸、塑料刀等工具，小菜板、水果盘，记录表。	尝试用风筝线、A4纸、塑料刀等工具将水果切开，并在记录表上记录结果。	探索利用工具切开水果的方法，注意使用工具时的安全。
美工区	设计安全标志	禁止标志、警告标志、指令标志、提示标志等安全标志图，超轻黏土，擀泥棒、压泥板、垫板等捏塑工具，纸盘、胶棒。	1. 幼儿自选安全标志，说说此标志所代表的含义。 2. 根据安全标志图案，选择相应颜色的超轻黏土，运用团圆、揉搓、按压等技能捏塑出相应造型，用胶棒粘贴在圆形纸盘上。	1. 练习团圆、揉搓、按压等捏塑技能。 2. 认识各种安全标志图案。
	设计风筝	各种风筝图片、风筝骨架，各种颜色的布料、彩纸，彩笔、颜料，剪刀、双面胶、胶棒，风筝制作流程图。	幼儿观看各种风筝图片，按照风筝制作流程图选择相应材料，运用剪、粘、画等技能制作风筝。	练习剪、粘、画等技能。
	制作电话	电话折纸步骤图、手工纸若干。	观看电话折纸步骤图，选择一张手工纸利用对边折、对角折、压平折边的折纸技能折叠出电话的听筒。	练习对边折、对角折、压平折边的折纸技能。
建构区	美丽的风筝	塑料拼插玩具、各种风筝图片。	观察各种风筝图片，用塑料拼插玩具合作拼插对称的立体风筝造型。	练习拼插对称立体造型。
	安全的道路	各种积木，玩具交通信号灯、汽车、人物等，各种道路场景图。	1. 选择一种道路场景，运用平铺、垒高、围合等方法合作将积木进行模拟搭建。 2. 搭建完成后，自选汽车、红绿灯、小人偶等玩具，进行交通安全游戏。	练习平铺、垒高、围合等建构技能。提高交通安全意识。
表演区	风筝与小鸟	《风筝与小鸟》音乐和节奏图谱，音乐播放器、各种打击乐器。	1. 幼儿根据《风筝与小鸟》歌词编排动作，随音乐模仿风筝或小鸟的动作进行表演。 2. 幼儿自由选择打击乐器，按照节奏图谱随音乐进行演奏。	喜欢歌表演，练习按照节奏图谱演奏打击乐器。
	K歌舞台	《不上你的当》歌曲音乐，播放器、蓝牙麦克风，表演服装若干。	1. 幼儿自选歌曲中“我、妈妈、陌生人”等角色，穿好表演服装，跟随歌曲音乐进行表演。 2. 在熟悉歌曲后，幼儿跟随《不上你的当》歌曲音乐尝试演唱歌曲。观众认真欣赏，随音乐打节拍。	乐意随音乐表演，学习歌曲中的安全知识。
	去野餐	小椅子4把、玩具方向盘1个、夹子8个、绳子2根。	用4把椅子模拟汽车的4个座椅，方向盘摆在驾驶员的椅子上，前排椅子用绳子做安全带。四个幼儿商量，确定角色，模拟开车去游玩的情景。注意乘车安全事项。	知道乘坐私家车的注意事项，养成文明乘车的习惯。

【户外运动活动建议】

1. 教师可与幼儿共同讨论户外游戏时的安全注意事项，制定户外活动安全公约。
2. 提醒幼儿运动时穿着适宜的服装和鞋子。
3. 运动前提醒幼儿做热身运动。
4. 运动前，教师指导幼儿正确的动作要领，防范幼儿在运动中受伤。
5. 户外游戏时，引导幼儿学会躲避危险，不做推、挤等危险的动作。

【日常生活活动建议】

1. 上下楼梯时，提醒幼儿走班级专用通道，并靠右侧行走。
2. 就餐时，提醒幼儿吃饭时不说话，正确使用餐具。
3. 饮水时，提醒幼儿安静就座，少量多饮。
4. 午睡时，提醒幼儿正确的睡姿，不蒙头、不趴睡，女孩睡前将头饰摘下。
5. 离园时，提醒幼儿小手拉大手，不随意乱跑，不跟陌生人走。

【环境创设】

1. 将幼儿收集的安全标志图，粘贴在班级主题墙上。
2. 将幼儿制作的安全标志，粘贴在班级的相应位置。
3. 在班级活动室展示图文并茂的班级安全公约。
4. 将幼儿制作的安全提示牌悬挂在楼道内。
5. 在主题墙的好书推荐中，展示有关安全的绘本封面。

【家园共育】

1. 建议家长注重安全知识学习，掌握应对危险情况的方法，并适时向孩子讲解。

2. 家长可与孩子一起寻找家中的不安全因素，如厨房的刀具、厨具、电源等，提醒孩子远离这些危险。

3. 家长可与孩子共同制定家庭公约，要求孩子做到不摸电、不玩火、不碰开水等。

4. 家长和孩子外出时，适时对孩子进行安全教育。

5. 家长可与孩子共同阅读有关安全教育的绘本。

【社会实践】

参观消防队

◎活动目标

1. 认识消防装备，了解消防安全知识。
2. 了解预防火灾和基本的逃生方法。
3. 知道消防员工作的重要，萌发对消防员的尊敬。

◎活动建议

1. 提前与消防支队进行沟通，明确参观的内容及流程。
2. 参观前，家长与幼儿一起收集有关消防资料，帮助幼儿认识消防员及其工作内容。
3. 参观时，提醒幼儿安静有序、不随便触碰消防器材、装备。
4. 认真倾听消防员的讲解介绍，观看消防员实地演练。
5. 参观后，请幼儿和爸爸妈妈分享自己的心得，懂得预防火灾的重要性。

【发展评估】

“躲避危险”好习惯养成幼儿家长评价表

宝贝们，经过一个月的时间，你养成“躲避危险”的好习惯了吗？现在请你和爸爸妈妈一起玩一个问答小游戏。

班级：　　　　幼儿姓名：

评价内容	评价结果
1. 假如你走丢了，应该怎么办？	
2. 请你告诉爸爸妈妈，身体的隐私部位有哪些？	
3. 如果有陌生人敲门、给你食物你会怎么做？	
4. 你家中哪些地方藏着危险的“小妖怪”？请把它们找出来吧。	
5. 乘坐私家车应该注意什么？	
6. 我们可以在哪些地方放风筝？	
7. 如果着火了，应该拨打哪个特殊电话号码？	
8. 妈妈生病了，应该拨打哪个特殊电话号码？	

爸爸妈妈们请在沟通中对孩子的行为作出正确的评价，指导孩子用彩笔为自己的好习惯作出不同等级的笑脸评价。

评价标准：非常好 4 ☺　好 3 ☺　一般 2 ☺　差 1 ☺

“躲避危险”好习惯养成教师评价表

班级：　　　　幼儿姓名：　　　　　教师姓名：

目标	评价结果			
	4	3	2	1
1. 知道走丢自救和求助的方法，有一定的安全意识。				
2. 懂得保护自己身体的隐私部位。				
3. 能做到不轻信陌生人的话，不跟陌生人走。				
4. 知道远离有电、燃气、火、水等危险的地方，有自我保护的安全意识。				
5. 知道简单的防烫知识和烫伤的处置措施。				
6. 知道安全乘车的注意事项，能做到安全乘车。				
7. 知道放风筝的安全注意事项。				
8. 了解特殊电话号码 110、120、119 的使用场合，正确拨打特殊电话号码。				

评价标准：非常好 4　好 3　一般 2　差 1

好习惯十一　自我保健

【主题名称】身体会说话

全家总动员

亲爱的家长朋友：

您好！幼儿园阶段是孩子生长发育的关键期，但有的孩子吃饭挑食、不喜欢运动、不懂得保护自己的身体，这些都可能导致孩子出现生长发育迟缓、肥胖、抵抗力差、爱生病、容易受伤等。为了让孩子从小懂得保护自己的身体，健康成长，本月我们将开展主题活动“身体会说话”，旨在培养孩子“自我保健”的好习惯。

在幼儿园，我们有目的地进行培养，希望孩子能够达到如下目标：

1. 学习保护耳朵、皮肤及预防治疗感冒的方法，了解憋屁对身体的危害，知道保护身体的基本常识。

2. 认识生活中常见的健康食物，学习合理搭配健康餐，让孩子养成良好的饮食习惯。

3. 知道坚持运动可以强身健体，养成经常运动的好习惯。

在家庭生活中，我们建议您从以下几方面进行关注：

1. 在日常生活中，注意健康饮食，保证孩子睡眠充足，养成良好的作息习惯。

2. 按时为孩子打预防针，带孩子参加健康体检。传染病期间尽量少带孩子出入人员密集场所。了解掌握一些幼儿常见病、传染病的症状与预防措施，并给孩子讲一些身体保健小常识。

3. 和孩子一起制订运动计划，养成经常运动的好习惯。

感谢您的参与，为了孩子的成长，让我们一起努力！

【主题目标】

1. 保持有规律的生活，保证睡眠充足，养成良好的作息习惯。
2. 知道打预防针是为了预防疾病，克服打针的恐惧。积极参加健康体检。
3. 知道皮肤分布在全身各处，有保护皮肤的意识，了解保护皮肤的常识。
4. 知道受伤了要及时正确处理，痂对伤口有保护作用。
5. 懂得保护耳朵的重要性，知道保护耳朵的方法。
6. 知道憋屁对身体有害，不憋屁。
7. 了解感冒的基本病症以及传播的主要途径，知道预防和治疗感冒的方法。
8. 知道健康饮食的重要性，学习合理搭配营养餐。
9. 知道坚持运动可以让身体变得强壮，乐于参加体育活动，养成经常运动的好习惯。

【主题口号】

身体要健康，快乐共成长

【三字儿歌】

运动歌

清晨到，空气好，
多运动，疾病少。
伸伸手，扭扭腰，
踢踢腿，蹦蹦跳。
常跑步，多做操，
勤锻炼，身体好。

【集体教学活动】

活动一　打预防针我不怕

◎活动目标

1. 知道打预防针是为了身体更健康。
2. 理解故事内容，感受小男孩打针前后的情绪变化。

3. 学习控制自己的情绪，克服打针的恐惧。

◎活动准备

1. 课件：《我可不怕打针》绘本故事图片，打针图片。

2. 用玻璃瓶制作的能量瓶，小星星；勇敢、害怕、痛苦、紧张等表情卡；篮子。

◎活动过程

一、观看画面，引发情感共鸣

师：他在干什么？你打过针吗？为什么打针？

出示打针图片，幼儿观看图片根据自身情况回答。

师：有一种针是我们必须打的，那就是预防针。你打过哪些预防针？

幼儿根据自己情况回答。（预防感冒的，预防水痘的，预防咳嗽的）

师：打预防针可以预防疾病，保护我们的身体健康。

二、集体共读，感受情绪变化

师：今天我给大家带来一个故事，名字叫《我可不怕打针》，一起来听一听吧。

教师播放绘本图片讲述故事，幼儿倾听。

师：小男孩打针前看上去怎么样？

幼儿自由回答。（害怕、不想去、紧张）

师：小男孩怕疼啊，最讨厌打针了。马上就轮到他了，他紧紧地闭上了眼睛，伸出了胳膊，幻想自己逃到了一个打针不疼的国家了。来到了打针不疼的国家，小男孩遇到什么事了？最后小男孩为什么笑了？

幼儿根据故事内容回答。（他先遇到了打针疼的医生，后来遇到了真正的打针不疼的医生；打完针他觉得打针就疼那么一点点儿，他就笑了）

师：原来打针也没那么可怕，只是有那么一点点疼。

三、选择图片，交流打针心情

师：孩子们，到了你必须打针的日子。你的心情又会是怎么样的呢？请你在篮子里选择一张表情卡，和同伴说一说你打针时的心情或发生的事情。

幼儿自选表情图，和同伴交流。

师：真的要去打针的日子，有的是笑脸，有的是哭脸，还有些担心害怕。

四、方法分享，勇敢战胜恐惧

师：这些不那么害怕的小朋友，你们有什么办法让害怕打针的小伙伴也变得勇敢一点吗？请你说一说你的好办法，让我们一起学一学，给能量瓶加满能量。

教师出示能量瓶，幼儿说出克服恐惧的方法，并往能量瓶中装入一颗小星星。

师：小男孩也来加能量。小男孩又想了几个办法，一起来看一看。如：闭眼睛，不去看；自己给自己鼓励；坚持一下，一会儿就好了。

教师边说方法边往能量瓶中加入小星星。

师：数一数，原来我们有那么多的办法，可以让我们变得越来越勇敢。我们不怕打针啦。

五、查找资料，扩展相关经验

师：孩子们，我们都知道打预防针是为了抵抗某些病菌，保护我们的身体。在打预防针前后有哪些注意事项呢？

幼儿根据经验回答。（打针前洗澡，打针后不能洗澡，打针后多休息，打针后多喝水）

师：大家可以去书上找一找，向爸爸妈妈问一问，和好朋友说一说。

附：

我可不怕打针

今天是必须打针的日子。打针好疼，打针好可怕，我最讨厌打针了。有没有打针不疼的？如果有打针不疼的国家，我真想飞过去呀。医院里还有一些要打针的人。

“你害怕打针吧？”那家伙看着我，笑了起来。“我才不怕打针呢！”我冲他还嘴说。可是说真的，我很害怕。马上就轮到我了。打针好疼！打针好可怕！我最讨厌打针！“我要赶快从这儿逃出去。”这样想着，我的心神从身体里溜了出去。如果非打不可，就打不疼的针吧。“好，出发，去打针不疼的国家。”啊，已经到了！医生在对面等着我呢。“来，这是不疼的针，把胳膊露出来。”医生说着，摘下了口罩。原来医生是那家伙。为什么那家伙会在这里呢？我知道了！和我一样，他也害怕打针，逃到了这里。那家伙拿着我从没见过的大针管，“扑哧”一声，扎进了我的胳膊。“哇——好疼啊——”我大声地哭了出来。我好憋屈，也给了那家伙一针。“哇——好疼啊——”他也哭了，哭声比我还要大。我俩正哭着，真正的医生终于来到了面前。“来来，我给你们打真正不疼的针。”“真正不疼的针”，究竟是什么样的针呢？接着，“嗤儿”地打了一针。“你看，不太疼吧？”“真的，不疼。”那家伙已经不哭了。于是，在医院里的那些人，一下子都跑过来了。他们也打算打不疼的针。原来，大家都怕打针啊。这次，蝴蝶和瓢虫飞到了我这儿。“来，轮到你了。”听医生这样说，我紧紧地闭上了眼睛。真的！就疼那么一点点儿。“好，针已经打完了。”医生的声音好温和。睁开眼睛一看，是在原来的医院里。就一个打针，用不着害怕。我和那家伙都笑了。

（秦皇岛市启航幼儿园 / 赵静）

活动二　保护我们的皮肤

◎活动目标

1. 理解故事内容，大胆推测不同特使所属的国家。

2. 学习不同季节和不同环境下保护皮肤的方法。

3. 知道皮肤分布在全身各处，有保护皮肤的意识。

◎活动准备

课件：《皮肤国的大麻烦》绘本故事图片，帮米基做防晒操作游戏。

◎活动过程

一、经验回顾，说说皮肤晒伤的感觉

师：孩子们，你们看这是什么地方？你们去过海边吗？

出示米基在海边图片，幼儿观察图片自由回答。

师：今天米基和他的爸爸妈妈也一起来到了海边玩儿。晚上，米基觉得很不舒服。我们看看米基怎么了。

教师出示绘本图片，讲述故事《皮肤国的大麻烦》从开头至“这是妈妈说的”。幼儿根据故事内容回答。（米基的皮肤被晒红了，米基被晒伤了）

师：米基的皮肤被阳光晒伤了。你知道皮肤被晒伤后有什么感觉吗？

幼儿根据经验回答。（皮肤烫烫的、很疼）

师：皮肤长期暴露在强光下，就很容易被晒伤，晒伤后还会感觉很疼，这个时候最好待在家里，不要出去玩了。

二、阅读绘本，知道皮肤分布在全身

师：不能出去玩儿的米基在家里做些什么呢？我们继续听故事吧！

教师出示绘本图片，讲述故事“米基只好待在家里”至“小小指总算准时到达了”。幼儿观看倾听。

师：除了手指国的小小指，已经有许多其他国的特使等在了那里，我们一起看看都有谁，分别是哪个国家的特使？

依次出示长长耳、红红脸、蓬蓬头、卡卡膝、吸溜鼻、脏脏脚、小宽肩、圆圆肚图片，幼儿观察回答。（耳朵国、脸颊国、头脑国、膝盖国、鼻子国、脚丫国、肩膀国、肚子国）

师：这些特使们的国家都在哪里呢？让我们一起到皮肤上的这些国家去旅行吧！老师说出这些国家的名称，你要快速地找到，并用手指出来。我们怎么去呢？

幼儿根据自己的想法回答。（走路去、开车去、坐飞机去、坐火车去）

师：我们一起出发吧！

教师根据选择的旅行方式不同，快速或慢速说出身体部位的名称，幼儿快速反应并用手指向相应身体部位。

师：我们在自己的皮肤国旅行完了，接下来我们到好朋友身上的皮肤国去旅行吧！请找到你的好朋友，老师说出哪个国家的名称，你就要快速在你的好朋友身上找到并用手指出来，我们准备出发啦！

教师用不同语速说出身体部位名称，幼儿用手快速指向同伴身体相应部位。

师：原来这些地方都有皮肤，所以才派出特使参加会议。

三、师幼交流，讨论防炎热晒伤办法

师：会议到底要讨论什么问题呢？我们一起来看看吧！

教师出示绘本图片，讲述故事“一位特使说”至结尾。幼儿观看倾听。

师：孩子们，你们能帮他们想想办法吗？怎么对付炎热和晒伤呢？

幼儿根据已有经验回答。（擦防晒霜、穿防晒衣、戴帽子、打遮阳伞）

师：如果在炎热的天气外出，我们可以通过擦防晒霜、戴帽子、穿防晒衣等方法来保护自己的皮肤不被晒伤。如果不小心晒伤了皮肤，可以通过冷敷和冲洗等方式帮助皮肤降温。

四、模拟操作，增强保护皮肤的意识

师：听了大家的建议，特使们都回到了自己的国家，积极重建家园。皮肤国的红色渐渐变回了棕色，米基的晒伤快好了。今天，米基又要去海边捡贝壳啦！他应该怎么做呢？

幼儿根据已有经验回答。（擦防晒霜、穿防晒衣、戴帽子等）

师：下面请大家帮助米基做好防晒吧！

出示米基图片，个别幼儿操作课件，为米基涂抹防晒霜、戴遮阳帽、穿衣服。

师：孩子们，有了你们的帮助，这下米基终于可以放心去捡贝壳了。

五、总结分享，学习保护皮肤的办法

师：炎热的夏天，皮肤露在外面，除了晒伤，还容易受到哪些伤害呢？我们应该怎么保护我们的皮肤呢？

幼儿根据已有经验回答。（蚊虫叮咬，擦防蚊药水；擦伤，贴创可贴）

师：寒冷干燥的冬天，皮肤会遇到哪些问题呢？我们应该怎么保护皮肤呢？

幼儿根据已有经验回答。（冻伤，戴手套；皮肤裂，擦润肤霜）

师：今天，我们学到了这么多保护皮肤的方法，平时一定要注意保护皮肤，不让皮肤受到伤害。

附：

皮肤国的大麻烦

今天米基和他的爸爸妈妈一起来到了海边。刚到海边米基就迫不及待地开始在沙滩上捡贝壳。沙滩上的贝壳不计其数，它们五颜六色，漂亮极了，有的上面还有一道道的条纹。米基跑啊跑，捡啊捡。等他玩儿够了，才回到家。晚上米基的皮肤变得红红的，感觉火辣辣的，还很疼。米基被晒伤了，他不能再出去玩儿了，必须待在家里，这是妈妈说的。

米基只好待在家里，用放大镜观察他收集的那些贝壳，突然他发现他的手指头上好像有什么东西。是什么呢？

“嗨，米基，我是小小指，手指国的特使，我要去参加一场重要的会议，各国都发生了一些可怕的事情，现在所有国家的特使都要去参加会议，共同商讨对策，你也应该参加，这跟你也有关系。”

“会议在耳郭里举行，请快点把我举到那里，不然我就迟到啦。”

皮肤上的每个国家都派出了一名特使，他们都是从被太阳灼烧的地方来的。多亏了米基的帮助，小小指总算准时到达了。

一位特使说："我叫小宽肩，来自肩膀国，众所周知，昨天热得出奇，我们那里烈日炎炎，阳光穿透了墙面，连天花板也被晒得滚滚发烫，我们都汗如雨下，一切都糟透了，我们连动一动的力气都没有了。"

鼻子国特使吸溜鼻站起来说："没错，我们那里也是如此，有些公民实在忍受不了那么强的阳光，收拾行李出走了，谁能帮帮我们重建被晒伤的家园？"他说完便坐下来。

头脑国特使蓬蓬头迫不及待地起身发言："啊，情况十分危急，我们大难临头了。我接到了来自全国各地的晒伤报告，整个国土都被阳光晒伤了，对此我们必须采取一些行动，但是我们能够做些什么呢？"

卡卡膝说："我们膝盖国在处理擦伤方面经验丰富，米基摔倒时留下的伤痕都变成了我们国土上的沟沟坎坎，这些我们都可以修复，可是对抗酷热，我们真没什么办法。"

圆圆肚说："我们肚子国善于处理蚊虫叮咬，如果蚊子叮咬我们的国土，叮咬的地方就会形成一个小丘，我们会把它铲除掉。可现在我们该拿晒伤的地方怎么办呢？"

脏脏脚镇定地说："我们脚丫国经常被厚厚的污泥淹没，我必须不停地挖，但无论怎么挖，污泥都会再次覆盖我们的国土。这时只需耐心等待，等到米基洗脚的时候，污泥就会消失。可对于晒伤，我们一无所知，我们国家大多数时候都晒不到太阳。"

特使们都沉默了，他们该如何对付炎热和晒伤呢？

（秦皇岛市启航幼儿园 / 冯立楠）

活动三　神奇的痂

◎活动目标

1. 了解处理和保护伤口的方法。
2. 认识痂，了解痂的形成过程。
3. 知道痂有挡住细菌的作用。

◎活动准备

1. 课件：《神奇的痂》绘本故事图片，痂的形成视频。
2. 血小板、纤维蛋白卡通头饰若干，分别标有数字 1、3、6 的小、中、大伤口头饰若干。

◎活动过程

一、师幼谈话，了解伤口的处理方法

师：孩子们，这个小男孩的膝盖怎么了？

出示小男孩膝盖流血图片，幼儿观察回答。（受伤了、流血了）

师：受伤了，皮肤破了，细菌要钻进去了，怎么办？

幼儿根据已有经验回答。（找医生，用东西捂住伤口，消毒）

师：当我们不小心受伤时一定要及时告诉老师或爸爸妈妈，请大人或者医生及时对伤口进行消毒处理。

二、倾听故事，认识痂的外形特征

师：这些小朋友受伤了，我们来看一看他们是哪里受伤了。

教师出示绘本图片，讲述故事《神奇的痂》第一段。幼儿根据故事内容回答。

师：你们受过伤吗？哪里受过伤？伤口结的痂是什么样的？

幼儿根据已有经验回答。（受过；我胳膊破了，膝盖受过伤；红色的、深红色的、黑色的，摸起来扎手，痂硬硬的，很粗糙）

师：开始结痂一般是红色的，过了几天颜色会变深，变成暗红色、黑色，痂又硬又粗。

三、观看视频，感知痂的形成过程

师：痂到底是怎么形成的呢？我们一起来看个视频吧。

播放痂的形成视频，幼儿观看。

师：血液里面有什么帮助结痂？

幼儿回答后，出示血小板和纤维蛋白图片。

师：伤口出血的时候，血小板和纤维蛋白聚集过来，数量不断增多，血越来越黏。血小板和纤维蛋白紧紧粘在一起，血就凝固了，变成像盖子一样的东西，就是痂。接下来我们来玩一个止血游戏吧。

幼儿戴上血小板、纤维蛋白和伤口头饰，进行游戏。

游戏玩法：幼儿戴上头饰，分别扮演血小板、纤维蛋白和伤口。一个血小板和一个纤维蛋白为一组，小、中、大伤口上分别标有数字1、3、6，代表需要1组、3组和6组血小板和纤维蛋白。音乐响起，血小板和纤维蛋白们围着6个标有数字1的小伤口转圈，音乐停止时1组血小板和纤维蛋白迅速将1个伤口围住；音乐再响起，血小板和纤维蛋白们围着2个标有数字3的伤口转圈，音乐停止时3组血小板和纤维蛋白迅速将伤口围住；音乐第三次响起，6组血小板和纤维蛋白围着1个标有数字6的伤口转圈，音乐停止时6组血小板和纤维蛋白迅速将伤口围住。

四、观察图片，知道痂能阻挡细菌

师：痂下面是什么样子呢？痂对我们的伤口有什么作用？

幼儿根据已有经验回答。（红色的；可以止住血，可以挡住脏东西）

教师出示绘本图片讲述故事第三段，幼儿观看倾听。

师：原来痂能暂时代替皮肤，起到保护伤口的作用，还能阻挡细菌进入。

五、经验迁移，保护痂宝宝至脱落

师：这个小朋友在干什么？

出示小朋友抠痂图片，幼儿观察回答。

师：结痂后一段时间有什么感觉？

幼儿根据已有经验回答。（痒痒）

师：痂会痒痒的，摸着也不滑溜，让人总想把它抠下来。痂能抠吗？为什么？

幼儿根据已有经验回答后，教师出示绘本图片讲述故事第四段。

师：伤口结痂后我们要保护好痂直至脱落，这样伤口的皮肤才能长好哦。

附：

神奇的痂（节选）

我的胳膊蹭到墙上，擦破的地方就结痂了。开始时全是痂，慢慢地就变少了。脚被鞋磨破的地方结了痂。我的痂在这儿，一个大的，四个小的。我摔跤擦破脸的时候，脸上就结了痂。还有我，鼻子下面擦破了，就结了这样的痂。我的痂又硬又粗，就像江米条。我吃过痂，难吃死了。

伤口出血的时候，血小板和纤维蛋白聚集过来，数量不断增多，血越来越黏。血小板和纤维蛋白紧紧粘在一起，血就凝固了，变成像盖子一样的东西，就是痂。

痂的下面是红红的，有黄色或白色的小点儿，软软的，连里面的肉都看得清清楚楚的，真吓人！在这个吓人的地方，新的皮肤正在不断地生长，在新皮肤长好之前，痂会暂时代替皮肤，起到保护作用，挡住外部细菌。

痂是不能抠下来的。当痂紧紧贴在伤口上的时候，身体正在痂下面加班加点制造新的皮肤。当新皮肤长到一定程度时，痂就会自然脱落了。

（秦皇岛市启航幼儿园 / 刘聪颖）

活动四　保护耳朵很重要

◎活动目标

1. 知道耳屎的大名叫作耵聍，了解其作用。
2. 了解耵聍排出的方法。
3. 懂得保护耳朵的重要性，掌握保护耳朵的方法。

◎活动准备

课件：耳朵、耳屎图片，耵聍作用的音频、图片，保护耳朵方法图片，《保护耳朵很重要》绘本故事视频。

◎活动过程

一、观察图片，知道耳屎大名叫耵聍

师：孩子们，你们看这是我们身上的什么器官啊？

出示耳朵图片，幼儿观察回答。

师：那耳朵里面有什么呢？

幼儿根据已有经验回答。（耳膜、耳屎、耳蝉等）

师：你们看，这个黄色的东西就是耳屎。耳屎有个大名，我们看看它的大名叫什么。

教师先出示耳屎图片，引导幼儿观察。然后播放绘本故事《保护耳朵很重要》第一段视频，幼

儿观看后说出耳屎的大名。（耵聍）

二、观看绘本，了解耵聍的重要作用

师：原来耳屎的大名叫作耵聍。那么耵聍在耳朵里有什么用呢？

播放绘本故事第二段视频，幼儿观看后回答。（保护耳朵、阻挡灰尘等）

师：现在我们玩一个听声音说耵聍本领的游戏，请你根据听到的声音说出耵聍的本领。

教师依次播放清扫声、飞虫声、打雷声、流水声，幼儿听后说出耵聍的作用，教师出示图片进行验证，并小结耵聍的作用：清扫耳道、阻挡细菌，给小细毛洗澡、按摩，阻挡小飞虫、阻挡尘埃，减弱声波冲击、保护耳膜。

三、交流讨论，懂得不能随便掏耳朵

师：原来耵聍有那么多用处呢，可是当我们感觉耳朵里耵聍满满的，胀胀的，要怎么办呢？

幼儿根据已有经验回答。（可以用掏耳勺把它们掏出去）

师：用耳勺把耵聍掏出去这种做法对吗？为什么？我们一起看一看吧。

播放绘本故事第三段视频，幼儿观看后回答。（不对，耳朵会发炎）

师：耵聍满满的，但是却不能掏耳朵，那耵聍怎样从耳朵里面出来呢？

播放绘本故事第四段视频，幼儿观看后回答。（说话、咳嗽和吃饭的时候耵聍会自己出来的）

师：原来，在我们说话、吃东西或打喷嚏时，随着下巴的活动，耵聍便会慢慢松动脱落，不知不觉地被排出体外。

四、亲身体验，感受耵聍排出的方法

师：让我们一起来感受一下这些方法吧。

教师组织幼儿做说话、吃东西、打喷嚏、侧头轻拍耳朵、侧头单脚跳等动作，感受耳朵内变化。

师：当我们做这些动作的时候，耵聍就会慢慢松动。

五、共同分享，说说护耳的注意事项

师：我们知道了不能随便掏耳朵，那保护耳朵还需要注意些什么呢？

幼儿根据已有经验回答。（遇到大的声音要用双手捂住耳朵，天气寒冷要戴帽子，不能用手抠耳朵等）

师：下面我们一起来看一看保护耳朵有哪些方法。

出示保护耳朵图片，幼儿观察回答。教师适时指导，重点说明避免耳朵冻伤的方法（天气冷时戴上帽子、围巾）、避开噪声的方法（当发现声音过大时要离得远一些或用手捂住耳朵）、耳朵进水排出的方法（方法一：把头倾向进水耳朵的一方，然后用同一侧的脚作单脚支撑，同时用手拉扯耳朵，把耳朵拉直，单脚跳几次后，即可让水顺势流出；方法二：用消毒的脱脂棉或软性吸水纸卷成捻子，轻轻地伸入进水耳朵里，当脱脂棉或捻子碰到水时，水就会被吸走）。

师：我们要保护耳朵，不能用力揪耳朵、不能用棍子或者尖锐的东西戳耳朵、保护耳朵不被冻伤、当耳朵进水时要及时排出。今天我们学到了这么多知识，回去讲给好朋友和爸爸妈妈听吧。

附：

保护耳朵很重要

小主人，我想和你商量一下：别叫我耳屎好吗？叫我耵聍，这才是我的大名，这个名字多好听呀！

不要以为我没有什么用，我可是保持耳朵清洁和健康的秘密武器。我每天起床的第一件事就是打扫耳道，消灭细菌。接着，我会给耳朵里的小细毛洗澡，然后再给它们按摩。“嘻嘻，瞧瞧，多舒服，这样能避免细菌滋生哟！”“嗡嗡嗡——”咦，哪里来的小飞虫？我挡住了小飞虫，它尝到苦苦的我，掉头就跑。平时我像哨兵一样守着外耳道的大门，粘住了空气中的尘埃，保持外耳道的清洁。“轰隆隆——”小主人真勇敢，不怕打雷声，但是强大的声音会伤害你的鼓膜，我急忙组织各位兄弟姐妹，一起减弱声波的冲击。咦？哪里来的水？原来小主人在洗澡。我们急忙挡住脏水，防止脏水的进一步侵袭。“小主人，你也要及时把水空出去哦！”

“哎呀呀，小主人，你怎么又掏耳朵！”我尖叫着，“再这样，你的耳朵要发炎的。”

“那我怎么办呢？里面感觉满满的呀！”小主人困惑地说。“放心吧，在你说话、吃东西或打喷嚏时，随着下巴的活动，我们便会慢慢松动脱落，不知不觉地被排出体外。”我已经在小主人的耳朵里待六个月啦，我要走了，会有新的耵聍来陪你的！

小朋友们，现在你们知道我对耳朵有多重要了吧！以后你们还会随便掏耳朵吗？

（秦皇岛市启航幼儿园 / 赵娜）

活动五　噗！放屁了

◎活动目标

1. 了解放屁的原因，知道放屁是人和动物的一种正常生理现象。
2. 知道憋屁会对我们的身体造成伤害。
3. 理解屁的状态与所吃食物有关，并注意放屁礼仪。

◎活动准备

1. 课件：《噗！放屁了》绘本故事图片，放屁声音的音频。
2. 气球、充气筒、水、玻璃盆。

◎活动过程

一、辨别声音，知道人都会放屁

师：孩子们，你们听这是什么声音？

播放放屁声音的音频，幼儿大胆猜测。（打嗝的声音，放屁的声音）

师：这是放屁的声音。那你会放屁吗？屁是什么味道的？

幼儿根据已有经验回答。（会；屁很臭）

师：把屁放出来会有什么样的感觉？

幼儿自由回答。（很舒服）

师：放屁是一种正常生理现象，一个正常的人每天放屁 5 ～ 10 次。把屁从肚子里放出来，肚子就不会鼓鼓的，会很舒服。

二、倾听故事，了解放屁的原因

师：我们肚子里的空气是从哪里来的？

教师出示绘本图片讲故事《噗！放屁了》，幼儿根据故事内容回答。（吃饭、喝水的时候空气进到肚子里了）

师：我们在吃食物时，会把空气带入肚子里面，如果吃得太快会把更多的空气带入肚子里面，会产生更多的屁，所以吃东西的时候要细嚼慢咽。为什么有的屁会很臭，有的屁不太臭？

幼儿自由回答。（吃的东西不一样，吃鸡蛋会放臭屁，吃蔬菜放屁不臭）

师：如果吃了鱼、肉、鸡蛋等，放出的屁就会特别臭。如果吃的是红薯或豆类等食物，放出的屁就没那么臭，所以要注意饮食清淡。

三、动手操作，模拟放屁的状态

师：老师准备了气球，气球就像是我们的肚子一样，你能用气球模拟出来放屁的声音吗？

个别幼儿尝试将气球充气后放气，模拟放屁。

师：原来这就是放屁的声音，那你知道屁是什么样的吗？我为大家准备了水盆和气球，接下来我们一起操作，看一下屁是什么样的？

幼儿将充满气的气球，放在水中，轻轻松开手，观察水的变化。教师巡回指导。

师：你在操作的时候发现水有什么变化吗？你手里的气球有什么变化呢？

幼儿观察后回答。（水里出现了气泡；气球变小了，瘪了）

师：我们的肚子就像气球一样，里面充满了气体，当把气体从屁股排出就是放屁。

四、集体讨论，认识憋屁的危害

师：放屁好不好？你憋过屁吗？有什么样的感觉？

幼儿自由回答。（放屁好，是排气，憋屁会肚子胀；放屁不好，很臭；憋屁的时候很难受）

师：如果这个气球就是我们的肚子，我们看看一直憋屁，会怎么样？

幼儿拿着气球感受，教师向气球充气。

师：你看气球怎么了？

幼儿观察回答。（越来越鼓）

师：这和憋屁是一样的道理。有屁憋着不放，时间久了有可能会出现肚子疼、头晕、头疼等情况，所以有屁就放出来，不要憋着。

五、观看图片，懂得放屁的礼仪

师：有的场合下，我们是不适合放屁的。在什么场合下不应该随意放屁？

幼儿自由回答。（上课、吃饭）

师：那如果吃饭的时候正好有屁了，该怎么办？你会选择憋着吗？

幼儿自由回答。（不憋着；可以出去到没人的地方放屁，去厕所放屁）

师：在放屁的时候应该注意场合礼仪，如果在特殊场合，应该避免在人多的时候放屁，可以选择暂时离开场地，放过屁后再回到场地。

六、查找资料，探究小动物的屁

师：我们大家都会放屁，除了我们人类，谁还会放屁呢？

幼儿根据经验回答。（小狗会放屁，臭鼬会放屁）

师：有些小动物的屁具有保护自己的作用，比如臭鼬在遇到危险时会放很臭的屁，熏晕敌人趁机逃跑。还有哪些小动物的屁有特殊的作用呢？请大家回家和爸爸妈妈一起查查吧！

（秦皇岛市启航幼儿园 / 冯立楠）

附：

噗！放屁了（节选）

我们吃饭和喝水的时候，会把空气一起吞进肚子里。如果从肛门跑出来，就是放屁。

我们大家都要放屁，只要活着，肯定要放屁。

屁没有一样的，每天放的屁都不一样，每个人放的屁也不一样。

有时候放的是响屁，噗！噗噗噗——声音特别大。所以响屁一放，别人就能听见。不过，响屁不怎么臭。

有时候放的是蔫屁，滋！几乎没有声音。所以，大家都不知道屁是谁放的，不过，蔫屁特别特别臭。

你知道吗？屁是身体对我们发出的信号哟。蔫屁对我们说："你是不是光吃肉呀？也要多吃些蔬菜。""你是不是老爱憋着大便？"响屁对我们说："哇！你今天状况不错，很健康啊！"放屁说明我们的身体很健康，大家想放屁的时候千万不要憋着，要痛痛快快地放出来。

活动六　不怕感冒

◎活动目标

1. 了解感冒的基本病症以及传播的主要途径。
2. 学习预防感冒的小常识。
3. 知道得了感冒要及时治疗，不怕打针吃药，做个勇敢的孩子。

◎活动准备

1. 课件：《小河马的大口罩》绘本故事图片，小朋友感冒的图片，歌曲《预防感冒》视频。
2. 挖好洞的 KT 板，充气锤、病毒头饰。

◎活动过程

一、观察图片，引出主题

师：孩子们，我们一起来看张图片，图片上的两个小朋友怎么了？你们怎么知道的？

出示小朋友感冒图片，幼儿观察回答。（生病了；他们在擦鼻涕，他们感冒了）

师：他们感冒了。小朋友，你们感冒过吗？感冒了有什么样的感觉？

幼儿根据自身经历回答。（感冒过；很怕感冒，感冒时候很难受）

师：感冒时会很难受，会鼻塞、流鼻涕、发热、头痛、嗓子干痛，整个身体都会感觉不舒服。

二、分段欣赏，理解内容

师：那你们是怎么感冒的？

幼儿根据经验回答。（家里没关窗户受凉了，出汗后被风吹着了，蹬被子感冒，被其他感冒的人传染等）

师：接下来我想和小朋友们分享一个故事《小河马的大口罩》。我们一起来听一听故事里发生了什么。

教师出示绘本图片，讲述故事第一段。幼儿边看边听。

师：小河马打了一个大喷嚏以后发生了什么？

幼儿根据故事内容回答。（小河马的口罩丢了，河马嘴上的大口罩不见了）

师：小河马的口罩去哪里了？我们继续听故事。

教师出示绘本图片，讲述故事第二段。幼儿根据故事内容回答。（被小兔子捡到了，小兔子用口罩当篮子）

师：你们来说一说小兔子这个做法对吗？

幼儿自由回答。（小兔子做得不对；会把病传给别人，会传播病毒）

师：那我们看看接下来又发生了什么。

教师出示绘本图片，讲述故事第三段。幼儿边看边听。

师：你们猜一猜小松鼠、小羊、小鹿会发生什么事情？

幼儿大胆猜测。（被传染感冒了）

师：我们一起看看，你们猜对了吗？

教师出示绘本图片，讲述故事第四段。幼儿听后回答故事最后提出的问题。（那些病人被传染感冒了）

师：小河马的大口罩上有感冒病毒，小白兔捡到用来当作菜篮子，就把病毒传染到了菜上面；小羊和小鹿吃了沾染病毒的菜，就把病毒传染给它们了。松鼠拿了有病毒的口罩做了吊床，也被传染了。所以说感冒是会传染的。小朋友们戴口罩应该注意什么？

幼儿自由回答。（不能换着戴、不能反着戴）

师：口罩不能相互换着戴；不能把口罩的外部，也就是深色的那一面对着嘴戴；口罩上的金属条必须戴在上面；还有我们打喷嚏的时候也不要对着别人打，这样也会把病毒传染给别人的。

三、交流经验，治疗感冒

师：感冒时我们应该怎么办，有什么好办法让身体快点好起来？

幼儿根据已有经验回答。（看医生、吃药、注意休息、多喝水）

师：感冒并不可怕。得了感冒，我们要及时就医，按照医生的要求吃药、打针、输液。此外，还要注意休息、多喝水。这样病毒就会被打倒，我们的感冒也会痊愈。

四、学习歌曲，预防感冒

师：感冒是可以预防的。你们知道平时我们可以怎样预防感冒吗？

幼儿自由回答。（勤洗手、戴口罩、讲卫生、好好吃饭、好好睡觉、多运动等）

师：我们可以戴口罩，把病毒挡在外面；还可以勤洗手、洗澡，注意卫生；离感冒的人远点，防止病毒传染。我们还要少去人员密集的地方，加强体育锻炼，均衡饮食，保证充足的睡眠。下面我们来学一个《预防感冒》手势舞吧。

教师播放歌曲《预防感冒》视频，师幼一起做手势舞。

五、集体游戏，增强意识

师：感冒是可以预防的，感冒并不可怕，只要我们勇敢面对，积极配合医生，任何病毒都会被打倒，接下来我们就来做一个《打倒病毒》的游戏。

教师出示带洞的 KT 板、充气锤和病毒头饰，组织幼儿进行游戏。

游戏玩法：一名幼儿扮演“病人”，手拿“充气锤”，多名幼儿扮演“病毒”躲在“地洞下”。“病毒”们一会儿探出头来、一会儿躲回洞里，努力躲闪随时落下的“充气锤”，此时病人要看准病毒探出头的时机，用手中的充气锤拍打病毒。

师：病毒都被我们打倒了。你们看，感冒虽然有很多传播途径，它会趁我们身体虚弱时侵入，会通过飞沫传播，但它并不可怕，只要我们加强锻炼、勤洗手、出门戴口罩，做好个人防护，病毒就会远离我们。

附：

小河马的大口罩

有一天，小河马得了重感冒，不停地打喷嚏。它去医院看病，熊医生给它一包药和一只大口罩。小河马戴着大口罩，捧着药回家去，半路上，它忍不住又打了个大喷嚏。“阿嚏！”这个大喷嚏可了不得，让小河马蹦得老高，口水满地淌。戴在小河马嘴上的大口罩呢，飞过了大树梢不见了。小河马摸摸嘴巴，看看大树，大声地叫道：“啊！我的口罩不见了。”

小白兔正在采蘑菇，看见落在草地上的大口罩，说：“这不是一个很好的菜篮子吗？”于是小白兔捡起大口罩，用它来装蘑菇，拎着一包蘑菇回家去。

路上，小白兔遇到了小羊和小鹿。小羊和小鹿说：“小白兔，你好。”“小羊和小鹿你们好，这两个大蘑菇送给你们吃。”小羊和小鹿说：“谢谢你，小白兔！”小白兔回到家，把大蘑菇倒进盆里，把大口罩往窗外一扔。树上的小松鼠看到了，说：“咦？这不是一个很好的吊床吗？”小松鼠下来捡起大口罩，带回到树上，欢欢喜喜地扎了一个吊床。“哈哈，真舒服！”

第二天早晨，森林医院门口的病人可真多，“阿嚏！阿嚏！”一个个喷嚏打得可响了！大熊医生开门一看，傻了眼。小朋友，你们说这是怎么一回事呢？

（秦皇岛市启航幼儿园 / 曹静）

活动七　胖国王

◎活动目标

1. 阅读绘本，知道肥胖会影响身体健康。

2. 认识生活中常见的健康食物，学习合理搭配健康餐。

3. 愿意帮助胖国王，感受成功带来的喜悦。

◎活动准备

1. 课件：《胖国王》绘本故事图片、音乐《向快乐出发》。

2. 操作材料若干套，每套材料包括：有各种食物图片放在操作盘中；画有5个空盘子的配餐卡，盘子中间粘贴子母扣，可粘贴食物图片。

◎活动过程

一、观看图片，认识身材胖胖的国王

师：孩子们，今天请来了一位国王，我们来一起看一看，这位国王的身材看起来怎么样？

出示胖国王图片，幼儿观察回答。（胖胖的，很胖）

师：所以大家都叫他胖国王。胖国王每天最喜欢的事情就是吃，今天他带来了什么？

出示配餐卡，幼儿观察回答。（盘子）

师：孩子们，你们猜一猜，胖国王想干什么？

幼儿自由猜想。（吃东西、做饭）

二、讨论操作，搭配国王喜爱的美食

出示放有食物卡片的操作盘和配餐卡。

师：这里有各种各样的食物图片，这是一张配餐卡。胖国王想招募两名配餐师。我们两个小朋友一组互相商量，搭配出胖国王最喜欢吃的美食。

幼儿两人一组相互商量，动手操作搭配食物并将搭配好食物的配餐卡放在磁力黑板上。

师：谁愿意分享一下你们为胖国王搭配的美食？

个别幼儿上前来指示磁力黑板上本组搭配的配餐卡，介绍食物名称及这样搭配的原因。

三、阅读绘本，了解肥胖会影响健康

师：胖国王喜欢哪组搭配的美食呢？我们一起来看看胖国王的生活是怎样的，就知道了。

教师出示绘本图片，讲述故事《胖国王》第一段。

师：胖国王一顿都吃了什么？

幼儿观看图片回答。（鸡肉、蛋糕、饮料、果冻、冰激凌、甜甜圈、饼干）

师：胖国王的身体为什么会变得这么糟糕呢？

幼儿根据故事内容回答。（吃很多甜食，爱吃肉，吃太多了）

四、相互讨论，学习合理搭配健康餐

师：其实胖国王心里非常难过，他很不开心，他想自己瘦下来，变得健康。所以他想让大家帮助他吃到营养合理搭配的健康餐。孩子们，你们知道哪些是健康的食物吗？

幼儿根据已有经验回答。（牛奶、青菜、胡萝卜、苹果、鸡蛋等）

师：健康的食品有奶类、谷类、蛋类、蔬菜、水果等。我们把这么多的健康食品一次全都给胖国王吃可以吗？那怎样搭配呢？一顿饭让他吃什么呢？

教师先出示蔬菜类、水果类、坚果类、牛奶、鸡蛋、豆类图片，引导幼儿认识健康食品。再出示荤素搭配（肉类和蔬菜类搭配）、干稀搭配（主食和汤类）、水果图片，重点介绍肉类、汤类食物，说明营养餐搭配的方法。

师：食物搭配合理才会让我们的身体健康。我们了解了健康的一顿饭应该吃什么，那我们再来看一看之前搭配的有什么问题。

教师结合 2 ～ 3 个幼儿之前搭配的配餐卡引导幼儿集体讨论，找出其中的问题。

师：那我们重新来给胖国王搭配健康餐吧。

幼儿拿下本组的配餐卡，根据已学经验再次配餐，配好餐后进行展示。教师适时指导。

师：这回小朋友们给胖国王搭配的都是营养的、合理的、健康的食品。

五、快乐运动，感受成功带来的喜悦

师：胖国王特别感谢大家。胖国王想要健康，除了每天吃搭配好的营养餐，还需要做些什么？

幼儿根据已有经验回答。（运动、按时睡觉）

师：除了要吃健康食品，还要多运动，保持充足的睡眠。在我们的帮助下，胖国王有了健康的身体，终于变得开心起来了。孩子们请起立，让我们一起锻炼身体，向快乐出发！

播放音乐《向快乐出发》，师幼随音乐快乐运动。

附：

胖国王（节选）

从前有个国王，他很胖很胖，他最喜欢的事情就是吃。

因为太胖了，所以他走路快一点儿，就会流很多汗，一直喘气。他想弯下腰系鞋带，根本做不到。胖国王给大臣们开会，话讲到一半就累得睡着了。胖国王的身体常常不舒服，只好天天看医生，医生说：“国王的身体不健康，这样下去可不得了！”

其实胖国王心里非常难过，他很不开心，他想自己瘦下来，变得健康。最后在大家的帮助下，胖国王有了健康的身体，终于变得开心起来了。

（秦皇岛市启航幼儿园 / 田璐）

活动八　我运动我健康

◎活动目标

1. 知道坚持运动可以让身体变得强壮。
2. 了解常见的运动项目。
3. 乐于参加体育活动，养成经常运动的好习惯。

◎活动准备

1. 课件：常见运动项目图片、《我运动我健康》绘本故事图片，《我爱运动》歌曲音频。
2. 沙包、皮球、呼啦圈、哑铃等运动器材若干，分类摆放在活动室不同位置。

◎活动过程

一、互相问好，想想不同问好方式

师：孩子们，你们好！咱们先来打个招呼吧。今天打招呼的方式有点不同，每个人都要用你身上可以活动的部位打招呼，比如我的头可以动，我们可以点点头问好。你的身体还有哪里可以动？快想一想你和别人不一样的问好方式吧。

师幼用不同的身体动作问好。

二、观看图片，了解不同运动项目

师：原来我们身体有这么多的地方都可以活动。除了打招呼可以让身体活动起来，还有很多运动也可以让身体活动起来。我们一起来看看吧。

依次播放跑步、踢足球、骑自行车、举重、滑雪、游泳等运动图片，幼儿说出这些运动的名称，一起学一学这些运动的动作。之后整体出示六幅图片。

师：除了这些，你还知道哪些运动项目？

幼儿根据已有经验回答。（滑冰、滑轮滑、单杠、摔跤、爬山、跳绳、丢沙包等）

师：你最喜欢哪一项运动呢？

幼儿自由回答。

三、阅读绘本，知道运动有益身体

师：运动对我们的身体有什么好处呢？我们一起来听个故事吧。

出示绘本图片，讲述故事《我运动我健康》第一段。幼儿边看边听。

师：让身体变得强壮的秘方是什么？

幼儿根据故事内容回答。（吃营养大餐，运动）

师：知道了让身体变得强壮的秘方，涛涛是怎样做的呢？

出示绘本图片，讲述故事第二段。幼儿根据故事内容回答。（长高了，变得很强壮）

师：涛涛天天坚持运动，结果怎么样呢？

出示绘本图片，讲述故事第三、四段。幼儿根据故事内容回答。

师：运动可以增强体质，有益健康。坚持运动，可以让我们长得更高、更壮。

四、选择器材，邀请同伴一起运动

师：今天我还带来了很多的运动器材，我们一起来看看吧。

出示沙包、皮球、呼啦圈、哑铃等运动器材图片，幼儿说说运动器材名称及用法。

师：下面请选择一种你喜欢的运动器材，我们一起运动起来吧。

播放《我爱运动》歌曲音频，幼儿与同伴一起运动。音乐停止，活动结束。幼儿人数多，可分组进行，一组选择器械运动，另一组作为啦啦队观看助威、自由做动作。

五、回座休息，说说运动之后的感受

师：谁来说一说你运动之后的感觉？

幼儿自由回答。（开心、累、口渴等）

师：运动让我们感到开心快乐。运动后会感觉累、口渴，是因为运动会消耗我们的体力。消耗体力之后，我们才会吃更多的饭，饭吃得好我们就会长高，我们的身体也会越来越强壮。运动能够让我们的身体变得更健康，从今天开始就让我们一起每天坚持运动吧！

附：

我运动我健康

生日那天，涛涛收到一本书。里面有变得强壮的秘方，先做准备活动，然后慢跑，再吃营养大餐……还要参加有氧运动课程。

涛涛按照书上的方法，天天坚持运动。他去健身俱乐部，跳10遍健美操，举100下哑铃，跑1000米……

几天过去了，几个星期过去了……春天到来的时候，涛涛脱下棉袄，看着镜子中的自己，发现自己长高了，变得强壮……很强壮……更强壮，非常强壮！他喜欢自己现在的样子。

一群捣蛋鬼正在欺负贝贝。涛涛举起一个捣蛋鬼，捣蛋鬼吓得落荒而逃。贝贝高兴地说："你是我的英雄！"涛涛很骄傲："我不是迷你涛涛啦！我是英雄！"

（秦皇岛市启航幼儿园 / 王宏杰）

【个别化学习活动】

区域	名称	材料	玩法	价值
语言区	手偶小剧场	小男孩、妈妈、医生、蝴蝶、瓢虫手指偶；小女孩、爷爷、奶奶、小狗、鸟儿手指偶。	1. 选择与故事《我可不怕打针》相关的手指偶，尝试用完整的语言讲述故事。 2. 几名幼儿自由选择手指偶，合作进行故事创编。	大胆讲述故事，尝试与同伴合作创编故事，锻炼语言表达能力。
	你说你做我来猜	各种不同运动项目的图片。	1. 幼儿两人一组，一个人根据运动项目图片用语言或动作表达出来，但不能直接说出项目名称，另一人猜运动名称。 2. 猜对后则该运动图片归猜对者所有。 3. 看看谁得到的卡片数量多。	发展口头语言及肢体语言表达能力。
	我运动我健康	《我爱运动》《我运动我健康》《运动小超人》《魔术师威利》《汤姆在游泳池》《汤姆骑自行车》等与运动有关的绘本和故事图片。	1. 幼儿在阅读区阅读自己喜欢的与运动有关的绘本故事，并和同伴分享。 2. 选择故事图片，进行排图讲述。	喜爱阅读，发展语言表达能力。
益智区	我的小菜园	各种水果、蔬菜图片若干，任务卡若干（一星难度：数量 + 蔬菜；二星难度：数量 + 颜色；三星难度：数量 + 水果 + 蔬菜），菜篮。	幼儿自选任务卡，按照任务卡内容将需要的蔬菜水果从菜园中摘下来放入菜篮，按要求取物。	按多项要求取物。
	自我保健游戏棋	1. 游戏棋盘一个，上设有起点和终点，棋盘上每个方格之间用直线连接。 2. 正确自我保健图片：戴耳包、捂耳朵防噪声、不扎耳洞等保护耳朵的图片；勤洗澡、擦防晒霜、穿舒适衣服等保护皮肤的图片；做眼保健操、不看电子产品、不用尖利物品靠近眼睛等保护眼睛的图片。 3. 骰子一个，立体小人模型两个。	1. 两名幼儿一组，自由选取"正确自我保健图片"，并将其按照自己的意愿贴于棋盘上的方格内，每个方格中贴一张图片。 2. 每人选取一个立体小人模型代表自己，站于起点处。两人轮流掷骰子，掷到几点就往前走几个方格。当走到贴有"正确自我保健图片"的格子时，就可以奖励多投掷一次骰子，先走到终点者获胜。	1. 知道自我保健的方法。 2. 遵守游戏规则，体验合作游戏的快乐。
	防疫志愿者	酒店楼层图，标有动物及楼层和房间号的任务卡、各种动物图片。	幼儿自选任务卡，根据任务卡上标注的楼层及房间号将"动物"送入"酒店相应隔离室"。	形成健康意识，了解"隔离"的意义，增强自我保护意识。

（续表）

区域	名称	材料	玩法	价值
科学区	赶走病毒	贴有病毒的塑料球6个，上有洞洞的“医院楼”隔板，记分牌。	幼儿两人一组，各取三个塑料球，分别站在桌子的两端，桌子中央放置“医院楼”隔板。游戏开始后，两名幼儿轮流将“病毒”塑料球放在桌子上用嘴对着球吹气，让球通过隔离板上的洞到对方区域。将一个球吹到对方区域在记分牌上加1分，最后分数多者为胜。	感受吹气力量大小和方向与病毒塑料球的行动速度和轨迹的关系。
	放屁小实验	气球、打气筒、装有水的玻璃盆。	1. 选择一个气球，用打气筒将气球内充入适量气体，用手捏住充气口。 2. 将充气口浸入装有水的玻璃盆中，慢慢松开充气口，使气球中的气体溢出，观察水的变化。	了解放屁的原理——肚子里面产生的气体排出体外就是屁。
	触摸游戏	盲袋（不透明紧口的口袋）、眼罩、苹果、橙子、网球、圆面包、塑料球、按摩球、玻璃球、积木块、海绵等。	1. 两人一组，将各种材料放到盲袋中，两人轮流将手伸到盲袋里摸物品，并说出物品名称，答对了可以得到该物品，答错了则将物品放回盲袋。谁得到的物品多为胜。 2. 两人游戏，一人用眼罩蒙上眼睛，另一人在盲袋里选择物品放到蒙眼人面前，蒙眼人分别用手、脸、肘等部位皮肤接触物品，并说出物品名称。	1. 感受物品光滑、粗糙、软、硬等特性。 2. 体验不同位置的皮肤触觉敏感度不同。
生活区	健康餐食谱	各种食物的图片（包含垃圾食品）、一周食谱表、营养健康餐搭配方法图（荤素搭配、干稀搭配）。	参照营养健康餐搭配方法图，选择食物进行搭配，粘贴在食谱表内，制定出一周的营养健康食谱。	学习合理搭配饮食。知道营养全面有利于身体健康。
美工区	好吃的食物	彩泥、彩泥工具，纸盘，水果、蔬菜等食物图片若干。	幼儿自选图片，将彩泥用团圆、搓长、压扁等技能制作出图片中的水果、蔬菜等食物。	练习团圆、搓长、压扁等泥工的基本技能。
	我喜欢的运动	各种不同运动项目的简笔画图片，水彩笔、油画棒、水粉颜料、水粉笔、马克笔。	1. 幼儿选择自己喜欢的运动项目图片，在图片上进行添画或涂色等装饰活动。 2. 幼儿相互交流自己的美工作品。	大胆添画或涂色，增强对色彩的感知及运用能力。
	彩虹屁	印有河马、大象、小鸟等动物轮廓的画纸，水彩笔。	1. 选择印有动物轮廓的画纸，为动物涂色。 2. 根据动物体型大小，为动物添画大小、形状不同的屁，并进行涂色。	练习在轮廓内涂色，并进行添画。
	打败病毒小怪兽	白纸、彩纸、水彩笔、黑色马克笔。	1. 一只手半握拳放在白纸上，用黑色马克笔画出手的轮廓。 2. 用彩纸撕出病毒形状粘贴在白纸上，用水彩笔添画小病毒的表情并进行装饰。	练习画、撕等美工技能，发展创意想象能力。
建构区	不怕疼医院	长短、高矮、宽窄不一的搭建积木若干；医院实景图片。	观看医院实景图片，选择搭建积木，利用盖顶、加宽等建构技能尝试搭建小医院。	练习盖顶、加宽等建构技能，学习与同伴合作有目的地进行搭建。
表演区	放屁歌	《放屁歌》音频、音乐播放器；小喇叭、响板、刮刮筒等乐器。	播放《放屁歌》，跟随音乐旋律拍打节奏，在相应处选择小喇叭、响板、刮刮筒等不同的乐器模拟放屁声音，进行音乐表演。	练习跟随音乐旋律，使用乐器进行演奏。
	我的身体	《我的身体》歌曲音频、音乐播放器、话筒；服装、头饰等。	1. 幼儿自主选择服装和头饰装扮自己。 2. 播放《我的身体》歌曲，幼儿跟随演唱，并随音乐节奏和歌词做身体动作。	1. 用自然的、音量适中的声音基本准确地唱歌。 2. 用身体动作表现歌曲内容。

【户外运动活动建议】

1. 保证幼儿每天户外活动时间不少于 2 小时，其中体育活动时间不少于 1 小时。

2. 气温过热或过冷的季节，选择温度适当的时间开展户外活动。

3. 开展丰富多样的适合幼儿年龄特点的走、跑、跳、攀爬、平衡等各种身体活动。

4. 对于拍球、跳绳等技能性活动，不能机械训练，不要过于要求数量。

5. 定期检查运动器械，保证其安全性。结合户外活动内容对幼儿进行安全教育，培养幼儿自我保护能力。

【日常生活活动建议】

1. 帮助幼儿了解食物的营养价值，引导幼儿合理饮食，养成良好的饮食习惯。

2. 让幼儿保持有规律的生活，养成良好的作息习惯。

3. 生活中、游戏中提醒幼儿注意保护自己不受伤。

4. 提醒幼儿根据天气及时增减衣物，注意个人卫生，预防疾病。

5. 日常生活中鼓励幼儿多走路，自己上下楼梯，自己背包。

【环境创设】

1. 在活动室适当位置展示幼儿用黏土做的足球、篮球、棒球、网球、排球等有关运动的作品和用火柴棍、冰棍筷子、纸棒等拼粘的各种形态的运动小人。

2. 将幼儿日常生活中锻炼身体的照片展示在主题墙上。

3. 在楼道展示栏展示幼儿的绘画作品《一顿美味的健康餐》。

4. 家园联系栏中介绍身体保健的有关知识。

5. 在主题墙上展示幼儿打败病毒创意作品。

【家园共育】

1. 家长在日常生活中可以和孩子一起制定食谱，让孩子多了解食物的营养价值，合理搭配健康餐。

2. 建议家长多带孩子参加室内外体育锻炼，也可以在家带孩子玩一些亲子运动小游戏，既增强孩子体质又能增进亲子关系。如，大脚碰小脚：孩子和家长双手叉腰，面对面站好，同时跳起来右脚碰完碰左脚。运动跷跷板：家长和孩子手拉手屈膝坐下，孩子坐在家长脚上，通过身体前倾和后仰，使“跷跷板”移动起来。

【社会实践】

玩转健身器材

◎活动目标

1. 认识常见的健身器材。

2. 探索健身器材的正确使用方法。

3. 养成经常运动的好习惯。

◎活动建议

1. 几名幼儿家长可商量一起活动。由家长提前做好地点、环境、安全等情况的前期调查，最好选择有适合幼儿的健身器材的地方。

2. 教师和家长要对幼儿进行安全教育，如一定要正确使用健身器材、不要争抢等。

3. 幼儿穿适合运动的衣服、鞋子。

4. 对于幼儿不熟悉的健身器材，家长要为幼儿进行详细介绍，如器材名称、玩法及功能。

5. 家长用照片记录幼儿活动情景，鼓励幼儿向他人讲讲自己玩的是什么健身器材，以及它的玩法和对身体的好处。

【发展评估】

“自我保健”好习惯养成幼儿家长评价表

宝贝们，经过一个月的时间，你养成“自我保健”的好习惯了吗？现在请你和爸爸妈妈一起玩一个问答小游戏。

班级：　　　　　幼儿姓名：

评价内容	评价结果
1. 你害怕打针吗？说一说为什么要打预防针。	
2. 请你找一找，我们的身体哪里有皮肤？说一说怎样保护皮肤。	
3. 你知道哪些保护耳朵的方法？	
4. 你知道哪些是健康食品吗？请你搭配一顿健康餐吧。	
5. 如果不小心受伤了，你知道怎样保护伤口吗？请你说一说。	

（续表）

评价内容	评价结果
6. 你有没有憋过屁？憋屁有什么危害？	
7. 感冒了有什么感觉？预防感冒有哪些方法？	
8. 你喜欢参加体育活动吗？说一说你最喜欢什么体育运动。	

爸爸妈妈们请在沟通中对孩子的行为作出正确的评价，指导孩子用彩笔为自己的好习惯作出不同等级的笑脸评价。

评价标准：非常好 4 好 3 一般 2 差 1

“自我保健”好习惯养成教师评价表

班级： 幼儿姓名： 教师姓名：

目标	评价结果			
	4	3	2	1
1. 知道打预防针很重要，能接受并勇敢地面对。				
2. 知道不同季节和不同环境下保护皮肤的办法。				
3. 知道耳屎的作用和保护耳朵的方法。				
4. 认识生活中常见的健康食物，合理搭配健康餐。				
5. 知道保护伤口的方法。				
6. 知道放屁是正常的生理现象，不憋屁。				
7. 了解感冒的基本病症，知道预防感冒小常识。				
8. 喜欢参加体育运动，养成经常运动的好习惯。				

评价标准：非常好 4 好 3 一般 2 差 1

好习惯十二　心情愉快

【主题名称】快乐每一天

全家总动员

亲爱的家长朋友：

您好！开心快乐的情绪和经常保持积极向上的生活态度有助于幼儿健康成长。快乐生活的良好情感能为自己及他人带来愉悦感受。

您的孩子是否出现过因为不能满足自己的需求而哭闹不止，不能正确表达自己不好的心情、不会分享自己的快乐、生活中遇到困难或与人交往发生矛盾时会有很强的挫折感等不良情绪？为了孩子的身体健康及为心理健康，让幼儿能活泼、健康、快乐地成长，本月我们的主题活动是“快乐每一天”，旨在培养孩子“心情愉快”的好习惯。

在幼儿园，我们有目的地进行培养，希望孩子能达到如下目标：

1. 知道每个人都有不同的情绪，经常保持愉快的心情有利于身体健康。
2. 尝试遇到不开心的事情时不乱发脾气，学习缓解自己不好的情绪的方法。
3. 用简单的语言描述欣赏作品的心理感受，并愿意与他人分享自己的情绪。
4. 体验积极情绪给自己及他人带来的愉悦感受。
5. 知道关注别人的情绪，尝试帮助别人缓解不好的情绪。

在家庭生活中，我们建议您从以下几方面进行关注：

1. 营造良好的家庭氛围，不把坏心情带回家影响孩子的情绪。
2. 鼓励孩子和家人分享自己快乐的心情。
3. 引导孩子和同伴、邻居友好相处，正确解决发生的矛盾。
4. 鼓励孩子挑战自己，用积极的情绪勇敢面对困难。
5. 当孩子情绪不好时帮助孩子排解消极情绪。

感谢您的参与，为了孩子的成长，让我们一起努力吧！

【主题目标】

1. 知道每个人都有生气、害怕、伤心、开心等不同的情绪。

2. 知道生气会影响自己和他人的情绪，不乱发脾气。

3. 学会用正确的方式宣泄不良情绪和表达自己的情绪。

4. 知道关注他人的情绪，当他人有不良情绪时知道帮助缓解。

5. 知道和小伙伴友好相处，当发生冲突时，在他人帮助下和平解决。

6. 了解勇气的多种表现形式并勇于接受挑战，体验付出勇气后的成功和快乐。

7. 用心倾听、理解文学作品，随着情节的变化有相应的情绪反应，体会作品所表达的情绪情感。

8. 知道常用的调节自己情绪的方法，尝试用画图、欣赏音乐、阅读有趣的故事等方法缓解不良情绪。

9. 经常保持愉快的心情，养成开心乐观的好习惯。

【主题口号】

爱护好自己，健康又快乐

【三字儿歌】

排解情绪

心情好，吃得香，
常生气，人自伤。
情绪好，身体棒，
坏脾气，乐不长。

【集体教学活动】

活动一　不同的情绪

◎活动目标

1. 知道每个人都有生气、害怕、伤心、开心等不同的情绪。

2. 尝试用简单的语言描述自己生活中遇到不同事情时的不同情绪。

3. 学习控制自己的情绪，经常保持愉快的心情。

◎活动准备

课件：《情绪宝典》绘本故事图片，引起生气、害怕、伤心、开心情绪的事件选择图片。

◎活动过程

一、出示图片，认识故事主角

师：今天我带来一个绘本故事，故事的主人公是一个叫凯文的小男孩。我们和凯文打个招呼吧。

出示《情绪宝典》绘本封面，幼儿和凯文打招呼。教师出示绘本图片，讲述故事第一段。

二、翻翻讲讲，感受不同情绪

师：你们猜一猜凯文怎么了。你们从哪里猜出来的呢？

出示凯文生气的图片，幼儿观察回答。（生气；凯文竖起的眉毛、握紧的拳头、嘴角下拉、使劲跺脚）

幼儿回答后，教师出示生气的表情标志图验证答案。

师：那我们一起翻一翻数字图，看看翻到的是凯文生气的图片吗？他为什么事情生气呢？

播放课件，出示 1 ～ 6 数字遮挡的图片，幼儿自由选择数字，教师点击数字，展示数字下面的图片，幼儿看图说说让凯文生气的事情。（小伙伴和凯文抢玩具、自己的画被小猫撕坏了、凯文差点被小伙伴推倒、摆好的积木倒下了）

教师按照上述方法，依次出示凯文害怕、伤心、开心图片，让幼儿说说凯文怎么了、从哪里看出来的、因为什么事情。（害怕从发抖的嘴唇、紧靠的小脚、小手掩面看出，因为小狗叫、电闪雷鸣、看见瓢虫、看见蜘蛛、看见蛇；伤心从耷拉着脑袋、流眼泪、嘴角下拉、脚尖对立看出，因为手划破了、玩具娃娃坏了、生病了、下雨了；开心从明亮的眼睛、高举的小手、微笑的嘴角、蹦跳的小脚看出，因为太阳出来了、和好朋友一起玩球和玩水很开心、看见一个好看的热气球）

师：凯文有时会开心，有时会伤心，有时会害怕，有时会生气，原来情绪有很多。

三、师幼谈话，管理疏导情绪

师：你遇到过让自己开心的事情吗？是什么事情？请你和旁边小伙伴讲一讲。

幼儿根据生活经验讲述，分享自己的快乐。（妈妈带我去游乐场、和爸爸一起看书、收到了妈妈送的礼物等）

教师依次引导幼儿分享生气、害怕和伤心的事情。（和小伙伴吵架了我很生气、没有完成自己的绘画我很生气、没有拿到自己喜欢的玩具很生气；我不小心摔伤了让我很伤心、晚上不是妈妈来接我我很伤心；晚上自己睡觉我很害怕、在小朋友面前背古诗我很害怕等）

师：你们看，凯文伤心的时候做了什么呢？

出示凯文和妈妈拥抱的图片，幼儿观察回答。（和妈妈拥抱）

师：请你和旁边的小伙伴拥抱一下吧，相信你会很快缓解不好的情绪。

四、趣味游戏，猜测不同情绪

师：凯文还有很多有趣的事情，你们猜一猜，他第一次去理发店会有什么感觉呢？

幼儿猜测。（开心、害怕等）

师：那你们猜得对不对呢？我们一起来听一听。

教师出示绘本图片，讲述故事第二段。幼儿根据故事内容说说凯文第一次去理发店的感受。

师：凯文从最开始的好奇到害怕，后来勇敢地战胜了自己害怕的心理。原来剪头发没有什么可怕的。

五、活动延伸，做最好的自己

师：凯文想告诉所有的小朋友们，当你生气和伤心的时候，请你试一试深深地吸口气，默数一到十，然后去闻一闻花香，这样，你就会觉得好多了！我们来做一做吧。

师幼一起深吸一口气，默数一到十，模拟闻花香。

师：希望你们遇到不好的情绪时，用今天学到的方法来帮助自己，保持愉快的心情。相信你们一定还有更好的办法让自己缓解不好的情绪，记得一定要分享给大家哟。

附：

情绪宝典（节选）

嗨，我是凯文。当我生气时，我会吼叫、摔东西；当我伤心时，我会哭；当我害怕时，我会躲起来；当我开心时，我会笑、会大声欢呼！我喜欢开心，很多时候我都是开心的。在我开心的时候我想告诉每一个人。但是，在我生气、伤心或者害怕的时候，我希望有人哄哄我。你也是这样吗？

我还有很多感受哦，一起来看看吧！哇！理发店里真有趣！这里的椅子很特别，墙上还挂满了镜子哦！理发师给我围上围布，看着像一件大披风。他开始给我梳头发，我可以喝美味的果汁啦！看着剪刀在我头上剪来剪去，我有点害怕。“好了，”理发师说，“照照镜子吧！”“哇，凯文，你看起来帅极了。”爸爸说。原来，理发一点儿都不恐怖，理发师只是剪掉头发，让你变得更好看。我不怕理发，我很棒吧！

（秦皇岛市启航幼儿园 / 黄涛）

活动二　神奇的消气汤

◎活动目标

1. 了解生气对人的不良影响。
2. 学习消气的方法。
3. 乐意保持愉快的心情。

◎活动准备

1. 课件：《生气汤》绘本故事图片、霍斯生气的图片。
2. 记录纸、马克笔。

◎活动过程

一、观察图片表情，认识生气的朋友霍斯

师：看，今天我请来了一位朋友，他的名字叫霍斯，你觉得霍斯今天的心情怎么样？你是从哪儿看出来的？

出示霍斯生气的图片，幼儿观察回答。（生气了；从表情、动作上看出来的）

师：你生气的时候是什么样子的？

幼儿到前面用语言和动作表现生气的样子。

二、欣赏绘本故事，了解霍斯生气的原因

师：霍斯今天遇到了哪些令人生气的事情呢？

教师出示绘本图片讲述故事《生气汤》第一段，幼儿根据故事内容回答。（回答不出来老师的问题，表演的时候被踩了一脚，放学妈妈没有来接他）

师：是呀，发生了这么多不快乐的事情，霍斯真的很生气。

三、说说生活经历，知道生气对人的伤害

师：你们有过生气的时候吗？你因为什么事情生气的？生气的时候你有什么样的感觉？

幼儿根据自己的生活经验回答。

师：人经常生气好不好？为什么？

幼儿自由回答。（不好，对身体不好）

师：每个人都有生气的时候，但经常生气对自己不好，对别人也不好，所以我们生气的时候应该想办法让自己消消气。

四、继续倾听故事，共同学习消气的方法

师：你们有什么办法来帮霍斯消消气呢？

幼儿自由回答。（不去想生气的事、看看书、和伙伴玩一玩）

师：你们的方法都不错，霍斯的妈妈想出了什么办法帮助霍斯呢？

教师出示绘本图片讲述故事《生气汤》第二段，幼儿根据故事内容回答。（煮汤）

教师有节奏地说出方法：霍斯今天很生气，妈妈教他来煮汤。

师：妈妈邀请霍斯和她一起来煮汤，煮汤时妈妈和霍斯对着锅子做了什么？

幼儿根据故事内容回答。（大声叫、做鬼脸）教师用简单的符号在纸上做记录。

师：原来妈妈煮的汤加入了生气的动作，我们一起试着有节奏地说一说。

幼儿有节奏地说“大声叫、做鬼脸”。

师：霍斯和妈妈在这锅汤里还放了些什么？

教师出示绘本图片讲述故事《生气汤》第三段，幼儿根据故事内容回答。教师请个别幼儿到锅前有节奏地说出“敲敲锅、吹口气”，教师用简单的符号在纸上做记录。

五、合作煮汤游戏，体验发泄不良的情绪

师：妈妈煮了这么多汤，可霍斯还没有消气，我们一起帮帮他吧。我们再往锅里加些生气的动作，现在请你们几个人一组，想一想还可以加入什么动作来煮汤，一会儿要表演出来。

幼儿分组进行创编并表演，教师用简单的符号在纸上做记录。

师：你们想到了这么多的好办法，霍斯消气了吗？

教师出示绘本图片讲述故事《生气汤》第四段，幼儿观察霍斯的表情回答。（消气了，霍斯笑了）

师：霍斯问妈妈“我们煮的什么汤？”你们觉得我们一起煮的什么汤？

幼儿自由回答。（消气汤）

六、分享消气方法，乐于保持愉快的心情

师：煮了这么一锅汤，你的心情怎么样？

幼儿自由回答。（心情变好了、开心）

师：如果你的朋友生气了，一定要和他一起玩这个煮汤的游戏，让我们和身边的每一个人每天都有一个愉快的心情。

附：

生气汤（节选）

霍斯今天有一箩筐不如意的事。他想不出第三题的答案，还有同学带来一头名叫露露的牛，表演的时候踩了他一脚。放学时，妈妈居然找珍珠阿姨来接他，珍珠阿姨开车横冲直撞，一路嘎吱嘎吱，差点儿压死三只贵宾狗。霍斯很生气，他用力踩了一朵花，妈妈和他打招呼，霍斯没有礼貌地发出“哼”的声音，妈妈想抱抱霍斯，霍斯生气地走开了。

“我们来煮汤吧。”妈妈说。妈妈把锅子装满水放到炉子上，然后她深深吸一口气，对着锅子大声叫。“该你啦。”她说。于是霍斯爬上凳子，也对着锅子大声叫。妈妈对着锅子吐舌头，霍斯也对着锅子吐舌头。

霍斯拿起汤勺，乒乒乓乓地敲锅子。霍斯对着锅子吹了一大口气。

霍斯笑了，妈妈也笑了。霍斯问：“我们到底在煮什么汤啊？”妈妈回答：“消气汤。”

（秦皇岛市启航幼儿园 / 赵静）

活动三　森林舞会

◎活动目标

1. 感受《挪威舞曲》A段轻快活泼、B段紧张急促的不同曲风。

2. 知道不同的心情有不同的表情，喜欢将不同的表情表演出来。

3. 看图示学习简单的舞蹈动作，体验音乐游戏的快乐。

◎活动准备

1. 课件：《挪威舞曲》A段、《挪威舞曲》B段、完整的《挪威舞曲》音乐，孔雀图片、小动物图片，舞蹈动作图示。

2. 老虎头饰一个。

◎活动过程

一、倾听A段音乐，感受曲风并展现表情

师：今天，孔雀姑娘将要在森林里举办一个舞会，舞会就是有好多人在一起跟随音乐快乐地跳舞。孔雀姑娘选了一支好听的舞曲，我们一起来听听吧。

出示孔雀图片，播放《挪威舞曲》A段，幼儿倾听。

师：这段音乐带给你什么样的感受？

幼儿自由回答。（开心、快乐、想跳起来等）

师：你们的感受好多哦。有轻松，有快乐，有活泼，有开心。当你们有这些感受的时候，你们脸上的表情是什么样子的？让我看到好吗？

幼儿根据自己的感受，展现出相应的表情。

师：你们的表情太可爱了。看到你们的表情，我也感受到了你们轻松、快乐、愉悦、甜蜜的心情。

二、看图示学动作，随音乐快乐表演舞蹈

师：孔雀姑娘邀请我们也来参加森林舞会呢，你们想参加吗？我们一起来把舞步学会吧。

出示舞蹈动作图示，幼儿观看图示学习动作。

师：舞步基本学会了，我们跟随音乐一起来跳一跳吧。音乐的前奏部分我们不能动，心里面数1、2、3、4，数完4个数之后就可以跟随音乐做动作了。你们准备好了吗？好，听音乐。

师幼边看图示，边跟随《挪威舞曲》A段跳舞。

师：刚才你们说了这段音乐给我们带来了轻松、快乐的心情，我也看到你们展现出了这样的表情，那我们在跳舞的时候是不是也应该把这些表情表演出来呢？我们试一试吧。好，听音乐。

幼儿带着轻松、快乐的表情表演舞蹈。

师：你们的表情和动作太美了！看，森林里的小动物都被你们吸引过来啦，它们也想加入舞会，我们和小动物们一起来跳跳这段舞蹈吧。你们准备好了吗？

出示小动物图片，幼儿跟随《挪威舞曲》A段表演舞蹈。A段音乐结束，继续播放B段音乐。

三、倾听B段音乐，感受曲风并展现表情

师：（音乐播放至B段）哇！发生了什么？快回到我们的座位上。

幼儿回座位，倾听《挪威舞曲》B段。

师：听了这段音乐，你的心里有什么感觉？你觉得什么样的动物突然出来了？

幼儿自由回答。（紧张、害怕；老虎、怪兽等）

师：好多小朋友听完这段音乐后都感觉到大老虎或者是怪兽出来了，心里紧张、慌乱，心跳急促，还有些害怕，想赶快躲避。这些感受让你的心情怎么样？这样的心情用什么样的表情展现呢？

幼儿根据自己的感受，展现出相应的表情。

师：你们好棒哦，看到你们的表情，我也体会到了你们紧张、慌乱、急促、害怕的心情。

四、遵守规则游戏，随曲风转换变换表情

师：虽然大老虎在舞会中突然出现，可是小朋友们千万不要慌乱。当老虎来到你们跟前要抓你们的时候，只要你们像木头人一样保持住一个自己喜欢的姿势不动、不笑，它就伤害不了你们了。那么等老虎走掉之后，你们还可以继续快乐地跳舞。好，现在我来当老虎，我们来试一次吧。听，音乐响起了。

教师戴老虎头饰，师幼跟随完整的《挪威舞曲》舞蹈、游戏。

师：在跳舞时我们的脸上应该展现出什么样的表情呢？当老虎出现时又该是什么样的表情呢？刚才只有几个小朋友注意到了，我们再来一次，大家都要表演出来哦。

师幼再次跟随完整的《挪威舞曲》舞蹈、游戏。

五、师幼交换角色，体验音乐游戏的快乐

师：谁想代替我来当老虎？你觉得老虎出场时它的心情怎么样？脸上应该展现出怎样的表情？

幼儿自由回答。（开心、高兴、快乐等）

师：你们都说对了。（边说边模仿）老虎很凶猛，肚子又饿，它看到这里有这么多的小朋友和小动物，心里乐开了花儿。它东张张，西望望，紧紧地盯着猎物。心里想，我一定要抓住他们。好，我们再玩一次吧。

幼儿跟随完整的《挪威舞曲》舞蹈、游戏，结束后教师讲评，再请其他幼儿扮演老虎继续游戏。

师：你们快乐吗？刚才小朋友们既快乐地跳了舞，又遵守了游戏规则，而且轻松、快乐、紧张、急促的表情也都表演出来了，你们可真棒！今天给我们伴舞的这首乐曲叫《挪威舞曲》，回到家，我们可以请爸爸妈妈也来听一听，看看他们有什么样的感受和想法。

附：

《挪威舞曲》A段舞蹈动作

准备动作：幼儿站成两排，前后插空站，左右保持一臂的距离，双腿并拢，双手叉腰站立。

1～2小节：双手叉腰站立，向斜前方伸左脚，向同方向歪头，脚跟点地后收回，换右脚同上。

3～4小节：左腿弓步上前，同时身体向左前倾双臂展开做鸟翅状，然后双臂收回叉腰站立，换右腿同上。

5～6小节：双臂略微打开，手心向下，头向左侧转，做鸡啄米状伸四下脖子，拍三下手。

7～8小节：相反方向做以上动作。

9～10小节：双手叉腰跑跳步绕原地一圈，做给自行车打气的动作两次。

11～12小节：第一排叉腰踏步后退变第二排，第二排叉腰踏步上前变第一排。

音乐反复一遍，幼儿重复第一遍音乐的动作。

（秦皇岛市启航幼儿园 / 潘韵明）

活动四　我当大姐姐了

◎活动目标

1. 理解故事内容，了解主人公的内心变化。

2. 学会表达自己的情绪，并尝试缓解不良情绪。

3. 体验当哥哥姐姐照顾小宝宝的快乐。

◎活动准备

1. 课件：《我当大姐姐了》绘本故事图片、幼儿从家中带来的全家福照片。

2. 娃娃玩偶。

◎活动过程

一、哭声导入，猜猜发生什么

师：大家好，我是凯特，很高兴认识你们。最近我的家里有点忙，而且我的耳边还总听到这样的声音。

播放小宝宝声音，幼儿倾听回答。（小宝宝的声音，哭声）

师：凯特想问问你们，为什么会有这种声音呢？她的家里发生了什么事情？

幼儿自由猜测。（家里有小宝宝）

师：凯特的妈妈又生了一个小宝宝，你觉得家里又多了一个小宝宝凯特会开心吗？为什么？

幼儿自由回答。（不开心，因为小宝宝总是哭；开心，小宝宝很可爱）

二、倾听故事，认识故事角色

师：究竟凯特的心里有什么样的感觉呢？我们一起来听听故事吧。

教师出示绘本图片讲述故事《我当大姐姐了》第一段，幼儿边看边听。

师：有了小宝宝以后凯特的家里出现了哪些变化？

幼儿根据故事内容回答。（所有人都在照顾小宝宝、给他礼物、奶奶打电话也只问小宝宝怎么样）

师：凯特妈妈又生了一个小宝宝，名字叫什么？大家都恭喜她变成了什么？现在的凯特喜欢当大姐姐吗？当了大姐姐，现在的她有什么感觉？

幼儿根据故事内容回答。（宝宝的名字叫丹尼尔，恭喜她变成了姐姐；现在的凯特不喜欢当大姐姐，她感觉很失落、被遗忘）

师：当凯特有需要时，妈妈正在干什么？凯特做了些什么？妈妈看见凯特学会了等待，是什么样的心情？

教师出示绘本图片讲述故事第二段，幼儿根据故事内容回答。（妈妈喂奶，凯特等待；妈妈很高兴）

师：妈妈的心中是骄傲的、高兴的。

三、继续倾听，了解心情变化

师：当丹尼尔哭闹的时候，凯特做了些什么？丹尼尔被哄好了吗？

教师出示绘本图片讲述故事第三段，幼儿根据故事内容回答。（拿了毯子、玩具熊）

师：凯特越来越像个大姐姐了，她都可以主动地哄丹尼尔了。当妈妈不在家时，凯特和爸爸是怎样照顾丹尼尔的呢？你来猜一猜，如果是你会怎么做呢？

幼儿自由回答。（给他唱歌、跳舞，哄他睡觉，讲故事等）

师：我们一起看看凯特和爸爸是怎样照顾丹尼尔的吧。

教师出示绘本图片讲述故事第四段，幼儿根据故事内容回答。（换尿布、做鬼脸等）

师：现在的凯特已经很喜欢这个新来的小家伙了！奶奶打来电话，说了些什么呢？

教师出示绘本图片讲述故事第五段，幼儿根据故事内容回答。（需要做饼干的大孩子）

师：凯特想去做饼干吗？她的心里有了什么样的感觉？

幼儿根据故事内容回答。（她又感觉到了温暖、安全与宠爱）

师：当凯特的家里多了一个小宝宝的时候，凯特经历了不开心、无法接受到后来渐渐地理解妈妈的忙碌，还能主动帮助爸爸妈妈照顾小宝宝，凯特长大了！

四、师幼谈话，感受幸福家庭

师：在我们的身边也有小朋友的家中有了弟弟和妹妹，他们的心情是怎样的呢？

教师播放全家福照片，幼儿大胆交流。（幸福、快乐等）

师：你的家里有哥哥姐姐或者弟弟妹妹吗？他们都叫什么名字？

幼儿根据自身情况回答。

师：如果有一天，你有了小弟弟小妹妹，你会为他做些什么呢？

幼儿自由回答。（穿衣服、换尿布、喂饭、逗他开心等）

五、亲身体验，照顾弟弟妹妹

师：原来你们可以为弟弟妹妹做这么多的事情，那现在就请你当一回大哥哥大姐姐来体会一下照顾小宝宝的感觉吧！

出示娃娃玩偶，幼儿分组体验为小宝宝穿衣服、洗澡、换尿布、喝水喂奶。完成后抱着小宝宝回座位。

师：谁来说一说，刚刚你为小宝宝做了什么？你有什么感觉？

幼儿根据自身体验回答。（开心、幸福、有成就感）

师：原来你们都是能够帮助、照顾、保护小宝宝的好哥哥好姐姐。回家之后我们可以和爸爸妈妈聊一聊，如果有一天你当了哥哥姐姐，你会给弟弟妹妹取一个什么好听的名字吧。

附：

我当大姐姐了

以前，当爸爸妈妈说“宝宝”时，他们指的是我。我喜欢当宝宝，这让我感觉温暖、安全和宠爱。但是现在，一切都不一样了。我有了一个小弟弟，他的名字叫丹尼尔。现在，当爸爸妈妈说

“宝宝”时，他们指的是丹尼尔。现在，每个人见了我都会说：“恭喜你！凯特，你是大姐姐了！”我还不知道怎么当一个大姐姐，我只觉得一切都改变了。所有人都一直照顾丹尼尔，给他带礼物。就连把我称为她的天使的奶奶，现在每天打电话，只问：“丹尼尔怎么样？”我感觉他们已经把我给忘了。

一天早上，我让妈妈帮我拿盛麦片的碗。但是，妈妈正在忙着给丹尼尔喂奶。妈妈说：“丹尼尔现在非常饿，他还不会等待，因为他还是个婴儿。凯特，你现在是大姐姐了，耐心地再等几分钟，我就去帮你拿。”我只能在那儿等着。当丹尼尔吃饱了，妈妈帮我拿了我的专用碗和绿色的奶壶。我自己把牛奶倒在麦片上，我感觉自己真的长大了。妈妈说：“凯特，你能耐心地等待，我真为你骄傲。有时，大姐姐就得这么做。我知道这么做很难。”虽然我并不喜欢等待，但是我确实喜欢长大的感觉。

一天下午，我想让妈妈给我读一本书，但是丹尼尔一直在哭，所以，妈妈只能不停地摇他。她摇啊摇啊，可丹尼尔还是哭啊哭啊。我只能等，我等啊等啊。当妈妈摇丹尼尔时，我把他的新毯子拿了过来。丹尼尔还是哭。我又把他新的棕色玩具熊拿了过来。丹尼尔抽泣着。我摇他的玩具熊。丹尼尔终于睡着了。妈妈抱着我说：“你真是帮了大忙了，谢谢你！大姐姐！现在，我们可以读你的书了。”我们读了书里所有的文字，看了所有的图片，我觉得自己真的长大了。

周六，妈妈出去买东西时，爸爸和我带着丹尼尔待在家里。我们玩得很开心，我们的狗瓦格纳也很高兴。我们用了扫帚！还有纸巾！爸爸给丹尼尔换尿布时，我冲着丹尼尔做鬼脸，逗他笑。安顿好丹尼尔，爸爸亲了亲我，说道：“你现在真是个非常棒的大姐姐！看你逗得弟弟多开心呀！”然后，我们跳起了“厨房之舞”，那是只属于爸爸和我的舞蹈。

今天早上，奶奶打来电话，她对我说：“凯特，我需要一个能够帮我烤饼干的大孩子。”丹尼尔帮不上多大的忙，因为他还是个小宝宝。但是，我能帮上忙，因为我现在是个大姐姐了。这让我又感到了温暖、安全和宠爱。

（秦皇岛市启航幼儿园 / 徐姮）

活动五　我变成了一只喷火龙

◎活动目标

1. 知道生气会影响自己和他人的情绪。
2. 学习常用的调节情绪的方法。
3. 不乱发脾气，保持愉快心情。

◎活动准备

1. 课件：《我变成了一只喷火龙》绘本故事图片、蚊子波泰的图片。
2. 红、黄、蓝、绿四种颜色卡片，生气、难过、伤心、开心的表情卡片。

◎活动过程

一、倾听故事，了解生气的危害

师：我给你们带来一个朋友，你们看一看他是谁。

出示《我变成了一只喷火龙》绘本恐龙阿古力图片，幼儿观察回答。（恐龙、鳄鱼）

师：这是一只小恐龙阿古力，你们看，阿古力在干什么？阿古力的表情是什么样子的？这是什么样的“火”？

出示阿古力喷火的图片，幼儿观察回答。（阿古力在喷火；他很生气；这些都是发脾气、生气时的怒火）

师：阿古力的身上发生了什么事？他变成了什么？

教师出示绘本图片，讲述故事第一段。幼儿根据故事内容回答。（阿古力生气了，因为被蚊子叮了个包，只要一开口就会有火冒出来，鼻子里的火喷个不停；阿古力变成一只喷火龙）

师：喷火给阿古力生活上带来哪些不方便？

教师出示绘本图片，讲述故事第二段。幼儿根据故事内容回答。（他的家烧了一半，汉堡被烧焦，不能刷牙，玩具也被烧，大火烧掉了房屋、树和油桶，还烧到好朋友吉普拉，居民都不敢接近他）

二、寻找解药，知道调节情绪

师：你们为阿古力想想办法灭火吧。

幼儿自由回答。（用水浇灭大火，打119火警电话）

师：我们一起看一看阿古力想了哪些办法，他成功灭火了吗？

教师出示绘本图片，讲述故事第三段。幼儿根据故事内容回答。（泡水里、进沙堆、用灭火器、躲进冰箱；没有成功灭火）

师：阿古力怎么了？火熄灭了吗？

出示阿古力流泪的图片，幼儿观察回答。（他哭了，自己的眼泪和鼻涕浇灭了大火）

师：你们知道阿古力灭火的解药是什么吗？

教师出示绘本图片，讲述故事第四段。幼儿根据故事内容回答。（自己的眼泪和鼻涕）

师：原来眼泪、鼻涕竟然把火浇灭了。原来“又哭又笑，大火熄掉”是灭火的解药。其实，在生活中，我们可以用哭来发泄生气的情绪，用笑让自己变得更快乐。

三、交流谈话，关注他人情绪

师：你们有生气的时候吗？为什么生气？

幼儿自由回答。（妈妈说我，我很生气；小朋友不跟我玩，我就生气）

师：当你生气的时候，周围人的情绪怎么样？

幼儿根据生活经验回答。（我和妈妈生气，妈妈也不开心；我和小伙伴生气，小伙伴哭了）

师：当你生气的时候，用什么方法让自己开心并让周围的人也开心起来呢？

幼儿根据生活经验回答。（一起画画、安静地待一会儿、和伙伴说一说自己的情绪等）

师：其实我们不好的情绪会影响到我们的亲人和朋友，你们调节自己情绪的方法可真多，还能让周围的亲人和朋友也开心起来。

四、颜色表达，模仿不同表情

师：在日常生活中我们还可以用颜色来表达情绪。你们猜一猜这些颜色都代表哪些心情？

教师出示红色、蓝色、黄色、绿色四种颜色卡片，幼儿思考回答。（红色代表生气、蓝色代表伤心、黄色代表难过、绿色代表开心）

师：除了可以用颜色表达心情，还可以用表情图片来表达。

教师出示生气、伤心、难过、开心的情绪表情卡片，幼儿根据卡片上的表情进行模仿并说说表情的特点。（生气的时候眼睛瞪大大的，开心的时候眼睛弯弯的，伤心的候眼睛低低的，难过的时候眉头是弯的）

五、猜测后续，躲避喷火蚊子

师：你们还记得故事里有一只蚊子叫什么吗？它最爱叮咬哪些人？

出示波泰的图片，幼儿观察回答。（这只蚊子叫波泰，它最爱叮咬爱生气的人）

师：阿古力找到了解药，所以波泰就不再叮咬阿古力了。可是波泰还在寻找下一个目标，你们猜一猜会是谁呢？

幼儿猜测。（爱生气的小朋友、随便乱发脾气的小朋友等）

师：所以我们可不要成为它的下一个目标哟。

附：

我变成了一只喷火龙

有一只蚊子名字叫波泰，它最喜欢吸爱生气人的血。古怪国的阿古力就很爱生气。今天一大早阿古力就被波泰叮了一个包。他当然非常生气。吼！没想到，喷出了大火。大火把他的家烧了一半，啊？他是我见过火气最大的怪兽了！原来，波泰是一只会传播“喷火病”的蚊子。我变成一只喷火龙了！他只要一开口就会有火冒出来，鼻子里的火更是二十四小时喷个不停。

你知道一只怪兽会喷火有多不方便吗？当他肚子饿的时候，他的汉堡会变成烧焦的汉堡。当他睡前刷牙的时候——“啊！我的牙刷！”就连玩具也……连吉普拉也惨遭他的毒火。才一会儿工夫，他就烧掉了一间房屋、两棵树和三个油桶，打喷嚏的时候还烧到他的好朋友吉普拉。古怪国的居民都不敢接近他。

“泡在水里，应该会把火弄灭吧？”阿古力想。“哇！太烫了啦！变成火锅料了。”古怪国的居民都飞快地跑出了水池。“泡在水里不行，那就埋进沙堆试试吧！”阿古力说。咦？怎么感觉热乎乎的？有火苗下来了，热死人了！“用灭火器吧！”“躲进冰箱里总可以了吧？”“吹灭它！”呼——“哈哈，他以为在过生日，吹蜡烛呢！”蚊子波泰说。“没办法了吧！”波泰说。

又饿又累的阿古力，伤心地哭了起来，眼泪、鼻涕直流。“呜——哇！”他已经哭了好久好久。没想到……鼻涕和眼泪竟然把火浇灭了。“太好了！太好了！”阿古力笑了起来，古怪国的居民都开心地欢呼起来。“奇怪，他怎么知道‘又哭又笑，大火熄掉’这个解药？”波泰继续寻找下一个目标。哈！找到了！

（秦皇岛市启航幼儿园 / 翟颖）

活动六　住在鸟窝里的小鱼

◎活动目标

1. 倾听故事，大胆说出小鱼情绪变化的原因。

2. 知道关注他人的情绪，当他人有不良情绪时愿意帮助缓解。

3. 体验表情接力游戏带来的快乐。

◎活动准备

1. 课件：《住在鸟窝里的小鱼》绘本故事图片，抢玩具、摔倒、生病的图片。

2. 开心、生气、愤怒等情绪图片。

◎活动过程

一、师幼谈话，认识角色猜想情节

师：今天，我给大家介绍一位朋友，它叫莫卡，我们和莫卡打声招呼吧！

出示《住在鸟窝里的小鱼》绘本小鱼莫卡图片，幼儿有礼貌地向莫卡打招呼。

师：孩子们，小鱼都生活在哪里呢？

幼儿根据已有经验回答。（大海、鱼缸、小河）

师：莫卡，莫卡，你住在哪里？（播放课件中的声音：我住在鸟窝里）咦！住在鸟窝里？为什么小鱼住在鸟窝里了呢？

幼儿发挥想象回答问题。（小鸟把小鱼叼到鸟窝、鸟窝的倒影等）

二、倾听故事，说出小鱼情绪变化

师：这到底是怎么回事呢？让我们一起看一看吧！

教师出示绘本图片讲述故事，从开始至“却永远失去亲人”，幼儿认真倾听。

师：莫卡和家人在一起时，是什么样的心情？后来，莫卡为什么伤心起来了呢？

幼儿根据故事内容回答。（莫卡和家人在一起很开心；因为亲人被渔网网住了，莫卡失去了亲人）

三、猜测方法，知道关注他人情绪

师：如果你发现伤心的莫卡，你会怎么做呢？

幼儿自由回答。（安慰它、帮助它找到一个新家等）

师：你们想的办法可真多，那我们一起看一看小鸟和你们想的办法一样吗？

教师出示绘本图片，继续讲述故事“莫卡很伤心”至故事结尾。幼儿边看边听。

师：小鸟为了让莫卡开心都做了什么？

幼儿根据故事内容回答。（问莫卡是不是不舒服、用尖尖嘴啄它、给它唱歌、为莫卡搭建鸟窝）

师：鸟窝建在哪里，为什么说小鱼住在鸟窝里？

幼儿根据故事内容回答。（鸟窝搭建在树上，小鱼是住在水中鸟窝的倒影里）

师：莫卡有好朋友的帮助，它心情有什么样的变化？

幼儿大胆说出自己的想法。（莫卡很开心、很温暖、很幸福）

师：亲人的离开让莫卡心里特别伤心，不吃不喝。小鸟发现伤心的莫卡，于是就开始唱歌、跳舞、搭建鸟窝，让莫卡慢慢从伤心变得开心起来。

四、相互交流，帮助他人缓解情绪

师：那你们有没有发生过生气、害怕、伤心的事情呢？你是怎么解决的？

幼儿相互说一说自己是否有过坏情绪。然后教师请个别幼儿说说自己控制好情绪的办法。

师：我这里有几位朋友，发生了不开心的事情，谁来帮助他们解决一下呢？

出示抢玩具、摔倒、生病图片，幼儿观察回答。（我会讲故事，给他唱歌，带他一起去玩）

师：开心、难过、害怕、生气是大家都有的情绪。心情不好没关系，我们要学会解决问题，控制好情绪，笑一笑、跳一跳、玩一玩，很快就解决啦。

五、共同游戏，感受游戏带来欢乐

师：接下来我们一起玩个小游戏，让我们每天都有个好心情。游戏的名字叫《表情接力》。

教师组织幼儿分组进行游戏。

游戏玩法：盒子中放有开心、生气、愤怒等表情图片。五个小朋友一组，第一个小朋友抽签看是什么情绪，其他四位小朋友面向后面是看不到的。计时开始，第一个小朋友拍一下第二位小朋友，然后用表情肢体动作表达出来刚刚抽到的情绪，注意不许说话，一直传到最后一位小朋友。最后一个小朋友告诉大家刚刚做的是什么情绪，看看是否和抽到的情绪一样。计时结束，说对表情用时最少的组获胜。

师：孩子们，让我们把不开心的事情忘掉，把快乐传递给每一个人吧！

附：

住在鸟窝里的小鱼

清亮的小河是小鱼莫卡的家，每天莫卡都要在妈妈的带领下和哥哥姐姐一块儿玩耍。有时妈妈会教莫卡做操，有时还会给莫卡讲有趣的故事。莫卡感到好幸福！它想："如果能永远待在妈妈身边那该有多好啊！"

一天，小鱼们正在跟妈妈学习跳跃，突然一张大网撒了下来。妈妈和小鱼儿统统给网住了，只有莫卡身子小，从网里逃了出来。莫卡得救了，却永远失去了亲人。

莫卡很悲伤，它不吃不喝。小鸟看见了莫卡，关心地问："小鱼儿，你怎么了？你不舒服吗？"莫卡不想回答，还是一动也不动的。"难道小鱼……"小鸟飞了过去，用尖尖的嘴啄了一下，莫卡痛得叫了起来："你也想欺负我吗？"小鸟笑着说："小鱼朋友，你没事就好，我是担心你啊！"莫卡把自己的遭遇告诉了小鸟。

小鸟觉得小鱼很悲伤，决定留下来陪它。

小鸟想："我要让莫卡快乐起来，做一条快快乐乐的小鱼。"小鸟把小河边的一棵树当作舞台，每天唱歌给小鱼莫卡听，跳舞给莫卡看，莫卡渐渐地快乐了起来，它们也成了一对好朋友。

一天，小鸟对莫卡说："小鱼，我要建一座房子，让你住进温暖的鸟窝里。"莫卡笑了笑："我住在水里，鸟窝建在树上，怎么住呢？"小鸟笑了笑，不回答，只是每天忙碌着。没过多久，一只精巧的鸟窝挂在了树上。

小鸟问："莫卡，你看到水里的鸟窝了吗？"嗬！亮晶晶的河面真的有一只精巧的"鸟窝"，和树上的鸟窝一模一样。风轻轻地吹，太阳暖暖地照，河水一漾一漾的，"鸟窝"也一荡一荡的，小鱼莫卡好像睡在摇篮里，好舒服哦！

秋风起了，小鸟只得离开小鱼莫卡到南方过冬去了。

整个冬天，天气越来越冷，可小鱼莫卡却觉得暖洋洋的，因为在它的身边总有一只"鸟窝"温暖着它。

（秦皇岛市启航幼儿园／吕丹丹）

活动七　勇气

◎活动目标

1. 了解勇气的多种表现形式。

2. 结合生活经验，正视自己，发现自己拥有的勇气。

3. 勇于接受挑战，体验付出勇气后的成功和快乐。

◎活动准备

1. 课件：《勇气》绘本故事图片，现实生活中表现幼儿有勇气的图片，表现勇气是勇敢、控制、主动、坚持的图片；《夕焼け雲》音乐。

2. 秘密图片：骑车、上课、问好、练琴；引诱物品：糖块。

◎活动过程

一、观看图片，猜想内容

师：孩子们今天我们一起分享一本好看的绘本，我们先来看一幅图片，这个小朋友站在什么地方？他要干什么呢？

出示小朋友跳水图片，幼儿观察回答。（游泳馆的跳台上，跳水）

师：他为什么没有跳下水呢？

幼儿观察回答。（害怕、不敢、怕水、没有勇气、不勇敢等）

师：你们想不想帮助他，给他勇气呢？要对他说什么？

幼儿说出鼓励的话语。（加油、你最棒、要勇敢等）

师：让我们一起说"加油"，看看给他勇气后他到底有没有跳下水。

幼儿喊加油，教师播放小朋友跳下水图片。

师：在大家的鼓励下，这个小朋友真的有了勇气。

二、欣赏绘本，了解勇气

师：绘本里都有哪些事情是需要勇气的呢？

教师出示绘本图片，讲述故事《勇气》。幼儿根据故事内容回答。（有勇气骑车不用安全轮，和不熟悉的人有勇气打招呼，和小朋友吵架有勇气先讲和，晚上有勇气一个人睡觉，有勇气改掉自己不好的习惯，有勇气面对困难不怕挫折）

师：在我们的生活中会遇到很多的事情是需要我们有勇气面对的。

三、认识自己，寻找勇气

师：我也会遇到需要有勇气面对的事情，你们想知道吗？我第一次去游乐场看到过山车时我很喜欢，但是我不敢玩、心里也会害怕，当看到别人玩过后开心的样子，我决定鼓起勇气挑战一次，对自己说“加油，我可以的”。那次的勇气帮助我不再害怕这个游戏。你们做过哪些有勇气的事情？谁来和我们分享一下？

幼儿根据自己的经历讲述。（我有勇气骑车、我有勇气不挑食、我有勇气一个人睡觉、我有勇气吃饭时不看电视、我有勇气承认错误、我有勇气早睡早起上幼儿园不迟到、我有勇气和小朋友老师打招呼、我有勇气尝试新的游戏等）

四、归纳提升，勇气分类

师：在生活中有很多小朋友一直在有勇气地做着很多事情，我们来看一看。

1. 勇气是勇敢

师：图中小朋友在做什么？你做过这件事情吗？你是怎么做的呢？

出示表现小朋友勇敢的图片，幼儿观察图片根据已有经验回答。

师：这个小朋友在走小桥的时候心里虽然很害怕，但是他还能够勇敢地走过小桥；这个小朋友以前害怕骑车，现在他能够很勇敢地自己骑车去公园玩。原来这两种勇气就是勇敢。

按照上述方法，教师依次出示表现小朋友自我控制、做事主动、坚持的图片，幼儿观看图片、讲述经历，教师进行小结。

2. 勇气是控制

师：这个小朋友在一次体检中检查出体重有些超标，为了自己的身体健康，她每次吃饭都要控制自己少吃，即使有很爱吃的肉，也不能再吃了，通过一段时间的努力，她的体重已正常啦；这个小朋友是个非常活跃的男孩子，以前上课都坐不住，总想和其他小朋友说话，经常影响小朋友和老师上课，他感觉这样很不好，现在他能够控制自己专心上课啦。原来这两种勇气就是控制。

3. 勇气是主动

师：这个小朋友每天上课都会积极主动回答老师的每一个提问；这个小朋友每天早上来到幼儿园看到老师都会主动和老师鞠躬问好。原来这两种勇气就是主动。

4. 勇气是坚持

师：这个小朋友以前挑食严重，他知道这样对身体不好，后来每天吃饭坚持尝试不爱吃的菜，慢慢地他已不再挑食，现在吃饭很棒；这个小朋友每天晚上都会坚持拉小提琴，即使发高烧也没有忘记练琴。这两种勇气就是坚持。

师：原来勇气是有很多种的，勇气是勇敢地骑自行车不要安全轮，勇气是控制自己上课认真听讲，勇气是主动回答老师的问题，勇气是坚持做一件事情很长很长时间。

五、游戏体验，挑战勇气

师：绘本中告诉我们，知道别人的秘密不说出来就是勇气。现在我们就来玩一个有关勇气的小游戏《保守秘密》。

游戏玩法：四张桌子，每组桌子上盖着的图片内容就是这组的秘密。幼儿自由结组走到桌子前站好，等待教师口令后看本组的秘密。看秘密时不能让其他组小朋友知道，看清楚后回到座位上。教师用糖块、玩具等诱导幼儿说出秘密，守住秘密的小组获胜。

师：刚才谁将秘密告诉我了？他说出了秘密，你的心里怎么想？

幼儿根据自己感受回答。（心里不高兴、生气）

师：你的好朋友们生气了，你该怎么做呢？

幼儿进行演示。（对不起，好朋友们；我说出了这个秘密，原谅我吧，别生气了）

师：勇于承认错误也是值得表扬的一种勇气，我们应该原谅他吗？刚才哪些好朋友之间保守住了秘密？你们能保守住秘密不说出来，真有勇气，太棒啦！

附：

勇气（节选）

勇气有很多种。有的令人敬畏，有的平平常常。总之，不管哪一种——勇气就是勇气。

勇气，是你第一次骑车不用安全轮。勇气，是你有两块糖，却能留一块到第二天。勇气，是让别人最好离你小弟弟远点。勇气，是刚搬到新地方，你大方地说："嗨，我的名字叫伟利。你们呢？"勇气，是吃蔬菜时不做鬼脸，先尝尝再说。勇气，是和别人吵架后你先去讲和。勇气，是你知道个大秘密，却答应对谁也不说。勇气，是不开灯就上床睡觉。勇气，是上探太空，下探深海。勇气，是立志做一名消防员，或是一名警察。勇气，是我们相互给予的东西。

（秦皇岛市启航幼儿园 / 王双遇）

活动八　姥姥去了遥远的地方

◎活动目标

1. 理解亲人去世后，想念也是一种爱。
2. 用自己的语言讲述失去亲人或宠物的经历，愿意安慰他人。
3. 正确面对亲人或者宠物的死亡，愿意用自己的方式怀念他们。

◎活动准备

课件：《姥姥去了遥远的地方》绘本故事图片。

◎活动过程

一、师幼谈话，说说身边关爱我们的亲人

师：孩子们，你的家里除了爸爸妈妈，还有谁？他们和你做过什么事？

幼儿根据自身情况回答。（爷爷、奶奶、姥姥、姥爷等；一起出去旅游，做好吃的美食等）

师：他们都是你最亲的亲人，他们给了我们浓浓的爱。通过你们的讲述，我感受到了你们快乐的心情。

二、欣赏绘本，感知杰瑞对去世姥姥的思念

师：你们看，这只小兔子，他叫杰瑞，他和你们一样，有亲爱的姥姥经常陪伴着他。他们共同做了很多事，杰瑞和姥姥在一起做了什么？

教师出示绘本图片，讲述故事《姥姥去了遥远的地方》第一段。幼儿根据故事内容回答。（喂松鼠、养乌龟、扫落叶、滑冰车、做蛋糕、看蚂蚁、看鸟，姥姥抱杰瑞、背杰瑞、给杰瑞糖和水蜜桃吃，杰瑞帮姥姥穿针引线、找老花镜）

师：杰瑞和我们一样，和家人在一起就是快乐的。看一看，发生了一件什么事？杰瑞怎么了？

出示姥姥熟睡不起的图片。幼儿观察回答（姥姥在睡觉，杰瑞在哭）

师：你们看，姥姥这是在哪里？姥姥为什么会在天上？

幼儿自由回答。（姥姥去世了）

师：姥姥年纪大去世了，离开了杰瑞，去了遥远的地方。姥姥去了遥远的地方还能回来吗？杰瑞的心情是怎样的呢？

幼儿观看图片根据已有经验回答。（不能回来了；很难过、很伤心、很悲伤等）

师：姥姥再也不能陪伴杰瑞了，但为什么杰瑞眼前会再次浮现出姥姥的面容？

幼儿自由回答。（杰瑞很思念姥姥，很爱姥姥）

师：姥姥离开了杰瑞，永远都不会再回来了。虽然杰瑞再也看不到姥姥的脸庞，再也不能和姥姥一起生活，但杰瑞依然爱着姥姥，思念着姥姥，这种爱是割舍不断的。

三、经验分享，讲述听到或看到的死亡事件

师：你们在生活中有没有听过或者是见过死亡事件，也可以是小动物，谁来说一说？

幼儿分享自己失去亲人或宠物的经历。（我的爷爷去世了，我的宠物小狗死了）

师：经历了这样的事情，你的心情怎样？

幼儿说说自己的感受。（伤心、难过）

师：当你看到家人或小伙伴伤心、难过时，你会用什么方式来安慰他呢？刚才有几名小朋友失去了亲人和小宠物心里很难过，我们来安慰安慰他们吧。

幼儿用自己的方式安慰伤心难过的小伙伴。

师：有些小朋友经历过失去亲人或失去宠物，有些小朋友没有经历过。当你看到亲人或小伙伴伤心难过时，你的话语、你的拥抱、你的鼓励，对他们就是最好的安慰。

四、理解生死，知道死亡是生命的自然现象

师：刚才有的小朋友说到了“死”，你认为“死”是什么意思？

幼儿说说自己对死亡的理解。（看不见这个人了，再也找不到这个人了）

师：其实“死”是去世了，心脏停止了跳动，生命体不在了。听到“死”，你的心情是怎样的？

幼儿自由回答。（伤心、难过、害怕等）

师：孩子们，当有人去世了，我们伤心、难过都是很正常的情绪反应，但是我更要告诉大家的是，我们每个人的出生和死亡都是一种自然现象，是必须经历和面对的。这时，我们可以用思念作为寄托，让故去的人永远活在我们的心中。

五、心存敬意，用自己的方式来缅怀逝者

师：你们想不想表达对去世亲人或死掉宠物的思念呢？你想用什么样的方式来表达呢？

幼儿自由发言。（献花、制作纪念卡、留存照片等）

师：我们可以把思念放在心里，也可以用静默、唱歌、画画、做手工等方式来表达自己对他们的思念。

附：

姥姥去了遥远的地方

爸爸妈妈工作忙碌的时候，我是姥姥小小的影子。春天，我们一起喂松鼠；夏天，我们一起养乌龟；秋天，我们一起扫落叶；冬天，我们一起滑冰车。我顽皮的时候，姥姥的肚子是我摇曳的小船；我疲惫的时候，姥姥的后背是我温暖的梦乡；我馋嘴的时候，姥姥总能变出甜甜的棒棒糖；我高兴的时候，姥姥的皱纹里爬满开心的笑容。姥姥端出香喷喷的蛋糕时，我帮她放上红红的樱桃。我在树下看蚂蚁运粮时，姥姥帮我撒上满地的面包屑。姥姥缝补衣服时，我帮她穿针引线。我看鸟儿睡觉时，姥姥帮我扶着颤悠悠的梯子。水蜜桃稀少的季节，姥姥的碗里总扣着我想不到的惊喜。姥姥找不到老花镜的时候，我总能在她遗忘的角落帮她找到。因为有了姥姥，我享受着天地般宽厚的爱。

一天清晨，姥姥一直熟睡不起，不再起床为我准备早餐。大人们说，姥姥年纪大了，去了一个遥远的地方。从此不见姥姥温和的笑容、慈爱的目光和熟悉的身影。我渐渐懂得姥姥不会再回来了，心中却越来越思念姥姥。田野里，我仿佛在风儿中听到姥姥温柔的叮嘱；天空中，我依稀在云儿上看到姥姥慈祥的笑容。亲爱的姥姥，我想您……

（秦皇岛市启航幼儿园 / 陈静）

【个别化学习活动】

区域	名称	材料	玩法	价值
语言区	开心阅读	《憋不住憋不住快要憋不住了》的活页绘本故事图片，插入式图片展示板，售货员小姐、电梯小姐、长颈鹿、蝙蝠、小妖怪玩偶。	1. 幼儿自选图片有序插入展示板中，一边演示玩偶，一边讲述绘本故事。 2. 幼儿 3 ～ 4 人一组，选择售货员小姐、电梯小姐、长颈鹿、蝙蝠、小妖怪玩偶，看着展示板上的图片，相互合作讲述故事。	1. 清楚地用语言表达故事内容。 2. 体验阅读幽默搞笑故事的快乐。
	说说我的心情	开心、伤心、大笑、难过、微笑、害怕等各种表情图片。	1. 自己选择一张表情图片并用语言自述情绪小故事。 2. 两人一组，各自选择一张表情图片，相互说一说自己和图片一样心情相关的小事情，一人倾诉，对方倾听、回应。	用语言表达情绪，分享快乐，缓解不良情绪。
	你来比画我来猜	跳水、骑自行车、保护弟弟、打招呼、不挑食、承认错误、不说出秘密、自己睡觉、消防员等图片；计时器、记录单。	1. 两人一组，石头剪刀布，获胜者决定自己的角色是比画还是猜测。 2. 用计时器计时，在规定时间内，比画的幼儿选择一张图片，用肢体动作表达图片内容，另一幼儿猜测，时间到记录猜对的数量。 3. 两人交换开始游戏，规定时间内猜对数量多的为胜。	用肢体语言表达图片内容。
	心情日记	每个小朋友的照片一张，照片下有一个小夹子；各种颜色圆形纸若干，马克笔若干。	幼儿选择一种颜色的圆形纸，画出代表自己心情的脸谱，并把画好的脸谱夹在自己的照片下面。	练习表达记录自己的情绪。
益智区	情绪小怪兽	黄色、红色、蓝色、黑色、绿色的小怪兽，分别代表快乐、愤怒、伤心、害怕、平静五种心情；五个小怪兽分别贴在五个透明的塑料杯的外壁上。受伤、黑夜、和伙伴游戏、收到礼物、看到可怕的动物、看到太阳、下雨、花瓶碎了、和伙伴吵架等情景图片，图片背面贴上小木棍。	1. 幼儿说说黄色、红色、蓝色、黑色、绿色的小怪兽，分别代表什么心情。 2. 幼儿从倒扣的情景图片中选择一张，说出图片内容和自己遇到此事的情绪，并选择相应颜色的小怪兽，将图片插在对应情绪的塑料杯中。	体会不同的事情会产生的不同情绪，并将情绪分类整理。
	去朋友家做客	路线棋盘 1 个，路线是小格的，起点和终点分别是小动物的家；骰子 1 个，2 ～ 3 个动物棋子。	两名幼儿各自选一动物棋子，剪刀石头布决定胜负，胜者先掷骰子，掷到几就走几个格子。两人轮流掷骰子，先到终点小动物家者获胜。	体验和伙伴一起玩棋的快乐。
	记忆大挑战	表现生活中有勇气的图片：走独木桥、骑自行车、专心上课、向老师问好、不挑食、生病练琴。每幅图片 2 张，共 12 张。	1. 两人倒扣摆放 12 幅图片，一排 4 张，共 3 排。两人共同翻看图片，记住相对应的位置。 2. 石头剪刀布，获胜者先翻图片。每次翻开两张图片，如果图片一样则成功，可以继续翻图；如果图片不一样则翻回去，换对方游戏。 3. 直到全部图片都翻开，翻图多者获胜。	1. 锻炼记忆力。 2. 知道勇气有勇敢、控制、主动、坚持等多种表现形式。
	表情拼拼乐	开心、生气、难过、害怕、委屈、惊讶表情图片 6 张；黄色、蓝色拼接正方体各一组，每组 4 个小正方体，每个小正方体的 6 面分别是 6 种表情的 6 块分解图。	两名幼儿各持一组正方体，用猜拳的方法，赢的幼儿抽出一张表情图片，两人同时开始用 4 个正方体拼出和图片一样的表情，速度快的一方即可获得这张图片，最后持有表情图片多者获胜。	1. 知道每个人都有开心、难过、害怕、生气等不同的情绪。 2. 游戏过程中感受胜利的快乐和勇敢面对失败的勇气。

（续表）

区域	名称	材料	玩法	价值
科学区	去做客	自制小路背景图2张；颜色、形状、大小不一的卡片若干；各种排列顺序的提示图卡（如：▲△▲△、□○☆◇□○☆◇）。	1. 幼儿观察提示图卡，用提供的卡片按照规律为小路铺路，一直铺到娃娃的家。 2. 幼儿两人一组，按提示图卡的排列顺序提示，在小路上进行规律排序，先到达娃娃家者获胜。	感知简单的排序规律，体验排序活动的快乐。
	表情怪兽来了又走	开心、伤心、害怕、恐惧、难过五种表情怪兽小卡片，一次性手套、一次性杯子、一次性吸管、橡皮筋、双面胶。	1. 幼儿将怪兽小卡片用双面胶分别贴在一次性手套的五个手指的指尖位置。 2. 把一次性吸管插进纸杯的中下部，将贴好怪兽的手套套在纸杯上，用橡皮筋固定不要留有缝隙。 3. 用吸管开始吹气和吸气，小怪兽就会在吹气的时候立起来，吸气的时候躲起来了。	探索发现吹气和吸气与小怪兽形体变化的关系。
美工区	宝宝的表情	宝宝的开心、痛苦、伤心等表情图片；圆形纸盘、超轻黏土、毛线。	幼儿观察宝宝的表情图片，用超轻黏土、毛线制作不同形态的眼睛、嘴巴摆放在纸盘上不同位置，形成宝宝开心、伤心、难过的不同表情。	1. 锻炼团圆、压扁、搓长等技能。 2. 体验制作不同表情纸盘娃娃的乐趣。
	小火苗	红色彩纸、剪刀、胶棒。	1. 选择正方形彩纸用剪刀从下边的一端向上边的一端剪直线或曲线，不剪到头。 2. 将彩纸左右两端粘在一起围成圈，做成火苗。把做好的火苗向高空扔，火苗从上到下慢慢落下。	锻炼剪贴技能。
建构区	纸牌金字塔	对折纸牌若干、整张纸牌若干；金字塔造型图。	1. 幼儿两人一组，分为两组。两人观察金字塔造型图，共同商量利用变形纸牌和平面纸牌如何搭建金字塔造型。 2. 两人共同合作，勇于尝试。两组同时进行比赛，哪组最先完成8层金字塔的造型则取得胜利。	勇于挑战，不怕挫折完成建构造型。
	幸福家园	家园情景图片；纸杯、雪花片、奶粉桶、模板、牙膏盒、香皂盒、酸奶盒等（同一类的物品要大小一致）。	幼儿观看家园情景图片，共同设计幸福家园的建筑物都有什么、用什么材料搭建。确定方案后，尝试用围合、拼插、垒高、组合、链接的方法分工搭建幸福家园。	体验相互配合进行搭建游戏的快乐。
表演区	报纸舞	废旧报纸杂志若干，音乐《快乐的小农夫》。	在材料处拿出一张废旧报纸，根据音乐的节奏变化，进行“抖纸、弹纸、撕纸、团纸”，表达自己的情绪。	释放情绪压力。
	蒙面舞会	音乐《清晨的小动物》、动作图示；小动物面具若干。	1. 观看动作图示，学习舞蹈动作。 2. 佩戴喜欢的面具，跟随音乐表演舞蹈。	乐意展现自己，感受表演的快乐。

【户外运动活动建议】

1. 组织幼儿进行户外活动时，关注幼儿的情绪变化，及时引导幼儿排解自己的不良情绪。
2. 组织幼儿进行具有挑战性户外运动游戏时，关注胆小的幼儿并及时给予鼓励。
3. 在幼儿自选器械或大型玩具进行自主游戏时，提示幼儿分享运动器材，体验共同游戏的快乐。
4. 户外活动时，提醒幼儿关注别人的情绪并能帮助别人排解不好的情绪。
5. 户外运动结束后，鼓励幼儿和小伙伴分享自己的快乐。

【日常生活活动建议】

1. 在班级活动区中开辟一个自由交谈角，为幼儿创造一个说悄悄话、讲秘密的地方。幼儿在自主活动时间可以三三两两进入其中谈天说地，与同伴交流。

2. 早入园和晚离园时请幼儿讲讲自己开心的事情。

3. 提醒幼儿保持愉快的心情进餐。

4. 发现幼儿与小伙伴发生冲突时适时引导，鼓励幼儿自己解决问题，友好相处。

5. 日常生活中，关注幼儿的情绪变化，发现幼儿有不良情绪及时引导。

【环境创设】

1. 展示幼儿与家长用光盘制作的可爱表情娃娃。

2. 展示家长和孩子一起绘画的全家福。

3. 幼儿将自己的可爱表情大头照片挂在主题墙上。

4. 将幼儿用蜡笔绘画的自画像展示在主题墙上。

5. 在班级活动区设置一个心情播报表，幼儿在自己照片的下面贴上能代表自己心情的表情图，同伴之间看到表情后自愿去分享小伙伴的开心事情或帮助不开心的同伴排解情绪。

【家园共育】

1. 家长可收集有关心理健康的绘本故事和孩子一起阅读。

2. 家长每天鼓励孩子大胆讲述在幼儿园生活中有趣的事情和不开心的事情。

3. 建议家长保持愉快心情，不让自己不好的情绪影响孩子和其他家人。

4. 在孩子有无理要求并伴有情绪过激时，请家长控制好情绪并和孩子平等交流，培养孩子正确表达自己愿望的好习惯。

5. 当不能满足孩子愿望时，家长引导其正确排解不良情绪。

【社会实践】

快乐的游乐园

◎活动目标

1. 认识游乐园的各种玩具，知道游玩的流程。

2. 尝试解决游戏中遇到的问题，自己排解不良情绪。

3. 尝试独立游戏及和陌生的小伙伴交流游戏的技巧，感受在游乐园游戏的快乐。

◎活动建议

1. 活动前与幼儿交流，征求幼儿最喜欢哪一类的游乐园，确定活动地点。

2. 家长与幼儿进行交流，说一说去游乐园前的心情，并一起准备出行所需物品。

3. 出行前对幼儿进行外出安全教育，如：不能单独离开游乐场、不能做危险的事情、不能与玩伴打闹等。

4. 幼儿在家长陪伴下进入游乐园，选择自己喜欢的游乐项目进行游戏。

5. 幼儿在游戏过程中会认识新伙伴，家长观察幼儿和小伙伴一起游戏时的情绪变化并记录下来。

6. 在游乐园游玩后，家长和幼儿交流感受，分享快乐。

【发展评估】

“心情愉快”好习惯养成幼儿家长评价表

宝贝们，经过一个月的时间，你养成“心情愉快”的好习惯了吗？现在请你和爸爸妈妈一起玩一个问答小游戏。

班级：　　　　幼儿姓名：

评价内容	评价结果
1. 我们遇到不同的事情会有不同的情绪。请你说出四种不同的情绪。	☺☺☺☺
2. 什么事情会让你非常开心？为什么？	☺☺☺☺
3. 请你说一说当自己生气的时候会做些什么来消气，心情会好一些吗？	☺☺☺☺
4. 请你说一说如果家中有了弟弟、妹妹，你的感受是开心还是伤心呢？为什么？	☺☺☺☺
5. 家人爱你的时候，你是怎样的心情？	☺☺☺☺
6.《姥姥去了遥远的地方》故事中，姥姥去了“遥远的地方”，你听后是什么感受？	☺☺☺☺
7. 当别人伤心的时候，你是如何帮助他们的？	☺☺☺☺
8. 请你说出三件自己做过的有勇气的事情。	☺☺☺☺

爸爸妈妈们请在沟通中对孩子的行为作出正确的评价，指导孩子用彩笔为自己的好习惯作出不同等级的笑脸评价。

评价标准：非常好 4☺　好 3☺　一般 2☺　差 1☺

“心情愉快”好习惯养成教师评价表

班级：　　　　　幼儿姓名：　　　　　教师姓名：

目标	评价结果			
	4	3	2	1
1. 了解生气对人的不良影响，学会自我调节心情的简单方法。				
2. 愿意和家人讲述让自己伤心的事情，能在成人的帮助下慢慢调节自己的情绪。				
3. 能表达让自己害怕的事情，能在成人的鼓励下大胆面对并缓解害怕的情绪。				
4. 愿意与他人分享自己愉快的体验，感受分享给别人带来的快乐。				
5. 当自己的愿望不能满足时，不乱发脾气，能用语言表达自己不开心的情绪。				
6. 能够结合生活中的经验，用简单的语言讲述自己勇敢的事情。				
7. 能关注别人伤心和难过的情绪，愿意帮助他人缓解不好的情绪。				
8. 理解亲人去世后，想念也是一种爱。				
9. 阅读绘本时，会产生相应的联想和情绪反应。				

评价标准：非常好 4　好 3　一般 2　差 1

好习惯十三　保护动物

【主题名称】动物好朋友

全家总动员

亲爱的家长朋友：

动物是人类的朋友，我们和动物互相依存，共同生活在这个地球上。但是由于一些人为的和环境的原因，一些动物濒临灭绝或已经灭绝。保护动物已经刻不容缓，并且需要全社会参与。而有些孩子不了解动物与我们的生活息息相关，随意捕捉小动物、伤害小动物，破坏动物的生存环境，参观动物园时随意给动物投食、恐吓动物。针对这种现象，本月我们将开展的主题活动是“动物好朋友”，旨在培养幼儿“保护动物”的好习惯。

在幼儿园，我们有目的地进行培养，希望孩子能达到如下目标：

1. 认识常见动物的外形特征和生活习性，了解其皮毛、尾巴的特点和作用。
2. 了解几种变态发育的动物，喜欢探索动物成长的秘密。
3. 知道几种常见动物的家，了解季节变化对动物的影响。
4. 了解人与动物的关系，知道动物是人类的朋友。
5. 学习宠爱宠物的正确方法，懂得爱护动物。

在家庭生活中，我们建议您从以下几个方面进行关注：

1. 请您在日常生活中以身作则，爱护动物。
2. 建议您带孩子去参观动物园，认识各种动物，参观时提醒孩子尊重不同动物的生活习性，爱护动物。
3. 提醒孩子接触家里或外面的宠物时要用正确的方法宠爱，体验动物与人和谐相处带来的快乐。
4. 提醒孩子不要随意捕捉小动物、伤害小动物，不要破坏小动物的家。
5. 外出就餐不吃野味，建议身边的人也不要吃野味。

感谢您的参与，为了孩子的成长，让我们一起努力！

【主题目标】

1. 知道动物是人类的朋友，懂得保护动物。
2. 了解适合做宠物的动物，知道宠爱宠物的正确方法。
3. 知道几种常见动物的家，保护动物的生存环境。
4. 认识常见动物的外形特征。
5. 了解常见动物皮毛、尾巴的特点和作用。
6. 认识几种常见动物粪便的外形特征。
7. 感知和发现动物的生长变化，知道季节对动物的影响。
8. 知道参观动物园的注意事项并遵守动物园规则。

【主题口号】

关爱动物，保护家园

【三字儿歌】

动物好朋友

狮子吼，猴子跳。
羚羊跑，鸟儿叫。
动物们，是朋友。
要珍惜，要爱护。
护森林，保环境。
爱动物，我做到。

【集体教学活动】

活动一　我想养只小宠物

◎活动目标

1. 观察图片，认识常见动物的外形特征。
2. 了解狗帮助人类做的事情，知道小型犬适合做家庭宠物。
3. 喜欢照顾宠物，不虐待遗弃宠物。

◎活动准备

课件：小女孩写信图片，《亲爱的动物园》绘本图片；警犬、搜救犬、导盲犬、被遗弃的狗狗视频。

◎活动过程

一、观察图片，说说朵朵做的事情

师：孩子们，今天我给你们介绍一位新朋友，她叫朵朵。你们看朵朵在干什么？

出示小女孩写信图片，幼儿观察回答。（写信）

师：原来她想养一只小宠物，于是她给动物园写信，想让动物园送给她一只。

二、猜测动物，了解不同动物特征

师：结果奇迹发生了，我们一起看一看她收到了什么。你觉得箱子里装的是什么动物？你从哪里猜出来的？它适合当宠物吗？为什么？

按照先局部后整体的方式依次出示装在箱子里的大象、长颈鹿的图片。幼儿观察回答。（大象；我看到大象的鼻子了，我看到象牙了；大象不适合当宠物，它太臭了，家里放不下；长颈鹿；我看到长颈鹿的皮毛了；长颈鹿不适合当宠物，它脖子太长，家里放不下）

师：动物园又给朵朵寄来了动物，这次会是什么呢？

教师依次出示覆盖狮子、骆驼的九宫格图片，幼儿逐一选择九宫格上九个数字，教师操作课件点击数字，显示动物局部。幼儿观察猜测。

师：它适合当宠物吗？为什么？

幼儿根据已有经验回答。（不适合；狮子太凶猛了，骆驼太大）

师：动物园还真好，又送来了动物。我们看看装动物的箱子上有什么？

教师出示带有信件的箱子，幼儿观察回答。（信）

师：我们看看信上说了什么？

教师读信"有一物像人又像狗，爬竿上树是能手，擅长模仿人动作，家里没有山中有"。

幼儿根据信件提示猜测箱子中的动物（猴子），然后教师出示猴子图片验证。

师：它适合当宠物吗？为什么？

幼儿根据已有经验回答。（猴子不适合当宠物；猴子会跑出去的）

按照上述方法学习青蛙和小狗部分。装青蛙箱子上的信件内容为：这个动物是小蝌蚪的妈妈。装小狗箱子上的信件内容为：我是人类忠实的好朋友，从早到晚守着家，看见生人就想咬，见了主人摇尾巴。青蛙不适合当宠物，青蛙要在池塘抓虫子；小狗适合当宠物，小狗很可爱。

师：朵朵终于找到了自己喜欢的宠物了，我们真为她高兴。孩子们，不是什么动物都适合当宠物的，像狮子、大象、猴子、骆驼这些动物不适合在家里养，而且它们还是我们国家的保护动物，不允许私人饲养。所以你们要想养宠物的话不仅要选择自己喜欢的，还得选择适合在家里养的动物才可以。

三、观看视频，知道狗对人类贡献

师：朵朵为什么会选狗来作为自己的宠物呢？我们一起来看看吧！

教师依次播放警犬、搜救犬、导盲犬视频，幼儿观看。教师适时讲解（警犬可以帮助警察破案，搜救犬帮助消防员叔叔搜救遇难者，导盲犬带盲人走路）

师：看完视频你有什么感觉？

幼儿自由回答。（狗为我们做了很多事情）

师：不光警犬、搜救犬、导盲犬为我们做了很多事情，普通狗也可以帮主人看家护院。警犬、搜救犬、导盲犬适合做家庭宠物吗？

幼儿大胆回答。（不适合，我觉得它们是特殊的狗狗）

师：警犬、搜救犬、导盲犬属于大型犬，不适合做家庭宠物，小型犬才适合做家庭宠物。

四、交流分享，学习照顾宠物方法

师：孩子们，你们谁的家里养过宠物？说一说你是怎样照顾小宠物的。

幼儿根据自身经历回答，分享照顾宠物的方法。（布谷鸟、小鸡、小狗等；给它们喂食、喝水、梳毛等）

师：我们平时要照顾好家里的宠物，一定要温柔地对待它们。在和宠物接触的时候，也要注意保护自己，避免被抓咬。

五、情感共鸣，不要虐待遗弃宠物

师：我们再来看看这个视频，看完后你有什么感觉？

播放被遗弃的狗狗视频，幼儿看后大胆表达自己的感受。（不舒服、狗太可怜了）

师：被遗弃的狗狗太可怜了，如果宠物不想养了不要虐待遗弃宠物，要把宠物送去专门的宠物救助站，千万不要随便遗弃小宠物。宠物和人一样都有感情，如果你决定养宠物，一定要照顾好自己的宠物，不能遗弃。

（秦皇岛市启航幼儿园 / 刘雪改）

活动二　动物的家

◎活动目标

1. 知道并说出几种常见动物的家。

2. 学习用“××|××|”和“ ×× |<u>××</u>× |”两种节奏型说出动物的家及家的特征。

3. 懂得动物是人类的朋友，要保护动物的家。

◎活动准备

1. 课件：《动物的家》绘本图片，“××|××|”和“ ×× |<u>××</u>×|”节奏图谱。

2. 羊、蝴蝶、鲸鱼、蚯蚓、老虎、骆驼、蟋蟀、燕子等动物图片；草原、花丛、大海、泥土、森林、沙漠、草丛、屋檐等环境图片。

◎活动过程

一、师幼交流，谈谈自己的家

师：我的家在东日雅居，家能给我遮风避雨，带给我温暖，所以我很爱我的家。你们的家在哪里？

幼儿自由回答。（我的家在新闻里，我的家在碧海云天，我的家在翠岛天城）

师：我们每个人都有一个家，小动物也有自己的家，让我们一起去看看下面的小动物家都在哪里。

二、观察图片，认识动物的家

师：在图上你看到了什么？小鸟的家在什么样的大树上？小鸟的家为什么建在这里？

出示小鸟在大树上建家的图片，幼儿观察回答。（小鸟的家在高高的大树上；小鸟有翅膀、会飞翔，树上安全）

师：小鸟把家建在树上是为了更加安全，防止地面动物或人威胁小鸟和鸟蛋。

教师按照上述方法出示图片并提问，引导幼儿说出河狸、小兔子、北极熊的家在哪里，为什么在这里。（河狸在水里生活，它在水里安家既舒服又安全；小兔子的家在洞里，因为小兔子会挖洞，洞里暖和又安全；北极熊有厚厚的皮毛，还会游泳，它把家安在北极既适合它的生存又适合它的繁衍）

师：动物们都有自己的家，它们有的住在高高的大树上，有的住在深深的洞穴里，还有的住在水里。动物的本领不同，建造家的地方也就不一样。

三、动手拍打，说说动物的家

师：下面我们来玩一个“我来问你来答”的游戏。

教师出示节奏谱 ××|××|，进行慢节奏型拍手问答游戏。教师按节奏拍手问：“小鸟（河狸、小兔、北极熊）的家在哪里？”幼儿按节奏拍手答：“小鸟（河狸、小兔、北极熊）的家在大树（小河、洞穴、北极）。”

师幼再加快速度进行拍手问答游戏。

四、共同游戏，尝试完整表述

师：请你们认真听，这次哪里不一样？

教师按照节奏 ×× |$\underline{××}$×| 拍手，引导幼儿发现拍手的快慢不一样，再出示这一节奏图谱，和幼儿一起看图谱拍手，帮助幼儿熟悉这种节奏。然后组织幼儿玩“帮动物找家”的游戏。

师：我这里有一些动物，它们迷路找不到自己的家了，它们的家都在哪里呢？你们能帮它们找到自己的家吗？

游戏玩法：动物家的图片（草原、花丛、大海、泥土、森林、沙漠、草丛、屋檐）和动物的图片（羊、蝴蝶、鲸鱼、蚯蚓、老虎、骆驼、蟋蟀、燕子）分别放在两个盒子里。一名幼儿选取一张动物家的图片放在黑板上，其余幼儿看图片边拍打节奏“ ×× |$\underline{××}$×|”边提问，如：“美丽的草原谁的家？”该名幼儿找到相应动物图片放在黑板上动物家的图片旁，边打节奏边回答，如：“美

丽的草原，羊的家。”

师：孩子们，我们除了用边拍手边提问的方法，还可以用身体的哪些部位来提问回答呢？

幼儿自由回答，并演示。（拍腿、坐着跺脚、点头等）

师：区域活动的时候，你们去试一试吧，希望你们能帮更多的动物找到自己的家！

五、积极讨论，保护动物巢穴

师：动物是我们人类的好朋友，我们一定要保护它们。谁能说说我们应该怎么做？

幼儿自由回答。（温柔地对小动物、不伤害它们等）

师：如果小动物失去家，会怎么样？我们要如何保护小动物的家呢？

幼儿自由回答。（动物会越来越少，会死掉；不乱扔垃圾、多种树、不砍伐树）

师：我们不仅要保护小动物，不伤害它们，还要保护小动物的家。保护好我们自己的环境，就是保护人和动物的家。

（秦皇岛市启航幼儿园 / 董彩霞）

活动三　动物绝对不应该穿衣服

◎活动目标

1. 阅读绘本，知道动物不应该穿衣服。

2. 了解动物皮毛的作用。

3. 萌发爱护动物的情感，懂得尊重动物的生存规律。

◎活动准备

课件：《动物绝对不应该穿衣服》绘本故事图片，《人与自然》视频节选，蜥蜴、枯叶蝶、青蛙、竹节虫、变色龙等动物图片，记忆游戏。

◎活动过程

一、师幼谈话，说一说动物的保护色

师：孩子们，今天我带大家玩一个有意思的游戏，名字叫“火眼金睛”，在这几幅图片中，需要大家仔细观察，然后说说在这些图片中你都看到了什么。

出示蜥蜴、枯叶蝶、青蛙、竹节虫、变色龙图片，幼儿观察回答。

师：在大自然中，你觉得这些动物容易被发现吗？

幼儿观察回答。（不容易，和周围的颜色一样。）

师：这些动物身体的颜色能够很好地保护自己。

二、观察图片，知道动物不该穿衣服

师：如果动物穿上衣服会发生什么样的事情呢？我们来看一看。

播放绘本故事《动物绝对不应该穿衣服》视频，幼儿观看。

师：视频中哪些动物穿上了衣服？

幼儿根据绘本故事视频内容回答。（豪猪、绵羊、母鸡、袋鼠、长颈鹿）

师：豪猪穿的是什么样的衣服？它穿上衣服后发生了什么？它适合穿衣服吗？

出示豪猪穿衣服图片，幼儿观察图片根据故事内容回答。（豪猪穿的是白色带红点的衣服；它身上的刺把衣服都扎破了；豪猪不适合穿衣服）

教师按上述方法，依次出示豪猪、绵羊、母鸡、袋鼠、长颈鹿图片，提出问题，幼儿观察图片根据故事内容回答。（绵羊穿的是红色的毛衣，戴着红帽子、黄围巾，它都热得出汗了，绵羊不适合穿衣服；母鸡穿的是绿色背带裤，它把蛋下到裤子里了，母鸡不适合穿衣服；袋鼠穿的是带兜的外套，小袋鼠找不到了，袋鼠不适合穿衣服；长颈鹿穿的是西服，戴了 7 条领带，它容易被狮子发现，长颈鹿不适合穿衣服）

师：这些动物穿上衣服都不舒服，穿上衣服简直就是灾难。它们的皮毛就是它们最好的衣服。这本绘本故事书的名字就是《动物绝对不应该穿衣服》。

三、过目不忘，找不同记忆图片内容

师：接下来我们一起玩一个过目不忘的小游戏，图片出现的时间会非常短，需要你们仔细看、快速记。

教师播放第一组图片（老虎、狮子、兔子、小鸟，小鸟没有穿衣服）5 ～ 10 秒，幼儿观察图片。

师：图片里面都有谁？谁穿了衣服？

幼儿根据图片内容回答后，教师引导幼儿对老虎、狮子、兔子说不应该穿衣服。

师：你们可真厉害，接下来我们看看第二组图片，图中都有谁？谁穿了衣服？

教师播放图片（小鱼、乌龟、螃蟹、母鸡、青蛙，小鱼和青蛙没有穿衣服）5 ～ 10 秒。幼儿根据图片内容回答后，教师引导幼儿对乌龟、螃蟹、母鸡说不应该穿衣服。

师：小朋友们实在太厉害了，看来我要加深难度，看看谁还能做到过目不忘，接下来需要你们快速记住动物的序号和穿了什么样的衣服。

教师出示四只穿着不同颜色衣服的兔子图片 5 ～ 10 秒，幼儿仔细观察后回答。（1 号兔子穿粉色的裙子，2 号兔子穿蓝色的裙子，3 号兔子穿黄色的裙子，4 号兔子穿红色的裙子）

师：这四只兔子都穿了衣服，我们要对它们说什么？

幼儿回答。（小兔子，你们不应该穿衣服）

教师操作课件，将兔子衣服脱掉。

四、交流分享，知道人类需要穿衣服

师：这里有一张图片，你们看到以后有什么想法？

出示婴儿裸身图片，幼儿观察回答。（感觉宝宝很可爱，感觉很不好意思，害羞，冷）

师：我们怎么帮助他呢？

幼儿根据已有经验回答。（给他穿衣服）

师：原来人类是需要穿衣服的。穿衣服主要是为了保暖，然后才是美观。

五、观看视频，懂得要爱护尊重动物

师：那动物们的皮毛都有什么作用呢？我们一起来看一看。

播放《人与自然》视频节选北极熊行走、企鹅滑行、驯鹿跳跃、北极狼奔跑的视频，幼儿观看后回答。（北极熊的皮毛可以抓挠地面，企鹅的皮毛可以滑行，驯鹿和北极狼的皮毛能御寒）

师：原来北极熊的皮毛有防御敌人和御寒的本领，驯鹿和北极狼的皮毛能御寒，企鹅的皮毛可以滑行。动物们的皮毛都有它们各自的作用，我们回家后和家人查一查，回来和小伙伴分享。

附：

动物绝对不应该穿衣服

动物绝对不应该穿衣服。因为对一只豪猪来说，穿衣服是个大灾难。因为一只绵羊穿上衣服恐怕会感觉很热。因为母鸡穿上衣服日子可就不好过了。因为一只袋鼠会觉得穿衣服挺没必要的。因为一只长颈鹿穿戴整齐会显得很傻气。

（秦皇岛市启航幼儿园 / 赵义艳）

活动四　参观动物园

◎活动目标

1. 知道参观动物园时要爱护动物。
2. 认识动物园内禁止喂食标识，遵守动物园规则。
3. 乐于参加帮助动物的游戏，体验游戏的快乐。

◎活动准备

课件：动物园禁止喂食标识图片、带有禁止喂食标识情景图片，参观动物园时正确与错误做法图片（随意摸孔雀尾巴、挑逗老虎和猎狗、游园时排队有秩序参观、给熊猫拍照不开闪光灯、翻越护栏喂马、在护栏外面有秩序观赏大象），《小蓝游动物园》视频，动物捉迷藏游戏。

◎活动过程

一、师幼交流，回忆去动物园的情景

师：孩子们，这是哪里？你们去过这里吗？

出示动物园图片，幼儿根据已有经验回答。

师：你们去动物园都做了什么？

幼儿根据自身经历回答。（看动物、和小动物玩、喂小动物等）

二、认识标识，知道不能随意喂动物

师：在动物园里，你看到过这样的标识吗？

出示禁止喂食标识图片，幼儿观察回答。

师：这是禁止喂食的标识。在动物园里，有很多这样的标识。见到这样的标识，我们应该怎样做？

出示动物园内带有禁止喂食标识情景图片，幼儿观察回答。（我们不能给动物喂食）

师：如果我们违反了动物园的这项规定，给动物喂食物会怎么样呢？

幼儿根据已有经验回答。（动物会不舒服、身体会不健康，我们会被罚款）

师：我们在动物园看到禁止喂食标识，就不能给动物随便喂食。不然，很可能会使动物吃错食物，引起消化问题，动物是会生病的，我们也会受到相应的惩罚。

三、观看视频，指出参观中的错误行为

师：有个叫小蓝的小朋友，也去动物园了。我们一起看看他在动物园都做了什么，他的做法对吗？为什么？

播放《小蓝游动物园》视频，幼儿观看后回答。（逗小猴子玩、把喝完的可乐罐砸到老虎的头上、用石头砸睡着的蛇等；做法不对，因为这样会伤害动物、动物会不高兴等）

师：小蓝在游动物园时有很多做法都是不对的，打扰动物休息、乱喂动物食物、拿东西砸动物、挑衅猛兽。这些都是不爱护动物的行为，还会使自己遇到想不到的危险。

四、判断正误，明确游园正确的做法

师：咱们再来一起看看，人们在参观动物园时，哪些行为是正确的，哪些行为是错误的？为什么？正确的行为我们用手做出小花形状表示，错误的行为我们用双手做出错号形状表示。

出示参观动物园时正确与错误做法的图片，幼儿进行判断。

师：在动物园内，我们要遵守规则，爱护动物。安静地观赏，不打扰、惊吓、挑逗动物，给动物拍照时要关闭闪光灯。动物是我们的好朋友，带给我们很多快乐，我们也要让动物园里的动物们健康快乐地生活。

五、动手操作，找到躲藏起来的动物

师：大家都爱护动物，动物园里的动物们可开心啦！它们要举办一场捉迷藏大赛，邀请大家一起参加，来参加捉迷藏的动物都有谁呢？

出示蛇、长颈鹿、鳄鱼、大象、骆驼、企鹅图片，幼儿观察回答。

师：你们玩过捉迷藏吗？玩捉迷藏的时候躲在什么地方不容易被发现？

幼儿思考回答。（柜子里、黑板后、滑梯下、大树后面等）

师：我们在玩捉迷藏的时候要躲在隐蔽的地方，要根据人的高矮胖瘦，找到适合自己的躲藏地点。大屏幕上有许多遮挡物图片，每一种遮挡物的后面都躲藏了一种动物，现在请你们根据动物的大小和形状找一找它们都藏在哪里，然后动手把它们找出来。用手在大屏幕遮挡物的上面来回摩擦，就会发现那个遮挡物后面藏的是谁了。

幼儿先猜猜某一种动物藏在哪里，再请个别幼儿到大屏幕前来操作，找到藏在滑梯后面的大象，藏在大树后面的长颈鹿，藏在倒的树干后面的鳄鱼，藏在蘑菇后面的企鹅，藏在草丛后面的蛇，藏在干草垛后面的骆驼。

师：你们发现哪些动物在隐藏的时候外形有所改变呢？它为什么要这样做？

幼儿观察图片回答。（蛇和骆驼；这样不会被发现）

师：因为蛇很长，盘起来藏在草丛里不容易被发现。骆驼很高，卧在地上就变矮了，才不容易被发现。今天我们和动物们玩捉迷藏很开心，周末的时候和爸爸妈妈一起去动物园看看它们吧。在动物园里一定要遵守规则，爱护动物哟！

（秦皇岛市启航幼儿园 / 符学超）

活动五　是谁嗯嗯在我头上

◎活动目标

1. 阅读绘本，知道不同动物的嗯嗯是不一样的。

2. 大胆描述每种动物嗯嗯的外形特点。

3. 了解动物粪便不同的作用。

◎活动准备

1. 课件：《是谁嗯嗯在我头上》绘本故事图片，动物及其嗯嗯配对图片，蔬菜施肥示意图，动物嗯嗯用途视频。

2. 操作材料四组。每组材料：有四块菜地的操作板 1 块，黄瓜、生菜、萝卜、白菜、番茄、香菇图片若干，肥料图片若干。

◎活动过程

一、观察图片，知道嗯嗯就是便便

师：这是谁？

教师出示小鼹鼠图片，幼儿观察回答。（小老鼠、小仓鼠、小鼹鼠）

师：今天我给大家带来了一个关于小鼹鼠的故事，故事的名字叫《是谁嗯嗯在我的头上》。嗯嗯是什么意思？

教师出示绘本图片，讲述故事第一段。幼儿根据故事内容回答。（嗯嗯是便便、嗯嗯是大便）

二、倾听故事，认识不同动物的嗯嗯

师：原来大便也叫嗯嗯。是谁嗯嗯在了小鼹鼠的头上呢？

幼儿大胆猜测。（小猫、小狗、小朋友）

师：到底是谁嗯嗯在了小鼹鼠的头上？让我们到故事里去找找答案吧！

教师出示绘本图片，讲述故事第二、三段。幼儿边看边听。

师：是小鸽子的嗯嗯吗？小鸽子的嗯嗯是什么样的？

幼儿根据故事内容回答。（不是小鸽子的嗯嗯；小鸽子的嗯嗯是又湿又黏的白色嗯嗯）

教师按照上述方法，依次出示绘本图片，讲述故事第四至第八段，引导幼儿说说马、兔子、羊、奶牛、猪嗯嗯的样子。（马的嗯嗯是像马铃薯一样，兔子的嗯嗯像豆子一样，羊的嗯嗯像一颗颗咖啡色的球，奶牛的嗯嗯像一盘巧克力蛋糕，猪的嗯嗯是软软的一坨）

师：是谁帮助小鼹鼠找到了嗯嗯的主人，又是谁嗯嗯在了小鼹鼠的头上呢？小鼹鼠是怎么做的？

教师出示绘本图片，讲述故事第九、十段。幼儿根据故事内容回答。（是两只苍蝇帮小鼹鼠找到了嗯嗯的主人，是大狗嗯嗯在了小鼹鼠的头上；小鼹鼠也嗯嗯在了大狗的头上）

三、图片配对，找出动物对应的嗯嗯

师：听完了故事，下面请小朋友们帮动物们找到对应的嗯嗯。鸽子（马、野兔、山羊、奶牛、猪、狗）的嗯嗯是什么样的？

教师依次出示鸽子、马、野兔、山羊、奶牛、猪、狗的图片，幼儿根据动物说出其嗯嗯的特征后，教师出示动物嗯嗯图片进行验证。

四、观看视频，了解动物嗯嗯的用途

师：动物的嗯嗯可以做什么呢？

播放动物嗯嗯用途视频，幼儿观看后说说动物嗯嗯的用途。（做肥料、造纸、烧火，保留自己的气味不让其他动物侵入领地等）

五、师幼游戏，完成种地施肥任务

师：我们最常见的动物嗯嗯的用途就是做肥料，接下来我们一起玩一个施肥的游戏。

教师出示蔬菜施肥示意图：黄瓜需要施1块肥料，生菜需要施2块肥料，萝卜需要施3块肥料，白菜需要用4块肥料，番茄需要用5块肥料，香菇需要用6块肥料。说明蔬菜后边的数字代表需要施几块肥料。

幼儿记忆每种蔬菜施肥数量后，教师组织幼儿进行给菜地施肥的游戏。

游戏玩法：幼儿分四组进行游戏，每组操作板上有菜地四块。幼儿自选一种或两种蔬菜图片粘贴在一块菜地中，然后根据蔬菜施肥示意图中的施肥数量，将相应数量的肥料图片粘贴在菜地中。教师也可规定每块菜地施肥的数量，幼儿按肥料的数量选择符合条件的蔬菜粘贴在菜地中。

师：你们都太棒啦，今天我们认识了很多动物的嗯嗯。回家后我们可以再找一找其他动物的嗯嗯是什么样的，有什么用处吧。

附：

是谁嗯嗯在我的头上

有一天，小鼹鼠从地下伸出头来，开心地迎着阳光说："哇！天气真好。"这时候，事情发生了！一条长长的好像香肠似的"嗯嗯"掉下来，糟糕的是它正好掉在小鼹鼠的头上。

小鼹鼠气得大叫："搞什么嘛！是谁嗯嗯在我的头上？"有一个影子闪过去，但是小鼹鼠的视力不好，看不清楚到底是谁。

一只鸽子飞过来，小鼹鼠问她："是不是你嗯嗯在我的头上？""不是我！我的嗯嗯是这样的。"鸽子说完，一团又湿又黏的白色嗯嗯，就掉在小鼹鼠的脚边了！

小鼹鼠只好跑去问牧场上吃草的马先生："是不是你嗯嗯在我的头上？""不是我！我的嗯嗯是这样的。"马先生的屁股一扭，五坨又大又圆的嗯嗯，像马铃薯一样咚、咚、咚……掉下来。小鼹鼠失望地走开了！

小鼹鼠问一只野兔："是不是你嗯嗯在我的头上？""不是我！我的嗯嗯是这样的。"野兔立马转身，十五个像豆子一样的嗯嗯掉下来了哒、哒、哒……在小鼹鼠的耳边响着，小鼹鼠立刻跑开了！

小鼹鼠问刚睡醒的山羊："是不是你嗯嗯在我的头上？""不是我！我的嗯嗯是这样的。"山羊的嗯嗯像一个咖啡色的球掉在草地上，小鼹鼠看了看，默默地走开了！

小鼹鼠问正在吃草的奶牛："是不是你嗯嗯在我的头上？""不是我！我的嗯嗯是这样的。"奶牛的嗯嗯好像一盘巧克力蛋糕，小鼹鼠一看，就知道他头上的嗯嗯不是奶牛的。

小鼹鼠又跑去问猪先生："是不是你嗯嗯在我的头上？""不是我！我的嗯嗯是这样的。"猪先生立刻"噗"的一声，掉下一坨软软的嗯嗯，小鼹鼠捂着鼻子跑开了！

远远地，小鼹鼠又看见两个小家伙。"是不是你们……"他一面说，一面走近他们，原来是两只又肥又大的苍蝇。小鼹鼠想："啊哈！我知道谁可以帮助我了。"他兴奋地问苍蝇："到底是谁嗯嗯在我的头上？"苍蝇说："你乖乖坐好，我们试试看就知道了！"苍蝇戳了一下他头上的嗯嗯，立刻说："哈！太简单了，这是一坨狗大便！"

小鼹鼠终于知道是谁嗯嗯在他的头上了！好哇！原来是这只大狗！大狗正在打瞌睡，小鼹鼠爬到他的屋顶上。"噗哧"一声，一粒小小的、黑黑的嗯嗯掉下来了，正好掉在大狗的头上。然后，小鼹鼠就钻回地下去了！

（秦皇岛市启航幼儿园 / 翟颖）

活动六　尾巴不是用来扯的

◎活动目标

1. 知道宠爱宠物的正确方法。

2. 懂得捉弄宠物是不对的行为。

3. 喜欢宠物并乐于爱护宠物。

◎活动准备

1. 课件：《尾巴不是用来扯的》绘本故事图片，爱护和虐待宠物的图片（揪兔耳朵、拔鸟毛、小狗美容、揪猫胡须、为猫梳毛、给小猪洗澡、陪狗狗玩耍、胶带粘狗嘴）。

2. 宠物玩偶和仿真食物若干。

◎活动过程

一、听辨叫声，引出宠物话题

师：孩子们，你们听一听，这是什么宠物的叫声？

教师依次播放小狗、小猫、小鸟、仓鼠的叫声，幼儿倾听并分辨后，教师出示小狗、小猫、小鸟、仓鼠的图片进行验证。

师：刚才我们听到的就是这四种宠物的叫声。

二、欣赏绘本，猜想宠物语义

师：其实宠物叫的时候就是它们在说话。让我们一起来看一个绘本，猜一猜宠物们在说什么。

出示绘本《尾巴不是用来扯的》小猫要食物和小狗想出去玩的图片，幼儿观察回答。（我饿了，我要吃饭；我要出去散步，散步用这个绳子）

师：你们猜得都有道理。绘本里的小猫和小狗到底说了什么呢？我们一起来听一听。

教师讲述绘本故事第二段，幼儿根据故事内容回答。（我的碗空了；散步用这个）

三、继续故事，体会捉弄感受

师：我们再来听一听宠物们还说了什么。

教师出示绘本宠物被捉弄的图片，讲述故事第三段。幼儿根据故事内容回答。（不让我玩玩具，假装拿走我的食物，冲我嚷嚷还踢我，装出要打我的样子）

师：不让宠物玩玩具、假装拿走宠物的食物、冲宠物大喊、踢宠物、装出要打宠物的样子都是捉弄宠物的行为。被捉弄后宠物们又说了什么？

幼儿根据故事内容回答。（我害怕，简直是莫名其妙，我很生气，我想要躲起来，不许碰我）

师：宠物被捉弄时是怎么向我们发出警告的呢？

幼儿根据故事内容回答。（磨爪子、咆哮、磨牙）

师：我们不应该捉弄宠物，而应该爱护它们。怎样做才是爱护宠物呢？

教师出示绘本图片，讲述故事第一段和第四段。幼儿根据故事内容回答。（抚摸动物毛皮，不拉兔子耳朵，梳理小鸟羽毛，给宠物挠痒痒，不扯宠物尾巴，轻声和宠物说话，征求主人同意后才可以摸宠物等）

四、判断对错，了解爱护方法

师：下面这些对待宠物的行为对吗？

教师依次出示爱护和虐待宠物的图片，幼儿判断对错。如果行为正确，幼儿站在活动室的左边；如果行为不正确，幼儿站在活动室的右边。选择完毕后说出理由。

五、分享玩偶，体验爱护乐趣

师：看，这里有这么多宠物，我们要怎样爱护它们呢？下面请你选择一种宠物来爱护它吧！

出示毛绒玩具和仿真食物，幼儿自选一种宠物，用正确的方法进行爱抚。

附：

尾巴不是用来扯的

如果宠物能开口说话，你觉得它们会说什么呢？“喵呜。”“汪汪。”“吱吱吱。”“咕噜咕噜。”“叽叽喳喳。”这些叫声是什么意思呢？大概是……“毛皮是用来抚摸的。”“耳朵是用来听的，不能拉。”“羽毛是用来梳理的，不能拔。”“鼻子是用来触碰的。”“背是用来挠痒痒的。”“还有尾巴不是用来扯的！”

如果宠物能开口说话，你觉得它们还会说些什么呢？大概是……“嘿，我的碗空了！”或者是

“给，散步用这个。”

但最最重要的是……“宠物是需要宠爱的，而不是用来捉弄的。”哪些行为是捉弄宠物呢？就是当你……“不让我玩玩具。”“假装拿走我的食物。”“追我，冲我嚷嚷或者踢我。”“装出要打我的样子。”想想看，宠物被捉弄后会有什么感觉？“真让人害怕。”“真是莫名其妙。”“我很生气。”“我想要躲起来。”你自己会有什么感觉？“宠物会离我远远的。”“其实这么做一点儿也不好玩。”“捉弄宠物后，感觉很糟糕。”当你捉弄宠物时会发生什么事？宠物可能会试着警告你：磨爪子、咆哮、磨牙。那是宠物在说：“不许碰我！”无论宠物有没有毛皮、羽毛或鳞片，它们都是有感觉的。如果你对宠物不好，它们会很受伤。

如果你想摸一摸别人的宠物，要记住一个重要的原则：先征求主人的意见。“我可以摸你的宠物吗？”要表明你是动物的朋友，你可以慢慢地伸出手，轻声和宠物说话，温柔地抚摸它们。慢慢地，轻轻地，温柔地……你可以从头到尾爱抚你的宠物们，但是别忘了……尾巴不是用来扯的——是用来摇的！

（秦皇岛市启航幼儿园 / 胡雅欣）

活动七　动物职业介绍所

◎活动目标

1. 尝试根据动物特征进行联想，思考动物特征与职业的关系，为动物介绍合适的职业。
2. 了解故事的主要情节，乐意帮助大龙虾解决工作中遇到的困难。
3. 喜欢玩合作游戏，体验剪花布游戏带来的乐趣。

◎活动准备

课件：《动物职业介绍所》绘本故事图片。

◎活动过程

一、师幼谈话，初步了解动物职业介绍所

师：小朋友看这是什么地方？

出示动物职业介绍所图片，幼儿观察回答。

师：这里是动物职业介绍所，谁知道动物职业介绍所是干什么的？

幼儿自由回答。（给动物找工作的）

师：动物们找工作都需要具备什么本领？

幼儿自由回答。（跑得快、力气大、跳得远等）

师：要根据自己擅长的本领来找工作，才会找到满意的工作。

二、交流讨论，根据动物特征为其找工作

师：第一位报名来的小动物是谁？小青蛙长什么样？擅长干什么？

出示《动物职业介绍所》绘本小青蛙图片，幼儿观察回答。（小青蛙有四条腿，后腿很长，擅长跳高；它的脚上有脚蹼，连接着脚趾，擅长游泳）

师：小青蛙是怎么跳高的？哪位小朋友来学一学？小青蛙又是怎样游泳的？谁能模仿一下？

幼儿模仿小青蛙跳高和游泳的动作。

师：小青蛙适合做什么工作呢？

幼儿根据小青蛙的特征猜想回答。（跳高运动员、游泳教练等）

师：大猩猩给小青蛙介绍了什么工作？为什么要给它介绍这份工作？

教师出示大猩猩与小青蛙对话图片，讲述故事第一段，幼儿根据故事内容回答。（游泳教练，因为小青蛙是游泳的行家）

师：看来找工作要根据自己擅长的本领来找，适合自己很重要！

故事第二段、第三段袋鼠妈妈、大象找工作的教学方法同上。

三、合作游戏，帮大龙虾裁剪合适的花布

师：第四位找工作来的小动物是谁呢？

教师出示大猩猩与大龙虾对话图片，讲述故事第四段。

师：猩猩所长为大龙虾介绍了什么工作？大龙虾适合当裁缝吗？它怎样裁剪衣服？谁来模仿一下大龙虾的裁剪动作？

幼儿根据故事内容回答问题并模仿大龙虾裁剪衣服的动作。

师：今天大龙虾接到的任务是剪花布。小青蛙想要花布上有2朵花的布料，袋鼠想要花布上有3朵花的布料。现在我们来玩一个大龙虾剪花布的游戏。你们来当花布上的小花，每个人是一朵小花，6人为一组。我来当大龙虾，我们先为小青蛙剪花布。

请6名幼儿模仿小青蛙跳到前面，摆出肢体动作扮作小花排成一排。教师模仿大龙虾剪花布动作，说“剪剪剪花布”，幼儿问“几朵小花在一起”？教师回答“2朵小花在一起”，扮演小花的幼儿根据教师所说的小花数量手拉手站到一起。

师：我们来看看剪出多少块花布。

幼儿点数“花布”块数。（3块）

按照此游戏方法，为袋鼠剪花布。之后可变换每组人数，为不同动物、剪不同花朵数的布料，让幼儿分别扮演大龙虾和小花继续游戏。

四、延伸思考，继续帮助小动物们找工作

师：瞧，又有哪些小动物来找工作了呢？它们都是谁？它们适合找什么样的工作呢？

出示小狗、蚂蚁、长颈鹿图片，引导幼儿观察它们的特征，为它们找适合的工作。

幼儿自由回答。（小狗适合当警察、蚂蚁适合当搬运工、长颈鹿适合当园艺师）

师：孩子们，你们都能根据动物的特点为它们找到适合的工作，下课后我们继续给更多的动物们找适合做的工作吧！

附：

动物职业介绍所

大猩猩开了一家动物职业介绍所，它在电视上作了个广告：尊敬的各位动物，您有合适的工作吗？您想充分发挥自己的特长吗？请到大猩猩动物职业介绍所，它能让您如愿以偿。

广告登出不久，就有动物报名了。第一位是小青蛙，它说："猩猩所长，我是一名歌唱演员，可是观众们都说我的歌声太难听了，请您帮帮忙，帮我找一份合适的工作吧！"大猩猩想了想说："小青蛙，你虽然唱歌难听，但是你是游泳的行家，你可以去试一试当游泳教练！"

第二位来找工作的是袋鼠妈妈，它急得大哭起来，它对猩猩所长说："请您帮帮我吧，我是一名理发员，可是我一点儿都不喜欢现在的工作，能麻烦您帮我换一个工作吗？"大猩猩所长说："袋鼠妈妈你的确不合适理发员的工作，但是你别忘了你的肚子前有一个大口袋，当送信的邮递员准行！"就这样袋鼠妈妈开心地当起了邮递员，每天都为森林里的小动物们送信！

第三位来找工作的是大象，它说："我是马戏团的演员，但是小动物们都不喜欢看我表演，我想换一份新的工作！"猩猩所长说："大象你的鼻子会喷水，一旦发生火灾你可以喷水灭火，你当消防员准行！"就这样大象当起了消防员，时刻保护着森林小动物们的安全。

大龙虾也来找工作啦，它说："我是粮仓管理员，可我一不小心戳破了米袋，米就漏出来了，请您帮帮忙，帮助我找一份合适的工作吧！"大猩猩所长笑着说："龙虾先生别着急，我想办法帮助你，你的大钳子像把大剪刀，裁衣服倒挺合适，你可以当个好裁缝，为小动物们做漂亮的衣服。"

一天天过去了，大猩猩所长真能干，帮助许多小动物找到了合适的工作。

（秦皇岛市启航幼儿园 / 杨爽）

活动八　我们长得不一样

◎活动目标

1. 知道毛毛虫的生长变化。

2. 了解几种卵生动物的发育过程。

3. 乐于探索不同动物生长变化的奥秘。

◎活动准备

1. 课件：《毛毛虫去哪了》绘本故事图片；青蛙、鸡、鸭、狗、老虎、熊猫妈妈和宝宝的配对的操作图片；青蛙、蝴蝶、鸡、鸭的成长过程图。

2. 青蛙、鸡、鸭、狗、老虎、熊猫妈妈的图片各一张；蝌蚪、鸡蛋、鸭蛋、狗宝宝、老虎宝宝、熊猫宝宝的图片各若干；青蛙、蝴蝶、鸡、鸭的成长过程图各一套。

◎活动过程

一、观察图片，猜测卵的身份

师：春天的原野百花盛开，一只小蜗牛从家里出来了，感受春天的气息。它爬到花叶子上，发现了一个圆圆的东西。咦，这是什么？

依次出示《毛毛虫去哪了》绘本中小蜗牛、蝴蝶卵的图片，幼儿观察回答。（卵）

师：是什么动物的卵呢？

幼儿大胆猜测。（虫子、蝴蝶、青蛙、鱼等）

二、观看课件，探索卵的变化

1. 卵变毛毛虫

师：到底是什么动物的卵呢？我们接着往下看。

出示瘦小的毛毛虫破壳而出的图片，幼儿认真观察。

师：小蜗牛很奇怪，问："你是谁啊？"你们知道吗？

幼儿自由回答。（毛毛虫、虫子）

师：这只毛毛虫长什么样子呢？

幼儿观察图片回答。（绿色的、一节一节的、弯弯曲曲的）

师：毛毛虫和小蜗牛成了一对好朋友。几天后，小蜗牛不高兴了。你们猜它为什么不高兴？

出示吃叶子的毛毛虫图片，幼儿观察图片自由猜测。（因为它来找毛毛虫玩的时候，毛毛虫只顾在叶子上不停地吃呀吃呀）

师：在接下来的日子里，毛毛虫什么都没干，就只是吃了睡，睡了又吃，你们猜它会变成什么样子呢？

幼儿猜想后，教师出示胖毛毛虫图片，之后再出示毛毛虫前三幅生长变化图。（卵、瘦小毛毛虫、胖毛毛虫）

师：不知不觉间，它的身体变得越来越圆润，花纹变得越来越艳丽。毛毛虫从卵变成了瘦小的毛毛虫，瘦小的毛毛虫又变成了胖乎乎的毛毛虫。

2. 毛毛虫变蛹

师：夏天过去了，秋天过去了，小蜗牛越来越想念毛毛虫，它找呀找呀，毛毛虫去哪里了呢？小蜗牛伤心地哭了起来，哭泣声把大家纷纷吸引了过来，大家发现了这样一个奇怪的东西。这是什么呢？

依次出示小蜗牛和蛹的图片，幼儿观察回答。

师：原来这是胖毛毛虫的房子——蛹。我们再来看一看毛毛虫从卵开始发生了哪些变化。

出示毛毛虫前四幅生长变化图（卵、瘦小毛毛虫、胖毛毛虫、蛹），幼儿观察图片巩固毛毛虫的生长变化过程。

三、指认图片，揭秘蛹的变化

师：毛毛虫在蛹里还会发生神奇的变化，这里面有一个动物是从蛹里钻出来后变的。你来帮小蜗牛找一找，哪一个是毛毛虫变的呢？

出示青蛙、鸡、鸭、狗、虎、熊猫、蝴蝶的图片，幼儿自由指认。

师：原来毛毛虫从蛹里出来变成了蝴蝶。这时小蜗牛说："请问，你见过一条毛毛虫吗？""我就是毛毛虫呀，这是我长大后的样子。"谁来说说毛毛虫是怎样变成蝴蝶的呢？

出示图片，幼儿观察图片逐步回答。（卵、瘦小毛毛虫、胖毛毛虫、蛹、蝴蝶）

师：我们再看一看其他动物是哪个宝宝变的。

六位幼儿手持青蛙妈妈、鸡妈妈、鸭妈妈、狗妈妈、虎妈妈、熊猫妈妈的图片，其余幼儿每人一张动物宝宝的图片。请宝宝选择自己的“妈妈”，然后站在“妈妈”的身后。

幼儿选择后，教师出示图片，和幼儿一起验证选择是否正确。

四、排序游戏，比较发育过程

师：动物宝宝们都找到了自己妈妈。下面我就要考一考你们了。请按动物的成长过程顺序给桌子上的图片排序。

幼儿分四组进行排序操作，每组一套蝴蝶、青蛙、鸡、鸭四种动物成长过程图。排好后，教师出示图片，和幼儿一起验证排序是否正确。

师：原来蝴蝶、青蛙、鸡、鸭是这么长大的，真是太有意思了。谁来说一说青蛙、鸡、鸭的成长过程。

幼儿大胆表述。（青蛙妈妈生卵，卵变成蝌蚪，蝌蚪长出后腿，再长出前腿，尾巴消失，变成青蛙；鸡妈妈生蛋，蛋孵出小鸡，小鸡逐渐长大成为大鸡；鸭妈妈生蛋，蛋孵出小鸭，小鸭逐渐长大成为大鸭）

五、师幼交流，萌发探索欲望

师：动物们长大的过程真奇妙。它们小时候，有些和妈妈长得像，有些和妈妈长得不像，不断变化才长成妈妈的样子。除了上面的这些动物，你能说说还有哪些动物小时候和妈妈长得像吗？

幼儿根据已有经验回答。（羊、斑马、长颈鹿、兔子等）

师：你能说说还有哪些动物小时候和妈妈长得不像吗？

幼儿根据已有经验回答。（苍蝇、蚕、蜜蜂等）

师：你们说得太棒了，咱们已经知道了很多动物生长变化的奥秘，还有更多的动物等着你们去探索，孩子们加油吧。

附：

毛毛虫去哪了（节选）

春天的原野百花盛开，小蜗牛从家里出来了，感受春天的气息。

在一朵花上，一条毛毛虫从白色的卵里钻了出来，它和小蜗牛成了一对好朋友。

几天后，小蜗牛不高兴了，因为它来找毛毛虫玩的时候，毛毛虫只顾在叶子上不停地吃呀吃呀。

在接下来的日子里，毛毛虫什么都没干，就只是吃了睡，睡了又吃，不知不觉间，它的身体变得越来越圆润，花纹变得越来越艳丽。

小蜗牛越来越想念毛毛虫，它找呀找呀，毛毛虫去哪里了呢？

小蜗牛伤心地哭了起来，哭泣声把大家纷纷吸引了过来：“亲爱的毛毛虫，你到底在哪里？”日子一天天过去，小蜗牛对大家说：“请问你们见过一条毛毛虫吗？”“我就是毛毛虫呀，这是我长大后的样子。”两个小伙伴一起分享生命中最美丽的时刻。

（秦皇岛市启航幼儿园 / 王洪品）

【个别化学习活动】

区域	名称	材料	玩法	价值
语言区	贴尾巴	没有尾巴的小鸟图片粘贴在操作板上、可粘贴羽毛若干，眼罩一个。	1. 幼儿两人一组，甲手持羽毛蒙上眼罩，坐在操作板前。乙根据甲手中羽毛与操作板小鸟尾巴的位置发出上下左右方位指令。甲按照乙的方位指令为小鸟粘尾巴。 2. 两人互换角色，再次游戏。	熟练掌握上下左右等方位词，按照语言指令行动。
	谁的家在这里	草原、沙漠、森林、海洋等不同场景图片、各种小动物图片。	1. 选择一张动物卡片说出其名称和外形特征。 2. 根据动物的生活环境将动物卡片贴到相应的环境场景图中。 3. 用连贯的语言向同伴说出“××的家在××”。	用连贯的语言说出动物的外形特征及生活环境。
	季节与动物	贴有四季图片的操作板，几种常见动物的季节习性图片（冬眠、褪毛、储存脂肪）。	1. 观察四季图片，说说判断季节的依据。 2. 选择适合各个季节的动物习性图片，大胆用语言讲述四季中的动物习性。	练习用合适的语言表达动物的季节习性。
益智区	动物嗯嗯对对碰	动物图片、动物嗯嗯（粪便）图片、操作板。	1. 选择一种动物嗯嗯的图片，观察其外形、颜色特征。 2. 将动物嗯嗯的图片和相应动物在操作板上进行配对。	发现不同动物粪便的特征，锻炼观察力。
	动物穿花衣	缺失部分毛皮的各种动物图片和与之对应的动物毛皮碎片图片。	1. 选取一个动物图片，仔细观察动物的毛皮特征。 2. 找出该动物相应的毛皮碎片，将其粘贴到动物毛皮缺失的部位。	观察、了解不同动物的毛皮特征。
	动物好邻居	动物居住位置图，动物大楼居住操作板，不同动物卡片。	1. 观察动物居住位置图，记住每位小动物的家的位置及其上下左右的邻居。 2. 为动物们找邻居，选择一种动物贴在操作板对应的楼层位置，并找到它上下左右的邻居也贴在操作板上。	1. 为动物找邻居，感受上下、前后、左右等方位关系。 2. 锻炼记忆力。
科学区	找尾巴	小动物身体和尾巴的图片、操作盒、操作板。	1. 观察动物的身体部分图片并说出动物名称。 2. 在尾巴的操作盒中选择与之对应的尾巴。 3. 将小动物的身体和尾巴在操作板上粘贴配对，并说出动物尾巴的特征。	知道不同动物尾巴的外形特征。
	我们的肥料	标有数字的各种蔬菜图片，一张一块、一张多块的肥料图片，田地操作板。	1. 选择一种蔬菜放入田地操作板。根据蔬菜上面标注的数字，选择合适数量的肥料为蔬菜施肥。 2. 变换蔬菜的数量，选择合适数量的肥料为蔬菜施肥。	1. 理解6以内数的意义。 2. 知道动物的粪便有益于农作物生长。
	找影子	各种动物及其影子的图片，操作板。	1. 选择一个动物图片，观察其外形特征，找出与之对应的影子图片。 2. 将动物图片贴在其影子上面。	了解动物的外形特征。
	领养小动物	骰子三个，每个六面分别画有不同动物、不同颜色、不同形状；动物卡片若干，每种动物卡片上背景图颜色与形状各异。	1. 幼儿两人一组，轮流同时投三个骰子，根据骰子上的动物、颜色和形状，从卡片中找出对应的动物领养。 2. 点数领养的小动物数量，多者为胜。	1. 根据骰子信息辨别图片，领养相应的动物。 2. 通过数数比较两组动物的多少。
	我会变	不同动物变态发育的各阶段的图片。	1. 观察并识别不同种动物发育的不同阶段图片，并进行分类。 2. 尝试按生长发育的顺序把同一动物各阶段的发育图片按序排放。	了解变态发育动物的发育过程。

（续表）

区域	名称	材料	玩法	价值
美工区	小动物的家	废旧湿巾硬盒盖、不同的动物图片、油画棒、胶棒。	1. 打开废旧湿巾硬盒盖，选择一个动物图片贴在盒盖里面。 2. 关上盒盖，根据小动物的生活环境，在湿巾盒上用油画棒画出它的家。	体验为小动物画家带来的乐趣。
	小绵羊粘贴画	画有绵羊轮廓的图画纸，彩纸、皱纹纸、胶棒、水彩笔。	1. 沿边线画出绵羊图形。 2. 选取彩纸、皱纹纸，用撕、搓、揉等方法制作“绵羊毛”。 3. 将“羊毛”粘在绵羊身上并添画绵羊的五官。	1. 了解绵羊的外形特征。 2. 锻炼撕、搓、揉、粘、画等美工技能。
	可爱的小狗	折小狗步骤示范实例，手工纸、水彩笔。	选取手工纸，根据步骤示范实例折出小狗，并添画小狗的眼睛、鼻子、嘴巴及身上的花纹。	1. 掌握对角折的基本折法，对称折出耳朵。 2. 知道小狗五官的正确位置。
建构区	搭建动物园	塑料乐高拼插玩具、各种木质积木块，动物玩偶、动物园实景图片。	1. 观察动物园实景图片，用乐高拼插玩具拼搭出动物园内的配套设施。 2. 根据动物的形体特点，用木质积木块拼搭出动物住的房子，并将动物玩偶放入其家中。	学习用垒高、围合、盖顶的技能拼搭出动物园。
表演区	动物模仿秀	《动物狂欢节》《大象》《老虎》《小鱼》的音乐，动物头饰若干，舞台背景。	1. 幼儿听辨不同的音乐，感受音乐强弱和节奏快慢的不同特点。 2. 根据音乐特点选择动物头饰，随着音乐旋律模仿、创编相应动物的动作。 3. 邀请同伴合作创编动作进行表演。	1. 了解不同动物的习性和动作特点。 2. 感受模仿创编表演的乐趣。

【户外运动活动建议】

1. 早晨锻炼遇到小鸟、蝴蝶等动物时，可引导幼儿进行观察，学学它们的动作。

2. 户外散步时可带领幼儿去观察幼儿园饲养的小动物。

3. 户外活动时遇到蜗牛、流浪猫等动物，提醒幼儿不要伤害它们。

4. 可组织幼儿玩与动物有关的户外运动游戏，如小兔种蔬菜：幼儿模仿小兔沿直线两侧左右行进跳，种自己喜欢的蔬菜。

【日常生活活动建议】

1. 早入园时准备关于动物的绘本供幼儿阅读。

2. 可利用餐前的时间与幼儿交流关于动物的知识。

3. 午睡前可让幼儿听一些有关动物的故事。

4. 离园时可组织幼儿唱唱有关动物的歌曲，做做有关动物的手指操。

【环境创设】

1. 将幼儿与爸爸妈妈一起搜集的关于动物的知识展示在主题墙上。

2. 将幼儿画的小动物的画展示在主题墙上。

3. 将幼儿利用酸奶盒和彩纸制作的穿衣服的小动物，展示在活动室适当位置。

4. 收集幼儿照顾小动物的照片，悬挂在楼道的吊饰上。

【家园共育】

1. 建议家长和孩子一起观察自家或朋友家宠物的外形特征、动作特点，了解它们的生活习性。带领孩子一起照顾宠物，如给宠物喂食、喂水、处理粪便等，使孩子萌发爱护动物的情感，增强责任感。

2. 建议家长多带孩子去大自然中观察动物，同时了解动物的生存环境及动物与人类的关系。

【社会实践】

参观动物园

◎活动目标

1. 知道参观动物园的流程与注意事项。

2. 观察了解动物的外形特征和生活习性。

3. 知道参观动物园时要爱护动物。

◎活动建议

1. 家长与幼儿商议去哪个动物园，并与幼儿交流去动物园的相关经验，了解参观动物园要遵守的规则。

2. 提前考察好路线、环境、安全等情况，做好去动物园参观的安全教育。

3. 家长为幼儿准备好舒适的衣物和必要的饮食。

4. 家长带领幼儿进入动物园游览，提示幼儿注意观察动物的外形特征和生活习性，遵守动物园的规则，并适时向幼儿介绍有关动物的知识。

5. 参观后，幼儿和爸爸妈妈说一说参观动物园的情况，并用画画的方式将看到的动物记录下来。

【发展评估】

“保护动物”好习惯养成幼儿家长评价表

宝贝们，经过一个月的时间，你养成“保护动物”的好习惯了吗？现在请你和爸爸妈妈一起玩一个问答小游戏。

班级：　　　　幼儿姓名：

评价内容	评价结果
1. 动物能够为人类做哪些事情？请你说出三种。	
2. 羊、骆驼、鲸鱼、小鸟的家在哪里？请你说一说。	
3. 参观动物园有哪些注意事项？	
4. 大象、长颈鹿、骆驼、仓鼠和狗，谁适合当宠物？	
5. 你知道袋鼠、壁虎和燕子的尾巴有什么作用吗？	
6. 鸽子、山羊、奶牛、猪的嗯嗯是什么样子的？请你说一说。	
7. 你知道哪些动物小时候和妈妈长得不像吗？请你说出两种动物。	
8. 你知道哪些爱护动物的方法？	

爸爸妈妈们请在沟通中对孩子的行为作出正确的评价，指导孩子用彩笔为自己的好习惯作出不同等级的笑脸评价。

评价标准：非常好 4　好 3　一般 2　差 1

“保护动物”好习惯养成教师评价表

班级：　　　　幼儿姓名：　　　　教师姓名：

目标	评价结果			
	4	3	2	1
1. 知道动物是人类的朋友，懂得保护动物。				
2. 了解哪些动物适合做宠物，正确宠爱宠物。				
3. 知道几种常见的动物的家，懂得保护动物的生存环境。				
4. 了解常见动物的外形特征。				
5. 能说出几种常见动物皮毛的外形特征和作用。				
6. 能说出几种常见动物尾巴的特点和作用。				
7. 知道几种小时候和长大不一样的动物，对动物的生长变化感兴趣。				
8. 能用语言大胆描述每种动物粪便的外形特点。				
9. 知道参观动物园的注意事项并能遵守游园规则。				

评价标准：非常好 4　好 3　一般 2　差 1

好习惯十四　爱护植物

【主题名称】森林真美丽

全家总动员

亲爱的家长朋友：

您好！植物是生命的主要形态之一，具有美化环境、净化空气、阻挡噪声、固定土壤、抵御风沙、调节气候的作用。爱护植物是我们每个人的责任。现在的孩子爱护植物的意识比较淡薄，经常会出现践踏草坪、摘花折枝等行为。之所以会出现这种行为，是因为孩子们不知道植物与人类的紧密关系，他们还不懂得爱护植物的具体方法和重要意义。让孩子们真正做到爱护植物，还需要我们的适时引导和及时提醒。本月我们将开展的主题活动是“森林真美丽”，旨在培养孩子养成“爱护植物”的好习惯。

在幼儿园，我们有目的地进行培养，希望孩子能够达到如下目标：

1. 知道植物生长的必要条件，萌发照顾一颗植物的愿望。
2. 对四季的花卉感兴趣，学习爱护花草的方法。
3. 认识常见树木，知道保护树木的方法。
4. 认识几种奇特的植物，喜欢探索植物的秘密。
5. 了解植物与人类的关系，知道爱护植物的重要性。

在家庭生活中，我们建议您从以下几方面进行关注：

1. 请您以身作则爱护植物，为孩子做榜样。
2. 提醒孩子爱护身边的花草树木，做到不随意践踏草坪，不摘花朵和折树枝。
3. 向孩子介绍生活中常见的植物名称，和孩子一起了解不同植物。
4. 多带孩子到植物园参观，并参观一些与植物相关的艺术品，如盆景、根雕等，使孩子感受植物的美。
5. 与孩子一同参加种植活动，带孩子了解植物给我们生活带来的好处。

感谢您的参与，为了孩子的成长，让我们一起努力！

【主题目标】

1. 了解种子水培和土培生长的必要条件。
2. 了解常见的四季花卉，知道花能给人们带来好心情。
3. 知道爱护花草的方法，懂得爱护花草，保护环境。
4. 认识常见树木，知道不同季节树木的特点。
5. 了解常见树木叶子的形状、颜色及用处。
6. 认识猪笼草、捕蝇草、爬山虎、含羞草等奇特的植物，喜欢探索植物的秘密。
7. 感受人类和树木的密切关系，知道保护树木的方法。
8. 知道每年的 3 月 12 日是植树节，喜欢参加植树活动。

【主题口号】

森林是绿色的家，我们都要爱护它

【三字儿歌】

爱护花草

我爱花，我爱草，
我还爱，小树苗。
不摘花，不踏草，
不折枝，不乱摇。
花草树，是朋友，
我们要，保护好。

【集体教学活动】

活动一　安的种子

◎活动目标

1. 倾听故事，感受本、静、安对待种子的态度和心理变化。
2. 了解种子水培和土培生长的必要条件，萌发照顾一棵植物的愿望。
3. 尝试用拍手、拍腿的动作感知音乐的节奏，喜欢音乐游戏。

◎活动准备

课件：《安的种子》绘本故事图片，《布谷鸟》音乐，《盛开的莲花》视频。

◎活动过程

一、安静倾听，进入故事情境

师：今天老师给大家带来一个很有禅意、很有智慧的小故事，小朋友们需要安静地听、认真地听，才能发现这个故事的美妙。

教师出示绘本图片讲述故事《安的种子》第一段，幼儿倾听。

师：这个故事发生在哪里？故事中都有谁？

幼儿根据故事内容回答。（寺庙；老师父、本、静、安）

二、合理猜想，分析失败原因

师：小朋友们，我们从画面上能看出来这是一个什么季节吗？

出示绘本冬天本种下种子图片，幼儿观察回答。（冬天）

师：在冬天种下一颗种子，本的种子能发芽吗？

教师出示绘本图片，讲述故事第二段。幼儿根据故事内容回答。（不能）

师：本的种子没有发芽。我们来帮本分析分析，为什么他的种子没有发芽呢？

幼儿回忆本种种子的过程回答。（因为他把种子种在了冬天，季节不对）

师：因为本太想第一个种出千年莲花，把种子埋在了冰冷的雪地里，所以本的种子没有种出来。接下来我们来看一看，静用了什么方法种千年莲花的种子？

教师出示绘本图片，讲述故事第三段开头到“小心地种下了种子”。幼儿根据故事内容回答。（他把种子种在了花盆里，放在了室内）

师：那我们猜一猜，静的种子会发芽吗？

幼儿猜想后，教师出示绘本图片，讲述故事第三段“静的种子发芽了”到“用金罩子罩住它”。幼儿根据故事内容回答。（静的种子发芽了）

师：你们觉得用金罩子罩住，静的种子会长大吗？为什么？

幼儿猜想后，教师出示绘本图片，讲述故事第三段的最后一句。（不会，没有空气）

师：原来，静的小幼芽因为得不到阳光和空气，没过几天就枯死了。我们来帮静分析分析，为什么他的种子会枯死？静都为种子做了什么？

幼儿回忆静种种子的过程回答。（用金罩子罩住了已经发芽的种子；幼芽得不到空气和阳光，枯死了）

师：静很认真地对待他的这颗种子，为它翻找书籍，把它搬进了一个温暖的房间，用名贵的药材施肥。可是，他用金罩子罩住了它，幼芽没有得到阳光和空气，所以枯萎了。

三、感受不同，体会安的态度

师：本和静都失败了，最后剩下了安的种子。我们来看一看，安在做什么？

教师出示绘本图片，讲述故事第四段。幼儿根据故事内容回答。（把种子装进小布袋里，挂在胸前；扫雪、做饭、挑水、散步）

师：安好像和本、静不太一样，在大家忙着种莲花的时候，安默默地做着其他事情。安为什么不着急种莲花呢？

幼儿自由回答。（等待温暖的天气，寻找合适的花盆）

师：安是一个很有智慧的小和尚，他在等待一个时机。

四、闯关游戏，一起寻找方法

师：怎么样才能种出千年莲花呢？下面我们玩一个闯关的游戏，成功过关，就可以获得种出千年莲花的“锦囊”，我们现在就开始吧！

教师播放游戏课件，带领幼儿观看节奏图谱做动作（一片莲叶拍一下手，一朵莲花拍一下腿；两片莲叶拍两下手，两朵莲花拍两下腿）。音乐停止，出现锦囊图片。

师：恭喜你们闯关成功！看一看，锦囊里告诉我们种植千年莲花的方法是什么？

点击锦囊，出示阳光图片，幼儿观看回答。（需要阳光）

闯关游戏继续进行，闯关成功后并依次点击锦囊，出示空气、水分、养分图片。教师引导幼儿说出千年莲花的生长条件：需要空气、水分、养分。

五、总结经验，种出千年莲花

师：原来，种植千年莲花，需要阳光的照射、充足的空气、一定的水分、足够的养分。我们看看，安在什么季节种下了种子？种子发芽了吗？他种出千年莲花了吗？

教师出示绘本图片，讲述故事最后一段。幼儿根据故事内容回答。（在春天种下种子；种子发芽了；他种出了千年莲花）

师：下面让我们来欣赏一下盛开的莲花吧！

播放《盛开的莲花》视频，幼儿观看后说一说自己的感受。（莲花很美、心情很好）

六、知识拓展，了解土培方式

师：小朋友们，莲花生长在水里，这种生长方式叫水培。还有一种植物的生长方式你们知道是什么吗？

幼儿根据已有经验回答。（生长在土里）

师：生长在土里叫作土培。你们见过哪些植物是土培的方式呢？

幼儿根据已有经验回答。（向日葵、郁金香、茉莉花等）

师：那你们觉得土培这种生长方式需要哪些必要的条件呢？

幼儿根据已有经验回答。（阳光、空气、养分、土壤等）

师：水培植物和土培植物的生长，都需要阳光、空气、水分和养分。在我们的身边，有很多漂亮的水培和土培植物。希望小朋友们也在春天种下一颗小小的种子，像安一样，用心去呵护它，静静地等它生长。

附：

安的种子

老师父分给本、静、安每人一颗古老的莲花种子。“这是几千年前的莲花种子，非常珍贵，你们去把它种出来吧。”

本跑去寻找锄头。等了很久，本的种子也没有发芽。等不到种子发芽的本愤怒地刨掉了地，摔断了锄头，不再干了。

静想要挑出最好的花盆。静想，我一定会种出千年莲花的。静将选好的金花盆搬来，放在最温暖的房间里。静用了最名贵的药水和花土，小心地种下了种子。静的种子发芽了，静把它当成宝贝，用金罩子罩住它。静的小幼芽因为得不到阳光和空气，没过几天就枯死了。

安把种子装进小布袋里，挂在自己胸前。雪下大了，我先去把庙门外的雪扫一下吧，安想。安接着清扫寺院中的积雪。安和以前一样做着斋饭。清晨，安又早早地去挑水了。晚课后，安像往常一样去散步。

春天来了，在池塘的一角，安种下了种子。不久，种子发芽了。安欣喜地看着眼前的绿叶。盛夏的清晨，在温暖的阳光下，古老的千年莲花轻轻地盛开了。

（秦皇岛市启航幼儿园 / 徐姮）

活动二　花屋子

◎活动目标

1. 理解故事，知道花能给人们带来好心情。

2. 了解常见的四季花卉。

3. 喜欢玩四季花开问答游戏，对四季花卉感兴趣。

◎活动准备

1. 课件：《花屋子》绘本故事图片，《四季花开》儿歌图谱。

2. 迎春花、桃花、油菜花、荷花、菊花、桂花、梅花、牵牛花、向日葵图片，代表四季的图片，黑板；贴有四季图片的骰子。

◎活动过程

一、观察封面，根据故事名称大胆猜想

师：今天我带来了一个故事，名字叫《花屋子》。猜猜看，花屋子会是什么样子的？花屋子是用来做什么的呢？

出示绘本《花屋子》封面图片，幼儿观看图片大胆猜测。（花屋子是花朵做的屋子；用来种花的，用来放花的）

二、倾听故事，体会老婆婆心情的变化

师：我们一起来听听故事。故事里的老婆婆一个人住在房子里，心情是什么样的？

教师出示绘本图片，讲述故事《花屋子》第一段。幼儿根据故事内容回答。（老婆婆很孤独、不开心）

师：老婆婆有什么愿望？她自己可以实现自己的愿望吗？为什么？

幼儿根据故事内容回答。（想有一座花屋子，让家里变热闹；自己不能实现愿望；老婆婆年纪很大了、身体也不好）

师：后来谁来了？做了什么？老婆婆的房子变成了什么样子？

幼儿根据故事内容回答。（来了一个男孩和女孩；在房子里画画；房子变成了花屋子）

师：猜猜看，住在花屋子里的老婆婆心情会怎么样？

幼儿自由回答。（心情会变好，开心了）

三、图片分类，说一说四季开放的花朵

师：男孩和女孩画了夏天的荷花和春天的桃花，孩子们，你们还知道哪些花的名字？

幼儿根据已有经验回答。（玫瑰花、百合花、郁金香等）

师：老婆婆想，如果房子里开满了鲜花，生活会变得更美好吧。我在你们的小椅子下面藏了花朵的图片，你能不能说出它的名字？它到底是什么季节开放的呢？请你把它们放到相应的四季图片下面。

教师将代表四季的图片贴在黑板上，幼儿从椅子下面找到花朵图片，和同伴说一说花朵的名字，并逐一贴在相应的四季图片下面。

师：我们一起来看一看，这些花都是在什么季节开放的呢？

教师和幼儿一起说出花朵的名字和开放的季节。（春天：桃花、迎春花、油菜花；夏天：向日葵、荷花、牵牛花；秋天：菊花、桂花；冬天：梅花）

师：屋子里开满了四季的鲜花，老婆婆的心情更好了。

四、问答游戏，熟悉春夏秋冬四季花开

师：孩子们，不同的季节开不同的花，我们把四季开花的事情说给老婆婆听一听，老婆婆会变得更加开心哦！我们一起说说看。

出示《四季花开》儿歌图谱，师幼把儿歌有节奏地从头到尾说一遍。

师：我们一起来玩一个四季花开的问答游戏。

教师组织幼儿围成一个圆圈，进行游戏。

游戏玩法：幼儿围成一个圆圈做花宝宝，教师在中间投掷贴着四季图片的骰子，根据骰子上的季节图片问开花的事，如春天，教师有节奏地问“春天—来到—了，什么—花儿—开”？花宝宝一边做开花的动作，一边有节奏地回答“春天—来到—了，桃花—花儿—开”。几次之后，教师邀请一名幼儿投掷骰子玩问答游戏。

五、回归绘本，感受花给人带来好心情

师：孩子们，刚才我们说出了那么多花的名字，还用问答的方法告诉了老婆婆，老婆婆的花屋子到底变成什么样子了呢？老婆婆的心情怎么样了？

教师出示绘本图片，讲述故事第二段。幼儿根据故事内容回答。（花屋子来了很多人；老婆婆很开心，老婆婆笑了）

师：花屋子让老婆婆家变得热闹了，老婆婆也有了精气神，心情也更好了，对生活充满了希望。孩子们，希望你们每个人的心里都有一座花屋子，每天带给你们好心情。

附：

花屋子（节选）

有个老婆婆年纪很老了，孤独地住在宁静的胡同儿里。胡同儿很老很老，房子很旧很旧。老婆婆有一个愿望，要是老房子能变成花屋子，该多好啊，就像附近的公园那样，这样老房子里能来小孩儿，整天热热闹闹的。但是，老婆婆很老了，她无法实现这些梦想。“砰砰砰砰！”“这么晚了，谁啊？”老婆婆嘀咕着打开了门，一个矮个儿的男孩子和一个高个儿的女孩子站在门口。“你们是……”老婆婆仔细打量着他们。矮个子男孩子从背着的书包里拿出一杆画笔和颜料，说：“您不是想要一间花屋子吗？我先送您夏季开放的荷花。”高个儿的女孩子也从书包里拿出画笔，说：“我送您春天的桃花。”看到眼前的景象，老婆婆惊呆了。她觉得自己掉进了梦里，她的房子变成了花屋子。

此后，因为有了花屋子，胡同儿里有了生气，每个人都来聊天赏花，带来了好心情，老婆婆也不再觉得孤单了。这老婆婆也有了精神儿，老婆婆把孩子们请进来，大家都夸着老婆婆的花屋子，谁都不想走。

（秦皇岛市启航幼儿园 / 赵静）

活动三　花园里有什么

◎活动目标

1. 欣赏绘本，感受花园的勃勃生机。
2. 知道爱护花草的方法。
3. 懂得爱护花草，保护环境。

◎活动准备

课件：《花园里有什么》绘本故事图片；摘花、在草地上放风筝、给花浇水、树立爱护花草标志牌等爱护花草和破坏花草的图片。

◎活动过程

一、师幼交流，谈谈花园里都有什么

师：孩子们，你们去过花园吗？花园里有什么？

幼儿根据已有经验回答。（有昆虫、有小草、有大树、有椅子）

二、倾听故事，感受花园的勃勃生机

师：花园里看得到的是什么？看不到的是什么？我们一起来听一听故事《花园里有什么》吧。

教师出示绘本图片，讲述故事第一段。幼儿根据图片和故事内容回答。（看到的是丁香花、金盏菊、椰子树；看不到的是花草的清香，树的根，草的根，睡觉的小蝉，蚯蚓挖的隧道，小蚂蚁的家，小蚂蚁的蛋）

师：花园里有时能看到，有时看不到的是什么？为什么有时会看不到它们？

教师出示绘本图片，讲述故事第二段。幼儿根据故事内容回答。（毛毛虫、蚱蜢、蝴蝶；毛毛虫藏在了树叶下面，蚱蜢藏在了草丛里，蝴蝶停在了花朵上，就像是穿上了隐身衣）

三、集体游戏，熟悉花园里的动植物

师：我们用眼睛看到了花园里的花草和小虫；用耳朵听到了小虫的叫声；用鼻子闻到了花草的清香；还有毛毛虫、蚱蜢、蝴蝶，它们出来时我们能看到，藏在树叶下、草丛里、花朵上我们就看不到了。现在我们玩一个花园里有什么的游戏吧。

教师说明游戏方法，组织幼儿进行游戏。

游戏玩法：教师说出花园里的一种生物，如果是丁香花、金盏菊、椰子树、爬出来的毛毛虫等用眼睛看到的，幼儿用手指向眼睛；如果是小虫的叫声、蝉鸣声等用耳朵听到的，就用手指向耳朵；如果是花香、草的清香等用鼻子闻到的，就用手指向鼻子；如果是树叶下面的毛毛虫，藏在草丛里的蚱蜢，花朵上面的小蝴蝶、树根、草根等看不到的就用双手蒙住眼睛。

四、大胆表达，说说花草消失的后果

师：花园里可真热闹，有这么多可爱的小生物。如果花园里没有了花草树木，会是什么样子呢？

幼儿自由回答。（花园不漂亮了，小昆虫没有家了，闻不到花香了）

师：花园里有了漂亮的花草树木，可爱的昆虫就会在这里安家，花园就会变得生机勃勃。

五、行为判断，知道保护花草的方法

师：那我们要怎样保护花草呢？

幼儿根据已有经验回答。（不摘花、不踩草、不折树枝、多种花、给花草浇水）

师：我们看看下面图中小朋友的做法对不对。

出示爱护花草和破坏花草的图片，幼儿进行判断。（摘花、在草地上放风筝是不对的；给花浇水、树立爱护花草标志牌是对的）

师：今天我们知道了爱护花草的方法，平时不仅要自己爱护花草还要监督身边的人爱护花草。

附：

花园里有什么（节选）

猜猜看！花园里，看得到的是什么？看不到的是什么？花园里看得到的是丁香花、金盏菊，以及小小的椰子树，哎呀！太多了，我说不完啦！花园里看不到的是花草的清香。翻开土地来看看！里头有什么东西？哇！这是树的根，这是草的根，这是还在睡觉的小蝉，这是蚯蚓挖的隧道，这是小蚂蚁的家，这是小蚂蚁的蛋，这些用眼睛看不到，因为它们都藏在泥土里。

有一些东西，有时看得到，有时看不到。你知道那是什么吗？像藏在树叶下面的毛毛虫，藏在草丛里的蚱蜢，以及停在花朵上面的小蝴蝶。只要它们不动你就很难看到。因为树叶是小虫的隐身衣，因为草是蚱蜢的隐身衣，因为花是蝴蝶的隐身衣。穿上隐身衣它们就好像不见了。还有一些东西它们躲在树干里，躲在花苞里，躲在种子里，不出来你是看不到的。它们是什么？它们就是嫩嫩的绿芽，漂亮的花，快要长出来的小树。

不过，有些东西真的看不见，要用耳朵才听得见，要用鼻子才闻得到，那是小虫铃铃的叫声，那是花草淡淡的香味。

（秦皇岛市启航幼儿园 / 王达）

活动四　美丽的绿色家园

◎活动目标

1. 倾听故事，知道城市环境变化的原因。

2. 知道花草树木可以让城市变得美丽，懂得爱护树木。

3. 了解植树节，喜欢参加植树活动。

◎活动准备

1. 课件 ：《这片草地真美丽》绘本故事图片，《城市的最后一棵树》绘本故事图片，大树美化小区环境、给人们遮凉、固定土壤的图片，《山海》游戏音乐。

2. 城市背景图片，树木、小花、小草、烟囱、垃圾图片。

◎活动过程

一、观察对比，说说自己喜爱的家园

师：我给大家介绍一位新朋友，他叫丁丁。这是丁丁生活的地方，这个地方是什么样的？

出示丁丁现在生活的地方图片，幼儿观察回答。（有工厂，烟囱冒着烟，有很多房子，没有花草，没有大树）

师：丁丁现在生活的地方房子、工厂很多，烟囱冒着黑烟，天空灰蒙蒙的，看不见蓝天，没有花草树木。丁丁原来生活的地方是什么样的？

教师出示绘本图片，讲述故事《这片草地真美丽》第一段。幼儿根据故事内容回答。（原来生活的地方有草地、大树、小鸟、松鼠、小溪）

师：你喜欢丁丁原来生活的地方还是现在生活的地方？

幼儿自由回答。（喜欢丁丁原来生活的地方）

师：大家都喜欢丁丁原来生活的地方。这里有绿绿的草地、大树、小溪，还有很多小动物，这里让人感觉很舒服。

二、倾听故事，知道城市变样的原因

师：丁丁原来生活的地方为什么会变成这样呢？

教师出示绘本图片，讲述故事《这片草地真美丽》第二段。幼儿根据故事内容回答。（人们建工厂，砍掉了大树，修马路）

师：人们为了生活，破坏了草地，砍掉了大树，围篱笆，修马路，盖房子，建工厂，丁丁原来生活的地方就变成了现在这个样子。

三、动手操作，让家园变得美丽起来

师：孩子们，请你们动脑筋想一想，怎么让丁丁的家园变美丽呢？

幼儿自由回答。（把工厂搬走，把树种上，把草地让出来）

师：这里有城市、树木、小花、小草、烟囱、垃圾图片，请你们动动小手，选择你认为可以让这里美丽起来的物品图片来装饰一下这个城市吧。

出示城市背景图和树木、小花、小草、烟囱、垃圾图片，幼儿动手操作。

师：孩子们，花草树木可以让城市变得越来越美丽，让人们生活得更舒服。丁丁是怎么做的呢？其他人是怎么做的呢？

教师出示绘本图片，讲述故事《城市的最后一棵树》。幼儿根据故事内容回答。（丁丁找来种子，种了一棵小树苗；其他人也种树）

师：丁丁用种树的方法让城市美丽起来，城市里的其他人也跟着一起来种树，城市变得越来越美丽。

四、师幼谈话，了解树木对人类的好处

师：你们知道大树有哪些作用吗？

幼儿自由回答。（净化空气，遮盖人们喊的声音，树根能抓住土壤）

教师依次出示大树美化小区环境、给人们遮凉、固定土壤的图片，讲解树木对人类的好处：小区里有茂密的大树，看起来郁郁葱葱，充满了生机，大树打扮了小区的环境；大树枝叶茂盛，人们在大树下面乘凉；大树的根非常粗壮，牢牢抓住地下的土，能够固定土壤，防止水土流失。

五、共同游戏，喜欢参加植树的活动

师：大树有这么多好处，怎样才能让大树越来越多？

幼儿自由回答。（种树）

师：为了让人们多种树，我们国家把每年的 3 月 12 日定为植树节。接下来，我们玩一个植树的游戏吧。

教师播放音乐，组织幼儿随音乐进行游戏。

游戏玩法：几名幼儿扮演小树站在中间，其他幼儿边拍手边围着所有小树转圈说儿歌“挖个坑，埋点儿土，数个一二三四五”。当教师说“两名幼儿种一棵树”时，幼儿迅速两个人一组围在“一棵树”旁。继续游戏，教师说“三个人种一棵树”时，幼儿迅速三个人一组围在“一棵树”旁；教师说“四个人种一棵树”时，幼儿迅速四个人一组围在“一棵树”旁。

附：

这片草地真美丽（节选）

有一片绿油油的草地，小溪从中间穿过。鸭子在湖里游水。各种各样的小鸟儿和小动物生活在高高矮矮的树上。没有汽车也没有马路，没有灰扑扑的房屋，也没有臭烘烘的工厂。

统统都没有，其他城里人也说，这里只有草地，这样的情形应该保持下去。可是，有的人说："这里地方这么小，人这么多，一不小心，就会踩到别人的地方。"该怎么办才好啊？哎，有了。我们可以围篱笆。没错！其他的城里人也同意。围一个可爱的小篱笆，真方便，大家都有自己的地方，这一片草地反正够大。可是每次都得跨过篱笆太不方便了，该怎样才好呢？哦，有了，我们可以修马路。其他城里人也同意，没错，修条可爱的小马路，马路真方便。大家都可以轻松到达自己的地方，这一片草地反正够大。修了马路，在这里真是太棒了。我们能开车进来。其他城里人说，没错，所有需要的东西，我们都带到这片草地来：折叠桌、吹气的玩具鱼。人们说，如果能在这里工作就好了，于是人们开始建工厂，觉得反正地方还够大。

城市的最后一棵树（节选）

丁丁开始找到一颗种子，戴上手套，找了一个花盆，非常细心地培育起了种子。种子发芽了，越长越大。丁丁带着这个小树苗，送到城市里。大家看到丁丁这个办法真的很好，大家也都希望环境好起来，于是全部行动起来，一起动手运送树苗，城市里的绿色越来越多。

（秦皇岛市启航幼儿园 / 张丽娜）

活动五　一只蓝鸟和一棵树

◎活动目标

1. 欣赏绘本，了解不同季节树木的特点。
2. 尝试用绘画的方式表现四季的树木。
3. 感受蓝鸟和小树之间深厚的友情。

◎活动准备

1. 课件：《一只蓝鸟和一棵树》绘本故事图片；春夏秋冬四季小树样子的图片，图上标有 1 ～ 4 数字；不同季节不同种类的树木图片。

2. 带有大树轮廓图的画纸、画笔。

◎活动过程

一、师幼谈话，萌发阅读故事的兴趣

师：今天我给你们带来了一本绘本，你们观察一下封面，猜猜讲的是谁和谁的故事呢？

出示绘本封面图片，幼儿观察回答。（大树和小鸟的故事）

师：绘本的名字是《一只蓝鸟和一棵树》，你们觉得它们之间会发生什么故事呢？

幼儿思考回答。（小鸟住在大树上，小鸟和大树是好朋友）

师：我们一起看一看，它们之间到底发生了什么故事？

教师出示绘本图片，讲述故事第一段。幼儿根据故事内容回答。（蓝鸟把树种埋在光秃秃的山丘上）

二、倾听故事，认识四季树木的特点

师：你们看，小种子有什么变化？

出示绘本种子发芽图片，幼儿观察回答。（小种子发芽了）

师：春天来了，种子发芽了，嫩芽慢慢长成了一棵小树。接下来小树会长成什么样子呢？你们仔细观察这 4 幅图片，应该是哪一幅图呢？

出示春夏秋冬四季小树样子的图片，幼儿观察回答。（第一幅图）

师：春天的小树是什么样子呢？

教师出示绘本图片，讲述故事第二段。幼儿根据故事内容回答。（春天的树开满花朵，非常美丽）

师：春天之后，是什么季节呢？仔细观察剩下的三幅图片，小树会是哪一幅图上的样子？

出示夏秋冬三季小树样子的图片，幼儿观察回答。（夏季；第二幅图）

师：夏天的小树长什么样子？

教师出示绘本图片，讲述故事第三段。幼儿根据故事内容回答。（夏天来了，花儿落了，满树只剩下绿油油的叶子）

师：夏季之后是哪个季节？现在还剩下两幅图片，哪一幅是小树秋天的样子？

出示秋冬两季小树样子的图片，幼儿观察回答。（秋季；第四幅图）

师：秋天的小树长什么样子？

教师出示绘本图片，讲述故事第四段。幼儿根据故事内容回答。（秋天来了，小树的叶子变黄了，随风飘落）

师：就剩下最后一幅图片了，这幅图片应该是什么季节？

出示冬季小树样子的图片，幼儿观察回答。（冬季）

师：谁来讲一讲小树长成什么样了？

教师出示绘本图片，讲述故事第五段。幼儿根据故事内容回答。（冬天来了，小树只剩下光秃秃的树枝了，雪花落满了枝头）

三、观察图片，巩固对树木特点的认知

师：我们刚刚认识了小树四季不同的样子，接下来我们看一些图片，把相同季节的树木用线连起来，并说出这是哪一个季节的树。

教师出示不同季节不同树种的树木图片，幼儿观察回答。教师请个别幼儿操作课件完成连线游戏。

师：你们完成得很好。春天，小树长出新枝芽，开满了美丽的花朵；夏天，小树的叶子更加浓密；秋天，树叶变黄，开始逐渐飘落；冬天就是光秃秃的树杈了。

四、绘画制作，描绘不同季节的小树

师：不同的季节，小树的样子是不一样的，我给你们每人准备了画纸，你们也试着画一画吧！

幼儿作画，教师巡回指导。

五、深入理解，感受蓝鸟小树的感情

师：故事中，蓝鸟每一次去看小树都会赞美小树，都会为小树唱歌，你觉得蓝鸟和小树是什么样的关系？

幼儿思考后回答。（好朋友）

师：蓝鸟用什么方式表达自己对朋友的感情？

幼儿根据故事内容回答。（蓝鸟为小树唱歌，蓝鸟看望小树）

师：蓝鸟是小树最好的朋友。它用唱歌、陪伴等方式表达对好朋友的关心。不管小树变成什么样子，蓝鸟都一直爱它，陪伴它。小树也是我们的朋友，我们也要和蓝鸟一样，关心爱护小树。

附：

一只蓝鸟和一棵树（节选）

一只蓝鸟衔着一粒小小的种子。忽然，蓝鸟听到一个细微的声音在和它说话。那声音好像是从它自己的心里发出来的。“你不要吃掉我，好吗？我是一粒小小的树种啊，请把我种在地上吧！”于是，蓝鸟从天上飞下来，落在一个光秃秃的山丘上。蓝鸟对那粒种子说：“我把你种在这儿好吗？你看，这里还没有一棵树呢！”种子很高兴。蓝鸟就用它尖尖的嘴巴啄啄土地，把树种埋在光秃秃的山丘上了。

春天来了。种子发芽了。嫩芽长成一棵小树了。当小树开花的时候，蓝鸟飞来看望它的小树。蓝鸟给小树唱了一支歌：我要赞美你的花朵，花朵开放就是生命，生命给人带来快乐。

夏天来了。花儿落了。满树只剩下绿油油的叶子。那只蓝鸟又飞回来看望它的树了。蓝鸟又给小树唱了一支歌：我要赞美你的绿叶，叶子碧绿就是生命，生命给人带来快乐。

秋天来了。寒冷的风阵阵袭来。一片片叶子随风飘落。那只蓝鸟又飞来看望它的树了。蓝鸟又给小树唱了一支歌：我要赞美你的生命，生命能够战胜严寒，还会长出绿叶花朵。

冬天来了。雪花落满了枝头。远远近近白茫茫一片。当雪越下越大的时候，那只蓝鸟又飞来看望它的树了。它落在枝头，嘴里衔着一根枯草，它把枯草架在枝头上。在寒冷的冬天，小树也能天天听见蓝鸟为它唱歌。

（秦皇岛市启航幼儿园 / 安新蕊）

活动六　战胜风魔王

◎活动目标

1. 认识常见树木并说出树木的名称。

2. 欣赏绘本，知道树木能防风防沙。

3. 知道保护树木的方法，爱护树木。

◎活动准备

课件：《战胜风魔王》绘本故事图片；树木图片（柳树、杨树、松树、枫树），破坏大树图片（摇树、折树枝、在树枝上挂摇床），保护大树图片（给树浇水，种树，冬季草毡包裹树干）。

◎活动过程

一、观看图片，认识生活中常见的树

师：孩子们，你们都见过哪些树？

幼儿根据已有经验回答。（梧桐树、柳树等）

师：你们看，这些树叫什么名字？

教师依次出示柳树、杨树、松树、枫树的图片，幼儿观看图片说出树名。

二、欣赏绘本，感受大风带来的害处

师：刮大风的时候会发出什么声音？

幼儿学一学刮风的声音。

师：有一位风魔王来了，它会给我们造成哪些破坏呢？今天我们分享一个绘本故事《战胜风魔王》。

教师出示绘本图片，讲述故事第一、二段。幼儿根据故事内容回答。（风魔王会带来沙暴，会把小动物吹上天，会把小花、小草埋起来）

三、交流讨论，知道树木带来的好处

师：谁保护了大家？用了什么方法？

教师出示绘本图片，讲述故事第三段。幼儿根据故事内容回答。（树；撑起大伞，用身体挡住风魔王）

师：大树们手挽着手，根系紧紧抓住泥土，形成一面绿色的墙，挡住了风魔王。风魔王会想出什么坏主意呢？结果怎么样？

教师出示绘本图片，讲述故事第四、五段。幼儿根据故事内容回答。（风魔王让小猴砍大树盖房；小猴把树爸爸砍伤了，老树公公说了小猴，小猴被吹起来了，大树一起打败了风魔王）

四、游戏体验，感知大树能抵御大风

师：大树们肩并肩奋力抵抗，又一次战胜了风魔王。下面我们来玩一个打败风魔王的游戏。

教师组织幼儿自选扮演风魔王或大树，进行游戏。

游戏玩法：选择 3 ～ 6 人扮演小风魔王或 2 ～ 4 人扮演大风魔王，其他小朋友扮演大树。当听到指令“小风魔王来了”，幼儿至少 3 人一组手挽手排成一排挡住一个小风魔王，保护家园；当听到指令“大风魔王来了”，幼儿至少 5 人一组手拉手排成一排挡住一个大风魔王，保护家园；没有与其他幼儿手拉手的“树”被风魔王抓住，带回座位，代表已被风魔王连根拔起。

五、行为判断，知道保护大树的方法

师：大树们手拉手战胜了风魔王。大树除了能够抵挡风沙，还有哪些好处呢？

幼儿根据已有经验回答。（遮挡阳光、美化环境等）

师：树是我们人类的朋友，我们应该怎样爱护树木呢？

幼儿自由回答。（不爬树，不折枝，给大树浇水，多种树）

师：你们看图片上这些人的做法对吗？

依次出示折树枝、给树浇水、种树、摇树、在树枝上挂摇床、草毡包裹树干图片，幼儿观察图片判断对错并说说原因，教师适时指导。（给树浇水是对的，树能长得更好；种树是对的，会让城市变得更美，还能阻挡风沙，遮挡阳光；草毡包裹树干是对的，能防止树木冻伤；折树枝、摇树、在树枝上挂摇床是错的，会对树造成伤害）

师：树木是大自然给予我们的宝贵礼物，我们要和树木成为好朋友，多多爱护树木。

附：

战胜风魔王

遥远的西西山上住着一个可怕的风魔王，他到处横冲直撞，掀起黄沙和巨浪。“哈哈，我的威力大无比！”每当风魔王到来时，小动物们都纷纷躲进家里，关紧门窗不敢出来。

一天，森林里到处充满了欢笑，淘气的小猴给树公公捶背，可爱的小鸟儿边飞边唱着歌。突然，八哥回来报信：“不好了，风魔王要来了。”“风魔王能把小动物吹上天！”小猴有些害怕。“风魔王带来沙暴，会把我们埋在下面！”小草、小花也很担心。树公公慢慢地说：“别慌，风魔王来了我们会保护大家的！”

树爸爸们手挽着手用结实的身体挡在最前边，树妈妈们撑起一把把大伞，树兄弟们站稳脚，连小树、小草都紧紧抓牢大地，准备迎战风魔王。风魔王来到森林前。“哈哈！看我的厉害吧！”他瞪起眼睛，鼓起腮帮用力向森林吹去。狂风吹乱了树妈妈、树爸爸的头发，吹弯了树兄弟的腰，但他们的根紧紧抓住泥土，大家高声唱着：“我们是绿色的墙，一定战胜风魔王！”风魔王吹得筋疲力尽，没能拔起一棵小树、掀翻一座小屋。战败了的风魔王灰溜溜地逃回了他的老宅——荒凉的西西山。“有什么办法毁掉森林呢？”气急败坏的风魔王又想着坏主意。

风魔王披上了柔软的外衣，梳理了蓬乱的头发，轻轻柔柔地又来到了森林边。他对小猴说：“可爱的小猴，你好呀，你的房子太旧了，砍倒大树盖房子吧。”“哎，真是个好主意！”小猴拿来锋利的斧头，开始砍那棵最大、最结实的树爸爸。树爸爸痛得直发抖，老树公公气得胡子发战：“糊涂的小猴，你要把森林毁了吗？你要毁自己的家吗？”风魔王看着被砍伤的树爸爸大声狂笑：“这回看看咱俩谁最强。”一阵大风把小猴吹起，“快救救我！”小猴从空中跌下来，愤怒的树朋友们肩并肩地奋力抵抗风魔王。风魔王再次败回了西西山，森林又恢复了往日的欢乐。树爸爸原谅了认错的小猴，慢慢养好了伤。

树木郁郁葱葱，动物们健壮欢乐，大家又过上了和平快乐的生活。

（秦皇岛市启航幼儿园 / 王双遇）

活动七　落叶跳舞

◎活动目标

1. 欣赏绘本，感知落叶的不同形态。

2. 了解常见植物叶子的不同特点及用处。

3. 喜欢模仿落叶游戏，感受游戏的乐趣。

◎活动准备

课件：《落叶跳舞》绘本视频；树叶飘落图片，杨树叶、柳树叶、枫树叶、银杏树叶夏秋两季的图片，树叶用处图片（遮挡阳光，供人观赏，为小动物做窝、做食物，椁椤树叶做美食，银杏树叶做药材，茶树叶做茶叶，用落叶拼图画画）；《落叶跳舞》音乐。

◎活动过程

一、欣赏绘本，感知树叶落下的形态

师：今天我请来了几位参加舞会的好朋友，你们看，它们是谁？

出示树叶飘落图片，幼儿观察回答。（树叶，树上落下来的叶子）

师：这些都是树叶。什么季节树叶才会落下来呢？

幼儿根据已有经验回答。（秋天）

师：下面我们一起欣赏一个绘本《落叶跳舞》，看看大树落下来的树叶是怎么跳舞的。

教师播放绘本故事视频，幼儿观看后回答。（飞起来，滑下去，转圈圈，摇摇摆摆的）

二、观看图片，说出叶子不同的特点

师：这些都是什么树的叶子？它们是什么形状的？

出示夏季杨树、柳树、枫树、银杏树叶图片，幼儿观察回答。（杨树的叶子像水滴，像桃子；柳树的叶子长长的；枫树的叶子像小手；银杏树的叶子像扇子）

师：什么季节这些树的叶子是绿色的？

幼儿根据已有经验回答。（春天、夏天）

师：你们知道这些叶子到了秋天会变成什么颜色吗？

幼儿根据已有经验回答。（杨树叶、柳树叶、银杏树叶变成黄色，枫树叶变成红色）

教师出示秋季杨树、柳树、枫树、银杏树叶图片进行验证。（杨树叶变成了黄色，柳树叶变成了黄色，银杏树叶到了秋天变成了黄色，枫树叶到了秋天变成了红色）

三、自由模仿，感受游戏带来的乐趣

师：秋季的时候树叶变了颜色，而且会从大树上落下来。我们一起来玩一个落叶跳舞的游戏。

教师播放《落叶跳舞》音乐，组织幼儿进行游戏。

游戏玩法：1. 幼儿用小手当作树叶，随音乐任意落在自己肩膀上、腿上、头上等身体的不同部

位。2. 幼儿用小手当作树叶，随音乐落在小伙伴身体的不同部位上。3. 幼儿随音乐随意舞动身体，表现落叶的不同姿态。

四、师幼交流，了解植物叶子的用处

师：孩子们，你们知道树叶有什么用处吗？

幼儿自由回答。（可以当伞遮阳光，可以净化空气）

教师依次出示树叶用处图片，幼儿观察回答，教师适时指导。（树叶可以遮挡阳光，可以观赏，为小动物做窝、做食物，椁椤树叶做美食，银杏树叶做药材，茶树叶做茶叶，可以用落叶拼图画画）

师：大树的叶子用处可真多。树叶可以遮挡太阳，能进行光合作用制造氧气，净化空气，阻挡风沙。树叶还能成为小鸟、天牛、象鼻虫的窝，还可以是毛毛虫、金龟子、蚜虫的食物。还有好多树的叶子，作为中药材为我们治病。我们还可以用落叶来拼图、作画。

五、总结归纳，和大树叶子做好朋友

师：叶子有这么多的用处，我们应该怎么保护树叶呢？

幼儿自由回答。（不摘树叶，想做树叶粘贴画要从地上捡树叶，可以写保护树的牌子，不折断树枝，为小树浇水）

师：在生活中我们要和叶子做朋友，好好爱护它们。

附：

落叶跳舞

沙沙沙，起风了。轻轻地，风停了。我们是奇妙的落叶呀！静悄悄的冬日树林，我们欢快地起舞。悠悠地飞起来，自在地滑下去。转啊转，转圈圈，慢慢地停下来。冷冷寒风中，我们热烈地跳舞。“忽”地飘向远方，突然停止。层层叠叠聚起来，“哗”地散开去。乘着强劲的风，冲上天空。咯咯咯，笑着转起来，笑嘻嘻，摇摇摆摆。我们是奇妙的落叶哟。

（秦皇岛市启航幼儿园 / 郑跃）

活动八　奇特的植物

◎活动目标

1. 认识猪笼草、捕蝇草、爬山虎、含羞草等奇特的植物。
2. 喜欢探索植物的秘密。
3. 乐于与同伴一起游戏，感受游戏的快乐。

◎活动准备

课件：《谁最大胆》绘本故事图片，捕蝇草图片和视频，猪笼草图片和视频，含羞草图片和视频，爬山虎、黄瓜秧、豆角秧图片；《锄头》音频。

◎活动过程

一、倾听故事，认识“吃虫”的植物

师：孩子们看看图片中都有谁，它们的表情怎么样？

出示绘本《谁最大胆》小动物在森林玩耍图片，幼儿观察回答。（小蜜蜂、小苍蝇、蝴蝶、毛毛虫、七星瓢虫；害怕、很紧张）

师：原来蜜蜂小蜜和苍蝇小黑都觉得自己胆子大，谁也不服对方，它们要去黑森林比一比“谁最大胆”。孩子们，你们猜猜黑森林里有什么？

幼儿自由回答。（可怕的植物、仙人掌、大灰狼等）

师：我们来看看小蜜和小黑在黑森林遇到了什么。

教师出示绘本图片，讲述故事《谁最大胆》。幼儿根据故事内容回答。（奇怪的植物，怪手植物，长着大尖牙的植物，像瓶子的植物）

师：你们知道小蜜和小黑遇到的是什么植物吗？

教师出示绘本小黑小蜜掉进猪笼草图片，指点图中的捕蝇草和猪笼草。幼儿观察回答后，教师说出捕蝇草和猪笼草名称。

师：我们看看猪笼草有什么特点。

出示猪笼草图片，幼儿观看回答。（像瓶子、有盖子）

师：我们来看看猪笼草是怎么吃虫的。

播放猪笼草吃虫视频，幼儿观看。教师结合视频讲解猪笼草吃虫过程：它的“瓶子”会分泌香味。小昆虫们闻到香味过来觅食，这些蜜液有麻醉的作用，会使昆虫麻痹而落入笼内，可怜的小昆虫就变成它的美餐了。

师：我们再来看看，捕蝇草是什么样的呢？

出示生活中捕蝇草图片，幼儿观察并用手摆出捕蝇草的样子。

师：捕蝇草是怎么捕虫的呢？

播放捕蝇草捕虫过程视频，幼儿观看。教师结合视频讲解捕蝇草特点：捕蝇草的叶子里面覆盖着超敏感的细毛，可以检测从蚂蚁到蜘蛛的各种物质，触发拍打。叶片将在不到一秒钟内关闭。

幼儿观看后用手模仿捕蝇草捕虫动作。

二、互动游戏，感知捕蝇草特点

师：我们来玩一个捕蝇草捕虫的游戏吧。

播放音乐，幼儿两人一组，随音乐进行游戏。

游戏玩法：两名幼儿一组，一名幼儿两手模仿捕蝇草叶片，另一名幼儿手指模仿小虫子。当“小虫子”碰到“捕蝇草叶片”时，“捕蝇草叶片”立即合上，夹住“小虫子”为胜。两名幼儿交换角色继续游戏。

三、观察图片，认识会爬的植物

师：孩子们，你们认识这种植物吗？

出示爬山虎图片，幼儿观察回答。（爬山虎）

师：爬山虎是用什么“爬墙”的？

出示爬山虎吸盘的图片，幼儿观察回答。（有丝缠住了，吸盘一动一动的）

师：原来爬山虎的枝上有卷须，卷须顶端有黏性吸盘，遇到物体便吸附在上面。因此，爬山虎会爬墙。在生活中除了爬山虎还有其他的植物也会爬，看一看这是什么植物？它们是靠什么爬的？

出示黄瓜秧和豆角秧图片，幼儿观察回答。（黄瓜、豆角；藤、须子）

师：黄瓜秧和豆角秧是靠藤蔓和卷须向上爬的。你们平时可以多留意观察这些会爬的植物。

四、观看视频，说说含羞草的特点

师：孩子们，这个植物你们认识吗？

出示含羞草图片，幼儿观察图片说出植物名称。（含羞草）

师：我们一起来看看含羞草有什么特别的地方。

播放含羞草视频，幼儿观看回答。（一碰就合上，长得像羽毛）

师：含羞草受到触碰就会立即闭合，就像害羞了一样。

五、知识拓展，探索植物的秘密

师：孩子们，世界上有很多奇特的植物，除了我们今天学习的，你还知道哪些奇特的植物？

幼儿自由回答。（会跳舞的草、能治病的花、面包树等）

师：世界上的奇特植物还有很多，回家之后你可以跟爸爸妈妈一起查查资料，再了解一些奇特的植物，和小朋友们一起分享。

附：

谁最大胆（节选）

蜜蜂小蜜和苍蝇小黑都觉得自己胆子大，谁也不服对方，它们要去黑森林比一比“谁最大胆”。“不要去！”“太危险了！”不管大家怎么劝，小蜜和小黑仍然头也不回地往黑森林飞去。

黑森林里一片黑漆漆，到处都是奇怪的植物，小蜜和小黑快快飞，用力跳！飞飞！跳跳！飞飞！跳跳……“救命啊！”哎呀！小蜜被怪手植物粘住了！小黑抓住小蜜用力往上飞……“啵！”小蜜终于被拉出来，和小黑在地上打了几个滚。

滚啊滚，滚啊滚，小黑滚进了长着大尖牙的叶子里，“唰！”被夹住了！小蜜飞快地扑上去，用头和脚顶住大尖牙叶子，让小黑逃出来！

它们飞到一个像瓶子的植物上面休息，身体还不断地发抖呢！忽然，一阵香味传来，它们探头往瓶子里看，一个不小心，“哎哟！”小蜜和小黑掉进瓶子里了！糟糕！瓶子里又湿又滑，怎么爬都爬不上去……怎么办？小蜜和小黑好希望逃出去！它们想：逃出去以后，不管再怎么大胆，也不要到危险的地方来啦！

（秦皇岛市启航幼儿园 / 刘雪改）

【个别化学习活动】

区域	名称	材料	玩法	价值
语言区	植物百科	《儿童植物百科全书》《蒲公英的一生》《会走路的植物》《会吃动物的植物》等与植物有关的图书。	幼儿在阅读区阅读自己喜欢的与植物有关的图书，并和同伴分享。	喜爱阅读，丰富关于植物方面的知识。
	花园里有什么	《花园里有什么》绘本背景图，丁香花、金盏菊、椰子树、毛毛虫、蚱蜢、小蝴蝶、树根、草根等图片。	幼儿边讲述绘本边将花园中的动植物图片放到背景图片中，为动植物找家。	用连贯的语言讲述花园里的动植物。
益智区	点格种树	画有相同距离的16个点（排成4排，每排4个）的白纸，用塑封膜塑封；水彩笔。	两名幼儿猜拳决定先后，轮流用彩笔横向或竖向将相邻两点连线。谁完成正方形格的最后一笔，谁就能在格里面种一棵树（选择不同的形状代表自己的树画在格内）。种树多者为胜。	锻炼思维能力。
	花朵翻翻乐	迎春花、桃花、油菜花、荷花、菊花、桂花、梅花、牵牛花、向日葵的图片各两张，18格的格子棋盘。	1. 两名幼儿合作玩游戏。先将花朵图片任意摆放在格子棋盘上，每格摆放一张，图片正面朝上。 2. 两名幼儿记忆花朵图片在格子棋盘上的位置。再将图片背面朝上摆放在原来的格子里。 3. 幼儿A翻看一张花朵图片，幼儿B根据记忆找到相同的图片。找对就可获得这两张图片，找错就再翻回去。换幼儿B翻看一张花朵图片，幼儿A根据记忆找到相同的图片。获得相同图片多者为胜。	锻炼观察力和记忆力。
科学区	大树隐身	一样大小的白纸和透明塑料自封袋，水彩笔，透明小盒子，水。	1. 在白纸上画出一棵大树并用水彩笔涂上颜色。 2. 将画好的大树慢慢放入准备好的透明塑料自封袋里。 3. 在透明盒子里倒入水，将画好的画慢慢放入盒子里，观察大树放入水中颜色不见了，拿出来颜色又出来了。	了解光的折射原理。
	冒泡的菠菜叶	菠菜叶、剪刀、装有清水的水盆。	将菠菜叶剪掉部分叶柄，然后把菠菜叶叶片放进水里，从菠菜叶柄的位置吹气，观察菠菜叶是不是冒出来很多泡泡。	探索菠菜叶冒泡原理。
	我来照顾你	黄豆、土豆等水培植物，绿萝、小多肉等土培植物；水、记录单、笔、抹布。	在植树角种植水培和土培的植物，学习照顾植物，按时浇水、清洁叶片等，观察记录植物的生长过程。	掌握简单的植物种植方法，感知和发现植物的生长变化及其生长基本条件。
	小树发芽了	画有1～10不同数量嫩芽的小树图片，叶子卡片若干。	1. 两名幼儿将画有1～10不同数量嫩芽的小树图片随意分，每人五张。 2. 幼儿将卡片背面朝上放好，每人每次同时出一张卡片，点数比较嫩芽数量多少。嫩芽数量多者可获得一张叶子卡片。游戏可反复进行。获得叶子卡片多者获胜。	通过数数比较两组物体的多少。

（续表）

区域	名称	材料	玩法	价值
美工区	花花世界	郁金香、玫瑰花、百合花折法步骤图；各种颜色手工纸。	自选一种花，观看花朵折纸步骤图，选取一张正方形的手工纸，按照步骤图，折叠出相应的花朵。	用对边折、对角折的方法，折叠出花朵。
	四季的树	四季的杨树、柳树、银杏树、枫树的图片；带有四个大树轮廓图的画纸，画笔。	观察四季的杨树、柳树、银杏树、枫树的图片，在带有四个大树轮廓图的画纸上分别根据树木四个季节的变化顺序画出四季的树。	尝试用不同色彩表现四季树木的特点。
	树叶拓印画	丙烯颜料、带梗的树叶、卡纸。	1. 将叶子一面涂上丙烯颜料，盖印在白纸上，用手轻轻按压让颜色拓印在白纸上。 2. 用手指蘸取颜料，在画中点画装饰。	练习在树叶上较均匀地涂色并印画的技能。
	叶子创意画	树叶创意画若干，各种叶子、空篮子图片若干张，A4白纸若干张，手工白乳胶。	1. 取一张空篮子图片，把叶子组合粘贴在篮子里，形成一幅立体的树叶篮子图。 2. 观看树叶创意画范例，取一张白纸，将叶子进行粘贴，组合成树叶创意画。	将叶子进行创意组合，感受叶子带来的美。
	手指小树	手指小树范画若干，白纸、水彩笔。	观看手指小树范画，将小手五指张开放在白纸上画出小手轮廓，再在五个手指上分别画出不同的小树。	大胆创想，喜欢画各种小树。
建构区	我的小花园	花园实景图片；长短、高矮、宽窄不一的搭建积木若干；小花、小草、小树等玩具。	观看花园实景图片，选择不同的积木，利用围合、加宽、垒高等建构技能合作搭建小花园，并在花园合适位置放上小花、小草、小树等。	练习围合、加宽、垒高等建构技能，并与同伴合作搭建花园。
表演区	春雨沙沙	《春雨沙沙》歌曲音频及器乐演奏图谱，音乐播放器，沙锤、摇铃、木鱼等打击乐器。	幼儿自由选择打击乐器，根据器乐演奏图谱，随音乐合作进行表演。	练习按照图谱随音乐演奏打击乐器。
	种树歌	《种树歌》歌曲音频，动作图谱（种树、下雨、长叶、开花、小鸟做窝、猴子爬树、小朋友游戏），音乐播放器。	1. 幼儿观看动作图谱学习种树、下雨、长叶、开花、小鸟做窝、猴子爬树、小朋友游戏的动作。 2. 幼儿跟随音乐节奏和歌词看动作图谱做动作进行表演。	看图谱学习动作并进行歌表演。

【户外运动活动建议】

1. 提醒幼儿不在花园周边和花园里玩篮球、足球等球类游戏，以免砸坏花草树木。
2. 练习攀爬时，提醒幼儿不攀爬小树苗。
3. 冬天户外游戏时，提醒幼儿不折断树枝。
4. 玩追逐跑的游戏时，提醒幼儿注意避让花草。
5. 户外散步时，带领幼儿认识幼儿园中的花草树木。

【日常生活活动建议】

1. 早入园时组织幼儿交流分享身边常见树木的名称、树叶的特点及生长环境。
2. 餐前介绍时，结合所吃食物认识相应的植物。
3. 午睡时，听一些关于植物的故事，学习植物方面的知识。
4. 晚离园时，可组织幼儿唱与植物有关的歌曲或说说与植物有关的儿歌。

【环境创设】

1. 将幼儿寻找到的各种树的图片粘贴在主题墙上。
2. 在主题墙上展示幼儿制作的树叶拓印画。
3. 将幼儿在日常生活中爱护植物的照片展示在主题墙上。
4. 在活动室适当位置展示幼儿用彩纸折的各种花朵等手工作品。

【家园共育】

1. 建议家长多带孩子到植物园参观或到花卉市场欣赏植物，向孩子介绍常见的植物，并与孩子一起搜集种植小常识。

2. 建议家长和孩子一起阅读关于植物的绘本，给孩子介绍不同植物的特点。

3. 建议家长和孩子共同种植一棵小植物，并为小植物起名字，定期为植物浇水，和孩子一起观察植物的生长变化，并进行记录。

【社会实践】

参观植物园

◎活动目标

1. 认识身边常见的植物。
2. 观察不同植物的外形特征，了解植物的生长条件。
3. 知道植物对我们人类的好处，养成爱护植物的好习惯。

◎活动建议

1. 家长与幼儿商议去哪个植物园，并与幼儿一起做好相关准备，如选择适宜的服饰，准备水、食物等。

2. 家长与幼儿交流去植物园的相关经验，了解参观植物园要遵守的规则，如不摘花不踏草、保护园区景观等。

3. 家长提前做好地点、环境、安全等情况的前期调查。

4. 幼儿在家长的陪同下进入植物园参观，观察各种植物的外形特征，了解植物的生长条件。家长可用照片记录幼儿的参观活动情景。

5. 参观后，家长鼓励幼儿用清晰的语言介绍看到的植物的名称及特征，并用画笔将自己看到的植物画下来。

【发展评估】

“爱护植物”好习惯养成幼儿家长评价表

宝贝们，经过一个月的时间，你养成“爱护植物”的好习惯了吗？现在请你和爸爸妈妈一起玩一个问答小游戏。

班级：　　　　幼儿姓名：

评价内容	评价结果
1. 种子生长的条件有哪些？	
2. 哪些花在春天开放？请你说出三种花名。	
3. 请你说一说，怎样爱护花草？	
4. 你知道植树节是哪一天吗？请你说一说植树的方法。	
5. 柳树一年四季有什么变化？	
6. 你知道大树对我们有什么好处吗？请你说出三种。	
7. 杨树、柳树、枫树、银杏树的叶子是什么形状的？	
8. 请你说出一种奇特的植物的名称，它有什么特别的地方？	

爸爸妈妈们请在沟通中对孩子的行为作出正确的评价，指导孩子用彩笔为自己的好习惯作出不同等级的笑脸评价。

评价标准：非常好 4　好 3　一般 2　差 1

“爱护植物”好习惯养成教师评价表

班级：　　　　幼儿姓名：　　　　　教师姓名：

目标	评价结果			
	4	3	2	1
1. 能说出种子成长的必要条件。				
2. 能说出三种花朵的名字。				
3. 知道爱护花草的方法，并能做到不摘花不踩草。				
4. 知道 3 月 12 日是植树节，能简单说出植树的方法。				
5. 能说出几种常见大树的名字，并简单描述一年四季大树的变化。				
6. 懂得树木对人类的好处，知道爱护树木的方法。				
7. 知道常见树木叶子的形状、颜色及用处。				
8. 知道几种奇特的植物名称，并能简单描述它的特别之处。				

评价标准：非常好 4　好 3　一般 2　差 1

好习惯十五　垃圾分类

【主题名称】垃圾旅行记

全家总动员

亲爱的家长朋友：

您好！大自然是人类赖以生存的环境，随着资源的不断开发，浪费现象日益严重。在我们的日常生活中会产生很多垃圾，但孩子对垃圾的危害及如何处理缺乏了解，会出现随手扔垃圾的现象，更不知道如何将垃圾进行分类投放，如在家中随便乱扔果皮、公共场所及旅游景点随手扔垃圾等。针对这种现象，本月我们将开展的主题活动是“垃圾旅行记”，旨在培养孩子“垃圾分类”的好习惯。

在幼儿园，我们有目的地进行培养，希望孩子能达到如下目标：

1. 知道日常生活中每天都会产生垃圾，懂得节约资源是减少垃圾的最好方法。

2. 认识垃圾分类的四种标志，知道生活垃圾的种类，养成垃圾分类投放的习惯。

3. 了解垃圾分类的意义，知道垃圾分类可以保护环境、节约资源，增强环保意识。

4. 了解垃圾对海洋动物的危害，懂得不往海里扔垃圾。

5. 了解环卫工人的工作，知道环卫工人的辛苦。

在家庭生活中，我们建议您从以下几方面进行关注：

1. 在家中设置“垃圾分类箱”，和孩子一起将生活中的垃圾进行分类投放。

2. 在家中减少制造垃圾，特别是不易分解和有毒有害的垃圾。

3. 请您以身作则，减少使用或不使用一次性用品、不可降解塑料袋。外出就餐时，剩菜打包，减少浪费。购物时请主动携带环保袋。

4. 和孩子一起收集可回收物，并和孩子一起开动脑筋将其变废为宝。

5. 请您和孩子一起阅读保护环境相关书籍，多方面了解保护环境的重要性，使孩子逐步养成垃圾分类、爱护环境的好习惯。

感谢您的参与，为了孩子的成长，让我们一起努力！

【主题目标】

1. 认识可回收物、厨余垃圾、有害垃圾、其他垃圾的标志。
2. 知道生活垃圾的种类，正确辨认四类垃圾。
3. 知道随意丢垃圾对人类生活环境的危害。
4. 了解垃圾对海洋动物的危害，懂得不往海里扔垃圾。
5. 了解生活垃圾的处理方法，懂得节约资源是减少垃圾的最好方法。
6. 了解环卫工人的工作，知道环卫工人的辛苦。
7. 了解垃圾分类的意义，知道垃圾分类可以保护环境、节约资源。
8. 增强垃圾分类的意识，在生活中正确投放垃圾。

【主题口号】

垃圾分类，变废为宝

【三字儿歌】

垃圾分类

垃圾多，危害大。
分类放，人人夸。
好习惯，要养成。
好环境，靠大家。

【集体教学活动】

活动一　可回收物

◎活动目标

1. 认识可回收物标志，知道可回收物的种类。
2. 在生活中正确投放垃圾。
3. 乐于参与垃圾分类游戏，感受游戏的快乐。

◎活动准备

1. 课件：可回收垃圾桶图片及其介绍可回收物种类音频，《可回收垃圾》绘本图片，纸、塑料、玻璃、金属、布料五类可回收物图片，可回收物变成新物品视频。

2. 自制可回收垃圾桶、各种垃圾卡片。

◎活动过程

一、观看图片，认识可回收物的标志

师：孩子们，今天我请来了一位小客人，你们看它是谁？

出示可回收垃圾桶图片，幼儿观看回答。（垃圾桶）

师：对，它是一个垃圾桶，垃圾桶有什么用处呢？

幼儿根据经验回答。（装垃圾）

师：这个垃圾桶身上还有一个特殊的标志，我们来看一看，这个标志是什么样的？

教师出示可回收物标志，幼儿观察回答。

师：这个标志是可回收物标志，它由三个箭头组成，围成一个三角，代表着可回收物是可以回收再利用的生活废弃物品。

二、分组操作，猜猜哪些是可回收物

师：可回收垃圾桶要给小朋友出难题了，我们一起来看一看。

播放可回收垃圾桶图片和音频：大家好，我负责收集可回收物，你们知道我应该吃掉什么样的垃圾吗？

幼儿大胆猜想。（瓶子、快递箱、玩具等）

师：你们每组的桌子上有许多种类的垃圾卡片，请你和同组的小伙伴说一说都是什么垃圾，猜一猜哪些是可回收物，然后把可回收物卡片投放到可回收垃圾桶里。

幼儿分组交流后进行操作。

三、阅读绘本，了解可回收物的种类

师：孩子们，我们来看一看可回收垃圾桶到底该吃掉哪些垃圾呢？

播放绘本图片及音频：这些都是我应该吃掉的东西。

师：看一看都有什么东西？

幼儿观看回答。（纸盒、书本、鞋盒、纸袋、牛奶盒、饮料瓶、玻璃瓶、玻璃片、易拉罐、罐头瓶、毯子等）

1. 废纸

播放绘本图片和音频：需要扔掉的废纸都要进我的大肚子哦！

师：请你们说一说哪些东西属于纸类呢？

幼儿根据已有经验回答。

师：废纸类垃圾包括报纸、书本、图画纸、鞋盒、牛奶盒、包装盒等。纸巾一类的垃圾容易溶于水中，所以不属于可回收物，它属于其他垃圾。

2. 塑料

播放绘本图片和音频：塑料垃圾也是我的最爱。

师：我们生活中常见的塑料垃圾有哪些？

幼儿根据已有经验回答。

师：塑料类垃圾包括塑料袋、塑料碗、塑料饮料瓶、塑料梳子、塑料包装盒、塑料衣架、塑料玩具、塑料杯子等。包装玩具的塑料泡沫也是可回收的哦！

3. 玻璃

播放绘本图片和音频：我也喜欢玻璃的物品。

师：生活中常见的物品哪些是玻璃的？

幼儿根据已有经验回答。

师：玻璃类垃圾有玻璃瓶、玻璃碎片、镜子、放大镜、暖瓶、花瓶、啤酒瓶、牛奶瓶等。玻璃很锋利，处理玻璃类垃圾时要用袋子装起来，注意不要划伤手。

4. 金属

播放绘本图片和音频：金属垃圾是最常见的可回收物，它们的用处可大了。

师：想一想哪些物品属于金属类垃圾呢？

幼儿根据已有经验回答。

师：金属类垃圾有易拉罐、电线、铁锅、金属刀具、刀片等。它们如果不被及时回收，金属暴露在空气中会慢慢生锈，这样利用价值就不大了。

5. 布料

播放绘本图片和音频：布料在我们生活中特别常见，我也能吃废旧布料。

师：哪些物品是废旧布料呢？

幼儿根据经验回答。

师：布料类垃圾包括废旧的桌布、衣服、枕套、布鞋、毛巾、书包、布艺玩具等。我们知道了可回收物包含五大类，它们分别是废纸、塑料、玻璃、金属和布料。

师：现在我们分组检查一下刚刚哪些垃圾放错了，快快改正吧！

幼儿分组将投放错误的垃圾进行改正，教师巡视指导。

四、趣味游戏，加深对可回收物认识

师：下面我们玩一个小游戏，名字叫作“大风吹”。请每位小朋友到前面的盒子里选择一个可回收物卡片。

幼儿每人选择一个可回收物卡片，回到座位。

师：请记住你手中的卡片属于哪一类可回收物。当我说“大风吹”，小朋友们问“吹什么”。我随机说一类可回收物的种类，比如我说“金属”，手里拿着金属类可回收物的小朋友起身相互交换座位，看看谁的反应快。

教师和幼儿共同快乐游戏。

师：孩子们你们很棒，现在请你们相互交换手中的卡片，我们再进行游戏。

幼儿交换卡片后，继续游戏。

五、观看视频，了解可回收物变新品

师：这些可回收物怎样才能变成新的物品呢？

播放可回收物变成新物品视频，幼儿观看。

师：可回收物要统一进行回收，经过处理厂处理后，就可以变成新的物品供人们使用了。我们一定要记住可回收物的标志哦！要做到不乱丢垃圾，正确投放垃圾。

附：

可回收垃圾

大家好，我负责收集可回收垃圾，你们知道我应该吃掉什么样的垃圾吗？我的肚子可大了呢，能装下的可回收垃圾有：塑料、废纸、玻璃、金属、布料。这些都是我应该吃掉的东西哦。

这些需要扔掉的废纸都要进我的大肚子里哦！有废弃的鞋盒、纸质包装袋子、报纸、书本、废弃文件袋……纸巾一类的垃圾，比如厕纸、纸抽、卷纸等都属于其他垃圾，因为它们易溶于水中，回收起来成本太高了，而且它们对于环境污染的危害小，所以属于其他垃圾。

塑料垃圾也是我的最爱。比如塑料碗、饮料瓶、塑料梳子、包装盒、衣架、塑料玩具、塑料杯子……拆开玩具包装，塑料泡沫和纸箱都是可回收的哦！

我也喜欢玻璃的物品。比如玻璃瓶、玻璃碎片、镜子、放大镜、暖瓶、花瓶、啤酒瓶、牛奶瓶。扔玻璃类的垃圾时要用袋子将玻璃类垃圾包起来，注意不要划伤手哦。

金属垃圾是最常见的可回收垃圾，它们的用处可大了。有易拉罐、电线、铁锅、金属刀具、刀片等。如果不被回收，有很多金属暴露在空气中会慢慢生锈。这样回收起来成本就会增高，可利用价值就不大了。

布料在我们的生活中特别常见，我也能吃废旧布料。比如废旧的桌布、衣服、枕套、布鞋、毛巾、书包、布艺玩具。小时候的衣服，由于我们长身体啦，穿不下了，记得要把它们丢进我的肚子里哦！

可回收垃圾经过处理厂处理之后，可以变废为宝，变成新的物品供人们使用哦！

废弃的纸张经过处理之后变成一本本书。废弃的玻璃经过处理之后变成玻璃瓶。废弃的金属管子经过处理之后变成易拉罐。废弃的旧布料经过处理之后变成一件件新的衣服。

（秦皇岛市启航幼儿园 / 田璐）

活动二　探秘厨余垃圾

◎活动目标

1. 认识厨余垃圾标志，知道厨余垃圾的特点及用处。
2. 正确辨认厨余垃圾并准确投放到相应垃圾桶。
3. 体验将厨余垃圾变废为宝的成就感。

◎活动准备

1. 课件：信封图片、各种食物图片、厨余垃圾桶及厨余垃圾图片、《变废为宝厨余垃圾》绘本故事图片；美食及饮品视频、垃圾处理机处理厨余垃圾视频；故事背景音乐。

2. 塑料瓶、红糖、果皮、清水等自制酵素材料。

◎活动过程

一、互动游戏，视觉记忆获得线索

师：小朋友们好，今天我要去寻宝，去寻找一个绿色的桶，它的里面装着很特别的宝物。你们想不想加入我的寻宝小队呀？瞧，我们收到了一封神秘的信，里面有帮助我们的线索哦！我们一起来看看有什么线索。

教师操作课件，出示线索一信封图片，幼儿仔细观察后回答。（音乐餐厅）

师：哇，这里有很多好吃的美食。如果能记住五种或五种以上的食物，就能获得一条新的线索哦。

播放美食视频，幼儿观看后根据记忆进行回答，然后出示视频中所有美食图片，幼儿逐一说出名称。

师：你们可真棒，视觉记忆很厉害哦。

二、模仿体验，发现常见厨余垃圾

师：瞧，新的线索来咯。看了这张图，你们获得了什么线索？

教师操作课件，出示线索二信封图片，幼儿仔细观察后回答。（品尝美食）

师：孩子们，一定会自己独立吃东西了吧。剥鸡蛋可以吗？剥橙子可以吗？吃香香的炖鸡腿可以吗？谁来试试看？

请个别幼儿上前模仿剥鸡蛋吃、剥橙子吃、吃西瓜、吃鸡腿、吃面条的动作。

师：音乐餐厅品尝美食当然离不了音乐，我要随音乐开始品尝咯。

教师随音乐节奏示范剥香蕉吃的动作，幼儿仔细观看。

师：我吃的是什么？我都做了什么动作？请你用动作来回答。

幼儿回忆并模仿剥香蕉吃的动作。

师：我请大家吃香蕉，我们一起跟着音乐品尝美味的香蕉吧。

师幼随音乐做剥香蕉吃的律动。

师：下面我们一起在音乐餐厅品尝美食吧。

播放音乐和美食图片。师幼根据展示图片，随音乐表演品尝相应美食的动作。

三、智慧寻宝，认识厨余垃圾桶

师：哇，孩子们，你们品尝了这么多的美食，一定很开心。我们吃了这么多食物，都产生了哪些垃圾呢？请你们说说所吃的食物所产生的垃圾。

出示鸡腿、西瓜、香蕉、苹果、鸡蛋及鸡腿骨、西瓜皮、香蕉皮、鸡蛋皮图片，幼儿观察回答后教师操作课件，将食物与其产生的垃圾一一对应。

师：我们答对了，装有宝物的绿色桶找到了，它叫厨余垃圾桶。我们刚刚扔掉的那些都是厨余垃圾。快把它们扔到厨余垃圾桶吧。

出示厨余垃圾桶及厨余垃圾图片，幼儿操作课件将厨余垃圾放入厨余垃圾桶中。

师：厨余垃圾桶是绿色的，上面的标志是什么样的？

出示厨余垃圾桶图片，观察厨余垃圾标志回答。

四、深度探秘，了解厨余垃圾的种类

师：接下来我们一起来看一看这个厨余垃圾桶中的宝物吧。

教师出示绘本图片，讲述故事《变废为宝厨余垃圾》第一段。幼儿边看边听。

师：叮当的妈妈都把什么当作了宝贝？

幼儿根据故事内容回答。（玉米棒、鸡蛋皮、白菜叶等）

师：你还知道哪些是厨余垃圾？

幼儿根据已有经验回答。（剩菜剩饭、橘子皮、花生皮等）

师：厨余垃圾是指居民日常生活及食品加工、饮食服务、单位供餐等活动中产生的垃圾，包括丢弃不用的菜叶、剩菜、剩饭、果皮、蛋壳、茶渣、骨头等，其主要来源为家庭厨房、餐厅、饭店、食堂、市场及其他与食品加工有关的行业。

师：下面我们就来玩一个视觉记忆游戏吧。

游戏玩法：教师操作课件，播放四张垃圾图片，每幅图片停留 2 秒钟，幼儿在图片消失后说出其中厨余垃圾名称。图片共有三组，分别包含一种、两种、三种厨余垃圾，幼儿分别在三组图片中准确找出厨余垃圾。

五、观看视频，探寻垃圾为何是宝

师：厨余垃圾有什么特点和危害呢？

教师出示厨余垃圾特点及危害图片，幼儿观察回答。

师：厨余垃圾很容易腐烂，会产生刺鼻难闻的气味。这些气味对人体有害，还会引来蚊蝇和老鼠。为什么厨余垃圾会是宝物呢？

教师出示绘本图片，讲述故事第二段。幼儿根据故事内容回答。（“大胃王”能使厨余垃圾变成宝物）

师：叮当家小区里的“大胃王”能使厨余垃圾变成宝物。我们一起来看一看这个“大胃王”垃圾处理机把厨余垃圾都变成了什么宝物。

播放垃圾处理机处理厨余垃圾视频，幼儿观看后回答，教师操作课件将厨余垃圾处理方式与厨余垃圾变成肥料、饲料，产生沼气，发电进行配对。

师：今天我们的寻宝之旅很成功。找到了绿色的厨余垃圾桶，了解了能够变成宝贝的厨余垃圾。所以我们在丢厨余垃圾时一定要看好垃圾桶上的标志，将它们投放到相应的垃圾桶里，这样便于环卫工人们处理，让厨余垃圾变废为宝。

六、活动延伸，自制果皮酵素营养液

师：厨余垃圾变成的宝物这么厉害，你们一定也想亲自试一试将厨余垃圾变成宝物吧？我这里有一个妙招——自制果皮营养液。

教师出示果皮营养液制作材料，介绍制作方法：将橘子皮掰成小块放进干净的塑料瓶中，一层橘子皮一层红糖，放满塑料瓶。加入适量清水，将盖子拧紧，在瓶身贴上日期标签，放置阴凉处。每隔 3 ～ 5 天将瓶盖拧开放气，待瓶中的果皮完全发酵成液态，果皮营养液制作完成。

师：活动后，我们一起收集果皮，亲手试一试将果皮变废为宝，制作一瓶果皮营养液吧。有了这个营养液，我们自然角、种植园的果蔬一定会茁壮成长！

附：

变废为宝厨余垃圾

早餐做好了，是营养丰富的玉米粥、白菜包和水煮蛋。吃完饭后，叮当看见妈妈把玉米棒、白菜帮和鸡蛋皮单独放在一个垃圾袋里。叮当问道："妈妈，玉米棒、白菜帮和鸡蛋皮怎么不和其他垃圾放在一起呀？"妈妈说："因为它们是厨余垃圾，是妈妈的宝贝。"上午，妈妈为家里的盆栽修剪枝叶，绿萝的黄叶剪下后也被当宝贝收了起来。"呀，土豆发芽了，黄瓜也蔫了，丢掉吧。"爸爸打开冰箱抱怨道。"给我吧，作为厨余垃圾它们可大有用处。"妈妈赶忙说。妈妈为叮当准备了苹果和西瓜做点心。"妈妈，果核瓜皮怎么办？""给我吧，它们也是厨余垃圾。""过夜茶水，也可以用来浇花。"妈妈把喝剩的茶水倒入花园里。

"妈妈，为什么要收集厨余垃圾呢？"叮当一脸疑惑地问妈妈。于是，妈妈带着叮当一起去丢垃圾揭开了谜底。原来在小区里有一个"大胃王"，它是厨余垃圾处理机，它每天都静悄悄的，但是用手一摸就能感觉到它在震动，那是它在工作。妈妈把"宝贝们"倒进机器，邻居们也纷纷将厨余垃圾倒了进去，一会儿"大胃王"就将厨余垃圾变成有机质了。哇，"大胃王"可真棒！

（秦皇岛市启航幼儿园 / 郭旭）

活动三　有害垃圾很危险

◎活动目标

1. 认识有害垃圾标志，知道有害垃圾的种类。
2. 了解有害垃圾的危害及处理的方法。
3. 喜欢模仿昆虫，体验合作游戏的乐趣。

◎活动准备

1. 课件：《有害垃圾很危险》绘本故事图片，有害垃圾标志及有害垃圾图片，可回收物标志及可回收物图片；生活中有害垃圾及其处理的视频。

2. 口罩、塑料袋若干，塑料手套、筷子各一副，夹子一个；自制杀虫剂、水银体温计、有害垃圾桶各一。

◎活动过程

一、欣赏故事，了解有害垃圾危害

师：孩子们，今天老师要给你们讲一个有关昆虫的故事。我们来一起听一听，讲了什么事？

教师出示绘本图片讲述故事《有害垃圾很危险》，幼儿根据故事内容回答。

师：有害垃圾的危害真的很大。随意投放有害垃圾会造成空气、土壤和水源环境的污染。有害垃圾中的有害物质也会对人和动物造成危害，严重时也可能对生命造成威胁。

二、模仿昆虫，尝试有害垃圾处理

1. 模仿蚂蚱

师：蚂蚁兄弟和金角天牛找到了这么多有害垃圾，刚想松口气，一只蚂蚱走了过来，它在草丛中发现了什么？

出示蚂蚱发现杀虫剂图片，幼儿观察回答。（杀虫剂）

师：原来蚂蚱发现了一罐杀虫剂。杀虫剂有什么危害？它属于有害垃圾吗？

幼儿根据已有经验回答。（杀虫剂有毒，属于有害垃圾）

师：杀虫剂不光对昆虫有很大的杀伤力，对人也会有很大的危害。所以处理的时候必须小心一些。蚂蚱不知道该怎么处理它，我们来帮它想想办法吧。我这里有一些工具，也许你们可以用到。

教师出示口罩、塑料袋、塑料手套、筷子、夹子等工具和有害垃圾桶，幼儿说说处理杀虫剂的方法，教师适时引导。（杀虫剂有毒有害也可能挥发，应尽量避免接触，所以应该戴上口罩、塑料手套小心拿起或用夹子、筷子夹起，用塑料袋包裹好，投放到有害垃圾桶里）

师：小蚂蚱有几条腿？它怎么走路？需要几个小朋友来扮演？

幼儿根据已有经验回答。（小蚂蚱有六条腿，它跳着走路，需要三个小朋友扮演）

师：谁来扮演这只小蚂蚱把杀虫剂处理掉？

幼儿三人合作扮演蚂蚱，自选工具把“杀虫剂”处理掉。（可以同时进行几组）

2. 模仿毛毛虫

师：一只毛毛虫爬了过来，你们看看它发现了什么。

出示毛毛虫发现水银体温计图片，幼儿观察回答。（水银体温计）

师：破损的水银体温计可真是太危险了。首先水银体温计是玻璃材质，破损后非常锋利，而且里面的水银是有毒的，一旦破损接触到后非常危险，所以它也是有害垃圾。孩子们，我们来帮毛毛虫想想办法吧，怎么处理这个水银体温计呢？

幼儿自由发言，教师适时引导。（水银体温计当中的水银属于有毒物质，应尽量避免接触，所以应该戴上塑料手套小心收拾，用塑料袋包裹好，投放到有害垃圾桶里）

师：毛毛虫有几条腿？它怎么走路？需要几个小朋友来扮演？

幼儿根据已有经验回答。（毛毛虫有十二条腿；它爬着走路；需要六个小朋友扮演）

师：谁来扮演这只毛毛虫把体温计处理掉？

幼儿六人一组扮演毛毛虫，自选工具把“体温计”处理掉。（可同时进行几组）

三、观看视频，知道有害垃圾种类

师：刚才昆虫们都找到了哪些有害垃圾呢？

教师出示纽扣电池、过期药品、荧光灯管、胶卷、充电电池、杀虫剂、水银温度计等有害垃圾图片，幼儿观看回答。

师：还有哪些垃圾是有害的？有害垃圾怎样处理呢？让我们跟随金角天牛看一段视频吧。

播放生活中有害垃圾及其处理的视频，幼儿观看后回答。（充电电池、蓄电池、纽扣电池、废旧灯管、废墨盒、油漆桶、过期或废弃的药品、X光片、指甲油、洗甲水、蟑螂药、老鼠药、杀虫剂等都属于有害垃圾；有害垃圾要包裹好投放到有害垃圾桶中）

师：这些对人体健康或自然环境造成直接或者潜在危害的生活废弃物都是有害垃圾。有害垃圾会对人体健康和环境造成危害，投放时要注意轻放，对于已经破损或易破损、易挥发的物品，密封后再投放到有害垃圾桶中。

四、猜想含义，认识有害垃圾标志

师：刚才视频中有害垃圾桶是什么颜色？

幼儿回答后出示有害垃圾桶图片。（红色）

师：红色有警示作用。有害垃圾指废电池、废灯管、废药品、废油漆及其容器等对人体健康或者自然环境造成直接或者潜在危害的生活废弃物。

五、分类游戏，养成分类投放习惯

师：这两个垃圾桶分别投放什么垃圾？

出示可回收垃圾桶和有害垃圾桶图片，幼儿回答后，出示可回收物和有害垃圾图片。

师：现在我就要考一考你们了，这些垃圾请你们来分分类，到底它们属于哪类垃圾呢？我们一个一个来看一看。认为是可回收物的请你举起左手，认为是有害垃圾的请你举起右手。

幼儿逐一判断垃圾种类，教师操作课件检验答案是否正确，并投放到相应垃圾桶里。

师：今天我们学到了这么多有害垃圾的知识，你们知道以后要怎么做吗？

幼儿回答。（要进行垃圾分类，远离有害垃圾，把有害垃圾包裹好再投放到有害垃圾桶里）

师：孩子们，希望你们在生活中可以自觉将垃圾分类投放。今天的故事名字叫作《有害垃圾很危险》，回家后和爸爸妈妈找到这本书，一起分享今天收获的知识吧！

附：

有害垃圾很危险

一大早，蚂蚁兄弟就分头去找吃的了。哥哥红帽子钻进草丛，被很多破损的闪闪发光的小圆片吸引了，“真好看啊，用它们来装饰家吧。”它把这些“宝贝”都“嘿咻”“嘿咻”地搬了回去。弟弟小短腿在大树下找到一大罐黄色的豆子，伸出舌头一舔，“甜甜的，是糖豆！今天真是大丰收啊。”小短腿赶紧通知哥哥红帽子。两个小不点儿合力抬着罐子，开开心心地唱着歌，往家走去。回到家正好是中午十二点，红帽子的“宝贝”在太阳光下更加耀眼。兄弟俩拿出“糖豆”刚准备享用就感觉眼前天旋地转，纷纷晕倒在餐桌前，这是怎么回事呢？

正巧这时，金角天牛来帮蚂蚁兄弟普及有害垃圾的知识。它发现了中毒的蚂蚁兄弟和纽扣电池。原来红帽子捡回家的不是“宝贝”，而是十分危险的“炸弹”，是被人们随意丢弃的有害垃圾——纽扣电池！电池里含有化学元素汞，电池破裂后，汞从电池中泄露出来，造成了蚂蚁兄弟汞中毒。金角天牛赶忙带着它们去了医院。还好中毒不深，蚂蚁兄弟很快就康复了。为了感谢金角天牛，小短腿拿出很多“糖豆”，“谢谢你救了我们！”金角天牛仔细一看，“这哪是糖豆啊！这是有毒的过期药片，是有害垃圾！”

看来，蚂蚁兄弟白忙活了一上午。“可恶，是谁把这些有害垃圾到处乱丢，太危险了！”金角天牛气得直跺脚。“我们不能让这些随意丢弃的有害垃圾继续破坏环境，继续伤害我们！”“走，我们去把它们都收集起来！”

花丛里，小溪边，三个环保小卫士一直干到太阳落山。它们找到的有害垃圾真不少，有节能灯管、小药瓶、充电电池和电影胶片。“这下大家可以安心地生活了！”三个小伙伴高兴地说。

（秦皇岛市启航幼儿园 / 胡雅欣）

活动四　其他垃圾我知道

◎活动目标

1. 认识其他垃圾的标志，知道其他垃圾的种类。
2. 了解其他垃圾随意投放产生的危害以及处理方法。
3. 喜欢玩分类游戏，加深对其他垃圾的认识。

◎活动准备

1. 课件：其他垃圾桶哭泣图片及哭泣原因音频，各种其他垃圾图片，其他垃圾标志图片，其他垃圾填埋视频。
2. 自制四类垃圾桶。

◎活动过程

一、情境猜测，认识其他垃圾标志

师：孩子们，你们看，这是谁？它怎么了？它为什么哭了？

出示其他垃圾桶哭泣图片，幼儿观察回答。（垃圾桶；它哭了；因为它摔倒了，它不开心了，它生病不舒服了）

师：刚才大家说了这么多，那现在我们就来看看垃圾桶为什么哭得这么伤心。

（教师播放录音：呜……大家好，我是为人类环境服务的垃圾桶，现在随着人类环保意识的增强，我们每个垃圾桶都有了属于自己的使命。我是其他垃圾的垃圾桶，但刚刚有位叔叔在我们几个垃圾桶看了半天，他不知道什么是其他垃圾，将不属于我的垃圾全放进了我的肚子里，我消化不了，我的肚子好难受啊。呜……）

师：你们听到了吗？这个哭泣的垃圾桶是放哪类垃圾的垃圾桶？它又为什么哭？

幼儿回答。（其他垃圾桶，因为一位叔叔不认识其他垃圾的标志，放错了垃圾）

师：你们认识其他垃圾标志吗？它是什么样子的？

教师出示其他垃圾标志图片，幼儿说说其他垃圾标志的样子。

师：其他垃圾标志像一个三角形，在三角的下面有一对开口并有向下的箭头，它的颜色是黑的。

二、观察图片，知道其他垃圾种类

师：谁来说说看，我们生活中哪些垃圾是其他垃圾呢？

幼儿根据已有经验回答。（玩具、杯子、牙刷等）

师：其他垃圾是指除可回收物、有害垃圾、厨余垃圾以外的其他生活废弃物。我们看看都有哪些呢？

教师出示用过的餐巾纸、宝宝用过的尿不湿、抽烟剩下的烟蒂、用过的一次性纸质餐盒图片，幼儿观察回答。

师：这些用过的有污损的纸属于其他垃圾。谁来说一说，在你的生活中还有哪些用过的纸类属于其他垃圾呢？

幼儿根据已有经验回答。（粘贴纸、卫生间用过的纸、包汉堡包的纸等）

师：除了这些，还有些我们使用过的日用品也属于其他垃圾。

教师出示脏抹布、镜子、破损碗碟、用过的牙签图片，幼儿观察回答。

师：谁来说一说，还有哪些使用过的日用品也属于其他垃圾呢？

幼儿根据已有经验回答。（用过的牙刷、梳子、毛巾等）

师：孩子们，你们知道吗？不是所有吃剩下的东西都属于厨余垃圾，有些吃剩下的东西属于其他垃圾。

教师出示扇贝壳、花蛤壳、椰子壳、核桃壳图片，幼儿观察回答。

师：除了刚才说的这些，在你的生活中还有哪些吃剩下的东西属于其他垃圾呢？

幼儿根据已有经验回答。（螃蟹壳、大棒骨、嚼过的口香糖等）

师：孩子们，其他垃圾还有很多，看看还有哪些？

教师出示灰土、毛发、废弃的瓷砖和瓦片等图片，幼儿观察回答。

三、分类游戏，选择其他垃圾投放

师：孩子们，之前我们认识了可回收物、厨余垃圾、有害垃圾，现在也知道了其他垃圾。下面我们玩一个垃圾分类游戏。

游戏玩法：教师在活动室前面的桌子上摆放可回收物、厨余垃圾、有害垃圾、其他垃圾四个自制垃圾桶，在活动室两侧桌面上摆放各类垃圾图片。幼儿从各类垃圾图片中选取一张其他垃圾图片，说一说自己选的是什么，并投放到其他垃圾桶中。如果幼儿选错垃圾种类，教师予以纠正并引导幼儿投放到相应垃圾桶中。

四、倾听介绍，认识垃圾乱投危害

师：孩子们，我们已经知道了哪些垃圾属于其他垃圾，并准确地将它们投放到其他垃圾桶中。如果我们不将垃圾进行分类处理，会对环境造成哪些危害呢？

出示不分类投放垃圾造成危害的图片，并播放语音介绍（如果没有将垃圾分类，会破坏地表的植物，污染土壤和空气，在空气中、地面上会滋生很多病菌，影响环境和人类的健康）。幼儿观看图片倾听介绍后回答。

师：只有我们将这些垃圾正确地分类处理，我们的生活环境才会更加健康、美丽。

五、观看视频，了解其他垃圾处理

师：我们将这些垃圾分类投放到其他垃圾的垃圾桶里，它们最终去了哪里？是怎么被处理的呢？我们一起来看一下吧。

教师播放其他垃圾处理视频，幼儿观看后回答。（去了垃圾焚烧厂；其他垃圾被火烧了）

师：通过刚才的视频我们了解到了其他垃圾是需要进行焚烧的，焚烧时不仅可以消除有害病菌还能发电，有效节约能源。孩子们，以后我们扔垃圾时要进行分类，这样我们才能生活在一个干净整洁的环境中。

（秦皇岛市启航幼儿园 / 张伟铖）

活动五　垃圾分类

◎活动目标

1. 认识垃圾分类的标志，知道生活垃圾的种类，掌握垃圾分类的方法。

2. 了解垃圾分类的意义，知道垃圾分类可以保护环境、节约资源。

3. 愿意做垃圾分类的游戏，增强垃圾分类的意识。

◎活动准备

1. 幼儿初步了解可回收物、有害垃圾、厨余垃圾、其他垃圾，认识其标志。

2. 课件：厨余垃圾再利用图片、《厨余垃圾》视频、《乱扔废电池的危害》视频，奥尔夫音乐《库企企》。

3. 可回收物、有害垃圾、厨余垃圾、其他垃圾标志图片各 1 张，贴在黑板上；常见的垃圾图片若干，每名幼儿椅子后面贴 1 张；四类垃圾桶两组；各类实物垃圾若干，分别放于两个整理箱中。

◎活动过程

一、认识标志，回顾垃圾分类方法

师：你们认识这些标志吗？它们分别是什么意思呢？

出示可回收物、有害垃圾、厨余垃圾、其他垃圾标志，幼儿观察回答。

师：这些标志会出现在什么地方？

幼儿根据经验回答。（垃圾桶上）

师：可回收物应该投进标有可回收物标志的垃圾桶中，可回收物有哪些呢？

幼儿根据已有经验回答。（报纸、纸壳、塑料瓶、玻璃瓶等）

师：可回收物就是适宜回收、可循环利用的生活废弃物。

二、操作游戏，大胆进行垃圾分类

师：接下来，我们来玩一个垃圾分类的游戏。前面黑板上有可回收物、厨余垃圾、有害垃圾、其他垃圾标志，每人椅子后面都有一张垃圾图片，现在请你轻轻地把它取下来，想好这个垃圾应该投进哪个垃圾桶，想好后就把它贴在黑板上相应的标志下面。

幼儿取下椅子后的垃圾图片，贴在标有相应垃圾标志的黑板上。

师：我们一起来看看分类结果。

教师引导幼儿先验证可回收物的分类结果，将错误的及时调整。

三、观看课件，加深各类垃圾认识

1. 厨余垃圾

师：我们找到了可回收物，那么其他的这些垃圾分得对不对呢？让我们先来看一看厨余垃圾吧。请大家看这张图片，厨余垃圾可以怎么处理呢？

出示厨余垃圾处理方法图片，幼儿观察回答。

师：剩饭剩菜可以喂猪，果皮果核可以做酵素，也可以填埋在土里化为花草的肥料。这些剩菜剩饭、果皮蛋壳、菜根菜叶虽然可以再利用，但是它们不能和可回收物一起投放，为什么呢？我们来看一个视频。

播放《厨余垃圾》视频，幼儿观看后回答。

师：这些家里做饭时产生的垃圾和吃剩下要扔掉的食物我们叫它厨余垃圾。厨余垃圾要单独存放，因为他们易腐烂、易变质，要及时清理，避免引来蚊虫导致人类疾病。我们一起看看黑板上厨余垃圾的分类结果吧。

教师引导幼儿验证厨余垃圾的分类结果，将错误的及时调整。

2. 有害垃圾

师：我们再来看一个视频，在视频中你看到了什么？

播放《乱扔废电池的危害》视频，幼儿观看后回答。（一节电池让大树没有了绿色，污染了水，小鱼死了）

师：原来一节小小的电池会对我们的环境造成这么大的危害，所以电池一定不要乱扔。电池属于哪一类垃圾呢？还有哪些是有害垃圾呢？

幼儿根据已有经验回答。（电池属于有害垃圾；有害垃圾还有灯泡、水银温度计、油漆桶等）

师：有害垃圾是对人体有害或者对我们的环境造成污染的生活垃圾，有害垃圾有废电池、废灯管、药品、油漆等，我们一定要把这些有害的垃圾扔进有害垃圾桶中。我们一起看看黑板上有害垃圾的分类结果吧。

教师引导幼儿验证有害垃圾的分类结果，将错误的及时调整。

3. 其他垃圾

师：接下来我们再来看一看其他垃圾。其他垃圾是指对环境危害小，没有再次利用价值的垃圾。如一次性筷子和被使用过的纸巾、纸尿裤、牙签，还有砖块、瓦片等。我们来看看黑板上其他垃圾的分类结果吧。

教师引导幼儿验证其他垃圾的分类结果，将错误的及时调整。

四、分组游戏，巩固垃圾分类方法

师：接下来我们进行垃圾分类对抗赛。

比赛方法：比赛前在活动室设置起点和终点位置，起点处摆放装有各种实物垃圾的整理箱两个，终点处摆放四类垃圾桶两组。幼儿自由分成两组，两组人数相等。音乐开始，两组幼儿从起点出发，依次从本组的整理箱中取出一个垃圾跑向终点，并投放到相应的垃圾桶中。所有幼儿投放完毕，教师和幼儿一起核对每组分类结果，每投对一个垃圾加一分。分数多的组获胜；分数相等，速度快的组获胜。

五、交流思考，懂得垃圾分类意义

师：孩子们，你们知道垃圾分类有什么好处吗？

幼儿根据已有经验回答。（保护环境、变废为宝等）

师：垃圾分类是为了更科学地处理垃圾。垃圾分类可以减少垃圾的数量，保护我们的环境。让我们从今天做起，坚持将垃圾进行分类投放吧。

（秦皇岛市启航幼儿园 / 任洁）

活动六　大海里的垃圾

◎活动目标

1. 了解垃圾对海洋动物的危害，懂得不往海里扔垃圾。
2. 知道海洋动物喜欢干净无污染的环境。
3. 喜欢参加情境游戏活动，萌发保护海洋环境的意识。

◎活动准备

课件：大海风景图片、《我的泡泡去哪儿了》绘本故事图片，《Hand Clap》音乐，垃圾危害海洋动物视频。

◎活动过程

一、观察图片，欣赏大海的美丽景色

师：孩子们，你们看到了什么？

教师出示大海风景图片，幼儿观看后回答。（美丽的大海、沙滩、贝壳）

二、倾听故事，知道海洋垃圾的由来

师：大海里生活着许多生物，瞧，这是谁？

出示小鱼泡泡图片，幼儿观察回答。（小鱼）

师：这条小鱼的名字叫泡泡，我们一起来听一听它的故事吧。

教师出示绘本图片，讲述故事《我的泡泡去哪儿了》第一段。幼儿边看边听。

师：你们喜欢小鱼泡泡的家园吗？为什么？

幼儿自由回答。（喜欢；因为那里很多彩色泡泡、很美丽）

师：小鱼泡泡的家园真美丽呀。接下来会发生什么事呢？

教师出示绘本图片，讲述故事第二段。幼儿边看边听。

师：这艘大船给小鱼泡泡和它的伙伴们的生活带来了什么变化？

幼儿根据故事内容回答。（产生了很多垃圾，让小鱼泡泡的家被垃圾包围了，那些垃圾打得小鱼们很疼）

师：小鱼泡泡和伙伴们原本生活在美丽的海洋里，每天一起快乐地玩耍。可这艘大船的到来给它们带来很多垃圾，它们的家被垃圾包围，它们的身体也受到了伤害。

三、亲身体验，感受垃圾对生活的影响

师：大船没来之前，泡泡和它的小伙伴是怎样快乐生活的？请你模仿它们在海洋中快乐地玩耍。

幼儿模仿小鱼自由自在地游。

师：游了一圈，说说你的感觉。

幼儿说说自己的感觉。（自由自在的，游得很高兴，很舒服）

师：大家觉得很自由、很开心。大船带来了很多垃圾，小鱼游起来会有什么影响？

教师引导幼儿用小椅子当作海底的“垃圾”，摆好后尝试在其中游。

师：在有“各种垃圾”的大海里游，你有什么感受？

幼儿自由回答。（游的时候需要躲避垃圾，游得太困难了）

师：有的人撞到了“垃圾”上，有的人被挡住了去路，这些“垃圾”给我们带来了好多的麻烦，让我们行动不便。

四、观看视频，知道垃圾对动物的危害

师：海洋里都有什么垃圾？会对海里的动物产生什么影响？我们一起来看段视频。

播放垃圾危害海洋动物视频，幼儿观看后回答。

师：在船上和海边扔的垃圾，一旦流入大海就不会回来了，它们会随着潮流到处漂荡。废弃的渔网会勒住海洋动物，严重的会让它们失去生命。泄露的石油、工厂排放的废水等都会造成海水污染，有毒的废弃物会让海洋动物中毒。塑料袋、玻璃瓶、烟头等垃圾经过太阳炙烤被波涛拍打粉碎，鱼、鸟误以为是食物，吞食后便会丧命。一旦我们食用了这些误食垃圾的海洋生物，也会对我们的身体造成伤害。

五、交流讨论，保护海洋环境的方法

师：美丽的海洋被污染了，小鱼泡泡和它的伙伴们会怎么样呢？我们接着听故事。

教师出示绘本图片，讲述故事第三段。幼儿根据故事内容回答。（搬家）

师：你们有什么办法让小鱼和它的伙伴们尽快回到自己的家园呢？（保护海洋环境，把大海里的垃圾捡走）

师：想要小鱼泡泡和它的小伙伴尽快回到自己的家园，就需要我们人类保护海洋环境，让它们有一个美丽的家园。保护海洋环境的方法有很多，如不往海洋里扔垃圾、加大污水排放治理、禁止海洋过度开发、建立海洋自然保护区等。

六、音乐游戏，模拟清理海洋的垃圾

师：你们愿意帮助泡泡和它的小伙伴们清理垃圾吗？让我们来学一些本领再出发。

播放音乐，幼儿跟随教师学做清理垃圾动作：检查设备、开船、看、发现垃圾、捡起垃圾、投。

师：我们已经练好本领了，现在一起出发吧。

播放音乐，教师根据音乐节奏依次发出“检查设备、开船、看、发现垃圾、捡起垃圾、投”指令。师幼随音乐节奏和指令做相应动作。

师：大家捡得真干净，海洋变得干净又美丽，相信小鱼们在这里一定会生活得开心快乐。

附：

我的泡泡去哪儿了

我特别喜欢吹泡泡，所以他们叫我泡泡，我的泡泡是五颜六色的，海洋因为它变得更加美丽，我和小伙伴每天都在快乐地玩耍。

我们守护着海洋，直到有一天我们发现了一艘大船，它使我们的生活发生了翻天覆地的变化。海洋上漂浮着各种人类的生活垃圾，我们被垃圾包围了，它们打得我好疼。垃圾像长了尾巴一样，疯狂地追赶，我们拼命地逃跑，终于摆脱了垃圾，但是小伙伴们都受伤了。

回到家中，妈妈说：“我们得搬家了。”“为什么要搬家呢？”“因为人来了。”我们离开了心爱的海洋，爷爷留了下来说很快会回来找我。我们在未知的路上走着，寻找另一个家园。戴上防毒面具我们就无法玩耍，摘下面具我们就无法生存，我相信我的泡泡和爷爷都会回来的。

（秦皇岛市启航幼儿园／董彩霞）

活动七　生活垃圾的去向

◎活动目标

1. 认识垃圾中转站，了解生活垃圾的处理方法。
2. 知道垃圾分类处理可以保护人类生活环境，增强环保意识。
3. 了解环卫工人的工作，知道环卫工人的辛苦。

◎活动准备

1. 课件：环卫工人清理垃圾图片，各类垃圾及垃圾桶图片，各类垃圾处理视频。
2. 各类垃圾卡片、垃圾分类处理流程图。

◎活动过程

一、观察图片，了解环卫工人工作

师：每天是谁早早起来让我们的城市变得干净整洁？你都在哪里见过他们？

出示环卫工人正在清理垃圾的图片，幼儿观察回答。（环卫工人；在小区里、街道上见到过）

师：环卫工人每天清扫街道、清理垃圾，工作繁重又辛苦。

二、观看视频，认识垃圾中转站

师：环卫工人把这些垃圾运到哪里去呢？让我们来观看一段视频吧。

播放垃圾被运到垃圾中转站的视频，幼儿观看回答。（垃圾中转站）

师：我们分类投放到垃圾桶里的垃圾，被统一送到了垃圾中转站做集中处理。垃圾中转站是什么样的？

出示生活垃圾中转站图片，幼儿观察回答。（房子里有大大的机器，把垃圾整理在一起）

师：垃圾中转站给我们的生活带来了方便。

三、分类学习，知道垃圾处理的方法

师：接下来让我们一起看看垃圾是怎么进行处理的。这些是哪类垃圾？

出示可回收物图片，幼儿观察回答。

师：可回收物被运到生活垃圾中转站，它们去了哪里呢？

播放可回收物处理视频，幼儿观看回答。

师：可回收物被运到垃圾中转站，来到分拣中心，工作人员把它们分开排列好，打包送给各个工厂，经过加工它们又有了新的利用价值。

师：这些是哪类垃圾？它们去了哪里？

出示有害垃圾图片，观看有害垃圾处理视频，幼儿观察回答。

师：有害垃圾到了垃圾中转站，工人会把它们送到处理厂，按照有无利用价值来进行分类，有利用价值的就会进行再加工，没有利用价值的会被送到专门的填埋场中填埋。

师：这些是哪类垃圾？它们去了哪里？

出示厨余垃圾图片，播放厨余垃圾处理视频，幼儿观察回答。

师：厨余垃圾到了垃圾中转站，被送到厨余垃圾无害化处理中心，工人们进行油、水和残渣的分离，经过加工，它们可以变成汽车燃料、用来发电、成为农作物的营养土。

师：这些是哪类垃圾？它们去了哪里？

出示其他垃圾图片，观看其他垃圾处理视频，幼儿观察回答。

师：其他垃圾常见的处理方式有填埋和焚烧发电。

四、操作游戏，说说各类垃圾去向

师：垃圾分类投放、处理，可以保护我们的生活环境。保护环境，人人有责。接下来让我们也来做一名环保小卫士，一起来做个游戏吧。

游戏玩法：四类垃圾分类处理流程图分散摆放，四类垃圾卡片放于相应流程图的垃圾中转站中。

游戏开始，教师发出口令“今天的天气暖洋洋，×× 班的小孩排成行，队长一指挥，把垃圾分类”。幼儿分成四组，从垃圾中转站中选择垃圾卡片，摆放到垃圾分类处理流程图相应位置，并说说它的去向。各组完成后，教师出示四类垃圾处理流程图，请每组选出代表说一说各类垃圾的去向。

五、经验回顾，学习保护生活环境

师：垃圾对我们的环境是有害的。环卫工人每天辛苦地守护着我们的街道；垃圾中转站、处理厂的工人们每天对垃圾进行分类处理，保护着我们的家园。作为环保小卫士，你有什么好办法保护我们的环境？

幼儿根据已有经验回答。（不乱扔垃圾、不同的垃圾放不同的垃圾箱、少开车等）

师：保护环境是我们每个人的职责。大家一起努力，让我们的生活环境变得更美好吧。

（秦皇岛市启航幼儿园 / 郑跃）

活动八　扔或不扔

◎活动目标

1. 理解绘本内容，知道垃圾对环境的危害。
2. 了解填埋、焚烧和再生利用的垃圾处理方法也会对环境造成危害。
3. 懂得节约资源是让垃圾消失的最好方法。

◎活动准备

1. 课件：《扔或不扔》绘本故事图片，常见一次性物品图片。
2. 穿过的衣服、玩过的玩具、喝酸奶的玻璃瓶、看过的绘本书籍、喝完水的塑料矿泉水瓶、用过的纸张和电池、过期药物、剩饭等实物。
3. 幼儿了解生活垃圾的分类和各类垃圾的处理方法。

◎活动过程

一、观察图片，谈谈乱扔垃圾的危害

师：在我们的生活中，每天都会产生垃圾。我们应该把垃圾扔到什么地方？如果我们把垃圾直接扔到地上会怎么样？如果大家都到处扔垃圾会怎么样？

幼儿根据已有经验回答。

师：如果大家都随意丢垃圾的话，街道上会变得很脏。人们认为自己扔掉的垃圾只有一点，但是把每个人丢掉的垃圾加起来，数量就会特别多。像这样一天一天积累，一年里扔掉的垃圾就会像山一样高。

依次出示一天、一个月、一年产生垃圾数量图片，幼儿观看。

二、倾听故事，说说垃圾消失的办法

师：幸好有环卫叔叔们及时将垃圾收集清理。垃圾车将垃圾运走，垃圾就会全部消失了吗？

出示环卫工人开着环卫车收垃圾的图片，幼儿观察回答。

师：想让垃圾消失，有什么好办法吗？

幼儿自由回答。（用土埋起来、用火烧掉、送到工厂制成新东西）

师：我们先看看用填埋的方法能让垃圾全部消失吗？土里的垃圾腐烂了会产生什么？

教师出示绘本图片，讲述故事《扔或不扔》第二段。幼儿根据故事内容回答。

师：土地里的垃圾，腐烂并消失需要花费很长时间。即使全部腐烂了，也会产生有毒的气体和污水，污染大气，污染水资源，还会污染土壤。

师：我们再看看用焚烧的方法能让垃圾全部消失吗？垃圾在燃烧过程中会产生什么呢？

教师出示绘本图片，讲述故事第三段。幼儿根据故事内容回答。

师：垃圾在燃烧过程中也会产生有害气体，污染大气。垃圾即使是在火中燃烧，也不能完全消失，还是会有残留物。

三、师幼交流，知道资源再生利用难

师：我们再看看回收再利用的方法能不能让垃圾消失。

教师出示绘本图片，讲述故事第五段。幼儿边看边听。

师：在工厂内，把可回收物进行再生产。说一说下面这些被扔掉的东西分别变成了什么。

出示塑料瓶、玻璃、纸、金属等可回收物和厨余垃圾图片，幼儿根据故事内容和已有经验回答。根据幼儿回答，教师适时播放课件，出示与这些垃圾再利用变身的图片：花盆、椅子；瓷砖、大理石、玻璃瓶；纸质包装盒、手提袋；易拉罐。

师：塑料通过二次加工，可以制成花盆或者椅子；玻璃可以变身成瓷砖、大理石或玻璃瓶；纸可以变身成纸质包装盒、手提袋；铝制品变身成易拉罐。再生利用可以让垃圾完全消失吗？再生利用有哪些困难？

幼儿根据故事内容回答。（不会完全消失；会花费很多钱，浪费很多能源，扔掉的垃圾不能全部再生利用）

师：所有用过的东西要再生循环利用的话，会花费很多的钱和能源。还有，我们扔掉的垃圾，只有一半左右可以再生利用，即使进行了再生循环，垃圾依旧会大量存留。

四、大胆表达，懂得要节约使用资源

师：减少垃圾，还有更好的办法吗？

教师出示绘本图片，讲述故事第六段。幼儿根据故事内容回答。

师：想让垃圾消失，我们应该找到产生垃圾的源头。一次性物品使用一次后，不能再使用，它们会变成垃圾。我们看看常见的一次性物品都有哪些。

出示一次性餐盒、一次性纸杯、一次性筷子、一次性纸巾、一次性牙刷等一次性物品图片，幼儿观察回答。

师：如果我们在日常生活中不再使用一次性物品，就没有了一次性物品的垃圾产生，那么垃圾就会消失一部分。我们要节约使用资源，通过分享使用、交换使用、多次使用物品，减少垃圾的产生。我这里有一些用过的物品，是应该留下还是应该被扔掉？请说明理由，并进行分类。

出示穿过的衣服、玩过的玩具、盛酸奶的玻璃瓶、看过的绘本书籍、喝完水的塑料矿泉水瓶、用过的纸张和电池、过期药物、剩饭等实物，把它们摆放在桌面上。

幼儿大胆说出自己的想法并进行操作分类。

师：我们不使用一次性物品，把一些用过的物品分享使用、交换使用、多次使用，垃圾就会很大程度地减少。如果垃圾减少了，我们的世界会变得怎么样？

出示和家人郊游图片，幼儿回答。（会变得很干净、很美丽）

师：我们的世界会变得更干净、美丽！和家人一起去郊游，很开心、惬意。

五．从我做起，争做环保节约小卫士

师：我们也一起去郊游吧，出发前每个人带点水，矿泉水瓶也是塑料制品，虽然可回收，但最后也会产生垃圾。我们有什么办法可以减少对矿泉水瓶的使用呢？

幼儿思考后回答。（外出的时候带水壶、带保温杯等）

师：我们用水杯带水，水杯可以多次使用，这样就大大减少了对矿泉水瓶的使用。我们回到家，告诉爸爸妈妈，和我们一起节约资源，减少地球上的垃圾。

附：

扔或不扔

如果我把空饮料瓶直接扔到地上会怎么样？如果大家都到处扔垃圾会怎么样？所有人都随意丢垃圾的话，垃圾桶都被填满，街道上也会变得很脏。幸好有环卫叔叔们将垃圾收集清理。垃圾车虽然装着满满的垃圾离开……但是垃圾就会全部消失了吗？

一些垃圾车会把垃圾拉到郊外，在填埋场，垃圾被土掩埋。土地里的垃圾，需要花费很长很长的时间腐烂，即使全部腐烂了，也会产生有毒的气体和污水。垃圾腐烂并消失，需要花费很长时间。纸制品需要2～5个月，像牛奶盒那样的塑料制品需要5年，金属易拉罐或者塑料瓶、玻璃瓶，大概需要花费100年以上。

想要让垃圾消失的话，还有其他的办法吗？在焚烧厂，所有垃圾会被放在高温的火里烧毁。但即使是这样，也有燃烧不完全的垃圾，以及燃烧过后残留的黑色残渣。垃圾燃烧后剩下的残渣会被用来制成铺马路的地砖。燃烧过程中也会产生有害气体。垃圾即使是在火中燃烧，也不能完全消失。

人们认为自己扔掉的垃圾只有一点，中国人口那么多，一人扔一点，把每个人丢掉的垃圾加起来，数量就会特别多。像这样一天一天累积，一年里扔掉的垃圾就会像山一样高。

想让垃圾消失，就真的没有其他的好方法了吗？如果我把空的饮料瓶分类后扔到回收箱里会怎么样？如果其他人也将垃圾分类后处理会怎么样？将塑料制品的垃圾经过分类后再扔掉被称之为可回收物品。饮料瓶其实可以做成花盆或是椅子。像这样资源被回收再利用的话，垃圾就可以大量地减少。不光是塑料，用玻璃、纸、金属制成的物品都可以各自分类后扔掉进行再生利用。进行再生利用的话，玻璃可以变成贴在墙上的瓷砖，纸可以变身成包装鸡蛋的盒子，铝制品可以变身成易拉罐，食物可以变身成化肥。再生利用虽然可以减少垃圾，但是再生利用的过程并不容易。所有用过的东西要再生循环利用的话会花费很多的钱和能源。还有，我们扔掉的垃圾，只有一半左右可以再生利用。即使进行了再生循环，垃圾依旧会大量地存留。

减少垃圾，还有更好的办法吗？如果我节约使用资源呢？如果其他人也节约使用资源呢？分享使用，交换使用，多次使用的话呢？垃圾会很大程度地减少。还有能减少垃圾更简单的办法：一次性的物品最好不要使用，只买最需要的东西，用环保袋代替塑料袋使用。

如果垃圾减少的话，世界会比现在更干净、美丽！小朋友们，爱护环境，减少营造垃圾从我做起，从小事做起哦！

（秦皇岛市启航幼儿园 / 符学超）

【个别化学习活动】

区域	名称	材料	玩法	价值
语言区	图书修理员	破旧图书；剪刀、彩纸、胶棒；垃圾分类盒。	1. 幼儿自选破旧图书，将折页抚平、按压。 2. 幼儿将掉落的书页粘贴到图书相应的位置。 3. 幼儿根据书页颜色选择彩纸，用剪、贴的方法修补缺损的页面。 4. 幼儿自主将修补过程中产生的垃圾分类投放到垃圾盒中。	学习修补图书的方法。
	问问猜猜	不同种类垃圾卡片。	两名幼儿合作进行游戏，一名幼儿抽取一张垃圾卡片，另一名幼儿提问有关垃圾种类及特征等方面问题，通过对方回答的“是”“不是”来猜出对方抽到卡片上的垃圾。猜垃圾的幼儿争取问最少的问题，猜出对方卡片上的垃圾。	用清楚的语言提问垃圾的特点，判断垃圾的名称。
	我的泡泡哪儿去了	活页绘本故事图片，插入式图片展示板。	幼儿根据故事情节按顺序将图片插入展示板中，观看图片用完整的语言讲述故事。	练习用连贯、完整的语言讲述故事，增强保护海洋环境意识。
益智区	垃圾分类棋	自制可插图片垃圾分类棋盘，各种垃圾图片若干，能量卡若干。	幼儿将垃圾图片插在垃圾分类棋盘上，两名幼儿一组，自主决定走棋先后。先走者掷骰子到几，按照格子走几步，走到“礼物”处可得能量卡一张，走到“垃圾”处要判断是哪类垃圾，如果判断正确就继续向前走，判断错误就暂停一次，另一人掷骰子走棋。直到走到终点，能量卡多者获胜。	1. 认识四类生活垃圾。 2. 提高合作能力，增强规则意识。
	垃圾分类牌	可回收物、厨余垃圾、有害垃圾、其他垃圾卡片若干。	两人拿相同数量垃圾分类卡片。每人一次出一张卡片，正确说出对方手里卡片上垃圾属于哪一类，则对方手中垃圾卡片归自己所有。最后手中垃圾卡片数量多者获胜。	1. 巩固对垃圾分类的认识。 2. 体验合作玩垃圾分类牌的乐趣。
	垃圾去向我知道	垃圾去向的流程图，立体的四类垃圾运输车，厨余垃圾（剩菜、剩饭、果皮、蛋壳、茶渣等）、有害垃圾（电池、过期的药物、油漆类），可回收物（废纸、塑料、玻璃、金属、纺织物等），其他垃圾（砖瓦陶瓷、渣土、卫生纸等）的图片。	1. 幼儿从四类垃圾运输车上任意选取垃圾图片，说出它属于哪一类垃圾。 2. 根据垃圾的类别，说出它的去向，并把垃圾图片放到垃圾去向流程图中相应的地方。	学习垃圾分类，知道生活垃圾的去向。

（续表）

区域	名称	材料	玩法	价值
科学区	打捞海洋垃圾	大口空塑料瓶，上面贴有各种海底动物图片；曲别针、小铁丝、螺母，粘有磁铁的雪糕棍。	在贴有各种海底动物的大口空塑料瓶里放入水和废旧铁质曲别针、小铁丝、螺母等，用粘有磁铁的雪糕棍把瓶子中的（废旧铁质曲别针、小铁丝、螺母等）垃圾捡出来。	1. 感知和发现磁铁的磁力。 2. 增强海洋保护意识。
	小沙锤	清洗干净并弄干水分的矿泉水瓶若干，在瓶身粘贴五分之一容量标记，开心果壳、松子壳、荞麦皮、沙子等。	1. 在空瓶子中分别放入五分之一容量的开心果壳、松子壳、荞麦皮、沙子等。 2. 将瓶盖拧紧，做成“沙锤”。摇动“沙锤”，探索“沙锤”发出声音的不同。	探索不同物体制作的“沙锤”声音的不同。
	果皮酵素营养液	清洗干净的果皮、干净的透明塑料瓶、红糖、漏斗、清水，标签、记号笔。	将果皮掰成小块放进干净的塑料瓶中，一层果皮一层红糖，放满塑料瓶，加入清水没过果皮。加入红糖、清水时需使用漏斗。将盖子拧紧，在瓶身贴上日期标签，放置阴凉处。每隔3～5天将瓶盖拧开放气，待瓶中的果皮完全发酵成液态，果皮营养液制作完成。	探索果皮发酵的过程，知道发酵后的液体有助于植物的生长。
美工区	桌面垃圾桶	折叠垃圾桶步骤图，印有四类垃圾标志图片的纸，白纸，油画棒、水彩笔、胶棒。	1. 参照折纸步骤图。用对边折、对角折的方法折叠垃圾桶。 2. 选择印有四类垃圾标志的纸剪下相应标志，或在白纸上画出四类垃圾标志再剪下，粘贴在折叠好的垃圾桶上。	1. 学习对边折、对角折的方法。 2. 尝试画、剪、粘四类垃圾标志。
	制作火箭	火箭实物图片，火箭制作步骤图，矿泉水瓶、彩纸（圆形1张、直角三角形4张、长方形1张）、水彩笔、剪刀、胶棒。	1. 将矿泉水瓶去除外包装，将长方形彩纸用胶棒粘贴到矿泉水瓶瓶身上，制作出火箭的身体。 2. 将圆形彩纸对折再对折，打开后沿折痕剪下四分之一，将两边缺口重合粘贴，制作出火箭的头部。 3. 将火箭的头部粘贴在矿泉水瓶的瓶身上部。 4. 将直角三角形彩纸的底边向上折，宽度为0.5厘米左右，涂上胶，粘贴在矿泉水瓶的瓶身下部，直角边向下，制作出火箭的尾翼。共4个，均匀分布。 5. 根据自己喜好用水彩笔在火箭身体上画出图案。	练习剪、贴、画等技能，体验变废为宝。
	鱼儿爱大海	蓝色A4纸、彩色A4纸、印有小鱼轮廓的彩纸、步骤图、水彩笔、剪刀、胶棒。	1. 制作立体海洋背景框：参照步骤图，将蓝色A4硬卡纸短边对折，再将开口双边各向外折3厘米。用彩笔从折痕处向另一边等距画5条波浪线，用剪刀沿波浪线剪开，剪至折痕处。将剪开的纸条交错向两边拉，做成立体背景框。 2. 幼儿选择印有小鱼轮廓的彩纸剪出小鱼，并进行添画，或在彩纸上绘画小鱼再剪下。 3. 将制作好的小鱼贴在立体海洋背景框上，注意位置适合，保持立体背景框平衡。	练习用画、折、剪、贴等美工技能制作小鱼，装饰海洋背景。
	绿色形象设计室	各种箱子、包装袋或者报纸等可回收物，打孔器、胶水、绳子若干。	1. 幼儿在各种箱子、包装袋或者报纸等可回收垃圾上自由设计画出服装轮廓。 2. 幼儿沿画好的线条用剪刀对可回收物进行裁剪，用打孔器打孔，用穿、粘、系等方法进行连接制成创意服饰。	利用可回收物，练习用剪、穿、粘、系等不同方法制作服饰。
建构区	社区生活	废旧盒子、薯片桶、易拉罐、卫生纸卷筒、奶粉桶、纸杯、废旧KT板、矿泉水瓶等废旧材料；幼儿在美工区制作的红绿灯、小汽车、出行的人、绿化植物等；社区实景图片。	观看社区实景图片，自选废旧材料运用垒高、围合、对称、架空等方法，与同伴合作搭建社区的高楼、道路、健身区、游乐场、绿化带、围墙等。	练习垒高、围合、对称、架空等建构技能，体验运用废旧材料合作搭建社区的快乐。
表演区	绿色走秀场	各种箱子、包装袋、报纸等可回收物制作的服装，音乐播放器。	幼儿自由选择自己喜欢的用可回收物制作的服饰并穿戴整齐，随着音乐进行展示表演。	1. 体会服装走秀表演的乐趣。 2. 增强环保意识。

【户外运动活动建议】

1. 教师可与幼儿共同运用废旧材料制作户外活动器械。如保龄球游戏，将矿泉水瓶注水做保龄球；小青蛙跳荷叶游戏，用废旧纸盒板做荷叶。

2. 可创设与垃圾分类知识相关的户外体育游戏。如：往返跑（跳），将垃圾图卡盒放在跑道一端，幼儿从起点跑（跳）到图卡处，每次取 1 张图卡后，跑（跳）回起点，投放到相应垃圾分类箱中。在规定时间内投放的图卡准确并且数量多的一队获胜。

3. 提醒幼儿在户外活动时，自带饮用水、汗巾，减少矿泉水瓶、纸巾等垃圾的产生。

4. 在户外活动时，引导幼儿如发现操场有垃圾，主动用相应工具拾起并准确分类投放到垃圾箱。

【日常生活活动建议】

1. 在幼儿园一日生活中，及时提醒幼儿对产生的垃圾进行分类投放。

2. 鼓励幼儿在日常生活中减少垃圾的产生，如开展“光盘行动”每餐不剩饭。

3. 在日常生活中，教师注意引导幼儿随机辨认各类垃圾。

4. 师幼共同商讨，制定关于垃圾分类的班级公约，并提醒幼儿在日常生活中遵守公约。

5. 可定期组织评选垃圾分类监督员、垃圾分类小标兵等。

【环境创设】

1. 将教师和幼儿一起运用可回收物共同制作的班级分类垃圾箱及四类垃圾的标志展示在活动室适当位置。

2. 在主题墙上展示幼儿在校园、社区等公共场所分类投放垃圾的照片。

3. 师幼将收集的可回收物进行清洗消毒后变废为宝，创意制作成美工作品，如花瓶、相框、笔筒等，放于活动室适当位置。

4. 在家园联系栏中，介绍垃圾分类相关知识。

5. 将制定关于垃圾分类的班级公约、班级垃圾分类小标兵的照片展示在主题墙上。

【家园共育】

1. 建议家长和孩子共同减少生活垃圾的产生。如带孩子外出就餐时，少用或不用一次性餐具，剩菜打包，减少浪费。

2. 在家庭生活中合理分类投放垃圾。

3. 带孩子购物时，随身携带购物袋，不使用一次性塑料袋。

4. 当家长和孩子外出游玩时，请携带垃圾袋，不随便丢弃垃圾。

5. 家长可与孩子一起将日常生活中产生的可回收物“变废为宝”。

【社会实践】

参观垃圾中转站

◎活动目标

1. 了解垃圾中转站的工作流程，知道垃圾分类处理的重要性。

2. 知道环卫工人工作的辛苦，尊重环卫工人的劳动。

3. 愿意为保护环境做力所能及的事，增强环保意识。

◎活动建议

1. 由家长提前与辖区垃圾回收转运站进行沟通联系，做好参观时间、路线、人员安排、现场安全等情况的前期协调。

2. 教师和家长要对幼儿进行安全教育，如：参观时安静有序、与现场操作机器保持安全距离等。

3. 参观前，家长与幼儿进行交流，提前告知参观地点的环境情况，提示幼儿佩戴口罩。

4. 家长与幼儿一起商讨需要与现场工作人员交流的问题。

5. 参观当天，幼儿由家长陪同按时到达。参观时，注意安全、不随便走动，主动与工作人员了解垃圾中转站的工作流程。

6. 参观后，请幼儿和爸爸妈妈说一说参观后的心得，幼儿讲述爸爸妈妈代笔写或由幼儿用画画的方法记录下来。

【发展评估】

“垃圾分类”好习惯养成幼儿家长评价表

宝贝们，经过一个月的时间，你养成“垃圾分类”的好习惯了吗？现在请你和爸爸妈妈一起玩一个问答小游戏。

班级：　　　　幼儿姓名：

评价内容	评价结果
1. 生活垃圾分为哪几类？请你说一说。	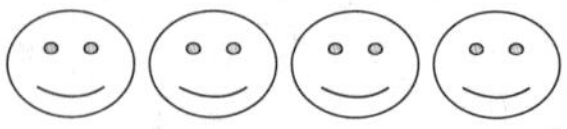
2. 请你说出五种或五种以上可回收物。	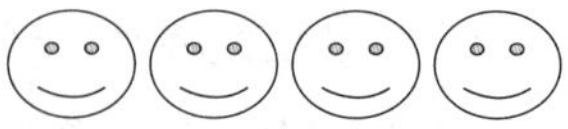

（续表）

评价内容	评价结果
3. 请你说出五种或五种以上厨余垃圾。	
4. 废旧灯管、水银体温计、过期药品属于什么垃圾？	
5. 贝壳、大棒骨、废弃的瓷砖属于什么垃圾？	
6. 四类垃圾桶各是什么颜色的？	
7. 垃圾对海洋动物会造成哪些危害？	
8. 减少垃圾最好的办法是什么？	

爸爸妈妈们请在沟通中对孩子的行为作出正确的评价，指导孩子用彩笔为自己的好习惯作出不同等级的笑脸评价。

评价标准：非常好 4　好 3　一般 2　差 1

“垃圾分类”好习惯养成教师评价表

班级：　　　　幼儿姓名：　　　　　　教师姓名：

目标	评价结果			
	4	3	2	1
1. 知道生活垃圾分为四大类：可回收物、厨余垃圾、有害垃圾、其他垃圾。				
2. 认识可回收物标志，知道可回收物种类。				
3. 认识厨余垃圾标志，知道厨余垃圾的特点及用处。				
4. 认识有害垃圾标志，了解有害垃圾的危害，知道有害垃圾的种类。				
5. 认识其他垃圾的标志，知道其他垃圾的种类。				
6. 知道垃圾分类可以保护环境、节约资源。				
7. 了解垃圾对海洋动物的危害，懂得不往海里扔垃圾。				
8. 认识垃圾中转站，了解生活垃圾的处理方法。				
9. 了解填埋、焚烧和再生利用的垃圾处理方法也会对环境造成危害。				
10. 增强垃圾分类的意识，在生活中正确投放垃圾。				

评价标准：非常好 4　好 3　一般 2　差 1

好习惯十六　节约水电

【主题名称】水电小管家

全家总动员

亲爱的家长朋友：

您好！在日常生活中，我们用水、用电很方便，孩子们丝毫感觉不到用水和用电的危机。洗手、刷牙时不及时关水龙头，人离开房间时不知道随手关灯，让水电白白浪费……事实上，我们赖以生存的水，正日益短缺；生活用电也是消耗了大量的资源得到的。节约水电能够减少能源的直接和间接损耗，提高能源效率和环境保护。为了让孩子了解水电在生活中的重要性，树立节约水电的意识，本月的主题活动是“水电小管家”，旨在培养孩子“节约水电”的好习惯。

在幼儿园，我们有目的地进行培养，希望孩子能达到如下目标：

1. 知道人类、动物、植物的生活都离不开水。
2. 了解生活用水的来源，知道水的重要性。
3. 知道水不是取之不尽的，懂得珍惜和保护水资源。
4. 了解生活用电的来源，知道电给人类带来的方便。
5. 掌握节水、节电的方法，养成节约水电的好习惯。

在家庭生活中，我们建议您从以下几方面进行关注：

1. 在日常生活中节约用水，做孩子的榜样。
2. 和孩子一起阅读关于世界缺水区域人们生活的绘本，知道节约用水的重要性。
3. 家中使用节能灯泡，提醒幼儿随手关灯。
4. 建议您与孩子一起查看、收集家中水、电表每月的读数并制订节约计划，养成节约的好习惯。

感谢您的参与，为了孩子的成长，让我们一起努力吧！

【主题目标】

1. 知道人类、动物、植物的生活都离不开水。
2. 认识自来水厂，了解自来水的来源及处理过程。
3. 了解非洲的人们饮水的困难，懂得节约水资源。
4. 掌握生活中节水的方法，养成节约用水的好习惯。
5. 了解电的用途，知道我们的生活离不开电。
6. 知道风力可以发电，初步了解风力发电的原理。
7. 了解“关灯一小时”活动，知道在必需的时候才开灯，树立节约意识。
8. 学习节约用电的方法，养成节约用电的好习惯。

【主题口号】

节约水和电，保护地球家

【三字儿歌】

节水歌

淘米水，来浇花，洗衣水，来拖地。
洗菜水，冲厕所，水龙头，要关紧。
小朋友，真记牢，节约水，最光荣。

节电歌

人不在，关电脑，出门去，停空调。
照明灯，随手关，必需时，再点亮。
电好用，不浪费，节约电，节能源。

【集体教学活动】

活动一　水是从哪儿来的

◎活动目标

1. 感受水的重要性，知道我们的生活离不开水。
2. 了解自来水的来源及处理过程。

3. 乐于参与游戏，体会自来水来之不易。

◎活动准备

1. 课件：《水是从哪儿来的》绘本故事图片；人体图片，水在人体中占有很大部分的图片；《自来水的来源》动画视频；自来水厂图片，自来水加工流程图。

2. 大杂质、小杂质、细菌、净水水滴胸贴若干。

◎活动过程

一、阅读绘本，说说生活中水的用处

师：孩子们，请你看一看图片上的人在干什么。

出示绘本小男孩洗澡的图片，幼儿观察回答。（洗澡）

师：我们洗澡要用到水，水还有哪些用处呢？我们一起来看一看。

教师出示绘本图片，讲述故事《水是从哪儿来的》第一段，幼儿根据故事内容和已有经验回答。（洗脸、做饭、给植物浇水、小动物洗澡、冲便便、洗碗、擦地、洗衣服等）

师：水的用处可真多啊！

二、观看图片，感受水对人类的重要

师：水在人的生活中确实非常重要，让我们用绘画的方式来感受一下水在我们的身体中占了多少吧。如果从脚底算起，请你们猜一猜水在人的身体中会占据多少呢？我们来画一条线表示一下。

教师操作课件，出示人体图片，请个别幼儿根据自己的想法在人体图片上填画水位线。随后教师出示水在人体中占据很大部分的图片，引导幼儿通过对比感受水对人很重要。

师：水在人的身体里占很大一部分，所以水非常重要。一个人几天不喝水会怎么样呢？

教师出示绘本图片，继续讲故事第二、三段。幼儿根据故事内容和已有经验回答。（会有生命危险，会很渴）

师：植物和动物没有水喝，会怎样呢？

幼儿自由回答。（植物会干枯，动物会渴死）

师：植物、动物和我们人类的生活都离不开水。

三、欣赏视频，知道自来水从哪里来

师：生活中只要轻轻地拧开水龙头，水就源源不断地流出来。它是从哪里来的呢？

教师出示绘本图片，讲述故事第四段。幼儿根据故事内容回答。（河水经过净化处理，通过管道，到了家里）

师：河水要在哪里经过处理才能到我们的家里呢？让我们欣赏一段视频。

播放《自来水的来源》动画视频，幼儿根据视频内容回答后，教师出示自来水厂图片。

四、身体游戏，了解自来水的处理过程

师：我们来看看自来水厂是怎么净化水的。

教师出示绘本图片，讲述故事第五段。幼儿根据故事内容回答后，教师出示自来水加工流程图，引导幼儿说出自来水加工过程：加药剂，去除大杂质→通过沙子和鹅卵石，去除小杂质→加入氯，消毒杀菌。

师：现在我们来玩一个净化水的游戏吧！

教师出示大杂质、小杂质、细菌、净水水滴胸贴，组织幼儿进行游戏。

游戏玩法：幼儿自选大杂质、小杂质、细菌、净水水滴胸贴，扮演相应角色，围成一个圈。教师和幼儿共同说儿歌“河水河水哗哗流，流到水厂来加工”。教师问“加药剂，去除什么”，幼儿回答“去除大杂质”。扮演大杂质的幼儿回到座位。教师问“通过沙子和鹅卵石，去除什么”，幼儿回答“去除小杂质”。扮演小杂质的幼儿回到座位。教师问“加入氯，消杀什么”，幼儿回答“消杀细菌”。扮演细菌的幼儿回到座位。教师问“干净的清水去哪里”，幼儿回答“流进千家万户里”。扮演净水水滴的幼儿回到座位。

五、活动延伸，萌发探索水秘密的兴趣

师：原来我们每天都用到的自来水经过一步步的加工，才来到我们家里，可真是来之不易啊！生活中除了自来水，你们还见过什么水呢？

幼儿根据已有经验回答。（海水、河水、雨水）

师：雨水是从哪里来的呢？下完雨后地上的水去了哪里？

幼儿自由回答。（雨水从云朵来，雨水从天空来；地上的水去了空气里，地上的水去了土里）

师：水还有许多的秘密，让我们一起去探索吧。

附：

水是从哪儿来的（节选）

扑通扑通，戏水可真开心！哗啦啦哗啦啦，冲水可真舒服！泡在水里可享受了。水的用处可多着呢！早上起床的时候洗脸要用水、做饭的时候用水、给植物浇水的时候用水、小动物洗澡用水、冲便便的时候也要用到水。

没有水生活会很不方便，更重要的是我们的生命也离不开水。如果连续几天不喝水人就会有生命危险。

涓涓溪水，汇集成江河湖泊，鱼儿在水中悠游自在。许多动物聚集到水岸边生活，捕食鱼儿。人们也来到水岸边，引水灌田，繁衍生息。有水的地方，就会有生命。

管道中的河水是不能直接饮用的，必须要经过深度的净化处理。经过净化处理的自来水，通过管道，被送到一户户家庭。于是我们一打开水龙头，水就哗哗地流出来。

抽取河水来到自来水加工厂。加入化学药剂，化学药剂和水混合后，水中的杂质会结成较大的颗粒。较大的杂质颗粒沉淀到水底后，就比较容易把它们与水分离并处理掉。让水通过沙子和鹅卵石，就可以滤除水中的细小杂质。水中加入氯，进行消毒杀菌，之后就可以将水运输到千家万户了。

（秦皇岛市启航幼儿园 / 柳健楠）

活动二　水公主

◎活动目标

1. 知道非洲是水资源匮乏的地方。

2. 阅读绘本，感受非洲的人们饮水的困难。

3. 体验取水难，懂得节约水资源。

◎活动准备

1. 课件：《水公主》绘本故事图片，水资源匮乏视频。

2. 矿泉水瓶若干组，每组 4 个，用胶带捆绑在一起，瓶中装有不同水量。

◎活动过程

一、观看视频，了解非洲人们的生活

师：这个小朋友和我们有什么不一样？

教师出示绘本吉吉图片，幼儿观察回答。（皮肤是黑色的，头发是卷的，她的头上顶着罐子）

师：这个小朋友叫吉吉，她生活在遥远的非洲。非洲是什么样的呢？我们一起来看一看。

播放非洲水资源匮乏视频，幼儿观看。

师：在视频中你看到了什么？

幼儿根据视频内容回答。（只能喝小河里的水，用罐子装水，他们喝的水很脏）

二、倾听故事，知道非洲水资源匮乏

师：吉吉公主就生活在非洲。吉吉公主能做什么，不能做什么？我们一起来看绘本故事《水公主》。

教师出示绘本图片，讲述故事第一段。幼儿根据故事和图片内容回答。（吉吉能唱歌，能让狗儿安静下来，能让风儿和她捉迷藏；她不能让水流过来，不能把水变清）

师：吉吉不能让水流过来，那水在哪里呢？水是什么样子的？我们一起继续听故事。

教师出示绘本图片，讲述故事第二段。幼儿根据故事内容回答。（离吉吉家里特别远，在很远的地方；水是咖啡色，水是泥浆色的）

师：吉吉和妈妈什么时候起床去取水的？什么时候回来的？

幼儿根据图片和故事内容回答。（她们早上出门；晚上才回到家）

师：她们每天早晨天还黑着就出门了，要走很远的路去取水，太阳落山了才回家，真的很不容易。

三、头顶水瓶，亲身感受吉吉取水难

师：吉吉她们是怎样把水带回家的？我们来学一学吧。

幼儿回答问题后学一学吉吉头顶水罐走路的动作。

师：接下来我们玩一个用头顶运水的游戏。

教师出示装有水的矿泉水瓶，组织幼儿进行游戏。

游戏玩法：将4个装有不同水量的矿泉水瓶用胶带捆绑在一起，幼儿自选一组矿泉水瓶顶在头上围成一圈。音乐响起，幼儿头顶水瓶顺时针走动。走动时要保持身体正直，不能让水瓶倾斜、掉落。音乐停止，幼儿将水瓶放在规定处回到座位。

师：我们刚才玩了头顶水瓶运水的游戏，你的胳膊和肩膀有什么感觉？

幼儿说说自己的感受。（很累、有点疼、不舒服）

师：那吉吉公主顶着装满水的水罐，走了那么远的路，身体是什么感觉呢？

幼儿根据故事内容回答。（肩膀酸痛，脚抽筋）

四、观察图片，了解非洲人们用水难

师：吉吉和妈妈带回来两罐子水，用这些水做了什么？

教师出示绘本图片，讲述故事第三段。幼儿根据故事内容回答。（喝、洗衣服、做饭）

师：到了晚上吉吉家还剩下多少水？妈妈把水给了谁？

幼儿根据故事内容回答。（还剩下一杯水；妈妈把水给吉吉喝了）

师：吉吉和妈妈每天走那么远的路打来的水仅够一天使用，第二天一早又要出发去打水。

五、谈话交流，知道节约用水的重要

师：孩子们，你家里取水的方法和吉吉家有什么不一样？

幼儿根据已有经验回答。（我家有水管，能直接接水；吉吉家用水罐取水）

师：吉吉生活的非洲水资源非常匮乏，用水很不方便。如果我们不节约用水，世界上缺水的地方就会越来越多。所以，世界上的每一个人都要节约用水。

附：

水公主（节选）

我是吉吉公主。在我的王国非洲……天空辽阔低垂，一伸手就能碰到星星的尖角。我唱起歌，汪汪汪叫的狗就会安静下来。我跳起舞，高高的草就跟着一起摇摆。我一声令下，风儿就和我玩捉迷藏。可是我没法让水流过来，也没法让水变得再清一些。

一大早，天还黑着，妈妈就开始叫我："吉吉，我的公主，该起床了，我们去打水。"我学着妈妈的样子，拿起空罐子举到头顶，我们唱着歌，踏上了旅程。半路上，我们在巨大的乳木果树下休息，采摘乳木果充饥。终于，我听到了水流淌的声音，还有小伙伴们的笑声和女人们叽叽喳喳的聊天声。有的人为了打水，走的路比我们还远，等他们回到家，太阳都落山了。一只只罐子装满泥浆色的液体。我们头上顶着沉甸甸的水罐，走得肩膀酸痛，脚抽筋。最后，终于看到家了。

妈妈要烧够我们喝的水，然后，我们洗洗衣服，准备做饭。"喝吧。"妈妈说。我大口大口地喝着，真想一直喝下去，可是不能。妈妈端来最后一杯水，是专门留给我的。"喝吧，我的公主。睡吧，我的公主。明天我们又要出发。"

（秦皇岛市启航幼儿园 / 贾倩）

活动三 奇佳和水怪米夏

◎活动目标

1. 知道水不是取之不尽的。

2. 了解水的用处，体会水的重要性。

3. 懂得节约用水是良好的生活习惯。

◎活动准备

课件：《奇佳和水怪米夏》绘本故事图片，米夏五次变身的图片，米夏五次变身前念咒语时不同颜色的图片。

◎活动过程

一、师幼交流，谈谈水的话题

师：你的家里都哪里有水？

幼儿根据已有经验回答。（水龙头里有水，厕所里有水，饮水机里有水）

师：你都是什么时候需要带着水壶？

幼儿根据已有经验回答。（出去玩的时候，去海边的时候）

二、阅读绘本，了解水的用处

师：有一只小公鸡叫奇佳，它特别喜欢外出旅行，可是它觉得外出旅行时带着水壶太沉了，实在是不方便。恰好它认识了一个朋友，出去旅游再也不用带水壶，而且还有清凉干净的水喝。奇佳的朋友是谁呢？

教师出示《奇佳和水怪米夏》绘本图片，讲述故事从开头到“而米夏却突然倒下了”。幼儿根据故事内容回答。（奇佳的朋友是水怪米夏）

师：水怪都变身成了什么？ 帮助人们做了什么？

教师出示水怪变身的图片，幼儿观察图片根据故事内容回答。（变成洒水车洒水，变成抽水机浇灌禾苗，变成大水缸为小村庄里的人带来饮用水，变出了浴池让小镇的人们洗澡，变成装有很少水的矿泉水瓶救活了考察队员）

三、倾听故事，懂得水的珍贵

师：米夏救活了考察队员自己有什么变化？为什么倒下了？

教师出示绘本图片，讲述故事“米夏，米夏，你怎么啦”到“只要有一滴水，水怪又能活过来”。幼儿根据故事内容回答。（米夏身体的颜色变了；米夏身体里没有水了，所以倒下了）

师：救活米夏的一滴水从哪儿来的呢？

教师出示绘本图片，讲述故事最后一段。幼儿根据故事内容回答。（那是奇佳的眼泪）

师：原来奇佳的一滴眼泪救活了水怪米夏。所以，珍惜每一滴水，就是珍惜我们自己的生命，就是珍惜我们共同的家园——地球。

四、找色游戏，珍惜水资源

师：故事中，米夏有五次变身。你还记得米夏变成洒水车、抽水机、大水缸、浴池、装有半瓶水的矿泉水瓶前念咒语时的样子吗？

教师出示米夏五次变身前念咒语时的图片和米夏变身成洒水车、抽水机、大水缸、浴池、装有半瓶水的矿泉水瓶的图片。幼儿将米夏念咒语时不同颜色的图片和米夏变身的物品对应起来，教师操作课件进行验证。

师：你发现了什么？

幼儿观察图片回答。（米夏身体的颜色越来越浅，最后没有颜色了）

师：原来我们的水不是取之不尽的，我们的水资源也有用完的时候。所以，我们要保护我们的小水怪，珍惜水资源。

五、儿歌表演，知道水是宝

师：绘本故事里水怪米夏变成了我们人类需要的洒水车、抽水机、大水缸、浴池、饮用水，水可真是宝贝呀！下面我们来说一个《水儿水儿是个宝》的儿歌吧。

幼儿跟随教师学说、表演儿歌《水儿水儿是个宝》。

附：

水儿水儿是个宝

水儿水儿是个宝，加湿空气环境好；
水儿水儿是个宝，浇灌秧苗庄稼好；
水儿水儿是个宝，日常用它生活好；
水儿水儿是个宝，用它洗澡卫生好；
水儿水儿是个宝，饮水健康身体好；
水儿水儿是个宝，不要浪费保护好。

奇佳和水怪米夏（节选）

小公鸡奇佳在仙湖认识了一个好朋友水怪米夏。有了水怪米夏做伴，奇佳外出旅行就再也不用带水壶了。水怪米夏可以随时喷出清凉、干净的水给奇佳喝。

一天，奇佳和水怪米夏来到大街上。“空气太干燥了，灰尘好多！”奇佳说。“吧啦吧啦，变！”米夏变成一辆洒水车，奇佳开着洒水车，一路唱着歌给路面洒了好多水。洒水车真好啊！

奇佳和水怪米夏穿过城市，来到农村，那儿正在闹旱灾，水田干裂，禾苗枯萎。“米夏，快变成抽水机吧！”奇佳焦急地说。“吧啦吧啦，变！”米夏变成了一台抽水机，水哗啦啦地流进水田。禾苗很快喝饱了，扬起了灿烂的笑脸。

越往前走，干旱越严重。在一个小村庄里，许多人正拿着水桶、脸盆排队等待送水车。“他们真是太可怜了，连喝的水都没有。”奇佳难过地说。“吧啦吧啦，变！”水怪米夏马上变成了一只盛满水的大水缸。人们围过来，不停地从米夏变的水缸里舀水，有趣的是，这只水缸里的水怎么舀也滔不完。

再往前走，就更看不到多少绿色了。奇佳和水怪米夏来到了一个荒凉的小镇。“请帮帮我们吧！”镇长说，“这里严重缺水，我们已经几个月没洗澡了……”“吧啦吧啦，变！”水怪米夏念起咒语，马上变出了一个浴池。全镇的人都跳到浴池里洗澡，好开心哦！

前面就是沙漠了。“米夏，我走不动了。”奇佳说，“咱们回去吧！”“没关系，我可以背你走。”水怪米夏说，“来吧，坐到我身上。”“看，快看那儿。”奇佳说。“好像是个人。”米夏说。原来是一名考察队员，因为缺水昏倒了。“吧啦吧啦，变！”水怪米夏马上变成了一只矿泉水瓶。奇佳轻轻地晃了晃瓶子：“米夏，怎么只有这么点水啊？”“也许，之前用去了太多的水，弄得现在几乎没水了。快！救人要紧。”米夏说。考察队员慢慢地苏醒了。“太好啦，我们胜利啦……”奇佳大喊。而米夏却突然倒下了。

“米夏，米夏，你怎么啦？”奇佳急坏了。“他严重脱水。”考察队员对奇佳说。“米夏，米夏，快醒醒！我去给你弄水。”奇佳大声哭起来，“好奇怪啊，你是水怪，怎么会脱水呢？你不是有用不完的水吗？”奇佳的眼泪一滴一滴地滴在米夏的脸上。“这是什么水？好咸啊！”米夏伸出舌头舔了舔，皱着眉头说。“太好了，米夏，你总算醒过来了。”奇佳开心地笑起来。“刚才你说什么？你说我有用不完的水？不，水怪的水也是会用完的。水用完了，水怪也会死。不过，只要有一滴水，水怪就能活过来。”

“谢谢你的一滴水，奇佳。”“那不是水，是奇佳的眼泪。”考察队员说，“谢谢你，水怪米夏。如果我们不珍惜水资源，不节约用水，今后，恐怕连眼泪都流不出来了……这是真的哦！”

（秦皇岛市启航幼儿园 / 苏虹莉）

活动四　兔弟弟的节水妙招

◎活动目标

1. 认识生活中存在的浪费水的行为。
2. 学习节约用水的方法。
3. 懂得珍惜水资源，养成节约用水的好习惯。

◎活动准备

课件：《兔弟弟的节水妙招》绘本故事图片；洗手搓肥皂时开着水龙头、没有喝完的水倒入水池、用流动水刷牙洗脸、用流动水洗菜洗衣服、洗衣机的水位过高、水管漏水等浪费水的图片；《我爱洗澡》音频。

◎活动过程

一、倾听歌曲，说说自己洗澡的事

播放音乐《我爱洗澡》，师幼随音乐自由做洗澡的动作。

师：你们多长时间洗一次澡？每次洗多长时间？

幼儿根据自身情况回答。（一个星期洗一次澡，三天洗一次澡；每次洗澡十分钟）

二、师幼谈话，认识浪费水的行为

师：有一只小兔子也非常爱洗澡，我们看看，它做得对吗？

教师出示绘本图片，讲述故事《兔弟弟的节水妙招》第一段。幼儿根据故事内容回答。（它做得不对，太浪费水了）

师：小兔子晚上才洗过澡，早上又洗，而且洗了半个多小时，太浪费水了。生活中还有哪些浪费水的行为？

教师出示洗手搓肥皂时开着水龙头，没有喝完的水倒入水池、用流动水刷牙洗脸、用流动水洗菜洗衣服、洗衣机的水位过高、水管漏水等浪费水的图片，幼儿观察回答。

师：搓肥皂的时候，水龙头里的水一直流，浪费了好多水；饮用水没有喝完就扔掉了，浪费了饮用水；洗脸和刷牙没有用盆和杯子，浪费了自来水；洗很少的衣服却用很多的水；水管坏了却没有人修理，让水一直外流。这些都是浪费水的行为，如果大家都这样浪费水，就会造成水资源短缺。

三、交流讨论，了解水资源的短缺

师：我们继续听一听小兔家的故事。看看兔爸爸将报纸上的什么紧急通知告诉了大家。

教师出示绘本图片，讲述故事第二段。幼儿根据故事内容回答。（由于水资源短缺，实行控制用水的政策）

师：大家听到通知后是怎样的心情？为什么发愁？

幼儿根据故事内容回答。（发愁；兔妈妈每天要洗衣服、洗菜、拖地，还要准备小兔一家的饮用水，没有水就不能做这些事情了；小兔不能每天都洗澡了，所以也发愁了）

师：控制用水让小兔家的生活很不方便。在水资源短缺的时候，家里的自来水就要定时给水，不能像平时一样，随时拧开水龙头就有水了。所以，兔爸爸说“要好好想想该如何节约用水了”。

四、阅读绘本，学习节约用水的方法

师：兔弟弟有什么好办法呢？我们继续听故事。

教师出示绘本图片，讲述故事第三段。幼儿根据故事内容回答，教师适时出示节约用水的方法图片。（洗完菜的水和淘米水可以用来浇花，洗衣服的水和洗脸、洗脚水可以用来拖地，拖地水和其他使用过的水用来冲厕所，及时关紧水龙头）

师：兔弟弟的节水办法可真好。洗完菜的水和淘米水可以用来浇花，洗衣服的水和洗脸、洗脚水可以用来拖地，拖地水和其他使用过的水用来冲厕所，最重要的是要及时关紧水龙头。这个绘本故事的名字就叫《兔弟弟的节水妙招》。

五、接龙游戏，巩固节约用水的方法

师：原来水可以合理重复使用，那我们玩一个节约用水的接龙游戏吧。

教师说明游戏玩法，组织幼儿进行游戏。

游戏玩法：师幼从“清清的水做什么”开始，边拍手边以问答的形式接龙水的重复使用方法，例如：“清清的水做什么？清清的水能洗脸。洗脸的水做什么？洗脸水能拖地。拖地的水做什么？

拖地的水冲厕所。”说到水不能再使用的时候，师幼一起拍手说“节约用水我做到”。再从“清清的水做什么”重新开始游戏。游戏可采用师幼问答接龙、两名幼儿问答接龙、幼儿排成一排依次问答接龙的形式进行。

师：我们不仅要在限制用水的时候节约用水，在平时也要养成节约用水的好习惯。

附：

兔弟弟的节水妙招（节选）

早晨，小兔在浴室开开心心地洗澡，兔妈妈在厨房忙活着一家人的早餐。“我爱洗澡，好多泡泡。”哗啦啦的流水声伴着小兔的歌声从浴室传出来。兔弟弟从房间里出来了，他捂着肚子走到浴室门口，敲了敲门说：“姐姐，等了你半个小时，怎么还没洗完啊？”“我马上就好，不要催我了。”小兔不满地回答道。“可你昨天晚上才洗过，怎么早上又洗啊！”小兔弟弟生气地喊道。“我爱干净呀。”小兔边说边打开门，从浴室走了出来。“太浪费水了。”小兔弟弟嘀咕着进了浴室。

一家人吃过早饭，小兔和弟弟去了学校，爸爸和妈妈也去工作了。晚上一家人围坐在饭桌前吃晚餐。兔爸爸吃饭前看了一眼报纸，上面有一则紧急通知引起了他的注意：“由于进入旱季，湖泊水位线下降到历史最低点，水资源严重短缺，现实行控制用水政策，希望大家理解。”兔爸爸把通知内容告诉了大家，大家都为限制用水而发愁。“用水的地方太多了，洗菜、洗衣、拖地，还有每天的饮用水。”妈妈皱着眉头说道。“我不能每天都洗澡了吗？”小兔一脸不情愿。“我们要好好想想该如何节约用水了！”爸爸一本正经地说道。

兔弟弟说：“我有好办法，我来说，妈妈帮我写下来吧！”“洗完菜的水和淘米水可以用来浇花，洗衣服的水和洗脸、洗脚水可以用来拖地，最后拖地水和其他使用过的水都用来冲厕所。”兔弟弟越说越兴奋，小脸红扑扑的。“妈妈，要把这些节水提示贴在水龙头旁边，随时提醒我们！”“就按你说的办！”妈妈笑着摸了摸兔弟弟的小脑瓜。“还有要及时关紧水龙头，不能浪费一滴水。”爸爸补充说。想到自己早上还浪费了那么多水，小兔羞愧地低下头，她可真要向兔弟弟好好学习了。“弟弟，你是怎么知道这么多好方法的？”小兔问道。弟弟自豪地说：“老师教我们的，老师说，水是生命之源，万物的生长都离不开水，水资源很宝贵，我们不能只在水资源缺乏的时候才节约用水，在平时也要有节约用水的意识。”“儿子，真棒！我们都要向你学习。”兔爸爸和兔妈妈不约而同地为兔弟弟竖起了大拇指。“我也要向你学习，学习节约用水，珍惜水资源。”说着，小兔一把抱住弟弟开心地转了好几圈。

（秦皇岛市启航幼儿园 / 杨秀娟）

活动五　奔跑吧，电子

◎活动目标

1. 欣赏绘本故事，探索电产生的原理。
2. 了解电的用途，知道我们的生活离不开电。
3. 乐于参加模拟电子送电游戏，体验游戏的快乐。

◎活动准备

1. 课件：《奔跑吧，电子》绘本故事图片；客厅、厨房、马路图片；电的产生流程图。

2. 胸贴若干，每个胸贴上有 1 ～ 5 不同数量的圆点；呼啦圈若干。

◎活动过程

一、倾听故事，认识电子家族

师：孩子们，今天给大家介绍一个新朋友，他叫艾米，我们一起来跟他打个招呼吧！

出示《奔跑吧，电子》绘本艾米图片，幼儿与艾米打招呼。

师：艾米今天在家里发现了一个奇怪的现象，我们一起来跟着他去看一看吧！

教师出示绘本图片，讲述故事第一段。幼儿边看边听。

师：艾米按动电源开关后发生了什么？在灯泡里面他看到了什么？

幼儿根据故事内容回答。（屋里亮了，灯亮了；看到了很多小瓢虫）

师：这些像小瓢虫的东西到底是什么呢？

教师出示绘本图片，讲述故事第二段。幼儿根据故事内容回答。（电子家族）

师：电子家族是做什么的？

幼儿根据故事内容回答。（给电器通电的，为人们带来光明，让电风扇运转起来，让电脑打开）

师：它们是怎么让电风扇、电脑这些电器运转起来的？

幼儿根据故事内容回答。（狂奔、制造出电流）

师：你们知道什么是狂奔吗？

幼儿思考回答。（就是一直奔跑，跑得很快，特别快地跑）

师：现在请你们扮演小电子，一起狂奔起来给城市送电吧！

幼儿一起原地快速奔跑。

师：电子家族是由好多好多的小电子组成的，它们通过不断的狂奔制造出电流。

二、续听故事，了解电的产生

师：电子家族狂奔产生的电流是怎样让电器工作的呢？我们和艾米一起去看一看吧！

教师出示绘本图片，讲述故事第三至五段。幼儿边看边听。

师：是什么让电子家族狂奔起来的？

幼儿根据故事内容回答。（电插销、发电站、电线）

教师出示电的产生流程图进行小结：我们用到的电是发电站里的发电机带动大磁铁不断转动产生的，通过电线输送到电源插座，电器连接到电源插座上，就能正常使用了。

三、观察图片，说说电的用途

师：电子家族奔跑于城市的每个角落，我们来想一想生活中哪里会用到电。

幼儿根据生活经验回答。（电灯、手机、电脑、空调）

师：我们来一起看一些图片，找一找图片中哪些物品通了电才能使用。

教师播放课件，逐一出示客厅、厨房、马路图片，幼儿寻找其中各种电器并将电符号拖到电器处。

师：我们的生活离不开电。电给我们带来了哪些好处呢？

幼儿根据生活经验回答。（电灯可以带来光亮，电风扇可以让我们凉爽）

师：电在我们的生活中用途可真多，给我们的生活带来了很多的方便。

四、分组游戏，模拟电子送电

师：艾米家遇到了一件麻烦事，由于用电量过大，电突然不够用了，好多电器不能正常工作，差了几个小电子，想请大家来帮忙补齐，你们愿意帮忙吗？

教师出示呼啦圈，组织幼儿玩电子送电游戏，并提醒幼儿注意安全。

游戏玩法：

1. 每名幼儿代表一个小电子，4～6名幼儿一组，每组前方放一个呼啦圈。教师说儿歌前半部分“开手电（电风扇、电视、空调等），需要电，电不够，快来凑”。幼儿一起问“凑几个电”，教师说出“凑×个电”。每组选出相应数量的“小电子”跑到前面的呼啦圈内。哪组小电子数量对，就可以让电器通电。

2. 幼儿自选有1～5不同数量圆点的胸贴，胸贴上每个圆点代表一个小电子，4～6名幼儿一组。师幼按上述方法说儿歌。教师说出凑电的数量后，每组幼儿相互商量，通过点数的方式确定电子的数量，选出相应数量的幼儿跑到前面的呼啦圈内。教师带幼儿点数电子数量验证。哪组小电子数量对，就可以让电器通电。

五、师幼交流，树立节约意识

师：有了大家的帮忙，艾米家的电器都能正常通电使用了。艾米把所有的电器都打开可以吗？为什么？

幼儿自由回答。（不可以；太浪费电了）

师：电在我们生活中很重要，发电是一件非常消耗资源的事情，而且还会对我们的生活环境造成一些污染。所以我们要节约用电，不需要的时候不要把电器打开。活动后我们一起去找一找更多节约用电的方法吧！

附：

奔跑吧，电子（节选）

天色已经变黑了，妈妈悄悄关上灯，走出了房间。我又悄悄地爬起来，找到了电源开关。摁了一下。啪！房间里再次亮起来。“咦？这是怎么回事？”我忽然发现一个奇怪的现象，电灯泡里面好像有无数的小瓢虫在往外奔跑、跳跃。

“你们是谁？难道是电灯瓢虫吗？”我不禁问道。“电灯瓢虫？我们可不是什么电灯瓢虫，我们是大名鼎鼎的电子家族。”“每天我们都自由地奔跑在城市的各个角落，为你们带来光明！”电灯瓢虫们纷纷说道。“我们还可以让电风扇、电脑运转起来。”“我们不断狂奔，制造出电流，你们才能使用这些电器呢！”

我更加好奇了：“你们奔跑，就会产生电？这是怎么回事？”“你想知道吗？那就跟我们来吧！让你感受一下作为电子的奇妙感觉。”说完，它们就把我包围了起来。它们真的让我变成电子了！“这是哪里呀？”“这里就是制造出电的发电站。正是发电站让我们奔跑起来的啊！只有当发电机里的大磁铁转动起来，我们才可以动呢。”又等了一会儿，一股水流冲下来，涡轮带动着大磁铁转动了起来。我跟随着电子家族在电线里奔驰，经过无数的电线杆，连接起了城市的各个角落。电子家族就是通过这样的奔跑产生了电流，从而使电灯点亮、机器运转的。

“到我家了！”我兴奋地叫着。“可是怎么停下来了呢？”我问道。“别着急。只有连接了电源才能继续前进。”这时，妈妈走到了电源插座旁，将插头插进了插座中。“好，连接成功！”“现在可以继续奔跑了。”于是大家一股脑儿地拥了进去。

正在这时，只见眼前一晃，房间里完全亮了起来。我忽然不知怎的，又回到了自己床上。“好困啊，我们也要休息了，把灯关了睡吧。”摁下开关，房间立马被黑色笼罩。

（秦皇岛市启航幼儿园 / 付琳）

活动六　大风怪发电

◎活动目标

1. 欣赏绘本，理解风力发电的故事情节。

2. 知道风力可以发电，初步了解风力发电的原理。

3. 喜欢玩风车发电的游戏，体验游戏的乐趣。

◎活动准备

1. 课件《大风怪发电》绘本故事图片，现实生活中风车照片，风力发电视频。

2. 可以按亮的小灯若干，插座图卡若干。

◎活动过程

一、观察图片，认识新朋友大风怪

师：在叽叽咕咕小镇里，住着一个不太受欢迎的朋友，它是谁呢？

出示大风怪图片，幼儿观察回答。（妖怪、大怪物）

师：大家都叫它大风怪！大风怪有个本领，它能吹很大很大的风。

二、欣赏绘本，学一学大风怪吹风

师：大风怪是怎么吹风的？

教师出示绘本图片，讲述故事《大风怪发电》第一段。幼儿根据故事和图片内容回答，并模仿大风怪吹风的动作。（大风怪鼓起嘴呼呼地吹大风，把小鸡都吹跑了）

师：你们想不想也来玩一个吹大风的游戏？当我说“大风吹”的时候，你们要快速地自己转圈；如果我说“小风吹”的时候，你们就要慢速地转圈；如果我说“风停了”的时候，你们要马上站好不动。

幼儿听教师口令进行游戏。

三、续听故事，了解风车发电方式

师：夏天到了，天气非常炎热，小鸡们想吃什么？为什么吃不到？

教师出示绘本图片，讲述故事第二段。幼儿根据故事内容回答。（小鸡们想吃冰绿豆汤；因为小镇没有电，没法用冰箱做冰块）

师：怎样才能让小镇有电呢？小鸡们想出了什么办法？

教师出示绘本图片，讲述故事第三段。幼儿根据故事内容回答。（风力发电）

师：他们用什么来进行风力发电呢？

教师出示绘本图片，讲述故事第四段。幼儿根据故事内容回答。（大风车）

师：大风车什么样？

教师出示绘本风车图片，幼儿观察图片说说风车的样子。（有三个片，像飞机上的螺旋桨）

师：孩子们，你们在哪里见过这样的风车？它们是用来做什么的？

出示现实生活中风车照片，幼儿观察回答。（在高山上、在公路两边见过；这些风车是用来发电的）

师：这些风车是用来进行风力发电的。

四、观看视频，说说风车发电的原理

师：小鸡们是怎样让大风怪帮忙发电的？

教师出示绘本图片，讲述故事第五段。幼儿根据故事内容回答。（小鸡们让大风怪对着大风车吹风，风车转了起来，就有了电）

师：风车是怎么发电的？我们一起来看个动画。

播放风车发电动画，幼儿观看后回答。（有风，风一吹风车就转，就产生了电，电通过电线就传到了家里）

师：风车最上面的叫什么？

出示风车图片，幼儿观察图片根据动画介绍回答。（转子）

师：风吹动转子一圈一圈地转，产生电；电沿着电线传到插座上，我们就有了电。

五、合作游戏，感受风车转动发电

师：你们想不想来感受一下风车发电呢？那我们来玩一个风车发电的游戏吧。

教师出示可以按亮的小灯、插座图卡，组织幼儿进行游戏。提醒幼儿转的时候保持平衡，注意安全。

游戏玩法：

1. 幼儿三人一组，手拉手围成圆圈。当教师说“大风吹，风车转，一起来发电”时，三人围成圈向前转，从起点转到小灯处，拿起插座图卡粘到小灯上，点亮小灯。哪组先点亮小灯，哪组获胜。

2. 将全体幼儿分成两组，每组人数相等，幼儿手拉手站成两队。教师宣布游戏开始后，幼儿一起说“大风吹，风车转，一起来发电”，两队排在队尾的幼儿最先开始向内转动，后面的幼儿依次转动起来，转的过程中要拉紧同伴的手，不能断开。转到小灯处，由每队第一个转动的小朋友拿起插座图卡粘到小灯上，点亮小灯。哪组先点亮小灯，哪组获胜。

师：生活中，不仅风力可以发电，水、煤炭也可以发电。水和煤炭是怎么发电的呢？回家后问问爸爸妈妈，去找一找答案吧。

附：

大风怪发电

在叽叽咕咕小镇里住着一个不受欢迎的朋友，他叫大风怪。大风怪最喜欢吹风啦！他总是把正在玩游戏的小鸡们吹跑，小鸡们都不喜欢它 。没有人愿意和大风怪玩，它没有朋友，就躲进寒风洞里去了。

夏天到了，太阳晒得叽叽咕咕小镇石头上能摊煎饼，地面上能烤山芋。怪怪说：“太热了，总不能一天到晚扇扇子，其他什么都不干吧。”奇奇端来绿豆汤：“宝贝们，快喝吧，喝了不中暑。”小七喝了一口说：“为什么和我们上回在城里喝的不一样？城里的好喝。”奇奇说：“那是冰过的，可是我们小镇没有电，没法用冰箱做冰块。”

“我们认识大风怪，可以试试风力发电。”小一指着书上说，“书上有介绍风力发电的内容。“可是大风车怎么做呢？”小一问。“你们可以进城去找大熊工程师想想办法。”奇奇说。七只小鸡进城去找大熊工程师，说了自己的想法。“你们回去等着吧。”大熊工程师答应帮助七只小鸡。七只小鸡回到小镇，马上去找镇长达克先生，告诉他风力发电的事情。达克先生说：“这是好事情，大家都会支持你的。”

一周后，一辆大卡车开来了。奇奇一家、达克先生和小镇上的人们一起迎接大卡车，他们把大卡车领到了寒风洞洞外。大家从大卡车上卸下来很多东西。大熊工程师给大家分组，然后发图纸，告诉大家怎样安装。大家开始干活了。很快，一架架红色大风车就安装好了，并站成了一排。

大风怪被吵醒了，他跑出来看。“我们给你送玩具来了，请你对着这些大风车吹风吧！”七只小鸡说。“呼、呼、呼……”大风怪对着大风车使劲地吹着。大风车咕噜噜地转起来了，新装的路灯亮了，炎热的夏天也可以喝到冰绿豆汤了。大家欢呼起来，开始喜欢大风怪了。

（秦皇岛市启航幼儿园 / 杨爽）

活动七　阿朵和灯泡

◎活动目标

1. 阅读绘本，知道在必需的时候才开灯。

2. 了解“关灯一小时”活动，知道节约用电。

3. 养成随手关灯的好习惯。

◎活动准备

课件：《阿朵和灯泡》绘本故事图片，晚上吃饭、看书、看电视、找东西、上卫生间、有客人来、睡觉、离开黑暗房间、家里没有人的时候、白天房间很亮的时候等情景图片；“关灯一小时”活动视频。

◎活动过程

一、师幼交流，分享夜晚的生活

师：你觉得白天和晚上有什么不一样的地方吗？

幼儿自由回答。（白天亮亮的，晚上黑黑的；白天有太阳，晚上有月亮；白天不需要开灯，晚上要开灯）

师：晚上太阳落山了，没有了阳光天就黑了。到了夜晚，你们都会做些什么呢？睡觉的时候要开灯吗？

幼儿根据自身情况回答。（和爸爸看书，洗漱、泡脚、睡觉；睡觉的时候不开灯，我睡觉的时候不开灯，妹妹睡觉的时候开灯）

师：到了夜晚，我们睡觉了，这时候就要把灯关掉了。

二、阅读绘本，知道必需时开灯

师：有一个小朋友叫阿朵，他最怕黑了。他是怎么做的？

教师出示绘本图片，讲述故事《阿朵和灯泡》第一段。幼儿根据故事内容回答。（他一个晚上都一直开着灯，早上出门上学忘记了关灯）

师：他这样做对吗？为什么？

幼儿自由回答。（不对；灯泡很累，会费电，灯泡容易坏）

师：阿朵在学校画太阳，他有什么愿望？他的愿望会实现吗？

教师出示绘本图片，讲述故事第二、三段。幼儿根据故事内容回答。（他的愿望是太阳永远不落山；他的愿望不会实现，因为太阳要休息，因为太阳发光发热会消耗很多能量）

师：太阳发光发热消耗能量需要休息，灯泡需要休息吗？为什么？

教师出示绘本图片，讲述故事第四段。幼儿根据故事内容回答。（灯泡也需要休息；灯泡照明也需要消耗很多能源）

师：现在阿朵是怎么做的？他做得对吗？

教师出示绘本图片，讲述故事第五段。幼儿根据故事内容回答。（阿朵晚上睡觉关上了灯，学会了只在必需的时候开灯，出门时随手关灯；他做得对）

三、快乐游戏，做到适时关掉灯

师：什么时候必须开灯呢？我们一起玩一个点亮灯泡的游戏。

教师出示晚上吃饭、看书、看电视、找东西、去卫生间、有客人来、睡觉、离开黑暗房间、家里没有人的时候和白天房间很亮的时候的情景图片，组织幼儿进行游戏。

游戏玩法：幼儿扮演灯泡，教师播放情景图片。如果是需要开灯的情景，幼儿站起双手高举过头成灯光状；如果是需要关灯的情景，幼儿坐在椅子上双手抱住头部成关灯时的灯泡状。

师：我们都学会了要在必需的时候才开灯，希望你们在生活中也做到必需时才开灯，做到随手关灯。

四、观看视频，了解“关灯一小时”

师：还有一个和关灯相关的世界活动，我们一起来看一看吧。

播放“关灯一小时”活动视频，幼儿观看。

师：为什么要关灯一小时？

幼儿回忆视频内容后回答。（要爱护地球，保护地球）

师：全世界的很多人在每年3月最后一个星期六的晚上八点半至九点半参与关灯一小时的活动。关灯一小时是应对全球气候变化的节能活动，保护地球是全世界人们的共同愿望。

五、相互讨论，要做到节约能源

师：我们知道了电灯不能一直亮着，需要休息，还有哪些电器需要休息呢？

幼儿根据已有经验回答。（电视、电脑、电梯、空调等）

师：就像我们跑步以后需要休息一样，电视、电脑、空调、风扇等电器长时间工作后也需要休息，我们要及时关闭这些电器和电源。如果你住在电梯楼中的低楼层，就尽量不乘坐电梯，让电梯休息一下。这样，就可以节约用电。日常生活中，我们要养成节约用电的好习惯。

附：

阿朵和灯泡

阿朵可怕黑了呢，尤其是夜晚到处漆黑一片的时候。每当太阳下山后，黑夜就来临了。他真的特别怕黑，睡觉的时候也不例外，他卧室的灯就这么开着，彻夜长明，灯彻夜“未眠”。今天早上，阿朵出门去上学，忘了关灯。屋里的灯就这么一直亮着，整个白天都明晃晃的！灯泡好累！

阿朵在学校画太阳，心想：如果太阳永远不落山该多好啊！这样就不会再有黑暗！“老师，为什么太阳一到晚上就跑了呢？”“那是为了白天能给我们带来更多光明呀。”“为什么它不留在天边呢？”“因为它要休息啊。”

阿朵陷入了沉思。回到家，他依旧在思考这个问题。“妈妈，太阳发光发热会累吗？”“嗯，当然会累了。”“为什么呢？”“因为会消耗很多能量啊。”“就像我跑步的时候那样吗？”“是的。”

阿朵回到了自己的房间。灯泡烫极了！“妈妈，照明也会消耗很多能源吗？”“当然。”“那它也是需要休息的吧？”“是啊，有的时候总要休息。”

于是阿朵关上了灯。白天不能一直开着灯，灯也是需要好好休息的。那么深夜呢，是不是也该把灯关了呀？如今阿朵已经学会只在必需的时候开灯，虽然当黑暗来袭时，他还是会有点小害怕。白天出门的时候他总是记得随手关灯，外面阳光真好！

（秦皇岛市启航幼儿园 / 苏虹莉）

活动八　停电以后

◎活动目标

1. 阅读绘本，了解停电前后人们的活动变化。

2. 知道电的重要性，学习节约用电的方法。

3. 学做手影，体验玩手影游戏的快乐。

◎活动准备

1. 课件：《停电以后》绘本故事图片，孔雀手影图片，节约用电视频，《巴格达之星》音乐。

2. 手电筒若干。

◎活动过程

一、倾听故事，说说停电前一家人的活动

师：我给大家带来一个故事，你们看，这个故事发生在什么时候？你是从哪里看出来的？

出示绘本夜晚的图片，幼儿观察回答。（夜晚、晚上、黑天；高楼上有灯，路灯也亮着呢，天空黑了）

师：这个故事发生在一个夏天的夜晚，大家都在忙什么呢？

教师出示绘本图片，讲述故事《停电以后》第一段。幼儿根据故事内容回答。（爸爸在做饭、姐姐在打电话、妈妈在工作、小男孩找人玩飞行棋）

二、观察图片，学学停电后玩的手影游戏

师：每个人都在忙着自己的事情。突然，所有的灯都灭了，整个城市变得又黑又静。在停电的时候我们可以做什么？

出示灯灭了的图片，幼儿根据已有经验回答。（用手电筒玩影子游戏、听妈妈讲故事等）

师：你们看，停电后他们一家人在玩什么？

出示绘本一家人做手影的图片，幼儿观察回答。（玩手影游戏）

师：他们玩手影游戏用到了什么？

幼儿根据图片内容回答。（蜡烛、手电筒）

师：这里的蜡烛、手电筒发出了光，光照在物体上，才会出现影子。他们做了什么手影？

幼儿观察图片回答。（兔子、大灰狼）

师：他们挤在手电筒和蜡烛旁边，扮起了大灰狼和小兔子。看他们玩得多开心啊，我们也来玩手影游戏吧。看，这个手影像什么？

出示孔雀手影图片，幼儿观察回答。（孔雀、小鸟）

师：这个是孔雀的手影，请你试着做一做。

幼儿观看图片，做出孔雀手影。教师关闭活动室的灯，打开手电筒从孩子身后照孩子的手，使手影出现在幼儿前方的地面上，幼儿观察自己的手影。教师引导幼儿做做孔雀动动嘴、梳理羽毛的动作。

师：我们也来学学故事中小兔子和大灰狼的手影吧。

出示绘本一家人做兔子和大灰狼手影的图片，幼儿观察图片学做手影，教师适时指导。

师：你们喜欢玩手影游戏吗？想不想自己来试一试？下面我们分组来玩手影游戏吧。

教师出示手电筒，播放音乐，组织幼儿进行分组游戏。提醒幼儿要分散开活动，手电筒只能照在手上。

游戏玩法：两名幼儿一组，一名幼儿做孔雀、兔子、大灰狼等手影，另一名幼儿打开手电筒，照在小伙伴的手上，让小伙伴的手影出现在墙上。音乐停止时，两人互换，再次开始玩手影游戏。

三、续听故事，谈谈停电以后人们的活动

师：停电以后，除了玩影子游戏，人们还做了什么？

教师出示绘本图片，讲述故事第三段。幼儿根据故事和图片内容回答。（看星星、看夜空、跳舞、吃东西）

师：停电以后，人们除了玩手影游戏，还可以聚到一起看星星、看夜空、跳舞、吃东西，大家聚在一起都很快乐。原来停电以后我们也能做很多有趣的事情。

四、师幼谈话，知道电对人们生活的重要

师：接着发生了什么事情？

教师出示绘本图片，讲述故事第四段。幼儿根据故事内容回答。（楼下喊免费啦）

师：仔细看图，什么免费啦？为什么要免费？

幼儿根据图片内容和已有经验回答。（冰激凌免费啦；因为停电了，冰柜没电了，冰激凌要化了）

师：除了冰柜要用电，还有哪些东西要用到电？

幼儿根据已有经验回答。（电视、电灯、手机、电饭锅等）

师：这么多东西都要用到电。如果没有了电会怎样呢？

幼儿根据已有经验回答。（吃不了饭，不能喝水了，看不了电视了，微波炉也不能用了，电梯不能用了）

师：我们的生活离不开电，没有了电，我们的生活会有很多不便。

五、观看视频，学习节约用电的几种方法

师：我们要节约用电，在日常生活中，我们要怎么做才能节约用电呢？

幼儿根据已有经验回答。（人走了就关灯、少用电等）

师：让我们看一看节约用电的方法有哪些吧。

播放节约用电的视频，幼儿观看后回答。（用日光灯，把电视的音量调小，电视不看了就关掉，电冰箱要通风，空调开到27度，及时关闭电源）

师：希望你们把这些节约用电的方法分享给身边的人，让我们一起从身边的小事做起，为节约用电出一份力。

附：

停电以后（节选）

这是一个普通的夏夜。整个城市一如既往的闷热、喧闹、忙碌。厨房里的爸爸、打电话的姐姐、工作的妈妈……屋子里的每个人都很忙，只有她拿着标注着“二人玩或更多人玩”的飞行棋，到处溜达，寻找可以一起玩的人。

突然，所有的灯都灭了！整个城市变得又黑又静。我们挤在手电筒和蜡烛旁边，扮起了大灰狼和小兔子。

直到感觉到屋子里又湿又热。我们就走上去，走上去，走上去……带着灯光下的小兔子一起上了楼梯。一直上到屋顶，发现浩瀚夜空、繁星点点……还有许多人，就像在空中开街区晚会。

我们向大家挥手，接着我们听到下面传来声响。“来啊！免费啦！”于是，一起走下楼，走下去，走下去，走下去……一直到了街上。

人人都不忙，直到灯又亮起来。

（秦皇岛市启航幼儿园 / 陈凯）

【个别化学习活动】

区域	名称	材料	玩法	价值
语言区	故事时光机	《水公主》绘本故事单页图片、操作板。	按故事情节先后顺序将故事图片在操作板上排好，连贯地讲述故事。	熟悉故事情节，练习用连贯的语言讲述故事。
	开灯关灯我来说	需要开灯和不需要开灯情景图片若干：白天房间很亮、白天看书；晚上吃饭、看书、看电视、找东西、去卫生间、有客人来、睡觉、离开黑暗房间、家里没有人的时候等。亮灯和关灯的卡片若干。	幼儿自选情景图片，根据图片内容，判断是否需要开灯。然后选择亮灯或关灯的卡片放在图片下，并尝试说出图片内容和关灯或开灯的理由。	尝试说出图片内容和开关灯的理由，知道在必需的时候才开灯。
	水的重复使用	操作图片四组（淘米、洗菜、浇花；洗玩具、洗抹布、擦地；洗手、洗手帕、冲马桶；洗脸、洗脚、洗袜子）	幼儿将每组图片按照使用的顺序排好，说说一水多用的节水方法。	用语言清楚地表达节约用水的方法。
益智区	节水节电游戏棋	游戏棋盘，棋盘格内标有浪费水、浪费电、节约水、节约电行为的图片；骰子1个，不同颜色的跳棋2个。	两人轮流掷骰子，在棋盘上按骰子的数字开始走跳棋。当走到数字最后一步棋时，说出棋格中图片上行为的对错。判断正确，跳棋不动；判断错误或说不出内容对错，跳棋回到起点。先到达终点者为胜。	掌握节约水电的方法，体验合作玩棋的快乐。
	节约用电省能源	白天房间亮灯、屋里没人开灯、屋里没人开空调、电脑一直开机、空调温度过低等浪费电的情景图片；晚上睡觉关灯、关闭电视开关和电源、冰箱调至节电模式、使用节能灯泡等节约用电的情景图片。草坪背景大图片2幅，小树图片若干。	1. 将所有图片摆放桌面上，幼儿记忆图片摆放位置，然后把图片倒扣。两名幼儿用猜拳的方式决定胜负。 2. 胜利者随意翻看一张图片，如果是节约用电的图片就在自己的草坪上种一棵树。 3. 继续猜拳游戏，翻完所有的图片后，种树多者为胜。	1. 锻炼记忆力。 2. 知道节约用电的方法。

（续表）

区域	名称	材料	玩法	价值
科学区	风力纸杯车	纸杯2个、扇子2把，双面胶，桌面粘贴好起点和终点的标记。	1. 将2个纸杯的底部对齐，用双面胶粘好连接起来，做成纸杯车。 2. 将纸杯车放到起点处。两名幼儿分别用扇子扇风，比比谁先将风力纸杯车送达终点。	知道风力纸杯车是靠风力运动的。
	水儿跑出来了	印有数字的骰子1个，大小不同的石子若干，杯子、水、颜料，白色纸巾。	1. 用杯子接半杯水，倒入自己喜欢的颜料，搅拌均匀，放置在白色纸巾上面。 2. 两名幼儿轮流掷骰子，根据骰子上的数字投掷相对应数量的石子到杯子中。 3. 投掷的石子先让水杯中带颜色的水溢出来将白色纸巾染上颜色者为胜。	1. 知道可以通过放入石子的方法升高水位线。 2. 探索水位线的高低和石子大小、数量的关系。
	水变干净了	透明杯5个，水、漏斗、沙子、棉花、口罩、小毛巾、纸巾、纸盒、搅拌棒。	1. 将沙子倒入装有清水的杯子中用搅拌棒搅拌，在透明杯子上面放上漏斗，然后先后将小毛巾、口罩、棉花放在漏斗的中央，将沙水经过漏斗过滤至空透明杯中，幼儿观察水的变化。 2. 将装有过滤过的水的杯子放置在纸盒上垫高，盒子下面放置一个空杯。将纸巾卷成细条，一头放入有水的杯子，浸入水中；另一头放空杯中。观察水的毛细现象。	1. 知道棉布可以渗水，可以阻隔水中的杂质，能使水变干净。 2. 探索水的毛细现象。
	影子游戏	小兔子、蝴蝶、小狗、老鹰、蜗牛、小刺猬等手影范例图片（一面是影子，另一面是手部实拍）；手电筒；白墙或白板。	1. 幼儿自选一张手影卡片，观察、摆出小动物影子的手势，并将完成的手势放在固定的手电筒前方，观察影子投射到白墙或白板上的小动物。 2. 一名幼儿摆出影子的手势动作，另一名幼儿尝试调整手电光的位置，观察影子的大小变化。	1. 探索手影的形成、影子的大小与手电光离物体的远近的关系。 2. 体验影子游戏的快乐。
	动力风车	长5厘米，宽1厘米左右的卡纸条2个，直径0.8厘米圆形磁力扣2个，长2厘米螺丝钉1个，7号电池1节，实验流程图。	观看流程图，先将两张纸条十字交叉摆放，用两个磁力扣在交叉处上下各放一个，将两个纸条固定，做成十字风车。再用螺丝钉的底座贴到一个磁力扣上，让磁力扣吸住螺丝钉。然后让电池的负极与螺丝钉的顶端连接，吸住后，轻轻提起电池，观察风车的转动。	知道磁力能产生动能让风车转动。
美工区	折纸小水滴	各种颜色的手工纸，白云、浪花图片，马克笔，折叠小水滴的流程图。	1. 幼儿自选手工纸，按照折叠流程图折出小水滴。 2. 选择白云或浪花的图片，将折好的小水滴放置在白云里或浪花里。	学习用对角折、对边折的方法折出小水滴的形状。
	纸杯小风车	废旧纸杯、剪刀、棉签、吸管、彩笔。	1. 在纸杯外侧均匀地六等分或八等分画好竖线，用剪刀沿画好的竖线剪至离杯底1厘米处。 2. 将剪开的纸杯长条逐一向外翻折成风车扇叶。在纸杯上随意画出自己喜欢的图案装饰风车扇叶。 3. 用棉签的无棉花一端由外向内插入杯底中心后再插入吸管中。 4. 将吸管折弯成风车棒，风车完成。 5. 幼儿尝试用嘴吹气或拿着风车在户外场地奔跑，让风车转起来。	学习制作、装饰风车，喜欢玩风车。
	节约水电标志图	节约用水和节约用电的提示图片，画纸、彩笔、马克笔、剪刀、彩泥。	幼儿观看节约水电的提示图片，自由选择绘画或泥工的技法设计节水节电的小标志。	练习用画、捏、搓、揉、压扁等不同技法设计节约水电标志。

（续表）

区域	名称	材料	玩法	价值
建构区	风力发电园区	各种风车发电的图片，各种积木、圆柱形薯片筒若干，长方体的牙膏盒若干，奶酪棒若干。	1. 观看各种风车发电的图片，利用建构材料和小朋友合作搭建各种各样、大小不一的风车。 2. 将搭好的风车合理摆放，设计风力发电园区。	运用垒高、拼插等方法搭建风车，建构风力发电园区。
表演区	皮影戏	录好的故事音频《小水滴旅行记》；自制的小水滴、太阳、浪花、云朵、树林、冰山、雪花皮影；音乐播放器；白布；手电筒。	1. 幼儿选择自己喜欢的角色皮影练习操作。 2. 播放故事音频，幼儿根随故事情节合作进行表演。	练习皮影表演，体验合作表演皮影戏的快乐。
	大雨小雨	《大雨小雨》音频、节奏图谱，音乐播放器；碰铃、手铃、铃鼓等乐器。	播放音乐《大雨小雨》，幼儿看节奏图谱，跟随音乐旋律拍打节奏，在相应处选择碰铃、手铃、铃鼓等不同的乐器进行演奏，模拟大雨哗啦啦和小雨淅沥沥声音。	练习跟随音乐旋律，使用乐器进行演奏。

【户外运动活动建议】

1. 走出活动室准备户外活动时，让幼儿提醒老师关闭活动室电灯及电源。
2. 开展户外玩水游戏时，提醒幼儿遵守游戏规则，不随意洒水、泼水。
3. 户外活动时，可引导幼儿观察小树和小草缺水时的样子，感受植物离不开水。
4. 幼儿散步时，教师可与幼儿一起诵读关于节约水电的儿歌。

【日常生活活动建议】

1. 提醒幼儿洗手搓肥皂的时候要及时关闭水龙头。
2. 提醒幼儿不要随意按下卫生间马桶的冲水键。
3. 饮水时提醒幼儿接适量的水，不浪费饮用水。
4. 提醒幼儿不要随意打开幼儿园活动室和楼道里的电灯开关。

【环境创设】

1. 将幼儿自己设计的节水标志展示在活动主题墙上。
2. 在主题墙上张贴幼儿和家长搜集的有关干旱区域人们生活的照片。
3. 在活动室适当位置展示幼儿画的节能台灯等作品。
4. 在家园联系栏中介绍有关节约水电的知识。

【家园共育】

1. 刷牙和洗脸时，提醒孩子及时关掉水龙头，节约用水。
2. 家长和孩子一起制订节水小计划，如：洗菜水可以用来浇花、冲厕所等。
3. 家长可让孩子当小小监督员，每天检查家里的电器及时关闭的情况，做到节约用电。

【社会实践】

节约水电宣传员

◎活动目标

1. 知道节约水电的方法。
2. 愿意参与关于节约水电的宣传活动，把节约水电的方法分享给社区邻居。

◎活动建议

1. 家长与幼儿收集中国和地球其他缺水地区的图片，制作宣传单，宣讲节水的重要性。
2. 家长与幼儿收集整理家中的节约水电的好方法，幼儿练习做介绍。
3. 家长引导幼儿制作节约用电的提示卡，在宣传的时候作为小礼物送给邻居。
4. 幼儿和家长一起来到生活社区的公共区域，幼儿有礼貌地向周围的邻居进行节约水电的宣传。
5. 家长用照片记录幼儿做宣传时的情景，并为孩子记录宣传的人数。
6. 宣传结束后，家长和幼儿交流宣传活动的感受。

【发展评估】

“节约水电”好习惯养成幼儿家长评价表

宝贝们，经过一个月的时间，你养成“节约水电”的好习惯了吗？现在请你和爸爸妈妈一起玩一个问答小游戏。

班级：　　　　　幼儿姓名：

评价内容	评价结果
1. 家中的自来水是从哪里来的？请你说一说。	
2. 水可以帮助我们做哪些事情？请你说出五个。	

（续表）

评价内容	评价结果
3. 非洲的小朋友是怎样取水的？	
4. 节约用水的好方法都有哪些？	
5. 风车是怎么发电的？	
6. 电可以帮助我们做哪些事情？	
7. 节约用电的方法有哪些？请你说出三种。	
8. 停电以后可以做哪些有趣的事情？	

爸爸妈妈们请在沟通中对孩子的行为作出正确的评价，指导孩子用彩笔为自己的好习惯作出不同等级的笑脸评价。

评价标准：非常好 4 好 3 一般 2 差 1

“节约水电”好习惯养成教师评价表

班级：　　　　幼儿姓名：　　　　教师姓名：

目标	评价结果			
	4	3	2	1
1. 知道人、动物、植物的生活都离不开水。				
2. 了解自来水的来源及处理过程。				
3. 能用完整的语言说出水的用途。				
4. 知道非洲是一个水资源匮乏的地区，懂得节约水资源。				
5. 知道节约用水的办法，做到节约用水。				
6. 了解电的用途，知道我们的生活离不开电。				
7. 知道风力可以发电，能用简单的语言说出风力发电的原理。				
8. 了解“关灯一小时”活动，有节约意识。				
9. 知道节约用电的方法，养成节约用电的好习惯。				

评价标准：非常好 4 好 3 一般 2 差 1

好习惯十七　爱惜物品

【主题名称】我来爱护你

全家总动员

亲爱的家长朋友：

您好！“爱惜物品”既是一种美德又是一种良好的习惯。但是由于现在生活水平的逐渐提高，孩子们能轻易得到自己想要的物品，因此不懂得珍惜和爱护。出现玩具乱拆乱毁、在墙面桌面乱涂乱画、撕坏图书等不爱惜物品的行为。对孩子们不爱惜物品的心理和行为，我们都不能忽视，一定要认真对待，做到正确引导。因此，本月我们将开展主题活动“我来爱护你”，旨在培养幼儿“爱惜物品”的好习惯。

在幼儿园，我们有目的地进行培养，希望孩子能达到如下目标：

1. 爱惜各种物品，学会各种物品的正确使用和保管方法。
2. 知道借用别人的东西要爱惜并及时归还。
3. 掌握简单的修补图书、玩具等物品的方法。
4. 懂得爱护各种公共设施、文物古迹，不损坏、不乱涂乱画。
5. 乐于运用多种工具或材料进行不同的创作，懂得变废为宝。

在家庭生活中，我们建议您从以下几方面进行关注：

1. 请您以身作则，爱护和珍惜各种物品，如：物品轻拿轻放；如有破损尽量修补不丢弃，给孩子树立良好的榜样；多讲爱惜物品的故事，对孩子进行引导。
2. 当孩子不爱惜物品，甚至破坏物品时，家长要及时制止并进行教育。
3. 不要盲目地为孩子购置过多的物品，更不能孩子要什么就都无条件满足。
4. 教给孩子一些玩具或物品的正确使用方法，避免损坏和浪费。

感谢您的参与！为了孩子的成长，让我们一起努力！

【主题目标】

1. 学习并掌握各种物品的正确使用和保管的方法，养成爱惜物品的好习惯。
2. 知道借用别人的物品时要经过他人同意，并做到小心使用、及时归还。
3. 爱护玩具、图书、文具等物品，掌握其破损后简单的修补方法。
4. 练习按类别整理好自己的物品，做到用过的东西物归原处。
5. 了解各种公共设施和文物古迹的作用，外出或游玩时懂得爱护公共设施和文物古迹。
6. 爱惜并合理使用自己喜爱的物品，享受陪伴与使用时的美好。
7. 乐意学习改造物品的方法，知道废物利用，物尽其用。

【主题口号】

爱惜物品你我他，文明行为人人夸

【三字儿歌】

爱惜物品

小玩具，图画书。
会整理，归原处。
旧文具，旧衣服。
学创造，变新物。
古名胜，公共物。
勿破坏，懂保护。
你我他，齐动员。
常做到，文明驻。

【集体教学活动】

活动一　变变变！当一天玩具

◎活动目标

1. 欣赏绘本，理解并说出故事中各种玩具的不易之处。
2. 尝试与同伴合作模仿玩具，体验当玩具的不容易。
3. 学会换位思考，萌发对玩具的爱惜之情。

◎活动准备

1. 课件：《变变变！当一天玩具》绘本故事节选图片，陀螺旋转视频，积木图片。

2. 地垫4块。

◎活动过程

一、师幼律动，动作表现玩具特征

师：孩子们，我们一起来做个小律动吧。

幼儿跟随教师一起用动作表现玩具。

师：这些都是我们喜欢的玩具。有个小男孩他不仅喜欢玩具，他还想当一当玩具，让我们一起来看看吧。

二、欣赏绘本，了解故事基本情节

教师播放课件，讲述绘本故事，幼儿观看并倾听。

师：变变变！当一天玩具，玩具们好像很快乐。好，我就当一天玩具试试看。你们看他变成了什么？（铁轨）变变变，当一天铁轨！看！他怎么了？为什么是这样的表情？

幼儿根据绘本画面大胆表达自己的理解。（他的表情看起来很痛苦；我猜当铁轨应该不好玩）

师：你觉得他当成铁轨会发生什么事呢？

幼儿大胆猜测。（当铁轨会被火车压得很疼）

教师继续播放课件，讲述绘本故事，幼儿观看并倾听。

师：哎哟哎哟哎哟哎哟，好疼啊，当铁轨真不容易啊。看看他又当成了什么玩具？（蜡笔）变变变！当一天蜡笔。小男孩当成了蜡笔，会有什么样的体验呢？

幼儿根据想象大胆猜测。（会被人用来画画）

师：哧溜哧溜哧溜哧溜，啊疼疼疼疼疼疼疼疼疼！当蜡笔真不容易啊。

三、模仿游戏，体验当玩具不容易

1. 变陀螺

教师播放课件，继续讲述绘本故事，幼儿观看并倾听。

师：他还想继续变，你们看，他又想当什么玩具呢？（陀螺）你们玩过陀螺吗？谁能来模仿模仿。

请个别幼儿模仿陀螺由快到慢的转动过程。

师：想知道陀螺是怎么转的，一起来看一段视频吧。

教师播放陀螺转动的视频，幼儿仔细观察。

师：谁来说说陀螺是怎么旋转的？谁愿意来模仿一下视频中的陀螺？

幼儿根据经验回答，并尝试模仿。（陀螺就是这样很快地转圈圈）

小结：原来陀螺是先快速旋转，然后一点一点地变慢了，最后倒在地上停止不动。

师：那你们想不想都来当一下陀螺呢？（想）请听好游戏规则，音乐响起后，请认真倾听音乐的旋律，音乐快的时候请你也快速旋转，音乐慢下来，就请你慢慢旋转，音乐停止后陀螺也停下不能再动了。记住！要做一个安静的陀螺，才能听清音乐进行游戏。

教师播放音乐，幼儿随音乐的速度表现陀螺由快到慢再到停的过程。

师：刚刚你们都变成了陀螺，你觉得当陀螺容易吗？（不容易）为什么不容易？

幼儿根据体验回答。（转的时候太晕了）

师：我们来听听这个小男孩当成陀螺后是什么感受。

教师播放课件，继续讲述绘本故事，幼儿倾听。

师：变变变！当一天陀螺，骨碌骨碌骨碌骨碌，哎哟哎哟哎哟！当陀螺真不容易啊。

2. 变积木

师：你们觉得他还想当玩具吗？（想）你觉得他还会当什么玩具？

幼儿自由猜测回答。（汽车、变形金刚等）

师：看！这是什么？

教师继续播放绘本故事课件，幼儿观看并回答。

师：变变变！当一天积木。怎么把自己当成积木呢？

幼儿自由表现。

（1）一块积木

教师出示方形积木块图片，幼儿观看。

师：现在每人都可以先当成一块方形积木试一试，注意方形积木可是稳稳的，我要看看你们变成的积木是不是也是方方的、稳稳的。

幼儿用动作表现方形积木。

（2）三块积木

师：一块积木的变变变太简单了，难度升级，请看！

教师出示三块积木组合图片，幼儿观看。

师：变成三人组合的积木可没那么容易了，谁来说说三人要怎么做才能变成图片中积木的样子呢？

幼儿观察图片后思考并回答。（三个人合作，摞在一起）

师：三块“积木”搭在一起，每块积木既要稳又要保持方块积木的样子，可不是一件容易的事情。有没有人敢来试一试？现在请你们 3 人一组，选择一块地垫作为你们的场地，不用脱鞋，一起合作试一试。注意既要稳固又要保持方块积木的样子。

幼儿三人一组合作搭建，教师巡回指导，及时鼓励成功的幼儿。

师：刚刚哪组成功了？来和大家说说你们成功的秘诀是什么。

成功的小组分享经验。

小结：三块“积木”想要搭建成功，如果下层的两块“积木”体重比较重，而上层的“积木”体重较轻，会比较容易成功。但最重要的原因一定是两层的“积木”都要专心且有力量地坚持住，才能成功。

（3）五块积木

师：三个人合作的积木玩过了，敢继续尝试更难的组合方式吗？

教师出示五块积木组合的图片，幼儿观看。

师：这是几块积木组成的？（五块）下面几块上面几块？（下面三块，上面两块）敢不敢来？下面的三块谁来？上面的两块谁来？

请五名幼儿一组，尝试合作。

师：我想问问你们，谁刚才在下层当积木？感觉怎么样？谁刚刚在上层当积木？感觉怎么样？

幼儿根据感受回答。（在下一层感觉压得特别疼，在上一层我要小心，一定要稳一些）

师：刚刚在下层当积木的孩子感觉被压得很难受、很疼，在上层当积木的孩子也不好受，很硌、很不稳，对吗？那你们觉得当积木辛苦吗？

幼儿根据体验回答。（非常辛苦）

（4）六块积木

教师出示六块积木组合的图片，幼儿观看。

师：六块积木敢不敢来？六个小朋友试一试。底层谁来？底层可需要有力量又能坚持住的孩子，第二层谁来？最上面谁来？

教师请六名幼儿进行尝试。

教师播放课件，继续讲述绘本故事：小男孩变成积木后，哎呀呀呀呀呀，好重呀，当积木真不容易呀。

四、续听故事，感受更多玩具不易

师：小男孩当这些玩具感觉都怎么样？（真不容易）小男孩仍然想尝试，看看他又去当什么玩具了。

教师播放课件，继续讲述绘本故事，幼儿倾听。了解小男孩当吹龙口哨、响板、气球的体验，感受当更多玩具的不容易。

五、换位思考，懂得爱惜身边玩具

师：当了一天的玩具后，你觉得小男孩感觉怎么样？

幼儿自由回答。（很辛苦，比较累）

师：小男孩说看来当玩具不是那么轻松容易的事情，每个玩具虽然都为我们带来了快乐，但是我们从来都没有想过，玩具也都很辛苦，玩了一天玩具后，一定要把他们收拾好。看了这个绘本，你以后会怎样对待你的玩具呢？

幼儿自由回答。（好好对它，爱护它）

小结：玩具为我们带来了许多快乐，陪伴我们成长，我们作为它的主人，也要学习去换位思考，感受它们的不容易，做到爱惜玩具。

附：

变变变！当一天玩具（节选）

玩具们好像很快乐。好，我就当一天玩具试试看。

变变变！当一天铁轨！哎哟哎哟哎哟哎哟。好疼啊！当铁轨真不容易啊。

变变变！当一天响板！嘎达嘎达嘎达嘎达嘎达嘎达。当响板真不容易啊。

变变变！当一天陀螺！骨碌骨碌骨碌骨碌，哎哟哎哟哎哟哎哟哎哟。当陀螺真不容易啊。

变变变！当一天积木！哎呀呀呀呀呀呀呀。好重啊！当积木真不容易呀。

变变变！当一天吹龙口哨！哔哔哔哔哔哔！呼哧呼哧呼哧。当吹龙口哨真不容易呀。

变变变！当一天蜡笔！哧溜哧溜哧溜哧溜，啊疼疼疼疼疼疼疼疼疼！当蜡笔真不容易啊。

变变变！当一天气球！啊——噗！当气球真不容易啊。

玩具们可真不容易啊。玩了一天玩具后，一定要把他们收拾好哦。

（秦皇岛市启航幼儿园 / 王双遇）

活动二　书本医生

◎活动目标

1. 认识常见修补图书的工具，知道它们的使用方法。

2. 学习并尝试用不同的方法修补图书。

3. 体验修补图书后的愉悦，懂得爱护图书。

◎活动准备

1. 课件：哭声录音，《书本医生》绘本动画视频，破损的图书图片，修补工具图片。

2. 透明胶带、双面胶、橡皮、胶棒、剪刀等修补工具。

3. 破损的图书若干。

◎活动过程

一、倾听声音，讨论哭声原因

教师播放哭声录音，幼儿倾听。

师：听！是谁的哭声？为什么哭？

幼儿猜想回答。（小朋友；因为他有伤心的事情）

教师播放课件，出示破损的图书图片，幼儿观察。

师：原来是一本书，书宝宝为什么哭？

幼儿观察回答。（书宝宝觉得自己很脏、它被小朋友撕破了等）

师：原来书宝宝满身褶皱，还被撕破了，书宝宝才会哭得这么伤心。今天我带来一本书，名字叫作《书本医生》，通过书的名字，你们猜一猜这本书会讲什么呢？

幼儿猜想回答。（医生的事情）

师：那我们一起来听一听这本书讲了什么。

二、欣赏动画，理解故事内容

教师播放绘本动画视频第一段，从故事开始到“别担心，妈妈有办法”，幼儿边看边听。

师：刚才的视频中都有谁呢？妈妈带着他们去做什么了？他们喜欢看书吗？为什么？

幼儿根据故事内容回答。（宏贝、宏西和妈妈；去图书馆看书；喜欢看书；书里有好听的故事）

师：对，他们非常喜欢看书，在图书馆没看够，还借了图书回家看。然后发生了什么事？

幼儿根据故事内容回答。（书被人弄坏了）

师：猜猜看，妈妈有什么办法？

幼儿思考回答。（妈妈会把书粘好）

师：你们想到的办法很不错，我们一起看一看妈妈用的什么办法吧！

教师播放绘本动画视频第二段，到“宏贝和宏西心里都喜滋滋的”，幼儿边看边听。

师：妈妈是怎么做的，用到什么工具？

幼儿根据故事内容回答。（妈妈用胶带把掉下的书页粘得平平整整，又用橡皮把涂花的书擦得干干净净）

师：看到妈妈把图书修补好了，他们是怎么做的？

幼儿根据故事经验回答。（他们学会妈妈的方法，也去修补图书）

师：把图书都修补好之后，他们的心情是怎样的？（开心）

三、观看课件，说说修补方法

教师播放课件，出示破损的图书图片，幼儿观看。

师：你们看这些图书出现了什么样的破损，为什么会这样？

幼儿自由回答。（看书时不小心会撕坏，翻书的时候用太大力气，乱涂乱画）

师：咱们班的图书角里面有好多图书，你们有没有发现存在破损的情况呢？（有）我们看到这些图书应该怎么做呢？

幼儿自由回答。（用橡皮擦掉书上乱画的痕迹；告诉小朋友，书上不能乱画；如果发现有书撕破了，我会用胶带粘好；有些书页折角了，我能把它重新铺平。）

四、认识工具，分组修补图书

师：你们说得都很好，那修补图书都需要什么工具呢？

幼儿根据经验回答。（胶棒、透明胶带）

教师播放课件，出示修补工具图片，幼儿观看。

师：我这里有一些简单修补图书的工具，谁来说一说这些工具怎样使用呢？

幼儿根据经验回答。（橡皮可以擦掉乱画的铅笔印或者脏手印，透明胶带能把撕掉的书角粘好）

师：我这里有一些需要修补的图书，下面一起来动手试一试吧！两个小朋友合作一起先讨论一下这本书应该怎么修补，要用到哪些工具，然后再动手进行修补。

幼儿分组合作，动手操作来修补图书。

师：书宝宝修补好了，哪个小组说一说你们的书哪里破损了，又是怎么修补的？

幼儿根据操作回答。

师：图书修补好了，你们的心情怎么样？（开心、高兴）

五、继续观看，懂得爱护图书

教师播放绘本动画视频至故事结尾，幼儿边看边听。

师：给书本当起了小医生的宏贝和宏西把所有借来的图书都修补好了，拿到图书馆去还书，别的小朋友看见书完好无损，心情是怎么样的？

幼儿回答。（非常开心）

师：我们和宏贝和宏西一样学会了修补图书，那么你们知道该如何避免图书破损吗？

幼儿自由回答。（看书时一页一页轻轻地翻，看书之前要把手洗干净）

小结：不要在书本上乱写乱画，更不要故意损坏它们，要把桌子擦干净再放书，把手洗干净再一页一页轻轻翻书，发现书本脏了、破了，要及时清理和修补，看过的书要摆放整齐。希望你们都是爱护图书的好孩子。

附：

书本医生

又是一个春和日暖的好天气，妈妈带着宏贝和宏西来到儿童图书馆，宏西安静地坐在妈妈怀里，听妈妈读着有趣的故事。宏贝独自坐在一旁，脸上还带着淡淡的微笑，好像是被这美丽的故事吸引住了。

图书馆里有意思的书实在是太多了，宏贝想借几本书慢慢地看。一回到家，他们就迫不及待地捧着书跑进了他们的小房间。咦？有一张纸掉了出来，宏贝走过去一看，那不是这本书最精彩的一页吗？宏贝鼓着脸向妈妈抱怨："我们借回来的书好多都被人弄坏了。""别担心，妈妈有办法。"妈妈用胶带把掉下的书页粘得平平整整，又用橡皮把涂花的书擦得干干净净，看！现在是不是和新的一样？妈妈实在太厉害了，宏贝和宏西也学着妈妈，也当起了书本医生。他们把损坏的书页粘好，又把涂花的书页擦干净，看着被修补得整整齐齐的书本，宏贝和宏西心里都喜滋滋的。

夜渐渐深了，宏贝和宏西累得倒在地上沉沉睡着了。一阵耀眼的光芒闪过，匹诺曹、小猴、大叔和小红帽从书里跑了出来，他们把宏贝和宏西带到了童话山上，带着厚厚的书本放到他们身旁，原来朋友们是想让宏贝和宏西帮书本们看病呢！蝴蝶治好了翅膀竟然从书中飞了出来，他们高兴地一起唱歌跳舞快乐极了。吱——嘎，门轻轻地被推开了，"这两个孩子睡梦中还带着甜甜的微笑，肯定是梦到什么好玩的东西了。"爸爸和妈妈抱起睡得正香的姐弟两个，把他们轻轻地放在床上。第二天，宏贝和宏西再次和妈妈来到图书馆，他们在那里静静地看着书，一旁的宝宝看着被修补好的书惊喜地笑了出来，那可是宏贝和宏西辛苦了一下午的成果。看着宝宝高兴地笑了，他们心里也乐开了花。

（秦皇岛市启航幼儿园 / 赵娜）

活动三　小蜡笔头儿

◎活动目标

1. 欣赏绘本故事，了解小蜡笔头逐渐变短的原因，感受小蜡笔头的勇敢乐观和乐于助人。

2. 尝试运用工具和材料进行改造来延长蜡笔的使用时间。

3. 体验成功改造小蜡笔头的快乐，萌发创意改造的兴趣。

◎活动准备

1. 课件：小蜡笔头图片，绘本《小蜡笔头儿》故事图片，创意图片。

2. 操作材料：纸、胶带、剪刀、模具、压舌板、木棍、小锤子等材料；带有星星的绘画纸4张。

◎活动过程

一、观看课件，认识绘本故事的主人公

教师播放课件，出示小蜡笔头图片，幼儿观看。

师：这是什么？（蜡笔）看看它的长度，怎么样了？

幼儿自由回答。（很短，快用完了）

教师播放课件，讲述故事到“被人扔进了垃圾桶里”，幼儿倾听。

师：为什么它会被人扔了呢？你们觉得它还有用吗？

幼儿思考后回答。（因为太短了就被扔了，还有用）

教师播放课件，讲述故事从“蜡笔头大声地喊起来”到“也许有什么事情用得上我呢”，幼儿倾听。

师：小蜡笔头认为自己还可以用，于是它去了外面的广阔世界，接下来会发生什么事？我们一起来看看吧！

二、欣赏绘本，了解蜡笔头变短的原因

教师播放课件，出示绘本中带有小鸡童鞋的图片，幼儿观察。

师：小蜡笔头遇到了谁？（一双鞋）鞋子上的小鸡为什么要哭？小蜡笔头会怎么做？

幼儿思考后回答。（小鸡的颜色都要掉光了；为小鸡涂上颜色）

教师播放课件，讲述故事第二段至第五段，幼儿倾听。

师：小蜡笔头又遇到了谁？（小汽车）小汽车的表情是怎样的？为什么？小蜡笔头会怎样做呢？

幼儿自由回答。（小汽车非常伤心，因为主人不跟它玩；为它涂上颜色）

教师播放课件，讲述故事从“蜡笔头儿走到路旁的树荫下”到“抽抽搭搭地哭了起来”，幼儿倾听。

师：这时小蜡笔头又遇到了谁？（小石头）现在它在做什么？

幼儿根据图片内容回答。（为小石头涂上了漂亮的颜色）

教师播放课件，讲述故事从“小石头的身上白不白，灰不灰的，颜色很奇怪”到“小石头变成了黄色，漂亮极了”，幼儿倾听。

三、动手操作，探索改造蜡笔头的方法

师：帮助了这么多朋友的小蜡笔头会有哪些变化？（越来越短了）你认为现在小蜡笔头还有什么用处吗？

幼儿自由表述。（有用，还能继续涂色）

师：我为你们准备了一些材料和工具，还有我收集到的一些蜡笔头，你们试一试用什么方法能让小小的蜡笔头用起来更方便或者有新的用处。

幼儿分组商讨办法尝试操作，教师巡回指导。

师：哪一组先来分享一下你们的方法？说说你们组是怎样做的？

幼儿分小组展示。

师：你们的方法很不错，我这里也有一些方法，我们一起看一看，感兴趣的小朋友可以回家尝试。

教师播放课件，出示创意图片进行讲解，幼儿观看倾听。

四、继续欣赏，感受蜡笔头的美好品质

教师播放课件，讲述故事第十一段，幼儿倾听。

师：小蜡笔头想干什么？

幼儿回答。（它想用尽全身的力量给星星涂色）

师：你认为小蜡笔头能给星星涂上颜色吗？（能）你们喜欢小蜡笔头吗？（喜欢）为什么？

幼儿自由回答。（它愿意帮助别人）

小结：你们说得对。因为它虽然小小的，但它用自己仅有的力量帮助了许多需要帮助的朋友，它有一颗坚强勇敢乐观和乐于助人的心！

五、集体涂色，体验改造后蜡笔的妙用

师：你们想不想向小蜡笔头学习，做一个助人为乐的好孩子呢？

幼儿回答。（想）

师：那么现在我们就一起用你们刚刚改造的蜡笔帮助小蜡笔头为天空中的星星涂上颜色吧！

教师出示带有星星的绘画纸，并分发到各组。幼儿分组涂色，教师巡回指导。

师：看来小小的蜡笔头并不是没有用处，用它涂画的天空多美呀！所以，我们要爱惜这些看起来没用的东西，不能随手丢掉，其实稍加改造还是可以继续使用的。

附：

小蜡笔头儿

有一支短短的、黄色的蜡笔头儿，被人扔进了垃圾桶。蜡笔头大声地喊起来：“我还可以用呢！我还能涂出美丽的颜色！”可是，没有人来捡起他。“那好吧，我自己从这里走出去。我还有用处呢。”外面是阳光明媚的广阔世界。“对了，到外面那个广阔的世界去吧。也许有什么事情用得上我呢。”

草地上，晾着一双刷干净的童鞋。印在鞋子上的小鸡，露出了一副要哭的样子。“你们怎么啦？”“我们总是被弄得浑身是泥，给人刷来刷去，颜色都要掉光了。”可不是吗，小鸡的颜色已经很浅了。

“那好，我来给你们涂上漂亮的颜色。”蜡笔头儿很卖力地为小鸡涂上了颜色。小鸡变得非常漂亮。但蜡笔头变得更短了。“谢谢你，小蜡笔。”“很漂亮吧。那好，再见啦！”蜡笔头儿嗒嗒嗒地走了。

一辆黄色的玩具汽车，孤零零地停在门的旁边。“你怎么啦？”“我已经被用旧了，小主人说我脏，不和我玩儿。”寂寞的小汽车说。“那好，我来给你涂上崭新的颜色。”蜡笔头儿很卖力地为颜色脱落的小汽车涂上了颜色。

小汽车变得非常漂亮。可是，蜡笔头儿却变得越来越短了。“谢谢你，小蜡笔。”“很漂亮吧。那好，再见啦！”蜡笔头嗒嗒嗒地走了。

蜡笔头儿被明晃晃的太阳晒着，出了一点儿汗。“找个地方歇一会儿吧。”蜡笔头儿走到路旁的树荫下，歇一歇脚。这时，一个男孩朝这边走来。

“啊，这儿掉了一只蜡笔。”男孩把蜡笔头儿捡了起来，“什么呀，这么个小不点！”男孩说着，又啪地把他扔了。蜡笔头儿撞在了小石头上，抽抽搭搭地哭了起来。

小石头吃惊地问：“小蜡笔，你很疼吗？”“不，不是因为疼。他说我是小不点儿，还把我扔了，所以我才哭的。”“小不点儿有什么不好！你的颜色多漂亮啊。我也想有你那么漂亮的颜色。”小石头的身上白不白，灰不灰的，颜色很奇怪。

“那好，我来给你涂上漂亮的颜色吧。”蜡笔头儿劲头十足，为小石头涂上了颜色。小石头变成了黄色，漂亮极了。可是，蜡笔头儿却变得越来越小，小得像一颗豆粒儿。

“谢谢你，小蜡笔。可你却变得这么小，真对不起！”“没关系呀。虽说我是小不点儿，可是有这么多用处，我很高兴啊！好吧，再见啦！”蜡笔头儿又嗒嗒嗒地走了。

天黑了下来，星星开始在夜空中闪烁。“星星真美啊。小主人画星星的时候，总是用我来画的，所以，我和星星是好朋友。”“咦？”蜡笔头儿盯着一颗星星。“那颗星星的光真微弱啊，好像就快要熄灭了。”“啊，我想给那颗星星涂上颜色，虽然我变得这么小，可是，如果把我的全部都用上，那颗星星一定会重新大放光彩的。”这时候，从蜡笔头儿那很小很小的身体里，涌出了很大很大的一股力量。

“我要去给那颗星星涂上颜色！”蜡笔头儿瞄准天空。接着，它像一支小小的火箭，朝着那颗将要熄灭的星星一直飞去。

（秦皇岛市启航幼儿园 / 安新蕊）

活动四　约瑟夫有件旧外套

◎活动目标

1. 感知旧衣从外套到纽扣的变化，感受约瑟夫的聪明才智。

2. 学习旧衣物改造的方法，并运用剪纸的方式进行尝试。

3. 对旧物改造产生兴趣，懂得物尽其用。

◎活动准备

1. 课件：《约瑟夫有件旧外套》绘本故事图片，外套图片，旧物品改造图片。

2. 剪刀、托盘、纸质外套、展示板。

◎活动过程

一、师幼讨论，说说旧外套处理办法

教师播放课件，出示外套图片，幼儿观看。

师：看！这件外套，你们觉得怎么样？

幼儿观察后回答。（有些破旧）

师：你从哪里看出来的？

幼儿回答。（外套上都是补丁）

师：这件外套都这么破旧了，你们觉得它还有用吗？你们有什么好办法让它变得有用起来吗？

幼儿思考后回答。（有用；可以把外套拆了做一些东西，可以给流浪狗做小垫子等）

二、倾听故事，学习改变旧衣的方法

师：谢谢你们的办法，这件外套的主人名叫约瑟夫，我们看一看，这件旧外套在他的手里是怎么变化的？

教师播放课件，讲述故事，幼儿倾听。

1. 外套变夹克

师：在一个农场里，有一个叫约瑟夫的农夫，他有一件旧外套，已经很旧了，于是他把外套改成了夹克。夹克和外套有什么不一样？

幼儿回答。（夹克小，外套大）

师：是的，外套要比夹克长一些。怎样才能让外套变成夹克？你能像约瑟夫一样把外套变成夹克吗？

幼儿思考后回答。（剪短一些）

师：你们桌子上的托盘里，每人都有一件纸质外套，请你试着把它变成夹克吧！

幼儿操作材料，动手将外套变成夹克。

2. 夹克变背心

教师播放课件，讲述故事，幼儿倾听。

师：过了不久，短夹克也变得又破又旧了，于是约瑟夫把夹克改成背心。背心和夹克有什么不一样？

幼儿思考后回答。（背心没有袖子）

师：夹克怎样才能变成背心呢？你能像约瑟夫那样把夹克变成一件没有袖子的背心吗？请你试一试。

幼儿操作材料，动手将夹克变成背心。

三、大胆操作，尝试进行创意的剪裁

师：渐渐地，背心也变得破旧了，大家猜猜看，这回约瑟夫会把背心改成什么呢？如果是你，你想要把你的那件背心变成什么？

幼儿自由表述。（我想把背心变成小书包，我想把背心变成头花，我想把背心变成手套……）

师：如果你想好要改成什么了，那就请你开始剪裁，把你剪好的作品夹在前面的板子上展示，看谁剪得又快又漂亮。

幼儿大胆动手进行操作。

四、展示作品，交流分享自己的创意

师：谁来介绍一下自己的作品，说一说你为什么改成这样呢？

幼儿介绍自己的作品。（因为我觉得我做的小书包要比背心小一些，这样布料能够用；我的手绢只需要从背心上剪下一块方形就可以）

五、续听故事，领悟爱惜物品的意义

教师播放课件，继续讲故事到结尾，幼儿倾听。

师：约瑟夫把一件旧外套变出了这么多实用的东西，你们觉得他厉害吗？（厉害）我也觉得约瑟夫真厉害真有办法。其实生活中不仅仅是旧衣服可以改造后再用，还有很多老旧闲置的东西都可以改造后继续使用的，我们来看看都有哪些物品可以改造。

教师播放课件，出示旧物品改造图片，幼儿欣赏。

师：想想你们家里有没有已经变小了的衣服，或者闲置、老旧的物品能被改造的呢？今天回家后和爸爸妈妈一起找找看，给它来个大改造继续使用，行吗？让我们一起爱惜身边的每一样东西，不要轻易地把它丢掉。

附：

约瑟夫有件旧外套

约瑟夫有件旧外套，已经很旧了。于是，约瑟夫把外套改成夹克，他穿着夹克去市场。约瑟夫有件短夹克，渐渐变得又破又旧了。于是，约瑟夫把夹克改成背心。他穿着新背心，在侄子的婚礼上跳舞。约瑟夫有件背心，渐渐变得又破又旧了。于是，约瑟夫把背心改成一条围巾。他披着新围巾，在男生合唱团里唱歌。约瑟夫有条围巾，渐渐变得又破又旧了。于是，约瑟夫把围巾改成一条领带。他打着新领带，去城里拜访妹妹一家人。约瑟夫有条领带，渐渐变得又破又旧了。于是，约瑟夫把领带改成一条手帕。他把新手帕放在胸前，喝一杯热乎乎的茶。约瑟夫有条手帕，渐渐变得又破又旧了。于是，约瑟夫把手帕做成了一个扣子。他把新扣子缝在吊带裤上。约瑟夫有一个扣子，有一天扣子不见了！现在，他什么也没有了。于是，约瑟夫做了一本书，这本书告诉我们——你可以“无”中生有，不断创造出新东西。

（秦皇岛市启航幼儿园 / 安新蕊）

活动五　文明小游客

◎活动目标

1. 了解名胜古迹的作用和价值，懂得要爱护名胜古迹。
2. 学会正确区分行为的对错，知道旅游时要做文明的游客。
3. 尝试制作文明旅游提示标志，萌发爱国爱家乡的情感。

◎活动准备

1. 课件：各地名胜古迹图片，判断文明行为图片，秦皇岛著名景点图片，文明旅游公益广告。
2. 卡纸、水彩笔。

◎活动过程

一、回忆旅游经验，了解我国名胜古迹

师：孩子们，你们都去过哪里旅游？谁来说一说？

幼儿根据经验回答。（北京、上海、陕西等）

师：你们去过这么多的地方啊！今天我也带大家去旅旅游，看看我们到的第一站是哪里。

教师播放课件，出示故宫的图片，幼儿观看后回答。（故宫）

师：谁去过故宫？说一说故宫在哪儿，（北京）介绍一下故宫里有什么。

幼儿根据旅游经验回答。（大殿、故宫钟表馆等）

小结：北京故宫是我国著名的国家级名胜古迹，是木质结构的，是古代皇帝居住的地方，里面有很多的庭院。

师：接下来看看下一站我们来到了哪里。

教师播放课件，逐一出示我国不同地方的名胜古迹图片，师幼以问答的形式逐一进行认识。

师：我们刚刚认识的故宫和兵马俑等都是名胜古迹，那你知道什么是名胜古迹吗？

幼儿思考后回答。（旅游的地方，很早很早之前人们留下的地方）

师：名胜古迹就是风景优美和有古代遗迹的著名的地方。中国是世界上最古老的文明国家之一，名胜古迹很多。那你知道去名胜古迹游玩时应该怎么做吗？

幼儿根据经验回答。（不能站上面去、不乱涂乱画等）

二、观看游玩图片，判断旅游行为对错

教师播放课件，出示旅游时不文明行为图片，幼儿观看。

师：旅游中，人们拍到了这样的照片，你们觉得这样的行为合适吗？（不合适）为什么？我们应该怎么做才是正确的呢？

幼儿自由回答。（这位小朋友不应该坐到石像的背上；旁边有“爱护文物，禁止攀爬”的标志牌，他们还这样做特别不文明；这位小朋友可以站在石像旁边拍照）

师：我们来玩一个游戏，请你来判断哪些是文明行为，哪些是不文明行为。游戏的名字叫“趣味翻卡”。我来讲一下玩法，我这里有12张卡片，你们可以随意选择一张卡片，说出它上面的数字，点开数字，判断数字后面图片的行为是否文明，文明行为放到文明行为盒子里，不文明行为放到不文明行为盒子里，并说出改正不文明行为的方法。

教师操作课件，带领幼儿玩“趣味翻卡”游戏，通过图片判断游客行为是否文明。

师：我们看了这么多文明与不文明的行为，如果我们再去名胜古迹游玩你知道应该怎么做了吗？（知道）所以，在以后的旅游中我们要丢掉那些不文明行为，留下文明行为。

三、观看公益广告，学习文明旅游行为

师：在旅游时，应该怎样做才是正确的、文明的？接下来，我们来看一段公益广告。

教师边播放公益广告边讲解，幼儿欣赏。

师：大家是不是都知道旅游时该如何去做一名文明的小游客啦？

四、欣赏家乡名胜，设计制作文明公约

师：其实，我们秦皇岛也有很多的名胜古迹和自然风光。我们来欣赏一下吧！

教师播放课件，出示秦皇岛著名景点图片，幼儿观赏。

师：我们的家乡——秦皇岛是一座美丽的旅游城市，每年假期都会迎来许多中外游客，作为城市的公民，如何提醒来这里旅游的每一位游客文明旅游呢？

幼儿大胆表达。（提醒他们在海边游玩的时候要及时收走垃圾、在景点游玩要文明拍照、在游玩的时候要爱护动物等）

师：接下来，就请你们来为秦皇岛旅游作出自己的一份小小的贡献，一起来制作文明旅游提示小标志吧，每人设计一个，让来秦皇岛的游客看到你的提示，就知道在秦皇岛游玩时哪些行为是文明的、允许的，哪些行为是不文明的、禁止的。

幼儿自由设计制作标志，制作完成后将作品粘贴在前面的黑板上，教师巡回指导。

五、展示设计成果，懂得做个文明游客

师：谁来和大家分享一下，哪个是你制作的标志？你的标志想告诉游客注意什么？

教师请 2 ～ 3 名幼儿进行分享，教师简单评价。

师：你们制作了这么多文明旅游提示小标志，希望大家在旅游的时候都能做到文明游玩，保护名胜古迹，让更多的人能感受这些景物的神奇与美丽。

（秦皇岛市启航幼儿园 / 贺沙沙）

活动六 绅士的雨伞

◎活动目标

1. 知道爱惜自己喜欢的物品要适度，懂得享受陪伴与使用时的美好。

2. 学习并掌握正确使用和日常保养雨伞的方法。

3. 体验和同伴一起与雨伞做游戏的快乐。

◎活动准备

1. 课件：《绅士的雨伞》绘本故事图片，轻音乐（自选）。

2. 实物雨伞三把。

◎活动过程

一、师幼交流，说说关于使用雨伞的话题

师：孩子们，你们的家中有雨伞吗？（有）什么时候我们会使用雨伞呢？你们的雨伞是什么样子的？

幼儿根据生活经验回答。（下雨的时候；我的雨伞上面是小猴子图案的，我的雨伞有一个弯弯的伞柄）

二、阅读故事，了解绅士不用雨伞的原因

教师播放课件，出示绅士与雨伞的图片，幼儿观察。

师：看，这位绅士也有一把雨伞，他的雨伞是什么样子的？

幼儿根据观察回答。（雨伞是黑色的，伞柄是弯弯的）

师：你们下雨的时候都会打开自己的雨伞，可是这位绅士在下雨的时候宁可淋雨，也不打开自己的雨伞，你们觉得会是什么原因呢？

幼儿猜测后回答。（也许他的雨伞是坏的，也许他喜欢淋雨，也许他不舍得用自己的雨伞……）

师：我们一起看一看到底是什么原因呢？

教师播放课件，讲述故事到“不然我的宝贝雨伞也会坏的”，幼儿倾听。

师：这位绅士为什么不打开雨伞呢？

幼儿根据故事内容回答。（因为绅士怕雨把雨伞弄湿了）

师：好奇怪啊！雨伞本来就是遮挡雨的，可是这位绅士却怕雨弄湿他的雨伞，你们觉得他为什么会有这样的担心呢？

幼儿猜测回答。（因为他太喜欢自己的雨伞了，他怕雨伞湿了没有地方放）

三、观看示范，学习日常保养雨伞的方法

师：你们说得非常对，这位绅士非常爱惜自己的雨伞，下雨的时候都不舍得使用，你们觉得他的这种爱惜雨伞的方法怎么样？

幼儿思考后回答。（我觉得他这样做很好，雨伞就不会坏掉；我觉得他这样做不好，湿了晾干

就可以）

小结：绅士知道爱惜雨伞肯定是对的，但是他爱惜的方法有一些不妥当。我们知道要爱惜物品，但是爱惜物品并不是不使用，而是要小心使用，精心保养，延长物品的使用寿命。

师：那么雨伞该怎样保养呢？

幼儿根据经验回答。（把雨伞撑开晾干，晾干的雨伞要及时收起来，把伞布折叠整齐）

教师边用雨伞演示边总结：

1. 使用雨伞后，应将雨伞在通风干燥的地方打开晾干，并在雨伞的肋骨和手柄上加少量润滑油，以防生锈和发霉。

2. 在打开雨伞之前，松开雨伞表面，拉直肋骨，然后慢慢打开以防止破裂。

3. 不要用雨伞挑东西，也不要让雨伞靠近高温以防止雨伞变形。

4. 新雨伞不应长时间不使用，以免长时间存放后变脆或变质。

5. 折叠雨伞时，请捏住雨伞的顶部，尽量不要用沾有汗水的手接触雨伞骨的折叠部分和雨伞表面相连的地方，以免日后在此处留下印记，这会影响外观。

四、继续阅读，感受绅士使用雨伞的美好

师：你们猜一猜，接下来这位绅士会不会使用自己的雨伞呢？

幼儿猜测后回答。（会，不会）

教师播放课件，出示绅士的雨伞图片，幼儿观看。

师：绅士使用自己的雨伞了，是什么事情让他作出了改变呢？

幼儿猜测后回答。（也许有人告诉他得用雨伞，也许雨下得太大了）

教师播放课件，讲述故事从“这时天上下起了毛毛细雨”到“绅士终于打开了他的伞”，幼儿倾听。

师：绅士为什么打开了自己的雨伞？

幼儿理解故事内容回答。（绅士也想听雨滴在雨伞上的声音）

师：打开雨伞后，绅士听到“滴答答和哗啦啦”的声音了吗？

教师播放课件，讲述故事“下雨了，滴答答。下雨了，哗啦啦”到“伞上和伞下都发出了快乐的声音”，幼儿倾听。

师：你们觉得绅士现在的心情怎么样？有没有很心疼自己的雨伞被雨淋湿呢？

幼儿思考回答。（他挺开心的，没有）

教师播放课件，讲述故事“绅士精神抖擞地回到家”到“他又开始心旷神怡”，幼儿倾听。

师：绅士果然很开心，他第一次感受到使用雨伞的快乐，第一次听到“滴答答和哗啦啦”的声音，这让他感觉非常美妙。

五、与伞共舞，体验雨伞游戏带来的快乐

师：接下来，我们用雨伞做一个游戏，也来感受一下雨伞带给我们的快乐吧！

教师邀请 6 名幼儿一起，边示范边讲解游戏玩法，其他幼儿观看倾听。

玩法：在轻音乐氛围下，幼儿围成圆圈蹲在地上，拿伞的人（教师或幼儿）站在中间。当拿伞人打开雨伞的时候，幼儿互相拉手缓缓起立；当教师将雨伞撑高时，幼儿踮起脚尖并将双手举高；当教师旋转雨伞时，幼儿双手放至体侧并按照伞的方向转圈；当教师说“下雨啦，滴答答”时，幼儿做弹指的动作，模仿雨滴的样子；当教师说“下雨啦，哗啦啦”时，幼儿双手做波浪状的动作，模仿雨水流动的样子；当教师合上雨伞时，幼儿再次蹲下。

教师播放轻音乐，幼儿自由结成人数相等的三组，根据游戏玩法进行游戏。

师：你们觉得和雨伞一起做游戏好不好玩？（好玩）我们在生活中不但要学会爱惜雨伞这样的生活用品，也要体会使用它们的开心与快乐。

附：

绅士的雨伞

有一位绅士，他有一把漂亮的雨伞，长长的，黑亮亮的，拄起来像根拐棍儿。绅士出门时总带上它。下小雨时，绅士宁愿让雨淋着也不把伞打开。因为他怕伞湿了。雨下大了，他就找个地方躲躲，一直等到雨停，因为他怕伞湿了。他急着赶路时，就抱着雨伞跑。因为他怕伞湿了。雨下个不停时，他就钻到陌生人的伞下，说：“劳驾了，让我躲一下吧！我就到前面不远的地方去。”因为他怕伞湿了。下倾盆大雨时，他索性就不出门，一直待在家里。当他看到大风吹坏了别人的雨伞时，就说：“看来，我不出门算对了，不然我的宝贝雨伞也会坏的。”

有一天，绅士在公园里歇着，他像以往一样，把手支在伞上，心旷神怡。然后，他仔细检查一下雨伞脏没脏，是否叠得整齐。如果没有发现一点儿毛病，他就放心得又开始心旷神怡。这时，天上下起了毛毛细雨。有一个小男孩，跑到树下避雨。他看到绅士有一把漂亮的雨伞，就说：“伯伯，你要是打伞去那边，带我去行吗？”绅士干咳了一声，眼睛往上瞟，装作没听见。“哎，小麻，你没带雨伞吗？咱们一起回去吧。”小男孩的朋友小女孩来了。两人大声唱着歌，在雨中往回走。“下雨了，滴答答。下雨了，哗啦啦。”

“下雨了，滴答答。下雨了，哗啦啦。”小男孩和小女孩走远了，雨中回荡着他们的歌声。“下雨了，滴答答。下雨了，哗啦啦。”绅士不由自主地重复了一遍：“下雨了，滴答答。下雨了，哗啦啦。”他站起来说：“这是真的吗？”

绅士终于打开了他的雨伞。“下雨了，滴答答。下雨了，哗啦啦。”绅士一边哼着歌儿，一边走到雨中。雨点儿打在他漂亮的伞上，发出了滴答答的响声。“哦，是真的呀，雨点儿打在伞上果然是滴答答啊！”绅士高兴起来。

一只被雨淋湿的小狗，甩掉了身上的雨水。绅士也转了几圈儿雨伞，雨点儿四溅。绅士往城里走去。街上的人都穿着雨靴，脚下雨水哗啦啦地响。“哦！这是真的呀！雨水果然是哗啦啦地响啊！”绅士不停地往前走。“下雨了，滴答答。下雨了，哗啦啦。”伞上和伞下都发出了快乐的声音。

绅士精神抖擞地回到家。进门后，他小心翼翼地收好了伞。“湿透了的伞也不赖嘛，这才像一把真正的雨伞。”绅士漂亮的雨伞，打湿了也很漂亮。他又开始心旷神怡。绅士的夫人大吃一惊，说：“哎呀，你打伞回来的吗？外面可下着雨呢！”绅士一边喝茶，一边抽烟，还不时地去看一眼被淋湿了的雨伞。

（秦皇岛市启航幼儿园 / 安新蕊）

活动七　爱惜他人物品

◎活动目标

1. 知道借用物品时要经过他人同意，懂得爱惜他人物品。

2. 尝试表演借物，学习借物和爱惜他人物品的方法。

3. 乐于参与记忆游戏，知道及时归还他人物品。

◎活动准备

课件：《逗逗借东西》故事动画视频，借用物品图片，归还物品游戏课件。

◎活动过程

一、经验回顾，分享借用物品的经历

师：孩子们，你们有借用过别人东西的经历吗？你借的是什么？

幼儿根据经验回答。（借过；发圈、油画棒、橡皮、滑板车等）

师：你借到了吗？你是怎样借到的？你没借到的原因是什么？

幼儿根据经验回答。（借到了，我就是跟我的好朋友说“你能把 ××× 借给我用一下吗”；没借到，她自己也要用就没有借给我）

二、观看视频，分析借物行为的对错

师：在一节美术课上，小朋友之间也出现了借东西的事情，我们一起来看一看。

教师播放动画视频《逗逗借东西》，幼儿观看。

师：你们觉得小猴逗逗这样做对吗？为什么？

幼儿根据动画视频内容回答。（不对；他没礼貌，没经过人同意，不及时归还，还把彩笔摔坏了）

师：那么，向别人借用东西的时候我们应该怎么做呢？

幼儿思考后回答。（要有礼貌，及时归还，不能用坏了……）

师：如果用坏了，该怎么做？

幼儿思考回答。（还一个新的给人家）

师：我们来听一听小伙伴们是怎样说逗逗的，小猴逗逗认识到自己的错误了吗？

教师继续播放动画视频，幼儿观看后回答。（逗逗向乖乖承认了错误，说要还给她一支新的笔）

三、即兴表演，学习借用物品的方法

师：我这里准备了一样东西，大家都认识吧？

教师播放课件，出示书，幼儿观看后回答。（书）

师：如果是你向别人借这本书，你会怎样做，谁来试一试？

请3名幼儿表演借书，教师引导幼儿说出不同的内容，其他幼儿观看。

师：如果你是这本书的主人，你会把书借给谁，为什么？

幼儿根据三位幼儿的表现回答。（我会把书借给×××，因为他有礼貌，他说会好好保管我的书，不会把它弄皱也不会撕坏，还说明天就还给我）

小结：向别人借用东西时也要讲究方法，先要礼貌地说出借用的理由，再说一说借到物品后自己会怎样保管，还要说出归还物品的时间，相信你的朋友一定会把东西借给你的。

四、师幼讨论，懂得爱惜他人的物品

师：刚刚我们在表演借书时，知道了怎样保管借来的图书，那么，其他物品我们应该怎样来爱惜呢？

教师播放课件，出示电动玩具、衣服、发卡等图片，幼儿观看。

师：如果我们借用了这些东西，我们应该怎样爱惜？

幼儿思考后回答。（电动玩具要按正确的方法来玩，不能随便拆卸；衣服借用完要洗干净再还回去；发卡要小心佩戴，不能用力掰……）

师：我们借用他人的物品一定要小心使用、不能弄坏；更不能弄丢，要小心保管；不能转借他人；保持清洁、保持原样。

五、记忆游戏，知道借物要及时归还

师：看来你们都知道该怎样借用和爱惜他人的物品了，借了物品还要记得及时归还，不然就会出现记不清楚的现象。

教师播放游戏课件，出示剪刀、胶棒、手工纸、油画棒、黏土图片，幼儿观看。

师：这些都是我从小班的老师手里借的东西，都有什么？

幼儿回答。（剪刀、胶棒、手工纸、油画棒、黏土）

师：我现在把它们还给小班的老师。

教师点击游戏课件，显示剪刀、胶棒、油画棒、黏土图片，幼儿观看。

师：我忘记还了什么东西？

幼儿回忆后回答。（手工纸）

教师点击课件，出示手工纸进行验证。

同样的方法，继续进行记忆游戏，完成借中班老师物品的还物任务。（借中班老师物品：帽子、马甲、手套、围巾、口罩、外套，忘记物品中任意两个）

师：通过今天的活动，大家一定要记住借用他人物品时，要征得对方同意，也要好好爱惜和保管，并且要及时归还，只有这样下次别人才会愿意将东西再次借给你。

附：

逗逗借东西

美术课上，逗逗忘记带水彩笔，他没法儿画画儿，决定向小朋友借水彩笔用。“快借我水彩笔用。”逗逗对乖乖说。“你上次借东西都没还给我，我才不借给你呢！”乖乖不高兴地说。逗逗一把抢过乖乖手中的水彩笔就画了起来，画完后“啪”一下就把水彩笔扔给乖乖说：“还给你的水彩笔。”水彩笔掉到地上摔坏了，乖乖伤心地哭了起来。老师听到乖乖的哭声走过来轻声说：“小朋友们，你们说逗逗错在哪里呢？”小蚂蚁说：“他借东西不归还。”小熊说：“他不用礼貌用语，不经过别人的允许就抢别人的东西。”“还把别人的东西都摔坏了。”小考拉说。逗逗听后很不好意思，赶紧对乖乖说：“对不起乖乖，明天我赔你一根新的水彩笔。”老师和蔼地对逗逗说：“这就对了，以后要注意改正哦！”

（秦皇岛市启航幼儿园 / 安新蕊）

活动八　爱护和管理物品

◎活动目标

1. 理解绘本故事，知道家中的物品是需要爱护和整理的。

2. 学习爱护和管理物品的方法，练习按物品类别进行整理。

3. 体验整理物品的快乐，懂得使用物品后及时物归原处。

◎活动准备

白板课件：《兔子太太回来了》绘本故事图片；衣柜、书架、电视、衣服、图书、玩具、易拉罐、快递纸箱等图片；练习整理的房间及物品操作课件。

◎活动过程

一、阅读绘本，了解兔子先生着急的原因

师：今天我给你们带来一个故事，故事里有谁呢？我们一起看一看。

教师播放课件，出示兔子先生起床的图片。

师：你们看这是谁？（兔子）兔子先生在做什么？他是什么表情？

幼儿观察回答。（惊慌、着急）

师：你们猜猜为什么呢？

幼儿自由表达。（上班要迟到了，睡过头了，做噩梦了）

教师播放课件，讲述故事从开始到“必须要尽快收拾干净！他对自己说”，幼儿倾听。

师：原来兔子太太没有在家，兔子先生把家里弄得乱糟糟的，他担心兔子太太回来会非常生气。

二、操作课件，解决兔子先生遇到的困难

教师播放课件，出示绘本故事中兔子先生洗碗、洗盘子的图片，幼儿观看。

师：哦！糟糕，要发生什么事？

幼儿根据图片内容回答。（洗完盘子，碗摞得很高要倒了）

师：你们有什么好办法能帮他？

幼儿思考后回答。（分类摆放）

师：怎么分类呢，谁来帮他分一分？

教师请幼儿操作白板课件，进行物品分类。

师：在你们的帮助下，兔子先生总算把这些餐具整理整齐了。我想问一下，家里使用的餐具都有什么材质的呢？我们在使用和整理餐具的时候需要注意什么？

幼儿根据经验回答。（陶瓷的、玻璃的、不锈钢的等；注意轻拿轻放，不打碎）

师：家里的餐具大多数都是陶瓷和玻璃制品，所以我们在使用时要格外小心，轻拿轻放，这样才会延长它们的使用寿命。

三、师幼讨论，学习爱护家中物品的方法

师：兔子先生把家里弄得乱糟糟的，你们觉得这样的行为好吗？（不好）像兔子先生这样的做法既不卫生，也没有爱护和管理好自己家里的物品。家里都有什么物品是需要我们爱护和管理的呢？

幼儿自由表达。（玩具、图书、水杯等）

师：我们一起来看一看！

教师播放课件，出示衣柜、书架、电视、衣服、图书、玩具、易拉罐、快递纸箱等图片。

师：这些物品要怎样爱护和管理呢？

幼儿自由表述。

小结：家中的电器要按照使用说明书来操作；家具要用柔软的布擦拭，保持清洁，不可用尖锐的东西碰到；衣服洗干净后要折叠整齐，分类收纳；易碎物品要轻拿轻放，小心使用；图书和玩具使用完要放回原处；垃圾要进行分类，有些东西可以废物利用。

四、完整阅读，了解兔子先生整理的过程

师：我们学习了爱护和整理物品的方法，那么兔子先生在兔子太太回来之前把家里整理好了吗？我们一起看一看。

教师播放课件，讲述故事从"叮咚，叮咚"到"我还以为回家后会看到一片狼藉呢"，幼儿倾听。

师：狼藉是什么意思？

幼儿根据自己的理解回答。（就是乱糟糟的意思）

师：狼藉就是杂乱不堪、乱七八糟的意思。兔子先生在兔子太太回家之前把家里整理得很整洁，他是怎么做到的呢？用了什么好的方法吗？

幼儿自由回答。（收拾、分类整理等）

师：兔子先生还真是很聪明的，在每收拾一种东西的时候就回忆兔子太太平时是怎么做的，所以他也用了同样的方法。

教师播放课件，讲述故事从“叠！叠！叠！兔子先生努力地叠衣服”到“他继续飞快地扫地、拖地、抹桌子……”，幼儿倾听。

师：兔子先生都整理了什么物品？怎么整理的？

幼儿根据故事内容回答。（衣服、鞋子、图书，折叠整齐、分类收纳）

五、分组操作，体验进行分类整理的快乐

师：兔子太太看到家里很干净，心情美美的，所以她就把自己旅游买的很多纪念品和送给兔子先生的礼物从行李箱拿出来。你们都学会了爱护和管理物品的办法，咱们帮她一起整理好吗？

教师播放课件，出示房间及行李箱的图片。

师：我们看一看兔子太太都买了什么东西呢？应该放到哪里呢？哪些东西需要特别小心的？

教师点击行李箱，逐个弹出物品图片。

师：哇！好多的东西呀！为了快一点把这些东西整理好，我们现在分成四组，每组负责整理一种类别的物品，把它们放到房间合适的位置。

教师将幼儿分成四组。

师：第一组负责整理服装类，第二组负责整理生活用品类，第三组负责整理装饰摆件类，第四组负责整理特产食品类。

幼儿先进行小组讨论，然后按小组顺序分别到前面进行白板课件操作，完成小组整理任务，四个小组全部完成后，师幼一起进行检查。

小结：你们都很棒！帮助兔子太太把物品全部整理完毕，也知道玻璃制品要小心轻放。兔子太太非常感谢你们，你们开心吗？（开心）学会了这项本领，以后在家中、在幼儿园也要分类管理好自己的物品，爱护自己的物品。

附：

兔子太太回来了

“哦，天哪！”兔子先生猛地从床上跳了起来——他睡过头了！

再过两个小时，兔子太太就要结束旅行回家了。

可是看看现在家里的一切吧！“必须要尽快收拾干净！”他对自己说。

兔子先生穿上围裙，飞快地把脏碗碟都清洗干净。

可是……好吧，这样做可不行！

兔子太太平时是怎么做的？哦，对了！把它们分分类！

大盘子、小碟子、大碗、小碗、咖啡杯……啊，这样摆放是不是好多啦？

叠！叠！叠！兔子先生努力地叠衣服。

可是……哦，真糟糕！

如果兔子太太在，她会怎么做的？哦，对了！把它们分分类！

上衣、裤子、内衣、袜子……嗯，这样叠放才整洁嘛！

效果不错！兔子先生继续努力。他把地板上的鞋子都收集到了一起。唉，它们看起来简直像座小山！——这又该怎么办呢？

兔子先生开动脑筋——啊，先把它们按颜色分类吧！红的、蓝的、白的……

哈哈，这样可清楚多啦！兔子先生顺利地为鞋子们找到了另一半。

可是，这还没完！书桌、茶几、床头都凌乱地堆放着许多杂志！兔子先生只好继续干活。

有了前几次的经验，这一次，他决定把收集起来的杂志按大小分类。大书和大书放一起，小书和小书放一起……哈哈，书架上也变得整齐多了！

兔子先生抬头看了看墙上的钟表——时间不多啦！他继续飞快地扫地、拖地、抹桌子……

"叮咚，叮咚——"门铃响了，兔子太太回来了！"哦，亲爱的，家里可真干净，我还以为回家后会看到一片狼藉呢！"

"多亏我想到了分类整理！"兔子先生偷偷松了一口气，"否则她一定会发现自己的猜测一点儿不错！"兔子先生在心中暗自庆幸。哈哈，不过这些他是不会告诉兔子太太的！"欢迎回家——"兔子先生给了太太一个温柔的吻。

（秦皇岛市启航幼儿园 / 安新蕊）

【个别化学习活动】

区域	名称	材料	玩法	价值
语言区	排排讲讲	绘本故事书《小蜡笔头儿》《约瑟夫有件旧外套》《绅士的雨伞》及配套图片，可插入式操作板。	幼儿自选故事及配套图片，根据故事情节的发展将故事图片按顺序插入操作板中，并连贯地讲述故事。	1. 巩固对故事内容的理解。 2. 练习排图讲述，提高语言表达能力。
	金牌讲解员	老龙头、角山长城、天下第一关等家乡景区图片放在盒子里。	幼儿两人一组，轮流扮游客和讲解员。扮游客者从盒子中任意抽取一张图片，扮讲解员者根据游客抽取的图片内容进行讲解，讲解内容包括景区建筑的介绍和游玩时的注意事项。	1. 了解家乡的名胜古迹。 2. 练习用语言讲述保护公共设施和文物古迹的方法。
	当一天玩具	绘本《变变变！当一天玩具》、图画纸、彩笔、小订书器。	幼儿阅读绘本，模仿绘本内容"变变变，变成××玩具，发出什么声音，当一天××玩具真不容易啊！"的语言格式续编故事。将续编的故事在纸上画下来，并进行装订。	1. 尝试按绘本的语言格式续编故事。 2. 学习用绘画的方式记录故事内容。

（续表）

区域	名称	材料	玩法	价值
益智区	爱惜物品好习惯棋	自制好习惯棋（叠衣服、踩椅子、坐桌子、修补图书、整理玩具等行为），不同颜色棋子两枚。	幼儿两人一组，每次猜拳获胜者走一步棋，遇到有行为图片的步数时，要说出此行为是否正确，如不正确怎样改正，说对前进一步，说错后退一步，先到终点者为胜。	1. 辨别行为的对错，懂得爱惜物品。 2. 体验与同伴玩棋类游戏的快乐。
	名胜古迹拼拼乐	名胜古迹（桂林山水、杭州西湖、安徽黄山、北京故宫等）图片及自制拼图24块；拼图方法步骤图。	1. 幼儿自选名胜古迹图片及拼图，按照拼图方法步骤图，用先拼出四角再从上到下的方法逐渐完成拼图，并能够说出这处名胜古迹的名称。 2. 幼儿自选拼图，观察拼块的形状、颜色、图案来完成拼图。	1. 了解整体与部分的关系，学习拼图的方法。 2. 认识并懂得爱护我国著名的名胜古迹。
	旧衣变化巧配对	一次性纸杯12个，平均分为两组，分别在每组纸杯的杯底画上《约瑟夫的旧外套》中外套、夹克、背心、围裙、手帕、扣子图案。其中两组纸杯的图案是可以一一配对的。	两名幼儿各拿一组纸杯，分别放在桌子的两侧，观察并记忆纸杯上图片的内容和每个纸杯的排列位置。游戏开始，两名幼儿分别将纸杯杯口朝上，杯底朝下，整齐地排成一排，通过猜拳的方式确定谁先翻开纸杯（一次只翻一个纸杯），赢的一方从自己的纸杯中选择一个翻过来，杯口朝下，杯底朝上。对方则快速从自己的纸杯中找到，并翻开与对方纸杯图案相同的纸杯，若纸杯上的图案相同，就可以赢得对方的纸杯。若纸杯上的图案不同，游戏从赢的一方重新开始。	1. 练习图案配对，增强观察力和记忆力。 2. 体验记忆游戏的快乐。
建构区	家乡的名胜古迹	老龙头图片；建构材料（大小相同的长方形、正方形积木或鞋盒、奶粉桶、废旧一次性纸杯，薯片桶）；老龙头入海石城、澄海楼搭建图纸。	1. 幼儿观察老龙头图片，利用建构材料随意搭建出城墙及城楼。 2. 幼儿3～4人一组，选择图纸共同商议，分工合作，按照图纸搭建城墙及城楼。	1. 了解名胜古迹的建筑特点，知道小心使用和分类整理建构材料。 2. 学会看图纸合作完成搭建任务。
美工区	绚丽的蜡笔画	蜡笔，长方形、方形、圆形绘画纸，蜡笔画作品（高耸的大楼、一个瘦子、长长的火车、篱笆上的小鸡、睡觉的猫咪、一个胖娃娃等）原图及轮廓图。	1. 幼儿自选一幅自己喜欢的蜡笔画作品轮廓图，按照原图的色彩进行涂色，要求色彩要与原图保持一致。 2. 幼儿先选择一幅蜡笔画作品原图，自选喜欢的形状画纸，运用蜡笔进行绘画临摹。	1. 练习按照作品的颜色进行选色涂色，掌握正确的平涂方法。 2. 感受和表现蜡笔画的炫彩之美。
	绅士的花纸伞	手工纸、圆形模具、铅笔、双面胶、幼儿专用剪刀、制作流程图。	幼儿按照制作流程图，制作雨伞。先用圆形模具和铅笔在手工纸上画出10～15个圆形；再用剪刀沿圆形轮廓线剪下圆形后将圆形进行对折变成半圆形，半圆形再对折变成扇形，将扇形用双面胶固定；之后把所有扇形边角对齐并用双面胶粘贴固定；最后用手工纸从一角卷起制作伞柄，固定到伞面中间。将成品展示到合适的地方，确保纸伞能完好地供他人欣赏。	1. 练习用剪刀边线吻合且平滑地剪出圆形。 2. 学会看流程图制作立体纸伞。
	旧衣变包包	废旧背心、牛仔裤、外套等旧衣；各种包包制作流程图；半成品包包材料；剪刀、笔、打孔器、订书器、线绳、塑料针等。	1. 幼儿选择半成品包包材料，按照包包制作示意图，利用塑料针和线绳完成包包的制作。 2. 幼儿选择一种旧衣，按照包包制作流程图，先用笔画出包包的轮廓，然后用剪刀沿轮廓剪出包包的形状，之后用打孔器、塑料针、线绳进行缝制，或是用订书器进行缝制。	1. 学习用旧衣制作包包的方法。 2. 锻炼手眼协调能力。

（续表）

区域	名称	材料	玩法	价值
科学区	彩虹雨	透明玻璃杯2个，搅拌棒1根，食用油，水，不同颜色的食用色素，实验步骤图。	幼儿按照实验步骤进行实验。先往盛油的玻璃杯中依次加入不同颜色的色素，并进行搅拌，观察食用色素不溶于油。再将搅拌后的油与色素混合物倒入盛有水的玻璃杯中，静置一会儿，观察发现油中的色素下沉到水中，形成神奇的彩虹雨现象。	1. 感知油水分离现象。 2. 爱惜实验器材，知道玻璃制品要轻拿轻放。
	伞布大挑选	棉布、尼龙布、绸缎、塑料、涤纶布、牛津布、帆布每样一块，杯子7个，橡皮筋7个，滴管，量杯，实验记录单，彩笔。	幼儿仔细观察、摆弄各种布料，并在记录单上记录自己的猜想，然后开始实验操作。先用皮筋将不同的布料固定到杯口出，保证布面紧绷平整；然后往罩在杯口的不同布料上滴水直至布面全湿，观察各种布下面的杯子有无滴落的水滴和滴水的先后顺序，并在记录单上做好记录。最后对照实验结果验证自己的猜想。	1. 探索不同布料的透水性，知道不透水的面料适合做雨伞。 2. 乐于进行实验猜想。
生活区	清洁玩具小能手	玩具（塑料、木质）；刷子、洗洁精、一次性手套、干净抹布、清水一盆；玩具清洁方法步骤图。	幼儿按照玩具清洁方法步骤图，选择合适的用具清洁塑料和木质玩具。如用刷子蘸少许洗洁精在清水盆中刷洗塑料玩具，洗干净后用干净抹布擦干放回原处；用干净抹布按照从整体到细节、从上到下、从左到右、从外向内的方法擦拭清洁木制玩具，送回原处。	1. 学习并掌握清洁玩具的方法。 2. 养成定期清洁玩具的好习惯。
	整理小达人	图书、玩具、衣服、生活用品等；书架、玩具筐、衣柜、收纳柜等；物品整理方法图；任务卡。	1. 幼儿按照物品整理方法图，将所有物品进行分类整理，并把它们放到相应的位置。 2. 幼儿选择任务卡，根据任务卡的内容运用合适的整理方法整理物品。如图书由大到小排列整理；玩具按照种类整理等；将衣服叠整齐放进衣柜中等。	1. 练习运用分类的方法整理物品。 2. 掌握各类物品的整理和保管方法。
	书本医生	橡皮、订书器、胶棒、各色卡纸、胶带、剪刀、破损的图书若干。	幼儿选择图书，认真检查并找到破损的地方，选择合适的工具进行修补。如：折角的地方要铺平；掉角的地方要用相近色卡纸补上用胶带粘合；掉页的要找到页码处进行装订等。	1. 掌握修补图书的方法。 2. 养成爱护图书的好习惯。
表演区	下雨的声音	各种打击乐器（串铃、双响筒、铃鼓等），音乐《大雨和小雨》，音箱，图谱（独奏、合奏）。	1. 幼儿自由选择一种乐器，根据教师提供的独奏图谱，跟随音乐进行演奏。 2. 幼儿根据教师提供的合奏图谱，一名幼儿指挥，另2～3位幼儿自主商量选择合适的乐器演奏。	1. 练习正确使用打击乐器，轻拿轻放，力度适中。 2. 乐意与同伴合作演奏。

【户外运动活动建议】

1. 进行户外活动时，提醒幼儿要按照游戏玩法和器材使用方法进行游戏。

2. 每周组织幼儿清洁一次班级的户外活动器材，如：大型积木、高跷、铁环、小三轮车等。

3. 在自选器械进行游戏时，提示幼儿要轻拿轻放，小心使用，游戏结束后及时归位。

4. 在做团体操时，提示幼儿注意爱惜团体操使用的辅助器材，跑、跳等过程中不踩踏，听音乐按照节奏做动作。

5. 提示幼儿在使用某些玩具或器材时如发现有损坏情况，要告诉老师，及时修理。

【日常生活活动建议】

1. 早入园时，提醒幼儿将自己的衣服、鞋子、背包等物品分类整理好放在自己的衣柜、鞋柜中。

2. 提示幼儿晨间阅读结束后能将图书整齐摆放在书架上，发现破损的图书能主动进行修补。

3. 提示幼儿在摆放椅子，取放餐具、口杯等物品时要做到轻拿轻放。

4. 洗手时，提醒幼儿轻轻开关水龙头、不玩香皂、不玩水。

5. 提醒幼儿中午饭后散步时，不要乱碰其他班级楼道的手工作品，知道别人的东西也要爱惜。

【环境创设】

1. 展示幼儿收集的与爱惜物品相关的标志。如：轻拿轻放、小心受潮、此面朝上等。

2. 教师将修补玩具、图书、文具的方法图片粘贴在主题墙上。

3. 展示幼儿与家长用家中旧物制作的亲子手工作品。如旧牛仔裤、旧背心做的包包；旧围巾做的玩具小熊等。

4. 将幼儿用废旧水彩笔和纸盒制作的小收纳盒展示在主题墙上。

5. 张贴幼儿绘画的文明旅游提示标志的绘画作品，如禁止乱涂乱画、禁止踩踏等。

【家园共育】

1. 建议家长和孩子运用家中的旧物或废旧材料进行亲子制作。如：水瓶制作花瓶、口服液瓶子制作风铃、牛仔裤兜制作挂袋等。

2. 建议家长鼓励孩子自己整理图书、玩具、衣服等，学习分类摆放、物归原处、整齐叠放等整理方法。

【社会实践】

全家去旅游

◎活动目标

1. 知道旅游景区的名称、价值及旅游的前期准备。

2. 学习爱护景区的公共设施和保护文物古迹。

3. 懂得文明旅游，体验与父母一起游玩的快乐。

◎活动建议

1. 活动前，家长和幼儿一起商量并决定旅游的景区及出行的交通工具。了解该景区中的一些旅游项目，做一些简单的攻略。

2. 家长指导幼儿提前做好旅游出行的准备。如提前购买景区门票；了解当天的天气情况；准备方便出行的衣服和鞋子；准备好食物、水、雨伞、垃圾袋等物品；前一天要按时休息，保证充足的睡眠等。

3. 家长要对幼儿做好旅游时的安全教育。无论是乘坐公共交通工具还是私家车都要注意安全。知道不将头、手伸出窗外，坐在安全座椅上系安全带等。在景区内，要拉着爸爸妈妈的手，不可以自己随意乱跑，以防走失。

4. 到达景区后，按照景区游览示意图或之前做好的攻略有序地参观景区的景点，并能够认真观看和倾听工作人员的讲解，了解景区景点的相关知识。

5. 在参观和游玩的过程中严格遵守景区的各种规则，懂得爱护景区中的设施，保护景区的环境，不乱扔垃圾，文明旅游。

6. 旅游结束后，请幼儿和爸爸妈妈说一说景区中有哪些好玩的地方，游玩过程中最开心的事情是什么，并请幼儿把好玩的地方和事情画下来。

【发展评估】

“爱惜物品”好习惯养成幼儿家长评价表

宝贝们，经过一个月的时间，你养成“爱惜物品”的好习惯了吗？现在请你和爸爸妈妈一起玩一个问答小游戏。

班级：　　　　幼儿姓名：

评价内容	评价结果
1.《变变变！当一天玩具》中，小男孩都当了哪些玩具？你觉得当玩具有什么不容易的地方？	
2. 如何修补破损的图书？	
3. 你知道《小蜡笔头儿》故事中的小蜡笔头儿都帮助了谁？你能说出“蜡笔变身”的小妙招吗？	
4. 请你来讲一讲《约瑟夫有件旧外套》这个故事。	
5. 你知道哪些名胜古迹？说一说应该怎样保护它们。	
6. 你最喜欢的物品是什么？平时你是怎样爱护它的？	
7. 你知道怎样跟别人借东西吗？借来的东西要怎么爱惜呢？	
8. 你会整理自己的房间吗？请你说一说爱护和管理家中物品的方法。	

爸爸妈妈们请在沟通中对孩子的行为作出正确的评价，指导孩子用彩笔为自己的好习惯作出不同等级的笑脸评价。

评价标准：非常好 4　好 3　一般 2　差 1

“爱惜物品”好习惯养成教师评价表

班级：　　　　幼儿姓名：　　　　　　教师姓名：

目标	评价结果			
	4	3	2	1
1. 能用正确的方法使用生活中的各类物品，懂得爱惜物品。				
2. 能说出故事《变变变！当一天玩具》中小男孩变出的三种以上玩具及感受。				
3. 能讲述故事《书本医生》的主要内容，会用简单的工具修补破损的图书。				
4. 会讲述故事《小蜡笔头儿》，能说出小蜡笔头儿变短的原因。				
5. 会讲述故事《约瑟夫有件旧外套》，能用剪纸的方式展现外套变纽扣的过程。				
6. 知道要爱护公共设施和文物古迹，能说出爱护公共设施和文物古迹的方法。				
7. 能说出故事《绅士的雨伞》中绅士不使用雨伞的原因。				
8. 借用他人物品时，能做到小心使用、及时归还。				
9. 会按类别整理自己的物品，能做到用过的物品物归原处。				

评价标准：非常好 4　好 3　一般 2　差 1

好习惯十八　遵守规则

【主题名称】守规乖宝宝

全家总动员

亲爱的家长朋友：

您好！规则是人们在日常生活、学习、工作中必须遵守的、科学的、合理且合法的行为规范和准则。在儿童社会化的过程中，需在各种各样的社会环境下认识不同的社会期望和规则，但由于幼儿对于一些规则不能深入理解，无法产生认同感，因此，会出现无意识破坏规则的情况。例如在公共场合大声喧哗；在集体游戏时捣乱耍赖；在出行时不会看交通标志、不守交规；在家中过分依赖家长的包办、不懂得替家长分担力所能及的家务事等。但是，在未来要想成为一名合格的社会成员，首先要了解这些多样的社会规则，因为，这些规则的存在不仅能够约束行为，还能够维护社会的稳定和安全。因此，对幼儿进行规则教育是儿童社会化的重要任务。本月我们将开展的主题活动是“守规乖宝宝”，旨在培养幼儿“遵守规则”的好习惯。

在幼儿园，我们有目的地进行培养，希望孩子能达到如下目标：

1. 认识到规则的重要性，养成遵守规则的好习惯。
2. 理解规则的意义，学会与同伴协商制定游戏和活动规则。
3. 自觉遵守基本的安全规则和交通规则。
4. 乐于参与规则游戏，感受遵守规则带来的愉悦体验。

在家庭生活中，我们建议您从以下几个方面进行关注：

1. 请您以身作则，遵守交通规则。如，过马路时走斑马线，红灯停绿灯行，不横穿马路等。
2. 请您遵守公共场所的规则为孩子做榜样。如，影剧院、图书馆等场所要安静，不大声喧哗；超市结账要排队；使用手机等通信工具不影响他人等。
3. 监督并引导孩子不长时间看手机和电视，让孩子知道使用电子产品也是有规定的。
4. 请您带头遵守家中的规定，引导孩子主动承担家务并能为家人做事。
5. 请您和孩子做个约定，互相监督，帮助孩子养成“遵守规则”的好习惯。

感谢您的参与，为了孩子的成长，让我们一起努力！

【主题目标】

1. 了解规则的重要性，树立正确的规则意识，养成遵守规则的好习惯。
2. 理解规则的意义，尝试与同伴协商制定游戏和班级活动中的规则，并分工合作。
3. 认识汽车行驶过程中常见的交通标志，遵守道路上的交通规则。
4. 记住生活中常见的安全警示标志，遵守生活中的安全规则。
5. 掌握公共场所的一些规定，体验遵守规则为自己和他人带来的方便和愉悦感。
6. 知道家规的含义，与家人商议制定并遵守家规。
7. 感受在游戏活动和竞技比赛中遵守规则带来的公平体验。
8. 懂得遇到危险或者是特殊情况时，规矩不是一成不变的。

【主题口号】

遵守规则讲秩序，生活游戏才有趣

【三字儿歌】

守规则

公园里，不乱跑，
爱环境，护花草。
出行时，靠右走，
跟爸妈，手牵手。
游乐场，玩游戏，
互谦让，守秩序。
家中事，多帮忙，
遵教导，记心上。

【集体教学活动】

活动一　像狼一样嚎叫

◎活动目标

1. 欣赏故事，感受自由自在与遵守规则的区别。
2. 尝试按照图谱与同伴合作进行有节奏的打击乐演奏。

3. 体验遵守音乐游戏规则带来的美妙感觉。

◎活动准备

1. 经验准备：活动前已有乐器演奏的经验。

2. 打击乐器：木鱼、响板和铃鼓若干。

3. 课件：《像狼一样嚎叫》绘本故事图片，演奏图谱，音乐《布谷鸟》节选。

◎活动过程

一、观察封面，认识故事的主人公

教师播放课件，出示绘本封面，幼儿观看。

师：你们看，这是什么小动物？

幼儿根据观察回答。（狗、狼）

师：它是一只叫莫卡的小狗。你们猜，它在干什么？

幼儿用语言描述画面。（对着月亮叫）

师：你们看得很仔细，它在望着月亮叫。冲着天空嚎叫的是哪种动物？（狼）莫卡为什么要像狼一样嚎叫呢？我们一起看看吧。

二、欣赏绘本，感受莫卡不同心情

教师播放课件，从故事开头讲述故事到“它突然很想做狼、做一只自由自在的狼”，幼儿倾听。

师：莫卡想做一只什么？（狼）做一只什么样的狼？

幼儿根据故事内容自由回答。（做一只自由自在的狼）

师：为什么它想做一只自由自在的狼？

幼儿根据故事情节回答。（因为它觉得自己没有自由）

师：它不能自由自在地做什么事情？

幼儿根据故事内容回答。（不能自由自在地捉蝴蝶、吃东西等）

师：莫卡喜欢穿裙子吗？从哪里看出来的？

幼儿大胆表达自己的想法。（不喜欢；表情，它不高兴）

师：你们从哪个细节看出来莫卡不能自由自在地叫？

幼儿回忆故事内容回答。（米雪的动作，一只手在“嘘”）

教师播放课件，继续讲述故事到“它说，这个世界就是我的了”，幼儿倾听。

师：莫卡觉得很不自由，那我们看一看，莫卡喜欢自由自在地做什么事情？

幼儿根据故事内容回答。（自由自在地抓蝴蝶、奔跑、唱歌、跳舞）

师：自由自在就是莫卡的世界。

三、师幼交流，谈一谈自身的经历

师：你们觉得什么事情会让你有自由自在的感觉？什么时间和什么事情，让你不能自由自在呢？

幼儿根据生活经验自由回答。（玩的时候很自在；上课的时候，在家里练琴的时候不能自由自在）

师：原来在我们的生活中也有不能自由自在的时候。

四、乐器伴奏，体验自由时的感觉

师：孩子们，现在我给你们一段自由自在的时间，请你们用乐器给音乐伴奏，你们可以自由选择乐器，并按照自己的意愿为这首音乐自由自在地伴奏。感受一下，自由自在地配乐是什么感觉。

教师播放音乐《布谷鸟》节选，幼儿自选乐器自由演奏。

师：音乐结束了，请把乐器收好。请问在自由自在的情况下，伴奏出来的音乐怎么样，好听吗？

幼儿根据刚才的体验大胆表达。（不好听，很吵闹）

师：你们玩得很开心，但是乐器不规律地敲击，没有让音乐变得很美妙，声音混杂在一起很吵、很乱，甚至都听不到音乐了。

五、图谱演奏，感受规则演奏的美

师：怎样才能让我们玩得开心，又可以让声音听上去美妙呢？

幼儿根据已知经验回答。（按照图谱，跟着音乐合作演奏）

教师播放课件中的图谱一，幼儿观看。

师：图谱上有三种乐器，分别为木鱼、响板和铃鼓。同一句乐曲，我们分别用三种不同的乐器按不同的节奏演奏，这种叫合奏。

教师播放课件中的图谱二，师幼共同观察课件，感知各种乐器的演奏方法。如：响板每小节需响几下？铃鼓每小节需响几下？依此类推。

教师讲述演奏规则：

1. 幼儿分成三组：一组木鱼、二组响板、三组铃鼓。

2. 幼儿自主选择乐器并按照乐器的组别站好。

3. 认真倾听前奏，前奏时乐器不能发出声音。

4. 合奏时认真观察图谱二，根据课件中乐器的颜色变化一同演奏。

教师再次播放课件中的图谱二，幼儿按照图谱用乐器为音乐伴奏，可多次尝试演奏。

小结：有了图谱作规则，我们演奏出的音乐就比自由演奏时变得美妙很多。所以，规则和规定在我们的学习生活中是很有必要的。

六、续读故事，留下悬念找找答案

教师播放课件，继续讲述故事，从“很快，它感觉饿了”到“又发生了什么事呢”，幼儿倾听。

师：刚刚我们在玩乐器的时候，莫卡也在享受着它自由自在的生活，但是很快，它感觉饿了。它回去后会发生些什么事呢？我们可以到图书角中找到这本书《像狼一样嚎叫》，完整地看一看吧。

附：

像狼一样嚎叫

莫卡是一只很好的狗，它和米雪两个相亲相爱，你不离开我，我不离开你，日子过得很美满。直到有一天，米雪读了一本讲狼的书。“你瞧，莫卡，”米雪说，“你真有点像狼！”

哇！莫卡心里想。我是有点像狼，可是瞧狼多神气啊！它们自由自在地跑来跑去、自由自在地捉野兽、自由自在地对着月亮嗷嗷叫。可瞧我过的什么日子啊！我不能自由自在地捉蝴蝶、我不能自由自在地吃饭、我不能自由自在地叫。我还得穿裙子去参加茶会……哦！它突然很想做狼、做一只自由自在的狼。

终于有一天，它偷偷地溜出了屋子，一直朝山上跑去。一直跑到高高的山顶上，它大叫道："我现在自由了！像狼一样自由自在！"莫卡在自由自在地抓蝴蝶，莫卡在自由自在地唱歌跳舞，莫卡在自由自在地奔跑。它说，这个世界就是我的了。

很快，它感觉饿了。它想，我可以像狼一样，自由自在地找东西吃。它找到了兔子，可是兔子一溜烟就跑了；它又找到了甲虫，甲虫反过来咬了它的鼻子；它又找到田鼠，它守在田鼠洞门口，想不到田鼠一下子跑到它的屁股后面去了。到了晚上，它什么吃的也没有找到，它开始想念米雪，想念家了。可是，它想，我起码还有一件事可以试试……那就是像狼一样嚎叫，于是，它爬上了高高的山顶，鼓足了全身的力气，像狼一样叫了起来，可是它刚叫完，它听见山的那头，传来了同样的声音。是谁呀？它一看真的是狼，于是莫卡拔腿往山下跑去。它飞快地跑着，它心里对自己喊：我要回家，我要回家，我再也不要自由了！

"莫卡！"米雪儿叫着奔出来欢迎它。"你回来了！"莫卡又回到家了，它和米雪儿两个，噢，他们多快活啊！日子过得还是那么美满，直到有一天，米雪儿读一本讲猴子的书……

哈哈，小朋友，猜猜看，又发生了什么事呢？

图谱一：分组演奏时的图谱

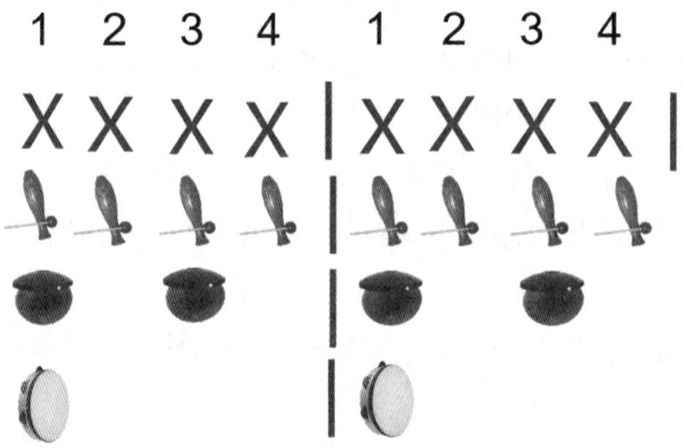

图谱二：合奏时的图谱

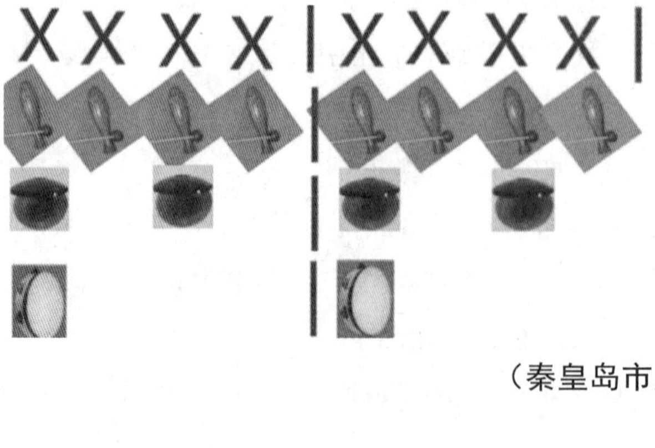

（秦皇岛市启航幼儿园 / 郑艳菊）

活动二　图书馆的狮子

◎活动目标

1. 感受故事中狮子的行为变化，知道在特殊的情况下，规则是可以打破的。

2. 了解到图书馆的规则，尝试用画图的形式绘制图书角的规则。

3. 体验迷宫游戏和自制规则的快乐。

◎活动准备

1. 希沃白板课件：《图书馆狮子》绘本故事图片，四种动物走迷宫路线图，图书馆中的规则图片。

2. 美术材料：彩笔、彩色卡纸、胶棒。

◎活动过程

一、观看图片，说说狮子的生活环境

教师播放课件，出示绘本故事中的狮子图片，幼儿观看。

师：今天我给大家带来了一位动物朋友——狮子，你们知道狮子生活在哪里吗？

幼儿根据已知经验回答。（大草原）

师：这头狮子很特别，没有生活在大草原，却生活在这里。这是什么地方呢？

教师播放课件，出示绘本中狮子在图书馆的图片，幼儿观察并回答。（书店、图书馆）

师：这头狮子竟然生活在图书馆里，会发生什么事呢？我们一起来看一看吧！

二、欣赏绘本，大胆猜测故事情节

教师播放课件，讲述故事第一段，幼儿倾听。

师：狮子去图书馆里做什么呢？人们看见它会有什么感觉？

幼儿大胆猜测可能发生的事情并回答。（去看书；害怕、吓一跳）

教师继续播放课件，讲述故事第二段，幼儿倾听。

师：马彬先生他要去干什么？

幼儿根据故事内容回答。（他想告诉麦小姐图书馆里有一头狮子）

师：麦小姐所说的规定，又是什么呢？

幼儿根据自身的经验回答。（在图书馆里的规定）

师：麦小姐说的规定和你们理解的一样，指的是图书馆内的规章制度。

三、迷宫游戏，了解图书馆的规则

师：你们都去过图书馆吗？在图书馆里要遵守什么样的规则呢？哪些事情可以做，哪些事情不能做？

幼儿根据生活经验自由回答。（要安静看书，不能大吵大闹）

师：为什么我们在图书馆里要遵守规则呢？

幼儿自由表述并大胆地回答。（图书馆是安静看书的地方）

师：不遵守规则会怎样呢？

幼儿根据已知经验回答。（会影响其他人看书，让图书馆变得乱糟糟）

师：原来只有遵守这些规则，图书馆才能正常地运转，人们才能在里面有秩序地看书。

教师播放课件，出示动物走迷宫路线图片，幼儿观看。

师：大草原上的动物们听说狮子来到了图书馆，它们都想来图书馆看书，可是麦小姐给它们出了个难题，只有走出迷宫的动物才能来看书。怎样才能走到终点呢？

游戏规则：

1. 仔细观察迷宫路线图，从多种路线中找出能走到终点的正确路线。

2. 路途中，会随机偶遇关于图书馆中的相关规则，幼儿需在心中默默记住这些规则。

3. 帮小动物走出迷宫后，回忆并说出刚刚看到了几种图书馆中的规则，分别都是什么？

师：让我们看看都有哪些动物来了。

幼儿观察图片回答。（大象、斑马、长颈鹿、老虎）

师：我们先帮谁走出迷宫呢？谁想来帮忙？

教师请幼儿自主选择动物，同时操作希沃白板课件依次帮助动物走出迷宫。

师：大家都帮助动物朋友们走出了迷宫。谁来说一说，在迷宫里看到的哪些图片是我们去图书馆时需要遵守的规则呢？

幼儿根据迷宫里出现的内容回答。

小结：没错！看书要有耐心，不能损坏书籍，乱写乱画；要保持安静，轻声慢步，不大声喧哗；还要保持图书馆整洁，看完后把书籍放回原位；并且，借书时要有礼貌，按时归还。原来在图书馆里有这么多需要大家共同遵守的规则。

四、动手操作，制定图书角的规则

师：在我们的幼儿园，每个班里都有图书角，在图书角看书和在图书馆看书时也是一样的，都要遵守规则。为了更清楚地提醒大家看书时要遵守这些规则，现在，就请你们把规则画出来，然后把它们贴在图书角的进区规则里吧。请你们分组讨论，商量出四个规则分别画在纸上的四个格子内，每个格子里的规则内容都要不同。

幼儿分组作画，教师巡回指导。

师：每组的创意都很不错，谁来说说你们组画的是图书角的什么规则呢？

每组派一名代表介绍本组制定的规则，教师根据幼儿画出的图书角规则随机进行评价小结。

五、续听故事，理解打破规则的原因

师：快来看看，这头狮子在图书馆里发生什么事了？

教师继续播放课件，讲述故事第三段，幼儿倾听。

师：狮子为什么要大吼呢？它想表达什么？

幼儿根据故事内容思考后回答。（它很着急，还想听故事，想留在这里）

教师继续播放课件，讲述故事第四段，幼儿倾听。

师：麦小姐批评了狮子，狮子做到保持安静了吗？

幼儿根据故事内容回答。（做到了，安静而且守规矩）

教师继续播放课件，讲述故事第五段，幼儿倾听。

师：麦小姐发生了什么事，狮子为了救麦小姐是怎么做的？

幼儿根据故事内容回答。（摔倒了，低声吼叫）

教师继续播放课件并讲述故事到结束，幼儿倾听。

师：狮子明明知道大吼大叫违反图书馆的规则，可它依然去破坏规则，你觉得狮子这样做对不对呢？为什么？

幼儿结合故事内容发表自己的意见。（它想让马彬先生知道麦小姐摔倒了）

小结：狮子打破规则在图书馆里大吼，因为在狮子的心中，麦小姐是它的朋友，为了麦小姐的安全，偶尔破坏一下规则是很有必要的。其实在我们的生活中也有很多规则制约着大家，但是在一些特殊情况下，为了一些特殊原因，我们也难免破坏规则。规则是一成不变吗？也不是。在有正当理由、特殊的情况下可以适当打破。孩子们，猜一猜，狮子还能回到图书馆吗？

附：

图书馆狮子（节选）

有一天，一头狮子走进图书馆，穿过柜台，来到图书区。

马彬先生从大厅跑进馆长办公室，“麦小姐！”他大叫。“不要跑。”麦小姐没有抬头。“可是，有一头狮子在图书馆里！”马彬先生说。“他有违反规定吗？”麦小姐问，她特别在意，有没有违反规定。“呃，好像没有。”“那就别管他。”

说故事时间到了，这个活动也没有任何和狮子有关的规定。说故事的阿姨有点紧张，但她还是清晰有力地念出了第一本书的书名，狮子抬头看着她，她继续往下念。狮子听完第一个故事，留下来听第二个故事，听完第二个故事，留下来听第三个故事，他还想再听一个故事，可是小朋友们一个个离开了。“说故事时间结束了。”一个小女孩告诉狮子，“该走了？”狮子看看小朋友，看看说故事的阿姨，看看合起来的书，开始大吼。

“是谁？”麦小姐从办公室大步走出来。“是那头狮子。”马彬先生说。麦小姐走向狮子。“如果你不保持安静，就得离开，”她坚定地说，“这是规定！”狮子继续吼，听得出来他很伤心。小女孩用力拉麦小姐的裙子问：“如果他保持安静，明天可以回来听故事吗？”狮子不吼了，他看着麦小姐，麦小姐也看着他：“可以，一只安静、守规矩的狮子，明天当然可以回来听故事。”“耶！”孩子们欢呼。起初图书馆里的人看到狮子会紧张。但没过多久，他们就习惯了，身旁有一头狮子走来走去。狮子在图书馆适应得很好，再也不吼叫了。大家都说：“这头狮子真好。”

他来到馆长办公室想找些事情做。麦小姐说：“嗨，狮子。我从书架上拿一本书给你，请你帮我把它放回图书区！”麦小姐站在凳子上，但是那本书放得太高了。她踮着脚伸长手臂。快要……拿到了……麦小姐用力伸手。“哎哟！”麦小姐叫了一声，倒在地上爬不起来。约一分钟后，她大喊：“马彬先生！马彬先生！”马彬先生在大厅柜台，根本听不见。“狮子，”麦小姐说，“请你叫马彬先生来。”狮子跑进大厅。“不要跑。”麦小姐在后面喊。狮子把两只巨大的前掌搭在柜台上，盯着马彬先生看。“走开，狮子！”马彬先生说，“我很忙。”狮子低声吼叫，他用鼻子指向麦小姐的办公室，马彬先生还是不理他。狮子实在没招了，只好盯着马彬先生的眼睛，张大嘴巴，吼出平生最响亮的声音。马彬先生喘着气说：“你太吵了，你不遵守规定！”

马彬先生快步走出大厅。狮子没有跟上，他违反规定了。“麦小姐！”他边走边叫，“狮子违反规定了，狮子违反规定了！”他闯进麦小姐的办公室，她不在座位上。“麦小姐？”“有时候，”麦小姐的声音从桌子后面传来，“只要有正当理由，就算在图书馆也可以打破规矩。我摔断了手臂，请帮我找医生。”马彬先生跑去找医生。“不要跑。”麦小姐在后面喊。

（秦皇岛市启航幼儿园 / 符学超）

活动三　跟着蓝色小卡车

◎活动目标

1. 仔细观察画面中汽车的表情，大胆猜测并说出故事的情节。
2. 认识道路上常见的交通标志，知道在马路上行走或开车要遵守交通规则。
3. 喜欢用对战、抢答的方式和同伴进行游戏。

◎活动准备

1. 课件：《跟着蓝色小卡车》绘本故事图片；交通标志图片；游戏用马路、汽车、交通标志图片。
2. 奖励用的交通勋章。

◎活动过程

一、观察思考，猜测故事大致内容

师：孩子们，今天早上你是怎么来到幼儿园的？

幼儿回忆并回答。（走路、乘公交、坐电动车、坐私家车）

师：刚才你们说有的是走路来的，有的是妈妈骑电动车送来的，还有爸爸开车送来的，看来每个人的出行方式都不一样啊！说到汽车，我这里有几辆小汽车的图片，我们一起来认识一下他们吧。

教师播放课件，出示绘本中汽车图片，幼儿观看。

师：这些汽车的表情是什么样的？

幼儿根据图片观察后回答。（不高兴）

师：他们的表情都是一样的，通过表情我们就能知道他们的心情不太好，为什么心情这么差？

幼儿自由猜测原因。（堵车）

师：还有一辆小汽车，他才是今天的主角，你们看！

教师播放课件，出示绘本中蓝色小卡车图片，幼儿观看。

师：他的表情和其他车的表情一样吗？为什么不一样呢？他们之间发生了什么事情？谁来猜一猜？

幼儿观察图片大胆猜测。（不一样；他没有生气，他们之间在交流）

二、阅读绘本，大胆说出故事情节

教师播放课件，讲述故事从“喇叭嘀嘀叫”到“一次走一辆”，幼儿倾听。

师：谁来说一说它们发生了什么事？

幼儿根据故事内容回答。（各式各样的车堵在马路上）

师：他们是因为都堵在了马路上心情才这么差的，是什么原因造成了他们的交通拥堵呢？

幼儿根据故事内容回答问题。（不守交通规则）

师：原来他们没有遵守交通规则。双层巴士和清扫车想要超车，食品运输车和豪华轿车不文明行驶，还有警车扑面而来，反向行驶，出租车开快车，差点撞到蓝色小卡车。如果你是这里面的小汽车，会怎么做呢？谁还记得小卡车是怎么说的？

幼儿根据故事内容回答。（一次走一辆）

师：你们认同蓝色小卡车说的“一次走一辆”吗？为什么？

幼儿根据故事内容回答。（同意；就不会堵在一起了，心情都变得开心了）

师：哦，看来大家都喜欢这辆蓝色的小卡车，因为他遵守交通规则，懂得一辆接一辆，按一侧方向行驶，而且不随便按喇叭，对其他车辆很有礼貌。现在，请大家想一想，如果之前的车辆都像小卡车一样遵守交通规则，他们还会乱成一团走不开吗？

幼儿根据故事内容回答。（不会）

小结：在马路上一定要遵守交通规则，这在我们的生活中是很重要的，遵守交通规则后我们的生活也变得更加便捷。

三、观看图片，认识常见交通标志

师：如果在马路上没有交警叔叔，要通过什么来遵守交通规则？

幼儿根据已有生活经验回答。（交通标志、红绿灯）

师：马路上的标志牌叫作“交通标志”，我们来认识一下马路上常见的交通标志吧。

教师播放课件，出示直行、向左转弯、向右转弯、直行和向左转弯、直行和向右转弯、环岛行驶、靠右侧道路行驶、靠左侧道路行驶、允许掉头的交通标志图片，幼儿观看。

师：你们认识这些交通标志吗？知道它们代表什么意思吗？

教师根据幼儿的回答进行肯定或纠正，并依次讲解以上交通标志的含义。

四、对战游戏，加深对标志的印象

师：你们记住这些常见的交通标志了吗？现在我们来玩个游戏，看看谁把它们记得更清楚。这个游戏需要你们自由分成两个小组进行对战，请你们为自己的战队起一个名字。

幼儿自由结组后为自己的战队商讨名字。

教师播放课件，出示游戏用马路、汽车、交通标志图片，讲解游戏玩法，幼儿观看倾听。

玩法一：两组对战，幼儿在众多标志图片中找到交通标志的图片，哪组得分高，哪组获胜。

玩法二：抢答对战，幼儿点击课件，汽车出发，当汽车行驶到有交通标志的马路时，请幼儿根据出现的交通标志进行抢答，并能正确分辨汽车应该行驶的方向，最后点击汽车让其继续行驶，验证幼儿回答是否正确。正确的战队即可获得交通勋章一枚。

教师组织幼儿按照以上玩法进行游戏。

师：孩子们，你们记住这些常见的交通标志了吗？我们以后要遵守交通规则，这样才能在道路上避免危险的事情发生。

五、继续阅读，懂得遵守交通规则

师：小卡车让大家一次走一辆，我们看看大家是这样做的吗？

教师播放课件，继续讲述绘本故事，从“让我先走”到故事结尾，幼儿倾听。

师：谁来说说现在汽车们都是怎么做的？汽车们的心情是什么样子的？

幼儿根据故事内容回答。（一辆接着一辆走；变好了）

师：看来遵守规则后，大家的心情都很愉快。今天我们学会了看交通标志，所以，在我们的生活中，无论是走路还是坐车出行时，都要遵守这些规则，因为遵守交通规则是我们每个人都需要做的重要的事情。

附：

跟着蓝色小卡车

喇叭“嘀嘀”叫，引擎嗡嗡转，蓝色小卡车开进城市里。“嘀！嘀！嘀！”城市的景色真美丽！大楼像高塔一样直冲云霄，“嘀！嘀！”蓝色小卡车说：“城市真高！”嗖！嗖！一辆卡车呼啸着开过去，蓝色小卡车感叹：“城市的节奏真是快！”

双层巴士个头大，他对着蓝色小卡车吼：“快走，小个子！”

食品运送车很无礼：“闪开闪开，我先，你后！”

警车觉得自己最忙，有好多事要做：“借过！借过！”

清洁车抱怨道：“嘿！你这嘀嘀叫的小卡车，最好快点跑！”

豪华轿车出现了：“里面坐着市长先生，所以你们赶紧挪挪，别挡道。”

于是，巴士、卡车、轿车、清洁车、警车，各式各样的车都挤在马路上，大家你一言我一语吵成了一团。

突然，一辆出租车飞快地开过来，“停！”蓝色小卡车大声喊，出租车尖叫一声，紧急刹住车：“吱——哦，我的老天爷差点就撞上了！”蓝色小卡车深吸一口气说道：“每辆车都想快点儿开，可抢来抢去，谁也走不了，一次走一辆只能这么办。”

“让我先走。”豪华轿车说。他傲慢地喷着气，突然，又猛地咳了一声，发动机熄火了。市长和他的豪华轿车困在了路中央，“嘀！嘀！要不要搭个便车？”蓝色小卡车问。

豪华轿车的门打开了，市长走了出来，围观的人们欢呼起来。他说：“朋友们，蓝色小卡车的建议提得很好很及时，一次走一辆，就得这么办。各位，请排成一条队，跟着蓝色小卡车。”

出租车让货车先走，他跟在后面双层巴士对清洁车说：“我排在最后。”一支军乐队也加入进来，砰砰嘟嘟，他们敲起鼓吹起号，路上的行人都朝蓝色小卡车挥手，“太棒了！太棒了！”大家鼓掌欢呼，蓝色小卡车做得真棒！

（秦皇岛市启航幼儿园 / 张伟铖）

活动四　十一只猫进袋子

◎活动目标

1. 倾听并大胆预测故事内容，体会小猫因不守规则承受的后果。

2. 复习巩固生活中常见的警示标志，尝试用语言准确地进行表述。

3. 体验上课和参与游戏的规则，懂得遵守游戏规则的重要性。

◎活动准备

1. 经验准备：活动前幼儿学习并掌握一些生活中常见的警示标志。

2. 课件：《十一只猫进袋子》绘本故事图片，怪兽的图片，游戏地图。

3. 材料：鱼形剪纸若干，贴好 1 ～ 6 序号牌的椅子。

◎活动过程

一、观看画面，大胆进行猜想

教师播放课件，出示绘本封面，幼儿观看。

师：孩子们，今天我给你们带来一本非常有意思的绘本。你们看看这本书的封面，猜一猜，这本书是关于谁的？它们会发生什么故事？注意！想好了的小朋友举手回答，这就是要求，不举手不能回答问题哦。

幼儿根据图片自由回答。（关于小猫去郊游的故事）

师：大家都有自己的猜测，让我们一起来看一看这个故事吧。

二、分析图片，充分理解故事

教师播放课件，讲述故事第一段，幼儿观看。

师：小猫们走啊走，看见一片开满鲜花的花园，它们的第一个反应是什么呢？

幼儿根据故事内容回答。（它们对花儿一见钟情）

师：谁是与众不同的？

幼儿根据故事内容回答。（队长）

师：猫队长的动作代表它好像要说什么。

幼儿发挥想象自由回答。（它不想小猫们摘花）

师：它们摘到花以后是什么样的表现？看见禁止标志它们想到了什么？最后又是怎样做的？

幼儿自由猜想并回答。（美滋滋的；只摘一朵，每人摘了一朵）

师：你们知道什么是禁止吗？

幼儿根据已知经验总结并回答。

小结：禁止就是不行，不能，不可以，不允许。

三、参与游戏，体会守规感受

教师播放课件，出示怪兽的图片，幼儿观看。

师：孩子们，你们知道它是谁吗？

幼儿自由猜测并回答。（坏蛋、怪兽）

师：它是一只非常凶恶的怪兽，它的名字叫“呜嘿啊哈”。小猫们非常害怕它。大树有一张地图，上面会标注怪兽会出现的地方。请记住，有怪兽的地方一定不可以去！但是小猫们必须答对大树的问题才可以看到地图。如果你们现在是这些小猫，你们可以回答出来吗？

教师点击课件，出现禁止标志就要请幼儿回答，图片的难度会逐渐增大，回答对了再出示地图。

游戏规则：贴好 1 ～ 6 序号牌的椅子放在幼儿对面，用作课件地图中有可能出现怪兽的 6 个地点。幼儿自由选择分别站在 6 个椅子的后面。选对和答对的幼儿可以得到小鱼剪纸奖励，选错的幼儿要留下身上的一件物品。重点强调“游戏过程中不可以讲话哦”。

游戏进行三组：

第一组游戏玩法：教师出示地图，请幼儿记忆，“有怪兽的地方一定不可以去”。地图上有 2 个位置出现怪兽，幼儿根据记忆选择代表没有怪兽出现地点的椅子，并站到椅子的后面。

第二组游戏玩法：教师出示地图，请幼儿记忆，“有怪兽的地方一定不可以去”。地图上有 3 个位置出现怪兽，没有怪兽的地方会有警示标志出现。幼儿根据记忆选择代表没有怪兽出现地点的椅子，并回答出所在地点的警示标志。

第三组游戏玩法：教师出示地图，请幼儿记忆，“有怪兽的地方一定不可以去”。地图上有 4 个位置出现怪兽，没有怪兽的地方会有两个安全标志出现。幼儿根据记忆选择代表没有怪兽出现地点的椅子，并回答出所在地点的安全标志。

教师根据如上游戏规则和玩法组织幼儿进行游戏。游戏结束后，请幼儿谈谈违反规则的感受及遵守规则的作用。

四、再读故事，猜测后续发展

教师播放课件，讲述故事从“后来”到“扛起来就跑”，幼儿倾听。

师：小猫看见了什么？上面写了什么？它们这次是怎么做的？之后小猫们会怎样？

幼儿根据故事内容回答。（一个袋子；禁止钻进袋子；钻了进去；怪兽可能会吃掉它们）

教师播放课件，继续讲述故事到“呜嘿啊哈还不时拿着鞭子威胁他们”，幼儿倾听。

师：怪兽把它们抓住后，小猫们生活怎么样？它们愿意过这样的生活吗？如果是你，会怎么办？

幼儿根据故事情节自由回答。（小猫们生活得很不好，被当成了奴隶；它们不愿意过这样的生活；想办法逃出去）

师：你们猜一猜，小猫们是否吸取教训了呢？

幼儿猜测。（吸取了）

五、猜测结尾，总结经验提升

教师播放课件，讲述故事最后一段，幼儿倾听。

师：小猫们逃出来以后，要回家。又遇到了一个“不许横穿马路”的标志，你们猜猜它们会怎样做？回到家了吗？

幼儿根据故事内容回答。（它们因为遵守规则，所以安全回到了家）

师：为什么本来愉快的旅游变成了做苦工？我们从这个故事知道了什么呢？

幼儿根据故事内容回答。（不遵守规则，做任何事都要守规则）

小结：不管是谁，在什么环境下都应该遵守规则，因为这样才是保证我们和他人安全的最好的办法。

附：

十一只猫进袋子（节选）

这一天天气晴朗，11 只猫出门郊游啦！瞧，它们排成一队，每人都背着一只背包，喜笑颜开，精神抖擞。走着走着，路边看见一片花田，姹紫嫣红，它们对花儿一见钟情，可路边竖着一块“禁止摘花”的牌子。经过热烈的议论，11 只猫决定只摘一朵！于是它们扑进花田，出来时却每人头上插了一朵花，美滋滋地继续前进。

后来，11 只猫又陆续经过了不允许通过的桥、爬上了不允许爬的树，突然，它们看见树下有个大袋子，上面写着“禁止钻进袋子”，可它们顽皮地立马钻了进去。这一次不那么好玩了，“呜嘿嘿，啊哈哈……”一只大怪物跑了出来，把 11 只猫扎在了袋子里，扛起来就跑！它把 11 只猫捉来当奴隶，给它的城堡建运动场。于是，11 只猫白天拉石磙，晚上睡笼子，呜嘿啊哈还不时拿着鞭子威胁他们。

最终，他们凭借智慧成功逃出了呜嘿啊哈的魔掌，也学会了遵守规则。回家的路上，11 只猫又看见一块牌子——“禁止横穿马路”，便有秩序地从天桥通过。

（秦皇岛市启航幼儿园 / 胡雅欣）

活动五　家有家规

◎活动目标

1. 知道家规是每个家庭成员都要遵守的规则。
2. 观察故事画面，了解家规包含的内容。
3. 愿意用语言表达对家规的理解，懂得遵守家规会让家庭变得更幸福。

◎活动准备

课件：《家有家规》绘本故事图片；有关吃饭干净、讲卫生、收拾玩具、关爱家人的家规游戏图片；20 张家规图；古代家规故事《子路借米》。

◎活动过程

一、师幼谈话，大胆表述对家规的理解

师：我们都有一个幸福的家，你知道什么是家规吗？

幼儿根据已知经验自由回答。（家里的规定）

师：家规是用一定的行为规范来约束我们家庭中共同生活的人，是每个家庭成员都要遵守的规则。请你回忆一下，在家庭生活中我们都会遵守哪些规则呢？你的家里有哪些家规？

幼儿结合生活经验大胆回答。（不能边看电视边吃饭，9 点必须上床睡觉等）

二、倾听故事，了解绘本中的家庭规则

师：今天我们来看看，这个小朋友的家里都有什么家规呢？

1. 家规一：保证生活卫生

教师播放课件，讲述故事到“勤换衣服勤洗澡，苍蝇不会来找我”，幼儿倾听。

师：孩子们，你们看这个小朋友发生了什么事情？为什么会有苍蝇找他呢？

幼儿根据绘本画面大胆表达自己的理解。（苍蝇喜欢脏兮兮的小孩）

师：你在家中是怎样注意个人卫生的？做个干干净净的小孩儿还是邋遢的小孩儿呢？

幼儿根据已有经验大胆表述。（常洗澡、勤洗头，做个干干净净的小孩）

教师播放课件，继续讲述故事到“那也不能把水弄得到处都是”，幼儿倾听。

师：这个小朋友在干什么？发生了什么事情？

幼儿根据经验回答。（洗澡时弄得浴室里都是水）

师：你在家中洗澡时应该注意哪些事情？

幼儿根据已知经验回答。（把浴室清理干净）

教师播放课件，继续讲述故事到“上完厕所要记得冲水”，幼儿倾听。

师：刚刚看到这些内容，你们能猜到他们家里制定了什么家规吗？

幼儿根据已知经验大胆回答。（保持干净的家规，要爱清洁、讲卫生）

小结：在家中我们都要做一个爱干净讲卫生的孩子，要注意个人卫生，勤洗手勤剪指甲，做到勤洗澡勤换衣服，上完厕所要冲水，洗澡时不把水弄得到处都是，用完的生活用品要及时归位，这样的生活卫生习惯常常被很多家庭作为要遵守的家规。

2. 家规二：正确进餐礼仪

教师播放课件，继续讲述故事到“我要乖乖照做，哪怕那不是盘子，而是碗”，幼儿倾听。

师：故事中的小朋友在吃饭时遇到了什么事情和什么规则呢？你们在家里吃饭时，怎样做才是正确的呢？

幼儿根据故事内容总结并回答。（安静吃饭，不挑食）

小结：我们在吃饭时要安静进餐，不发出声音、不浪费、不挑食，吃自己碗里的食物，拿起碗吃，不能玩耍和敲打餐具，进餐时咳嗽了要用手捂住嘴巴，这些都是吃饭时要遵守的家规。

3. 家规三：学会分担责任

教师播放课件，继续讲述故事到“到了收拾碗筷的时候，我不能往厕所里逃”，幼儿倾听。

师：为什么收拾碗筷的时候要往厕所里逃呢？你怎么理解这句话？

幼儿结合生活经验回答。（不想刷碗）

师：孩子们，你们在家中吃完饭，碗筷都是谁收拾？你有帮忙的时候吗？

幼儿结合自己家中情况回答。（妈妈、奶奶；会帮忙）

教师播放课件，继续讲述故事到“如果没有仔细找、就不能说：我找不到”，幼儿倾听。

师：你在家中遇到找不到的东西的时候，是怎么做的呢？

幼儿根据故事内容总结并回答。（喊爸妈帮忙）

小结：我们家庭中的每个成员，都要学会做好自己该做的事情，并主动帮助家人做家务，饭前摆好碗筷，饭后我们应该主动收拾碗筷，我们自己的玩具和物品要做到自己整理收拾，避免找不到丢失。

4. 家规四：主动关爱家人

教师播放课件，继续讲述故事到“睡觉前，不能缠着爸爸不停地讲故事。爸爸很辛苦，他也需要休息”，幼儿倾听。

师：你的家中有没有遇到过故事中的事情呢？你的家中有哪些美好的事情呢？当你的爸爸妈妈很累很辛苦的时候你是怎么做的呢？

幼儿根据自身经历总结讲述。（给他们捶背捏腿，自己玩让他们休息）

小结：我们每个人都不是完美的，即使爸爸妈妈也会有做得不好、不对的时候，所以，我们要相互理解并懂得关心他们，体会他们的辛苦不易。家是我们最温暖的港湾，也是充满爱的地方，当他们累了疲倦的时候，你们可以给予他们拥抱或者亲吻，自己玩不也是很好的吗。

三、记忆游戏，深刻理解家中相关规则

师：刚才我们从故事中知道了很多关于家庭中的规则，现在我要看看谁认真听故事了，考一考你们的记忆力。

1. 试玩记忆游戏

师：在正式开始游戏之前，我们先来试玩一下这个游戏，了解一下游戏规则。

教师出示课件，幼儿在10秒之内观察6张卡片所在的颜色位置，10秒之后关闭卡片，幼儿凭记忆找出这几张卡片，并把卡片放在相应的颜色位置。

2. 玩玩家规游戏

师：游戏正式开始，请你们自由结组，进行小组挑战。

幼儿自由结组后，教师出示课件，幼儿在20秒之内观察9张卡片所在的颜色位置，20秒之后关闭卡片，幼儿凭记忆找出哪几张图片是关于家规的卡片（如：吃饭干净、讲卫生、收拾玩具、关爱家人等），并把找到的属于家规的卡片放在刚才相应的颜色位置上。

游戏可多次进行。

四、挑选图片，选出适合自己家的家规

师：刚才在游戏中你们都能够正确地找出家规图片，我这里还有更多的家规图片。

教师播放课件，出示20张有关家规的图片，幼儿观看。

师：请你来选择一张家规图片，可以是你想给家里制定的家规，也可以是你家里现有的家规，并和大家分享一下你要选择这张家规图片的理由。

幼儿选择图片并讲述选择理由。

师：良好的家规会让我们的家庭更幸福、更和谐。

五、欣赏故事，了解古时候的家规家训

师：孩子们，在古时候，每个家庭也都有家规祖训。今天就和你们分享一个有关古代家规的小故事。

教师播放课件，讲述古代家规故事《子路借米》，幼儿倾听。

小结：孩子们，“百善孝为先”。孝敬是根本，良好的家规是我们中华民族的传统美德，家规对每一个家庭都起到了重要的作用。希望你们都能遵守我们每个小家的家规，让我们的小家越来越幸福。

附：

家有家规（节选）

勤换衣服勤洗澡，苍蝇不会来找我；浴缸不是游泳池，不能把水弄得到处都是；上完厕所要记得冲水；我要乖乖照做，哪怕那不是盘子，而是碗；到了收拾碗筷的时候，我不能往厕所里逃；如果没有仔细找，就不能说“我找不到”；睡觉前，不能缠着爸爸不停地讲故事。爸爸很辛苦，他也需要休息。

子路借米

子路是春秋末鲁国人，子路小的时候家里很穷，有一次，年老的父母想吃米饭，可是家里一点儿米也没有，怎么办？子路想到要是翻过几道山到亲戚家借点米，不就可以满足父母的这点要求了吗？小小的子路翻山越岭走了十几里路，从亲戚家背回了一小袋米，看到父母吃上了香喷喷的米饭，子路忘记了疲劳。邻居们都夸子路是一个勇敢孝顺的好孩子。这就是孝敬长辈的故事。

（秦皇岛市启航幼儿园 / 王双遇）

活动六 手机的规矩

◎活动目标

1. 了解手机的多样性，知道手机给我们的生活带来了方便和快捷。
2. 掌握使用手机的规则，学会合理安排使用手机的时间。
3. 喜欢和同伴一起发明创造游戏玩法。

◎活动准备

1. 课件：手机图片，《手机的发展史》视频，《手机的规矩》绘本故事图片。
2. 四种花色 1 ～ 9 的扑克牌。

◎活动过程

一、观察交流，说说手机的功能

教师播放课件，出示手机图片，幼儿观察。

师：孩子们，这是什么？（手机）是的，我们对手机并不陌生，你用过手机吗？手机都有什么功能？

幼儿根据已知经验自由回答。（打电话、听故事、玩游戏、查资料、学习）

小结：手机已经成为我们生活中不可或缺的生活用品，它可以打电话，可以用软件看见不在身边的家人朋友们，还可以学习、娱乐、导航、线上购物、点外卖、记录生活等等。

二、观看视频，了解手机的历史

师：现在的手机有多样化的功能，不同的品牌还有多样化的造型，那你们知道世界上第一部手机长什么样子吗？我们一起来看一看吧！

教师点击课件，播放《手机的发展史》视频，幼儿观看。

师：看完这段视频，你对手机是不是有了新的认识？谁来说一说，你看到了什么样的手机？

幼儿根据视频内容回答。（滑盖、翻盖的手机）

小结：原来第一部手机的年龄已经有40多岁了，可能比我们在座小朋友们的爸爸妈妈年纪还要大。从最开始的个头儿很大，有一根长长的天线，机身只有数字按键，只能打电话；到现在有大大的触摸屏幕，还可以安装很多的软件，不得不感叹，人类的智慧和手机工程师的伟大。

三、师幼谈话，说说手机的利弊

师：手机和我们的生活密切相关，给我们带来了很多的便利，有很多的好处。可是手机有没有不好的地方呢？

幼儿小组讨论后自由发言。（总看手机对眼睛不好，脖子会不舒服）

小结：长时间玩手机会让我们沉迷于虚拟世界，忽略现实生活中的人际交往；对人的眼睛造成非常大的伤害，小孩子会近视；成年人还会得颈椎病等等。

四、欣赏绘本，知道手机的规矩

师：原来家有家规，校有校规，玩手机也有手机的规矩。今天我想和你们分享一个绘本故事，我们来看一看故事中的小朋友对手机有什么理解。

教师播放课件，完整讲述故事《手机的规矩》，幼儿倾听。

师：故事听完了，谁来说一说，故事中的小朋友发现长时间玩手机没工夫长身体的时候是怎么做的？

幼儿根据故事内容回答。（运动）

师：如果长时间看手机，不注意保护眼睛，会有什么事情发生？

幼儿根据生活经验回答。（戴上眼镜）

师：如果和亲人聚会时，我们都抱着手机，会发生什么事呀？

幼儿根据生活经验回答。（会变成冷冰冰的聚会）

师：和爸爸妈妈在一起时，能埋头玩手机吗？如果一边吃饭，一边玩手机呢？

幼儿根据故事内容回答。（不能；这样不尊重他们）

师：不能随时随地都想着玩手机，否则会有什么后果发生？

幼儿根据已有生活经验结合故事情节回答。（就会有可怕的“手机瘾”）

师：那我们应该怎样合理安排使用手机的时间呢？

幼儿根据已有生活经验结合故事情节回答。（和家里人规定看手机的时长）

五、合作探索，尝试创造游戏

师：谁能来说一说你家里人的手机号码？

幼儿根据已知生活经验回答。

师：原来手机号码是从10个数字中随机组成的，那这10个数字分别是什么呢？

幼儿齐声回答。（0、1、2、3、4、5、6、7、8、9）

师：今天我们就和除了0以外的这9位数字朋友，用扑克创造一些数字游戏。我们将分成4组，每组有一套1～9的扑克，你们来看一看，用这组1～9的数字都能玩什么游戏呢？

幼儿分小组探索游戏方法，教师巡回指导。例如：

1. 将9个数字按一定规律排列；（从小到大排列“正序”、从大到小排列“倒序”摆放）

2. 九宫格翻翻看；（将扑克牌背面向上，把9张扑克牌按照九宫格的方式摆放后，随意抽走一张牌或多张牌，看看谁能最快找到9个数字中缺少哪些数字）

3. 单双数分类；（单数放一起，双数放一起，也可一张单数、一张双数按其规律摆放）

4. 数学整10游戏。（1和9合起来是10、2和8合起来是10，依此类推）

游戏结束，请各小组幼儿派出代表，说一说他们发明创造的游戏，教师及时给予鼓励。

小结：你们用扑克创造出来的数字游戏可真不错，原来放下手机的世界是这样的有趣，希望我们都能发现和寻找出生活中更多的乐趣！

附：

手机的规矩

家有家规，校有校规，玩手机也有手机的规矩。如果不遵守，我很可能会——长时间受到电磁辐射，身体受到伤害；变得暴躁，像只乱发脾气的小野兽；遇到各种潜在的麻烦和危险；没有时间做其他事情，变成大邋遢；成为近视眼，什么也看不清；懒得动脑筋，变成木鱼脑袋。

我不能长时间玩手机，那样，我就没工夫长身体啦！无论如何，我都不能忽略做运动。玩一会儿手机，我必须起来活动一下。不然，我的脖子会向我提出严重抗议。

我不能一边走路，一边玩手机。否则，认错老爸！这样的事情很可能会发生！

我必须主动做眼保健操。如果我看手机时，不注意保护眼睛，那到头来，我就不得不配上一副厚厚的眼镜片，嗯，比瓶底儿还要厚！哦，那实在太可怕了！不要不要！

想象一下和亲人聚会时，如果我们都抱着手机，那气氛会变得多么尴尬！那样，温暖的家庭聚会，就会变成一场冷冰冰的“手机聚会”了呀！

和爸爸妈妈在一起时，我不能一个人埋头玩手机，因为这样对他们太不尊重啦！同样地，和我在一起时，爸爸妈妈也不应该玩手机。

我不能随时随地都想着玩手机，就像是有了“手机瘾”。要是那样，哦，结果就太可怕了！

我必须学会合理安排自己的时间：看书、做运动、画画、交朋友，如果我的生活只有手机，那我一定是个可怜的“小孤单”！如果我答应妈妈，只玩半个小时手机，那我就不能说话不算话，更不能耍什么小聪明。

我必须学会放下手机，走出家门，到大自然去。否则，我就会变得很无知，到处闹笑话！要知道——手机并不代表全世界呀！好了，现在，是时候和手机说再见啦！放下手机，到广阔的世界里去吧！

（秦皇岛市启航幼儿园 / 徐姮）

活动七　艾玛当裁判

◎活动目标

1. 懂得在竞技比赛中，选手和裁判都有规则，只有遵守规则比赛才是公平公正的。
2. 知道在比赛中可用不同的颜色区分自己和他人的团队。
3. 体验竞技比赛的规则和合作参赛的快乐。

◎活动准备

1. 课件：《艾玛当裁判》绘本故事图片，运动员参赛服装图片，音频《Toby Fox-sans》。
2. 装满空气的塑料袋两个，黄色卡片一张（黄牌），奖状；事先在地面画出两条跑道。

◎活动过程

一、观察封面，认识故事角色

师：今天我和大家认识一位新朋友，我们来看一看他是谁。

教师播放课件，出示故事封面，幼儿观看。

师：他的名字叫作艾玛，是一头花格子小象。艾玛和它的小象朋友们发生了一个小故事，我们一起来看一看吧。

二、观看绘本，说说跑步规则

教师播放课件，从头讲述故事到“他们在比赛谁跑得最快”，幼儿倾听。

师：小象们发生了一些问题，吵了起来，因为他们说刚才的比赛不公平。我们来看一看，发生什么事儿了？

教师播放课件，继续讲述故事到“比赛就定在下周好了”，幼儿倾听。

师：原来是这样。孩子们，你们参加过跑步比赛吗？你们是怎样判断胜负的？

幼儿根据已知经验自由回答。（参加过；谁先跑到终点，谁就是冠军）

师：所以，小象们决定来一次公平的比赛。

三、续听故事，了解比赛规则

师：一次公平的比赛，需要有哪些准备？

幼儿根据已知经验，自由回答。（裁判、选手、比赛规则）

师：可是有个问题难倒它们了，小象们都长一个样子，在比赛中怎么分辨它们呢？

幼儿根据已知经验自由回答。(用颜色区分或穿队服)

师：听了你们的办法，小象们决定用九种颜色区分自己和其他小象，这样每头小象运动员的身上都涂了不一样的颜色，大家就能分辨出谁是谁啦。在我们现实生活的体育竞技中，大家是怎样代表自己，代表自己的团队，代表自己的国家的呢？

幼儿根据已知经验回答。(赛服，运动员服装)

教师总结幼儿的回答，播放并讲解课件中运动员参赛服装图片，幼儿观看。

小结：无论是什么样的比赛，我们都希望自己的团队和国家让别人一眼就能认出来。特殊的颜色、不同的标志，都可以给他人留下深刻的印象。

四、互动游戏，倾听游戏规则

师：淘气的小象们正在准备比赛呢！在它们比赛之前，我也想和你们玩个比赛。我们就举行一场球类比赛吧，大家看一看我手里是个什么样的球。

幼儿观察回答。(塑料袋做成的球，里面装满了空气)

师：孩子们，你们现在要自由结组，平均分成两个战队。还要给你所在的战队取一个响亮的、你们认为一定能赢得比赛的名字！

幼儿自由结组并商讨战队名字。(必赢队、天下第一队)

教师讲述游戏规则，幼儿倾听。

师：游戏规则有五条。一是我们要模仿大象走路的姿势；二是有两条跑道，我们要用吹的方式把它送到终点，用其他方式算一次黄牌；三是当球跑到其他人的跑道时，算一次黄牌；四是两队选出的参赛代表，谁先到达终点，谁就获得胜利；五是选手累计被出示3次黄牌，游戏成绩取消。听清楚了吗？需要我再重复一遍吗？

请幼儿复述游戏规则。

师：我现在需要一名裁判。谁能说一说，裁判应该遵守什么样的规则？

幼儿根据已知经验回答。(观察比赛选手，做到公平公正)

教师播放音频课件，游戏开始，可重复进行。

小结：在比赛时，参赛选手都能遵守游戏规则，而裁判也能按照比赛规则做到了公平公正、维护参赛选手的比赛权益，你们都非常棒！

五、仔细观察，感受人物心情

师：我们的比赛结束，接下来，小象们的比赛也要开始了！

教师播放课件，继续讲述故事到“预备”，幼儿倾听。

师：我们仔细观察黄色和绿色的小象，它们发生什么事了？

幼儿小组讨论并回答。(黄色小象故意犯规，影响了绿色小象的参赛成绩)

师：如果你是绿色小象你会怎么做？

幼儿根据故事情节结合已知经验回答。(继续完成比赛)

师：如果你是艾玛你会怎么做？

幼儿结合故事情节回答。（判罚黄色小象）

小结：在比赛中，参赛选手黄色小象要遵守比赛规则，不作弊、不违规，才能赢得光明正大。绿色小象即使在面对困难时也还是鼓起了勇气，继续完成比赛。艾玛在当裁判时，要公平公开公正，这样比赛才有意义。

六、小组合作，尝试接力游戏

教师播放课件，继续讲述故事到结束，幼儿倾听。

师：小象说，刚才你们小组代表的比赛十分精彩，想看看你们小组合作比赛是不是一样棒，请你们分成两个小组，看哪组在接力时运得最快，哪组就获得胜利。谁想来说一说这个游戏的规则？当然我们还要选出一名裁判，谁愿意来当裁判？

幼儿讲述游戏规则并选出裁判进行游戏。

游戏结束后，教师为获胜队以及参加游戏的幼儿颁发奖状。

附：

艾玛当裁判（节选）

花格子大象艾玛和表弟韦伯一起去散步。一群小象吵吵嚷嚷从他们身后冲了过去。“他们在干吗呢？”艾玛问。“他们在比赛谁跑得最快。”一头小象回答，“是我！”“不是你，是我！”另一只小象说。“你俩都犯规了，刚才的比赛不公平。”又一头小象说。“那就举行一场公平的比赛吧。”韦伯说。“我们要通知所有的动物，还有决定比赛路线。”艾玛说，“比赛就定在下周好了。”

到了比赛的那天，有九头小象来参加比赛。每头小象运动员的身上都涂了不一样的颜色。蓝色小象不喜欢自己的颜色，不过红色小象愿意跟他交换一下。他们忙了好一会儿。大家终于都准备好了。

艾玛自告奋勇来当裁判。这真是一场扣人心弦的比赛。“祝各位好运！”艾玛说，“记住，比赛不仅仅是看谁最快、谁最慢，更要看你是如何比赛的。各就各位！”他大声喊。“预备！”

当快到达终点时，绿色小象正准备超过黄色小象，黄色小象故意把绿色小象绊倒。蓝色小象保持领先，第一个冲过了终点线。艾玛宣布道，蓝色小象赢得了比赛第一名的奖牌，橙色小象获得第二名的奖牌，起跑最快的、最勇敢的、最有爱心的都有奖牌哦。

（秦皇岛市启航幼儿园 / 徐姮）

活动八　汤姆挨罚

◎活动目标

1. 根据故事的部分情节猜想故事发展，知道汤姆挨罚的原因。
2. 了解幼儿园中的各项规则，体会幼儿园中规则的重要性。
3. 喜欢和同伴游戏，遵守共同约定的游戏规则。

◎活动准备

1. 经验准备：活动前幼儿会玩木头人的游戏。

2. 课件：《汤姆挨罚》绘本故事图片；包含幼儿园中入园、吃早饭、区域活动、看书、下楼梯等时候的规则图片。

◎活动过程

一、观看图片，认识故事的主人公

师：今天我请来一位好朋友，让我们认识一下他吧！

教师播放课件，出示汤姆的图片，幼儿观看。

师：他的名字叫汤姆，他和我们一样，每天都要来幼儿园，汤姆在幼儿园都会发生什么事情呢？我们一起来看一看吧！

二、观察画面，表达出自己的猜想

教师播放课件，出示绘本中汤姆抢玩具的图片，幼儿观看。

师：你觉得汤姆发生了什么事情？

幼儿根据图片内容回答。（抢了小朋友手里的小汽车）

师：汤姆在幼儿园到底发生了什么事呢？和我们猜测的一样吗？让我们一起听听故事，和汤姆一起走进他的幼儿园吧。

三、倾听故事，知道汤姆挨罚的原因

教师播放课件，讲述故事到“哼，你坏，是我先拿到的”，幼儿倾听。

师：原来汤姆抢了卢卡的小汽车，他为什么要这样做？你们觉得他这样做对吗？

幼儿根据故事情节结合已知经验回答。（因为这是他喜欢的小汽车，不对）

师：谁能说一说你的想法？如果是你，也很想拥有这辆黄色的小汽车；你会怎么做呢？

幼儿根据已知生活经验进行回答。（和小朋友商量）

师：我们来看一看，故事中的汤姆接下来发生了什么事。

教师播放课件，继续讲述故事到“好吧，既然你不能和别人好好儿玩，你就自己去画画吧”，幼儿倾听。

师：这次汤姆又做了什么过分的事情？老师的态度是什么样的？

幼儿根据故事情节结合已知经验回答。（推倒了别人的积木；老师生气了）

师：如果你是汤姆，你会怎么做？

幼儿根据已知生活经验回答。（会和老师和小朋友们道歉）

小结：没错，如果我是汤姆，我会反思自己的行为，然后和小朋友们、老师说抱歉。其实在幼儿园里，我们也有很多需要遵守的规则。例如在玩玩具的时候，我们要互相谦让，学会分享、合作，不能像汤姆一样，随心所欲地做着自己想做的事情，还随意地破坏别人搭建的积木。

四、看图思考，了解幼儿园的规则

教师播放课件，讲述故事到“你违反了幼儿园的规则”，幼儿倾听。

师：大家共同生活在幼儿园里，要遵守各种规则。我们来帮一帮汤姆，让他知道更多关于幼儿园中可以做和不可以做的事情吧。

教师出示课件，幼儿点击课件中相关的规则图片，并说一说图片里的相关规则。

1. 入园时：准时到园，不拖沓迟到。

2. 吃饭时：排队取餐，安静又干净地进餐。

3. 区域活动时：活动材料物归原处，摆放整齐。

4. 看书时：保持安静，认真并能一页页地看书。

5. 下楼梯时：排好队，靠右走，不推挤。

小结：原来幼儿园的每个地方都是有规则的，遵守了大家制定的规则能让我们的幼儿园生活变得更有秩序，更快乐！

五、体验游戏，加深对规则的理解

师：幼儿园中需要遵守规则，在游戏中也需要遵守规则，你们最喜欢玩什么游戏呢？

幼儿回忆已有经验，说说自己喜欢的游戏。（丢手绢、吹泡泡、木头人）

师：你们喜欢玩的游戏我也很喜欢，那我们就玩一个“木头人”的游戏吧。“木头人”的游戏怎么玩？谁能说一说？

幼儿回忆游戏玩法和规则。

师：今天我们的游戏怎么玩呢？我们边念儿歌“我们都是木头人，不许说话不许动，看谁坚持到最后”边随意走动，念完儿歌就要立即摆好姿势，保持不动。有一位小朋友来“捣乱”，逗“木头人”笑或动，但是不能碰“木头人”的身体，看木头人们谁能坚持到最后。

第一次游戏，时间约 30 秒。

师：你是怎样让自己坚持到最后的？

教师请坚持到最后、姿势简单的孩子说一说，然后引导幼儿通过讨论，总结出简单又牢靠的动作更容易坚持住。

第二次游戏，时间约 45 秒，必要时要提醒捣乱人遵守“不能碰”的规则。

小结：孩子们，我发现游戏的高手增多了，一是你们的动作简单牢靠，二是你们都能遵守游戏中的规则，才让游戏变得更加有趣。我相信，汤姆在今后的幼儿园生活中，也会向你们学习，做一个守规则的好孩子！

附：

汤姆挨罚（节选）

今天早上，我心情不好，真不想去幼儿园，因为没有找到我最喜欢的那辆红色跑车。再说，我已经答应西蒙，要给他看呢！“我的小乖乖，再见！”妈妈亲了亲我。这时，西蒙跑过来，问我带没带红色跑车。这家伙真烦人！怎么办？没有带红色跑车，我就玩黄色小汽车吧。它是所有汽车里最漂亮的。哎呀！怎么卢卡在玩？这是我想玩的呀！“给我，这是我的。”我伸出双手拼命抢，可他怎么也不松手。“哼，你坏，是我先拿到的。”卢卡很生气。老师走过来，把我们拉开，温和地说：

“小汽车是大家的。汤姆，把小汽车还给卢卡，你玩别的，好吗？”

反正我也不想玩汽车了，我去搭积木吧。我要用好多好多的积木，搭很高很高的大楼。我向基姆和阿雷斯要积木，可他们不愿意给我。“看啊，你们搭的大楼，太难看了。”我一脚踹过去，哗啦一下，大楼倒了。真好玩！

这次，老师的声音不那么柔和了：“你不高兴，也不应该搞破坏！快说对不起，然后，收拾好地上的积木。”太不公平了，是他们不愿意分给我积木的。西蒙更可恶，还冲我做鬼脸呢！“西蒙，你不再是我的好朋友了！”我向西蒙扔了一块积木。这回，老师真的生气了：“汤姆，任何时候都不能做坏事。我们上课的时候讲过，你还记得吗？好吧，既然你不能和别人好好儿玩，你就自己去画画吧！”

现在我不想画画！我干些什么呢？一个人待着真没意思。看起来别人玩得还挺高兴。我可不愿意这样待一整天。下午放学时，爸爸来接我。老师告诉他，我挨罚了。现在，我真想回家吃点心。爸爸会跟老师一样批评我吗？爸爸没有生气。我告诉他，挨罚一点儿都不好玩。“是的，汤姆，挨罚不好玩。但老师做得对，她想让你知道，你违反了幼儿园的规则。”

（秦皇岛市启航幼儿园 / 徐姮）

【个别化学习活动】

区域	名称	材料	玩法	价值
语言区	莫卡的畅想	《像狼一样嚎叫》故事图片、白纸、彩色笔。	1. 幼儿两人一组，共同回忆《像狼一样嚎叫》故事内容，将图片按顺序排放在桌面上，看图轮流进行讲述。 2. 幼儿根据绘本结尾引发的思考，续编新的故事内容，并用画图的方式进行记录，然后将图画的内容讲述给朋友听。	1. 清楚完整地讲述故事内容，尝试续编故事。 2. 体验合作讲述故事的快乐。
	抽卡猜规则	装有各种公共场所规则（如图书馆、游乐场、超市、动物园等）图卡的盒子。	幼儿两人一组，一人抽取图卡一人猜测规则内容。抽取图卡的幼儿用语言描述这张卡片的内容，另一名幼儿根据描述说出这是关于什么规则的卡片，答对后两人互换角色。	1. 练习用语言描述规则的内容，巩固对公共场所规则的认知。 2. 体验听说游戏的乐趣。
	标志说出来	交通标志（禁令标志：停车检查、禁止驶入、减速让行等；警告标志：注意儿童、路面不平、隧道等；指示标志：人行横道、非机动车车道、允许掉头等）卡片。	1. 幼儿两人一组，一人展示一张交通标志卡片，谁说对标志名称，谁就获得这张标志卡，最后得标志卡多者获胜。 2. 四名幼儿自由结成两人一组，每组其中一个幼儿出卡片，另一个幼儿负责猜卡片。哪组说对的标志卡片多，哪组获胜。	1. 认识并熟记常用的交通标志。 2. 喜欢和同伴结组游戏，并在游戏中相互配合和鼓励。
	我们的约定	幼儿园一日生活各环节图片（如：吃饭、喝水、如厕、洗手、上课、看书等）；白纸、水彩笔；订书器。	幼儿三人一组，选出几张感兴趣的图片与同伴一起讨论，如，吃饭时应该怎样做，看书时要注意什么等，然后分别将讨论的结果用水彩笔画在纸上，待三人都画好后，分别进行规则讲述，最后将图画装订成册。	1. 愿意用语言表达自己的观点，知道规则的重要意义。 2. 尝试用画图的形式制定班规。

（续表）

区域	名称	材料	玩法	价值
益智区	规则故事拼拼乐	故事《像狼一样嚎叫》封面及拼图20块；故事《跟着蓝色小卡车》封面及拼图30块；故事《十一只猫进袋子》封面及拼图40块；拼图底板。	幼儿根据自己的能力水平，任意选择拼图的数量，认真观察所选故事封面后，先找出拼图中的四个角，然后从边缘往中间拼，最后拼中间的部分，拼的时候注意找到图中有特征性的图片，当出现困难时仔细观察对比故事封面与拼图卡片，直至拼图完成。	1. 掌握拼图的技巧，发展观察力和空间方位知觉。 2. 体验拼图成功的快乐。
	家规游戏棋	带有数字和家规的游戏棋盘（家规图案如：亲子阅读，吃饭时不抖腿，给长辈捶背捏腿，收拾碗筷等）、骰子、棋子若干。	幼儿2～3人一组，选择一枚棋子代表自己，轮流投骰子按数字前进。当走到带有规则图案的地点时，要说出是家中的什么规则并如何遵守，说对可前进一格。如说不出暂停一次投掷骰子，最先到达终点为胜利者。	1. 熟悉家规的主要内容并清晰完整地表达。 2. 喜欢和同伴玩棋类游戏，乐意遵守棋类游戏的规则。
	手机数独	手机（大哥大、翻盖手机、触屏手机）图片3组、九宫格背景板。	1. 幼儿观察并将手机图片放入宫格的空格内，使横向格和竖向格里的手机图片不能重复。 2. 幼儿两人一组，其中一名幼儿在九宫格内摆放已知手机图片，另一名幼儿经过推理用剩余手机图片填满其余空格上的手机图片，使横向格和竖向格的手机图片不重复。	1. 发现并掌握“数独”游戏规则，尝试运用规则解决问题。 2. 体验游戏成功的快乐。
	记忆大比拼	安全警示标志（当心跌落、施工、注意落石、危险工作区、注意信号灯等）卡片若干。	1. 两名幼儿自由结组，幼儿A出示三张卡片，幼儿B快速记忆后并翻转卡片，幼儿A向幼儿B提问：请你按从左到右的顺序说出这几张卡片分别是什么警示标志？ 2. 幼儿B出示三张卡片，幼儿A快速记忆并翻转卡片，幼儿B从中拿走一张后并提问：拿走的是哪一张警示标志卡？还剩下的警告标志卡是什么？	1. 加强对生活中的安全警示标志的认知。 2. 锻炼记忆力和反应能力。
建构区	四通八达的马路	木制积木、KT板、奶粉筒、饮料瓶等；小汽车若干；自制交通标志积木。	1. 幼儿2～3人一组合作搭建。自选大小、形状不同的材料，运用交叉连接、围封、架空的方法拼搭出马路的造型。 2. 幼儿同伴合作，利用材料自由创设山坡、弯路、直路，根据创设的交通环境合理摆放交通标志。	1. 巩固对交通标志和规则的认知。 2. 体验与同伴合作创意搭建的乐趣。
操作区	趣味叠杯	各种大小的废旧奶茶杯、纸杯、筷子、橡皮筋、扭扭棒等。	1. 幼儿用筷子将杯子夹起运到指定位置进行叠高，并搭建出自己喜欢的造型。 2. 幼儿两人一组，每人拿筷子的一端用两根筷子将杯子夹起，运到指定位置进行叠高，并搭建出自己喜欢的造型。 3. 幼儿两人一组，分别拉着绑有橡皮筋的扭扭棒，利用橡皮筋的弹力将杯子套住，运到指定位置进行叠高，并搭建出自己喜欢的造型。	1. 尝试运用小工具进行纸杯叠高，锻炼手眼协调及控制能力。 2. 体验与同伴协作叠高成功的快乐。

（续表）

区域	名称	材料	玩法	价值
美工区	漫画家规	自制有关家规的漫画图片（单张、四格）；人物简笔画步骤图；水彩笔、画纸。	1. 幼儿自选一张家规漫画图，观察漫画图的画面内容及构图，临摹一张单张或四格家规漫画。 2. 幼儿参照人物画步骤图和四格家规漫画图，将自己家的家规画成四格漫画。	1. 学习画人物简笔画的方法，尝试画四格漫画。 2. 感受漫画的夸张和有趣。
	多彩的手机	手机图片（大哥大、翻盖手机、平板手机等）或模型、制作示意图；水彩笔；12色超轻黏土、黏土工具（压泥板、塑料小刀）。	幼儿自选一张手机图片，按照其示意图选择自己喜欢的黏土颜色，通过搓、压、团等技能，并使用辅助工具形象地塑造出手机的造型。	1. 学习利用工具进行泥工的立体造型。 2. 锻炼手部小肌肉群的发展。
	规则小书签	多种颜色的卡纸、形状模具（椭圆形、心形、月牙形、五角星形、花形、鱼形）、彩带、打孔器、水彩笔、剪刀；书签制作示意图。	幼儿自主选择喜欢的卡纸并挑选形状模具，参照书签制作示意图，先将模具放在卡纸上画出其形状，用剪刀将形状剪下。再将看书时的规则画在书签上。最后用打孔器在卡片顶部打孔，并用彩带进行装饰。将制作好的书签放在图书角中分享给大家使用。	1. 掌握制作书签的流程，尝试绘画图书角的规则。 2. 喜欢参与手工制作，愿意和他人分享自己的作品。
表演区	动听的合奏	音乐《布谷鸟》、乐器（木鱼、响板和铃鼓）、独奏图谱和合奏图谱。	幼儿三人一组，先观察图谱中出现的乐器，然后协商进行乐器演奏的分工，每人选择一种乐器，听音乐按照图谱合作演奏。几轮游戏后，幼儿可交换乐器继续游戏。	1. 练习看图谱进行乐器合奏，掌握乐器的使用方法。 2. 感受乐器合奏的乐趣。
	快乐交通警	交通警察指挥交通的视频，指挥交通的动作照片，交通警察的服饰，“兔子舞”音乐片段。	1. 幼儿跟随交通警察指挥交通的视频进行学习和表演。 2. 幼儿和同伴协商并选择喜欢的指挥动作，跟随“兔子舞”的音乐，有节奏、整齐地变换动作指挥交通。	1. 进一步了解公共交通的规则，并愿意遵守。 2. 加深对交通规则的理解和记忆。
科学区	斜坡赛车	纸板、汽车模型、纸、毛巾、长条木板积木若干；记录表、铅笔。	1. 幼儿两人一组搭建两种不同坡度的斜坡，合作探究相同小车在不同斜坡高度的情况下，滑行速度的快慢和坡度有关，并记录在记录表上。 2. 幼儿两人一组搭建相同高度、不同物质的坡面，合作探究小车在不同物质表面的情况下，滑行速度的快慢和坡面的光滑度有关，表面光滑的小车滑落的速度快，表面粗糙的小车滑落的速度慢，并在记录表上记录。	1. 感知物体在坡面滑行时，高度和光滑度决定滑行的快慢。 2. 学习用简单的符号记录实验结果，体验与同伴合作实验的快乐。

【户外运动活动建议】

1. 进行户外运动游戏时，每次活动前请幼儿做游戏规则和安全规则的讲解，活动过程中请幼儿之间相互监督提醒。

2. 多组织幼儿玩一些规则性较强的游戏，如：老鹰捉小鸡、丢手绢、切西瓜等。

3. 在游戏玩具或器械不足时，请幼儿协商制定游戏的玩法和规则并严格遵守。

4. 在幼儿做团体操时，提示幼儿取放器械及时有序、不拥挤，且精神饱满地跟随音乐有节奏地踏步走。

5. 在队列练习中，提示幼儿根据教师旗语的变化，有序地变换成规定队形。

【日常生活活动建议】

1. 提示幼儿入离园时要走班级专属楼梯，并遵守上、下楼梯时靠右侧行走、不追逐、不打闹的规则。

2. 在就餐时，提醒幼儿按班级规定分组排队自主取餐。

3. 在组织幼儿如厕、洗手、喝水时，提醒幼儿自觉排队、耐心等候。

4. 午睡时，提醒幼儿按班级规定将衣物有序摆放在固定的位置上。

5. 对幼儿的守规行为及时表扬，对幼儿的违规行为及时给予纠正。

【环境创设】

1. 展示图书馆、超市、游乐场等公共场所的规则图片。

2. 将幼儿共同设计的《班级公约》绘画作品张贴在主题墙上。

3. 展示幼儿生活中的守规照片。

4. 将幼儿用黏土制作的安全警示标志展示在主题墙上。

5. 展示亲子制作的《我家的家规》绘画及手工作品。

【家园共育】

1. 建议家长在出行时，给孩子讲解交通安全知识，提示孩子在路上不停留、不玩耍，走路时精神要集中，一慢二看三通过，注意来往车辆的动向。

2. 家长可以和孩子一起制定家庭规则，让孩子参与制定家规的过程，如：家务劳动要有明确合理的分工，根据孩子的特点设置合理的奖惩，感知每个家庭成员在家中应承担的责任。

3. 建议家长在孩子面前合理安排使用手机的时间，给予孩子更多的陪伴，给孩子做出良好的示范。

【社会实践】

乘坐公交车

◎活动目标

1. 了解公交车的作用，知道并遵守乘坐公交车的规则，养成文明乘车的好习惯。

2. 学会看公交车站牌，了解站牌上的车次和站点。

3. 体验乘坐公交车的流程，感受公共交通的环保与便捷。

◎活动建议

1. 幼儿与家长一起商议并选定自己家周边可乘坐的公交车，如：2 路、8 路、34 路等。拟定乘坐时间、出发站点、目的站点，由家长提前一天做好路线、换乘站点、安全等情况的调查。

2. 教师和家长要对幼儿进行乘坐公交的安全教育，如：乘车时拉着家长的手，上车后扶稳站好，手、头、身体不能伸出窗外，不在车内吃用竹签或其他金属物串联的食物等。

3. 活动前，家长和幼儿一起说一说乘车的流程，并请幼儿说说乘车时最想到达的目的地，并提前下载公交出行 App，根据 App 上的数据有计划地安排出家门的具体时间。

4. 乘车当天，家长和幼儿提前到达车站耐心等待，等车停稳后再上车，上车时不推不挤、有序排队，遵守先下后上和前门上后门下的规则，主动买票。

5. 在公交车行驶的过程中，幼儿能安稳地坐在座椅上，有垃圾不乱扔，能丢进车内的垃圾桶里。注意听车内的广播，下车时提前做好准备。下车后，不着急从自己所乘车辆的前面或后面穿越马路，等车驶离后再走斑马线过马路。

6. 回家后，请幼儿和爸爸妈妈说一说今天的乘车路线、途经的站点以及在乘车过程中听到、看到了哪些事情，并用图画的形式记录下来。

【发展评估】

“遵守规则”好习惯养成幼儿家长评价表

宝贝们，经过一个月的时间，你养成“遵守规则”的好习惯了吗？现在请你和爸爸妈妈一起玩一个问答小游戏。

班级：　　　　　幼儿姓名：

评价内容	评价结果
1. 请你说一说自由自在和遵守规则的区别。	
2. 你喜欢读书吗？请你说一说在图书馆里应该遵守哪些规则。	
3. 你知道什么是规则吗？请你说一说自己知道的交通规则。	
4. 你听过哪些关于规则的故事？请你讲一个自己最喜欢的。	
5. 你知道什么是家规吗？请你说一说在自己家中有什么样的规定。	
6. 你知道手机的用途吗？请你说一说小朋友在使用手机学习时，应该遵守哪些规则。	
7. 请你说一说《艾玛当裁判》中哪位小象最终获得了胜利。为什么它可以当第一名？	
8. 你最喜欢玩幼儿园中的什么游戏？可以说一说它的游戏规则吗？	

爸爸妈妈们请在沟通中对孩子的行为作出正确的评价，指导孩子用彩笔为自己的好习惯作出不同等级的笑脸评价。

评价标准：非常好 4☺　好 3☺　一般 2☺　差 1☺

“遵守规则”好习惯养成教师评价表

班级：　　　　幼儿姓名：　　　　　　教师姓名：

目标	评价结果			
	4	3	2	1
1. 能遵守幼儿园中的各项规定和要求。				
2. 能清楚地讲述故事《像狼一样嚎叫》，说出规则的重要性。				
3. 能跟随音乐按照图谱与同伴合作进行乐器演奏。				
4. 能连贯地讲述故事《图书馆狮子》，说出三条在图书馆里要遵守的规则。				
5. 能清楚地讲述故事《跟着蓝色小卡车》，说出五条以上交通规则。				
6. 能连贯地讲述故事《十一只猫进袋子》，说出五条公共场所要遵守的规则。				
7. 知道什么是家规，能说出五条自己家的家规。				
8. 能说出在家中使用手机时的注意事项。				
9. 能清楚地讲述故事《艾玛当裁判》，说出在竞技比赛中选手和裁判要遵守的相关规则。				
10. 会与同伴协商制定游戏和活动规则，能遵守游戏和活动规则。				

评价标准：非常好 4　好 3　一般 2　差 1

好习惯十九　诚实守信

【主题名称】诚信好孩子

全家总动员

亲爱的家长朋友：

您好！诚实就是忠诚老实，即忠于事物的本来面貌，不隐瞒自己的真实思想，不掩饰自己的真实感情，不说谎。守信就是讲信用，讲信誉，信守承诺，答应别人的事就一定要去做。学前阶段的孩子有时会出现一些撒谎、违约和不诚实的现象，如：为了争当“光盘小明星”把不喜欢吃的饭菜藏起来或偷偷倒掉，假装没剩饭；答应跟伙伴分享玩具，却不遵守承诺；对老师撒谎装病，找借口回家；等等。他们并不知道诚实守信对于一个人来讲有多么重要。因此，本月我们将开展的主题活动是“诚信好孩子”，旨在培养幼儿“诚实守信”的好习惯。

在幼儿园，我们有目的地进行培养，希望孩子能达到如下目标：

1. 懂得诚实守信是一种美德，愿意做一个诚实守信的好孩子。
2. 理解诚实的含义，知道做了错事要敢于承认，不说谎。
3. 知道说谎会给自己和他人的身心带来不良的影响。
4. 了解守信的含义，懂得答应别人的事情就应该做到。
5. 愿意做一个拾金不昧的人，捡到东西及时归还给失主。

在家庭生活中，我们建议您从以下几方面进行关注：

1. 请您以身作则，答应孩子的事一定要做到，做个诚实守信的人。
2. 家庭成员间要相互做到彼此真诚，信守承诺。
3. 引导孩子敢于面对自己的错误，不逃避、不撒谎，勇于承担责任。
4. 和孩子共同阅读诚实守信方面的故事书，结合身边的事，加深对诚实守信的理解。
5. 建议经常和孩子一起互说心里话，表达自己的真实情感。

感谢您的积极参与！为了孩子的成长，让我们一起努力吧！

【主题目标】

1. 了解诚实的含义，知道做了错事要敢于承认，不说谎，做一个诚实的好孩子。
2. 知道守信的重要，正确估计自己的能力，懂得答应别人的事情就一定要做到。
3. 喜欢阅读与诚实守信相关的文学作品，并大胆地说出作品的主要内容。
4. 感受文学作品中主人公说谎和说实话后的心情变化，知道说谎会对人的身心造成不良的影响。
5. 建立正确的为人处世的观点，做一个家园一致、表里如一的好孩子。
6. 理解秘密的含义，知道保密是一种承诺，愿意为他人保守秘密。
7. 懂得捡到东西要想办法归还给失主，乐意做一个拾金不昧的人。

【主题口号】

说到做到不撒谎，争做诚信好宝宝

【三字儿歌】

诚实守信人人夸

小朋友，要记牢，
讲诚信，很重要。
做错事，不撒谎，
捡东西，要上交。
承诺事，能做好，
讲美德，好宝宝。

【集体教学活动】

活动一　一个小宝两个样

◎活动目标

1. 建立正确的为人处世的观点，做一个家园一致、表里如一的好孩子。
2. 练习看图讲述，尝试有序、连贯、清楚地讲述图中的内容。
3. 体验找不同游戏的快乐，发展观察能力。

◎活动准备

白板课件：小宝人物图片；老师表扬小宝、父母批评小宝的图片；小宝在幼儿园表现图片3张；

小宝在家表现图片 3 张；找不同图片 3 组。

◎活动过程

一、观看图片，认识新的朋友小宝

教师播放课件，出示小宝人物图片，幼儿观看。

师：这是今天我要给你们介绍的新朋友，他的名字叫小宝。

教师播放课件，出示老师表扬小宝、父母批评小宝的图片，幼儿观看。

师：请你仔细观察图片，你觉得小宝是个怎样的孩子呢？

幼儿根据观察回答。（老师很喜欢小宝，爸爸妈妈总批评小宝）

师：小宝的老师总说“小宝真是个乖孩子，在幼儿园表现特别好，大家都很喜欢他”，小宝的爸爸妈妈却说“小宝是个小调皮，总是不听话，爱捣乱，什么时候才能懂事呀”。这是怎么回事？小宝到底是乖宝宝还是小调皮呢？我们一起来看一看。

二、看图讲述，说说小宝在园表现

教师播放课件，出示小宝在幼儿园表现图片一，幼儿观察。

师：你们看小宝正在做什么？

幼儿自由回答。（小宝正在擦桌子）

教师播放课件，放大小宝擦桌子的图片，幼儿观看。

师：小宝在哪里擦桌子？和谁一起擦桌子？你觉得小宝是个什么样的孩子？

幼儿观察图片回答。（教室里；伙伴、小朋友；爱劳动的孩子）

师：小宝在教室里和小朋友一起擦桌子，真是个爱劳动的好孩子。接下来的两张图片，谁能像我刚才说的那样，完整地说出图片的内容呢？谁来试一试。

教师播放课件，依次出示图二图三，按照上面的方法，引导幼儿说出图片内容：

图二内容：小宝在幼儿园里和老师鞠躬打招呼，真是个有礼貌的好孩子。

图三内容：小宝在卧室里和伙伴一起安静午睡，真是个乖巧听话的好孩子。

师：小宝在幼儿园里表现好吗？（好）怪不得老师这么喜欢小宝，接下来我们看看小宝在家里的表现吧。

三、继续看图，讲讲小宝在家表现

教师播放课件，出示小宝在家表现图片一，幼儿观看。

师：你们看小宝正在做什么？

幼儿自由回答。（小宝正在让妈妈穿鞋）

教师播放课件，放大小宝让妈妈穿鞋的图片，幼儿观看。

师：小宝让妈妈穿鞋，他在哪里？说明小宝是个什么样的孩子？

幼儿看图回答。（坐在沙发上；懒惰的孩子）

师：小宝坐在沙发上让妈妈给他穿鞋，真是个懒惰的孩子。接下来的两张图片，谁能像我刚才说的那样，完整地说出图片的内容呢？谁来试一试。

教师播放课件，依次出示图二图三，按照上面的方法，引导幼儿说出图片内容：

图二内容：小宝坐在在餐椅上，奶奶说话，他不理，真是个没有礼貌的孩子。

图三内容：小宝在卧室里吵闹不睡觉，打扰爸爸工作，真是个调皮捣蛋的孩子。

师：小宝在家里表现好吗？（不好）怪不得小宝的爸爸妈妈总说，小宝是个不懂事的孩子。

四、观察游戏，找出小宝家园不同

师：小宝在幼儿园和在家的表现一样吗？哪里不一样？

幼儿思考后回答。（不一样；在幼儿园表现得有礼貌，自己的事情自己做；在家没礼貌，自己的事情还让妈妈帮忙做）

师：我这里还有一些小宝的照片，看一看你们能不能分辨出哪张是小宝在幼儿园的表现，哪张是在家的表现。

1. 集体游戏

教师播放课件，出示第一组找不同图片（小宝吃饭），幼儿观察。

师：这两张图片中的三处不同，请你们仔细观察，找出来后把它圈出来，谁来试一试？

教师邀请 3 名幼儿操作白板，分别找出不同之处。

师：大家一起看看，他们找得对吗？（对）哪张是小宝在幼儿园的表现，哪张是在家的表现？为什么？

幼儿观察图片回答。（左边是在幼儿园的表现，右边是在家的表现；左边没有掉米粒，右边掉米粒了，左边坐得直，右边弯腰驼背，左边不挑食，右边把蔬菜都剩下了）

师：你们看得可真仔细，接下来看看你们还能不能找到。

2. 分组游戏

教师播放课件，出示第二组找不同图片（小宝看书）和第三组找不同图片（小宝睡觉），幼儿观看。

师：现在男生一组、女生一组，男生组负责第二组图片，女生组负责第三组图片，请你们共同讨论，圈出图片中的不同之处，分析哪一张是小宝在幼儿园的表现，哪一张是在家表现，完成后，请回到座位上坐好，看哪组完成得快。

幼儿自主分成男、女两组，同时上前操作白板，各自找出图片的不同之处。

师：两组都完成了，请每组派一个代表来说一说，哪张是小宝在幼儿园的表现，哪张是在家的表现？为什么？

男生组代表观察图片回答。（右边是在幼儿园的表现，左边是在家的表现；右边书架的书很整齐，左边书架的书很乱，右边书很干净，左边书被乱写乱画了，右边看书开灯，左边看书没开灯）

女生组代表观察图片回答。（左边是在幼儿园的表现，右边是在家的表现；左边鞋子没有摆整齐，右边鞋子摆得很正，左边躺在枕头上睡，右边没有躺枕头，左边衣服都折好了，右边衣服乱丢）

教师和其他幼儿一起观看倾听，检查是否正确。

五、大胆表达，懂得做到家园一致

师：小宝在家和在幼儿园为什么不一样？

幼儿分析回答。（小宝在幼儿园表现好是想让老师表扬他，在家妈妈事事都会帮忙所以他就不自己做）

师：你们觉得小宝是个好孩子吗？怎样做才能成为好孩子？

幼儿思考回答。（不是，在家和在幼儿园一样才是好孩子）

师：那你们有没有像小宝那样，出现过在幼儿园和在家里不一样的时候呢？以后你要怎么做？

幼儿自由回答。（在幼儿园不挑食，在家里有时会挑食；以后在家也不挑食了）

师：小宝在幼儿园表现得很好，不仅有礼貌，自己的事情自己做，还有良好的习惯。如果他在家也和在幼儿园一样，做一个真正的好孩子，相信老师、小伙伴们会更喜欢他的。所以，孩子们，希望你们无论在什么地方都是一个样，做一个表里如一的好孩子。

（秦皇岛市启航幼儿园 / 李宝玲）

活动二　迟到的理由

◎活动目标

1. 知道迟到了要敢于承认，不说谎，实话实说。

2. 尝试合理安排睡前活动，保证充足的睡眠不迟到。

3. 体验玩计时游戏的紧迫感，懂得合理安排时间。

◎活动准备

白板课件：《迟到的理由》绘本故事图片，小猪迟到图片，小猪起晚的图片，睡前活动图片，闹钟图片。

◎活动过程

一、观看图片，体会迟到后的心情

教师播放课件，出示小猪迟到的图片，幼儿观看。

师：孩子们，你们看它是谁？猜猜它是在什么地方，在干什么呢？

幼儿观察图片回答。（小猪；在学校；小猪迟到了）

师：小猪今天上学迟到了，校园里，楼道上一个人也没有了。你们看小猪现在是什么心情？ 你从哪里看出来的？

幼儿观察图片回答。（害怕、紧张、难过；从小猪的表情看出来的）

师：小猪迟到了，它现在非常害怕、紧张和担心，它在害怕什么？

幼儿自由回答。（怕被老师批评）

师：如果有一天你迟到了，你会是什么心情？你心里会怎么想？

幼儿自由回答。（和小猪一样害怕老师生气；心里想老师不要批评我）

师：于是怕老师批评的小猪正在拼命想“我一定要想个迟到的理由才行”。我们一起来看一看，它想出了什么理由。

二、共读绘本，猜测想象中的理由

教师播放课件，出示绘本中大象图片，幼儿观看。

师：你们猜猜小猪想出的理由是什么，它会怎么说呢？

幼儿观察图片回答。（我和大象一样，擤了很久的鼻涕）

师：你们觉得这个理由合适吗？为什么？

幼儿自由回答。（不合适；因为小猪没有大象那么长的鼻子）

同上提问方式，教师播放课件，出示鳄鱼和长颈鹿的图片，幼儿观看后回答。

师：你们觉得这些理由都行不通，小猪也知道这些都是别人的理由，没有人会相信这些理由的，再想想，再想想……

三、选择图片，合理安排睡前活动

师：小猪为了想迟到的理由费尽了心思，可这些理由都是假的，真正理由到底是什么呢？

教师播放课件，出示小猪起晚的图片，幼儿观看。

幼儿观察图片回答。（闹钟响了没听见，起晚了）

师：原来小猪迟到真正的原因是闹钟响了一遍又一遍，小猪就是没听见，结果起床起晚了，才迟到的。你们想一想小猪昨天晚上到底发生了什么事？早上怎么会起不来床呢？

幼儿根据经验回答。（玩玩具玩得太晚了，睡得太晚了）

教师播放课件，出示睡前活动图片，幼儿观看。

师：图片中的哪些事情是不好的习惯，会影响睡眠，导致我们起不来床呢？

幼儿观察图片回答。（睡前玩玩具，睡前看动画片，吃太多东西，睡太晚）教师操作课件将图片圈出来。

师：睡觉前玩得过于兴奋，或者看刺激性的动画片，或者吃太多东西，都会导致我们大脑处于兴奋状态，这样我们可能会失眠，睡不着。第二天就很有可能起不来床，这样就很容易迟到了。现在请你们为小猪安排一下合理的睡前活动，让它保持良好睡眠，尽量不要迟到。

教师请 3 ～ 4 名幼儿操作白板，选择合适的图片。

师：看看这些睡前活动，你们觉得合适吗？（合适）睡觉前我们可以听故事，看书，听助眠音乐，喝牛奶，按时睡觉，这些都有助于我们提高睡眠质量，准时起床，预防迟到。

四、计时游戏，懂得要去珍惜时间

师：小猪因为没有好的睡前习惯，起床磨蹭了一点点时间就迟到了，看来浪费一点儿时间就有可能造成严重的后果，所以每一分钟都很重要，一分钟都不能浪费。那你们知道一分钟到底有多长，能做哪些事情呢？

幼儿自由回答。（一分钟很快就过去了，可以喝一杯水）

师：接下来我们一起来玩一个“木头人”的游戏，我们一起感受一下一分钟有多长。

教师播放课件，出示一分钟计时器。

师：当我说完“我是一个木头人，不许说话不许动”的时候，你们每个人都要摆一个最帅、最漂亮的姿势静止不动，眼睛可以看向计时器倒数一分钟，准备好了吗？现在开始！“我是一个木头人，不许说话不许动！”

幼儿根据口令静止不动，教师巡场观察幼儿是否犯规，直到计时结束。

师：时间到，你们刚才有什么感觉吗？

幼儿自由回答。（一动都不能动，感觉一分钟时间很长）

师：有人觉得一分钟时间很长，那接下来我们来进行分组比赛，看谁能在一分钟的时间里做更多的事情。

教师播放课件，出示小猪的闹钟图片。

师：故事里的小猪为了不迟到，请爸爸买了许多的闹钟，有各种形状的、有卡通人物的，还有水果形状的。每天关闹钟也是一件麻烦的事情，小猪每次关闹钟的顺序是先关形状闹钟再关卡通闹钟最后关水果闹钟，现在从坐在左边小朋友开始，每人轮流按小猪关闹钟的顺序来关闭一个闹钟，我们来看看能不能在1分钟内完成。

教师播放计时器，幼儿轮流到前面操作白板，按形状—卡通人物—水果的顺序关闭闹钟，教师和其他幼儿观察纠错。游戏可反复进行。

师：刚刚你们轮流关闹钟时感觉怎么样？现在，你们觉得1分钟是长还是短？

幼儿自由回答。（很着急，怕超时；觉得1分钟很短）

师：1分钟什么也不做时，我们觉得它很长，1分钟要完成一些事情时，我们又觉得它很短。所以我们要学会珍惜生活中的每一分钟，合理安排自己的时间。

五、理解故事，知道犯错后说实话

师：接下来我们看看迟到的小猪到底是怎么做的。

教师播放课件，讲述绘本从“唉，老师会相信哪一个呢？”到“小猪长长地舒了一口气，原来，这才是最好的理由啊”。

师：小猪是怎么做的？说完之后心情是怎样的呢？

幼儿根据故事情节回答。（说了实话，松了一口气）

师：你觉得小猪做得对吗？为什么？

幼儿自由回答。（对，因为撒谎是不对的，要诚实）

师：我们要勇敢面对自己的错误，敢于认错，不撒谎，撒谎只会让你更担心害怕，实话实说才是解决问题的最好办法。这本有趣的绘本《迟到的理由》，我把它放在班级的阅读角里，如果你想看看小猪迟到的故事，可以去自由翻阅。

附：

迟到的理由（节选）

星期一的早晨，闹钟响了好久好久。睡沉的小猪终于被吵醒了。“啊……天哪！我迟到了！”

静悄悄的学校，鸦雀无声。安静的走廊，也一点儿声音都没有。“完蛋，都上课了，该怎么办呢？”“怎么办？该怎么办呢？得想个理由才行啊！”“唔！我可以说我和大象一样，擤了很久的鼻涕。”小猪很快地说：“哦，不！我没有那么长的鼻子，老师不会相信。”“嗯，我可以学学鳄鱼——刷了很长时间的牙齿。”小猪马上甩甩头：“哦，不！我没有那么多牙齿，老师不会相信的。”“那要不，我可以像长颈鹿那样，围了太久的围巾。”小猪刚刚说完，就叹了口气：“哦，不，我没有那么长的脖子，老师不会相信！”“这些都是别人的理由，再想想，再想想……”

“唉，老师会相信哪一个呢？”终于，小猪鼓起勇气，敲了教室的门。“怎么迟到了？”“老师，我……我……我起晚了……”“下次要注意哦，赶快坐下来上课吧！”“呼——”小猪长长地舒了一口气，原来，这才是最好的理由啊！

（秦皇岛市启航幼儿园 / 柳健楠）

活动三　毛喳喳的小药丸

◎活动目标

1. 知道说谎会对人的身心造成不良的影响，懂得做了错事要敢于承认。
2. 尝试根据画面猜测故事的情节发展，感受主人公的心理变化。
3. 喜欢参与平均分物的游戏，体验用数学的方法解决问题的快乐。

◎活动准备

1. 课件：《毛喳喳的小药丸》绘本故事图片，平均分物。
2. 操作材料：雪花片。

◎活动过程

一、观看图片，认识故事中的主人公

师：今天我们要认识一位新朋友，看看它是谁？

教师播放课件，幼儿观察后回答。（一只大猩猩）

师：他是一只猩猩，名字叫毛喳喳，你们觉得毛喳喳喜欢吃什么呢？

幼儿根据生活经验自由回答。（香蕉、桃子等）

师：猩猩喜欢吃香蕉、树叶、植物的果实。毛喳喳有一个特殊的习惯，是什么呢？我们来听一听故事吧。

二、听赏故事，猜测绘本情节的发展

教师播放课件，讲述故事到“偷偷地吃掉”，幼儿倾听。

师：毛喳喳的乐趣是什么？

幼儿根据故事内容回答。（把鼻屎揉成小球球，然后偷偷地吃掉）

教师在幼儿的耳边说悄悄话，帮助幼儿理解秘密的含义。

师：刚才和我说过悄悄话的小朋友，我们之间就有了秘密，你觉得秘密是什么？

幼儿根据自己的理解自由回答。(秘密就是不能告诉别人的事情)

师：毛喳喳独自享受着属于自己的“小秘密”，可是有一天，他的这个秘密被人发现了。

教师播放课件，继续讲述故事到“会被人家看见吃鼻屎”，幼儿倾听。

师：当毛喳喳被人发现在偷吃鼻屎之后，他有了什么表情？为什么会有这样的表情，体会一下他此时此刻的心情。

幼儿体会角色心情自由回答。(吃惊、害怕；因为毛喳喳觉得被别人看见吃鼻屎很害羞和丢人)

教师播放课件，继续讲述故事到“毛喳喳给了罗尼恩一粒鼻屎”，幼儿倾听。

师：毛喳喳说了一个什么样的谎？他为什么不敢说真话？

幼儿根据故事情节回答。(他的鼻屎是可以让脑袋变聪明的小药丸；怕被人知道他爱挖鼻屎)

师：我们来看一看，猫头鹰帮他保守秘密了吗？

教师播放课件，继续讲述故事到“连最喜欢的午觉都睡不成了”，幼儿倾听。

师：猫头鹰有没有帮他保守秘密？猫头鹰、猎豹、长颈鹿、大象、青蛙和蝙蝠都带着什么礼物来换取毛喳喳的小药丸？

幼儿根据故事内容回答。(没有；羽毛、香蕉、笛子、果实、红花、彩色的种子)

三、分物游戏，解决平均分物的问题

师：毛喳喳收了小动物们的礼物，可不敢怠慢，他不停地揉啊揉、搓啊搓，偷偷地准备了很多鼻屎，可是他遇到了难题，怎样才能把这些小药丸平均分给他们呢？

幼儿根据教师提供的数量2、4、6、8、10，动脑思考并操作。

例：2个小药丸，平均分给两只青蛙，一人1个小药丸；4个小药丸，平均分给两只蝙蝠，一人2个小药丸；6个小药丸，平均分成2份或者3份；8个小药丸，平均分成2份或者4份；10个小药丸，平均分成2份或者5份。

师：帮小动物们分完了小药丸，毛喳喳自己还藏了4盘小药丸，如何做到只移动盘子，就能把小药丸平均地藏在两棵树下面呢？

例：4个盘子里分别有1、2、3、4个小药丸，平均分到两棵树下，每棵树下藏有1、4和2、3。

小结：平均分物是指在分物体的时候，按照要求分的份数分完，使每一份得到的数一样多。

四、继续倾听，体会说谎对人的影响

师：我们帮毛喳喳解决了生活上的难题，可是心理上的难题并没有解决，他也不能一直揉鼻屎呀，这样下去可不是办法。

教师播放课件，继续讲述故事到“大伙儿一定会非常生气吧”，幼儿倾听。

师：有一天毛喳喳病倒了，我们来猜一猜他为什么病倒了？

幼儿根据故事情节回答。(因为毛喳喳撒谎了)

师：如果是你，你会怎么做？怎样才能让他的病快点好起来，帮毛喳喳想个办法吧！

幼儿体会角色心情，自由回答。(勇敢承认，不撒谎；对朋友们说实话)

五、回顾情节，懂得要敢于承认错误

师：听了你们的这些办法，我们来看一看毛喳喳是怎么做的。

教师播放课件，继续讲述故事到“动物们都回去了”，幼儿倾听。

师：毛喳喳说了真话之后，小动物们责怪他了吗？

幼儿根据故事情节回答。（没有）

师：因为说了真话，毛喳喳心里也舒服多了。我们来感受一下毛喳喳的这几个瞬间，谁还能记得，当时他发生了什么事？

教师播放课件，出示吃鼻屎被发现，说谎后生病，承认错误的图片，幼儿观看。

幼儿自由回答。（毛喳喳吃鼻屎被人发现了然后说了谎话，说谎之后生病了，跟朋友承认自己说谎了）

师：从“毛喳喳偷吃鼻屎被人发现说了谎话”，到“说谎之后内心十分痛苦病倒了”，最后“终于鼓足勇气说出真话放声大哭”，我们和毛喳喳一起经历了从说谎到说出真话的过程。说谎有时是为了掩饰自己内心的不安，有时是不知道怎么解释而做出的笨拙辩解，当我们意识到错误的时候要及时改正。刚才我们说过悄悄话的小朋友，如果你给我的回答是肯定的，你也要及时改掉这个习惯。猜一猜，毛喳喳以后还会偷偷吃鼻屎吗？请到书中找找答案吧。

附：

毛喳喳的小药丸

大森林里，住着一只叫毛喳喳的大猩猩。毛喳喳的乐趣，就是晚上把鼻屎揉成一个小球球，然后偷偷地吃掉。

这天晚上，毛喳喳又把一粒鼻屎扔进嘴里。猫头鹰罗尼恩飞了过来，就在这时“呦，毛喳喳！我早就发现了你每天晚上都躲在这里吃好吃的。”毛喳喳连忙捂住嘴巴。他万万没想到，会被别人发现吃鼻屎。

“你在偷吃什么？”“啊，这，这个嘛，嗯，是让脑袋变聪明的小药丸！”毛喳喳一着急，胡乱编道。“什么？让脑袋变聪明的小药丸？那我也要吃一粒！”“可，可是，它太宝贵了，谁也不能给。”“要不……这样吧！我用我的宝贝来跟你交换，行不？”“啊？”毛喳喳想了一下说，“要是换，行吧。”罗尼恩从身上拔下一根闪亮亮的羽毛，交给毛喳喳：“你用它能写一封漂亮的信，这可是我破例给你的，你谁也不要告诉。”毛喳喳给了罗尼恩一粒鼻屎。

第二天，猫头鹰罗尼恩并没有保守这个秘密，把这个消息告诉了猎豹号利。号利跑过去一看，毛喳喳正在吃早饭。“毛喳喳，也给我一粒好吗？”“这个？”毛喳喳把香蕉递了过去。“不是，不是，是让脑袋变聪明的小药丸！”“啊？那个呀……”毛喳喳想混过去，可是号利不死心。“毛喳喳，我求你了。要不我用我的宝贝和你换？喂，你看！”他拔下来三根金色的胡须。“那我今天就破例吧！”没办法，毛喳喳把昨天揉好的一粒鼻屎给了号利。一眨眼的工夫这个秘密就传遍了整个森林。下午长颈鹿叼着一个漂亮笛子来了，傍晚大象带着面包树的果实来了，青蛙带着红花来了。晚上，一大群蝙蝠带着闪耀着彩虹色的种子，也来拜访毛喳喳了。这下可把毛喳喳忙坏了，因为天天有人来要小药丸，他要不停地偷偷地揉鼻屎，连最喜欢的午觉都睡不成了。

毛喳喳就这样天天不停地抠呀抠，可是累倒不算什么，最让他难受的是他撒了谎。可要是说了真话，大伙儿一定会非常生气吧！毛喳喳病倒了，消息很快传开，大伙儿都赶来看他。“毛喳喳，你怎么啦？不要紧吧？”毛喳喳用虚弱的声音回答道：“没事，其实我有一件麻烦事，我想不出来好主意。我一直在想，想啊想啊，想得脑袋都疼了……”这时，号利“啪”地拍了一下手。“想不出来好主意？毛喳喳，你不是一直在吃让脑袋变聪明的小药丸吗？”“是呀，你吃小药丸不就行了吗！”“我一直留着没舍得吃，来，你把它吃了吧。”大伙儿把自己留着的没舍得吃的小药丸全部拿了出来。“毛喳喳，你快吃呀！”森林里的动物们都在看着他。到了这个份上，他想说小药丸是骗人的已经来不及了。毛喳喳只好把鼻屎全部吞了进去。只见毛喳喳的脸变成了蓝色，变成了红色，变成了绿色，变成了黄色最后变成了紫色。毛喳喳头都晕了，他大声叫了起来：“我对你们撒谎了，根本没有让脑袋变聪明的小药丸！”“你对我们撒谎了？”“那你给我们的是什么？”“其实，那，那是我的鼻屎”。毛喳喳哭了起来。“我对不起大家，这些宝贝全部还给你们吧。”看到毛喳喳的病好了，动物们都回去了，因为说了真话，毛喳喳舒服多了。你们猜一猜，从此以后，毛喳喳还会吃鼻屎吗？

（秦皇岛市启航幼儿园 / 徐姮）

活动四　种萝卜比赛

◎活动目标

1. 知道要认真负责地完成自己所接受的任务，懂得诚实的重要性。

2. 了解萝卜的种类和生长习性，掌握种植萝卜的方法。

3. 喜欢参加种植活动，愿意关注植物的生长。

◎活动准备

1. 白板课件：《种萝卜比赛》绘本故事图片；萝卜埋在土里的图片；白萝卜、水萝卜、樱桃萝卜、西瓜萝卜、胡萝卜、青萝卜、紫萝卜图片；萝卜生长习性图片；萝卜种植方法图片；萝卜种植方法步骤图；萝卜种植方法空白表格。

2. 各种萝卜图片，萝卜的种子每人一份。

◎活动过程

一、观看图片，认识萝卜种类和外形

教师播放课件，出示绘本封面，幼儿观看。

师：孩子们，看了这个封面你能猜出今天的绘本讲的会是一个什么故事吗？

幼儿观察图片回答。（绘本名字叫种萝卜比赛，动物们种了一个萝卜）

师：这个绘本的名字是《种萝卜比赛》。大家都去比赛种萝卜了，你见过萝卜吗？（见过）萝卜长在哪里？（土里）长得什么样？你从哪里见过萝卜？

幼儿根据经验回答。（萝卜有的是长长的，有的是圆形的，有白色的也有红色的；从超市和市场见过）

教师播放课件，出示萝卜埋在土里的图片，幼儿观看。

师：我这里有许多的萝卜，它们还在土里没有拔出来，这里有没有你们刚才提到的萝卜呢？谁来拔一个看一看？

教师邀请 7 名幼儿操作白板，依次拔出萝卜。

师：现在我们来观察一下，这么多的萝卜都是什么样子的？你知道它们的名字吗？

教师播放课件，出示所有种类的萝卜图片，幼儿观看。

幼儿观察图片回答。（萝卜有的长长的、有的圆圆的，有的红色、白色、绿色；胡萝卜、白萝卜、红萝卜）

师：萝卜有很多种类，我们经常见到的有白萝卜、青萝卜、胡萝卜、水萝卜。根据它的外形特征还有樱桃萝卜和西瓜萝卜，还有颜色特别的紫萝卜，这么多种类的萝卜你都记住了吗？（记住了）接下来我们一起玩一个“萝卜蹲”的游戏，来考考你们有没有记住这些萝卜的名字，现在我们围成一个大圈站好。

教师组织幼儿围圈站好。

师：我给你们每人发一张萝卜的图片，请你把它贴在胸前，并努力记住萝卜的名字。我先说“白萝卜蹲，白萝卜蹲，白萝卜蹲完，胡萝卜蹲”。请贴有胡萝卜图片的宝贝马上蹲下并继续往下说，没有及时蹲下的宝贝则被淘汰坐回到座位上。听清楚了吗？

教师带领幼儿玩萝卜蹲的游戏 3 ～ 5 次，熟悉萝卜名称。

二、倾听故事，知道做事要认真负责

师：请大家把萝卜的图片交给我，都回到座位上吧。刚才我们认识了这么多种类的萝卜，故事里的小动物们种的是哪一种萝卜呢？我们一起来看一看。

教师播放课件，讲述故事从开始到“小动物们费尽心思，用尽办法，不分白天夜晚，辛勤地养护”，幼儿倾听。

师：动物们种的是什么萝卜？（胡萝卜）牛伯伯在发萝卜苗时，说了一个要求是什么？小动物又是怎么做的呢？

幼儿根据故事内容回答。（要诚实，自己种，不可以找爸爸妈妈帮忙；小动物们都很认真和努力地种萝卜）

师：小动物们为了让萝卜长出来，非常认真负责地种植，没有一个人偷懒，如果你也得到一棵萝卜幼苗，去参加种萝卜大赛，你会怎么做呢？

幼儿自由回答。（每天都照顾它，不怕辛苦）

师：当我们得到一个任务或一个工作时，我们一定要认真负责，努力想办法把这件事做到最好，这些小动物们在种萝卜时就做得很棒。他们用了各种各样的方法，想让萝卜长好。

三、操作白板，学习萝卜的种植方法

师：要想把萝卜种好就要知道萝卜的生长习性，谁知道萝卜长大需要什么样的环境？

幼儿自由回答。（太阳、水、施肥）

教师播放课件，出示萝卜生长习性图片，幼儿观看。

师：谁看懂了？来给大家说一说吧。

幼儿根据观察回答。（萝卜生长需要土、温暖、浇水、阳光）

师：萝卜生长的必要条件是合适的土壤、温度、水分、光照。这些条件也有很多讲究，只有满足所有的要求，萝卜才能长好，我们看看有哪些具体要求。

教师播放课件，出示土壤、温度、水分、光照具体要求图片，幼儿观看。

师：你们看懂了哪些要求，谁来说一说？

幼儿观察图片回答。（土壤要浇水和施肥，还要翻土，温度要在 20 ～ 25 摄氏度之间，水分要充足，12 小时的光照）

师：第一，土壤最好要土层深厚，提前浇水和施肥，松土帮助土质变得松软。第二，保持合适的温度，在 20 ～ 25 摄氏度之间，可用塑料膜布作为保暖。 第三，萝卜对水分需求量大，要经常浇水，保持土壤湿润。第四，萝卜喜欢光照，每天日照时间要在 12 小时左右。看来想种出好的萝卜可真不容易啊，你现在学会种萝卜了吗？（学会了）那接下来就要考一考你们到底记不记得萝卜的种植方法。

教师播放课件，出示萝卜种植方法空白表格。

师：我把种植萝卜分为四个步骤，现在请你们自由分为四组，第一组负责第一步骤，依此类推，每一组请你们讨论每个步骤都需要准备什么，选出一名代表在白板上操作，选择合适的步骤图片放在合适的位置上。其他幼儿可以小声提示。

请幼儿到前面进行白板操作，教师在旁观察指导。

师：现在四个步骤大家都填好了，请每组代表说一说想法，看看大家还有没有补充。

每组幼儿代表做解说，其他幼儿观看聆听。

师：看来你们都掌握了种萝卜的方法，相信如果你们参加种萝卜比赛也能获得好成绩的，那故事里的种萝卜比赛，到底谁是第一名呢？我们接着听故事吧。

四、继续阅读，知道诚实是获胜原因

教师播放课件，继续讲述故事到“究竟谁会得到第一名呢”，幼儿倾听。

师：你们觉得谁会得到第一名呢？为什么？

幼儿自由回答。（小白兔得第一；因为她没撒谎）

师：大家都觉得诚实是最重要的，撒谎的小动物是不会得到第一名的，我们看看牛伯伯到底怎么决定的。

教师播放课件，讲述故事到结尾，幼儿倾听。

师：谁是第一名？她靠什么得到的第一？

幼儿自由回答。（小白兔第一，诚实）

师：诚实是一种优良品格，不说谎的人，才会受到大家的喜欢，就像故事中的小兔子，即使发现自己种出的萝卜是白色，也没有像其他小动物们那样染上红色去参加比赛，而是在大家面前诚实地呈现自己的果实，最后得到了第一名。希望你们也能像小兔子一样，不论结果如何都能诚实、不撒谎。

五、动手操作，感受种植萝卜的过程

师：故事里的种萝卜大赛，诚实的小白兔得到了第一名，我们也来一个种萝卜大赛怎么样？（好）我给你们每人一些种子，这些种子究竟能种出哪种萝卜呢？先不告诉你们，只有你们按照正确的方法，精心呵护，等到萝卜长出来，你们就能知道答案啦！谁来说一说你拿到这些种子，打算怎么做？

幼儿自由回答。（先翻土，再种种子，浇水、晒太阳）

师：我看到好多宝贝都等不及了，请你们拿好你的种子，我们一起去种到班级的自然角去吧。

附：

种萝卜比赛

“快来哟！快来哟！”牛伯伯卖力地大喊，“种胡萝卜比赛开始喽……”小动物们纷纷排队，等着领取胡萝卜的幼苗。“这是小朋友的比赛，大家要诚实，自己种，不可以请爸妈帮忙哟！”牛伯伯提醒道。

“小兔，虽然你最爱吃胡萝卜，可是，种萝卜，我一定比你厉害！”狐狸说。“我才是高手呢！”“第一名非我莫属……”小熊和松鼠也不甘示弱。“好，好！”小兔笑着说，“大家各自努力加油吧。”

“盆子应该要越大越好！”“肥料必须多加一点！”“最好把洞再挖深一点……”小动物们都将萝卜幼苗种在自己认为最理想的地方，每天细心呵护。小兔也不忘每天为她的幼苗浇水……日子一天一天过去，为了保护、照顾好自己的胡萝卜，小动物们费尽心思，用尽办法，不分白天夜晚，辛勤地养护。

“你的胡萝卜种在哪里？”“我的长大很多了呢！”“一定没有我的大！”“不用吵，我的最大……”即使见了面，大家的话题也离不开种萝卜大赛。最后第一名究竟会落在谁家呢？

终于，明天就是种胡萝卜大赛揭晓结果的日子。“必须收成了！”小动物们纷纷拔起自己种的萝卜……“啊？”“咦？”“怎么会这样？”小熊、猪仔、狐狸、松鼠……大家拔出来的都是……白萝卜！“明明是胡萝卜幼苗，怎么会长出白萝卜呢？”小白兔也大吃一惊。“不行，这是胡萝卜比赛，我得把萝卜变红才行！”小熊、松鼠、狐狸等动物们的想法都一样，为了得第一，开始为自己的白萝卜变装。只有小兔认为：“无所谓，只要是我自己种出来的就好了。”她将萝卜仔细清洗干净。

第二天一大早，小动物们都捧着自己种的萝卜前往比赛场地。“别人都种出胡萝卜了呢！”他们左看看右看看，心里想：“幸好我把白萝卜变红了。”只有小兔不慌不忙，捧着一根白萝卜。比赛的长桌上，琳琅满目摆满了大大小小的萝卜。究竟谁会得到第一名呢？小动物们盯着裁判牛伯伯和驴先生，紧张万分，几乎喘不过气来。

终于，牛伯伯大声宣布："这次比赛，第一名是……小兔！""为什么？她的是白萝卜啊！"大家都很惊讶，忍不住追问。"记得吗？我说过，这次比赛要诚实。"牛伯伯说，"当初我发给你们的都是白萝卜幼苗，当然是白萝卜得第一名呀！"

（秦皇岛市启航幼儿园 / 孟微）

活动五　起得最早的兔子

◎活动目标

1. 理解诚信的含义，知道要遵守向别人做出的承诺，说到做到。

2. 认识钟表，学习辨认整点和半点，尝试判断时间的早晚。

3. 感受兔子们被鸡大婶欺骗后的心情，懂得量力而行做承诺。

◎活动准备

1. 白板课件：《鸡大婶的谎言》绘本故事图片，四只兔子图片，四只兔子起床时间图片，诚信二字图片。

2. 无分针和时针的表盘图片、笔每人一份。

◎活动过程

一、观察图片，猜想主人公名字

师：今天我带你们去一个有趣的兔子城看看，那里发生了一个特别有趣的故事。在看故事之前，我们先来认识一下兔子城里都有谁。

教师播放课件，出示四只小兔子图片，幼儿观看。

师：请你观察一下，这四只小兔子长得有什么特点？猜猜它们的名字是什么？

幼儿自由回答。（身上有黑点，毛是白的，眼睛周围一圈是白色的，毛是黄的；点点、小白、圈圈、小黄）

师：四只小兔子的名字是斑点点、白毛毛、白眼圈和黄毛毛。

教师播放课件，出示鸡大婶开店的画面，幼儿观看。

师：兔子城里发生了什么事？

幼儿自由猜想。（新开了一家商店）

师：我们来看一看，到底发生了什么事？

二、认识钟表，判断时间的早晚

教师播放课件，讲述故事从开始到"它们都不约而同地把闹钟定得很早，都想得到五包兔子饼干"，幼儿倾听。

师：你们看图中四只兔子的起床时间，谁能得到那五包饼干呢？

教师播放课件，出示四只兔子整点闹钟的图片，幼儿观看。

师：你知道四只兔子都是几点起床的吗？

幼儿观察图片回答。（斑点点是5点起床，白毛毛是6点起床，白眼圈是7点起床，黄毛毛是8点起床）

师：钟表的分针指向12，代表分针完整地走完了一圈，所以时针指向哪个数字就是该点数的整点。谁来按照起床的早晚时间，从左往右给兔子们排好队？最后看一看谁能拿到饼干呢？

教师邀请幼儿到前面操作白板课件，其他幼儿观看并指正。

师：数字越小时间越早。斑点点是5点起床，所以它是第一个到达商店的，应该它拿到饼干，我们来看看它拿到了吗？

教师播放课件，继续讲述故事到“可等到开门时，母鸡大婶却说有兔子来得更早，把饼干拿走了，于是，小兔们又把闹钟提前了”，幼儿倾听。

教师播放课件，出示四只兔子半点闹钟的图片，幼儿观看。

师：四只兔子这次想几点起床呢？

幼儿根据观察回答。（白毛毛是4点半起床，斑点点是5点半起床，白眼圈是6点半起床，黄毛毛是7点半起床）

师：钟表的分针指向6，代表分针走了半圈，所以时针指向两个数字的中间，如果指向5和6中间就是5的半点。谁来按照起床的早晚时间，从左往右给兔子们排好队，看看这次谁能拿到饼干呢？

教师邀请幼儿到前面操作白板课件，其他幼儿观看并指正。

师：白毛毛这次是4点半点起床，这次它起得最早，应该它拿到饼干，我们看看这次白毛毛拿到饼干了吗？

幼儿自由猜测。（没有）

师：鸡大婶说“你们又来晚了，有兔子4点就来了，把饼干领走了”，四只兔子可太伤心了，这可怎么办呢？你们觉得这次兔子们的闹钟得调到几点呢？

幼儿自由回答。（3点半、2点、2点半）

师：接下来我给你们每人发一个闹钟表盘、一支笔，请你自由为任意一只兔子设置闹钟，画出你想设定时间的分针和时针，要求必须是整点或半点，请你们开始吧。

幼儿动手操作画时针、分针，教师巡回指导。

师：我看到你们都为兔子们设置好闹钟了，请你们从左往右依次念出自己的时间，看看谁的闹钟设置的时间更早。

幼儿轮流念自己画出的时间。

师：现在请你们从左往右，按照从早到晚的顺序站好队吧。

幼儿到前面站队，教师在旁指导。

教师按顺序指导幼儿说出自己设置的时间，并检查排序是否正确，完成后幼儿回到座位上。

三、共读绘本，感受被骗的心情

师：你们猜一猜，如果这只兔子按照你们设置的时间起床，它会得到饼干吗？为什么？

幼儿自由回答。（不能，因为鸡大婶一直在撒谎）

师：我们看一看是不是跟你们想的一样。

教师播放课件，出示绘本图片，继续讲述故事到“原来根本没有这只兔子”，幼儿倾听。

师：兔子们知道真相后是什么心情？怎么看出来的？

幼儿观察图片回答。（生气、失望；瞪眼睛、皱眉头）

师：四只兔子知道被骗后非常失望和生气，你有没有被欺骗过呢？当时你是什么心情？

幼儿根据经验回答。（有；生气、伤心）

师：被骗后我们会有愤怒、失望、伤心等不好的情绪，对于骗我们的人我们也失去了信任，不会再相信他的话了，骗人的鸡大婶之后会怎么样呢？我们一起来看看吧。

四、动脑思考，理解诚信的含义

教师播放课件，继续讲述故事到“母鸡大婶也不知道去了哪里”，幼儿倾听。

师：谁来说一说母鸡大婶的商店为什么关了？母鸡大婶为什么要走呢？

幼儿自由回答。（因为大家不相信鸡大婶了，大家不喜欢她了，再也不会去买东西了）

师：母鸡大婶在兔子城再也待不下去了，因为它失去了诚信，你们知道诚信是什么意思吗？

教师播放课件，出示诚信二字图片，幼儿观看图片后根据自己的理解回答。（诚实，不撒谎）

师：诚是诚实、真实、不说谎的意思。鸡大婶做到了吗？它是怎么做的？

幼儿自由回答。（没做到；欺骗大家）

师：信是遵守承诺、讲信用、说到做到的意思。鸡大婶又是怎么做的？

幼儿自由回答。（鸡大婶说要赠送饼干可是根本就不想送）

师：一个人承诺别人的事情就要努力完成，否则就不要轻易地答应，做不到就想欺骗别人，或者用谎言蒙混过关，只会像鸡大婶这样，失去诚信，失去大家的信任。

五、交流讨论，懂得量力做承诺

师：失去诚信的鸡大婶灰溜溜地走了，咱们一起回忆一下鸡大婶为什么会撒谎说饼干被人领走了。

幼儿根据故事情节回答。（因为她不想给小兔子饼干）

师：鸡大婶在商店开业时说过“第一个顾客会赠送饼干”，为什么又不想送了？

幼儿根据故事内容及自己的理解回答。（因为她心疼饼干，舍不得）

师：原来鸡大婶舍不得这五包饼干免费赠送给别人，但在开业时她还是这样承诺了，一个超出自己能力范围的承诺，鸡大婶能说到做到吗？（不能）鸡大婶不顾自己的能力胡乱做出承诺，说了大话。你有没有说大话，胡乱承诺别人的时候呢？

幼儿自由回答。（答应和朋友一起出去玩，因为爸爸妈妈没时间没能实现）

师：有一些承诺靠我们自己没办法实现，所以我们对他人做出承诺之前，我们要考虑的是什么？

幼儿自由回答。（看看自己到底能不能做到）

师：在我们对别人做出承诺时，要想一想，这个承诺我可以实现吗？如果超出了自己的能力范围，往往你答应的事情最后都不能实现，结局就会变得像鸡大婶一样，说大话，撒谎，最后失去诚信，大家都不喜欢它了。在之后的生活中，希望大家都能真诚地根据自己的能力做出承诺，并说到做到，做个诚信的好孩子。

附：

鸡大婶的谎言

母鸡大婶在兔子城新开了一家商店，摆满了各种好吃的食物。母鸡大婶更是在大门口竖了块广告牌，说是每天第一个顾客，可以赠送五包兔子饼干。于是，兔子们都去买东西，想要得到这五包兔子饼干。大家都在猜谁能得到这五包兔子饼干。

白眼圈和小伙伴们也非常想要得到这些赠品，它们都不约而同地把闹钟定得很早，都想得到五包兔子饼干。可等到开门时，母鸡大婶却说有兔子来得更早，把饼干拿走了。于是，小兔们又把闹钟提前了。门还没开，直到天亮才开门。可是，母鸡大婶又说送的饼干被领走了。

小兔们没有看到过这只起得最早的兔子，就都在母鸡大婶那里吵，吵醒了城中其他的兔子，最后全城的兔子都来了。谁都不是这个最早的兔子，原来根本没有这只兔子。母鸡大婶承诺给大家的事情没有兑现，而是用谎言一次又一次地欺骗兔子们。兔子们很生气，再也没有去那里买东西了，最后商店关门了，母鸡大婶也不知道到哪里去了。

（秦皇岛市启航幼儿园 / 孟微）

活动六　艾迪，说到做到

◎活动目标

1. 理解绘本内容，感受艾迪的变化，知道答应别人的事情就要做到。

2. 尝试根据图片内容猜测故事情节并进行大胆表述，练习分类整理房间。

3. 敢于做出承诺，愿意做一个讲信用的人。

◎活动准备

1. 白板课件：《艾迪，说到做到》绘本故事图片，绘本全部内容汇总图片，添加杂物后艾迪房间的图片，承诺书图片。

2. 艾迪房间操作底板，艾迪房间物品图片若干，各种收纳工具图片若干，黑板，承诺书，笔。

◎活动过程

一、观看封面，理解说到做到的含义

教师播放课件，出示绘本封面，幼儿观看。

师：今天我给你们带来一个绘本故事，你们谁能看懂故事的名字是什么？

幼儿观察封面回答。（艾迪说到做到）

师：艾迪就是这只小老鼠，我们从故事的名字猜一猜，艾迪有可能是一只说到做到的小老鼠，那你们知道什么是说到做到吗？

幼儿根据自己的理解回答。（说的话就要去做，答应别人的事情就要做到）

师：说到做到就是说过的话一定要用行动去实现。接下来，我们一起看看故事内容，艾迪到底有没有说到做到呢？

二、观察绘本，大胆猜测故事的情节

教师播放课件，出示绘本全部内容汇总图片，幼儿观看。

师：从画面中你看到了什么？猜一猜艾迪做了一些什么事？

幼儿根据观察回答。（艾迪在房间里甩绳子；老鼠们正在洗耳朵，艾迪就是不洗；艾迪房间很乱，妈妈生气地让艾迪去收拾；艾迪把桌子给掀翻了，猫头鹰很生气；欺负小伙伴；晚上睡觉时间蹦蹦跳跳，影响了爸爸妈妈休息；艾迪走出了家门；艾迪遇到了一只猫，吓了一跳；艾迪以为大猫要吃他，害怕极了；最后艾迪回到了家，妈妈抱着他）

师：看来艾迪是一只调皮的小老鼠，那这跟说到做到有什么关系呢？谁来说一说？

幼儿自由回答。（艾迪是一只的调皮的小老鼠，后来他要改正错误，并且说到做到再也不调皮了，就变成了一只说到做到的小老鼠）

师：你们猜得都很有道理，接下来请你认真听故事，看一看艾迪和说到做到到底有什么关系。

三、倾听故事，了解艾迪的成长变化

教师播放课件，出示绘本图片，讲述故事第一段，幼儿倾听。

师：故事提到艾迪有一个毛病，是什么？

幼儿根据故事情节回答。（保证过的事情，从没有做到过）

教师播放课件，出示艾迪养蝈蝈、洗耳朵、收拾房间、捣乱餐桌、捉弄朋友、不按时睡觉的六张图片，幼儿观看。

师：原来艾迪有个毛病就是“说到做不到”，现在我们知道他有这个毛病了，再来看看这些图片，谁再来说一说，艾迪到底发生了什么事？

幼儿观察图片回答。（艾迪不打扫房间，不洗澡，把餐桌打翻了，欺负朋友，睡觉时捣乱）

教师播放课件，讲述故事的第二段，幼儿倾听。

师：艾迪惹了这多的祸，其他人会怎么想他呢？为什么？

幼儿自由回答。（不喜欢他了，因为他总是说话不算话）

师：现在没有人再相信艾迪说的话了，无论艾迪再做多少保证，大家都不愿相信，因为像艾迪这样把答应别人的事情从不放在心上，说的事情总是做不到，这就叫不讲信用。不讲信用的人大家会怎么对待他呢？

幼儿自由回答。（不相信他，不喜欢他，不跟他做朋友）

师：不讲信用的人，大家是不会再相信他的，接下来艾迪还会发生什么事呢？我们接着往下看。

教师播放课件，出示绘本图片，讲述故事第三段，幼儿倾听。

师：艾迪碰到了谁？他和艾迪有什么不一样的地方？

幼儿根据故事情节回答。（大个子猫；说到做到，说不会吃艾迪的，就真的没有吃）

师：你们觉得大个子猫做得怎么样？

幼儿自由回答。（做得很好，讲信用）

师：大个子猫说到做到，答应不吃艾迪就真的不吃，这就叫讲信用，那么讲信用的人朋友会怎么对待他呢？

幼儿自由回答。（信任他，喜欢他，愿意和他做朋友）

教师播放课件，出示艾迪回家的画面，讲述故事到结尾，幼儿倾听。

师：艾迪看到了大个子猫以后，想法有了什么变化？

幼儿自由回答。（做一个说到做到的小老鼠）

师：不讲信用的人，大家都不相信他，都不喜欢，而讲信用的人，大家都喜欢，都愿意和他做朋友，艾迪终于明白了这个道理。从一个不讲信用、说话不算话的小老鼠，变成了一只讲信用、说到做到的小老鼠！

四、动手操作，练习分类整理房间

师：妈妈看到艾迪的变化，别提多开心了。于是和艾迪约定从收拾房间开始，艾迪信心满满地答应了。

教师播放课件，出示杂乱房间图片，幼儿观看。

师：艾迪的房间怎么样？（很乱）让你整理这个房间，你会怎么做？

幼儿根据经验回答。（把书放回书架里，把玩具到架子上，垃圾扔掉）

师：我这里准备了好多艾迪房间物品的图片，还有很多收纳工具的图片，你们也来整理一下艾迪的房间吧。现在请你们六个人为一组，先小组讨论一下怎样整理会让房间变得整洁干净，然后分工合作完成整理房间的任务。时间 2 分钟，听到提示音后，就要马上停下手中的操作，现在开始。

幼儿自行分组操作，教师巡回指导。

师：时间到！请每组派代表把你们整理的房间底板粘到黑板上，并说一说你们组的整理方案。

幼儿根据自己的整理方法回答。（将物品分类，然后一个一个放在合适的地方；书放到书架上，皮球放入整理箱，毛绒玩具摆在高架子上，小汽车收到小盒子里，垃圾扔到垃圾桶……）

师：你们都是先把物品分类，然后找到合适收纳的工具，最后整齐摆放。我们来看看艾迪是怎样做的。

教师播放艾迪整理房间的课件，幼儿观看。

师：艾迪这次说到做到，动手将自己的房间整理得干净整洁。为了表示自己的决心，艾迪还做了一件事，我们一起来看艾迪做了什么。

五、签署承诺，乐意做讲信用的人

教师播放课件，出示承诺书图片，幼儿观看。

师：这是什么？谁看懂了？

幼儿观察图片回答。（这是一封信，信里艾迪说自己以后一定会说到做到的）

师：这是一封承诺书，谁知道承诺书是什么意思？

幼儿大胆回答。（承诺了就要做到，签上字就不能反悔，说到做到）

师：没错，签了承诺书，承诺的事情就要做得到。我们来看看艾迪都承诺了什么。

幼儿根据观察回答。（及时打扫房间，不捉弄朋友，按时上床睡觉……）

师：我这里也有一份承诺书，来看一看都有什么内容。

教师播放课件，出示集体承诺书图片，幼儿观看后回答。（按时来园，不挑食，自己整理书包……）

师：这些承诺你们能不能做到？敢不敢签？签上自己的名字就要说到做到哟。如果你能做到，就到我这里领取承诺书签上你的名字吧。

幼儿领取承诺书进行签字，教师随机与幼儿交谈。

师：承诺书签好了，大家要互相监督，都来做一个说到就要做到、讲信用的人。

附：

艾迪，说到做到

艾迪是个讨人喜欢的家伙，但他身上有个毛病总让大家伙儿心烦，就是保证过的事情从没做到过。

鲁塔的窝就是个例子，明明该打扫了，可艾迪就是不干。“我一会儿就去打扫！”艾迪对爸爸说：“如果我有时间的话。”可他偏偏总有更重要的事儿要做。同样的事情也发生在洗耳朵上。“又大又漂亮的耳朵需要特别精心地呵护。”爷爷不止一次这样说。艾迪也保证过每天都会乖乖地洗耳朵，可他总是忘记自己说过的话。“艾迪，把脏袜子放进洗衣篮，把橡皮猫放回玩具箱！”妈妈严厉地说道。做到这些其实并不难，可艾迪就是懒得做。即使保证过，他也总是做不到。一天，妈妈要带艾迪去参加奥莉阿姨的生日宴会。“我保证，一定不闯祸！”艾迪拍着胸脯对妈妈说。可是艾迪还是闯了祸，他把餐桌上的东西弄得遍地都是。艾迪还保证不再调皮，做个听话的好孩子。然而，对于自己的承诺，他几乎每次都做不到。维希是艾迪的邻居，经常被艾迪捉弄。虽然艾迪曾多次保证再也不会捉弄维希了，但是这样的话艾迪说过太多次了，没人再相信他了。“艾迪，你保证过，要早点关灯睡觉的！”爸爸大声说。可艾迪认为，晚上只躺在床上睡觉，实在太无聊了。

艾迪不愿意总待在家里，他想体验一下外面的世界。“我的小宝贝，记得准时回来吃饭！”妈妈说。“好的，妈妈！”艾迪答道，“等肚子饿了，我就知道该回家了。”在回家的路上，艾迪遇到了麻烦。“喂，小个子！你要去哪儿？”一只大个子猫问，“不用害怕，我不会把你怎么样的，我已经吃过午餐了。”可艾迪还是有点儿担心。他能相信大个子猫吗？“如果一会儿大个子猫忘记他自己说过的话，那该怎么办呢？”艾迪想。但无论如何艾迪都得回家啊，妈妈还在等着他呢。如果小心一点儿，也许可以悄悄地从大个子猫身边溜过去。“别担心，”大个子猫说，“我保证过不动你一根手指头。我会说到做到的！这可关系到我的声誉啊！”说完，大个子猫闭上眼睛进入了梦乡。“原来大个子猫真能说到做到。”艾迪想，“当他做出保证时，他会信守承诺。一只猫能做到的，一只小老鼠也应该能做到！”艾迪暗暗下定决心要像大个子猫那样说话算话。

从此以后，艾迪每天都把自己的房间打扫得干干净净，把脏袜子放进洗衣篮里。艾迪，变成了一只说到做到的小老鼠！

（秦皇岛市启航幼儿园 / 王丹丹）

活动七　不要告诉别人

◎活动目标

1. 知道帮他人保密是一种承诺，不能随便说出他人的秘密。
2. 尝试用图画的形式将自己的秘密记录下来并珍藏。
3. 乐于关心朋友，愿意为朋友保守秘密。

◎活动准备

1. 课件：《不要告诉别人》绘本故事图片。
2. 笔、纸每人一份。

◎活动过程

一、师幼交流，理解秘密的含义

教师播放课件，出示绘本封面，幼儿观看。

师：今天和你们分享一个绘本，故事的名字是什么？小兔子在做什么动作？猜一猜它发生了什么事。

幼儿观察图片回答。（不要告诉别人；听别人说话；有人跟他说秘密）

师：也许有人跟小兔子说了一个秘密，你知道什么是秘密吗？

幼儿根据经验回答。（秘密就是不能告诉别人）

师：秘密就是不想被别人知道的事情。你自己有没有秘密呢？有没有人跟你分享过秘密呢？现在请你把这些秘密记在心里，不要说出来。接下来我们一起看看小兔子发生了什么事。

二、倾听故事，懂得保密是承诺

教师播放课件，出示绘本图片，讲述故事第一、二段，幼儿倾听。

师：亚奇听见小田鼠说要跟自己分享秘密后，是什么心情？你怎么看出来的？亚奇为什么这么高兴？

幼儿观察图片回答。（开心、惊喜；表情很开心；因为感觉到小田鼠喜欢他、信任他）

师：朋友跟你分享秘密是对你的信任，那么在听到朋友的秘密后，我们应该说些什么才能让朋友放心呢？

幼儿自由回答。（不告诉别人）

师：我绝对不会把你的秘密说出去，这是一个保守秘密的承诺。谁来说一说什么是承诺？

幼儿自由回答。（答应别人的事就要做到）

师：承诺就是答应的事情就一定要做到，不可以反悔，如果你做不到你会失去朋友的信任。亚奇在听到了田鼠的秘密后做出了保守秘密的承诺，他要做一个秘密守护者。

教师播放课件，出示绘本图片，讲述故事第三段，幼儿倾听。

师：秘密守护者亚奇遇到了什么危机？

幼儿根据故事内容回答。（差点把秘密告诉给黄鼠狼了）

师：亚奇刚才还很神气地想当一个秘密守护者，可是刚开始就差点失败了，看来当一个秘密守护者可真不容易啊。接下来亚奇会怎么做呢？我们接着看。

三、观看图片，找出保密的方法

教师播放课件，出示亚奇把自己关在家里的图片，幼儿观看。

师：亚奇为了保守秘密，不背叛朋友，选择把自己关在房间里不出门，这是一个好办法吗？（不是）谁再想想别的办法？

幼儿自由回答。（把秘密忘记不去想它，把秘密记在心里永远不说出去，记在纸上等）

师：你们的方法可真多啊，亚奇心想："要是我可以丢掉这个沉重的秘密，我就会轻松许多。"亚奇想丢掉这个沉重的秘密，怎样才能把秘密丢掉呢？

幼儿自由回答。（忘记这个秘密，想一些开心的事情，不要总是想它）

教师播放课件，出示亚奇找到盒子的图片，幼儿观看。

师：看亚奇是怎么做的？

幼儿观察图片回答。（亚奇想把秘密写下来，装进盒子里）

师：亚奇决定把秘密写下来放在盒子里，然后把盒子藏在谁也找不到的地方。

四、动笔操作，记录自己的秘密

师：你有没有秘密呢？你的朋友有没有跟你分享过秘密？

幼儿自由回答。（有）

师：看来每个人都有属于自己的小秘密，现在我们也学着亚奇那样，不要把沉重的秘密压在心里，我们把秘密记录下来，然后藏起来吧。我给你们每人准备了一支笔、一张纸，请你们把秘密记录在纸上吧。写秘密的时候请记住不能看旁边伙伴的秘密哦，因为这是别人的秘密，写好后可以把纸折起来，这样会防止别人看到。现在请你们开始吧。

幼儿记录自己的秘密，教师提示幼儿之间不能偷看。

师：秘密都记录下来，你们想把秘密藏在哪儿呢？谁来说一说？

幼儿自由回答。（床底下、玩具娃娃里、柜子里等 ）

师：现在请你先将写好的秘密装进自己的口袋中，我们接着看，兔子亚奇到底把秘密盒子藏在了哪里呢？

教师播放课件，出示绘本结尾的图片，幼儿观察后回答。（大树底下，埋起来）

师：亚奇把秘密藏在大橡树底下，他觉得这是最安全的地方，谁也不会发现他和朋友的秘密。现在亚奇放心地回家了。

五、回顾故事，感受保密的责任

师：谁还记得亚奇在听到秘密后是什么心情？他是怎么做的？之后他为了保守住秘密又做了哪些事？

幼儿根据故事内容回答。（高兴；他想做一个秘密守护者；担心把秘密说出去，把自己关在家里不出门，最后放心地把秘密写下来藏在大树底下）

师：保守秘密是一种承诺也是一种责任，朋友跟你分享秘密，代表他信任你、相信你。所以我们要像亚奇一样，绝对不能做背叛朋友的事。无论遇到任何困难我们都要想办法克服，做一个能保守秘密、讲信用的人。

附：

不要告诉别人

一个美好的冬天早晨，兔子亚奇被家门口一阵恼人的声音吵醒。“帮我开门！亚奇！”田鼠卡莉用力地敲着门并哀求着，但是亚奇一直没有来开门。“一大早就把人吵醒！雪都还有完全融化呢！”亚奇打开门顶着一头乱发，不悦地抱怨着。“我等不及了！我要跟你说一件很重要的事情，这是秘密哦！”

“秘密？我一直想要当个秘密的守护者！”亚奇兴奋地说。“你答应我一定会保守这秘密，不会告诉任何人！”“卡莉，你可以相信我。我绝对不会把你的秘密说出去。”看着亚奇一脸认真严肃的模样，卡莉相信了，迫不及待地贴近亚奇的耳朵。说出那个珍贵的秘密后，卡莉松了一口气，然后很放心地离开了。

亚奇现在身负重要的使命，非常开心。他决定去散步，顺便看看雪融化的情形。“早安，露易斯！”亚奇碰到邻居黄鼠狼，很高兴地跟她打招呼。“啊，早安，亚奇，你起床啦？”露易斯睡眼惺忪，惊讶地说。“对呀，卡莉一大早就跑到我家来，跟我说……”亚奇突然闭上嘴巴，对自己差点说出秘密，感到害怕。

亚奇赶紧跑回家，把自己关起来。他下定决心，在卡莉自己说出那个秘密之前，他不会踏出家门口一步。过了几个礼拜，亚奇看着家里的储粮只剩下三个胡萝卜，他非常后悔知道了卡莉的秘密。“我会变成什么样子呢？”亚奇叹了口气。“我不能为了一个秘密而饿死，但是我也不能背叛我的朋友！”“真是两难！要是我可以丢掉这个沉重的秘密，我就会轻松许多。但是要怎么做呢？”

为了继续坚守秘密，亚奇打开食物的储藏柜拿出一个铁盒，打算吃掉里面珍藏的储粮——茴香小蛋糕。但是令人失望，小铁盒里竟然是空的。突然亚奇想到了一个办法……

他拿起小铁盒、铅笔和白纸往外跑，一直跑到一棵百年大橡树前。“早安，大橡树！”你可以让我把这个小铁盒埋在你的树根下吗？“当然可以！”大橡树回答。“你答应我要好好保管它哦！”亚奇特别提醒大橡树。“亲爱的亚奇，你的小铁盒将会安全地存放在我的树根下，你可以相信我。”

亚奇用铅笔在白纸上写下卡莉的秘密。他的字圆圆的，很好看。然后，他把白纸放在小铁盒里，轻轻地把它埋在了大橡树下的一个坑洞里。亚奇非常感谢它的救星，很放心地把朋友的秘密藏在这个安全基地。放下了心中的大石头，亚奇终于可以轻松地去散步了。然后，在大橡树下，有许许多多的小铁盒正在分享着彼此的秘密。

（秦皇岛市启航幼儿园 / 孟微）

活动八　小鳄鱼的钱包

◎活动目标

1. 理解拾金不昧的含义，知道捡到的东西要及时归还给失主。

2. 认识不同面值的人民币，并尝试进行 10 元以内的人民币换算。

3. 懂得换位思考，感受失主丢失物品后着急的心情。

◎活动准备

1. 白板课件：《小鳄鱼的钱包》绘本故事图片，钱包图片，各种面值的人民币图片，钱包里钱的图片，小鳄鱼去警察局路线图，募捐换算图片，买柠檬汁换算图片，鞋子换算图片。

2. 小鳄鱼钱包中的钱币图片、操作板每人一套。

◎活动过程

一、观察图片，认识不同面值的钱币

教师播放课件，出示钱包图片，幼儿观看。

师：这是什么，你们认识吗？（钱包）是用来干什么的？

幼儿根据经验回答。（装钱的、放卡的）

师：钱包就是用来装钱的小包，出门时可以随身携带。那你见过钱吗？是什么样子的？

幼儿根据经验回答。（见过；有 10 元、1 元、5 元，还有 20 元、50 元和 100 元）

教师播放课件，出示各种不同面值的人民币图片，幼儿观看。

师：这是我们中国的钱币，它有一个名字，叫人民币。你们认识这些人民币吗？谁来说一说？

幼儿根据观察自由回答。（100 元、50 元、20 元、10 元、5 元、1 元、5 角、1 角）

师：我们的人民币分为纸币和硬币，纸币的面值有：100 元、50 元、20 元、10 元、5 元、1 元。硬币的面值有：1 元、5 角、1 角。

二、阅读故事，知道失物要归还失主

教师播放课件，出示绘本封面，幼儿观看。

师：今天我给你们带来了一个关于钱包的故事，叫《小鳄鱼的钱包》，这个钱包里会不会有钱呢？我们一起来看看吧。

教师播放课件，出示绘本图片，讲述故事的第一段。

师：原来这个钱包是小鳄鱼捡到的，小鳄鱼们不小心把钱包打开了，钱包里的钱都掉了出来，你认识这些钱吗？钱包里一共有多少钱？

教师播放课件，出示钱包里钱的图片，幼儿观察后回答。（一个5元，三个1元，两个5角，十个1角）

师：你知道1元和1角钱之间的关系吗？ 它们之间怎样换算？

幼儿根据经验回答。（不知道）

教师出示1元以内的换算关系图，幼儿观看。

师：五个1角是5角，十个1角是1元，两个5角是1元。现在你知道钱包里有多少钱了吗？

幼儿看图回答。（10元）

师：小鳄鱼看到钱包里这么多的钱，它会怎么做呢？我们接着往下看。

教师播放课件，讲述故事的第二段，幼儿倾听。

师：小鳄鱼捡到钱包后是怎么做的？

幼儿根据故事情节回答。（找到钱包的主人，交到警察局）

师：如果你像小鳄鱼一样捡到一个钱包，你会怎么做？

幼儿自由回答。（交给警察）

小结：当我们捡到别人丢失的东西时，不能占为己有，要想办法找到东西的主人，也就是失主，最安全的方法是交给警察叔叔。如果附近没有警察叔叔，我们可以交到警察局。

三、钱币游戏，完成人民币简单换算

教师播放课件，出示小鳄鱼去警察局路线的图片，幼儿观看。

师：小鳄鱼现在一心想把钱包还给失主，没想到去警察局的路上遇到了很多困难，我们看一看小鳄鱼遇到了什么事。

教师播放课件，出示募捐的图片，幼儿观看。

师：小鳄鱼在街角遇到了募款的人，“捐点零钱做善事吧！只需要1元钱就可以为贫困山区的孩子们献一份爱心了”。小鳄鱼听到了，心里想：“我也想捐款帮助别人，钱包里的钱正好可以……”

教师播放课件，出示捐款换算的图片，幼儿观看。

师：如果想捐1元钱，这个钱包里可以用哪些人民币呢？谁到前面来选一选？

教师邀请幼儿操作白板进行换算。

师：1元钱可以用一个1元，两个5角，十个1角，一个5角加五个1角。原来钱包里有这么多个1元，可是小鳄鱼会去捐吗？为什么？

幼儿自由回答。（不会，因为别人的钱不能用）

师：小鳄鱼说“抱歉，先生，虽然我也很想捐钱帮助别人，但这不是我的钱，我不能用，我正要去找遗失这个钱包的人呢”。说完小鳄鱼继续朝着警察局走去。

教师播放课件，出示小鳄鱼去警察局路线的图片，幼儿观看。

师：小鳄鱼在路上又碰到什么了？

幼儿顺着教师手指的内容观察回答。（一个咖啡厅）

师：走着走着，小鳄鱼非常渴，咖啡厅的老板说柠檬汁2元一杯，买一杯解解渴吧，小鳄鱼心里想“我现在好渴呀，如果我用钱包里的钱买一杯柠檬汁……”

教师播放课件，出示买柠檬汁人民币换算的图片，幼儿观看。

师：如果想买一杯2元的柠檬汁，钱包里钱可以怎样用呢？现在请你们分成两组，自由讨论，之后选出一名代表到前面操作白板，选择合适的人民币图片表示2元，同组幼儿可以小声提示。

教师邀请幼儿操作白板进行换算。

师：2元钱可以用两张1元，1元加两个5角，1元加十个1角，两个5角加十个1角，1元加一个5角加五个1角。钱包里也有很多的2元，小鳄鱼会买吗？为什么？

幼儿自由回答。（不会，因为别人的钱不能用）

师：小鳄鱼说“不行！我怎么能花别人的钱给自己买柠檬汁呢！”他一边骂自己，一边又朝警察局走去。

教师播放课件，再次出示小鳄鱼去警察局路线的图片，幼儿观看。

师：小鳄鱼继续向前走，又遇到了什么？

幼儿顺着教师手指的内容观察回答。（一个鞋店）

师：小鳄鱼走到他最喜欢的商店面前，渴望地看着橱窗里的靴子，靴子7元一双，“如果我买下这双鞋子……”

教师播放课件，出示鞋子换算图片，幼儿观看。

师：如果想买这双7元的鞋子，钱包的钱可以怎样用呢？你们知道吗？（知道）看来你们都很有信心，我给你们每人都准备了一套钱包里钱币的图片和一个操作卡，你可以把你知道任意一种7元的组合方式粘贴到操作卡上，看看钱包里的钱能买到这双鞋子吗？我们现在开始吧。

幼儿自主操作，教师巡回指导，鼓励幼儿想出不一样的钱币组合方式。

师：我看到你们都从钱包里钱拿出了7元，谁到前面来说一说，你的7元使用了哪些钱币？

教师请3～4名幼儿到前面说出自己的组合方式，其他幼儿和教师一起检查其钱币数量是否正确。

师：看来钱包里的钱可以买下这双漂亮的鞋子，那小鳄鱼会不会买呢？（不会）为什么？

幼儿自由回答。（因为小鳄鱼要把钱交给警察局）

师：小鳄鱼想着如果他从钱包里拿走一些钱，钱包的主人会发现吗？“会！而且那样就是偷钱，钱包里的钱我绝对不能用，我要马上去警察局。”你们觉得小鳄鱼做得好吗？好在哪里？

幼儿自由回答。（好，因为别人的钱不能花，捡到的东西要还给失主）

师：小鳄鱼一路上遇到了好多的诱惑和困难，他很想给需要的人捐款，他口渴想买柠檬汁，他也想买喜欢的鞋子，可是小鳄鱼都控制住了自己，抵住了这些诱惑，一直坚定地要找到失主。小鳄鱼最后有没有找到失主呢？我们一起来看一看。

四、倾听结局，理解拾金不昧的含义

教师播放课件，出示绘本图片，讲述故事到结尾，幼儿倾听。

师：杜拉利太太收到钱包后对小鳄鱼说了什么？

幼儿根据故事情节回答。（现在很少有拾金不昧的小鳄鱼了，你真是个诚实的好孩子）

师：你知道什么是拾金不昧吗？小鳄鱼哪里做到了诚实？

幼儿根据经验回答。（捡到的东西要还给失主，没有把钱包里钱当成自己的钱）

师：拾金不昧中的，“拾”指的是捡到，“金”指的是贵重的物品，“不昧”就是不隐藏。拾金不昧的意思就是捡到了东西，不会隐瞒起来。如果你捡到东西，没有把它藏起来或撒谎说这是自己的，而是交给警察或者找到失主，这就叫拾金不昧。

五、换位思考，感受失主着急的心情

师：杜拉利太太能找回自己的钱包非常开心，如果你像杜拉利太太这样丢了钱包你会是什么心情？丢东西之后你都做了什么？

幼儿根据经验回答。（不高兴，着急，到处去找）

师：丢了钱包的杜拉利太太很着急，到处寻找。所以，如果你像小鳄鱼一样，捡到一个钱包，你会怎么做呢？为什么这么做？

幼儿自由回答。（把钱包还给失主，交给警察叔叔，不花钱包里的钱，丢东西的人会很着急，不能撒谎，要拾金不昧）

师：丢了东西的人会很着急、很伤心。所以，如果我们捡到了别人的东西，一定要想办法尽快把东西还到失主手里，相信失主也会像故事里的杜拉利太太一样开心的。之后我会把《小鳄鱼的钱包》这本书放在班级的阅读角，有时间请你再来读一读这本关于拾金不昧的书吧。

附：

小鳄鱼的钱包

这天早上，小鳄鱼的运气真好，当他在玩捉迷藏的时候，忽然看见地上有一个很奇怪的东西。那个东西看起来很重要，而且很值钱。闻起来还有香水的味道，原来是别人丢失的钱包。其他的鳄鱼们爬了出来：“哇！那是什么？”“你在哪里找到的？”“打开来看看！”小鳄鱼慢慢地打开夹扣，把里面沉甸甸的东西倒出来。稀里哗啦掉出一堆钱。小鳄鱼们都呼喊着：“我们有钱了！我们可以去游泳了！”“我想要喝柠檬汁！”“我们赶快把钱分一分吧！”

“不行！”小鳄鱼说，“我要去找它的主人！”“现在已经没有人会把捡到的东西还给人家！”“谁找到就是谁的啊！”“这样既浪费时间，又浪费体力，而且还浪费钱！”他们咯咯地大声笑起来，小鳄鱼不理他们开始往警察局走去。

小鳄鱼在街角遇到了募款的人："捐点零钱做善事吧？"募款人说。"抱歉先生，这不是我的钱，我正在寻找遗失这个钱包的人。"走着走着，小鳄鱼非常渴。"钱包的主人一定不会介意我去买一杯冰凉的柠檬汁吧？"他叹了一口气，突然，小鳄鱼有了一个很不好的想法，"如果我把钱包留下来呢？""不行！"他一边骂自己，一边朝警察局走去，小鳄鱼走到他最喜欢的商店面前，渴望地看着橱窗里的靴子。如果他从钱包里拿走一些钱，钱包的主人会发现吗？"会！而且那样就是偷钱，这不是我可以用的钱。"

小鳄鱼说完，就赶紧爬上警察局的台阶。"不好意思！"小鳄鱼喘着气说，"这是有人遗失的钱包，我把它送回来。"警察打了通电话，然后说："遗失这个钱包的杜拉利太太好像想要和你见面，她很快就会到。"小鳄鱼静静地等着，他很好奇不知道她长什么样子。杜拉利太太进来："现在很少有拾金不昧的鳄鱼了！"她一边说，一边紧紧地拥抱着小鳄鱼"你真是个诚实的好孩子。"小鳄鱼听着杜拉利太太的夸奖，心里别提多高兴了。

（秦皇岛市启航幼儿园 / 孟微）

【个别化学习活动】

区域	名称	材料	玩法	价值
语言区	故事盒子	故事《小鳄鱼的钱包》人物图片，用《小鳄鱼的钱包》故事为内容，制作的四个故事盒子（盒子一：小鳄鱼刚捡到钱包的场景；盒子二：小鳄鱼经过咖啡厅的场景；盒子三：小鳄鱼经过鞋店的场景；盒子四：小鳄鱼和失主对话的场景）。	1. 幼儿两人一组，轮流选择故事盒子，打开盒子后根据场景，在人物图片中选择该场景里所出现的人物，进行情景表演为对方生动地讲述故事内容。 2. 两人共同商量把故事盒子按照绘本内容排好顺序，根据剧情发展选择合适的人物图片进行情景角色对话，生动讲述全部故事内容。	1. 练习用情景对话的形式生动讲述故事。 2. 喜欢看图讲述，乐意讲故事给同伴听。
	秘密不能说	两个发箍，四组图片若干（各种水果图片，各种蔬菜图片，各种电器图片，各种学习用品图片）。	幼儿两人一组，都带上发箍，并商量好任意选择一组图片，从倒扣的图片中为对方抽取一张，并在对方看不见的情况下粘在对方的发箍上，两人石头剪刀布，获胜者先来形容对方头上的图片，两人轮流进行，要求形容过程中每次只能描述一个特征且绝对不能说出对方图片内容的名字，看谁能先让对方猜出自己头上的图片内容即为胜方。	1. 练习用精准的语言形容出物品的基本特征。 2. 体验保密游戏的快乐。
	艾迪，说到做到	绘本《艾迪，说到做到》，画纸（尺寸与绘本一样），水彩笔，订书器。	1. 幼儿阅读绘本，根据故事结尾续编故事，将续编的故事情节用水彩笔画下来，每个情节由一页纸完成，最后按照情节发展的顺序，装订成册。 2. 幼儿两人一组，互相讲述自己续编的故事内容。	1. 尝试根据故事结尾续编故事，并用绘画的形式记录下来。 2. 乐于与同伴分享自己创编的故事内容。

（续表）

区域	名称	材料	玩法	价值
益智区	看谁快	18、24、30块拼图各两组；七巧板两套；魔方两个；计时器；记录表（内容：游戏项目、时间、签名）。	1. 幼儿选择喜欢的拼图、七巧板或魔方，点击计时器开始游戏。完成后，在记录表上记下自己玩的游戏项目、最短时间并签名，观察记录表上大家的成绩，努力突破自己的最短纪录。 2. 幼儿两人一组，商量选择同种玩具，进行速度比拼，先完成者为胜。	1. 初步建立时间观念，感受时间的长短。 2. 遵守游戏规则，正确对待输赢。
	秘密迷宫	插入式扑克牌迷宫底板，扑克牌隔断，立式小人卡片。	幼儿两人一组，石头剪刀布胜者做秘密守护者，败者做秘密寻找者。秘密寻找者拿立式小人尝试走出迷宫，秘密守护者在迷宫中加入扑克牌隔断，阻拦对方。两人轮流游戏，胜利者在下次游戏中拥有优先选择角色的权利。	1. 掌握走迷宫的方法，尝试创造不同的迷宫路线。 2. 体验动脑走出迷宫的成就感。
	记忆萝卜	插入式30个孔洞底板，自制不织布萝卜（白萝卜、青萝卜、胡萝卜、樱桃萝卜、紫萝卜、水萝卜各5个），两个盒子，自制骰子（每一面是一种萝卜图片）。	幼儿两人一组，把所有萝卜随机插入孔洞底板中，石头剪刀布，赢者先掷骰子，按照掷出的萝卜找到底板中相同种类的萝卜，并说出萝卜的名字和外形特征，每次只能拔出一个，若找对了则放入自己的盒子中，若没找对则插回原处，两人轮流进行游戏，最后以萝卜多者为胜。	1. 巩固对常见萝卜名称及外形特征的认知。 2. 尝试快速记忆，发展专注力。
	找找不一样	任务卡1（两张图片为一组，难度分为3处不同、4处不同、5处不同）；任务卡2（四张图片为一组，其中只有一张图片与其他三张不同，图片背面标有答案）；水溶性画笔。	1. 幼儿两人一组，选择同样难度的任务卡1，分别找出两组图片中不同的地方，用画笔圈出来，然后两人互相检查，看看是否找全，游戏结束后把任务卡上的笔迹擦除。 2. 幼儿自主选择任务卡2，找出与其他三个都不一样的图片，并圈出来，翻看背面查看答案，看看自己找得是否正确，游戏结束后把任务卡上的笔迹擦除。	1. 练习分辨相似图案之间的细微差别。 2. 喜欢益智游戏，提升观察力和专注力。
数学区	认识时钟	废旧时钟钟面（可自制）；整点和半点的时间卡片；双色骰子（与时间卡片颜色一致）；雪花片若干；自制小收纳盒。	幼儿两人一组，轮流掷骰子开始游戏，按骰子的颜色拿取时间卡片，并按照时间卡片拨弄时钟，两人相互检查，正确者可得一片雪花片，放在自己的收纳盒中，以雪花片多者为胜。	1. 认识时钟，学会看整点、半点。 2. 对认识时间感兴趣。
	购物高手	可粘贴的钱币图片（10元、5元、1元、5角、1角）若干；可粘贴的标好价格（1～10元之间）的常见商品图片若干；购物任务卡；商品总价格和多种钱币组合方法的记录表格（可粘贴）。	幼儿任选一张购物任务卡，找到任务卡中的商品图片并贴在记录表格的总价格一栏中，根据商品总价格，想出多种钱币组合方法，并把对应的钱币图片贴到记录表格的组合方法一栏中。	1. 巩固练习10元以内的人民币换算。 2. 体验用数学方法解决问题的乐趣。

（续表）

区域	名称	材料	玩法	价值
美工区	杨花萝卜	五幅张大千主题为“杨花萝卜”的国画作品图片；水彩笔、油画棒、水粉笔、毛笔；宣纸、水粉纸、B5画纸；涮笔筒、调色盘、颜料。	幼儿欣赏张大千的五幅国画作品，观察画中萝卜的形状、色彩、姿态等要素，自主选择画笔和画纸，模仿大师的作品，画一幅不一样的“杨花萝卜”。	1. 尝试运用不同的画笔绘画，表达出不同的艺术效果。 2. 感受大师作品中色彩、构图等艺术特色。
	纸环小鳄鱼	纸环鳄鱼成品一个；A4绿色卡纸、水彩笔、剪刀、双面胶、塑料眼睛、白纸；《小鳄鱼的钱包》绘本中人物图片。	幼儿观察研究成品，找出制作纸环鳄鱼所需要的材料和制作方法，运用折、剪、粘、画等技能完成立体纸工作品，之后观察绘本人物图片对纸工鳄鱼进行创作装饰，体现出不同的外形特征。	1. 尝试探索制作立体纸工鳄鱼的方法。 2. 喜欢运用折、剪、贴、画等形式制作立体纸工作品。
	毛喳喳泥塑	绘本《毛喳喳的小药丸》中毛喳喳人物形象图片若干；黑陶泥、黄陶泥、白陶泥；泥塑工具（塑刀、陶针、金属板）；泥塑基本技能展示图（揉、搓、压、捏、刻）。	幼儿观察毛喳喳的形象，大胆运用陶泥和简单的工具，运用揉、搓、捏等操作技法制作出毛喳喳的泥塑作品。	1. 尝试用陶泥塑造出毛喳喳的形象，表现出其主要特征和细节。 2. 喜欢泥工活动，对制作动物泥塑感兴趣。
	瓶子变兔子	废旧塑料瓶若干，废旧布条，废旧缎带，废旧麻绳，废旧包装纸，废旧纸壳，水彩笔，胶棒，剪刀，绘本《鸡大婶的谎言》中四只兔子形象图片，废旧塑料瓶制作的动物范例图片。	幼儿观察范例图片，找出用废旧塑料瓶制作动物的方法，在四只兔子的形象中选择一个，观察其外形特征，大胆创作，运用提供的废旧材料，制作出符合其外形特征的手工作品。	1. 练习用各种废旧材料自由组合进行立体手工创作。 2. 发展观察力和手眼协调能力。
操作区	筷子分球	10个轻黏土球球；4个操作板（分别是一个盒子在上，两个、三个、四个、五个盒子并排在下）；10以内平均分记录表（例：2可以分成1和1，4可以分成2和2）；笔；2、3、4、5、6、7、8、9、10的数字卡片。	1. 幼儿任选一个操作板和一张数字卡片，把数字卡片放在操作板上面的盒子旁，用筷子夹取与数字卡片相等数量的球球放到上面的盒子里，之后按照操作卡下面的盒子数量尝试把球球平均分，如果成功平均分则把结果记录到记录卡上，如果不能则换一张数字卡片，直到把9个数字全部分完。 2. 幼儿两人一组，按照之前记录好的10以内平均分记录卡，选择对应的操作卡，两人比赛，正确使用筷子把球球夹到盒子里，快者为胜。	1. 练习正确使用筷子。 2. 掌握10以内数的平均分。
建构区	毛喳喳的树屋	废旧抽纸盒制作的房子若干，废旧纸筒（圆筒和半圆筒）若干，大小不同的方形纸板若干。	1. 幼儿2～3人一组，运用纸筒和纸板进行垒高搭建，在顶层放置纸盒房子，完成树屋搭建，比一比看谁的树屋搭得高。 2. 幼儿2～3人一组，合作搭建出高矮不同的树屋，并用半圆筒做通道连接起来，完成组合树屋。	1. 探索保持物体平衡的方法，发展空间知觉。 2. 体验与同伴合作搭建的乐趣。
表演区	童话小剧场	绘本故事《小鳄鱼的钱包》；故事中公园、募捐、咖啡厅、鞋店、警察局5张场景图片；场景中出现的6个人物的头饰。	幼儿2人一组，选一张场景图片，阅读该场景的故事情节，并协商分配角色，带好头饰，自编对话、表情、动作完成该场景的故事表演，排练好后邀请其他幼儿观看。	1. 加深对绘本故事的理解。 2. 学会与同伴商量表演内容和角色分配。

【户外运动活动建议】

1. 在组织幼儿开展户外游戏前，鼓励幼儿自己说出安全注意事项，并提醒幼儿要说到做到，按照自己制定的安全规则来进行游戏。

2. 可组织幼儿进行提升同伴之间信任度的户外运动游戏，如：信任背摔、盲人走路、两人三足、同心协力等。

3. 鼓励幼儿在自由游戏时间，发生自己或他人摔倒的情况时，要主动告诉老师，做到不说谎、不隐瞒，实话实说。

4. 让幼儿在户外运动时和同伴一起商量游戏玩法和规则，并诚实地按照制定好的玩法和规则进行游戏。

5. 做团体操之前，鼓励幼儿承诺“集中精神跟随指令，动作标准积极表现”，并提醒幼儿要严格要求自己，完成自己的承诺，说到做到。

【日常生活活动建议】

1. 提醒幼儿每天早上遵守 8：00 前入园承诺，签到时要如实填写自己的入园时间。

2. 对主动认错、不说谎、实话实说的幼儿给予表扬鼓励。

3. 鼓励幼儿与同伴互相分享一个小秘密，体验保守秘密。

4. 和幼儿一起在班级设置一个失物招领处，收集在班级里和校园里捡到的东西，想办法找到失主。

5. 在生活活动的各个环节，提醒幼儿遵守对老师、伙伴的承诺，如：排队洗手不插队，安静就餐不说话，把自己的玩具借给伙伴玩等。

【环境创设】

1. 在主题墙上展示幼儿签字的“诚信承诺书”。

2. 展示捡到物品归还失主的正确做法步骤图。

3. 将写有幼儿秘密的“秘密盒子”粘贴在主题墙上。

4. 展示幼儿制作的《鸡大婶的谎言》绘本人物形象鸡大婶、小兔子轻黏土手工作品。

5. 将家长与幼儿一起制作的亲子手工作品《会动的钟表》展示在主题墙上。

【家园共育】

1. 建议家长陪伴孩子阅读关于诚实守信主题的图书，例如：《谎话怪兽》《田鼠太太的项链》《是谁在说谎》等。

2. 建议家长和孩子以家庭为单位举办“诚信进我家”评选活动，所有家庭成员都参加评比，在一个月的时间内，有大家公认的诚实守信行为加一分，有不守信用和撒谎行为的扣一分，最后评选出“家庭诚实守信之星”，营造诚实守信的家庭氛围。

【社会实践】

跳蚤市场

◎活动目标

1. 知道跳蚤市场是一个出售和购买二手物品的地方，懂得在售卖中要做到诚信，合理定价。

2. 尝试用语言真实描述并推销自己的商品，发展语言表达和交往能力。

3. 体验诚信交易、买卖成功的快乐，

◎活动建议

1. 家长和幼儿共同商议，确定跳蚤市场的地址和具体时间。

2. 家长和幼儿一起搜集家里能在跳蚤市场售卖的玩具、书籍、艺术品等商品，共同设计优惠活动方案，并制作广告牌。

3. 家长提醒幼儿卖东西要讲诚信，所售卖的物品不能以次充好，不能制定高价，要做到明码标价，严格执行优惠活动，不能欺骗消费者。

4. 教师和家长要对幼儿进行外出安全教育，如：保证在家长的视线范围内参与活动，不能远离，不和其他幼儿追逐打闹，爱护公共场所设施，不乱扔垃圾。

5. 活动过程中，有礼貌、真诚地与人沟通，尝试大胆推销自己的商品。

6. 活动结束后，家长与幼儿交流当天的销售情况，说一说自己诚信待人的销售经历。

【发展评估】

“诚实守信”好习惯养成幼儿家长评价表

宝贝们，经过一个月的时间，你养成“诚实守信”的好习惯了吗？现在请你和爸爸妈妈一起玩一个问答小游戏。

班级：　　　　幼儿姓名：

评价内容	评价结果
1. 为什么老师说小宝是个乖宝宝，爸爸妈妈却说小宝是个小调皮呢？	
2. 如果你迟到了会怎么做？怎样做才能避免迟到呢？	
3. 毛喳喳说了一个什么样的谎话？后来毛喳喳的心情是怎样变好的？	
4. 你听过故事《种萝卜大赛》吗？为什么兔子没有种出胡萝卜还是得了第一名？	

（续表）

评价内容	评价结果
5. 鸡大婶把赠品饼干给了谁？为什么鸡大婶的商店再也没人去了？	
6. 你知道艾迪之前有一个小毛病是什么吗？后来艾迪是怎么改正的？	
7. 兔子亚奇想了一个什么办法来保守秘密？如果朋友跟你分享了秘密你会怎样做？	
8. 你捡到过别人的东西吗？捡到后应该怎样做呢？	

爸爸妈妈们请在沟通中对孩子的行为作出正确的评价，指导孩子用彩笔为自己的好习惯作出不同等级的笑脸评价。

评价标准：非常好 4　好 3　一般 2　差 1

“诚实守信”好习惯养成教师评价表

班级：　　　　幼儿姓名：　　　　　　教师姓名：

目标	评价结果			
	4	3	2	1
1. 做了错事敢于主动承认，不撒谎。				
2. 能看图有序、连贯、清楚地讲述出小宝在幼儿园和在家里的不同表现，知道要做表里如一的好孩子。				
3. 会讲述故事《迟到的理由》，知道实话实说是最好的理由。				
4. 能清楚地讲述故事《毛喳喳的小药丸》中毛喳喳说谎后对它的身体和心理造成的影响。				
5. 会讲述故事《种萝卜大赛》，能说出四种以上的萝卜种类和萝卜的种植方法，知道要想获得胜利一定要诚实。				
6. 会讲述故事《鸡大婶的谎言》主要内容，能说出鸡大婶离开和商店关门的原因。				
7. 能看图讲述《艾迪，说到做到》的故事内容，会按类别整理好自己的物品。				
8. 能说出故事《不要告诉别人》中主人公亚奇帮朋友保守秘密的整个过程。				
9. 会讲述故事《小鳄鱼的钱包》，知道捡到物品要及时归还失主。				
10. 能说出拾金不昧的含义，认识各种面值的人民币，能进行 10 元以内的人民币换算。				

评价标准：非常好 4　好 3　一般 2　差 1

好习惯二十　关心他人

【主题名称】让我来帮你

全家总动员

亲爱的家长朋友：

您好！关爱家人、尊敬长辈、同情弱者、乐于助人是一个善良、友善的人应具备的品格。现在的孩子因为家长过多的关注和宠爱，容易形成“自我中心”现象，也就是凡事以自己为主，很少考虑其他人的感受，更缺乏主动关心和帮助他人的意识。如：父母生病不知道主动关心和照顾；同伴摔倒之后不能主动帮忙扶起；吃东西时不懂得先礼让长辈；对需要关心和帮助的老人、残疾人等弱势群体缺乏同情心和关爱之情……因此，本月我们将开展主题活动“让我来帮你”，旨在培养孩子“关心他人”的好习惯。

在幼儿园，我们有目的地进行培养，希望孩子能达到如下目标：

1. 懂得关心家人，愿意主动帮助家人做家务及力所能及的事情。
2. 学习用正确适当的方式表达对他人的关心。
3. 主动关注别人的情绪和需要，并能给予力所能及的帮助。
4. 接纳、尊重、理解与自己的生活方式或习惯不同的人。

在家庭生活中，我们建议您从以下几方面进行关注：

1. 请您以身作则，主动关爱长辈、家人、朋友和社会上需要帮助的人。
2. 鼓励孩子主动表达对家人的爱，乐意为父母、老人做一些力所能及的事。如：为长辈按摩、捶背；父母下班后主动为父母拿拖鞋、倒杯水等。
3. 当亲属或好友身体不适或遇到困难时，鼓励孩子关心他们的状况，以适宜的方式表示问候。
4. 多带孩子去了解各行各业人的不同工作，了解他们的辛苦，并做到不给他们增加麻烦。
5. 带孩子积极参加社会公益活动，比如：捐赠活动、志愿者服务、义工服务等，增强孩子的爱心。

感谢您的参与！为了孩子的成长，让我们一起努力！

【主题目标】

1. 理解父爱与母爱，懂得关心家人，愿意主动帮助家人做力所能及的事情。
2. 乐于结交新朋友，学习用适当的方式表达对他人的关心。
3. 学会使用恰当的语言在他人生病或伤心难过时表示安慰。
4. 懂得礼貌对待老年人，了解老年人生活中的不便，愿意主动陪伴和关爱老年人。
5. 了解生活中需要帮助的人，知道关注其情绪和需要，并给予力所能及的帮助。
6. 尊重为大家提供服务的各行各业的人，珍惜他们的劳动成果。
7. 愿意接纳、尊重与自己的生活方式或习惯不同的人，懂得关爱残疾人。
8. 知道中国各民族之间要互相尊重、团结友爱，在困难的时候互相帮助。

【主题口号】

关心你我他，把爱传天下

【三字儿歌】

关爱歌

一家人，多关爱，
家务事，共承担。
朋友间，互帮助，
常问候，话语暖。
各行业，做贡献，
怀感恩，表尊重。
残疾人，多不便，
需要时，爱相伴。
小朋友，懂关爱，
乐助人，更可爱。

【集体教学活动】

活动一　我爸爸

◎活动目标

1. 阅读绘本，了解布朗爸爸的爱好、本领和对布朗浓浓的爱。

2. 尝试用“像……一样……”的句式夸夸自己的爸爸。

3. 感受爸爸对自己的爱，萌发爱爸爸的情感。

◎活动准备

1. 课件：《我爸爸》绘本故事图片节选，幼儿和爸爸的合影，背景音乐《Kiss the Rain》。

2. 贴成四横排的爸爸单人照片的小黑板；蜜蜂、猪、猩猩、鱼、猫头鹰、猴子等动物图片；大黑板。

◎活动过程

一、观看照片，介绍自己的爸爸

教师出示贴有幼儿收集的爸爸单人照的小黑板，幼儿观看。

师：每个人都有爸爸。谁愿意来介绍一下自己的爸爸？介绍之前要说清你爸爸的照片在黑板上第几排的第几张，然后再来介绍你的爸爸，比如他叫什么名字，做什么工作，有什么爱好。

幼儿自由介绍。（我爸爸的照片在第 3 排的第 2 张，他叫 ××，是一名警察，他的爱好是打篮球；我爸爸的照片在第 1 排的第 1 张，他叫 ××，是一名医生，他长得高高的壮壮的，戴着一副黑框眼镜，眼睛小小的……）

师：除了介绍爸爸的姓名、年龄、爱好，原来还可以介绍爸爸的职业和长相。我来随意选择一张照片，是谁的爸爸，谁就来介绍一下吧。

教师随意选择照片，被选中的幼儿用自己的语言介绍爸爸。

小结：多数的小朋友对爸爸的职业、爱好、年龄都比较了解，你们的爸爸从事着不同的职业。有威武勇敢的警察爸爸，厨艺高超的厨师爸爸，善于传授知识并且爱学习的教授爸爸，喜欢爬山、爱运动的爸爸，等等。每个爸爸都在努力工作，每个爸爸都与众不同，你们的爸爸真了不起！

二、分段欣赏，了解布朗的爸爸

1. 认识布朗的爸爸

师：有一个英国的小男孩，名叫布朗。他用笔画出了他的爸爸。我们来看看他把爸爸画成什么样了。

教师点击课件，出示布朗爸爸的样子，幼儿观看。

师：你觉得这位爸爸帅吗？

幼儿观察后大胆表达自己的想法。（帅，不帅）

师：布朗的爸爸是英国人，是白种人，而我们中国人是黄种人，不同的人种是有差异的。白种人的皮肤容易泛红，眼珠可能是绿色的、咖啡色的，也可能是蓝色的。请认为自己的爸爸比布朗的爸爸帅的孩子起立。

幼儿用起立或不起立的方式表达自己的感受。

师：布朗和你们一样，他也认为他的爸爸是世界上最帅的爸爸。看，他要介绍自己的爸爸了。

2. 布朗爸爸的爱好

教师点击课件，出示绘本故事图片，幼儿观察。

师：布朗爸爸的爱好是什么？他跑步跑得怎么样？从哪里能看出他会得第一名？

幼儿根据图片内容用自己的语言描述。（布朗的爸爸喜欢跳舞、唱歌和跑步；跑步跑得很快，胸前那条线代表终点线，可以看出他跑了第一名）

师：布朗的爸爸喜欢跳舞、唱歌和跑步。看他第一个跑到了终点，获得了第一名。布朗的爸爸真是个飞毛腿。

3. 布朗爸爸的本领

教师点击课件，出示绘本故事图片，幼儿观察。

师：布朗把爸爸画成什么了？

幼儿观察图片并大胆表达。（布朗爸爸被画成猫头鹰、鱼、黑猩猩）

师：原来他想告诉大家他爸爸的很多本领，比如像……动物一样……

幼儿根据自己的理解进行描述。

小结：原来布朗认为他的爸爸像猫头鹰一样聪明，像鱼一样游得快，像黑猩猩一样力气大。

三、配图游戏，夸夸自己的爸爸

教师将鱼、猩猩、马、狮子、猪、蜜蜂等动物卡片及省略号在黑板上贴成一横排，幼儿观察。

师：这里有几张动物图卡，看看这些动物代表什么特点。

幼儿根据自己的理解回答。（猪很可爱，蜜蜂很勤劳等）

师：你是怎样评价你的爸爸的？可以根据爸爸的优点选择一种动物的卡片，用“像……一样……”的句式夸一夸自己的爸爸，并说说选择的理由。除了这里出现的动物，我还准备了一个符号，认识吗？它叫省略号，代表更多我没贴出来的动物。

教师请所有幼儿分组到小黑板上取下自己爸爸的照片，贴在大黑板某一种动物卡片的下面。想到的动物如果大黑板上没有，就贴在省略号的下面，并用“像……一样……”的句式向大家夸赞自己的爸爸。（我的爸爸像狮子一样威武，我的爸爸像蜜蜂一样勤劳等）

教师点击课件，出示爸爸做鬼脸的图片，幼儿观看。

师：布朗爸爸又在干什么？他为什么这样做？当你不开心的时候，你的爸爸是怎么逗你开心的？你们的爸爸有没有做过什么搞笑的事情让你哈哈大笑？

幼儿自由回答。（布朗爸爸在做鬼脸，为了逗布朗开心；我的爸爸会把我举起来逗我开心；我的爸爸有时候会模仿大猩猩逗我哈哈大笑……）

师：听起来你们的爸爸和布朗的爸爸差不多，也会做一些有趣的事逗你开心。假如有一天，一只大灰狼走进布朗的家，你猜他的爸爸会怎么说？试着学一学他爸爸的语气。

幼儿自由猜测并模仿布朗爸爸的口气回答。（你给我滚出去、不许进来等）

四、完整欣赏，感受爸爸的关爱

教师点击课件，出示绘本图片，完整讲述故事，幼儿倾听。

师：孩子们，听完这个故事，你觉得布朗的爸爸怎么样？你的爸爸和他的爸爸一样吗？哪里一样？

幼儿自由回答。（布朗的爸爸非常爱布朗，我的爸爸也一样很爱我）

五、欣赏照片，萌发对爸爸的爱

师：爸爸都很爱自己的孩子，在你的成长过程中会为你做很多事情。我从你们的爸爸那里收集了一些你和爸爸在一起的照片，我们一起来看看你的爸爸都陪你做了些什么。

教师播放课件，出示幼儿和爸爸在一起玩耍、旅游等照片，幼儿观看。

小结：你们的爸爸长相不同，爱好不同。你们的爸爸非常爱妈妈，也非常爱你们。你也可以像布朗一样，把你爸爸的故事画出来，让大家都知道你有一位多么了不起的爸爸。今天回家时请你们对爸爸大声说出想说的话，别忘了说出那句最重要的话“爸爸，我爱你！”

附：

我爸爸

这是我爸爸，他真的很棒！我爸爸什么都不怕，连坏蛋大野狼也不怕。他可以从月亮上跳过去，还会走高空绳索（不会掉下去）。他敢跟大力士摔跤，在运动会比赛中，轻轻松松就获得了第一名。这是我爸爸，他真的很棒！

我爸爸吃得像马一样多，我爸爸游得和鱼一样快。他像大猩猩一样强壮，也像河马一样快乐。这就是我爸爸，他真的很棒！我爸爸像房子一样高大，有时又像泰迪熊一样柔软。他像猫头鹰一样聪明，有时候也会做一些傻事。我爸爸真的很棒！

我爸爸是个伟大的舞蹈家，也是个了不起的歌唱家。他踢足球的技术一流，这是我爸爸，他真的很棒！

我爱我爸爸，而且你知道吗？他也爱我！永远爱我。

（秦皇岛市启航幼儿园 / 韩雪）

活动二　朱家故事

◎活动目标

1. 倾听故事，知道做家务是每个家庭成员应该共同承担的责任。
2. 学习按一定规律观察画面，尝试根据画面内容大胆猜想故事情节。
3. 感受故事中妈妈的辛苦，懂得关爱妈妈。

◎活动准备

1. 生活经验准备：了解自己家中家务活的分工情况。
2. 白板课件：《朱家故事》绘本故事图片，朱字图片。

◎活动过程

一、观察绘本封面，产生阅读兴趣

师：孩子们，今天我们要讲一个故事。看一看，这个故事发生在谁家？

教师播放课件，出示故事名字图片，幼儿观看后回答。（朱家故事）

师：有的小朋友认识字，这家人姓朱，就像我们每个人都有自己的姓。

教师播放课件，出示朱字图片，幼儿观看后继续播放课件，出示朱家四口人的图片。

师：看看朱家有几口人，都有谁？

幼儿观察后回答。（有四口人；朱先生、朱太太、朱西蒙、朱帕克）

教师播放课件，出示绘本封面图片，幼儿观察。

师：封面上的这幅图你觉得奇怪吗？他们每个人都是什么样的表情？为什么朱太太要背着他们？

幼儿表达自己的感受。（朱太太背着朱先生和两个孩子，看起来很不开心也很辛苦，朱先生和两个孩子都很开心）

师：朱先生和他的孩子们实在太懒了，连走路都希望让朱太太背着，朱太太真辛苦。

二、分段观察绘本，猜想故事情节

教师播放课件，出示绘本第二段故事图片，幼儿观看。

师：咦，发生什么事情了？朱先生和儿子们张大嘴巴在喊什么？朱太太在干什么？

幼儿大胆猜想并回答。（朱先生和儿子们喊要吃早餐，朱太太在做早餐）

师：朱太太自己在准备早餐，两个儿子和爸爸不仅不帮忙，还在这里大喊。饭后朱先生去上很重要的班了，两个儿子去上很重要的课了。猜猜朱太太在忙什么。

幼儿根据画面回答。（朱太太洗碗、扫地毯、整理床铺后上班）

师：原来朱太太也要上班，可上班前还要做那么多的事情，没有人帮她真辛苦。傍晚儿子们和朱先生回到家，他们又在喊什么？晚餐后朱太太又在做什么？朱先生和他的儿子呢？

幼儿根据画面描述故事情节。（他们在喊晚餐在哪里；晚餐后朱太太在忙着洗碗、擦桌子、扫地；朱先生和儿子们在舒适地看电视）

师：朱太太那么累，他们却在这里休息，没有人关心朱太太。朱太太看到他们这个样子，你觉得她心里会怎么想？

幼儿说出自己的猜想。（心里很难过，觉得没有人关心自己）

教师播放课件，出示绘本第三段故事图片，幼儿观看。

师：终于有一天，朱先生和两个儿子回到家，朱太太一直都没有回来，他们找啊找啊，发现了什么？猜猜朱太太会在信上写什么？

幼儿大胆猜测。（发现一封信；朱太太会写信告诉他们她伤心了，不回来了）

师：信上究竟说了什么？这个“猪”和刚才那个“朱”一样吗？为什么说他们是猪？

幼儿根据自己的想法依次回答。（信上写着“你们是猪”；不一样，这个猪是懒猪的猪；因为他们像猪一样好吃懒做）

师：朱太太不在家的日子，他们的生活发生了什么变化？朱先生和两个儿子在做什么？会说些什么？

教师播放课件，出示绘本故事图片，幼儿边看图片边描述家里的变化。（家里乱七八糟；朱先生和儿子变成猪头，一起在洗碗；我们把家里弄得太脏了，我们不能再这样了）

师：没有朱太太的生活怎么样？你觉得朱先生和两个儿子想把朱太太请回来吗？他们会向朱太太道歉吗？你们猜朱太太会回来原谅他们吗？

幼儿自由猜测并说明理由。（没有朱太太的生活太糟糕了；朱先生和儿子想把朱太太请回来并道歉；朱太太会回来，因为朱先生和两个儿子认识到了错误；朱太太不会回来，因为她太伤心了）

教师播放课件，出示绘本第四段故事图片，幼儿观看。

师：看看接下来发生了什么事？

幼儿观看图片回答。（妈妈回来了）

师：朱家又变得井井有条了。现在看起来大家都觉得很开心、幸福。

三、完整欣赏故事，对比妈妈形象

师：现在我们来完整地欣赏一遍故事吧，注意仔细观察朱太太的形象有什么变化。

教师播放课件，出示绘本故事图片，完整讲述故事，幼儿欣赏。

师：你们发现绘本中朱太太前后形象的变化了吗？

幼儿自由回答。（朱太太以前总是不开心的表情，看起来没精神；现在看起来很开心、很精神）

教师播放课件，出示朱太太之前和现在形象的对比图片，幼儿观察。

小结：刚开始的朱太太总是以朴素灰暗的身影出现，我们甚至看不清她的脸，总在埋头苦干，给人的感觉一点儿也不快乐。后来大家一起分担家务，有人关心她后，朱太太的形象变得阳光了，脸上也带着幸福的微笑，这个朱太太让我们感受到她是一个特别幸福的人。

四、共玩找“猪”游戏，学习观察方法

师：除了朱太太的形象变化了，其实朱家的好多地方都发生了变化，比如他家的好多地方也跟着变成了猪的形象。现在请你仔细找一找，看一看朱家哪些地方变成了猪的图案，请你来到白板上用手圈出来。

教师播放课件，先后出示5张绘本图片，幼儿玩找“猪”眼力游戏。幼儿在交互白板上圈出“猪”的图案。教师提示幼儿可按从左到右或从上到下的观察顺序排查找“猪”。

师：你们观察得真仔细，找到了很多隐藏在绘本中的“猪”的图案。但是在观察图片的时候，如果没有按规律寻找，很容易找不全。可以按我刚才告诉你们的规律去观察，比如从上到下或从左到右的规律，就容易找全图案。

五、讨论家庭分工，愿意承担家务

师：孩子们，在你们的家里，家务活是怎么分工的？

幼儿根据经验回答。（妈妈做饭、爸爸洗碗等）

师：听了这个故事，我们知道了家务要全家人一起去承担。你们在家可以做哪些家务呢？

幼儿自由回答。（打扫自己的房间、叠被子、擦地等）

小结：你们一定要自己的事情自己做，学会主动分担家务，关心家人。可不能像一开始的朱先生和两个儿子那样哦！一家人要互相关心，共同承担事情，家庭才会更幸福！

附：

朱家故事（节选）

朱家有四个成员：朱先生，朱太太，还有两个儿子，朱西蒙和朱帕克。他们住在一栋很好的房子里，有很好的花园。

每天早晨，朱先生去上很重要的班之前，总是大声喊：“亲爱的，早餐呢？快点儿！”朱西蒙和朱帕克也学着爸爸的样子喊：“妈，早餐呢？快点儿！”他们出门以后，朱太太洗净所有的碗盘、整理所有的床铺、用吸尘器清洁所有的地毯……然后去工作。每天傍晚，朱先生做完很重要的工作、孩子们上完很重要的课后回到家，总是大声喊：“老婆，晚餐呢？快点儿！”“妈，晚餐呢？快点儿！”他们一吃完，朱太太就洗碗、熨衣服、洗衣服，做完所有的家务。她在做这些的时候，家里其他人却都坐在沙发上舒服地看电视。

日子一天天过去。一天傍晚，朱先生和孩子们回到家里，发现到处找不到朱太太，但是壁炉架上有一封信。朱先生打开信封，里面有一张纸，上面写着：你们是猪！“我们怎么办？”朱先生说。于是，他们只好自己做晚餐，做了好几个小时，难吃死了。第二天白天、第二天晚上、第三天，朱太太一直没有出现。朱先生、朱西蒙和朱帕克试着照顾自己。他们从来不洗碗盘，也从来不洗衣服。很快，房子变得像猪圈一样，实在太脏了，他们都受不了了，他们意识到自己的错误了。原来妈妈一个人每天要做这么多事情，妈妈太累了，而并没有人关心妈妈！爸爸和两个儿子商量要把妈妈请回来，并向妈妈道歉，以后家务共同承担，学会关心妈妈。

接下来的日子里，朱先生和孩子们学会了洗碗盘，整理床铺、熨衣服，最后终于把妈妈请回来了，朱爸爸和他们的两个儿子为朱妈妈准备了一桌丰盛的晚餐，大家都觉得很开心、幸福！

（秦皇岛市启航幼儿园 / 刘雪改）

活动三　比尔最会安慰人

◎活动目标

1. 理解故事，知道他人心情不好时要及时给予关心和安慰。

2. 学会依据他人所处情境，用语言、身体动作、行动等方法给予适当的安慰。

3. 愿意主动安慰他人，体验安慰别人获得的成就感。

◎活动准备

1. 课件：《比尔最会安慰人》绘本图片，需要安慰的三种情境图片（没有选上表演的小朋友，受伤的小朋友，与小伙伴发生矛盾的小朋友）。

2. 三种情境的实物图片。

◎活动过程

一、观察图片，认识安慰创可贴

教师播放课件，出示绘本中小熊的图片，幼儿观看。

师：这只小熊叫比尔，看图片你觉得比尔怎么了？你从哪儿看出来的？

幼儿自由回答。（受伤了；身上贴了很多创可贴）

师：生活中什么时候要用到创可贴？（受伤）小熊比尔身上贴的创可贴可有特殊的用处哦，它是安慰创可贴。

二、师幼谈话，知道安慰的含义

师：孩子们，你们知道什么是安慰吗？

幼儿说出自己的想法。（别人哭了的时候抱抱他、关心他）

师：根据别人心情不好的原因，用语言、身体动作、行动等方法去安抚或鼓励，让他人开心起来，这就是安慰。

三、倾听故事，理解故事的内容

师：比尔还有专门放安慰创可贴的小药箱呢，我们一起来看一看这些安慰创可贴究竟有什么用吧。

1. 安慰小狗

教师播放课件，出示绘本中的小狗图片，幼儿观察。

师：比尔遇到了小狗，小狗怎么了？比尔在干吗？它会和小狗说些什么？

幼儿大胆猜测回答。（小狗可能鼻子疼了；比尔给它的鼻子贴安慰创可贴；它会告诉小狗一会儿就不疼了）

教师播放课件，出示绘本图片，讲述故事前两段，幼儿倾听。

师：原来小狗把爸爸的东西弄坏了。比尔怎么安慰小狗的？

幼儿自由回答。（给小狗贴安慰创可贴；用语言安慰小狗只要它承认错误，爸爸一定会原谅它的）

师：原来这是一张语言安慰创可贴。

2. 安慰驼鹿

教师播放课件，出示绘本中的驼鹿图片，幼儿观察。

师：比尔现在要去森林，它在森林里碰到了谁？它的心情怎么样？

幼儿根据图片回答。（它碰到了驼鹿，驼鹿心情很糟糕）

教师播放课件，讲述故事第三段，幼儿倾听。

师：原来驼鹿新买的围巾不见了，急得捶打树干。比尔在做什么？你从树干上发现了什么？比尔用什么方法安慰的驼鹿？

幼儿观察图片并回答。（比尔在地上帮驼鹿找围巾；在树干上发现了驼鹿的围巾；比尔给驼鹿贴了安慰创可贴，并用语言安慰它）

师：比尔除了用语言安慰驼鹿，还亲自帮驼鹿找围巾，这是用它的行动在安慰驼鹿。原来这是一张语言和行动两种效果的安慰创可贴。

3. 安慰小兔

教师播放课件，出示绘本中的小兔图片，幼儿观察。

师：这又是谁？它的心情怎么样？你觉得比尔会用什么方法安慰小兔子？

幼儿自由回答。（小兔子；它看起来很伤心；比尔会给小兔子贴安慰创可贴）

教师播放课件，出示绘本图片，讲述第四段故事，幼儿倾听。

师：原来小兔子的爸爸答应跟它一块儿踢球，可小兔子等了爸爸很长时间爸爸都没有来，小兔子觉得爸爸把它忘了，所以很伤心。比尔对小兔子用了语言、身体动作和行动三种效果的安慰创可贴。比尔成功安慰了小兔子之后，就离开了足球场。它来到了山上，山上小羊们发生了什么事情？

4. 安慰山羊

教师播放课件，出示绘本中的黑山羊图片，讲述故事第五段，幼儿倾听。

师：原来是黑山羊正在试穿自己织的新毛衣，太小了，其他山羊都在嘲笑它。比尔这时用了一张什么安慰创可贴？

幼儿自由回答。（语言、想办法等）

师：这是一张语言、行动两种效果的安慰创可贴。

5. 安慰熊爸

教师播放课件，出示绘本中熊爸爸图片，幼儿观察。

师：熊爸爸怎么了？你觉得比尔会怎么安慰它？这又是一张什么效果的创可贴呢？

幼儿自由回答（熊爸爸手指破了；比尔会给爸爸拥抱、表示关心并贴上安慰创可贴；这是一张语言、行动两种效果的安慰创可贴）。

教师播放课件，出示绘本图片，讲述第五段故事，幼儿倾听。

四、回顾总结，知晓安慰方法多

师：比尔让朋友们和家人都开心起来了，它真的是一个特别会安慰别人的小熊，所以大家都愿意和它做朋友。这本绘本的名字你知道吗？谁能猜一猜？

幼儿大胆猜测。（安慰别人）

师：书的名字就叫作《比尔最会安慰人》。以后可以让爸爸妈妈去找到这本书来给你们讲一讲。故事中的比尔都用了什么方法安慰朋友们，让朋友们开心起来了？

教师引导幼儿说出故事中比尔安慰朋友用到的方法。

师：除了这些安慰的方法，你还知道怎么做可以安慰别人？

幼儿大胆回答。（抱抱，亲亲，拉拉手，陪着他做他喜欢的事情，给他送礼物等）

师：安慰的方法真多，我们可以给安慰的方法分成三大类。一是语言的安慰，比如根据不同的事情选择适合的语言去安慰别人；二是用身体动作去安慰，比如拥抱他、亲亲他、拉拉手都是对他的安慰；三是行动上的安慰，比如陪他做喜欢的事情，送小礼物，鼓励他想办法去解决问题等。

五、情境表演，练习用安慰方法

师：你在生活中安慰过别人吗？怎么进行安慰的？

幼儿根据经验回答。（在朋友哭泣的时候为他擦眼泪、抱抱等）

师：接下来我们来玩一个“我来安慰你”的小游戏。我这里有三张情境图片，分别是没有选上表演的小朋友，受伤的小朋友，与小伙伴发生矛盾的小朋友。请你们分成三组，每组选一张图片，选完后你们小组成员要一起商量用什么办法去安慰他，并分角色表演。看看哪组小朋友最会安慰别人。

幼儿分组商量后，尝试分角色进行情境表演，师幼共同总结所用的安慰方法。

师：孩子们，今天你们学会了像比尔这样去安慰别人。记得在朋友或家人不开心的时候，你的拥抱、陪伴、安慰的话语和你的行动就像这安慰创可贴一样，对他很重要，安慰了别人，自己也会感到快乐。希望你们都能成为会安慰别人、关心别人的好孩子。

附：

比尔最会安慰人

一天小熊正在玩儿它心爱的小火车，一不小心把小火车弄坏了，小熊比尔很伤心，爸爸安慰它说：“没关系，我可以把它修好。”回到家爸爸为它修理起了小火车。小熊问爸爸：“爸爸，小火车需要贴安慰创可贴吗？”爸爸说：“不需要，也许有人更需要安慰创可贴，你说呢？”这个主意不错，比尔提起它的安慰箱立即出发了，比尔最擅长安慰别人了。

小狗把爸爸的东西弄坏了。比尔把一张安慰创可贴贴在小狗的鼻子上，对小狗说：“不要担心，你跟爸爸承认错误，爸爸一定会原谅你的。”听后小狗露出一丝微笑。

驼鹿新买的围巾不见了，急得它在森林里走来走去，还直捶打树干。比尔说：“送你一个安慰创可贴，不要着急，一定能找到的，我来帮你找。”最后比尔在树枝上找到了围巾，驼鹿说：“谢谢你。”

小兔子的爸爸答应跟它一块儿踢球，可小兔子等了爸爸很长时间都没有来，小兔子觉得爸爸把它忘了。比尔抱抱小兔安慰道：“不会的，没有哪位父亲会忘记自己的孩子的，来张安慰创可贴，你就不会那么伤心了，我们一起踢球吧！”小兔子马上冲到球门口，毕竟它是动作最快的守门员，它们高兴地踢起球了。不一会儿，小兔子的爸爸来了，它高兴地说道：“儿子，快看，我拿到了全国足球联赛的门票了！”小兔子兴奋地跳了起来。

比尔成功地安慰了小兔子之后，就离开了足球场。它来到了小山上。黑山羊正在试穿自己织的新毛衣，太小了，其他山羊都在嘲笑它，黑山羊说：“我真是太笨了，这是我织的第三件毛衣了，总是太小。”比尔在每个毛衣上都贴上了安慰创可贴并说：“也许还有其他办法呢？”它灵机一动：“你可以把小的毛衣送给弟弟妹妹呀！”一旁的弟弟妹妹一听可高兴了，穿上新毛衣的弟弟妹妹一直在谢黑山羊，黑山羊也开心地说：“看来我织的毛衣还是有用的嘛。”

忽然比尔听见有人在喊：“哎哟，真疼！”它一听是爸爸的声音，赶紧回家了。比尔先给爸爸贴上安慰创可贴并给爸爸吹一吹，还跟爸爸说：“别怕，有我在呢。”爸爸说：“谢谢你，有你真好。”比尔说：“我最会安慰人了。”

（秦皇岛市启航幼儿园 / 刘雪改）

活动四　最美的巨人

◎活动目标

1. 理解故事内容，了解乔治的善良与乐观，知道心灵美是最重要的。

2. 大胆猜想故事情节，学习用“乔治把 ×× 送给 ×× 做 ××”的句式进行讲述。

3. 感受帮助他人是一件快乐的事情。

◎活动准备

1. 课件：《城里最漂亮的巨人》绘本故事图片，拼图游戏背景图。

2. 操作材料：长颈鹿、围巾、船帆、山羊图片；小狐狸、小狗、老鼠的情境拼图每桌一份；袜子、小狐狸、皮带、小狗、鞋子、老鼠卡片和操作板每桌一份。

◎活动过程

一、观看图片，认识邋遢巨人乔治

师：孩子们，你们有没有见过个子长得特别特别高的巨人？

幼儿根据自己的经验回答。（见过，没见过）

师：我给你们介绍一个巨人，看，就是他！

教师播放课件，出示乔治图片，幼儿观看。

师：他的名字叫乔治，是城里的巨人。他想和所有的人做好朋友，可是大家都不愿意和他做朋友。请你猜一猜，为什么大家都不愿意和他做朋友？

幼儿观察图片中的乔治的头发、衣服、鞋子，大胆表达自己的看法。

师：你们都看到了乔治身上脏兮兮的，很显然几天都没洗澡了，你们平时是这样的吗？你们平时的衣服是什么样的？身上是什么味道的？

幼儿根据自己的生活习惯互相交流。（衣服是干干净净的，身上香香的味道等）

师：乔治没有洗澡，也没有换衣服，所以身上脏脏的、臭臭的，没有人愿意和他做朋友。可是，他那么想交朋友，你有什么好办法可以帮帮他吗？

幼儿大胆表达自己的想法，为乔治想办法。（让他去洗澡、换干净衣服等）

二、观察课件，表述巨人变美过程

教师播放课件，出示绘本图片，幼儿观察。

师：你们想帮他洗澡、换衣服、吹头发等这些事情乔治全都做过了，他又来到了百货商店。他买了很多东西，先买了什么？

幼儿通过观察课件中出示的衬衫、牛仔裤、腰带，用完整的语言表达出这三样东西。

师：除了这三样，乔治接着又买了三样，是什么？

幼儿通过观察课件回答。（领带、袜子和皮鞋）

师：乔治一共买了几样东西？现在他把所有买的都穿到了身上，再也不像刚刚那个邋遢的乔治了。乔治穿上漂亮的衣服，心里美滋滋的，他认为现在自己是城市里最漂亮的巨人了，肯定会有人愿意和他交朋友，他精神抖擞地在街上走着。

三、阅读绘本，分析画面合理讲述

教师播放课件，出示绘本故事图片，幼儿观看。

1. 脖子冷的长颈鹿

师：长颈鹿怎么了？你们认为乔治会帮它吗？他会怎样帮助脖子冷的长颈鹿？

幼儿大胆猜想，表达自己的想法。（很冷；会帮它；把领带送给它）

教师引导幼儿说出“乔治把领带送给长颈鹿做围巾”句式，并将领带和长颈鹿的图片粘贴在黑板上。

2. 丢了船帆的山羊

师：乔治虽然把领带送给了长颈鹿，他心里还是美滋滋的，继续精神抖擞地往前走着，这时候，他遇到了小山羊。小山羊对乔治说“帮帮我，帮帮我”。你们觉得乔治会帮它吗？小山羊遇到了什么困难呢？

根据课件内容幼儿尝试用完整的语言表达。（会；小山羊的船帆被吹跑了）

师：小山羊的船帆被大风吹跑了。帆船没有帆可是寸步难行，所以它不能回家。你们猜一猜，乔治会把什么送给小山羊做船帆？

幼儿根据自己的想法进行猜测，教师引导幼儿说出“乔治把衬衫送给山羊做船帆”的句式，并将衬衫和山羊的图片粘贴在黑板上。

师：乔治把衬衫送给了小山羊做船帆，帆船又可以嗖嗖嗖地前进了，小山羊对乔治说“谢谢你，谢谢你！”乔治一共买了几样东西？送掉了几样？还有几样？

幼儿回忆并计算。（共有6样东西；送掉了2样；还有4样）

师：他呀，又遇到了好多动物呢，它们也都遇到了困难，乔治会帮它们吗？乔治又是怎样帮它们的呢？

四、拼图排序，学说绘本中的句式

师：孩子们，在后面的桌上有几张图片和卡片，一会儿我们去后面的桌子上做四件事情。第一件事，这些图片不是完整的，不小心被剪成了好多份，想请大家先帮忙拼好。第二件事，看一看，图片上的这些动物遇到了什么困难？乔治是怎样帮它们的？把什么送给了谁做了什么？第三件事情，就像我刚刚那样，排一排卡片。第四件事情，说一说你的发现。

教师再次强调这四件事情：第一件事拼一拼图片，第二件事看一看图片，第三件事排一排卡片，第四件事情说一说发现。

幼儿自由选择桌子去操作，教师巡回指导，鼓励幼儿先观察，再排序，并用完整句式讲述。

师：四件事情都做完了吗？我们一起来说一说乔治是怎么帮助小狐狸的。

幼儿大胆讲述图片，并用完整语句描述“乔治把袜子送给小狐狸做睡袋”。

同法用完整语句描述“乔治把皮带送给小狗做小桥”，“乔治把鞋子送给小老鼠做房子”。

师：刚刚乔治买了6样东西，前面送掉了2样，还剩下几样？（4样）现在又送掉几样？还剩下几样？

幼儿思考并计算出结果。（3样；1样）

师：就剩下裤子没有送人，但是裤子没有了裤带，刺溜一下滑了下来。乔治那一身漂亮的衣服全没有了，他伤心地坐在马路旁边哭了起来。他心里想“现在我不是城里最漂亮的巨人了，别人肯定不愿意跟我做朋友了……”

五、继续阅读，感受乔治美丽所在

师：孩子们，现在乔治没有了漂亮的衣服，你们觉得大家会愿意和他做朋友吗？为什么？

幼儿根据自己的理解回答。（愿意；他很善良，愿意帮助别人）

师：乔治很善良，他把身上所有漂亮的衣服用来帮助别人。你们说，没有了漂亮衣服也可以做最美的巨人吗？（可以）因为他的心是最美的。

教师播放课件，出示绘本故事图片，幼儿继续观看。

师：你们看，朋友们都来了，他们带来了好多礼物，还给了乔治一顶皇冠，他们说“你就是我们城里最美的巨人。”孩子们，你们愿意做秦皇岛最美的巨人吗？你们愿意做中国最美的巨人吗？怎样去做呢？

幼儿根据理解表达自己的想法。（主动去帮助身边的人）

师：每个人都去做一做，做个最美的巨人好吗？回去问问你们的爸爸妈妈，怎么样才能做一个最美的巨人吧！

附：

城里最漂亮的巨人

乔治是个巨人，城里最邋遢的巨人。他总是穿着同一双棕黄色的旧凉鞋，同一件打着补丁的旧袍子。“哎，我可不想当城里最邋遢的巨人。”乔治难过地说。这天，乔治发现城里开了家新商店，里面摆满了各式各样漂亮的衣服。于是他走进店里，买了一件漂亮的衬衫，一条漂亮的裤子，一根漂亮的皮带，一条漂亮的条纹领带，一双漂亮的袜子，还有一双乌黑铮亮的漂亮皮鞋。“现在，我可是城里最漂亮的巨人了。”他得意地说。

乔治穿上新衣服刚走出门，忽然听到长颈鹿呼哧呼哧地喘着气的声音。“你怎么啦？”乔治问。“还不是因为我的脖子！”长颈鹿说，“它太长了，太冷了。要是有一条温暖的长围巾，那该有多好！”“别担心！”乔治说着解下了他的条纹领带，一圈一圈地围在长颈鹿的脖子上。“哈哈，还真是一条不错的围巾呢！”“谢谢你！”长颈鹿说。

乔治来到河边，一只山羊站在小船上咩咩大叫。“你怎么啦？”乔治问。“还不是因为我的船帆！”山羊说，“暴风雨把它吹走了。要是我的小船有一张结实的新船帆，那该有多好！”“别担心！”乔治说着脱下了他的新衬衫，把衬衫拴到小船的桅杆上。“哈哈，还真是一张呱呱叫的船帆呢！”“谢谢你！”山羊说。

乔治心里美滋滋，走过一幢被烧毁的房子。房子旁边站着一只鼠妈妈和一群鼠宝宝，他们都在伤心地吱吱叫。“你们怎么啦？”乔治问。“还不是因为我们的房子！”鼠妈妈说。“大火把它烧掉了。要是我们有幢新房子，那该多好！”“别担心！”乔治说着脱下了一只乌黑铮亮的新皮鞋，鼠妈妈和她的孩子们爬进皮鞋里。“哈哈，还真是一个温暖舒适的家！”“谢谢你！”老鼠一家说。

乔治又经过一个宿营地。一只狐狸站在帐篷边，正呜呜地哭。“你怎么啦？”乔治问。“还不是因为我的睡袋！”狐狸说。“它掉到水坑里去了。要是我有一个温暖干燥的睡袋，那该有多好！”“别担心！”乔治说着脱下了一只袜子，狐狸钻进了袜子里。“哈哈，还真是一个非常舒服的睡袋呢！”“谢谢你！”狐狸说。

乔治走过一片沼泽地。一只小狗在沼泽地旁边汪汪叫。“你怎么啦？”乔治问。“还不是因为这片沼泽地！”小狗说。“我想走过去，可是烂泥粘住了我的脚。要是有一条不这么泥泞的小路，那该有多好！”“别担心！”乔治说着解下了他漂亮的新皮带。把皮带放在沼泽地里。哈哈，皮带铺成了一条干燥的小路！“谢谢你！”小狗说。

这时刮起了大风。乔治一下感到又冷又伤心，他觉得自己不漂亮了……坐在路边，眼泪顺着鼻子流下来。

咦？在他家门口，竟然站着一群动物：长颈鹿、山羊、老鼠、狐狸、小狗，原来都是他曾经帮助过的动物！他们给乔治送来了一大盒礼物。“快来，乔治。”大家说，“快打开盒子看一看！”乔治解开盒子上的缎带：里面是一顶用金纸做的美丽的王冠，还有一张卡片。“看看卡片上写了些什么！”大家催促着。乔治把金冠戴在头上，打开卡片，卡片上写着：你把领带给长颈鹿做了围巾，你把衬衫给山羊做了船帆，你把皮鞋给老鼠一家做了房子，你把袜子给狐狸做了睡袋，你用皮带帮小狗过了沼泽地。现在我们要送你一顶美丽的金冠，因为你是城里心眼儿最好的巨人。

（秦皇岛市启航幼儿园 / 李宝玲）

活动五 先左脚后右脚

◎活动目标

1. 倾听故事，了解巴比和巴柏之间深厚的祖孙亲情。
2. 学会区分左右，练习按指令与同伴玩“先左脚后右脚”的游戏，感受老人行动的不便。
3. 体验与同伴配合协调的不易，萌发关爱老人的情感。

◎活动准备

1. 经验准备：幼儿与祖辈之间有长时间相处的经历。
2. 课件：《先左脚后右脚》绘本故事图片，关爱老人宣传视频。
3. 游戏材料：A4 纸 4 张，彩带每人一条。

◎活动过程

一、倾听前段故事，理解祖孙关系

师：孩子们，今天我给你们带来一本绘本，谁来说说你看到了什么？你认识绘本的名字吗？

幼儿根据绘本封面进行描述。（爷爷和小男孩；先左脚后右脚）

师：故事的主人公就是这个小男孩，他叫巴比。这是他的爷爷，叫巴柏。他们之间发生了什么故事呢？一起来听听吧。

教师播放课件，出示绘本图片，讲述故事第一段，幼儿倾听。

师：谁来说一说，巴比和巴柏最喜欢做什么事情？

幼儿根据故事内容自由回答。（玩积木）

师：这是巴比和巴柏他们祖孙之间最开心的游戏了。你知道祖孙指的是谁吗？祖指的是谁？孙又指的是谁？在家里，谁和你属于祖孙呢？

幼儿根据自己的经验回答。（故事中祖孙指巴柏和巴比；在家爷爷奶奶和我属于祖孙）

小结：祖孙是指祖辈与孙辈，比如爷爷奶奶和你、姥姥姥爷和你都属于祖孙。你们之间的感情就是祖孙亲情。

师：孙子巴比和爷爷巴柏之间有这么多美好的回忆，你和你的祖辈之间有哪些美好的回忆呢？谁来和大家分享一下？

幼儿自由回答。（爷爷经常带我去公园，奶奶经常在我睡觉的时候给我唱歌等）

师：你们说出了这么多你和爷爷奶奶、姥姥姥爷之间的美好回忆，从你们的描述中可以感受到你们的祖辈是那么爱你们，你们也非常爱他们。

教师播放课件，出示绘本，讲述故事第二段，幼儿倾听。

二、初玩“左右游戏”，享受快乐时光

师：巴比最喜欢让爷爷讲的故事是哪一段？

幼儿根据故事情节回答（爷爷教巴比学走路的故事）

师：我们也来玩一个“先左脚后右脚”的游戏吧。哪边是左？哪边是右？先左脚后右脚应该怎么走？

请幼儿将彩带系到自己的左腿，学会分清左右，并尝试先左脚后右脚走路的游戏方式。

师：我们也来学一学小时候的巴比和爷爷巴柏是怎样走路的吧！

游戏玩法：每次两组进行竞赛，幼儿两人一组。第一次游戏时两人同向站立，后面小朋友双手搭在前面小朋友的肩膀上，两人都先迈左脚向前走，边走边喊口号“先左脚，后右脚”，先到终点为胜出。第二次游戏是扮演巴柏和巴比的两名幼儿面对面站立，巴比边喊口号边按“先左脚后右脚”的规则向前走，同时巴柏与其面对面“先退右脚再退左脚”，两人配合协调走到终点为胜。

幼儿两人一组进行游戏。

三、继续倾听故事，感受浓浓亲情

教师播放课件，出示绘本图片，讲述故事第三段，幼儿倾听。

师：巴比非常确定爷爷不会忘记他，你觉得他会怎样做让爷爷想起他？

幼儿根据自己的理解回答。（玩小时候他们一起玩的游戏等）

教师播放课件，出示绘本图片，讲述故事到最后。

师：这个故事听完了你感觉怎么样？他们的感情怎么样？巴比有放弃巴柏吗？最后巴柏康复了吗？

幼儿根据情节回答。（感觉很感动；他们的感情非常深厚，互相爱着对方；巴比没有放弃爷爷，最后爷爷康复了）

四、再次分组游戏，体会行动不便

师：《先左脚后右脚》真是一个让人感到温馨的故事。巴比小的时候是爷爷巴柏“先左脚后右脚”地教巴比学走路。爷爷中风之后，巴比又教爷爷“先左脚后右脚”地学走路，他们都在为对方而努力，最后爷爷的身体康复了！刚刚你们玩了巴柏教巴比走路时候的“先左脚后右脚”游戏，这次要增加难度了。一位小朋友扮演巴比，另一位小朋友扮演生病后的爷爷巴柏。为了表现出老人的腿脚不方便不能走那么快，扮演巴柏的小朋友的双腿要夹一张纸按“先左脚后右脚”的规则往前走，双手不可以碰到纸，纸也不能掉落哦，看谁先到终点。

幼儿两人一组进行游戏，教师提示幼儿纸不能掉，走稳很重要，感受老人走路的不方便。

五、观看敬老视频，萌发关爱之情

师：刚刚你扮演巴柏玩游戏的时候，走起路来有什么不一样的感觉吗？你平时会照顾家里的祖辈吗？

幼儿根据自己的感受回答。（走路一定要慢，不然纸就掉下来了；平时会帮奶奶捶背等）

师：当人慢慢变老，身体的器官和肢体都不再那么灵活了，有时候反而像一个老小孩，需要别人来精心照顾。咱们一起来看一看应该怎样去关爱和照顾老人吧！

教师播放关爱老人宣传视频，幼儿观看。

师：视频里都有哪些关爱和照顾老人的方式？

幼儿根据视频内容回答。（多陪伴在老人身边，带给他们欢乐；帮老人做力所能及的事情；在老人身体不舒服的时候，为他按摩；不嫌弃老人等）

师：看了这段视频，你心里是怎么想的？你会如何对待家里的爷爷奶奶或姥姥姥爷呢？

幼儿根据自己的想法大胆表达。（心里很感动；以后会对祖辈有礼貌、帮助他们等）

小结：我们一定要像巴比对待他的爷爷那样，学会关爱老人，懂得珍惜和感恩爷爷奶奶对我们的付出，在他们老去的时候用自己的爱和力量去回报他们对自己的爱。

附：

先左脚后右脚

巴比的名字是根据他最要好的朋友的名字取的，那个朋友就是他的爷爷——巴柏。巴比还是婴儿的时候，爷爷对每个人说：“巴比要到三岁才懂得正式的称呼，所以让他叫我巴柏就好。”巴比会讲的第一个词就是“巴柏”。巴比学走路，是靠巴柏帮忙。“抓着我的手，巴比。”爷爷说，“先左脚，再右脚。”巴柏和巴比最喜欢做的事，是玩一盒很旧的木头积木。那盒积木就放在楼梯底下小缝衣间的架子上。积木有两面画上了英文字母，两面画上了数字，最后两面画的是动物或其他东西的图案。巴柏和巴比把积木一块一块、很慢很慢地堆起来，堆成一座高塔，总共有三十块。有时候只搭了一半的积木，塔就倒了。有时候，高塔几乎快完成了。巴柏会说："最后一块了。"巴比会说："是大象积木。"他们很小心地把大象积木放到最顶端。接着，巴柏会打个喷嚏，高塔就倒下来了。巴比哈哈大笑。巴比说："大象每次都害你打喷嚏。"爷爷说："那我们只好下次再试试看喽。"然后，巴柏让巴比坐在大腿上，讲故事给他听。"巴柏，讲你教我走路的故事给我听。"巴比说。爷爷告诉巴比，他怎么抓着巴比的手说："先左脚，再右脚。过了没多久……"

巴比五岁生日那天，巴柏和他度过了很特别的一天。他们去游乐园玩。他们坐云霄飞车，吃热狗和冰激凌。他们用快速照相机拍了几张合照，还唱了一首歌，录成一盒录音带。天黑以后，他们一起看烟火。在回家的路上，巴柏讲故事给巴比听。"将你教我走路的故事给我听。"巴比说。巴柏就开始讲了。

巴比的生日过后没多久，爷爷就生病了，病得很严重。有一天，巴比回到家，看不到爷爷。"巴柏住院了。"爸爸告诉巴比，"他的病就是大家常说的中风。"巴比说："我想去看他。""不行，宝贝。"妈妈说，"爷爷现在病得很严重，不能见任何人，他的手和脚都不能动，他也不能说话，医生不确定他还认不认得人，我们只能耐心地等，希望他会好起来。"巴比不知道该怎么办。他不想吃东西，晚上也睡不着。巴柏一定得好起来才行！几个月过去了。巴柏还在医院里。巴比很想念他的爷爷。有一天，巴比放学回家，爸爸告诉他，巴柏要回来了。"听我说，巴比。"爸爸说，"爷爷还在生病。他不能讲话，不能动。他见到你、妈妈和我，也都不认得我们。医生认为他的情况不会好转了，所以如果他不记得你，你也不要害怕。"可是，巴比觉得很害怕。爷爷不记得他了。巴柏只是一直躺在床上。爸爸有时会把爷爷抱到椅子上坐着。可是，他不讲话，而且动也不动。有一天，巴柏好像要跟巴比讲话，却发出了很难听的声音。巴比冲出房间。他大叫："巴柏听起来好像怪兽！"妈妈说："爷爷没办法控制自己，巴比。"巴比回到巴柏坐着的房间。他好像看见巴柏的脸上有一滴眼泪。"我不是故意要跑走的，巴柏。我只是很害怕。对不起！"巴比说，"你认得我吗？"巴比觉得他看到巴柏的眼睛眨了一下。"妈！妈！"巴比高声喊道，"巴柏认得我。""唉！巴比！"妈妈说，"你这样只会让自己更难过。爷爷现在根本不认得任何人。"但是巴比很确定。他跑去楼梯底下的小缝衣间，把积木从架子上拿下来，再跑回巴柏坐着的地方。巴柏的嘴角扬起浅浅的微笑。巴比开始堆积木。堆了一半……快完成了……只剩最后一块积木。"来，巴柏。"巴比说，"要放大象积木了。"巴柏发出了奇怪的声音，有点儿像在打喷嚏。积木倒下来，巴柏微微笑着，手指头一上一下地动了起来。巴比哈哈大笑。他知道巴柏会好起来的。

果然没错，巴柏慢慢会讲一点儿话了，虽然他的腔调有点儿怪，但是"巴比"这两个字却讲得非常清楚。巴柏渐渐会动手指头了，后来双手也能动了。巴比还是帮忙喂爷爷吃东西，有一天巴柏几乎可以自己拿汤匙了，不过他仍然不会走路。

天气渐渐暖和起来，爸爸在草地上摆好椅子，把爷爷抱出去让他坐在椅子上，巴比坐在旁边。"巴比，"巴柏说，"故事。"于是，巴比讲故事给巴柏听。然后，巴柏很慢很慢地站起来。"你，我，走。"巴柏说。巴比完全明白巴柏的意思。巴比站在巴柏的前面，让巴柏扶着他的肩膀。"好了，巴柏，先左脚。"巴柏移动左脚，"再右脚。"巴柏移动右脚。夏天快结束时，巴柏和巴比就能够一直走到草地的尽头了，而且，巴柏讲话的情形一天比一天好转。巴比六岁生日那天，他拿出积木，慢慢地堆起高高的积木塔，只剩下最后一块。“来吧，大象积木。”巴柏说。巴比把它放上去。巴柏打了个喷嚏！“大象每次都害你打喷嚏，巴柏。”巴比说，“我们只好下次再试试看吧。现在，讲故事给我听吧。”巴柏就开始讲了。然后，巴柏说：“巴比，讲讲你教巴柏走路的故事吧。”“好啊，巴柏，你扶着我的肩膀，然后我说，先左脚，再右脚，过了没多久……”

（秦皇岛市启航幼儿园 / 张悦）

活动六　我的妹妹听不见

◎活动目标

1. 了解听障者的生活及不便，感受残疾人积极乐观的生活态度。

2. 学习简单的常用手语，知道手语是听障者与人沟通的主要方式。

3. 体验用手语表达想法的不便，懂得尊重和关爱残疾人。

◎活动准备

1. 课件：《我的妹妹听不见》绘本故事图片，背景音乐钢琴版《贝加尔湖畔》，常用手语（自选，如你好，我爱你，我来帮助你等）图片，残奥会视频片段。

2. 画有人、房屋、爸爸、妈妈、哥哥、姐姐、弟弟、妹妹、月亮、太阳等图画的游戏卡片。

◎活动过程

一、观看手语动作，猜测表达的含义

教师用“你好，认识你很高兴”的手语与幼儿打招呼。

师：孩子们，你们知道我在做什么吗？我刚刚做的动作是什么意思？请你也跟我做一做，学一学。

幼儿自由回答，并和老师尝试做一样的手语动作。（手语；你好的意思等）

师：有的小朋友猜到了，我刚刚做的动作是手语。什么是手语？和什么样的人交流需要用手语呢？

幼儿根据自己的经验回答。（手语就是用手的动作代替说话；聋哑人、不会说话的人等）

师：在我们的生活中确实有一些人，他们由于一些原因造成身体上、语言上或听力上的残疾，当他们不能用语言表达自己的想法的时候，就会用到手语。

二、欣赏绘本故事，了解听障者生活

教师播放课件，出示绘本封面，幼儿观察。

师：这个可爱的小姑娘就是听力上有残疾，她是一位听障者，她有一个非常爱她的姐姐，让我们一起听听她姐姐对她的介绍吧！

教师播放课件，讲述故事到“我知道妹妹在害怕”，幼儿倾听。

师：故事中妹妹特别在哪里？

幼儿根据故事的情节回答。（她听不见钢琴的调，也不会唱；攀爬时听不见我大叫“小心”；听不到电话响或敲门声等）

小结：听障就是在听力方面有一些障碍，有的听障者会完全听不见，有的听障者可以听到很微弱的声音。听障者在生活中会有很多的不安，在与人相处沟通上也有很多的不便。

教师播放课件，讲述故事到“她是留意草丛动静的人”，幼儿倾听。

师：妹妹喜欢钢琴的什么？她是怎么知道收音机在播放的？她俩去找野鹿时，怎么沟通？姐妹俩分工合作，妹妹负责什么？

幼儿根据故事内容回答。（喜欢去感觉那低沉、隆隆响的和声；通过触摸感受到震动；只用手势和嘴唇沟通；妹妹负责留意草丛动静）

教师播放课件，讲述故事到“她的心会疼”，幼儿倾听。

师：姐姐、妈妈怎么教妹妹说话的？什么是唇语？

幼儿自由回答。（一边看着姐姐妈妈的唇，一边摸着姐姐妈妈的喉咙学说话；唇语是看别人嘴唇的动作猜测意思）

师：唇语是听障者的另一种交流方式，靠看别人说话时嘴唇的动作来解读别人说的话，是种很难的技巧，需要大量地练习。妹妹耳聋会痛吗？为什么姐姐说“人们不了解她，她的心会痛”？

幼儿根据故事内容回答。（妹妹耳聋不会痛；如果人们不了解妹妹要表达的意思，妹妹会着急、伤心）

小结：这个妹妹虽然听不见声音，但是有家人对她的关爱，她也生活得很幸福。但是如果有人不了解她，不去尊重和理解她，她还是会很伤心的。所以，我们如果遇到妹妹这样的听障者，一定要耐心去了解她们的需求，不要着急，努力去理解和尊重他们。

三、趣玩传递游戏，体验多方式表达

师：你们觉得妹妹的生活怎么样？想不想试着体验一下妹妹的感觉？咱们来玩个传递游戏。

游戏玩法：4 名幼儿排成一排朝一个方向站好，排在第一位的幼儿抽取一张卡片，不能发出声音，用动作、表情或唇语向第二名幼儿传递，其他人背过身不许回头，依次传到第四个人后，请第四个人用语言说出卡片内容。

师：会玩这个游戏了吗？谁想来试一试？

教师请 4 名幼儿到前面来进行游戏，提醒下面的幼儿也不能发出声音。4 名幼儿进行传递游戏后，可加大难度，增加人数。

师：玩完这个游戏，你有什么感受？当你不明白同伴的唇语或看不明白他的动作的时候，你有什么感觉？

幼儿自由回答。（感觉不能说话很难受，看不明白的时候特别着急等）

小结：就像刚才的游戏感受一样，听不到声音在生活中确实有很多麻烦。

四、观察手语图片，学习简单的手语

师：刚刚游戏中大家比画的词语，我还可以用手语的方式做出来。手语是一种无声的语言，是用手指字母和手势代替语言与人进行交流的方式。它是听觉功能障碍者或言语功能障碍者之间交流的主要方式。我们也来试着学一学手语怎么样？

教师播放课件，出示常用手语图片，幼儿观察模仿动作后，教师进行示范讲解。

师：谁愿意用刚刚我们学习的手语和大家交流一下？

请几名幼儿到前面展示学会的手语，教师进行指导。

师：你们觉得手语好学吗？用手语与他人交流容易吗？为什么？

幼儿根据自己的感受回答。（不好学；不容易，因为别人有可能看不懂）

师：所以，如果生活中我们和有听力或语言障碍的人交流时一定要有耐心。

五、集体欣赏视频，感受坚韧的品格

师：故事中的妹妹是一名听障者，我们的生活中还有很多的残疾人，他们都积极乐观地生活着，而且有的还成了奥运冠军，一起来看一看吧。

教师播放北京残奥会中的残疾人运动员们奋勇争金的视频片段，幼儿观看。

师：刚刚我们看到的视频中有很多残疾人运动员，他们有听障者、有盲人、有聋哑人，还有肢体不健全的人。他们付出了很多的努力和汗水才换来了成功。在我们的生活中，也有很多身体残疾的人，他们要比正常人付出更多的努力去生活。

教师播放生活中残疾人努力工作的视频片段，幼儿观看。

师：看完这些视频，你们有什么感受？

幼儿自由回答。（残疾人很辛苦、生活非常不容易等）

师：和正常人相比，他们的生活中有很多的不便，但是他们仍然乐观地努力生活，希望以后当你遇到残疾人时，能够礼貌地对待他们。当他们需要帮助的时候，能尽力去帮助他们，做一个有爱心的好孩子。

附：

我的妹妹听不见

这是我妹妹，她很特别。很少人有像我这样的妹妹。她听不见声音。弹钢琴时，她听不到那调子，她也永远不会唱。爬攀爬架时，她听不到我大叫：小心！她从来不知道电话在响或是有人敲门。在学校时，老师和小朋友常常弄不懂她说什么，像是“老师”和“老鼠”“睡觉”和“水饺”等。如果我走在她身后，叫她的名字，她听不见。妹妹不常告诉我她的感受。有时候，她甚至无法用手势表达。夜里，当外面很暗，走廊又没有开灯时，妹妹有时候会哭。我试着感受，我知道妹妹在害怕。

妹妹会弹钢琴，她喜欢去感觉那低沉、隆隆响的和声。她也喜欢跑跳、翻滚和爬到攀爬架的顶端。当我们一起爬攀爬架时，她看得到我荡向她，她会大笑地荡回来。当她身边有狗正在吠叫时，她会知道；当我们的猫咪坐在她怀里喵喵叫时，她会知道；当她用手触摸收音机，她会感觉到它正在播放。如果她生气、快乐或难过，妹妹是我所知道最会用脸或肩膀表达的人。当暴风雨来袭时，我的妹妹不会被突来的隆隆雷声惊醒，妹妹睡得很好，我却是那唯一害怕的人。妹妹喜欢跟着我，到屋后的草丛里。今天，我们悄悄靠近野鹿。我转身和她说话，没有发出声音，只用手势和嘴唇。她明白我的意思，我是倾听细微声音的人，她是留意草丛动静的人。

每天，我和妈妈都会在家教她说话和读唇语。让她一边看着我们的唇，一边摸着我们的喉咙学说话。“这是球。”“这是狗，这是书”，她微笑着说：“球。”我听起来像“一又”。“这是球。”我学妈妈重复念。妹妹点头微笑，再说一遍：“球。”我听起来还是像“一又”。我们在一起生活了五年，我明白妹妹的话，妹妹也听懂我所说的，尤其当我说得很慢，用很多手势的时候，但是我妹也不只是看手势和嘴唇。昨天，我戴了一副太阳眼镜，那眼镜的框很大，镜片的颜色很深。当我说话的时候，妹妹逼我把眼镜拿开。她想知道我深棕色的眼睛要告诉她什么呢？是不是我宁愿玩球，不玩家家酒？是不是我听到妈妈叫我们却不想进家门？我们邀请朋友一起过生日，朋友问我：“妹妹的耳朵聋了会不会很痛？”我告诉他们：“不会，耳朵聋了不会痛。但是，如果人们不了解她，她的心会疼。”

我有一个可爱又特别的妹妹，她是听障者。

（秦皇岛市启航幼儿园 / 郑艳菊）

活动七　夜里什么人不睡觉

◎活动目标

1. 了解医生、警察等夜晚需要工作的职业，知道夜晚工作的辛苦。

2. 观看图片，尝试连贯、清楚地讲述图片内容。

3. 愿意做一些力所能及的事情来表达对劳动者的感谢。

◎活动准备

课件：《夜里什么人不睡觉》绘本故事图片，爸爸妈妈夜里工作的视频，叔叔阿姨夜里工作的图片，背景音乐。

◎活动过程

一、观察图片，大胆描述画面的内容

教师播放课件，出示绘本中的夜晚图片，幼儿观察。

师：孩子们，请你们看看这张图片，这是什么时候？你是从哪里看出来的？

幼儿自由回答。（晚上；天很黑，路灯亮了，月亮出来了，居民楼都黑着灯等）

师：这是一个静悄悄的夜晚，车辆都静静地开着。街道上，只有路灯、车灯、红绿灯亮着，安静得一点儿声音都没有。在这静悄悄的夜晚，我们应该做什么？

幼儿根据经验回答。（听故事、睡觉等）

教师播放课件，出示绘本图片，幼儿观看。

师：夜里是睡觉的时候。小宝宝睡了，爸爸妈妈给他盖好被子也要去睡了，大人小孩忙了一天，夜黑了，都要睡觉了。睡眠对我们有什么好处呢？如果夜里不按时睡觉，会有什么感觉？

幼儿根据经验回答。（睡觉会让大脑休息，长高；夜里不睡觉第二天会很困、头疼、不舒服等）

师：夜晚应该是睡觉的时候，充足的睡眠会让我们的大脑得到充分的休息。夜晚不能睡觉会让我们感觉很困、很累、很难受，长时间黑白颠倒，对我们身体伤害很大。

二、倾听绘本，了解夜晚工作的人们

师：这样一个静悄悄的夜晚，是不是每个人都在睡觉呢？

幼儿根据经验回答。（不是，晚上工作的人不睡觉）

师：今天我带来了一本关于夜晚工作的绘本故事，一起来听一听吧。

教师播放课件，出示绘本图片，讲述故事，幼儿倾听。

师：故事中都有谁在夜晚工作？除了他们，还有哪些人是需要夜晚工作的呢？

幼儿根据绘本内容和生活经验回答。（故事中医院里的工作人员、火车上的工作人员、飞机上的工作人员、轮船上的工作人员、环卫工人、送货员、印刷厂人员等在夜晚工作；还有24小时的超市人员、警察、快递员、消防员等需要在夜晚工作）

三、宫格游戏，讲述不同职业的工作

教师播放宫格游戏课件，幼儿观看。

师：你们说了这么多夜里需要工作的职业。我们来玩一个游戏，看看你们能不能记住他们。

游戏1：九宫格讲述游戏

游戏玩法：请幼儿随意选择一个宫格点开，用完整的语言介绍宫格内出现的人物的职业和具体工作内容。全部点中并讲述后，游戏结束。

游戏2：九宫格记忆游戏

游戏玩法：请幼儿先用15秒钟的时间记忆9宫格内的不同职业的工作人员。到时间之后教师随机提问某一种职业的工作人员在哪个位置，幼儿根据记忆选择宫格并点开验证。如果点错，图片翻回，幼儿也要尽量记住这张卡片的内容和位置。全部找到所有职业的工作人员后游戏结束。

游戏3：十二宫格对对碰

游戏玩法：幼儿一次可同时翻两张卡片，如果翻到的卡片正好是同一个职业的工作人员，就算配对成功，如果不能同时翻到，卡片翻回。直到全部配对成功，游戏结束。

四、观看视频，感受夜里工作的辛苦

师：孩子们，你们的爸爸妈妈有需要在夜里工作的吗？

幼儿自由回答。（我的妈妈是医生、我的爸爸是警察，需要在夜里工作等）

师：确实有一些小朋友的爸爸妈妈在夜里也要辛苦地工作，我们来看一看吧。

教师播放医生家长、交警家长和救生员家长录制的夜晚工作的视频，幼儿观看。

师：原来在我们的身边，有那么多在漆黑的夜晚辛苦工作的叔叔阿姨、爷爷奶奶，他们都在为我们的城市贡献自己的力量。辛勤清扫的环卫工人，为我们城市清洁挥洒着汗水；在边关站岗的边防战士，为了保卫祖国的和平，常年不能回家；司机为了把人们安全地送回家辛苦地忙碌着；医务工作者，为了抢救病人时刻准备着……这样的“城市英雄”其实就在我们的身边。他们也有自己的孩子，但他们不能陪在孩子身边讲故事、一起睡觉。他们自己也会很困，但是他们为了服务大家夜里也要坚持工作。

五、大胆表达，说出对劳动者的感谢

师：孩子们，你们想对这些夜里工作的人们说些什么？做些什么呢？

幼儿自由回答。（感谢他们为我们的付出，你们辛苦了；想送他们卡片，对他们说谢谢，送给他们好吃的等）

师：孩子们，我们要学会尊重和感谢各行各业辛苦工作的人们，同时，我们要珍惜他们的劳动成果，比如，不乱扔垃圾，爱护我们的环境；遵守交通规则，让警察叔叔放心；等等。我们还可以做一些力所能及的事情来表示我们的感谢，想一想你要怎么做，回家以后说一说，做一做吧。

附：

夜里什么人不睡觉

深夜，街上静悄悄，一家一家的灯，都关了。只有路灯亮着。夜里，真的每个人都睡了吗？不，夜里有人不睡觉，那么，谁在夜里不睡觉呢？

谁也说不准，有人忽然肚子疼，谁也说不准，有个宝宝就要出生。有人准备着，准备去帮助他们，夜里不睡觉的，是他们……

在黑夜的星空下，火车在大地上奔驰。把旅客，把货物，运送到四面八方。车上的旅客睡得又香又甜，就像在自己家里一样。在火车上，夜里不睡觉的，还有他们……

在夜晚的天空里，飞机在飞。从北京飞到世界各地，从世界各地飞到北京。飞机上的旅客，甜甜地睡着了。为了让他们一路平平安安，在飞机上，夜里不睡觉的，还有他们……

黑夜里，在看不到边的大海上，轮船在航行，他们从大海的那一边穿过风浪，从远方来到我们这里，船上通宵有人工作，开动机器，指导航行。在船上，夜里不睡觉的，还有他们……

我们一早来到大街上，大街早已打扫干净。有人在昨天半夜，趁着我们睡得正香，把城市打扮得清洁又漂亮。

我们天天早晨吃到新鲜面包，我们天天早晨喝到新鲜牛奶，那还用说，是面包师傅，牛奶场工人，还有送货员，昨天夜里为我们辛苦工作。

我们每天都想知道最新的消息，爸爸一早就等着看报纸。是报馆编辑夜里把报编好，是印刷工人夜里把报印好。一早把报纸送到我们家，像是每天跟我们说：“你早！”

好了，天黑了，请大家安心睡觉吧。夜里有人不睡觉，是为了让我们能睡好。他们为我们站岗放哨，让我们安稳睡觉。

（秦皇岛市启航幼儿园 / 田璐）

活动八　地震援助

◎活动目标

1. 了解地震是因为地壳的运动而产生的一种常见的自然现象，知道地震的危害。

2. 学习地震中基本的自护自救方法。

3. 感受地震后中国人民积极救援、互相帮助的团结精神。

◎活动准备

1. 经验准备：了解一些地震灾害事件。

2. 课件：《地震》绘本图片，地震科普视频片段，地震自救方法视频，翻图游戏图片。

◎活动过程

一、观察画面，了解地震的危害

教师播放课件，出示绘本中房屋倒塌的图片，幼儿观看。

师：孩子们，今天我给你们带来一本绘本，看，这是绘本中的一页，从画面上你能猜到发生什么事了吗？

幼儿根据画面内容大胆猜测。（房屋倒塌了，地震了等）

师：很多孩子都说是地震了。你们知道什么是地震吗？地震的时候是什么样的？

幼儿根据已有经验自由回答。（地震就是地在剧烈晃动；地震的时候房子会倒塌、地会下陷等）

教师播放课件，出示绘本图片，讲述前三段故事，幼儿观察画面并倾听。

师：绘本中说地面摇晃起来是什么样子？地震时身边的环境都发生了什么变化？轩轩怎么了？被压在哪里了？他是怎么吸引救援人员注意的？

幼儿根据故事内容进行描述。（摇晃起来人都站不稳，地震时楼房都倒塌了，轩轩压在废墟里，他用石头有节奏地敲击吸引到救援人员等）

二、观看录像，知道地震的原理

师：孩子们，你们知道为什么会发生地震吗？

幼儿自由猜测。（不知道，地壳运动等）

师：我给你们带来一段视频，一起来看一看，了解一下地震发生的原因吧。

教师播放地震科普视频片段，幼儿观看。

师：视频看完了，谁来说一说为什么会发生地震？从视频中你看到的地震是什么样子的？看完视频，你的心情是怎样的？

幼儿自由回答。（因为地壳运动；房屋倒塌、地面晃动；害怕、伤心、难过等）

师：我国的唐山、汶川、玉树、九寨沟等地都遭遇过重大的地震灾害，很多人在地震中失去家园、失去亲人，甚至失去了自己的生命。

三、交流讨论，知道救助的群体

师：刚刚绘本中，是谁救了轩轩？在地震之后，都会有谁去参与救援？

幼儿根据生活经验回答。（解放军救了轩轩；志愿者、警察、医护人员等）

师：我们中国人民是团结在一起的，一方有难，八方支援。每当中国人民遭遇重大灾害的时候，我们国家的解放军、医护人员、警察以及很多的志愿者都纷纷赶到现场参与救援，还有很多的好心人捐款、捐物，为灾区的人们奉献自己的力量，有了国家和各界爱心人士的帮助，地震后一片废墟的城市会焕然一新。

教师播放课件，出示绘本图片，讲述故事第四段，幼儿倾听。

师：纪念碑是干什么的？轩轩爸爸都想到了谁？

幼儿自由回答。（纪念死去的人；想到了解放军、医生和护士）

师：纪念碑是为了纪念一些重大事件建立的纪念石碑。地震虽然很可怕，但是我们有强大的祖国，有中国人民解放军和社会各界爱心人士的互相帮助与关爱。

四、翻图表演，学习自救的方法

师：如果发生地震，你知道应该怎么自救吗？

幼儿根据自己的经验回答。（跑到空旷的场地，躲在狭小的空间等）

师：学习一些地震中的自救常识太重要了，在真正地震到来的时候，可能会挽救自己的生命。快来学一学地震中都有哪些自救方法吧！

教师播放课件，出示地震自救方法的视频，幼儿观看学习。

师：你们记住了几种地震时的自救方法？下面玩个翻图游戏来考一考你们吧。

教师播放课件，出示翻图游戏图片，讲解游戏玩法。

游戏规则：两人一组进行游戏。一名幼儿面对大屏幕，并从屏幕的众多图片中选择一张图片点击翻开，用语言和动作向背朝大屏幕幼儿表演图片中展示的自救方法，背朝大屏幕的幼儿猜测并回答后，回头看大屏幕验证是否正确。将图片全部翻开并猜测完毕后，游戏结束。

师：刚刚玩的翻图游戏让大家记住了一些自救方法。如，躲到床底下、桌子底下、柜子下面、厕所及墙角的地方；注意保护好自己的头；地震停止后马上跑到空旷的地方去等。

五、联系实际，说说其他的灾害

师：你知道除了地震以外，还有哪些可怕的自然灾害吗？它们发生的时候是怎样的？

幼儿自由回答。（台风、海啸、沙尘暴等）

师：自然灾害来临的时候，是我们人类不能控制的，它会给人们的生活带来可怕的伤害。虽然我们控制不了自然灾害的来临，但是，我们中国人民心连心，团结友爱、互帮互助，相信无论什么灾难我们都可以共同携手渡过难关。

附：

地震

“地震了！孩子们别乱跑！赶快用双手护住头躲到桌子下面！”老师大声喊道。地震还在继续，孩子们听了老师的话都用双手护住头躲到了桌子底下。哐哐，砰砰，教室还在摇晃……孩子们双手护着头、闭着眼睛，一动也不敢动。

就在所有人都觉得地震已经完全过去的时候，地面又开始剧烈地摇晃起来，忽然，一座座本已经摇摇欲坠的房子轰然倒下。“危险，是余震！”人们惊恐地呼喊着。余震似乎比刚刚的地震威力更大，很多房子都倒下了。很多还没来得及撤离的人被无情地埋在下面。余震过去了，但它带来的灾难似乎比刚才的地震更惨重。

时间慢得仿佛停止了，一个叫轩轩的小男孩被压在了废墟里，他又渴又饿。不知过了多久，他终于听到了上面有了动静。他想大声呼救，可是嗓子却怎么都喊不出声音来了。他摸索着拿起一块石头，使劲敲打身边的墙壁。咚咚咚，咚咚咚，声音有节奏地响着。“快点过来，这里有人！”“别害怕，我们马上救你出来！”轩轩听到了上面传来的声音，救援人员听到敲击声，终于发现了他。轩轩激动地流出了眼泪。

被地震破坏得千疮百孔的灾区，如今又变成以前那个整洁漂亮的家园，在新建的中心广场，一座庄严的纪念碑高高耸立着。人们在纪念碑前静静驻足，轩轩的爸爸也在队伍之中。他们想了很多，想到了为救轩轩而受伤的老师，想到了解放军叔叔疲惫而坚毅的脸，想到了医生和护士忙碌的身影……

（秦皇岛市启航幼儿园 / 孙丽）

【个别化学习活动】

区域	名称	材料	玩法	价值
语言区	我的爸爸	《我爸爸》绘本图片若干；自制排序板一个；自制任务卡；鱼、乌龟、猫头鹰、猩猩、大象、猴子、猪、熊猫、狗等动物的卡片若干。	1. 幼儿自主选择绘本图片，在排序板上将绘本图片按故事情节进行排序，并用绘本中的语言向同伴完整讲述故事。 2. 幼儿随意抽取一张任务卡，根据任务卡的具体要求向同伴介绍自己爸爸的姓名、年龄、爱好及相貌特征等情况，并找出最能代表爸爸特点的动物卡片粘贴在任务卡上。	1. 练习有序、连贯、清楚、完整地讲述故事。 2. 尝试根据故事中的句式形容自己的爸爸。
	职业介绍员	警察、医生、消防员、环卫工人、快递员、建筑工人、老师等不同职业的人的图片以及他们服务对象的图片，工作场景的图片；自制展示板。	两名幼儿猜拳决定先后顺序，赢的幼儿先从众多职业图片中选择出一种职业卡片后，再对应找出其工作对象和工作环境的卡片，按顺序全部粘贴在展示板上，并向同伴讲述此职业的相关知识及工作特点。之后另一名幼儿选择一种职业卡片同法操作及讲述。到卡片抽取结束后，讲述的职业多的一方获胜。	1. 尝试用语言描述不同职业的人的工作内容和服务对象。 2. 了解不同职业的工作特点。

（续表）

区域	名称	材料	玩法	价值
益智区	大家来找猪	画有不同小猪图案的自制小猪纸牌20组，彩笔若干，计时器一个，记录卡。	1. 幼儿打开一组自制纸牌，认真观察两张纸牌上的相似图案，快速找出两个完全相同的小猪图案，并用笔圈出。然后迅速打开第二组自制纸牌，同法继续寻找小猪并圈出。2分钟计时结束后在记录卡上记录所用时间和找出数量。 2. 两名幼儿共同计时进行游戏，1分钟内找到最多数量的小猪者获胜。	1. 掌握按一定规律观察画面的能力，锻炼专注力。 2. 体验与同伴竞赛的乐趣。
	方位游戏	自制游戏盘2个（横轴画上、下、左、右四个方位的箭头；纵轴画上排列不一样的四种颜色）、两组4色蘑菇图片16个、抢答铃一个。	1. 幼儿按照游戏盘上的箭头和颜色，摆上对应颜色和方位的蘑菇。 2. 两名幼儿共同游戏，开始后迅速按照游戏盘的箭头和颜色对应摆蘑菇，先摆好的幼儿按响抢答铃后，游戏结束。互相验证答案，全对且用时短的幼儿获胜。	1. 巩固上、下、左、右的方位认知。 2. 发展方位推理能力和反应能力。
	自救游戏棋	自制棋盘1块（棋盘中包含起点、终点，1～30的数字点位，以及标有地震、洪水、泥石流、台风等自然灾害的图示，图示上标有不同数量的点），自救图卡，骰子一个，用夹子和纸板做的不同衣服颜色的立体小人2个。	两名幼儿一组，每人选择一个立体小人作为自己的角色，将其放到棋盘的起点处，通过猜拳决定掷骰子的顺序，赢者率先掷出骰子并根据骰子正上方的点数决定前进的步数，完成后另一方继续游戏。在前进过程中，如果遇到自然灾害图示，幼儿做出或说出自救方法，并对照自救图卡进行验证，正确按照图卡上的点数前进，错误则后退，先到达终点的一方为胜。	1. 掌握常见自然灾害的自救方法。 2. 感受棋类游戏的乐趣。
	帮奶奶铺“地板”	三块画有6×6、8×8、10×10方格的纸做“地板”；各种绿色小方格组合的“地板块”若干（如竖三横二L形，竖二横二L形，田字形，横三竖三T形，连续两个小方格，连续三个小方格等）。	1. 幼儿自由选择不同难度的“方格地板”，将不同形状的绿色方格“地板块”排列组合在“地板”上，最终“方格地板”铺满绿色“地板块”完成游戏。 2. 两名幼儿进行铺地板比赛，先完成者获胜。	1. 掌握拼方格的技巧。 2. 提高专注力、观察力和空间想象力。
科学区	模拟地震小实验	三脚架、气球、雪糕棒、玩具小屋。	幼儿将小木棍整齐摆放在三脚架上，模拟地球的板块，将玩具小屋摆放在小木棍上模拟人类居住的房子。然后将气球放在三脚架下并给气球打上气，模拟地核释放的能量。当气球越来越大时，将木棍拱散，玩具小屋也被掀倒。	1. 了解地震形成的原因和过程。 2. 体验做科学小实验的乐趣。
数学区	有趣的测量	尺子、书本、铅笔、一段绳子等测量工具；不同高度的巨人、长颈鹿、山羊、小狗、老鼠等故事人物塑封卡；记录单、笔。	幼儿自选故事中2～4个人物作为测量对象，再自由选择一种测量工具，确定人物的起点和终点后将测量工具首尾相连进行测量，并将结果记录在记录单上。可更换测量工具再次测量并记录。	1. 学习用自然物正确测量长度。 2. 喜欢用数字记录测量结果。
	受伤的小熊	自制贴有多块算式（10以内加减运算）贴纸（创可贴形状）的小熊若干；自制数字创可贴（数字为0～10）若干；自制算珠；记录卡、笔；沙漏。	1. 幼儿自选一只小熊，运用自制算珠或直接计算的方式计算出小熊身上贴纸算式的答案，然后找到与答案对应的数字创可贴贴在算式贴纸上，并用笔将此加减法算式抄写在记录卡上。直至所有算式全部计算完毕。 2. 幼儿两人一组，每人选一只小熊，沙漏计时1分钟，计算出的正确算式多者为胜。	1. 练习10以内的加减运算。 2. 体验与同伴进行计时竞赛的乐趣。

（续表）

区域	名称	材料	玩法	价值
操作区	好朋友帮帮忙	落地衣架，有纽扣的衬衫，带拉链的上衣，有鞋带的鞋子。	幼儿自选一件上衣或鞋子，练习为衣服扣纽扣、拉拉链或系鞋带。也可选择为身边的伙伴穿的衣服系纽扣或为鞋子系鞋带。	1. 掌握正确的扣纽扣、拉拉链、系鞋带的方法。 2. 发展手指灵活性。
美工区	帅气爸爸	棕色、蓝色、白色卡纸；剪刀、胶棒、黑色马克笔；制作流程图。	幼儿观察流程图，用白色卡纸剪出爸爸的脸、鼻子和耳朵，贴在蓝色的方形卡纸上。然后用棕色卡纸剪出爸爸的头发贴在额头，用马克笔画出眼睛和嘴巴。最后用剩余的棕色卡纸贴在脖子下面做成简单小西装即可。	1. 学习制作立体手工肖像，发展小肌肉的灵活性。 2. 体验手工制作的乐趣和成就感。
	最美逆行者	肤色、蓝色、红色超轻黏土、细马克笔；制作流程图。	幼儿按照制作流程图，用肤色黏土搓一个圆球做脸，一个水滴形做身体，再用蓝色黏土压片切出口罩形状，贴在做好的脸上。脸上画出眼睛和眉毛，用白色黏土搓长条，围出防护帽，再用蓝色黏土擀平切出长条做帽子和衣服上的蓝条纹。最后将头和身体和手臂组合好，用红色超轻黏土捏一个红色圆球后压扁衬在人物背后，作品完成。	1. 学习利用工具进行超轻黏土的立体造型。 2. 练习手部肌肉的灵活性，发展动手能力。
	多功能爱心车	白纸、彩笔；各种车的图片。	幼儿大胆设想未来世界里可以帮助各类残疾人解决各种困难的“多功能爱心车”，并用画笔创意绘画出“多功能爱心车”正在为残疾人服务的情景。	1. 练习用线形结合的表现手法表达想象。 2. 乐意与同伴分享交流自己的作品。
建构区	抗震大楼	地垫、大块木质积木；各种楼房搭建示意图。	幼儿任选并参照楼房搭建示意图，在地垫上与同伴合作商议出较稳固的抗震大楼的方法，努力使搭出的建筑相对稳固，不易倒。搭建好后，由两名幼儿轻轻晃动地垫，如果大楼基本不倒，即为搭建成功；轻易倒塌即为搭建失败。	1. 了解横向搭建的建筑更为稳固。 2. 体验与同伴合作搭建的乐趣。
表演区	妈妈我爱你	《妈妈我爱你》音频；音箱；响板、铃鼓、碰铃若干；打击乐图谱；舞台背景。	1. 幼儿自主播放音乐，根据《妈妈我爱你》的打击乐图谱用响板、铃鼓或碰铃表现歌曲。 2. 幼儿可与同伴合作表演，分为演唱组、乐器组和舞蹈组，共同随音乐进行表演。	1. 练习根据图谱选择乐器进行合奏。 2. 感受同伴合作表演的快乐。
	听我说谢谢你	《听我说谢谢你》音乐、移动音箱、舞蹈视频、动作图谱。	幼儿根据《听我说谢谢你》的动作图谱练习舞蹈动作后，随完整视频练习边唱边表演。	1. 学习歌曲中简单的舞蹈动作。 2. 表达对各行业的工作人员的感谢。

【户外运动活动建议】

1. 在户外运动时，鼓励幼儿主动去关心和帮助在运动中摔倒或身体不舒服的同伴。

2. 在自选运动器械时，主动去关注没有拿到器械的同伴，并与同伴分享自己的器械进行游戏。

3. 户外混龄游戏中，鼓励幼儿关注小班、中班的弟弟妹妹在游戏时遇到的困难，并及时给予力所能及的帮助。

4. 在运动过程中，提醒同伴注意场地及器材的安全。

5. 在运动之后，知道根据冷热提醒同伴增减衣服。

【日常生活活动建议】

1. 早入园时，提示幼儿如遇小中班的弟弟妹妹手中拿有物品，可以帮助其送回班级。

2. 当同伴出现身体不舒服时，如：呕吐、肚子疼等，提醒幼儿可以帮同伴倒一杯温水并用语言表达安慰。

3. 及时鼓励和表扬乐意帮助、关心同伴的幼儿。

4. 随时提醒幼儿去帮助需要帮助的同伴，如帮助流鼻涕的同伴拿纸等。

5. 提示幼儿当同伴不小心弄湿或弄脏衣裤时，愿意将自己的衣裤借给同伴穿。

【环境创设】

1. 在主题墙上张贴幼儿关爱父母或长辈的照片，如为爷爷奶奶捶背，为爸爸妈妈递拖鞋等。

2. 将幼儿设计制作的“帅气爸爸”立体手工展示在主题墙上。

3. 将幼儿搜集的各行各业人的工作照和工作场所的图片展示在主题墙上。

4. 展示幼儿制作的“最美逆行者”轻黏土手工作品。

5. 将幼儿为残疾人创意绘画的“多功能爱心车”张贴在主题墙上。

【家园共育】

1. 建议家长制定“家务值日表”，让孩子参与到家务劳动之中，承担力所能及的家务劳动，体验家务的繁杂与辛苦，从而感受家人对家庭的付出。

2. 建议家长利用周末的时间，带孩子到“职业体验馆”体验不同的职业，或是去不同的工作场所观察不同职业人的具体工作，如环卫工人的工作，真正去观察和感受其辛苦和对社会的付出。

【社会实践】

走进福利院

◎活动目标

1. 认识儿童福利院，知道其是为无依无靠、无人抚养的孤儿和残疾儿童提供服务的社会福利机构。

2. 学会关注福利院儿童的心理，愿意与福利院的儿童交朋友。

3. 体验为福利院儿童送爱心、一起游戏的快乐。

◎活动建议

1. 教师提前与福利院做好沟通，定好活动的时间和活动形式。

2. 活动前，教师或家长与幼儿交流关于福利院的话题，让幼儿初步了解儿童福利院，并了解本次活动的形式和内容。

3. 家长与幼儿交流要送给福利院的小朋友什么样的礼物，并与幼儿共同制作或购买要送的小礼物。

4. 教师或家长要对幼儿进行外出安全教育。如：在教师和家长的视线范围内活动，不随意走动，不与同伴打闹等。

5. 家长送幼儿到达福利院之后，听从工作人员的要求，礼貌友爱地对待福利院的小朋友，关注他们敏感的心理，不在他们面前大声吵闹、交头接耳或炫耀。

6. 幼儿为福利院的小朋友送上提前准备好的爱心卡片及精心制作或挑选的礼物，与他们一起快乐交流和游戏。

7. 离开福利院时，鼓励幼儿与福利院的小朋友留下联系方式，以后可以用打电话、视频等方式多联系，与福利院的小朋友建立友谊。

8. 回家以后，请幼儿和爸爸妈妈聊一聊看到福利院的小朋友后的心理感受，对比自己的幸福生活，说说自己的感想。

【发展评估】

“关心他人”好习惯养成幼儿家长评价表

宝贝们，经过一个月的时间，你养成“关心他人”的好习惯了吗？现在请你和爸爸妈妈一起玩一个问答小游戏。

班级：　　　　幼儿姓名：

评价内容	评价结果
1. 你听过故事《我爸爸》吗？请你用“像……一样……”的句式介绍一下自己的爸爸吧！	☺☺☺☺
2. 请你说一说《朱家故事》中朱先生和两个儿子是怎么对待朱太太的。	☺☺☺☺
3. 你知道比尔是谁吗？请你说一说比尔是怎样安慰别人的。	☺☺☺☺
4. 你听过故事《城里最漂亮的巨人》吗？为什么说他是最美的？	☺☺☺☺
5. 巴比和巴柏是谁？请你说一说巴比和巴柏之间发生的事情吧。	☺☺☺☺

（续表）

评价内容	评价结果
6. 你知道什么样的人是残疾人吗？请你说一说应该怎样帮助他们。	
7. 请你说一说什么职业的人夜里不能睡觉。他们夜里是怎样工作的？	
8. 你知道地震会给我们的生活带来什么变化吗？我们怎样去帮助受灾的人们呢？	

爸爸妈妈们请在沟通中对孩子的行为作出正确的评价，指导孩子用彩笔为自己的好习惯作出不同等级的笑脸评价。

评价标准：非常好 4　好 3　一般 2　差 1

“关心他人”好习惯养成教师评价表

班级：　　　　幼儿姓名：　　　　　　教师姓名：

目标	评价结果			
	4	3	2	1
1. 能用完整的语言讲述故事《我爸爸》，会用“像……一样……”的句式夸赞自己的爸爸。				
2. 懂得关爱家人，能清楚地说出家人的年龄、职业和兴趣爱好。				
3. 会清楚地讲述《朱家故事》，能说出朱太太情绪变化的原因。				
4. 能讲述《比尔最会安慰人》的主要故事情节，会用语言、身体动作、行为安慰他人。				
5. 能用“乔治把 ×× 送给 ×× 做 ××”的句式讲述故事《城里最漂亮的巨人》的主要情节。				
6. 能清楚地说出故事《先左脚后右脚》中祖孙相互陪伴的情节，知道老年人需要陪伴和关爱。				
7. 会讲述故事《我的妹妹听不见》的主要内容，能说出听障者生活中的不便。				
8. 能说出夜晚工作的各种职业及工作内容，懂得珍惜他们的劳动成果。				
9. 会讲述故事《地震》，能说出地震后人与人之间的关爱方式。				

评价标准：非常好 4　好 3　一般 2　差 1

好习惯二十一　认真倾听

【主题名称】倾听小能手

全家总动员

亲爱的家长朋友：

您好！倾听是指集中精力认真地听、专注地听，并且在沟通中能够理解对方的感情和真实的需要。善于倾听在人际交往中是非常重要的，但生活中有相当一部分孩子的倾听能力较差，甚至不会倾听。例如：在他人说话时经常插嘴，不能耐心地听完别人的讲话，听不懂或者听不明白别人在说什么等等。良好的倾听能力和习惯对孩子来说十分重要，这不仅仅是孩子听懂语言的重要保证，也是尊重别人的一种表现。同时，良好的倾听礼仪和习惯，也为孩子与人进行有效的沟通交流奠定了基础。本月的主题活动是“倾听小能手”，旨在培养幼儿“认真倾听”的好习惯。

在幼儿园，我们有目的地进行培养，希望孩子能达到如下目标：

1. 认真倾听他人讲话并积极主动地作出回应。
2. 知道声音是物体振动产生的，对探究自然界的声音感兴趣。
3. 喜欢倾听和分辨各种声音，增强对声音的敏感度。
4. 乐意参与按语言指令完成任务的游戏，提高倾听能力。

在家庭生活中，我们建议您从以下几方面进行关注：

1. 在长辈说话时提醒幼儿不要随意插话，待长辈说完话后再表达自己的想法。
2. 告诉孩子在长辈讲话时要认真听清对方的话，并及时作出回应。
3. 请您以身作则，时刻提醒自己做到安静倾听，礼貌回应。
4. 在孩子不认真倾听，或打断别人讲话时，请您给予适当的指导。

感谢您的参与！为了孩子的成长，让我们一起努力！

【主题目标】

1. 认真倾听他人讲话并积极主动地进行回应，养成认真倾听的习惯。
2. 了解声音产生的原理，萌发对声音的探索兴趣。
3. 愿意参与根据语言指令完成任务的游戏，提高倾听能力。
4. 懂得安静倾听的重要性，感受安静倾听带来的不同体验。
5. 喜欢欣赏、模仿自然界中的各种声音，并尝试用艺术形式表达自己内心的感受。
6. 知道打岔是不礼貌的行为，懂得按次序轮流讲话，不随意打断别人。
7. 乐于倾听各种故事、儿歌、乐曲等，增强听辨声音的能力和对声音的敏感性。

【主题口号】

认真倾听，及时回应

【三字儿歌】

认真倾听

他人讲，细倾听，
不打断，表尊敬。
转述时，口齿清，
话简单，语意明。

【集体教学活动】

活动一　把妈妈的话装进耳朵里

◎活动目标

1. 喜欢倾听故事，知道要注意听父母或其他人讲话，并及时给予回应。
2. 练习听指令作出相应的回应，锻炼幼儿的倾听能力。
3. 乐意参与倾听游戏，体验与同伴共同游戏的快乐。

◎活动准备

课件：丽塔伤心图片，《把妈妈的话装进耳朵里》绘本故事节选图片。

◎活动过程

一、师幼谈话，说说耳朵的重要作用

师：孩子们，你们知道耳朵的作用是什么吗？

幼儿自由回答。（听声音）

师：耳朵是我们的听觉器官，能够听到不同的声音，外界的声音都是通过耳朵传进我们大脑的。

二、倾听故事，分析耳朵出走的原因

教师播放课件，出示丽塔伤心的图片，幼儿观看。

师：这个小姑娘名字叫丽塔，是今天故事的主人公，她因为耳朵的事情特别伤心，到底是怎么回事呢？

教师播放课件，与幼儿共读绘本故事第一段。

师：看到这幅图你们觉得丽塔喜欢做什么？

幼儿观察后回答。（游泳、玩水）

师：对，丽塔最喜欢游泳。丽塔的家离海边非常近，有时海浪会从她家门缝里溜进去。丽塔特别喜欢钻入浪花中，她每次都会下潜到海底，用鼻尖触碰海底的沙子。

教师播放课件，讲述故事第二段，幼儿倾听。

师：妈妈为什么说丽塔游泳时跟聋了似的？

幼儿根据故事情节回答。（爸爸妈妈叫她，她不理他们）

师：是的，爸爸妈妈叫她，她总是不回应，所以妈妈才这么说的。可是丽塔却为自己狡辩说“那是因为我耳朵进水了，什么也听不到了”，你们认为她是真的没听到爸爸妈妈叫她吗？

幼儿分析回答。（不是）

师：你们在做自己喜欢的事情时，爸爸妈妈叫你，你会怎么做？

幼儿联系生活回答。（我就赶紧回应他们）

师：无论做什么事情时，只要别人叫你，你都要认真倾听并回应他们，不能像丽塔一样假装听不到。

教师播放课件，讲述故事第三段内容到“她伸手一摸，发现左耳不见了”，幼儿倾听。

师：你们觉得丽塔的耳朵为什么不见了？

幼儿根据故事情节回答。（因为她总装作听不见）

教师播放课件，讲述故事第四段内容到“它因为无聊，就离家出走了”，幼儿倾听。

师：为什么耳朵会得无聊症呢？

幼儿分析回答。（因为总也不用耳朵听，所以耳朵没事做）

师：你们说对了，因为丽塔总是不使用它，从不把别人的话放到耳朵里，耳朵当然感到无聊了，在这世界上，有成千上万只无聊的耳朵四处游荡，如果它们的主人能找到它们，还是可以说服它们回到原来的位置的。

三、继续倾听，感受一只耳朵的不便

师：你们觉得只剩下右耳的丽塔，生活会有什么不方便呢？

幼儿自由回答。（听不清楚别人讲话，不好看了等）

教师播放课件，讲述故事第六段，幼儿倾听。

四、认真思考，找到耳朵回来的办法

师：丽塔怎样才能找到她的左耳呢？

幼儿思考回答。（要认真听别人说话）

教师播放课件，讲述故事第九段，幼儿倾听。

师：是这样的，只有当丽塔愿意使用自己的耳朵时，她的左耳才会回来。

五、游戏训练，锻炼认真倾听的能力

师：为了早点找回左耳，妈妈决定和丽塔一起做一些训练，我们也一起来做一做好吗？

1. 听单个词作回应

师：现在我们和丽塔一起来听一个故事，故事的名字叫《乌龟和乌鸦》，当我说到“乌龟”，时，你们拍手一次，我们试一试。

教师讲故事，幼儿按照游戏玩法作出回应。

2. 听相近词作回应

师：你们听得很认真，反应也很快。现在我要增加难度了，刚刚当我说到“乌龟”时你们要拍手一次，现在加上我说到“乌鸦”时要拍腿一次，我们试一试。

教师讲故事，幼儿按照游戏玩法作出回应。

3. 听词合作作回应

师：不错不错，你们听得很认真，都给了我回应。下面我又要加深难度了，你和旁边的朋友结成一组，当我说到“乌龟”时，你们两个要一起拍对方的手，当我说到“乌鸦”时，你要拍自己的腿。我们来试一试。

教师讲故事，幼儿按照游戏玩法作出回应。

师：谁来说一说你们组刚刚拍手、拍腿整齐吗？为什么？

请 2 ～ 3 名幼儿说一说。

小结：只要认真听我讲，就会在最短的时间作出反应，所以倾听别人讲话太重要了。

六、倾听结尾，懂得认真听并及时应

师：经过训练之后丽塔是怎么做的呢？我们一起来看一看。

教师播放课件，讲述故事第十段，幼儿倾听。

师：这样的丽塔，她的左耳能找到吗？

幼儿分析回答。（肯定能找到）

教师播放课件，讲述故事第十一、十二段，幼儿倾听。

教师边出示故事封面边说：故事到这里就讲完了，故事的名字叫作《把妈妈的话装进耳朵里》。

希望你们也能把别人的话装进耳朵，注意听别人说的话，及时地作出回应，好吗？（好的）

附：

把妈妈的话装进耳朵里

丽塔家离海边非常近，有时海浪会从她家门缝里溜进去。丽塔特别喜欢钻入浪花中，她每次都会下潜到海底，用鼻尖碰触海底的沙子。

爸爸妈妈喊她回家时，她经常不回应，把他们的呼唤当作耳旁风。“丽——塔！”妈妈喊道，“你在海里游泳就跟聋了似的！”“那是因为我的耳朵进水了，什么也听不到了。”丽塔用谎言为自己辩解。

这天，从海里钻出来时，丽塔觉得左耳有点儿痒，感觉怪怪的。她伸手一摸，发现左耳不见了！“我的左耳丢在海里了！”丽塔惊慌地赶回家，对妈妈说。

家人赶快带着丽塔去医院。经过好一阵儿全面检查，医生诊断说：“这又是一只得了无聊症的耳朵，它因为无聊，就离家出走了。”“它为什么会得无聊症呢？”“因为它的主人总是不使用它，从不把别人的话装进耳朵里，耳朵当然感到无聊了，在这世界上，有成千上万只无聊的耳朵四处游荡，如果它们的主人能找到它们，还是可以说服它们回到原来的位置的。”

从那之后，小镇的每一个角落都被丽塔找遍了。镇上的居民和游客也一起帮丽塔全面搜索，寻找她失踪的左耳。大家甚至还检查了渔夫的渔网，可始终找不到丽塔的左耳。

日子一天天过去，只有一只耳朵的丽塔，感觉世界蒙上了一层灰色。动听的乐曲，她只能听到一部分。有趣的睡前故事，她也只能听到一部分，还有一部分会漏掉。最让她头疼的是，因为只有一只耳朵，小朋友跟她说悄悄话时，她总是听得不够清楚。

小镇上所有的人都在谈论这件事情。“这也太奇怪啦！我这辈子都没听说过这种事！”邻居们窃窃私语。“我小时候掉过牙，可是后来又长出新的了！我从没听过有掉耳朵这回事。”一位老奶奶说。“真是太奇怪了！”大家议论纷纷。

丽塔每天傍晚都去海边寻找左耳，还向螃蟹、水母和鱼打听自己左耳的下落。可是没有谁能给她答案。

“大海，我的耳朵在哪儿？”一天傍晚，丽塔大声问大海。“你没听到大海的回答吗？”一个钓鱼的人说，“只有当你愿意使用自己的耳朵时，你的耳朵才会回来。”“我现在就愿意！”丽塔回答。“那你得用行动证明。”说完，他继续专心钓鱼。

从那以后，只要听到跟自己相关的声音，丽塔就会把它装进耳朵里，并立刻作出反应：闹钟响起时，她会立刻起床；上课时，她会集中注意力听讲；妈妈让她收拾餐桌时，她会立刻去收拾；妈妈让她洗澡时，她不再抱怨而是赶紧去洗；就连在海边游泳时，一听到爸爸妈妈呼唤她，她就会赶快游回来。邻居们对丽塔的变化感到非常惊讶。

一天早上，一股温柔的海浪顺着门缝溜进丽塔的家，把丽塔失踪的左耳带了回来。幸运的是，这只耳朵没有什么变化，只是和丽塔一样，长大了一点。

从那以后，丽塔听到爸爸妈妈喊自己，就会立刻回应……最多等到喊她第二遍时！

乌龟和乌鸦

森林里的池塘边住着一只小乌龟。有一天，乌龟在外面玩，突然看见一只乌黑羽毛的乌鸦在天上飞，边飞边喊：“兄弟，快跑，巫婆来了！”乌龟连忙把头缩进壳里，乌鸦则躲进了池塘边的茅屋。过了一会儿，乌龟探出头来一看，才发现刚才乌鸦看到的既不是巫婆，也不是巫师，而是乌云。这时天空乌云密布，眼看就要下大雨。好心的乌龟把乌鸦请到屋里避雨，乌鸦成了乌龟的第一个朋友。

（秦皇岛市启航幼儿园 / 安新蕊）

活动二　大自然的声音

◎活动目标

1. 欣赏、听辨大自然里的鸟叫声、流水声、风声、雷声、雨声，增强对声音的敏感性。

2. 尝试用不同材料模拟鸟叫声、流水声、风声、雷声、雨声。

3. 知道声音产生的原理。

4. 体验与同伴合作拟音的快乐。

◎活动准备

1. 课件：动态大自然图片；鸟叫声、流水声、风声、雷声、雨声的图片和声音片段；自制动画《大头儿子去郊游》。

2. 操作材料：豆子、筛子；铁板；水盆、水舀；鸟鸣哨、自制鸟鸣哨插嘴；布、瓶子等。

◎活动过程

一、观看课件，想象大自然里的声音

师：今天，我带来一幅非常漂亮的图画，你们想不想看一看？（想）

教师播放课件，出示动态大自然图片，幼儿观看。

师：如果你来到这个地方，你会听到哪些声音？你怎么会听到这些声音？谁来学学？

幼儿观察后大胆回答。（风声、鸟叫声、流水声、打雷声、下雨声；图上画出来了，这些小鸟、风、闪电、雨、河水还会动）

二、连线游戏，听辨大自然里的声音

师：你们说出了这么多大自然的声音，下面我们一起来玩个“听音连线”的游戏，看看谁的小耳朵最灵敏，一定要仔细听哟。

教师操作课件，播放鸟叫声、流水声、风声、雷声、雨声的图片和声音片段，幼儿听辨并说出声音对应的图片，教师操作课件进行连线。

三、操作探索，模拟大自然里的声音

1. 介绍材料，提出要求

师：接下来，咱们再来玩一个模拟声音的游戏，把我们今天听到的这些声音模拟出来。这个游戏怎么玩呢？看，活动室里有很多好玩的材料，有筛子和黄豆，有铁板和水、水盆，还有哨子、瓶子和布。一会儿你们就去动手玩一玩，它们都会发出声音，如果你用不同的玩法，它们就会发出不同的声音。所以一定要多玩一会儿，还要用不同的玩法来试一试。可以一个人玩，也可以和小伙伴一起玩。游戏之后，你要告诉大家，你选择的是什么材料？模拟出了什么声音？你是怎样模拟出来的？注意！在玩的时候千万要小心一点，不要把小豆子、水弄到地上，也不要把衣服弄湿。

2. 自由探索，模拟声音

幼儿自由操作材料，探索材料的多种玩法，模拟出鸟叫声、流水声、风声、雷声、雨声，教师巡回指导。

3. 交流经验，分组演示

师：你刚才用的是什么材料？模拟出了什么声音？是怎么模拟出来的？谁来演示一下？

请 2 ～ 3 名幼儿操作进行演示。

4. 比较认识，振动发声

师：刚才我们用这些材料模仿出了那么多的声音，现在我们听一听，它们有声音吗？这些材料静静地放着不能发出声音，但是通过我们摇一摇、抖一抖、吹一吹、动一动就发出了声音，其实声音就是通过物体的振动产生的。

四、故事配音，合奏大自然里的声音

师：我们模仿这些声音有什么用呢？你们知道吗，电影、电视里的很多声音就是拟音师叔叔阿姨们用各种材料模拟出来的，今天也请你们来做拟音师给动画片《大头儿子去郊游》来拟音，怎么样？（好）

教师操作课件，播放自制动画《大头儿子去郊游》，幼儿操作材料进行拟音，师幼合作配音两遍。（第二遍教师把幼儿拟音的效果录下来，激发幼儿参与的兴趣）

师：拟音是不是很有趣？你们是不是也很想尝试一下用其他材料模拟声音？没关系，我把这些材料放到咱们班的科学区，区域活动的时候你们可以去试一试。

五、思维扩展，寻找大自然里的声音

师：今天，我们听到了自然界中的鸟叫声、流水声、风声、雨声、雷声，除了这些声音，大自然中还有很多的声音呢，你还听到过什么声音？请你来学一学。

幼儿根据经验进行模仿。（青蛙的叫声，蝉的叫声等）

小结：只要我们用心去倾听，去寻找，还会发现更多大自然中的声音。

（秦皇岛市启航幼儿园 / 韩雪）

活动三　当我安静下来

◎活动目标

1. 了解安静的重要与好处，愿意轻声说话和安静倾听。

2. 学会静下心来仔细倾听，尝试用数字、图画、符号等方式记录听到的声音。

3. 对声音有浓厚的兴趣，感受安静倾听带来的不同体验。

◎活动准备

1. 课件：《当我安静下来》绘本诗歌图片，声音种类和次数的录音。

2. 眼罩一个，笔、纸若干。

◎活动过程

一、辨声游戏，懂得安静的重要

师：我们先来玩一个游戏，名字叫“顺风耳”，顺风耳能听到很远很小的声音。一会儿每个人可以自由地说话，我请一位小朋友蒙住眼睛在你们中间去寻找一个弹舌的声音。谁愿意来做顺风耳？

教师请一名幼儿用眼罩蒙住眼睛，并指定一名幼儿发出弹舌的声音，其他幼儿自由交谈，进行第一次游戏。

教师询问蒙眼幼儿：你刚才听到弹舌的声音了吗？（没听到）为什么没有听到？

请蒙眼幼儿根据自己的感受回答。（太吵了）

小结：有人说话，太吵了，声音听不清楚。

第二次游戏：其他幼儿安静，请蒙眼幼儿寻找弹舌的声音。

师：这次可以听到吗？（可以）为什么这一次可以听到？

蒙眼幼儿回答。（周围很安静）

小结：只要我们安静下来认真倾听，我们就能听到要找的声音，安静和认真倾听多么重要啊！

二、倾听故事，知道安静的好处

教师播放课件，出示故事封面，幼儿观看。

师：今天我带来了一本书和大家分享，书名叫什么？

幼儿根据封面内容回答。（当我安静下来）

师：猜猜看，这可能是关于什么的书？

幼儿自由回答。（关于安静的书，关于听声音的书）

师：书里会讲什么呢？我们一起听一听。

教师播放课件，朗诵诗歌到“游泳时，我能听见我的双腿”，幼儿倾听。

师：书里讲了什么？安静下来发生了什么事？都有什么声音？

幼儿根据诗歌内容回答。（浪花的欢笑，鸟儿对我歌唱等）

师：这些声音你听到过吗？在哪里听到的？怎样听到的？

幼儿自由回答。

小结：当我们安静下来认真倾听，就可以听到一些平时忽略的但可能很有趣的声音。

三、经验回顾，了解安静的方法

师：安静下来不容易，当周围环境很乱很吵的时候，你有什么办法提醒大家安静下来？

引导幼儿从动作、音量等方面进行回答。

小结：在不同的环境中一定要调节好音量，提醒别人安静的方法有很多，可以用表情、动作、轻声告知等方法来提醒。

四、听音记录，学会安静地倾听

师：安静下来真的会听到不同的声音，我们一起来试一试吧。在这之前，请大家四个人为一组，组成一个倾听小分队，并给你的队伍起一个名字。我们来评一次“倾听小能手”，看看哪一队听得最清楚。

幼儿自由结组后给自己的队伍起名字，教师将每队的名字写在黑板上。

师：一会儿我会播放一段录音，听完后请各小队把你们听到的声音用简单的符号在纸上表示出来，一张纸记录一种声音，并贴在黑板上你们队伍的名字下面，听到的声音种类越多分数就会越高。听到我拍手的声音就要马上回到座位。

教师播放声音种类的录音，幼儿倾听并用笔和纸进行记录。

师：听好了吗？需要我再播放一遍吗？（不需要）那好，请把你记录的内容粘在黑板上你们组队名的下面吧。

师幼共同进行验证，并请得分多的组介绍经验。

师：安静倾听、认真倾听，队员合作才能听得多、听得准。这个分数可能会有变化，接下来我还会继续播放一段录音，这次除了用符号表示出听到的声音以外，还要记录每种声音的数量。

教师播放包含声音数量的录音，幼儿分组记录，教师最后进行统计。

师：安静倾听是一个很厉害的本领，有了这个本领以后很多事情你会做得很棒！

五、再读绘本，寻找身体的声音

教师播放课件，朗诵诗歌从“夜晚，我能听见星星和我说话”到结尾，幼儿倾听。

师：安静下来我们还会听到心里的声音、美妙的声音。我们的身体也会发出细小的声音，一会儿回到班级，安静下来听一听，你的身体都有哪些声音吧。

附：

当我安静下来

当我安静下来，我能听见浪花的微笑，
也能听见风儿和我的风筝玩闹；
早晨，我能听见鸟儿对我歌唱；
游泳时，我能听见我的双腿；
夜晚，我能听见星星和我说话；
春天，我能听见蜜蜂对花朵的爱；
夏天，我能听见大树的低语；
秋天，我能听见叶子的飘落；
冬天，我能听见雪花的飞舞。

（秦皇岛市启航幼儿园 / 赵静）

活动四　祖国妈妈我爱你

◎活动目标

1. 了解中国主要城市的建筑、古迹、美食等，愿意倾听同伴分享的旅游地。

2. 听赏抒情歌曲《我和我的祖国》A 段，学习用手势动作表演歌曲并尝试演唱歌曲 A 段。

3. 学会在有干扰的环境里认真倾听声源、辨别不同声音。

4. 知道香港、澳门和台湾是中国不可分割的一部分，萌发爱祖国的情感。

◎活动准备

1. 经验准备：幼儿和家人一起旅游的谈话活动。

2. 课件：中国地图；歌曲《我和我的祖国》A 段；北京、秦皇岛、上海、武汉四个城市的建筑、古迹、美食及众志成城对抗新冠肺炎疫情等图片；升旗图片两张。

◎活动过程

一、观察想象，说出祖国地图形状

教师播放课件，出示中国地图，幼儿观看。

师：你们看这是什么？（地图）这是哪个国家的地图呢？你们觉得这个地图形状像什么？

幼儿观察后回答。（中国；一只大公鸡）

小结：我们国家地图的形状像一只高高昂起头的大公鸡。中国在很多方面越来越强大，所以很多外国人一说起中国，都会为我们的祖国竖起大拇指。

二、交流分享，了解中国主要城市

师：你们看，中国地图上有很多很多城市，中国可真大啊！爸爸妈妈也一定带你们出去旅游过，你们都去了中国的哪些城市？

幼儿根据经验回答。（北京、哈尔滨、厦门等）

师：你去过的城市有什么好玩的地方吗？都吃到了什么？和大家分享一下吧！

幼儿大胆说出自己去过城市的名称及城市的古迹、特色建筑、美食。

三、猜测城市，模仿歌曲手势动作

师：你们去过的城市可真多，我也去过中国很多有名的城市，我会说出这个城市特有的线索，请你们猜一猜我去过城市的名称，如果猜对了你们就会听到一首特别好听的歌曲，想不想试一下？（想）

教师说出城市主要特征的线索，幼儿猜城市的名称。

1. 北京

师：这个城市有一个世界最大的皇家宫殿——故宫，还有一个很大的广场——天安门广场，这个城市是我们中国的首都。

幼儿如果猜对了，教师播放北京的城市线索图片，同时播放歌曲《我和我的祖国》，并用手势舞蹈表演歌曲，歌曲结束后教师提出问题。

师：歌曲中出现“祖国”这个词，你还记得“祖国”的手势动作吗？

幼儿自由回答。（记得，两只手做成爱心）当幼儿不确定到底谁表演得对时，教师提出再猜一个城市来验证“祖国”的手势动作。

2. 秦皇岛

师：这个城市有一座城楼叫“天下第一关”。这个城市有一个观看日出的最佳景点——鸽子窝，这个城市的名字是唯一一个以皇帝的名字命名的城市，这个皇帝是秦始皇。

幼儿如果猜对了，教师播放秦皇岛的城市线索图片，同时播放歌曲《我和我的祖国》，并用手势舞蹈表演歌曲。歌曲结束后幼儿确认“祖国”的手势动作，教师再次提出问题。

师：歌曲中出现了“高山”和“小小村落”这两个词，你还记这两个词的手势表演动作吗？它们的手势动作一样吗？（不一样）哪里不一样？

幼儿自由回答。（一个手在头顶上，一个手在胸前）当幼儿不确定到底谁表演得对时，教师提出再猜一个城市。

3. 上海

师：这个城市里有我们中国最长的河流长江的支流“黄浦江”，这个城市有一座很高很高的电视塔——东方明珠电视塔，这个城市里有我们都非常喜欢的童话乐园——迪士尼乐园。

幼儿如果猜对了，教师播放上海的城市线索图片，同时播放歌曲《我和我的祖国》，并用手势舞蹈动作表演歌曲。幼儿完整模仿并验证“高山”和“小小村落”的手势动作。

师：你还记得哪些手势动作？

幼儿自由回答。（不能分开，走到哪里，一首赞歌）

师：你的手势动作到底对不对呢？我们再猜一个城市验证一下吧。

4. 武汉

师：这个城市有一个著名的楼阁——黄鹤楼，这个城市有一种美食叫热干面，这个城市在2020年的春节和“新冠病毒”打了一场大战，你知道这个城市的名字吗？

幼儿如果猜对了，教师播放武汉的城市线索图片，同时播放歌曲《我和我的祖国》，并用手势舞蹈表演歌曲。

教师边播放对抗新冠肺炎疫情课件边讲述：通过所有中国人的努力，武汉这座城市终于战胜了疫情。所有的武汉人欢迎全国的小朋友们到武汉旅游、吃美食。

师：这首歌曲的名字叫什么？

幼儿回答。（我和我的祖国）

师：我们的祖国可真了不起，有很多建筑和古迹都让外国朋友为我们竖起大拇指。当中国城市武汉需要帮助的时候，祖国妈妈所有的孩子都在尽自己的力量奉献爱心，如果让你现在对祖国妈妈说一句话，你会说什么？

幼儿大胆表达对祖国妈妈的爱。（祖国妈妈我爱你）

四、认真倾听，排除干扰辨别声音

1. 安静环境辨别音色

师：那我们用刚才你们对祖国妈妈爱的语言玩一个游戏。考验一下你的小耳朵灵不灵。请你听清楚我的游戏规则。我请一位小朋友到前面来蒙住眼睛，坐着的小朋友一起来表演这首歌曲的手势舞蹈，当表演完后，我请坐着的一个小朋友说出对祖国妈妈的爱，请蒙住眼睛的小朋友猜一猜是哪个小伙伴的声音。如果你猜对了，就和刚才说话的小朋友互换位置。

幼儿按照老师说的规则开始玩游戏。

2. 干扰环境辨别音色

师：你们表演得真好，蒙住眼睛的小朋友的耳朵真灵，能听出是哪个小伙伴的声音。那我们加深难度了，刚才猜的小朋友是在非常安静的环境下猜出小伙伴声音的，现在我会在歌曲播放的过程中请一个小朋友说出对祖国妈妈的爱，你还能听出来吗？

幼儿按照老师的规则游戏两次或者三次。

师：你们的小耳朵真厉害，还有一个更难的游戏，你们想挑战吗？（想）我们围成一个圆圈轻轻地跟随音乐一起演唱这首歌曲，唱歌的过程中会有小朋友说出那句话，请你再来猜一猜是谁说的。幼儿按照老师的规则游戏两次或者三次。

五、观看课件，萌发爱祖国的情感

1. 香港澳门回家了

师：我们幼儿园每周一升国旗奏国歌的时候升起的是几面旗？（一面）请你观察这两幅图片，这两张图片你发现了什么？

幼儿根据观察回答。（有两面旗）

小结：中国香港和澳门特别行政区曾经是祖国妈妈丢失的两个孩子，现在两个孩子都已经回到了祖国妈妈的怀抱，所以当香港和澳门特别行政区奏国歌、升国旗的时候，特别行政区的区旗会和国旗一起升起。我们一起看一看中国香港和澳门在中国地图的哪个位置。

教师播放课件，幼儿跟随音乐表演歌曲手势。

2. 中国台湾不可分

师：再来看看我们的中国地图，看看这面五星红旗会飞到哪里？这是哪里呀？

幼儿观察地图自由回答。（台湾）

师：台湾是中国最大的岛屿，虽然台湾和我们隔了一条海峡，但是台湾也是我们中国的领土，也是祖国妈妈的孩子。你还记得这首歌曲的第一句吗？今天我们欣赏和表演的只是这首歌曲的 A 段，我们一起听着这首歌曲的 B 段回到班里创编 B 段的手势舞蹈好吗？

（秦皇岛市启航幼儿园 / 苏虹莉）

活动五　有趣的接龙

◎活动目标

1. 了解接龙的含义，练习用数字进行接龙，知道调换符号的意思，发展有意注意与专注力。

2. 学会注意倾听别人讲话，懂得按次序轮流讲话。

3. 掌握数字接龙的规则和方法，喜欢和同伴一起玩接龙游戏。

◎活动准备

1. 课件：数字 1 ～ 6；加调换符号的数字 1 ～ 6；闯关游戏封面及三关游戏。

2. 自制游戏币两盒，每盒 10 个；纸盒 1 个。

◎活动过程

一、师幼问好，初步感受接龙游戏

师：孩子们，早上好！

幼儿向老师问好。

师：你们一起和我打招呼的方式太简单了，今天，我来教你们一个好玩的打招呼方式。“× 老师早上好”六个字，你们每人说一个字，把这句话连起来！

幼儿每人说一个字和老师们打招呼。

二、思考分析，了解接龙游戏玩法

师：刚刚打招呼的方式有趣吧？（有趣）你们知道刚刚打招呼的方式是什么吗？

幼儿自由回答。（轮流说）

小结：一句话把它分成一个字一个字的，每人说一个字，最后把它们连起来，叫作接龙。

师：“× 老师早上好”六个字说完以后怎么办？

幼儿猜测后回答。（再从头说）

小结：说完还要从头说。所以，为了接龙不中断，一定要注意听别人说的是什么。

三、集体游戏，练习进行数字接龙

教师播放课件，出示“数字 1 ～ 6”，幼儿观看。

师：生活中有很多东西都能来接龙，今天我们用什么来玩接龙游戏呢？这些都是什么？（数字）你们都会数吗？（会）在接龙游戏里怎么数？

请 1 ～ 2 名幼儿尝试自己接龙数数后，全体幼儿进行接龙数数。

教师播放课件，出示“数字 1 ～ 6”，其中数字 4 和 5 上面有表示调换位置的符号，幼儿观看。

师：数字发生了什么变化？ 4 和 5 上面的符号是什么意思？

引导幼儿回答出 4 和 5 上面的符号表示 4 和 5 要调换位置。

师：数的时候 4 和 5 要变换位置，先数 5 后数 4，谁来数数看？

请 1 ～ 2 名幼儿尝试自己接龙数数后，全体幼儿进行接龙数数。

四、分组竞赛，掌握数字接龙的技巧

教师播放课件，出示闯关游戏封面，幼儿观看。

师：数字接龙会玩了吧？下面我们难度升级，我们来玩闯关对抗赛。一共有三关，每一关中数字都会发生一种变化，每一关计时 1 分钟。一会儿我会将你们分成两组，每组派一个代表到前面领取一盒游戏币，每盒里有 10 个。游戏币怎么用呢？每一关如果小组里有人少数、漏数或数错的，就要在这一关结束后，将你们组里的游戏币按照出错次数的数量放到前面的这个盒子里。如果在第二关或第三关小组所有人都没有出错，还可以把输掉的游戏币赢回去。听明白了吗？

教师请幼儿 1、2 报数后，将幼儿分成人数相等的两组（如遇单数，教师加入人少的一组），并请每组的代表到前面领取游戏币。

师：为了让每组都能更好地发挥，每一关都会给大家一次练习的机会。第一关哪一组先来？两组猜拳来决定吧。

第一关：课件出示数字 1 ～ 10，其中数字 3 和 4 上面有表示调换位置的符号。

第二关：课件出示数字 1 ～ 10，其中数字 3 和 4、7 和 8 上面都有表示调换位置的符号。

第三关：课件出示数字 1 ～ 10，其中数字 3 不报数拍手，数字 8 不报数跺脚。

教师操作课件，组织幼儿按照上面的关卡顺序依次进行游戏，游戏中引导幼儿说出接龙不出错的技巧：眼睛要看着大屏幕，耳朵要注意听同伴说的数字。

五、思维拓展，尝试进行词语接龙

师：游戏好玩吗？（好玩）只要你们像刚刚那样认真倾听同伴的回答，积极思考，你们都能获得胜利！生活中，我们除了用数字接龙，还可以用什么进行接龙呢？

引导幼儿说出可以用词语、动作来接龙。

师：词语怎么来接龙？原来也要把词语的首尾相连，比如春天—天气—气温—温暖—暖和—和平—平时—时间—间隔……谁来试一试？

幼儿尝试运用词语进行接龙游戏。

师：今天的游戏就到这里了，我们要说再见啦！大家也用接龙的方式和我说再见吧。

幼儿用接龙的方式和老师说再见。

（秦皇岛市启航幼儿园 / 杨爽）

活动六　小熊当邮差

◎活动目标

1. 理解故事内容，了解小熊送错包裹的原因，懂得认真倾听的重要性。
2. 体验传话、词语接龙等听说游戏的乐趣，提高幼儿倾听能力。

◎活动准备

课件：快递员、小熊图片；《小熊当邮差》故事图片；包裹图片；包裹走迷宫、语言提示。

◎活动过程

一、观看图片，认识故事中的主人公

教师播放课件，出示快递员图片，幼儿观看。

师：我们在大街上经常会看到有些人骑着这样一辆三轮车，车上装满了大大小小的包裹，准备送出去。这些人是谁呢？

幼儿根据生活经验回答。（快递员）

师：你们说对了，是快递员。今天咱们这儿也来了一位快递员，你们看是谁呢？

教师播放课件，出示小熊图片，幼儿观察后回答。（小熊）

师：小熊来当快递员，会发生什么事情呢？我们一起来听一听吧！

二、仔细倾听，理解故事的主要内容

教师播放课件，出示故事图片讲述故事，幼儿倾听。

师：小熊准确地把包裹送给它们的主人了吗？（没有）为什么？

幼儿根据故事内容回答。

小结：小熊把包裹送错有两个原因，第一是自己没认真听他人说话，第二是没有看包裹上的地址。

三、师幼讨论，做合格快递员的标准

师：你们认为小熊是合格的快递员吗？（不是）你们觉得大马应该找什么样的快递员帮它送包裹呢？

幼儿思考回答。

师：对了，应该请认真听他人说话和能够认真看地址的快递员送包裹。你们愿不愿来试一试？不过，想当一名合格的快递员可没那么简单，要通过考核才行哟！

四、语言游戏，体验认真倾听的重要

师：快递员考核马上开始。看一看谁能通过考核。

1. 听说游戏

教师播放课件，点开第一个包裹图片（上写着“听说”，并画有耳朵、嘴巴图案），幼儿观看。

师：这是什么意思？

幼儿根据观察回答。（用耳朵听，用嘴巴说）

小结：就是看看小朋友耳朵会不会听，听完后嘴巴会不会说。

师：我要说话了，看看谁听得最认真。“今天天气真晴朗，我的心情美丽极了。”我刚才说了什么？

幼儿根据听到的内容回答。（今天天气真晴朗，我的心情美丽极了）

师：“今天天气真晴朗，妈妈说带我去游乐场玩儿，我的心情美丽极了！”我又说了什么？

幼儿根据听到的内容回答。

2. 接龙游戏

教师播放课件，点开第二个包裹图片（上写着“接龙”二字），幼儿观看。

师：我们来看这个是什么。

幼儿根据观察回答。（接龙）

师：什么是接龙？

幼儿根据自己的理解回答。（一个接着一个说）

师：接龙就是我说一个词，你要接着最后面的字再说一个新词，比如：天空—空中，谁试着来往下接？

幼儿动脑玩词语接龙。

3. 传话游戏

教师播放课件，点开第三个包裹图片（上写有“传话”两个字），幼儿观看。

师：这个是什么意思呢？

幼儿根据观察回答。（把话告诉别人）

师：一会儿请你们自由分成两组，来进行比赛，我会和每一组的第一个人说一句悄悄话，看看哪一组能又快又准确地把话传给同组的最后一个人。但是在传话的过程中，传话者要在听话者耳边轻声清楚地传话，不能让其他人听到声音。你们可以吗？

幼儿自由分成两组玩传话游戏。

师：你们表现得真棒，眼睛很会看，耳朵很会听。看来你们都能成为一名合格的快递员。

五、迷宫游戏，完成大马送包裹任务

师：我们来看看大马先生还有哪些包裹没有送出去，我们来帮它完成好吗？

教师播放包裹走迷宫游戏课件，幼儿观看。

师：还有几个包裹没有送出去？

幼儿根据课件内容回答。（3 个）

师：我们一起来听一听大马先生的这些包裹都要送给谁。

教师播放课件语音提示（请经过一条小河、一座小山，把红色的包裹送到火狐狸婶婶家；请经过一座花园、一片蘑菇地把粉色的包裹送到白兔小姐家；请经过一片树林、一座城堡把绿色的包裹送到长颈鹿先生家），幼儿倾听。

师：三个包裹都要送给谁？怎样才能送到。

幼儿根据语言提示内容回答，教师操作课件送包裹。

师：因为我们认真倾听了语言提示，记住了其中的内容，所以我们准确地将包裹送给了它的主人。看来认真听很重要，希望你们都能做一个会倾听的孩子。

附：

小熊当邮差

快递员大马先生生病了，它正望着一堆没送出去的包裹犯愁呢。“大马先生，让我帮你送包裹吧，我早就想当一名邮差了。”小熊关切地说。大马先生指了指最上面的小盒子说：“那就请你把这盒巧克力送到松……”听到巧克力三个字，小熊的脑子里飘满了甜蜜蜜的巧克力味儿，至于大马先生还说了什么，小熊一个字也没听进去。小熊拿着巧克力跑出门，送到哪里呢？对啦！小熊一拍脑门儿，肯定是松鼠家。松鼠先生正在牙疼，它捂着腮帮子说：“不是我的，你看上面清楚地写着松鸡太太收！”小熊涨红了脸：“我马上去找松鸡太太！”松鸡太太收下巧克力说：“亲爱的小熊，你来得正好，我有一件东西请你送一送，麻烦你把这盒蓝莓送到灰……”小熊光顾着看鸡宝宝们玩游戏，根本没听见松鸡太太的话。小熊从松鸡家跑了出去，“这又是送到哪里呢？肯定是灰鼠家。”灰鼠爷爷戴着老花镜仔细地看了看说：“这个包裹不是我的，上面写的是灰兔奶奶收。”小熊再一次感到非常羞愧。

（秦皇岛市启航幼儿园 / 刘聪颖）

活动七　爱打岔的小鸡

◎活动目标

1. 知道打岔是不礼貌的行为，懂得有想法时要等对方说完话后再表达，不随意打断别人。

2. 专注地参加听音找颜色的游戏，体验被打扰和未被打扰的不同感受。

◎活动准备

课件：《爱打岔的小鸡》绘本故事节选图片，果园录音。

◎活动过程

一、观看封面，谈谈对打岔的理解

教师播放课件，出示绘本封面，幼儿观看。

师：今天我们要来看一本新书，你们认识这本书的名字吗？

幼儿根据绘本封面回答。（爱打岔的小鸡）

师：书的名字叫《爱打岔的小鸡》，你们知道什么是打岔吗？

幼儿根据自己的理解回答。（插话，不等别人把话说完）

师：打岔就是打断别人的说话或工作。故事中到底发生了什么事情？我们一起来看看吧。

二、倾听故事，理解故事的主要内容

教师播放课件，讲述故事第一段，幼儿倾听。

师：小红鸡和爸爸在睡觉前做了什么事情？

幼儿根据故事内容回答。（讲睡前故事）

教师播放课件，讲述故事第二段至第四段，幼儿倾听。

师：爸爸一共讲了几个故事？故事的名字叫什么？

幼儿根据故事内容回答。（三个；白雪公主和七个小矮人、小红帽和灰姑娘）

师：小鸡听故事的时候做了什么？

幼儿根据故事内容回答。（打断爸爸讲故事）

师：爸爸还会继续讲故事吗？（不会）为什么？

幼儿自由回答。（被小鸡打岔，没心情讲故事了）

师：你们有没有像鸡爸爸一样，被别人打过岔，被打岔时的心情怎样？

幼儿根据自己的生活经验回答。（被别人打岔心情不好，因为会忘记自己要说什么）

师：我们在听故事或讲故事的时候，怎么做才能不被打岔所干扰呢？

幼儿自由回答。（专心听故事，不听打岔人说的话）

三、互动游戏，体验被打岔的感受

师：你们都认为专心致志、认真倾听就不会被任何事情打扰，那好！我们来玩一个小游戏，看看你们能不能做得到。

1. 在语言干扰中听出四个带颜色的字

师：下面我要播放一段话，请你仔细听里面包含几个带颜色的字？

教师播放果园录音一（一天，小红帽来到了美丽的果园。这里有绿色的苹果、黄色的鸭梨、粉嘟嘟的水蜜桃）两遍，幼儿倾听，其间教师用语言进行干扰。

师：有几个带颜色的字？都是什么颜色？

幼儿倾听后说出自己的答案。（红、绿、黄、粉）

师：正确答案是四个，红、绿、黄、粉。有的宝贝确实能够做到认真倾听不被干扰，但也有的宝贝被我的打岔干扰到了。下面的游戏我要加大难度，这回你可要更加仔细地听哦。

2. 在行为干扰中听出六个带颜色的字

教师播放果园录音二（一天早晨，天空很蓝。小红帽来到了美丽的果园。这里有绿色的苹果、黄的鸭梨、粉嘟嘟的水蜜桃，远处还有一片金黄色的柿子林。啊！这里可真是美丽极了！）两遍，幼儿倾听，其间教师用招手、挪椅子、捡东西等行为进行干扰。

师：有几个带颜色的字？都是什么颜色？

幼儿倾听后说出自己的答案。（六个；蓝、红、绿、黄、粉、金黄）

师：正确答案是六个，蓝、红、绿、黄、粉、金黄。虽然这次难度加大了，有的小朋友仍然能够做到专注倾听，得到了正确答案。你们可真棒！被打岔的感觉怎么样？

幼儿根据自己的感受回答。（会听不清录音）

3. 在没有干扰中听出十个带颜色的字

师：还有一轮游戏，录音里带颜色的字又增加了，而且还有重复的颜色，这里我要提示你们的就是重复的带颜色的字也要计数。比如说你听到了红色出现了两次就记成二，出现三次就记成三。听明白了吗？ 不过这一次我不再打扰你们，看看你们能不能都听出来。

教师播放果园录音三（一天早晨，天空很蓝，云朵很白。火红的太阳挂在蓝天上。小红帽穿着她最喜欢的红斗篷来到了美丽的果园。这里有绿色的苹果、黄的鸭梨、粉嘟嘟的水蜜桃，远处还有一片金黄色的柿子林。啊！这里可真是美丽极了！）两遍，幼儿倾听。

师：有几个带颜色的字？哪些颜色重复了？重复了几次？

幼儿倾听后说出自己的答案。（十个；蓝色重复了两次；红色重复了三次）

师：你们可真棒，看来还是没有被干扰的时候你们听得最准确。不被打岔的感觉怎么样？

幼儿大胆说出自己的感受。（能专心听录音，而且听得很清楚）

四、联系生活，懂得不给别人打岔

师：你在生活中有没有给朋友、家人打过岔？为什么要那样做？

幼儿根据自己的生活经验回答。（有着急的事情想说）

师：如果想加入别人的讲话或游戏，我们应该怎样做？

幼儿大胆表达。

师：对，当别人正在讲话的时候，有自己的想法要表达，一定要等待对方把话讲完，才是有礼貌的行为。

五、看图思考，猜测故事最终结尾

师：那故事中的小红鸡和爸爸怎么样了呢？

教师播放小红鸡和爸爸一起睡着了的图片，幼儿观看后自由猜测。

师：到图书角里找到这本书，和你的朋友一起读一读吧！

附：

爱打岔的小鸡

从前有一只小红鸡，爸爸说："小鸡，你该上床睡觉了。"小鸡说："爸爸，你还没有给我读睡前故事呢。"爸爸说："我会给你读一个故事，只是在读故事期间你不能打岔。"（看来，这个小鸡经常干这个事情）小鸡说："好的，爸爸，我会很乖的。"

爸爸给他读了格林童话里的《白雪公主和七个小矮人》，读到白雪公主正要吃苹果的时候，小红鸡跳进故事中，告诉白雪公主，老奶奶是老巫婆，那个苹果有毒，不能吃。因为小红鸡的提醒，白雪公主没有吃掉毒苹果，故事就这样结束了。爸爸："小鸡，你打岔了。"小鸡："爸爸，她真的是个巫婆嘛，爸爸，再给我读一个故事，我保证会很乖的，没有故事我会睡不着的。"

爸爸给他读格林童话《小红帽》，读到狼要同小女孩打招呼时，小红鸡又跳了进去，提醒小红帽那是一只大灰狼，因为小红鸡的提醒，小红帽没有搭理狼，故事结束了。爸爸："小鸡，你又打岔了，你该睡觉了，你应该放松，这样你就可以睡着了。"小鸡："爸爸，它真的是一只大灰狼，再给我读一个，我保证不再打岔，没有故事我会睡不着的。"

爸爸又给他读了《灰姑娘》，读到王子在焦急地寻找水晶鞋的主人时，小红鸡又跳进故事，提醒王子不用再找了，那只水晶鞋是灰姑娘的，就这样故事结束了。爸爸说："小鸡，你今天三次打岔了，我们的故事结束了，该睡觉了。"小鸡说："爸爸，求你了，再给我读一个，没有故事我会睡不着的。"爸爸说："小鸡，要不你给我读故事吧。"小鸡说："爸爸，真的可以吗？"爸爸说："可以啊。"

小鸡跑去自己给爸爸画了一本《爸爸睡前故事》，上面写着，从前有一只小红鸡给爸爸读了一百个故事，爸爸怎么也不睡觉，还给爸爸准备了热牛奶，爸爸就是不睡觉。然而爸爸早就睡着了，小鸡只好跟爸爸说晚安。

（秦皇岛市启航幼儿园 / 柳健楠）

活动八　老鼠的狂欢夜

◎活动目标

1. 倾听音乐，感受其不同段式的旋律、节奏等的变化，提高对声音和音乐的敏感度。
2. 跟随音乐变化，大胆地用肢体动作、表情等表现音乐故事情节。
3. 体验分角色表演音乐故事的快乐。

◎活动准备

1. 音乐：包含呼噜声、老鼠叫声、猫叫声等声音的合成音乐。

2. 图片：代表睡觉、跳舞、眩晕、大叫等表现的符号和图片。

◎活动过程

一、分析名称，猜测故事情节

师：今天我给你们带来了一个故事，故事的名字叫作《老鼠的狂欢夜》，什么是狂欢？狂欢夜又是什么意思？

幼儿根据经验回答。（在晚上的时候聚会，开联欢会）

师：听到这个名字，你知道故事中会有谁？（老鼠）在夜里发生了什么事？谁来猜一猜？

幼儿根据自己的想象大胆猜测故事情节。（老鼠晚上在一起聚会，吃好吃的东西）

二、倾听音乐，发现特别声音

师：今天的故事就藏在我带来的音乐里，请你们仔细听，一会儿告诉我你听到了什么声音。

教师播放音乐（音乐中包含打呼噜的声音、老鼠吱吱叫的声音、猫叫的声音等），幼儿认真倾听。

师：谁来说一说，你听到了什么声音？有什么比较特别的声音吗？

幼儿大胆猜测听到的声音，并尽量描述出这段声音发生在音乐的开头、中间或结尾的位置。教师根据幼儿的猜测，在黑板上按幼儿描述的音乐的位置，粘贴代表打呼噜、音乐、老鼠、猫等情节的图片。

三、再次倾听，调整图片顺序

师：刚听了一遍音乐，你们就听出了这么多声音。我再来播放一遍音乐，请你们听听有没有新的发现，看一看你们刚才贴的图片顺序对不对。

教师播放第二遍音乐，带领幼儿边听音乐边观察刚刚粘贴的图片顺序是否正确。

师：再听音乐，你有新的发现吗？

幼儿根据听第二遍音乐的发现，重新调整图片顺序。如遇到听错的音乐位置或重点音乐段落时，可单独重复播放，使幼儿重点感受。

师：这个音乐故事除了有老鼠的声音，还有哪个动物的声音？

幼儿根据听辨音乐回答。（猫）

师：原来故事中还出现了猫的声音。现在你来猜一猜猫和老鼠发生了什么事情。

幼儿自由想象、猜测回答。（猫有可能会抓老鼠）

四、欣赏故事，理解故事大意

师：想不想听听完整的故事内容？（想）

教师播放音乐，讲述音乐故事，幼儿倾听。

师：你觉得故事好听吗？（好听）刚刚你们用到的图片和音乐有什么关系？

幼儿自由回答。（图片上画的符号就是故事的情节）

师：刚刚我们听到的音乐中有声音、有音乐，有些声音可以让我们听出故事中都出现了谁，有些音乐可以让我们感受到故事主人公有着怎样的情绪和表现。是不是很有趣？听了这个故事你觉得有什么奇怪的地方吗？老鼠怎么会头晕眼花的呢？

幼儿大胆表达自己的想法。（喝的不是油，而是酒）

师：这明明写的是油，怎么会是酒呢？这事是谁干的？

幼儿根据故事内容大胆猜测。(应该是猫)

师：这是一只怎样的猫和一群怎样的老鼠？

幼儿根据自己的想法进行评价。(聪明的猫和一群笨老鼠)

五、动作表演，表现故事情节

师：这么有趣的故事，你们想不想演一演？有谁会演老鼠吗？

幼儿在座位上模仿老鼠，教师选一名模仿老鼠最像的幼儿到前面来表演。

师：你们觉得她（他）演出了老鼠的什么特征？

幼儿根据表演进行描述，教师引导幼儿模仿出各种形态的老鼠。

师：仔细观察角色的特征，就可以演出不一样的老鼠。第一个场景，老鼠们在干什么？（狂欢）老鼠们在狂欢。狂欢要怎样表现？

幼儿大胆回答并表现。

师：现在你们都变成老鼠了，猫睡着了，老鼠们开始了狂欢！

全体幼儿听第一段音乐表演狂欢的老鼠。

师：故事继续进行喽。喝了酒以后的老鼠，它怎么啦？要怎样表现？

请个别幼儿到前面做动作尝试表演。

师：孩子们，肢体动作的变化，还有眼神、表情的变化都能更好地表现情节哦。来，一起表现一下老鼠头晕眼花。

教师假装灌酒，全体幼儿模仿醉酒的小老鼠进行表演。

师：除了老鼠，故事里还有谁？（猫）怎么来表演？

幼儿大胆表演故事中的猫。

师：猫睡着了，老鼠出场是一起出来的吗？

幼儿根据故事情节回答。(不是，小老鼠先出来的)

六、跟随音乐，完整表演故事

师：下面我们就听着音乐，完整地来表演一遍。

请幼儿自主选择扮演猫、小老鼠和群鼠。

师：老鼠的房子一般我们叫它什么？（老鼠洞）。给你们找个鼠洞哦，小老鼠们，来。嘘！猫睡着了，不要把它吵醒。

幼儿随教师一起蹲在活动室的一角，表现藏在“鼠洞”里。倾听音乐，完整表演“猫在睡觉，一群老鼠出来狂欢，偷喝装在油瓶里的酒，头晕眼花地倒地，猫拿绳子出现”的故事情节。

师：与音乐结合的故事你们感觉怎么样？

幼儿根据自己的感受表达感想。

师：今天这个故事你们演得真棒，有空在表演区还可以继续表演，好吗？

附：

老鼠的狂欢夜

在一个漆黑的夜晚，猫在屋里呼呼大睡。就在这个时候，一只小老鼠偷偷来到了猫的身边，吹起了口哨，叫来了它的同伴们，一只，两只，三只，四只……屋里一下子热闹了。老鼠们开始了它们的狂欢。就在这个时候，老鼠们发现了满满一大桶的香油，它们咕噜咕噜咕噜喝了个精光，奇怪的事情发生了，老鼠们一个个头晕眼花，连站也站不住了。不一会儿，它们一个个倒下睡着了。就在这个时候，猫拿出长长的绳子把它们全都捆了起来，猫对着老鼠说，哼，看你们这些老鼠以后还敢不敢偷吃了。

（秦皇岛市启航幼儿园 / 韩雪）

【个别化学习活动】

区域	名称	材料	玩法	价值
语言区	听故事排序	绘本（自选）故事录音及播放设备；故事图片若干；可插入式操作板。	幼儿倾听绘本故事，根据故事情节的发生、发展、结局在操作板上给故事图片排序并尝试根据图片讲述故事。	喜欢听绘本故事，练习听故事排序，提高理解和倾听能力。
	听得清分得开	1. 句子中的相关图片。如：河边有个盒子（河—盒）；书架上放着一把梳子（书—梳）等。 2. 事先录好句子的传声贴片若干（纵向排列在操作板上，横向留出粘贴图片的位置）、点读笔。	幼儿用点读笔随意点击操作板上的传声贴片，认真倾听传声贴片中的句子里的同音词，并找出这些词的图片，摆放在所点击的传音贴片横向位置。	练习听句子辨别音同义不同的词，正确理解其含义。
	照我说的做	画有天空、大树、草地、小河等场景的背景图板；各种小动物图片若干。	幼儿两人一组轮换游戏。一人发出指令，另一人根据指令将动物图片摆放在背景板上。如：请将小鸟放在天空中；请将小青蛙放在荷叶上等。	听、说表示地点和方位的词语，练习按语言指示正确取放物品。
	当我安静下来	绘本《当我安静下来》录音、播放设备、故事本、笔。	认真倾听绘本录音，将听到的内容记录在自己的故事本中，然后与同伴分享。	尝试用图画和符号表现绘本内容，提高倾听和想象能力。
益智区	连连看	自制扑克牌（画有城市著名建筑物、美食、名胜古迹等）两套、格状底板。	1. 幼儿两人一组游戏。两人一起将牌面有图案的一面逐一摆放在格状底板上，相同图案的牌面分开摆放，最后空出一个空位为“气口”。两位幼儿通过猜拳的方式，决定谁先开始移动牌，每人每次移动一张牌即一格的位置。在移动的过程中，如有两张相同图案的牌面（横向或纵向）连在一起，就可以取走这两张牌。两名幼儿轮流游戏，直至桌面上的牌全部被取走，数数自己手中的牌，数量多者为胜。 2. 随着游戏的开展，牌的数量可以逐渐递增，“气口”的位置可以随意选择。	辨别区分不同牌面，尝试运用不同的方位变化，完成连接，提高观察、比较和分析能力。
	数字接龙	任务卡若干（如数字 2 ～ 7，其中 5 上标有手掌图案等），可插入式底板。	幼儿三人一组游戏。游戏前每人选取一张任务卡分别从左到右插在底板上，按照每张任务卡右上角标注的接龙次数，依次完成三张任务卡上的接龙内容，完全正确后，更换任务卡继续游戏。	巩固接龙游戏玩法，认真倾听同伴讲话，发展观察力和专注力。
	送包裹	写有 10 以内加减运算题卡的“包裹”；标有楼号、写有门牌号的楼房造型背景板；自制大骰子一个。	幼儿两人一组掷骰子，点数大者任选一个“包裹”，根据楼房的数量和层数发出指令，如“请将这个包裹送到 1 号楼 2 楼”，另一幼儿通过计算包裹上的算术题得出门牌号，将包裹准确送达。游戏反复进行。	1. 简单了解门牌号中数字的含义。 2. 练习 10 以内的加减运算。

（续表）

区域	名称	材料	玩法	价值
美工区	小小插画师	经典故事（自选）录音、美劳用具、小订书器。	认真倾听故事录音，将所听到的内容用绘画的形式表现出来，画成一幅幅插画，并将插画按故事发展顺序装订成册，制作成故事书。	学习用绘画表达自己对故事内容的理解，提高想象力和创造力。
	纸盘拨浪鼓	一次性纸盘两个、一次性筷子一根、透明胶带、双面胶、长短相同的线绳两段、木珠两个、彩色笔等人手一份；拨浪鼓图片。	先用彩色笔在一次性纸盘上进行绘画，两个纸盘上的图案可以一致也可以不同，将线绳的一端绑在木珠上，另一端和一次性筷子用透明胶粘在纸盘内侧的合适位置，然后用双面胶将另一个纸盘粘在上面。	学习用多种工具和材料进行手工制作，对制作发声玩具产生兴趣。
建构区	长城	1. 建构材料：各种材质的积木、长方形酸奶盒、奶粉罐等。 2. 难易程度不同的长城城墙及垛口搭建图纸。 3. 长城图片。	1. 幼儿观察长城图片，利用建构材料随意搭建出城墙或垛口。 2. 幼儿三人一组合作游戏，共同商议选择搭建图纸，自行进行分工，一人搬运材料，两人按照图纸搭建城墙或垛口。	1. 知道长城是我国的伟大建筑。 2. 学会看图纸进行合作搭建。
科学区	看得见的声音	无底空塑料瓶、气球、纽扣大小的即时贴亮片、手电筒、黑色底板。	幼儿从气球上剪下一块，把它紧绷在塑料瓶的底部，并将即时贴亮片粘在气球的边缘，制作成“光线示波器”。将制作好的“光线示波器”对着光源，幼儿嘴巴对着瓶口，拉长声音喊“啊——”，观察对面黑色底板上发光点的变化。	感知声音是由物体振动产生的，对声音实验产生兴趣。
	纽扣嗡嗡响	大纽扣（平面孔）、棉绳。	幼儿将一根绳子穿入纽扣上的两个孔，在一头打结，使其在纽扣的左右两边成平行的两条线，然后用手捏住两端，朝顺时针或逆时针方向甩动纽扣，甩到一定程度往两边拉伸、回拢，倾听纽扣快速旋转时发出的声音。	对制作发声玩具产生探究兴趣，发展动手能力。
	纸杯电话	各种材质的线（毛线、麻线、棉线等）、一次性纸杯、一次性塑料杯、剪刀、牙签；纸杯电话制作示意图；实验记录单。	幼儿两人一组，根据示意图，利用所提供的材料制作纸杯电话，然后一人用纸杯捂住嘴说话，另一人用纸杯罩住耳朵听。探索不同材质的线和杯子制作的纸杯电话的传声效果，以及线的拉紧程度对传声的影响，并在记录单上进行记录。	1. 知道线具有传递声音的功能。 2. 探索中乐于与同伴合作与交流。
	音乐玻璃杯	8个同样的玻璃杯、水、一根滴管、一根筷子；音阶录音及播放器；乐谱。	将8个空玻璃杯，一字排开。以右边的空杯为高音do，依次向左边的玻璃杯里加水调音，音阶为si la sol fa mi re中音do。音阶越低，杯中加的水就越多。调音时反复倾听音阶录音，调好音后，就可以用筷子敲击玻璃杯演奏乐曲了。	感知水量与玻璃杯音高的关系，提高分辨音高的能力。
表演区	小小拟音师	1. 各种乐器（响铃、响板、铃鼓、大鼓、双响筒、木鱼、沙锤等）。 2. 各种生活用品（杯子、碗、盆、筷子、勺子等）。 3. 其他材料（沙子、木珠、塑料片、各种盒子、罐子等）。 4. 适合拟音的电影或动画片片段视频（原声、无声）、视频播放设备。	幼儿合作进行拟音表演。先观看几遍原声视频，记住需要拟音的画面，然后利用所提供的材料为无声视频进行配音。	增强对不同声音的辨别能力与敏感性。
	动起来	自选律动音乐、动作图谱、播放设备。	1. 幼儿倾听音乐，按照动作图谱做律动。 2. 幼儿倾听音乐，创造性地进行律动表演。	跟随音乐合拍地做动作，发展动作的协调性及表现力。
	乐器唱歌	小打乐器若干、自选打击乐乐曲、乐曲配器图谱。	幼儿根据图谱选乐器，然后倾听打击乐乐曲，与同伴合作演奏。	学会看图谱随乐演奏，体验与同伴合奏的快乐。

【户外运动活动建议】

1. 幼儿进行户外活动时，组织幼儿按照教师指令有序排队。

2. 可组织幼儿玩按指令要求进行活动的户外运动游戏，如：老鹰捉小鸡、桃花朵朵开等游戏。

3. 在幼儿自选器械或大型玩具进行自主游戏时，提示幼儿认真倾听活动要求和游戏规则。

4. 幼儿做团体操时，提示幼儿注意倾听体操音乐旋律的变化和教师的哨声提示，整齐又有节奏地做动作。

5. 在队列练习中，让幼儿按照教师的语言指令变换队形。如：四队变两队、首尾相接等。

【日常生活活动建议】

1. 晨间活动时，带领幼儿倾听“启航播报站”的广播，并请幼儿进行内容复述，对认真倾听的幼儿进行表扬。

2. 进行花样点名活动，如：请幼儿用自然界的各种声音回应老师的点名，提醒幼儿认真倾听同伴的回应，不得重复。

3. 就餐时提醒幼儿注意倾听保育老师的餐点营养讲解，回家后准确地讲给家人听。

4. 在如厕、洗手、喝水、就餐等活动环节提示幼儿认真倾听并能够按照教师的语言指令去做。

5. 午睡前带幼儿听睡前故事或轻音乐，让幼儿体验在安静的环境中进行倾听。

【环境创设】

1. 展示倾听方式方法的图片。如：看着说话的人，不随便插话等。

2. 教师将幼儿画的《当我安静下来》诗歌配图粘贴在主题墙上。

3. 展示幼儿与家长用超轻黏土制作的会发出叫声的动物作品，如牛、青蛙、鸭子等。

4. 展示幼儿使用废旧一次性纸杯、蛋托、树棍、口服液瓶制作的手工风铃。

5. 张贴幼儿绘画的“大自然声音”的美术作品。

【家园共育】

1. 建议家长和孩子玩一些培养倾听能力的亲子游戏。如传话游戏、找宝藏、纠错游戏、猜猜我是谁等。

2. 建议家长鼓励孩子接听电话，并将电话内容清楚完整地转述给家长。

【社会实践】

一起去听音乐会

◎活动目标

1. 认识钢琴、小提琴等乐器，了解其发声及演奏特点。

2. 了解进入音乐会会场的流程，知道遵守会场秩序。

3. 懂得欣赏演奏时认真倾听，感受乐曲表达的情感。

◎活动建议

1. 幼儿可以邀请自己的好朋友一起参加，与好朋友一起商定所听音乐会的内容和时间，由家长提前一天做好路线、环境、安全等情况的前期调查。

2. 家长要对幼儿进行音乐会会场的规则教育，如：进入会场前要排队、听音乐时要安静、保持会场的卫生等。

3. 家长提前了解一下本次音乐会的演奏曲目，与幼儿交流音乐创作的背景、作者等，提高幼儿的倾听兴趣。

4. 知道音乐会开始的时间，做到准时到达音乐会会场，鼓励幼儿根据票面信息找到自己的座位。

5. 观看演奏时，做到遵守会场的秩序，安静认真倾听。

6. 听完音乐会后，请幼儿和爸爸妈妈说一说感受。

【发展评估】

“认真倾听”好习惯养成幼儿家长评价表

宝贝们，经过一个月的时间，你养成“认真倾听”的好习惯了吗？现在请你和爸爸妈妈一起玩一个问答小游戏。

班级：　　　　幼儿姓名：

评价内容	评价结果
1. 当你游戏的时候，听到爸爸妈妈叫你，你是怎样回应的呢？	
2. 怎样做才能安静下来？安静倾听有什么好处？	
3. 请你用手势动作表演一下歌曲《我和我的祖国》。	
4. 请你说一说并模仿出听到过的大自然中的声音。	

（续表）

评价内容	评价结果
5. 你听过故事《小熊当邮差》吗？请你说一说小熊送错包裹的原因。	
6. 你会玩接龙游戏吗？会玩几种接龙游戏？能和我玩一玩吗？	
7. 你知道什么是打岔吗？为什么不能给别人打岔？	
8. 请你用动作表演出《老鼠的狂欢夜》的故事情节。	

爸爸妈妈们请在沟通中对孩子的行为作出正确的评价，指导孩子用彩笔为自己的好习惯作出不同等级的笑脸评价。

评价标准：非常好 4　好 3　一般 2　差 1

“认真倾听”好习惯养成教师评价表

班级：　　　　幼儿姓名：　　　　教师姓名：

目 标	评价结果			
	4	3	2	1
1. 能做到认真倾听别人讲话并积极主动做出回应。				
2. 知道安静倾听的好处，并能做到安静倾听。				
3. 能用手势动作表演歌曲《我和我的祖国》。				
4. 能在有干扰的环境里认真倾听声源、辨别不同声音。				
5. 会玩数字接龙的游戏。				
6. 能够听辨出大自然中的一些声音，并能够用不同的材料进行模拟。				
7. 能连贯、清楚地讲述《小熊当邮差》的故事内容。				
8. 乐于参与传话、词语接龙等语言游戏。				
9. 知道打岔是不礼貌的行为，懂得有想法时要等对方说完话后再表达，不随意打断别人讲话。				
10. 能用肢体动作、表情大胆表现《老鼠的狂欢夜》音乐的变化 。				

评价标准：非常好 4　好 3　一般 2　差 1

好习惯二十二　喜欢阅读

【主题名称】小小读书郎

全家总动员

亲爱的家长朋友：

您好！古人云："腹有诗书气自华"，"读书万卷始通神"。读书可以说是我们每个人一生的必修课。阅读可以开阔眼界、陶冶情操、领悟道理。每位家长都希望自己的孩子能喜欢阅读，让书成为孩子一生最好的朋友。可是他们往往在玩具与书之间经常去选择玩具；有时刚刚拿起书本就会被其他声音所吸引或干扰；不能用半小时的时间静下心来看书，却能用更长的时间去玩玩具。这都是值得我们深思的问题，为了让孩子们真正地喜欢上阅读，并让阅读成为一种习惯，本月我们将开展主题活动"小小读书郎"，旨在培养幼儿"喜欢阅读"的好习惯。

在幼儿园，我们有目的地进行培养，希望孩子能达到如下目标：

1. 喜欢阅读各类图书，愿意与他人谈论书中的内容。
2. 掌握正确阅读的方法，知道要在光线适宜的环境下看书，懂得保护眼睛。
3. 知道书的作用，感受阅读获取信息的乐趣，对自己感兴趣的问题愿意从书中找寻答案。
4. 了解书的由来及基本构造，对图书中的文字符号感兴趣，知道文字表示一定的意义。
5. 尝试用有序、连贯的语言说出书中的主要内容。

在家庭生活中，我们建议您从以下几方面进行关注：

1. 请您以身作则，多读书看报，为幼儿做榜样，营造良好的阅读氛围。
2. 每天坚持陪伴孩子阅读 20 ～ 30 分钟，并和孩子畅谈读书的内容和感受。
3. 经常带孩子去图书馆和书店，感受读书场所的气氛。
4. 多给孩子购买一些适合其阅读的书籍。
5. 给孩子创设一个独立的阅读空间，提醒孩子采用正确的姿势和方式进行阅读。

感谢您的参与！为了孩子的成长，让我们一起努力！

【主题目标】

1. 喜欢阅读各种各样的书，乐于与同伴交流、分享看过的图书，并说出自己的看法。

2. 知道阅读图书能给人带来知识和智慧，懂得遇到问题通过图书寻找答案。

3. 初步了解书的起源及演变过程，知道书的组成部分及制作过程，感受中国人的智慧。

4. 掌握正确的阅读方法，学会主动保护眼睛，不在光线过强或过弱的地方看书。

5. 认识书店，了解书的类型，学会按书的分类找到自己喜欢的书。

6. 尝试根据页码进行自主阅读，大胆说出所阅读的幼儿文学作品的主要内容，初步感受文学语言的美。

7. 专注地阅读图书，对图书中的文字符号感兴趣，知道文字表示一定的意义。

【主题口号】

在书海中徜徉，在阅读中成长

【三字儿歌】

爱读书

书宝宝，真奇妙，
许多事，都知晓。
多看书，有益处，
长知识，增见闻。
看书时，需记牢，
护眼睛，很重要。
轻轻翻，慢慢看，
爱读书，人人赞。

【集体教学活动】

活动一　书的历史

◎活动目标

1. 初步了解书的起源及演变过程，知道书的基本组成部分。

2. 尝试与同伴合作用身体表现简册和活字印刷，感受中国人的伟大智慧。

3. 乐于表达自己的看法，喜欢和同伴合作游戏。

◎活动准备

1. 课件：《书的历史》绘本故事节选图片；《造纸术》《活字印刷术》视频；游戏《排一排》《找找看》。

2. 每人一张印章卡片（红、花、绿、草、蓝、天、白、雪等）。

◎活动过程

一、观察图片，初步了解书的起源

教师播放课件，出示绘本中甲骨文相关图片，幼儿观看。

师：孩子们，看一看，这是什么？

幼儿根据图片自由回答。（乌龟壳、动物骨头）

师：乌龟壳和动物骨头的上面刻着一些符号，你知道它们是什么吗？

幼儿根据已知经验回答。（甲骨文）

师：这些都是甲骨文。在远古时代，还没有文字的时候，人们就将表示动物、自然界的山川草木、日月水火的文字符号刻在龟甲和兽骨上，这就是最古老的书。

教师播放课件，出示陶文、金文相关图片，幼儿观看。

师：孩子们，想一想，在陶器上、金器上、石头上刻文字和符号，这样的记录方式方便吗？为什么？

幼儿思考之后自由回答。（不方便，因为太麻烦了）

二、同伴合作，表现简册存放方式

师：我们的祖先也觉得这样的“书”难以保存无法移动，于是聪明的祖先开始让“书”变得简单起来。

教师播放课件，出示简册图片，幼儿观看。

师：谁知道这是什么材料做的书？

幼儿根据图片内容回答。（竹片）

师：竹片做成的书，也叫作“简册”，使用几根到几十根的竹片用细绳编在一起。那么，竹片做成的书怎样存放呢？

幼儿自由结组进行讨论，请小组代表回答。（叠在一起放，卷起来放）

师：那好，现在请你们小组的每一个成员代表一片竹片，手拉手代表细绳，一起来把你们的方法演示出来，看看哪组的方式便于存放。

幼儿分组演示简册存放方式，其他组幼儿观看。

教师播放课件，出示简册存放的图片，幼儿观看。

小结：你们用了卷起来、对折、正反面对折的方式存放简册。我们的祖先存放简册的方式就是把它们卷起来，如果有很多的简册就互相叠放在一起。

三、欣赏视频，了解纸的制作过程

师：后来，我们的祖先又创造了在丝织品上写字，莎草纸上写字，直到东汉时期，一个人的出现，经过试验，终于做出了便宜又结实的纸。接下来，我们就来看一看，纸是怎么制作出来的吧！

教师播放《造纸术》视频，幼儿观看。

师：发明造纸术的人是谁呢？

幼儿根据视频内容回答。（蔡伦）

师：制作纸的原材料都有什么？

幼儿根据视频内容回答（树皮、麻藤、破旧衣物、破渔网等）

师：造纸术是中国的四大发明之一，它的出现，让纸成为书写的材料，让书籍保存起来更加方便。造纸术不仅给我们中国人带来了方便，也传到了世界各国，我们的祖先真的是很厉害！

四、扮演印章，感受活字印刷技术

师：在古代用毛笔写书、抄书真的很麻烦。这时候一个名叫毕昇的刻字工匠，想到了一个办法。我们来看一看是什么吧！

教师播放《活字印刷术》视频，幼儿观看。

师：看了视频之后，谁能来说一说，你对活字印刷术有着怎样的理解？

幼儿根据视频内容回答。（有很多的活字印章、随意排版，重复使用，占有的空间小，容易存储和保管）

师：有了活字印刷术，书可以大量发行。活字印刷术也是我们中国的四大发明之一。为了让你们更好地理解什么是活字印刷术，我想和大家玩一个游戏。

教师播放课件，出示游戏《排一排》，幼儿观察。

师：孩子们，我为你们每个人都准备了一个小卡片，现在你们每个人都代表一个活字印章。请你们仔细看一看，在我的印刷版里，它们都摆在了什么位置？按照我出示的图片，请你找到属于你的位置，排一排、站一站。

幼儿按照课件自行找到位置站好。

师：你们都已经按照图片位置站好了，谁能按照印章位置说一说这些词都是什么？

请幼儿按照印章读一读。（红花、绿草、蓝天等）

师：现在我悄悄地把几个印章调换了位置，看一看谁能迅速地换到现在小印章的位置？

幼儿根据课件的变化变换位置。

师：小印章调换过位置之后，谁能按照现在的印章位置说一说这些词都是什么呢？

幼儿根据印章位置读一读。（花红、草绿、天蓝等）

师：真的是太神奇了，我们就这样换一换、动一动印章，一个全新的意思就出现了。

教师播放课件，出示游戏《找找看》，幼儿观察。

师：我刚才偷偷地拿走了几个活字印章？请你找一找、看一看，哪个印章不见了？请已经没有印章的小朋友，把你手中的卡片还给我并回到座位上。

幼儿根据课件的内容，按要求回到座位。

五、观看课件，了解现代书的样子

师：现在我手里有一本书，其实一本书也可以分成好几部分。

教师播放课件，出示《书的组成部分》，幼儿观看。

师：我们现在的书通常由封面、扉页、版权页、前言、目录、正文、后记组成。除了用纸出版的书，还可以有什么样的形式呢？

幼儿根据生活经验自由回答。（电子书等）

师：除了纸质的书，还有电子书。什么是电子书呢？我们一起来看一看吧。

教师播放视频《电子书》，幼儿观看。

师：不管是我们的祖先还是现在的我们，都不会停止爱看书的脚步。也希望你们在我们的区域活动中，可以自己动手画一画，制作一本属于你的书，然后和大家一起分享！

附：

书的历史（节选）

在远古时代，还没有文字的时候，人们就将表示动物、自然界的山川草木、日月水火的文字符号刻在龟甲和兽骨上，这就是最古老的书。后来人们又在陶器上、金器上、石头上刻文字和符号。可是，我们的祖先觉得这样的“书”难以保存无法移动，于是聪明的祖先开始让“书”变得简单起来。在纸张被发明出来之前，人们常用的书是用竹片做成的，这种竹片叫作简，几根到十几根竹片用细绳编在一起，称为简册，我们的祖先存放简册的方式就是把它们卷起来，如果有很多的简册就互相叠放在一起。

后来，我们的祖先又创造了在丝织品上写字，莎草纸上写字，直到东汉时期蔡伦叫人收集树皮、杂乱的短麻、破烂的衣服布片、旧麻线渔网当原材料，经过多次试验，终于做出了便宜又结实的纸。

古代用毛笔写书、抄书真的很麻烦，这时候一个名叫毕昇的刻字工匠，想到了一个办法就是活字印刷，有了活字印刷术，书可以大量发行。从此，印刷术大大地前进了一步。

（秦皇岛市启航幼儿园 / 吕丹丹）

活动二　眼镜公主

◎活动目标

1. 阅读绘本，了解造成近视的原因和戴眼镜给生活带来的不便。
2. 学习并掌握正确的用眼和读书方法。
3. 体验用眼辨认数字游戏的快乐，懂得主动保护眼睛。

◎活动准备

课件：《眼镜公主》绘本故事图片，找数字宝宝游戏，正确看书图片。

◎活动过程

一、观察图片，了解公主的奇怪之处

教师播放课件，出示绘本中的“公主”图片，幼儿观看。

师：孩子们，今天我们要认识一位公主，她是胖国王和瘦皇后的女儿。最近公主怪怪的，发生了很多奇怪的事，我们一起来听一听吧！

教师播放课件，出示绘本中的“打网球”图片，幼儿观看。

师：第一件奇怪的事情是什么呢？

幼儿根据图片内容自由回答。（把橘子当成网球打，喷得大家一脸橘子汁）

教师播放课件，出示绘本中的“喂小羊”图片，幼儿观看。

师：很快，就发生了第二件事情，这一次又发生了什么事？

幼儿根据图片内容自由回答。（把小羊当小狗，拿着骨头喂羊吃）

教师播放课件，出示绘本中的“上课时”的图片，幼儿观看。

幼儿根据图片内容自由回答。（把 3 看成 8，全班哈哈大笑）

师：公主为什么这么奇怪呢？我们来猜一猜她怎么了呢。

幼儿根据故事内容大胆猜测。（她的眼睛出现了问题）

二、倾听故事，知道公主近视的原因

师：公主的心里也很难过，不知道要怎么办。皇后找来了医生，医生说“公主可能有点近视了”。孩子们，你们猜一猜，公主近视的原因是什么呢？

幼儿根据已知生活经验大胆回答。（看电视、玩手机、看书距离近）

师：让我们来看一看，公主近视的真正原因吧！

教师播放课件，讲述故事从“国王说”到“公主心里很难过”，幼儿倾听。

师：让公主近视的原因是什么？

幼儿根据故事内容回答。

小结：原来，公主是一个特别喜欢看书的人，她看书的时候凑得很近，经常用脏手揉眼睛，躺着看书看太久，经常看很久电视不休息。这些都是导致眼睛近视的原因。

三、辨数游戏，找到隐藏的数字宝宝

师：公主眼睛近视了很难过，不过，还有一件难过的事情，她已经答应城堡里的数字宝宝们和它们一起玩捉迷藏的游戏，她想找到它们。可是眼睛近视了，看不见它们也找不到它们。公主好难过，你们愿意帮助她吗？（愿意）

教师播放游戏课件（天鹅图片中隐藏着数字 2、3、4、7、8；兔子图片中隐藏着数字 1、2、3、5、6、7、8、9；马图片中隐藏着数字 1、2、3、4、5、6、7、8、10），幼儿观察。

师：看一看这些图片里都是什么小动物呢？

幼儿观察图片回答。（天鹅、兔子、马）

师：眼睛亮亮的小朋友，一定发现了这些小动物都是用什么组成的。

幼儿根据图片内容回答。（数字）

师：原来这些数字就藏在它们身上，我已经看得眼花缭乱了，你能找到这些数字吗？请你认真、仔细地观察图片，将图片中隐藏的数字用笔描出来，并把你找到的数字送回城堡中。

幼儿操作课件找出隐藏的数字。

四、动脑思考，了解配戴眼镜的不便

师：公主谢谢你们帮她找到了数字宝宝，并且把它们安全地送回了城堡。可是公主的眼睛看不清东西，怎么办？

幼儿根据已知生活经验回答。（配眼镜）

师：对，当务之急，是让公主看清东西，于是公主来到了眼镜店。眼镜店里的眼镜好多呀，哪个才是公主喜欢的眼镜呢？

幼儿观看图片，根据自己的喜好回答。（冰激凌眼镜、蝴蝶眼镜、皇冠眼镜）

师：公主喜欢的眼镜，一定是让她戴上去变得开心的眼镜，请你仔细观察，哪些眼镜让公主看上去很开心？

幼儿根据公主的表情，挑选眼镜。

师：谢谢你们，帮公主挑选出了她喜欢的5副眼镜，可是一个人需要戴5副眼镜吗？

幼儿根据生活经验回答。（不需要）

师：公主给大家一个提示，这个眼镜和我身上的衣服颜色相同。

幼儿根据线索，找到眼镜。（粉色）

教师播放课件，讲述故事从“公主戴上了粉红色小眼镜”到“游泳时，根本不能戴眼镜”，幼儿倾听。

师：公主自从有了眼镜之后，有哪些不方便的地方？

幼儿回忆故事内容回答。（压得鼻子红红的、眼镜会有雾气等）

五、观看课件，学习正确的读书方法

师：怎样才能让视力恢复，摘掉眼镜呢？我们可以为眼镜公主想想办法吗？

幼儿思考后大胆回答。（做眼保健操，少看电视、手机等）

师：你们想的办法可真多，公主这么喜欢读书，谁能告诉一下公主，平时应该怎样看书呢？

幼儿结合生活经验回答。（身子坐正、眼睛与书保持一定距离）

教师播放课件，出示“正确看书”的图片并讲述，幼儿观看倾听。

师：读书时要以正确的姿势坐在桌前，读书时眼睛距离书本要适度，掌握拿书的正确方式。不仅仅读书要有正确的方法，我们再来看看医生告诉眼镜公主还需要怎样保护眼睛吧！

教师播放课件，讲述故事从“医生说”到“记得定期检查视力哦”，幼儿倾听。

师：公主的眼睛变好了，东西全都看得很清楚，真是方便极了。公主也好高兴，她又能看她爱看的书了，而且她把她的粉红色小眼镜挂在了墙上，时刻提醒自己——要爱护眼睛哦！

附：

眼镜公主（节选）

从前有一个公主，她是胖国王和瘦王后的女儿。最近她好像怪怪的，先是把橘子当成网球打，喷得大家一脸橘子汁。又把小羊当小狗，拿着骨头喂羊吃。上课时，又把3看成8，惹得全班哈哈大笑。公主心里很难过，不知道要怎么办。

皇后找了医生来，医生说："公主可能有点近视。"国王说："难怪公主最近常说眼睛累，看东西都凑得很近。"皇后说："难怪公主常用脏手揉眼睛。"医生说："公主一定是常常在光线不足的地方看书，躺着看书太久，还有，电视看太久也不休息。"公主心里很难过。医生说："得先戴眼镜矫正一下。"公主试了半天，终于找到一副喜欢的眼镜。

公主戴上了粉红色的小眼镜，哇！东西看得好清楚呀。大家笑着说："我们的公主，是个眼镜公主！"公主很不习惯戴眼镜，因为重重的眼镜总是压得鼻子红红的；有时候，从冷气房里出来，镜片上都是雾气；喝热汤时，眼镜片上一片水汽，什么都看不清楚；做运动的时候，怕眼镜掉下来；游泳时，根本不能戴眼镜。

医生说："公主可以做做眼保健操，多让眼睛休息；还有眨眼运动，用力闭上你的眼睛，再把眼睛一下子睁开；让厨师煮一些胡萝卜、绿色蔬菜，这些菜对公主的眼睛应该有帮助；睡眠要充足；还要多做户外运动，多看看远的地方。"过了一段时间，医生说："公主的进步很快，不必再戴眼镜了。记得定期检查视力哦！"

公主的眼睛变好了，东西全都看得很清楚，真是方便极了！公主好高兴，又能看她爱看的书了。而且她把她的粉红色小眼镜挂在了墙上，时刻提醒自己——要爱护眼睛哦！

（秦皇岛市启航幼儿园 / 孙孟莹）

活动三　一条爱读书的鱼

◎活动目标

1. 喜欢阅读绘本，感受故事情节的有趣，知道适合自己的才是好的。
2. 尝试用有节奏的对话说出尼克的不同变化。
3. 愿意与同伴分享并谈论自己喜欢的图书，享受读书的乐趣。

◎活动准备

1. 前期准备：每位小朋友选择一本自己最喜欢的图书。
2. 课件：《闪电鱼尼克》绘本故事图片。

◎活动过程

一、观看图片，认识闪电鱼尼克

教师播放课件，出示闪电鱼图片，幼儿观看。

师：今天我和大家认识一条小鱼，请你们来看一看，这条小鱼和我们平时看到的鱼有什么不同？

幼儿观察图片后回答。（身上有闪电的条纹）

师：因为他的身上有一道闪电的图案，大家都叫他“闪电鱼尼克”。他身上的闪电可是非常神奇的，能让他发生许多不同的变化。

二、阅读绘本，学习说变化咒语

教师播放课件，出示西瓜鱼图片，幼儿观看。

师：大家来看一看，尼克变成了什么？

幼儿根据图片内容回答。（西瓜鱼）

师：你能找到变成西瓜鱼的尼克吗？怎么发现他的？

幼儿根据图片内容回答。（身上有闪电标志的就是尼克）

师：你们想知道尼克是怎样变身的吗？原来尼克变身的时候，需要一个小咒语，我们来听一听：“快来看呀，我要变了我要变了，快来看呀，变成西瓜鱼。”请你和我一起说一遍小咒语吧！

幼儿模仿教师语气和节奏说咒语。

师：尼克对自己变身之后的样子不是很满意，他觉得不适合自己，于是他又要开始变身了。快看，尼克变成了什么？

教师播放课件，出示洋葱鱼图片，幼儿观看后根据图片内容回答。（洋葱鱼）

师：他说了什么才能变身成洋葱鱼的呢？

幼儿念出咒语：“快来看呀，我要变了我要变了，快来看呀，变成洋葱鱼。”

师：这次变身他还是不满意，觉得不适合自己，于是他又要开始变身了。快看，尼克变成了什么？

教师播放课件，出示母鸡鱼图片，幼儿观看后根据图片内容回答。（母鸡鱼）

师：他说了什么才变身成母鸡鱼的呢？

幼儿念出咒语：“快来看呀，我要变了我要变了，快来看呀，变成母鸡鱼。”

师：尼克特别想变身成为适合自己的鱼，所以他变成了不同的样子，你能说一说咒语，让尼克变身吗？

教师引导幼儿发挥想象，大胆地说出咒语，让尼克变成各种各样的鱼，如“快来看呀，我要变了我要变了，快来看呀，变成汽车（房子、苹果、大树等）鱼”。

小结：尼克变出来好多不同的鱼，但是尼克还是认为变出的这些鱼一点儿都不适合自己，他想变成为一条适合自己的鱼。

三、倾听故事，发现尼克的变化

教师播放课件，讲述故事从“还可以变成什么鱼呢？”到“回到了海底的家”，幼儿倾听。

师：尼克刚才到了陆地上，看到了好多奇怪的东西，却不知道那些都是什么，所以他想读好多好多的书，那我们来猜一猜，接下来尼克又会变成什么鱼？

幼儿根据故事情节回答。（读书鱼）

师：为什么他想变成一条读书鱼？

幼儿根据已知经验回答。（书里面有好多知识）

师：尼克决定了，他要变成一条读书鱼，读好多好多的书，变成很有学问的读书鱼。

师：孩子们你们喜欢读书吗？

幼儿根据生活经验回答。（喜欢）

四、同伴交流，介绍喜欢的图书

师：我们每个人都有自己很喜欢看的书，我最喜欢的书《闪电鱼尼克》，因为书里面有许多有趣的图画，我看了以后还可以把里面有趣的故事讲给你们听。在活动之前我们每位小朋友都选了一本自己最爱看的图书，谁能来说一说你为什么喜欢读这本书？

幼儿介绍自己喜欢的图书，并说出喜欢的理由。

五、同伴分享，享受读书的乐趣

师：孩子们你们说得真好。你们的书一定很有趣。现在就请你和你的好朋友们，交换一下图书，看一看你好朋友最喜欢读的书到底哪里有趣。

幼儿交换图书，安静阅读。

师：孩子们，读书很有意思吧。读书可以增长知识，还可以让我们了解世界，许多我们不知道、不了解的事情都能在书上找出答案，一会儿，请把你们的书放在图书角里，和大家一起分享吧！

附：

闪电鱼尼克

在深深的海底，有一条小鱼，他的身上有一道闪电的图案，大家都叫他“闪电鱼尼克”。闪电鱼尼克非常小，但是他的志愿可不小，每天一醒来，他就大声地说：“我不要当小鱼。”那么，当什么鱼好呢？

有一天，他对好朋友泡泡鱼说：“我想到了！我想变成一种西瓜鱼。”泡泡鱼听了，哈哈大笑：“世界上哪有西瓜鱼？”“谁说没有，只是我们没见过而已。”“就算有西瓜鱼，一定是圆圆胖胖的，我才不喜欢呢！我喜欢你现在的样子。”尼克说：“好吧，我再想想看。”

第二天，尼克兴奋地告诉泡泡鱼：“我想到了，我想变成一种洋葱鱼，很可爱吧！”泡泡鱼听了，又哈哈大笑：“世界上哪有洋葱鱼？”“谁说没有？只是我们没见过而已。”“就算有洋葱鱼，一定是圆圆胖胖的，我才不喜欢呢！我喜欢你现在的样子。”尼克说：“好吧，我再想想看。”

第三天，尼克又兴奋地告诉泡泡鱼：“我知道了！我想变成一种母鸡鱼，后面带着一群小鸡鱼。”泡泡鱼听了，又哈哈大笑：“世界上哪有母鸡鱼？”“谁说没有，只是我们没见过而已。”泡泡鱼觉得很奇怪：“为什么你总是想变成圆滚滚的鱼呢？就算有母鸡鱼，一定也是圆圆胖胖的，我才不喜欢呢！我只喜欢你现在的样子。”尼克说：“好吧！我再想想看。”

还可以变成什么鱼呢？尼克想不出来了，他决定旅行。他离开了深深的海底和泡泡鱼。不久，尼克游到了岸边。他用力一跳，跳到了岸上，好奇地东看看、西看看：“啊！好美的天空呀！居然有白云鱼呢！”一会儿，尼克就喘不过气来了：“哎呀！不行不行，不能呼吸了。”他只好“扑通”一声，跳回水里去。接着，尼克又游到了一个不知名的地方。他用力一跳，跳到了一片白茫茫的地方。“哎呀！怎么这么冷？”他抬头看看天空，一片一片白白的东西，缓缓地飘下来……他尝了一口，冰冰凉凉的。“咦，这是什么东西啊？一到嘴巴里就融化了！”一会儿，尼克又喘不过气来了：“哎呀！不行不行，不能呼吸了！”他只好又“扑通”一声，跳回水里去。

就这样跳上跳下的，尼克出来旅行了一整天。他的肚子开始咕噜咕噜叫了，他想起了深海里的家，也想念泡泡鱼，于是，他摇一摇尾巴，离开了岸边，回到了海底的家。一看到泡泡鱼，尼克很兴奋地说：“我决定了，我要变成一种读书鱼，很棒吧！”“为什么要变成那种鱼呢？”“因为我到陆地上，看到了好多奇怪的东西，我都不知道那是什么，所以我想读好多好多的书，变成很有学问的读书鱼。”泡泡鱼听了，还是哈哈大笑：“世界上哪有读书鱼？”“谁说没有？我就是啊！”尼克非常肯定，“世界这么大，一定有读书鱼，我就是要变成读书鱼。”泡泡鱼说：“好吧！反正你是一条爱幻想的小鱼。”

后来，闪电鱼尼克和朋友们成立了海底图书馆。美人鱼是馆长，经常主持读书会。尼克每天都开心地和朋友们一起听故事、看好书，这是海底最美的一道风景呢！

（秦皇岛市启航幼儿园 / 朱宝）

活动四　我喜欢书

◎活动目标

1. 赏读绘本，知道书的形式和种类是多种多样的。
2. 尝试用动作、表情等大胆表现想法，并用清晰的语言描述图书所在位置。
3. 喜欢与他人谈论图书中的有关内容，养成阅读的习惯。

◎活动准备

课件：《我喜欢书》绘本故事图片，书架游戏课件，编号卡片若干，各种图书的图片。

◎活动过程

一、观察图片，认识爱看书的猩猩

教师播放课件，出示绘本中猩猩的图片，幼儿观看。

师：它是谁？（小猩猩）你们猜一猜，小猩猩最喜欢什么东西？

幼儿根据已知生活经验大胆猜测。（香蕉、苹果、荡秋千等）

师：小猩猩把最喜欢的东西带在了身边，我们来看一看是什么。

幼儿观察图片后回答。（书）

师：是的，这只小猩猩最喜欢书。

二、观看课件，大胆进行创新表演

教师播放课件，出示《好笑的书》图片，幼儿观看。

师：小猩猩都喜欢什么书？

幼儿根据图片内容回答。（让人感到开心的书、好笑的书）

师：你是怎么看出来小猩猩喜欢这些书呢？

幼儿根据图片内容自由回答。（小猩猩很开心，它在笑）

师：如果让你来表演看一本《好笑的书》，你会怎么表演？

幼儿发挥想象大胆地表演。

师：我觉得大家的表演很搞笑，接下来我们来猜一猜，小猩猩还喜欢什么书呢？

按照上面的方法，教师播放课件，依次出示《恐怖的书》《胖胖的书》和《瘦瘦的书》图片，幼儿观看后回答教师提问并进行创意表演。

三、表演猜测，表现书的多种多样

师：我这里有几张图片，想让你们猜一猜，小猩猩还喜欢什么书，谁想来试一试呢？

教师随机挑选幼儿，悄悄给幼儿看卡片，然后请幼儿用肢体语言表达出来。

其他幼儿观察表演并进行猜测。（恐龙、唱歌、数数的书）

师：看完大家刚刚的表演，你还记得小猩猩都喜欢什么种类的书吗？

幼儿回忆并回答。

师：你们记得可真仔细。小猩猩喜欢看搞笑的书、恐怖的书、数数的书等很多类型的书，书的种类真的太多了。你愿意和你的同伴互相猜一猜，你们都喜欢什么样的书吗？

幼儿两人一组进行表演，教师巡回观看指导，并请几组表现力强的幼儿上前表演让其他幼儿猜测。（哭泣的书、爱劳动的书、会背古诗的书）

四、找书游戏，描述图书所在位置

师：因为爱看书，所以小猩猩的书架上摆满了书，可是书太多了，它找不到书的位置了，请大家来帮一帮它，用语言描述出图书的位置吧！

教师出示书架游戏课件，幼儿观察。

师：请你帮小猩猩找到《我妈妈》这本书在什么位置。

幼儿找到图书在书架上的位置，并用语言描述出来。（《我妈妈》这本书在第三排，从左往右数第六本书的位置）

师：请你帮小猩猩找到《小熊不刷牙》这本书在什么位置。

幼儿找到图书在书架上的位置，并用语言描述出来。（《小熊不刷牙》这本书在第二排，从左往右数第四本书的位置）

教师鼓励并提示幼儿回答时要将书的名字、位置说清楚。

师：你们刚才说得都很好，接下来小猩猩说，请你们按照编号，在书架中帮我找到我想要的书，可以吗？（可以）可是，什么是编号呢？

教师播放课件，出示编号卡片，如 4-3，幼儿观看。

师：孩子们，你们知道这个编号该怎么读呢？

幼儿根据已知经验回答。（读作四杠三）

师：谁能说说，它表示书在书架的什么位置？

幼儿根据已知经验回答。（第四排，从左往右数的第三本书）

师：那我们就按照这个编号找一找这本书吧。

幼儿根据编号找到这本书并回答。（编号 4-3 的这本书是《胖国王》）

师：我再换一个编号，看看谁能在书架上找到这本书。

教师播放课件，出示编号 5-2 的卡片，幼儿根据编号找到这本书并回答。（编号 5-2 的这本书是《我爱幼儿园》）

教师播放课件，依次出示编号 1-6、3-7、2-6 重复进行，并提示幼儿回答时将话说完整。

五、分享交流，清晰表达自己想法

师：你还看过哪些特别的书，和别人不一样的书？

幼儿根据已知经验回答。（立体书，会唱歌的书）

教师播放课件，出示《特别的书》的图片，幼儿观看。

师：原来还有翻翻书、会唱歌的书、触摸书、冰书等各种好玩儿的书。

师：在这些书中你觉得它为什么特别，有什么不一样的地方？

幼儿清晰连贯地说出自己的想法。

师：书里的世界十分精彩，能把我们带到一个不一样的世界，开阔我们的眼界。希望你们都能养成读书的习惯，像小猩猩一样读很多很特别的书。

附：

我喜欢书（节选）

我喜欢各种各样的书。好笑的书和恐怖的书、胖胖的书和瘦瘦的书、有关恐龙的书、唱歌的书、数数的书。

我还喜欢童话故事书、儿歌集、漫画书、填色书、关于怪兽的书、介绍太空的书，我真的很喜欢书。

（秦皇岛市启航幼儿园 / 冯立楠）

活动五　爱读书的凯文

◎活动目标

1. 知道阅读图书能给人带来知识和智慧，懂得遇到问题通过图书寻找答案。
2. 学会看页码符号，尝试根据页码进行自主阅读。
3. 体验有目的的自主阅读的乐趣，增进对图书的喜爱之情。

◎活动准备

1. 课件：凯文图片、《凯文不会飞》绘本故事图片；页码图片；带页码的四幅图；自选轻柔的音乐；燕八哥鸟们庆祝的图片。

2. 故事《凯文不会飞》图书若干。

◎活动过程

一、观看图片，认识与众不同的凯文

教师播放课件，出示凯文图片，幼儿观看。

师：今天我们要来读一本新书，书中的主人公就是它，一只与众不同的燕八哥鸟，它的名字叫凯文。孩子们，你们知道什么是与众不同吗？

幼儿根据自己的理解回答。（和别人不一样）

师：与众不同就是和很多人都不一样。凯文到底有什么与众不同呢？

教师播放课件，出示绘本封面，幼儿观看后回答。（凯文不会飞）

师：一只鸟却不会飞，到底是怎么回事？我们一起来看一看吧。

二、阅读图书，感受凯文的与众不同

教师播放课件，讲述故事第一段，幼儿看图倾听。

师：在这么多长得很像的兄弟姐妹中，怎样才能认出凯文？

教师操作课件，再次出现凯文的图片，引导幼儿仔细观察凯文的外貌特征后回答。（发型与其他鸟不一样）

师：除了发型不同，凯文还有什么特别的？我们接着往下看。

教师继续播放课件，请幼儿观察故事第二、三段内容画面。

师：兄弟姐妹们在做什么？凯文在做什么？

幼儿根据故事画面内容回答。（兄弟姐妹在捉昆虫，凯文在看书）

小结：当兄弟姐妹们在捉昆虫、逮蚯蚓、学飞行的时候，凯文在看书，就连睡觉梦到的也是书里读到的故事。

三、观察画面，寻找凯文看过的图书

师：凯文的兄弟姐妹都叫它“书虫”“书呆子”，但是即使如此，凯文还是会到图书馆里去看书。

教师播放课件，出示页码图片一，幼儿观察。

师：孩子们，认识这个符号吗？知道它是什么意思吗？

幼儿大胆表达。（是 P，表示书的页数）

师：P12 ～ P15 表示从 12 页到 15 页，数一数一共有几页？（四页）说一说是哪四页？

幼儿根据理解大胆回答。（12、13、14、15）

师：凯文看过的书就藏在这四页当中，我们看看凯文看了哪些书，你说的这本书在第几页上？这一页上凯文还看了哪些书？

教师继续播放课件，出示带页码的四幅图，幼儿观察后回答。（海盗、原始人、火山的书；在 12 页上，这一页还有《环游世界》《北美昆虫记》等书；鲸鱼、恐龙、太空的书，在 13 页上，这一页还有大象的书）

师：凯文被叫作“书虫”“书呆子”，你觉得它会放弃读书吗？

幼儿根据自己的理解回答。

小结：这就是我们与众不同的凯文，不管别人怎么嘲笑，它都不会放弃自己看书的爱好。

四、自主阅读，体会图书之中的智慧

师：转眼间到了秋天，八哥鸟们要飞去南方了。它们为什么要去南方？

幼儿大胆表达对迁徙的认知。（候鸟冬天从北方飞去南方）

师：不会飞的凯文去南方了吗？这群燕八哥鸟还发生了些什么事情？请你们自己到书中去看一看。在你们自己看书的时候，要把我们刚刚学到的看页码的本领用上。

教师在大屏幕上出示页码图片二，幼儿观看。

师：我们只看大屏幕上出现的页码。现在，请你们三人一组同看一本书，到书中去找一找答案吧。

幼儿三人一组坐在后面的桌子旁看书，教师操作课件播放轻柔的音乐，幼儿自主阅读5分钟，教师巡回指导，阅读结束后幼儿回到原位。

师：凯文去南方了吗？它是怎样去的？

幼儿根据阅读的内容回答。（去了，兄弟姐妹用绳子拽着凯文飞）教师根据幼儿回答，播放课件出示故事第五段内容画面。

师：在去南方的路上发生了什么事？八哥鸟们是怎么做的？是谁想到的办法？它是怎样知道这个办法的？

幼儿根据自己阅读的内容和对画面的理解回答。（遇到了飓风，燕八哥鸟们躲进了山洞里，凯文想到的办法，凯文的办法是从书中学到的）教师根据幼儿回答，播放课件出示故事第六段内容画面。

师：凯文帮助大家躲避了飓风，是因为它看了一本关于气象学的书。看来读书不仅能带给我们知识，有时还能帮助我们躲避危险。你们看到过哪些书？你在书中学到了哪些本领？

幼儿自由回答。

五、自由猜测，萌发继续阅读的兴趣

教师播放课件，出示燕八哥鸟们庆祝的图片，幼儿观看。

师：飓风过去了，大家安然无恙，这都是凯文的功劳，大家为凯文举办了一场盛大的庆祝宴会。孩子们，爱看书的凯文学了很多的本领，可是，作为一只鸟不会飞，你们觉得怎样？

幼儿自由回答。（不太好，鸟还是应该会飞才好）

师：凯文最后有没有学会飞行呢？答案就藏在书的最后几页中，我把这本书放到咱们班的图书角，等会和你的朋友一起去读一读看一看吧。

附：

凯文不会飞

有只小燕八哥鸟儿，名叫凯文。它出生在老马厩的一个破屋檐下，住在一起的还有它的三个哥哥，四个妹妹，以及六万七千四百三十二个堂哥堂姐堂弟堂妹和表哥表姐表弟表妹。这可真是一大家子呀！

从看见外面世界的第一天起，小八哥鸟儿们就有不同的发现，有的发现虫子，有的发现水，有的发现泥土，但凯文发现的，却是一本书。

当凯文的兄弟姐妹都在捉昆虫、逮蚯蚓、找蚂蚁的时候，凯文却在认生字、学组词、念句子。夜里，凯文的兄弟姐妹们梦见捉小虫，凯文却梦到它在书里读到的冒险故事和传奇，甚至梦到自己也变成了作家。六月的第一天，当所有的小燕八哥都开始学习飞行，都在学习“俯冲”“盘旋”的时候，凯文却天天在图书馆里埋头读书。

凯文的兄弟姐妹们都叫它“书虫”“书呆子”，但即便如此，凯文也还是会继续回到图书馆，这是唯一让他感到快乐的地方。就这样，整个夏天，凯文都泡在图书馆里，用它小小的脑袋，使尽所有的力气一点一点地吸收知识。

秋天到了，凯文的兄弟姐妹都提醒它得赶紧练习飞行了，过两天大家就要飞去南方了。可凯文回答道：“哦，没错，这叫迁徙。我读过这个词儿。”于是到了出发的那一天，燕八哥们都飞上了天，可凯文只能眼巴巴地站在地上看着，眼泪流了下来。

凯文的兄弟姐妹们又飞了回来，它们用垃圾堆里捡回来的绳子把凯文捆了起来，它们用嘴叼着绳子的一头，拽着凯文飞了起来，就这样飞了一天又一天。凯文在天空上看到了河流、山脉和城镇，这些景色它夏天读书时都读到过，它很激动，指给兄弟姐妹们看，但是其他小八哥只顾专心飞翔，一路向南。

有一天，风突然刮得特别猛，大树都被刮得东倒西歪，鸟群的行进变得越来越困难了。凯文想起了它最喜欢的那本关于气象学的书，赶紧提醒它的兄弟姐妹们：“是飓风！是飓风来了！”它向大家解释什么是飓风、如何躲避。于是大家躲进山洞里，躲过了风暴，躲过了一劫。

终于，飓风过去了，太阳高高地挂起！大家安然无恙，这都是凯文的功劳！大家为凯文举办了一场盛大的庆祝宴会，并把它拯救大家的事变成了歌来唱。凯文实在太高兴了，它跳啊蹦啊，扑棱着翅膀，居然飞了起来，凯文也会飞啦！

（秦皇岛市启航幼儿园 / 李宝玲）

活动六　傻鹅皮杜妮

◎活动目标

1. 体会故事中角色的心理变化，知道不懂装懂会带来麻烦和苦恼。
2. 尝试在保护物品的情况下，用手脚并用的方式躲避障碍。
3. 感受绘本作品的诙谐与幽默，懂得认真阅读的重要性。

◎活动准备

1. 课件：《傻鹅皮杜妮》绘本故事图片，农场动物的图片，爆炸盒子。
2. 地面上贴好运送爆炸盒子的路线图，“爆炸盒子”若干，设置障碍的装满水的瓶子若干，报纸团成的纸球若干。

◎活动过程

一、观察讨论，认识故事中的主人公

教师播放课件，出示绘本中的皮杜妮图片，幼儿观看。

师：今天我们要认识一位生活在农场里的动物朋友，看看她是谁？

幼儿观察图片回答。（鹅）

师：是的，她是一只鹅，她的名字叫作皮杜妮。我们来猜一猜，皮杜妮是一只什么样的鹅呢？

幼儿自由大胆地回答。（可爱的、胖胖的、萌萌的）

师：这只鹅呀，在她农场朋友的眼里，可是一只呆头呆脑的鹅，让我们来看一看，为什么她的朋友会这么说呢？

二、欣赏绘本，感受皮杜妮心理变化

教师播放课件，讲述故事从“一大清早”到“这是什么呀”，幼儿倾听。

师：皮杜妮在草地上发现了一个什么东西？

幼儿根据故事情节回答。（书、绘本）

师：书有什么用呢？是用来做什么的？

幼儿根据已知生活经验回答。（可以看、可以学习、可以获得知识）

师：那我们来看一看，皮杜妮捡到了这本书，她是怎么做的？

教师播放课件，讲述故事从“皮杜妮轻手轻脚地靠过去”到“夹在翅膀下带走了”，幼儿倾听。

师：皮杜妮捡到这本书之后说了一句话“有书又爱书的人，就有智慧”，于是她做了一件什么事？

幼儿回忆故事内容回答。（把书夹在翅膀下带走了）

师：皮杜妮为什么要这么做呢？

幼儿根据故事内容大胆猜测。（她觉得爱这本书就有智慧）

师：可是，把书夹在翅膀下面，真的就会有智慧吗？

幼儿根据生活经验结合故事回答。（不会的，书是要看的）

师：可是，皮杜妮却不这样认为。

教师播放课件，讲述故事从“她睡觉带着书”到“脖子拉长了好几倍呢”，幼儿倾听。

师：皮杜妮自从有了书，她变成了什么样？谁能来学一学。

随机找幼儿上前表演皮杜妮最开始到现在的变化。

师：你们模仿得可真不错，皮杜妮有了这本书越来越骄傲了，农场里的其他小动物竟然也觉得，有了这本书之后她可以变聪明了。

三、分析交流，帮助皮杜妮解决问题

师：农场里的小动物，一有了困难就去请教皮杜妮，皮杜妮也很乐意帮助他们，甚至他们不来问她，她也会主动帮忙。

1. 帮助母鸡爱达数一数小鸡

教师播放课件，讲述故事从“在鸡舍里”到“爱达烦恼极了”，幼儿倾听。

师：你们觉得皮杜妮说得对吗？哪里不对？

幼儿根据故事内容回答。（是 9 只小鸡，不是皮杜妮说的 6 只小鸡）

师：皮杜妮可没时间烦恼，她忙着呢。

2. 帮小狗阿喧从地洞里出来

教师播放课件，讲述故事从“在草地上”到“并且拿书把火烧旺”，幼儿倾听。

师：停停停，皮杜妮这样做可以吗？

幼儿结合已知生活经验回答。（不可以）

师：为什么呀？会发生什么事？

幼儿根据故事情节大胆猜测。（被烧，烟很呛人）

师：如果是你，怎么帮小狗阿喧？

幼儿结合已知生活经验回答。（把洞挖得大一点）

师：可是皮杜妮并没有按你们说的那样做，她不懂装懂地还是在地洞的另一头点起了火，阿喧被烟呛得半死，拼了老命把头从地洞里拔出来，痛得哭叫着跑了。鼻子烧焦了，耳朵也受伤了。这个时候，你们觉得傻鹅认识到自己的错误了吗？

幼儿根据故事情节大胆推测。（没有）

师：傻鹅皮杜妮可没觉得自己错，她也不觉得这样会给别人带来麻烦。她一天比一天骄傲，觉得自己充满了智慧，夹着书在农场里又继续不懂装懂地到处帮忙。

教师播放课件，讲述故事从“这一天她摇摇摆摆来到了河边草地”到“你们可以打开来吃啦”，幼儿倾听。

师：这些盒子里装的是什么？

幼儿根据故事内容回答。（爆竹）

师：如果真像皮杜妮说的是糖果，你们猜一猜会发生什么样的事。

幼儿根据故事情节大胆猜测故事内容。（会爆炸）

师：你们从哪里发现它们是一个会爆炸的盒子？

幼儿观察图片，说出盒子的特征。（文字，警示标志）

师：是的，如果这次小动物们再听取皮杜妮的建议，会发生什么样的可怕后果？

幼儿根据已知经验回答。（烧伤、炸伤、挂彩）

师：想想都觉得可怕！小动物们都很害怕这些盒子，想把爆炸盒子送出农场，可是怎么运呢？

幼儿根据生活经验想办法。（用车推出去，用绳子扔出去）

四、运送盒子，解决爆竹会爆炸危机

师：你们的办法都很不错，可是没有车，也没有绳子，怎么办呢？

幼儿大胆回答。（可以把身体变成车）

教师播放课件，出示农场动物的图片，并展示地面上的路线和水瓶障碍，幼儿观察。

师：这个爆竹一旦掉在地上可不得了，怎样运送才能让爆炸盒子不掉在地上？请你们小组之间商量商量，模仿小动物们行走的方式，你们会用哪种姿势去运送炸弹？

幼儿自由结组进行小组商议，选择要模仿的动物并说一说。（模仿兔子抱着盒子坐着挪动，模仿小狗把盒子放在背上跪爬）

师：那我们就来试一试。首先，我们要按路线把炸弹运送出去，要注意路上的障碍不要碰到，否则就会……（爆炸）如果在途中有盒子掉下来的情况也没有关系，请思考掉下来的原因，从起点重新开始进行运送。

幼儿进行第一次接力游戏，10 个幼儿模仿动物运送爆炸盒子。

师：第一次的爆炸盒子我们运送得很顺利，这几位小朋友用身体把爆炸盒子保护得很好。我们可以让他们说一说，用了什么动作、什么方法让爆炸盒子掉不下来呢？

请 2 ～ 3 名参与运送的幼儿通过思考进行回答。（让盒子和身体大面积充分接触，移动时选择不容易晃动的姿势）

教师边示范边讲解第二次游戏的规则：接下来，刚刚玩过游戏的孩子们，你们有了新的任务，那就是设置障碍和制造麻烦。你们可以移动水瓶摆放全新的障碍位置，也可以在其他小朋友运送爆炸盒子的过程中将纸球滚到路线上。参加第二次接力游戏的孩子们，你们要自动地分成两个小组，不仅要看清路上设置的障碍不可以碰到它，还要模仿动物行走的方式灵活地躲避来自路线上随机出现的滚动纸球。

幼儿进行第二次竞赛游戏，哪组用时最少哪组获得胜利，游戏时提醒制造纸球障碍的幼儿要用滚动纸球的方式，不可以扔、抛、砸，注意游戏时的安全。

师：你们都很棒，不仅在躲避水瓶障碍时把爆炸盒子保护得很稳，而且面对随机而来滚动的纸球障碍时也很灵活，你们和农场的小动物们暂时安全了！

五、续听故事，知道知识要装进脑袋

教师播放盒子爆炸的课件，幼儿观看。

师：可是傻鹅皮杜妮就没那么幸运了，她还是不懂装懂地坚持认为那就是一个糖果盒子！可是……砰！怎么样了？

幼儿根据故事内容回答。（盒子还是爆炸了，皮杜妮受伤了）

教师播放课件，继续讲述故事到“终于发现自己真是一丁点儿都不聪明”，幼儿倾听。

师：怎么样才能变成一个聪明的人呢？

幼儿结合生活经验和故事内容回答。（勤思考、多读书）

师：皮杜妮也发现了，那本炸开的书里面，写了很多她看不懂的东西。她说她终于懂了，光把智慧夹在翅膀下是不管用的，还是要把书的知识装进脑袋里才行。你们觉得皮杜妮说得对吗？

附：

傻鹅皮杜妮（节选）

一大清早，傻鹅皮杜妮到河边草地上闲逛。她在这边啄只小虫，在那边拔根叶子，又吸吸秋麒麟叶上的露珠儿……忽然，她发现一个以前从没在草地上见过的东西。这是什么呀？皮杜妮轻手轻脚靠过去，绕着它，前后左右闻了又闻。“再笨的呆头鹅也知道。”皮杜妮自言自语地说，“这味道绝不是鹅该吃的东西。可是我敢说，我以前一定见过这玩意儿……”

“有书又爱书的人，就有智慧。”皮杜妮又喃喃地说了一遍。然后她努力地想了很久很久。“唔，这就对了，”最后她说，“如果我拿了这本书，爱这本书，我也会有智慧。再没有谁敢叫我傻鹅皮杜妮了。”于是，皮杜妮叼起书，夹在翅膀下带走了。她睡觉带着书，游泳也带着书。知道自己有了智慧，皮杜妮开始骄傲起来。

她把下巴抬得高高的，越来越高，越来越高……骄傲的皮杜妮，脖子拉长了好几倍哪！其他动物也开始相信皮杜妮变聪明了。他们一有了困难，就去请教皮杜妮，皮杜妮也很乐意帮助他们，甚至他们不来问她，她也会主动帮忙。皮杜妮一天比一天更加骄傲。她的脖子又拉长了许多。

在鸡舍里，母鸡爱达领着她的小鸡，紧张兮兮地咕咕直叫。“噢，皮杜妮，”爱达说，“我带小鸡去树林散步，好像丢掉了几只。农夫说我有九只小鸡，可是我不太会数数儿。拜托你，聪明的皮杜妮，帮我数数看，到底小鸡有没有全在这里？”“乐意效劳。”皮杜妮说，“嗯，让我看看，水槽边有三只，饲料槽边有三只，还有三只在你脚边。现在——三乘三得多少？得六……”“六？”爱达问：“六比九多还是少？”“六比九多得多了，哪会少！”皮杜妮说：“多得多了，亲爱的爱达！”“比九多？我的老天爷！我那九个小捣蛋已经够我忙的了，多出来的几只是打哪儿来的？……噢，天啊，我再也没好日子过了。”可怜的爱达烦恼极了。

皮杜妮可没时间烦恼，她忙着哪！在草地上，她发现小狗阿喧的脑袋卡在一个地洞里。“救命啊！救命啊！”阿喧大叫，“我的头卡在兔子洞里出不来了。救命啊！”“乐意效劳。”皮杜妮说，“幸好我知道猎人把动物赶出地洞的方法。他们用烟熏。等我拿些柴火来。”于是，皮杜妮在地洞的另一头点起了火，并且拿书把火扇旺。她的妙计成功了。阿喧被烟呛得半死，拼了老命把头从地洞里拔出来，痛得哭叫着跑了。他的鼻子被火烧焦了，耳朵也受伤了。可怜的阿喧不断哀叫。

这一天皮杜妮摇摇摆摆来到了河边草地，发现一群朋友，正围着一个盒子。“啊，聪明的皮杜妮，”他们叫喊着，“我们在路边沟里发现这个盒子，也许是什么好吃的。皮杜妮，快来告诉我们盒子上写些什么。”“乐意效劳。”皮杜妮说，“来，我看看……啊，糖果！盒子上是这样写的，没错，糖果。没问题，你们可以打开来吃啦！”可是……“砰！”

皮杜妮的神气和智慧，给爆竹一炸，就炸飞了。她的脖子又缩回了原来的长度，而且缠满了绷带。她比谁都丧气，因为她终于发现自己真是一丁点儿都不聪明。忽然，皮杜妮发现爆竹把她那本书给炸开了。在这以前，她从没把书打开来过。现在她看到书里面写了些她看不懂的东西。皮杜妮坐下来，仔细地想了又想，最后她叹了口气：“现在我懂了，光把智慧夹在翅膀下，是不管用的，还得把书装进脑袋里才行。既然如此，我得先学会看书。”

（秦皇岛市启航幼儿园 / 徐姮）

活动七　书本里的蚂蚁

◎活动目标

1. 对图书中的文字感兴趣，知道文字表示一定的意义。
2. 尝试用简单的汉字进行组词、造句并说出词、句的意思。

3. 体验与同伴合作用汉字玩游戏的快乐，感受汉字的奇妙。

◎活动准备

1. 课件：《书本里的蚂蚁》绘本故事图片，音乐《这是什么》。

2. 绘本书一本（随意），游戏用字（上、海、蜂、蜜、王、国、喜、欢、牙、刷、牛、奶）卡一套。

◎活动过程

一、师幼谈话，说说书中的内容

师：孩子们，你们看我手里拿的是什么？（书）你们知道书里都有什么吗？

幼儿自由进行回答。（故事、图画、文字等）

师：每一本书里都会有不同的内容。

二、倾听故事，复习认识的汉字

教师播放课件，讲述绘本故事到“从此，书本里有了一个会走路的字”。

师：小女孩的书里有什么？

幼儿根据故事内容回答。（有字、有书、有花等）

师：故事中用了一个词来形容这些字，谁还记得？

幼儿根据故事内容回答。（蚂蚁）

师：小女孩的书里有密密麻麻的字，还有一只扁扁的像字一样的小蚂蚁。它每天都会去不同的地方玩，第一天，小蚂蚁躲在了哪里？

教师播放课件，幼儿观察后回答。（躲在了海、蜜、国）

师：你可以用海（蜜、国）组个词吗？

幼儿自由回答。（大海、海洋、海水、海龟、海蜇；蜜蜂、蜜汁、蜜糖；国家、国王、中国）

师：第二天，小蚂蚁又藏在了哪里？

教师播放课件，幼儿看图回答。（刷、蜂）

师：看到这个“刷”（蜂）字你会想到哪些词？

幼儿自由回答。（刷子、牙刷、刷地、刷桌子；蜂蜜、蜂王、蜂王浆、蜂巢）

师：第三天，它又找谁去捉迷藏了？

教师播放课件，幼儿观察后回答。（欢、奶、王）

师：第四天，小蚂蚁这次找了四个字捉迷藏，你发现了吗？

教师播放课件，幼儿仔细观察后回答。（喜、上、牛、牙）

师：这些字你们一定都认识了，我来考考你，哪个字上的小蚂蚁不见了？仔细看，有个字不见了。

教师播放课件，幼儿依次认读所有的字，找到不见了小蚂蚁的字。

师：很快，这些字也想像小蚂蚁一样走来走去，去找一个新朋友。

三、颠倒游戏，感受汉字的奇妙

师：它们就在你的椅子下面，快把它请出来吧！

幼儿从椅子下取出字卡。

师：你来介绍一下你拿的是什么字。请把话说完整。

幼儿分别介绍自己的字卡。

师：想一想，你拿的那个字和哪个字适合做朋友，能组成一个词？请你在音乐结束前找到朋友并一起回到座位上。开始！

教师播放音乐，幼儿听音乐根据字卡找朋友。

师：请你介绍一下这对朋友，它们是谁和谁？组成了什么词？

幼儿根据自己的字卡回答。（蜜和蜂组成了蜜蜂，王和国组成了王国……）

师：大家都找到了合适的朋友，玩得很开心。有一天，小姑娘想起了那朵小红花，打开书一看，她惊讶极了，书里的字怎么和以前不一样了呢？有什么变化？

教师继续播放课件，幼儿观察后自由回答。（换位置了，名人变成了人名）

师：原来是两个字的位置前后换了一下，变成了新的词。我们也来尝试一下，和你的朋友换个位置，看看有什么变化。

幼儿根据自己的词语回答。（王国变成了国王或国王变成了王国）

师：与之前的词意思一样吗？

幼儿自由回答。（不一样）

师：你们可以用这个词说一句话吗？

幼儿根据经验回答，教师根据词语给予幼儿适当的提示。

师：请你把字卡贴到前面的黑板上。

幼儿依次介绍新的词语并说一句话，最后把字卡随意贴到黑板上。

小结：有些词语中，汉字的位置前后颠倒，可以组成新的词，所表达的意思也会有所变化。

四、分组竞赛，体验合作的快乐

师：这些字的位置不停地变化，每次都有新的发现。小女孩又一次打开书时，发现这句话中出现了两个词，是哪两个词？

教师播放课件，幼儿看图回答。（喜欢、上海）

师：我们来试试用喜欢和上海这两个词说一句话。（喜欢什么样的上海，喜欢上海的什么）

幼儿根据经验回答。

师：我再来选两个词，谁来试试用蜜蜂和奶牛说一句话？两只小动物之间会发生什么事呢？

幼儿自由回答。（蜜蜂落在奶牛的身上，蜜蜂和奶牛是一对好朋友）

师：这些词可以随意组合，连在一起说一句话。现在我们分成两组，其中一组在这些词里随便选两个词，另一组在规定的时间内用这两个词说一句话，说对了记一分，错了不记分。

幼儿自由组合分成两组进行比赛。教师根据幼儿的掌握情况，也可以用这些字，随意组成两个新的词语请幼儿连在一起说一句话。

师：恭喜 ×× 队获胜。

教师根据具体情况总结幼儿比赛情况，给予鼓励、总结。

五、续听故事，对汉字产生兴趣

教师播放课件，继续讲述故事从“旧书不再是一本安安静静的书了”到故事结尾，幼儿倾听。

师：小女孩每天打开书，都会有一个新的故事等着她，从此她再也没有买过新书。孩子们，你们知道书本里的蚂蚁是谁了吗？

幼儿大声回答。（汉字）

师：如果你想认识书本中的这些小蚂蚁，就到图书角的书中去找一找吧。

附：

书本里的蚂蚁

古老的墙角边，一朵红色的小花孤零零地开着，在风里轻轻地唱着歌。一只黑黑的小蚂蚁，静静地趴在花蕊里睡觉。

一个小姑娘经过这儿，采下这朵花，随手夹进了一本旧书里。小蚂蚁当然也进了书本，被夹成了一只扁扁的蚂蚁。

“喂，你好，你也是一个字吗？”书本里传来了细碎的声音。

“是谁？书本也会说话？”小蚂蚁奇怪极了。

“我们是字。”细碎的声音回答着。小蚂蚁这才看清，书本里满是密密麻麻的小字。“我们小得像蚂蚁。”字有点不好意思地回答。

“我是蚂蚁，噢，我变得这么扁，也像一个字。”小蚂蚁挺乐意做一个字。

从此，书本里有了一个会走路的字。小蚂蚁住在第100页，第二天就跑到了第50页，第三天又跑到第200页。所有的字都感到很新奇。要知道，这是一本很旧的书，很久没有人翻动过了，而这些字从没想过动动手脚，走一走，跳一跳。“我们真是太傻了。”字对自己说。现在，它们要学着小蚂蚁，跳跳舞，串串门，那有多快乐呀！

旧书不再是一本安安静静的书了。

有一天，小姑娘想起了那朵美丽的花，就打开书来看。啊！上面写着她从来也没有看过的新故事，她一口气读完了这个新故事。

第二天，小姑娘忍不住又打开书来看，她更加惊奇了，她看到的又是一个和昨天不一样的新故事。

这时候，小姑娘突然看到了住在书里的小蚂蚁。她问道：“你是一个字吗？”“是的，我原来是一只小蚂蚁，现在，我住在书本里，是会走路的字了。”

“会走路的字？”小姑娘明白了，这本书里的字，每天晚上都走来走去，书里的故事也就变来变去。

这些字全住在一起，快快乐乐的，每天编出新的故事。

（秦皇岛市启航幼儿园 / 陈凯）

活动八　有呀有呀书店

◎活动目标

1. 倾听故事，了解各种神奇的书，感受书所带来想象力和创造力。

2. 认识书店，知道书店里有各种类型的书，并尝试说出书的类型和作用。

3. 体验与同伴合作玩翻书游戏的快乐，萌发阅读各类书的愿望。

◎活动准备

1. 经验准备：有去过书店的经历。

2. 课件：《有呀有呀书店》绘本故事图片。

◎活动过程

一、师幼谈话，说一说对书店的印象

师：孩子们，你们去过书店吗？书店是一个什么样的地方？

幼儿回忆，结合已知经验回答。（买书、看书的地方）

师：你们去过哪些书店？书店的名字叫什么？

幼儿根据已知生活经验回答。（新华书店、西西弗书店、五兴图书广场）

师：你们去书店里都做些什么？为什么要买书看书呢？

幼儿根据经验回答。（学习知识、增长见识）

小结：书店是销售书籍、杂志，阅读图书的地方。当我们有想要学习的知识，或者有不明白的问题，都可以去书店找各种各样的书去寻找答案。

二、倾听故事，了解书店中奇怪的书

师：今天我想邀请你们去一个神奇的书店，神奇在哪里呢？我们一起来看一看吧。

教师播放课件，讲述故事到“一边从店里走出来”，幼儿倾听。

师：所以这家店的名字就叫作“有呀有呀书店”。你们在书店里买过什么样的书呢？

幼儿根据已知经验，自由回答。（故事书、立体书，爸爸妈妈买过工具书）

师：这个书店里，你们说的这些书它全都不卖，它都会卖哪些书呢？

教师播放课件，讲述故事到“你觉得怎么样”，幼儿倾听。

师：这些都是什么书呢？第一本神奇的书《作家树的栽培方法》。谁能从这书名上猜一猜，这是一本什么内容的书？

幼儿根据书名自由大胆地想象，教师重点引导这本书神奇在哪里。

教师播放课件，讲述故事《作家树的栽培方法》，幼儿倾听。

师：原来在“有呀有呀书店”里，还可以种出作家树，这可和我们真实的生活不太一样呀！还有更神奇的书呢，接下来我们看一看《世界奇妙绘本》吧！

教师播放课件，讲述故事《世界奇妙绘本》，幼儿倾听。

师：你都看到了哪些神奇的书？

幼儿根据故事内容回答。（会融化的绘本，会咳嗽的绘本）

师：这些绘本你们在生活中见过吗？（没见过）没见过也没关系，希望有一天你们能找到这个有呀有呀书店，找到这些奇妙的绘本。

三、大胆表达，想象书的类型与作用

师：你们去书店时，是怎么找到自己喜欢的书的？

幼儿根据已知经验回答。

小结：可以按照书店的类别提示自己找喜欢的书，也可以咨询工作人员帮忙找要买的书，有的书店可以用自助机器查询。

师：没想到书店里面还有这么多学问呀。如果你是书店里的一本书，你希望自己是一本什么样的书呢？如果我是一本书，我希望我自己是一本侦探小说，我的这本书里有很多谜题要解开。

幼儿开动脑筋大胆地说一说。（会唱歌的书，会让朋友开心的书，会蹦蹦跳跳的书等）

四、翻书游戏，体验扮演书页的快乐

师：今天我们一直都提到神奇这两个字，现在我要把这神奇的魔法变到你们的身上，把你们变成一本书。想问问今天这里有几个小朋友呢？

师幼互动，一起数一数。

师：我现在就要用魔法把你们变成一张张的书页，我要摸摸你们的头，并告诉你是哪一个书页。

教师从左至右，按 1 到几的顺序告诉幼儿书页。游戏开始，教师根据课堂情况，随机进行指令游戏。如：请单页的书页翻一翻，请双页的书页翻一翻，请 6 到 13 页的书页翻一翻，等等。

师：接下来，我们的游戏可没有那么简单了，现在我要让你们这些书页变成一本厚厚的书。例如，一本 3627 页的书，就请是这四个书页的小朋友，迅速地按照数字的位置手拉手站好，想不想试一试？

游戏时，教师根据课堂情况，随机进行指令游戏。如：教师出示 6279 的书页，请 6 页、2 页、7 页、9 页的四位幼儿按照顺序手拉手迅速站好。（提示：如果遇见重复的数字，例：1313 页，教师可随课堂状况适时提醒幼儿，这组数字只需要 1 页、3 页、13 页的三位小朋友出列，并引导幼儿思考这组数字的站位和排序）

五、续听故事，愿意阅读更多的书籍

师：游戏玩得很开心，有呀有呀书店的老板要收回游戏中的魔法了。接下来他要继续给你们讲故事了。

教师播放课件，讲述故事《喜欢书的人们》。

师：谁能来说一说，你是怎么喜欢书的？

幼儿根据已知经验自由回答。（爱惜图书、多读书等）

师：每个人都有自己喜欢的书，大家喜欢书的方式也是各种各样的。希望你们以后要多多读书，喜欢读书，像《有呀有呀书店》里的老板一样，可以读更多神奇的书，让我们的奇思妙想都能在书里找到。

附：

有呀有呀书店（节选）

在小镇的街道上，一个不起眼的角落里，有一家书店。这家书店专门卖“和书有关的书”。只要问店里的叔叔：“这里有某某方面的书吗？”他就会一边回答“有呀有呀”，一边从店里走出来。一天，一位顾客走了进来：“你好，请问这里有‘有点神奇的书吗’？”老板回答说：“有呀有呀，看看这些书，你觉得怎么样？”

第一本书《作家树的栽培方法》：把一颗种子夹在喜欢的书里，然后把书埋进土里，每天耐心地呵护它，读各种各样的书给它听。到了每年的“读书之秋”，书上就会结出许多许多的书来（当然，也有需要过很多年才能结出书的树哟）。虽然需要漫长的等待，但只要好好照料，就会收获很棒的书。今年备受欢迎的推理小说就是经过了10年的培育才长出来的！但是，如果不小心称赞了其他的树，自己的树就会发脾气，不“结书”了。

第二本书《世界奇妙绘本》：会蹦出来的书、会融化的书、会跑的书、会吃东西的书、会跳呀跳的绘本、会流泪的绘本、会夸奖人的绘本、会咳嗽的绘本、会不断长高的绘本、会流鼻涕的绘本。

第三本书《喜欢书的人们》：“喜欢书”这件事说起来很简单，但要说“怎么喜欢”，形式就多啦。喜欢在书里夹各种东西、喜欢把书凑近闻、喜欢看别人的书、喜欢把读过的书像积木一样垒高、喜欢安安静静读书、喜欢收藏书、喜欢把书放在自己的床上、喜欢闻着书的味道睡觉。

（秦皇岛市启航幼儿园 / 徐姮）

【个别化学习活动】

区域	名称	材料	玩法	价值
语言区	书中我喜欢的	转盘共分为六格，每一格中贴有问题图片、奖励图片和惩罚图片各一幅。蓝色区域是问题图片，如喜欢的故事、喜欢的儿歌、喜欢的汉字等；黄色区域是奖励图片，可设计糖果、抱抱等内容；红色区域是惩罚图片，可设计吹气球、金鸡独立等内容。	1. 幼儿轮流转动转盘，等待转盘停止转动后，根据转盘上指针指向的问题图片，两名幼儿逐一作出回答。直至转盘上所有的问题全部回答完，了解彼此的喜好。 2. 两名幼儿猜拳决定游戏的先后顺序，获胜的一方先转动转盘，待转盘停止转动后，另一名幼儿观察指针对应的问题，回答并表述同伴的喜好。回答正确可获得该问题的对应奖励，回答错误，则要接受该问题的对应的惩罚。	1. 认真倾听，尝试关注并记忆同伴的喜好。 2. 感受分享与交流的快乐。
	谁是皮杜妮	皮杜妮图片6张（每张图片都有和其他5张图片不一样的地方），圆形即时贴5个，眼罩一个。	幼儿两人一组，游戏开始前商量决定，谁来猜皮杜妮。猜皮杜妮的幼儿仔细观察6张鹅的图片，短暂记忆后，另一名幼儿从6只鹅的图片中选出1张作为皮杜妮，并在图片背面贴上圆形即时贴。猜皮杜妮的幼儿根据图片上的特征进行提问。例如，皮杜妮的衣服是黄色的吗？皮杜妮的书是在右边吗？另一名幼儿只能回答“是”或“不是”。每次游戏幼儿最多提问4个问题，提问结束后看是否能选出正确的皮杜妮，两名幼儿交换角色游戏反复进行。	1. 练习用语言准确描述事物，发展观察和口语表达能力。 2. 体验与同伴玩问答游戏的快乐。
	好“阅”角	各种类型的图书；教师根据每本书的内容设计的读书任务卡。	幼儿自选任务卡，按照任务卡的内容进行阅读，如，请你找到图书《凯文不会飞》，阅读P16～P20，然后逐一回答任务卡上的问题。	1. 练习按图书页码进行阅读。 2. 体验有目的的阅读的乐趣。
	书的历史	《书的历史》绘本；思维导图范例；白纸、彩色笔。	幼儿阅读绘本故事，找到书的历史发展线索，根据自己的理解，模仿思维导图范例，运用彩笔在白纸上进行写写画画，生成思维导图。	1. 了解书的发展历史。 2. 尝试用图画、符号、数字的方式创作思维导图。

（续表）

区域	名称	材料	玩法	价值
益智区	闪电鱼翻翻乐	九格操作板两块；印有闪电标志但种类不同鱼的纸牌，如水果鱼、蔬菜鱼、动物鱼各18张；不带闪电标志的鱼的纸牌10张；一次性纸盘两个。	1. 两名幼儿一组，每人一块操作板，通过猜拳决定谁先翻牌，将全部纸牌背面向上排成一排，排放在两块操作板的中间。先翻牌的幼儿从纸牌中抽取一张，如果翻到带有闪电标志的纸牌，就把纸牌摆入操作板的方格中，如果翻到不带闪电标志的纸牌，就把纸牌放在旁边的盘子中，两名幼儿继续翻牌进行游戏，率先摆满九格操作板者为胜。 2. 率先摆满九格操作板，并且每一行或每一列都是同种类鱼的纸牌的幼儿即为获胜者。	1. 发现纸牌中的异同点，发展观察、思维能力。 2. 体验竞技游戏的快乐。
	按编号找书	KT板做成的书架（60cm×40cm）平均分成4层，每层可放6张图书卡片；图书卡片（幼儿读过的绘本封面）；编号卡片（如4-3、3-2、1-5等）。	两人一起将图书卡片任意摆放在书架上，猜拳开始游戏。获胜幼儿随意抽取编号卡片，并读出编号如4-3，请另一幼儿在书架上找到这本书，并说出第4排的第3本书是《书的历史》，另一人验证是否正确后，猜拳继续游戏。	1. 练习用完整的语言描述图书的位置。 2. 学会看编号找到图书。
	小蚂蚁去书店	书店迷宫图（设置多种路障的路线、岔路口及代表问题的数字），标有数字的题卡（正面是问题，反面是答案）、骰子，底座颜色不同的小蚂蚁卡片2张，图书勋章。	幼儿两人一组，一人选择一枚小蚂蚁卡片代表自己，轮流掷骰子按数字前进。从进口走向出口，遇到岔路口时，按数字找到题卡，进行答题选择要走的路线（如1号岔路口对应1号题卡，问题：闪电鱼身上的闪电是什么颜色的？幼儿根据自己的回答选择要走的路线，此时不得翻看答案）遇到死胡同或不能走通时，就要仔细往回检查哪道问题回答错了，最先到达书店的小蚂蚁为胜利者，可获得一枚图书徽章。	1. 掌握走迷宫的方法，学会反向检查。 2. 遵守游戏规则，乐于动脑思考。
美工区	齐飞的八哥鸟	绘本《凯文不会飞》中兄弟姐妹带领凯文飞行的图片；燕八哥鸟飞行时的形态绘画步骤图；画纸、彩色笔、油画棒等。	1. 幼儿按照图片和绘画步骤图进行画面的临摹。 2. 幼儿在观察图片和绘画步骤图的基础上，发挥想象，自己创作燕八哥鸟们带着凯文飞行的画面（如燕八哥鸟们将凯文放进热气球中，衔着热气球的线绳飞行等）。	1. 了解燕八哥鸟的外形特征。 2. 学习用重复的手法表现燕八哥鸟齐飞的动态画面。
	立体小鱼吊饰	圆形纸盘、圆形卡纸、彩纸、废旧彩纸边角料、剪刀、胶棒、水彩笔；鱼的图片若干（游动的鱼、条纹的鱼、深海鱼等）；立体鱼制作流程图；打孔器、线绳。	幼儿按照制作流程图制作立体鱼。任选圆形纸盘或圆形卡纸，在上面先画出一条弧线分出鱼的头部和身体；再用废旧彩纸撕成鱼的鳞片并进行粘贴；然后选择彩纸用剪刀剪出鱼的尾巴、背鳍、腹鳍粘贴在鱼身体上合适的位置；接着用彩笔添画出鱼的眼睛及花纹。同法进行纸盘或圆形卡纸反面的制作，要求反正面要对称。最后用打孔器在鱼身体上合适的位置打孔穿绳。	1. 了解鱼的身体结构，感知对称。 2. 练习用多种材料和工具表现鱼的主要特征。
	好看的手工书	过期杂志、废旧幼儿画报；白纸、画笔、胶棒、剪刀、订书器。	幼儿将杂志和幼儿画报中喜欢的图案沿边剪下并收集起来。将图案粘贴在白纸上，用彩笔进行添画。用胶棒把画好的书页粘贴固定，并用订书器装订成简易图书并和同伴讲讲自制图书的内容。	1. 掌握制作图书的方法和技巧。 2. 感受制作图书的不易，学会珍惜和保护图书。

（续表）

区域	名称	材料	玩法	价值
建构区	创意书架	各种长短、形状的积木若干、硬壳书；不同造型、各种难度的搭建图纸；书架图片。	1. 幼儿选择搭建图纸，在地面进行垒高、架空、围封，保持每层书架平稳再进行叠加搭建。 2. 幼儿多人合作，共同商议选择书架搭建图纸并进行分工，探索书架搭建方法，合作进行搭建。	1. 学会看图纸进行合作搭建。 2. 探索保持物体间平稳的方法。
	奇妙书屋	图书若干，世界各地用书搭建的书屋图片，书屋搭建示意图。	1. 幼儿自由结组，观察书屋图片，分析书屋的共同特征，再选择搭建示意图，运用架空、垒高、平铺、延长等技能搭建书屋。 2. 幼儿两人合作，选择书屋搭建示意图，合作搭建让自己能进得去的书屋。	1. 感受书屋的多种造型。 2. 学习与同伴协商，分工合作完成搭建任务。
操作区	制作竹简书	打好孔的雪糕棒若干，涤纶编织绳，绳子系扣方法图，制作竹简书流程图。	幼儿观察绳子系扣和制作竹简书流程图，拿取雪糕棒和编织绳进行竹简书的安装组合，一份竹简书的安装至少需要20个雪糕棒。	1. 了解竹简书制作的流程。 2. 掌握绳子系扣的方法。
科学区	小鱼游起来	托盘、一次性水杯装满水、彩色白板笔。	在白色空托盘内，用彩色白板笔画出小鱼造型，然后将水轻轻地倒进托盘内。观察白板笔的印迹在被水冲刷时，油墨与书写过的托盘表面发生脱离，小鱼慢慢浮起的现象。	1. 感知剥离剂遇水时剥离的过程。 2. 对科学实验产生浓厚的兴趣。
	古法造纸术	可再次利用的废旧纸张（报纸、面巾纸）；盆、水、搅拌棒、纱布、托盘、花瓣、树叶、鲜草、纸巾；造纸流程图。	幼儿按照造纸流程图进行手工造纸。先用撕、搓、剪等方法将废纸变成细小碎块，倒入适当的水，用搅拌棒进行搅拌，将纸浸泡一段时间。再将浸泡好的纸浆，淋在铺好纱布的托盘里，待纸浆静止后，两手握住托盘的两侧，略微倾斜，滤掉多余水分，均匀压平。接着将各种花瓣、树叶、鲜草平整地贴在纸浆上，并再次淋上纸浆固定花草。最后用面巾纸将表面多余水分吸干，从纱布中取出自然晒干。	1. 掌握古法造纸的制作流程。 2. 体验造纸成功的快乐。
表演区	皮杜妮的派对	三拍子乐曲《圆舞曲》《杜鹃圆舞曲》《小步舞曲》；动作提示卡；打击乐器（木鱼、响板和铃鼓）；音箱；演奏图谱；皮杜妮和农场朋友的头饰。	幼儿自由结组，自主选择头饰，然后协商进行乐器演奏的分工，每人选择一种乐器，听音乐按照图谱合作演奏。几轮游戏后，幼儿可交换乐器继续游戏。	1. 感受三拍子乐曲的特点。 2. 体验与同伴合作进行轮奏的快乐。

【户外运动活动建议】

1. 户外选区游戏时，提醒幼儿活动前认真阅读游戏流程图解，帮助幼儿更好地进行选区游戏。

2. 可组织幼儿玩一些使用朗朗上口的童谣或儿童文学作品设计的运动游戏，如：荷花几时开、城门城门几丈高、马兰花开、你姓啥、拍大麦、稀奇稀奇真稀奇、唐僧骑马咚那个咚等。

3. 在户外建构区游戏时，鼓励幼儿搭建文学作品中内容。如：搭建故事《三只小猪》中的房子，搭建绘本《搬过来、搬过去》中鳄鱼和长颈鹿的家等。

4. 在自主游戏时，鼓励幼儿借助文学作品情景选用合适的运动器械和材料布置游戏场景。如：

结合《西游记》的故事，自主放置轮胎、奶粉罐、竹梯、平衡木、凳子等，设置成故事情节中山坡、悬崖、河流、吊桥等各种障碍。

5. 教师可根据主题中的绘本故事，与幼儿共同设计运动游戏的内容。如：根据《闪电鱼尼克》设计游戏“捉小鱼”；根据《傻鹅皮杜妮》设计游戏“运爆炸盒子”等。

【日常生活活动建议】

1. 早入园组织幼儿进行自选图书阅读活动，提醒幼儿注意阅读的方法。
2. 洗手时，提示幼儿阅读洗手流程图片，按照流程正确洗手。
3. 饭后散步时，可带领幼儿唱读，如：古诗新唱、民间童谣、经典歌谣、诗歌等。
4. 午睡前，轻声为幼儿读故事，让幼儿感受文学作品的语言美。
5. 离园前，组织幼儿开展故事大王活动，鼓励幼儿大胆讲述自己阅读过的故事内容。

【环境创设】

1. 展示各种各样的绘本封面图片，如《凯文不会飞》《傻鹅皮杜妮》《有呀有呀书店》等。
2. 将幼儿创作的《书的历史》思维导图张贴在主题墙上。
3. 展示正确阅读的方法及幼儿正确看书的图片。
4. 展示幼儿使用过期杂志、废旧幼儿画报制作的手工书。
5. 教师将幼儿绘画的《未来的书》粘贴在主题墙上。

【家园共育】

1. 建议家长为孩子创设采光好、安静舒适的阅读环境，购置各种类型的幼儿读物。

2. 建议家长每天晚上陪孩子进行亲子阅读 15 ～ 30 分钟，阅读结束后，鼓励孩子说出所阅读的文学作品的主要内容。

【社会实践】

图书馆之旅

◎活动目标

1. 知道图书馆是一个收集、整理、阅读、借阅图书的地方，了解图书馆的区域分类。
2. 喜欢阅读并学会认真阅读图书的方法，感受图书馆安静阅读的氛围。
3. 体验借阅图书的流程，了解在图书馆借阅图书的规则。

◎活动建议

1. 幼儿与家长、同伴商议选定图书馆，如：秦皇岛市图书馆。拟定时间、地点、活动内容，由家长提前一天做好路线、环境、安全等情况的前期调查。

2. 教师和家长要对幼儿进行图书馆内规定的讲解，如：保持馆内安全卫生，请勿在借阅区饮食，不随意扔垃圾，爱惜图书馆各种资源及设施，遵守图书馆相关规定并管理好自带物品。

3. 活动前，家长与幼儿交流借书流程，简单介绍标签、藏书章、条形码等标记。

4. 参观时，安静地进入图书馆，认真倾听讲解，了解书的采购方式、分类整理、编目及人们借阅图书的步骤。

5. 参观阅览室时，观察人们认真、专注地看书的样子，学习正确阅读的方法，体验阅览室安静的氛围。

6. 参观借书处时，观察借书人如何查找卡片，如何借书并体验借书流程。

7. 回家后，请幼儿和爸爸妈妈说一说今天的所见所闻，并认真阅读借阅的图书，记住归还日期并在到期前及时归还图书馆。

【发展评估】

“喜欢阅读”好习惯养成幼儿家长评价表

宝贝们，经过一个月的时间，你养成“喜欢阅读”的好习惯了吗？现在请你和爸爸妈妈一起玩一个问答小游戏。

班级：　　　　幼儿姓名：

评价内容	评价结果
1. 请你说一说书是由哪些部分组成的。	☺☺☺☺
2. 请你讲一讲保护眼睛和正确阅读的方法。	☺☺☺☺
3. 你听过故事《闪电鱼尼克》吗？说一说它都变成了什么鱼，你最喜欢它变成的什么鱼。	☺☺☺☺
4. 请你说一说你最喜欢看的书的名字，并讲一讲书中的内容。	☺☺☺☺
5. 你听过《凯文不会飞》的故事吗？请你说一说凯文用什么方法帮大家躲避了飓风。	☺☺☺☺
6. 你还记得傻鹅皮杜妮都做了哪些不懂装懂的事情吗？请你说一说。	☺☺☺☺
7. 你读过《书本中的蚂蚁》这本书吗？请你说一说书中都有什么。	☺☺☺☺
8. 请你说一说《有呀有呀书店》中各种神奇书的名字。	☺☺☺☺

爸爸妈妈们请在沟通中对孩子的行为作出正确的评价，指导孩子用彩笔为自己的好习惯作出不同等级的笑脸评价。

评价标准：非常好 4 好 3 一般 2 差 1

“喜欢阅读”好习惯养成教师评价表

班级：　　　　幼儿姓名：　　　　　教师姓名：

目标	评价结果			
	4	3	2	1
1. 喜欢阅读各类书籍，能说出自己读过的三种不同类型的书。				
2. 能根据绘本故事《书的历史》，说出书的起源和演变过程。				
3. 会讲述故事《眼镜公主》，能说出三种以上阅读时保护眼睛的方法。				
4. 能有节奏地说出三种以上尼克变成的鱼。				
5. 能说出自己最喜欢的书的名字，并能清楚地讲述书中的主要内容。				
6. 会讲述故事《凯文不会飞》，遇到问题能到书中寻找答案。				
7. 会根据书的页码进行自主阅读。				
8. 能清楚地讲述故事《傻鹅皮杜妮》的主要内容，知道书是用来读的。				
9. 会用简单的汉字进行组词、造句。				
10. 能看图讲述《有呀有呀书店》的故事内容，会想象出更多好玩的书。				

评价标准：非常好 4 好 3 一般 2 差 1

好习惯二十三　正确用笔

【主题名称】笔宝宝跳舞

全家总动员

亲爱的家长朋友：

您好！我们在生活中经常会接触到各种笔，不同的需求要使用不同的笔，不同的笔有不同的使用方法。由于孩子小肌肉发育比较迟缓，手指协调能力较差，所以对掌握正确的握笔姿势感到困难。但是，不正确的握笔姿势一旦形成，纠正起来会非常困难。错误的握笔姿势不仅影响骨骼发育，而且严重影响视力。只有握笔姿势正确，用笔时才能感到舒适、灵便，有益于视力健康。本月我们将开展的主题活动是“笔宝宝跳舞”，旨在为今后“正确用笔”做准备。

在幼儿园，我们有目的地进行培养，希望孩子能达到如下目标：

1. 认识各种各样的笔，知道它们的名称和正确的使用方法。

2. 掌握正确的握笔和书写姿势，养成正确用笔的良好习惯。

3. 愿意使用笔，用图画、文字等符号表达自己的心情和故事。

4. 认识并会用笔书写自己的名字，在日常生活中对文字感兴趣。

在家庭生活中，我们建议您从以下几方面进行关注：

1. 请您以身作则，用正确的姿势读书、写字。

2. 孩子在写字、画画时，请您陪在一旁，观察孩子的用笔和坐姿是否正确，如不规范，请您及时纠正并做出正确示范。

3. 在孩子使用完笔类用具时，请您提示其将笔进行分类、装盒等归位整理，保持其良好的整理习惯。

感谢您的积极参与！为了孩子的成长，让我们一起努力吧！

【主题目标】

1. 写写画画时保持正确的握笔姿势和坐姿，养成正确用笔的好习惯。
2. 认识各种笔并说出其名称和在生活中的作用，感受其书写特点。
3. 喜欢用笔进行美术作品创作，愿意和别人交流分享自己喜爱的艺术作品和美感体验。
4. 学习用毛笔画水墨画，掌握毛笔的使用方法，对中国的文房四宝感兴趣。
5. 练习用笔根据要求画出图形，线条基本平滑。
6. 乐于观察图书和生活情境中的文字符号，知道一些简单文字表示的意义。
7. 愿意用数字、图画等符号来表现事物、故事或进行记录。
8. 练习正确书写自己的名字，对汉字书写产生兴趣，萌发对小学生活的好奇和向往。

【主题口号】

正确运用笔，描绘美世界

【三字儿歌】

正确用笔

小小笔，用处大，
能书写，能画画。
用笔时，讲方法，
头身正，握笔佳。
讲卫生，不叼笔，
保安全，不乱画。

【集体教学活动】

活动一　铅笔的100个梦

◎活动目标

1. 初步了解梦的由来，感受绘本作品的语言和意境之美，萌发对笔的探索兴趣。
2. 认识常见的笔，掌握其名称、外形特征及书写特点。
3. 体验用笔玩对猜游戏的乐趣。

◎活动准备

1. 白板课件：《铅笔的100个梦》绘本故事图片，新梦境图片，2分钟计时。

2. 彩色铅笔、圆珠笔、蜡笔、毛笔、马克笔、钢笔；调好的墨汁；画纸。

◎活动过程

一、分享梦境，了解梦产生的原因

师：孩子们你们做过梦吗？（做过）你们做过什么样的梦？

幼儿自由回答。（我梦见我会飞了，我梦见我有好多的玩具）

师：你们的梦都好奇妙啊！那么我们为什么会做梦呢？

幼儿自由回答。（睡觉的时候会想一些事情，会梦到白天发生的事情）

师：梦是在我们在睡觉的时候，大脑还没有完全停止活动时，产生出表达我们愿望和情感的一些事物和景象。所以我们的梦中常常会出现有趣，但在现实生活中很难实现的场景。今天，我给你们分享一个神奇的梦之旅，这个梦是谁的呢？

教师播放课件，出示绘本封面，幼儿观看后回答。（铅笔）

二、欣赏绘本，感受铅笔梦的奇妙

教师播放课件，讲述故事到"梦见斑斓的蝴蝶，为一位风采依然出众的老妇人戴上花冠"，幼儿倾听。

师：为什么说彩色铅笔的梦境很奇妙？在刚才的画面中它都变成了什么？

幼儿根据绘本内容进行回答。（高楼、小丑、轮胎等）

师：画面中有高楼、小丑、轮胎、牙齿、彩虹、火山、海马、水母、叶子、烟花、蝴蝶结、树干。神奇的梦境里，彩色铅笔变化多端，这可真是一场神奇的梦之旅啊。

三、观察图片，找出隐藏的笔朋友

师：这一天，彩色铅笔又做了一个梦，在这个梦里不再只有它自己。

教师播放课件，出示新梦境图片，幼儿观看。

师：这是彩色铅笔的最新梦境，你们在它的梦里发现了什么？

幼儿根据观察回答。（梦里面有很多别的笔）

师：在这个梦里彩色铅笔梦到了它的笔朋友们，这些笔朋友们以一种平时不会出现的形式出现了，有的藏起来一半，有的扮成了别的动物，你们都看出来了吗？这场神奇的梦里出现了几个笔朋友？

教师带领孩子玩"找找笔朋友"的游戏。

师：我们找到了圆珠笔、蜡笔、毛笔、马克笔和钢笔。

四、分组操作，掌握笔的书写特点

师：现在我们就把彩色铅笔和它的朋友们请出来吧！

教师出示实物笔，幼儿观察。

师：请你们来说一说，这些笔有什么不同的地方？

幼儿根据观察回答。（长得不一样）

师：这些笔除了外形特征不一样，画出的图画效果也不一样，你们能根据图画猜出是用什么笔画出来的吗？（能）那好，我们通过一个游戏来验证一下，游戏的名字叫“你画我猜”。后面有两张桌子，一会儿坐在同一张桌子的人为一组。在桌子上我为每一组都准备了彩色铅笔、圆珠笔、蜡笔、毛笔、马克笔、钢笔和小画纸，坐好后每人选择一种笔和一张小画纸在 2 分钟内画出带有光芒的太阳，画的时候要注意坐的姿势和握笔的姿势，画好后把笔放回原处，把画粘在你们组的黑板上。这里我要提醒你们的是，一定要记住哪个是你的画，用的是什么笔。然后，两组进行互猜，每猜对一个得一分，比一比哪组猜得准。

幼儿自主选组，坐在椅子数相等的两张桌子周围，选择喜欢的笔进行绘画，教师操作课件进行计时，并巡回指导幼儿坐姿和用笔姿势。

师：画都已经粘好了，下面比赛开始喽。哪组先来猜呢？每组派一个代表猜拳来决定吧。

两组幼儿猜拳决定先后，然后开始对猜游戏，教师在黑板上进行分数记录并根据最后的结果进行游戏的总结。

师：这些笔有的画出的线条很细，有的画出的线条很粗，有的要用到颜料才能作画，所以每个笔都有它不同的用途，有的适合写字，比如圆珠笔、钢笔，有的适合画画，比如彩色铅笔、蜡笔、马克笔、毛笔，我们要掌握它的用法和用途，才能用好它们。

五、继续欣赏，萌发探索笔的兴趣

师：这以后彩色铅笔的梦再也不是它自己了，梦里多了它的好朋友。

教师播放课件，继续讲述故事到绘本结尾，幼儿倾听。

师：这就是彩色铅笔的奇妙梦之旅，在神奇的梦里有着有趣的多彩的世界，如果你也有过奇妙的梦境，也可以用今天的笔朋友们记录下来哦。生活中除了彩色铅笔的这些笔朋友，还有哪些笔？试一试它们是适合写字，还是画画呢？去找找看，然后和你的朋友说一说吧！

附：

铅笔的100个梦

彩色铅笔梦见自己和蜡笔一起画出不一样的彩虹。一道棕色，一道绿色，一道橙色。黑色也得加——为什么呢？接着是一道象牙白，一道丁香紫，还有一道朱砂红耀眼。

它们在梦里画一大片海，鱼儿游得自由自在。海马、火山，还有一条美人鱼躲在后面。

它们梦见缤纷的花季，秋日的森林，还有一列小火车“突突”冒着蒸汽。

它们梦见烟花点亮了夜空。

梦见斑斓的蝴蝶，为一位风采依然出众的老妇人戴上花冠。

它们梦见永远拼不完的单词，长长的不知道要通往哪里的句子。它们梦见重抄整整一本词典，每遇到一个新词，就换一支笔，换一种颜色，就要这样，就要好玩儿。

铅笔梦见自己写了好多字，连起来能绕地球无数圈。这里的字有小小的秘密和大大的宣言，购物清单和充满爱的信笺。

梦里它们在玩儿填字游戏，填满格子的呀，都是它们自己发明的新词；还有数字连连看，它们把乱得一团糟的数字理理顺，再从 1 连到 100。

晚上在书包的角落里，铅笔还梦见了什么？

（秦皇岛市启航幼儿园 / 柳健楠）

活动二　奇妙的波点

◎活动目标

1. 认识艺术家草间弥生，欣赏并感受其波点艺术作品的特色。

2. 尝试用大小不同的圆点进行有规律的装饰画创作，掌握正确使用马克笔和水粉笔的方法。

3. 愿意与同伴分享自己的波点作品。

◎活动准备

1. 课件：生活中的波点图片，草间弥生照片，草间弥生的波点作品图片。

2. 画有南瓜、小汽车、瓶子等轮廓图的卡纸；马克笔、水粉笔；调好的水粉颜料。

◎活动过程

一、观察图片，发现生活之中的波点

师：孩子们，今天我要带着你们走进一个奇妙的世界，你们仔细观察一下，图片里的物品它们有什么特别吗？

教师播放课件，出示生活中的波点作品图片，幼儿观察图片回答。（上面有很多的点）

师：对，它们都是由许多的圆点作为装饰的，我们把这种风格叫作波点，在生活中你没有见过波点，在哪里见过？

幼儿自由回答。（妈妈的衣服上，我的杯子上等）

二、倾听介绍，认识艺术家草间弥生

教师播放课件，出示草间弥生的照片，进行讲述，幼儿倾听。

师：说到波点艺术，我们不得不提到一个人，那就是来自日本的草间弥生，她被称为怪婆婆，也有一个霸气的称号叫波点女王。她是一位 90 多岁的老奶奶了，她最喜欢用圆点和南瓜来进行艺术创作。你们来猜一猜，草间弥生为什么这么喜欢画圆点和南瓜呢？

幼儿自由猜测。（因为她觉得圆点好看，因为她喜欢南瓜）

师：草间弥生从小就是一位很特别的孩子。她没有朋友，她的妈妈也不理解她，她时常感到自己很孤独。不过幸好有南瓜陪伴着她，她非常喜欢南瓜，她感觉南瓜摸起来很舒服，很柔软。南瓜的形态又非常可爱有趣，她常常觉得南瓜会对她微笑，而且还一直听她说话、聊天，南瓜让她感到不再孤独。再加上她小时候患有神经性视听障碍，这场疾病使她看到的世界仿佛隔着一层斑点状的网，所以她最喜欢的事情就是画“波点南瓜”，她觉得画“波点南瓜”的时候是她最幸福的时刻。这个就是小时候的草间弥生，她几十年如一日地创作“波点南瓜”，这些作品也让草间弥生成为日

本最有名的艺术家之一，她被人们称为“南瓜女巫”和“波点女王”，因为她的精神方面和普通人不一样，而且现在已经有90多岁了，所以也常被人们称为“怪婆婆”。

三、欣赏作品，感受波点作品的特点

教师播放课件，出示“南瓜波点”作品图片一，幼儿观察欣赏。

师：这就是草间弥生创作的作品，有没有人能说说，在作品中你看到了什么？

幼儿自由回答。（很多点排成一排，有的点大有的点小）

师：靠近中心的波点大一点，往上或者是往下去就会逐渐变小。往左右的波点也在逐渐变小，波点主要长在凸起的地方，凹陷进去的地方是没有波点的。

教师播放课件，出示“南瓜波点”作品图片二，幼儿观察欣赏。

师；这样的南瓜好看吗？它和我们平时见到的南瓜有什么不一样呢？

幼儿观察图片回答。（南瓜身上有好多黑色的波点）

教师播放课件，出示“南瓜波点”作品图片三，幼儿观察欣赏。

师：这是草间弥生的另外一个南瓜作品，这个作品跟前面的南瓜有什么不一样的呢？

幼儿观察图片回答。（一个南瓜是绿色的，一个南瓜是黄色的）

师：这是一个南瓜房子，里面站着一个小姑娘，还长出许多的花。

教师播放课件，出示图片四至十三，幼儿观察欣赏。

师：这些南瓜又有什么不一样的地方，谁能说一说？

幼儿观察图片回答。（形状不一样，颜色不一样）

师：这么多的南瓜，草间弥生都是用波点来创作的，但是通过波点颜色和形态的改变，就算都是南瓜，最终呈现出来的艺术效果却各不相同。

教师播放课件，出示图片十四，幼儿观察欣赏。

师：人们把草间弥生画的巨大的南瓜做成了雕塑放在海边。

教师播放课件，出示图片十五，幼儿观察欣赏。

师：草间弥生说就算地球也是百万个圆点中的一个，她为什么会这么说呢？

幼儿自由回答。（因为地球是圆的，地球在宇宙中就像一个圆点一样）

四、动手操作，尝试创作波点作品

师：小小的波点，这么有趣，你想象一下，波点还能用到哪里呢？

幼儿自由回答。（衣服、玩具、杯子、盘子等）

师：你们的想象力可真丰富。欣赏过草间弥生婆婆的这么多艺术品，你们是不是也迫不及待地想大展身手呢？今天，我就为你们准备了一些材料和作画用的笔。

教师出示马克笔、水粉笔等用具，幼儿观看。

师：会用这些笔吗？（会）怎么用？在绘画的哪个环节用？

幼儿根据已有经验回答。（拿笔的姿势要正确；马克笔在描边的时候用，水粉笔在画水粉画的时候用）教师请一名幼儿到前面来进行用笔示范。

师：那我们就用这些材料也来创作一幅“波点作品”吧，画完后把你的作品粘贴到前面的黑板上。

幼儿进行“波点作品”创作，教师巡回指导，对坐姿和用笔姿势不正确的幼儿进行提醒纠正。

五、作品分享，介绍自己的波点作品

师：画完的孩子可以把你的作品拿到前面来，让我们一起展示欣赏一下吧。

教师选择有特点的作品，请幼儿到前面来进行分享。

师：波点是一个非常好的绘画元素，除了今天的绘画作品，相信你们还能用它画出更多的作品来。

（秦皇岛市启航幼儿园 / 柳健楠）

活动三　艾玛和彩虹

◎活动目标

1. 观察画面，了解彩虹七种颜色的排列顺序，感受艾玛的乐于助人。

2. 练习控笔，掌握将点连成线并保持线条基本平滑的方法。

3. 体验连点成线画彩虹的快乐。

◎活动准备

1. 白板课件：《艾玛和彩虹》绘本故事图片，大象艾玛身体部位的图片，大象艾玛完整图片，彩虹图片，无色彩虹图片。

2. 水彩笔，彩虹连线图纸每人一份。

◎活动过程

一、观看课件，认识花格子大象艾玛

师：孩子们，今天我给你们介绍一位新的动物朋友，我们一起来看一看吧。

教师播放课件，依次出现大象艾玛的尾巴、腿、耳朵、鼻子的图片和艾玛完整图片。

幼儿根据提示来进行猜测。（大象）

师：没错，这是一头大象，它的名字叫艾玛。艾玛和我们平时见到的大象有什么不同的地方？

幼儿观察图片回答。（身上有彩色的格子）

师：仔细看一看，它的身上有哪些颜色？

幼儿观察图片回答。（黄色、红色、绿色、黑色、紫色、白色等）

二、欣赏绘本，了解故事的基本内容

教师播放课件，讲述故事的第一段和第二段，幼儿欣赏。

师：发生了什么事？

幼儿根据故事内容回答。（彩虹不见了）

师：你们猜猜艾玛和它的朋友们找到彩虹了吗？艾玛有没有把它的颜色给彩虹呢？

幼儿猜测回答。（找到彩虹了，会把颜色给彩虹的）

三、观察画面，了解彩虹的颜色排列

师：孩子们，什么时候我们会看到彩虹？彩虹是什么样的？

幼儿根据经验回答。（下雨之后能看到彩虹；彩虹是弯弯的，有很多颜色）

师：雨过天晴后，有时天空会出现彩虹，彩虹是太阳的光照射在空中的小雨滴上形成的。彩虹有七种颜色。

教师播放课件，出示彩虹图片，幼儿观察。

师：仔细看一看，彩虹的颜色是怎样排列的？

幼儿观察图片回答。（红色、橙色、黄色、绿色、青色、蓝色、紫色）

师：彩虹的颜色从上到下分别是红、橙、黄、绿、青、蓝、紫。

四、操作白板，掌握彩虹的颜色排列

师：要让彩虹变成原来的样子，艾玛应该把身上的什么颜色给彩虹呢？

教师播放课件，出示无色彩虹图和大象艾玛图，请幼儿操作白板，从大象艾玛身上取颜色为彩虹涂色。

五、连点成线，练习平滑画线的方法

教师播放课件，出示彩虹连线图纸，幼儿观察。

师：我们都来帮艾玛找一找彩虹吧。你们都记住彩虹的样子和颜色的排列顺序了吗？那我就来考考你们。我这里有一张由若干点点组成的连线图纸，怎样连线才能让这些点点变成彩虹的样子？

请一名幼儿到前面来进行操作，并请其他幼儿进行评价。

师：一行上的四个点可以连成一条弧线，连线要从左到右连，每两点连线时手一定要稳，这样画出来的线才会平滑。除此之外，还要注意什么？

幼儿大胆回答。（彩虹的颜色要涂对，不能涂到边界线外边）

师：还要注意画出来的每一条线的颜色要和彩虹颜色的顺序一致，并用彩色笔涂满颜色。好了，都来动手画一画吧。

幼儿进行连线控笔练习，教师巡回指导，除强调握笔姿势外，还要指导幼儿将线条画得平滑。

教师播放课件，出示彩虹图片，幼儿观看。

师：看一看你的彩虹和艾玛要找的彩虹一样吗？

幼儿对照课件自我验证。

六、继续阅读，感受艾玛的乐于助人

教师播放课件，继续讲述故事至结束，幼儿观看欣赏。

师：艾玛把自己身上的颜色给了彩虹，为什么身上还有颜色？

幼儿大胆表达自己的看法。（因为艾玛乐于助人，是一个乐于分享的大象）

师：希望你们都能像艾玛一样乐意帮助别人。回家的路上，老虎说了一句什么话？

幼儿根据故事内容回答。（是不是会有花格子彩虹）

师：我也很好奇，会不会有花格子彩虹呢？花格子彩虹又会是什么样子呢？

附：

艾玛和彩虹

花格子大象艾玛在一个山洞里躲雨，大象和蓝鸟们也跟它在一起。“打雷闪电真带劲儿！”艾玛说。暴风雨过后，也许能看见彩虹呢。暴风雨一停，艾玛和蓝鸟们就走了出来。艾玛觉得有水滴落在了头上。“呀，还在下雨呢。”艾玛说。“可能是彩虹在哭呢。”蓝鸟说。“它出来得太快，颜色都没了，你看呀，天空中果然有一道灰白色的弧线，彩虹的颜色消失了，真是太可怕了，咱们得做点儿什么。我把自己的颜色给它好了。”艾玛说道。“那你得找到彩虹跟大地相接的地方才行。”一只蓝鸟说，“好吧，那咱们还等什么呢？出发去找吧！你们走那边，我走这边。”

这一路上，艾玛遇到了狮子、兔子、长颈鹿、大象、猴子、蓝鸟、鳄鱼，大家都不知道彩虹的源头在哪里。但是大家都很乐意和艾玛一起寻找彩虹。觉得这一定是一件很有意思的事情。

艾玛来到了河边，大家都在找彩虹呢，“你好，小鱼。”艾玛喊道，“你们知道彩虹的起点在哪里吗？”“知道呀，通常都在瀑布那儿，可是今天，那儿有个白花花的东西，那就是彩虹！”一条小鱼说道。艾玛说：“走，去瀑布那儿。”“真的！一道没有颜色的彩虹从瀑布里伸了出来。大搜索结束！”艾玛、小鱼和鳄鱼大声地喊着，把消息告诉动物们。然后，艾玛不假思索地朝瀑布后面走去。等别的动物赶来时，艾玛已经不见了。彩虹开始一点一点地有了颜色。“太棒啦！”动物们欢呼起来。

“可是，艾玛怎么样了呢？”一头大象悄悄说。正说着，艾玛从瀑布后面走了出来！它身上的颜色还在！动物们又欢呼起来。“可是，艾玛，你把自己的颜色给了彩虹，为什么身上还有颜色呢？”一头大象问道。艾玛笑了：“有些东西，你可以不断地送给别人，自己却永远不会失去，比如快乐、爱，还有我身上的颜色。”回家路上，老虎说：“我很好奇，是不是也有花格子彩虹。”艾玛咧着嘴笑了……

（秦皇岛市启航幼儿园 / 彭鹏）

活动四　春如线

◎活动目标

1. 欣赏国画《春如线》，感受浓淡相宜的线条及点彩所描绘的秀美春色。
2. 认识文房四宝，尝试正确使用毛笔和墨水画出粗细不同的线条。
3. 享受用水墨画表现春天景色的快乐。

◎活动准备

1. 课件：三幅国画《春如线》作品图片。
2. 毛笔、墨水、宣纸、砚台；水溶蜡笔；装水的纸杯。

◎活动过程

一、师幼交流，讨论春天的景色

师：孩子们，你们知道现在是什么季节吗？（春天）春天是什么样子的呢？

幼儿自由回答。（花开了、小草发芽了、树叶绿了等）

师：就像你们说的那样，春天花开了，草绿了，小苗发芽了，小动物们也出来了。春天是美丽的、快乐的、开心的、热闹的季节。

二、欣赏国画，猜测画中的内容

师：这么美又热闹又暖和的春天，人们想把它留住，可以怎么做？

幼儿自由回答。（拍照、录像等）

师：有一位吴冠中爷爷想到了一个好办法，他把这些春天美妙的事情都画了下来，我们一起来看一看吧。

教师播放课件，出示《春如线》作品一，幼儿观察。

师：瞧，这就是吴冠中爷爷的画，你们仔细看看都有什么颜色？猜一猜他用这些颜色分别画的是什么？

幼儿观察图片回答。（绿色画的是小草，黑色画的是树枝）

师：绿色可能是小草、树叶，黑色是柳条，有粗的也有细的。

三、观看示范，掌握毛笔的用法

师：那我们来猜一猜，吴冠中爷爷的画，是用什么绘画工具画出来的呢？

幼儿自由猜测。（毛笔和墨水）

教师出示笔墨纸砚，幼儿观察。

师：现在你们看到的就是中国独有的绘画工具——笔墨纸砚，也称为“文房四宝”。笔指的就是毛笔，墨是绘画需要的颜料，纸是宣纸，宣纸薄薄的，用的时候一定要小心，砚是研磨和盛放墨汁的。毛笔大家都认识吧，那你还记得毛笔是怎样使用的吗？

教师邀请一位幼儿到前面进行握笔示范，并运用毛笔进行示范讲解：一指按住笔，二指三指勾住笔，四指顶住笔，五指靠在底。

幼儿跟随教师一起做握笔动作。

四、动手创作，描绘不同的线条

师：我们看到吴冠中爷爷的画中有粗粗的树枝和树干，这些是怎么画出来的呢？

教师请 1 ～ 2 名幼儿到前面进行操作，关注幼儿的握笔姿势进行指导。

师：用笔蘸一点儿墨汁，然后用点力气把笔头按下去画，这样就得到粗粗的线条了。那么细细的线条应该怎么画呢？

教师请 1 ～ 2 名幼儿到前面进行操作，关注幼儿的握笔姿势进行指导。

师：用笔蘸一点儿墨汁，把笔立起来，尽量不要把笔尖压弯，轻轻地画，这样就得到细的线条了。吴冠中爷爷就是用各种粗粗的、细细的线把春天的景色都画了下来。刚才大家说，有的像树、有的像花，可是我却看到了一只动物，你们看见了吗？

幼儿观察图片回答。（粗的线像大象的鼻子，两条线交叉在一起像一条小鱼）

师：看来你们观察得很仔细，把吴冠中爷爷藏在这幅画里面的秘密统统都找出来了，那你们在这幅画里有没有找到一条很长的线？你们觉得画这样长的线条难不难？

幼儿自由回答。（找到了，应该不难吧）

师：有信心的孩子们都觉得不难，那这样，我们今天来挑战一下吴冠中爷爷，你们有没有信心用一笔画出这个又长又细的线条？谁想来试一试？

请 1 名幼儿到前面来画，引导其他幼儿一起观察，总结绘画的方法。

师：这么美丽的画，其实吴冠中爷爷还有好多幅，我们一起看看，这两幅画有什么不一样？

教师播放课件，出示《春如线》作品二和作品三，幼儿观察图片回答。（第一幅画都是细的线条，第二幅画都是粗的线条）

师：第一幅画细的线条比较多，第二幅粗的线条比较多。吴冠中爷爷就是用这样不同粗细的线和不同的颜色，把不同的景色留了下来。在这幅画里面还藏着不同的小点点，大家发现了吗？这些彩色的点点你们猜猜会是什么？

幼儿自由回答。（人、小蚂蚁、树叶、花朵、土地等）

师：就像你们说的那样，这些小彩点就是春天的各种秘密，与这些线条放在一起变成更美的一幅画。吴冠中爷爷为这些画，取了个好听的名字叫《春如线》。请你们也来试一试，像吴冠中爷爷那样，用毛笔和墨汁还有水溶蜡笔在纸上用不同粗细的线和点把春天的美景都画下来吧。

幼儿利用教师提供的材料作画，教师巡回指导，特别关注幼儿的坐姿和毛笔的使用方法。

五、展示作品，介绍画里的春天

师：我们来看看大家的作品，谁想来介绍一下，你画的是春天里的什么？

请 2 ～ 3 名幼儿到前面介绍自己的作品。

师：大家发现了吗？我们用各种不同的线条和美丽的点点就能把美丽的春天留下来，现在请你们把画作放在自己的作品栏中，和自己的朋友也说一说画里的春天吧！

（秦皇岛市启航幼儿园 / 朱宝）

活动五　谁说一定要用蓝色画天空

◎活动目标

1. 阅读绘本，知道天空在不同的时间段和不同的天气会呈现不同的颜色。
2. 学习用横涂画渐变色的方法，练习正确运用画笔画出不同颜色的天空。
3. 乐于与同伴分享自己的天空作品及绘画体验。

◎活动准备

1. 课件：《谁说一定要用蓝色画天空》绘本故事图片；玛丽图片；晴天、阴天、黄昏天空的绘画作品图片。
2. 水粉笔、毛笔、蜡笔；水粉纸、画纸、宣纸；水粉颜料。

◎活动过程

一、听赏绘本，感受天空的不同色彩

教师播放课件，出示玛丽图片，幼儿观看。

师：今天故事的主人公就是她，她的名字叫玛丽。从这张图片看，你觉得玛丽喜欢做什么？（画画）我们走进故事来看一看吧。

教师播放课件，讲述故事到“没有蓝色，我怎么画天空呢”，幼儿观看倾听。

师：就像你们说的，玛丽是个画画的高手，她是个艺术家。可是没有蓝色，玛丽会怎么办呢？

幼儿自由回答。（拿别的颜料代替）

教师播放课件，继续讲述故事到“回家的路上她一直注视着窗外”，幼儿观看倾听。

师：咱们随着玛丽一起看看窗外，玛丽看到了什么？

幼儿观察图片回答。（落日、黄昏）

师：天空是黄色的，原来天空不一定是蓝色的。

教师播放课件，继续讲述到“落日西沉，渐渐接近地平线”。

师：现在的天空是什么样子的呢？

幼儿观察图片回答。（黄色的、橙色的、红红的）

教师播放课件，继续讲述故事到“数不清的颜色盘旋交错，浑然一体”，幼儿观看倾听。

师：玛丽的梦里天空是什么样子的？

幼儿根据故事内容回答。（五彩缤纷的，像个旋涡一样）

教师播放课件，继续讲述故事至结束，幼儿观看倾听。

师：最后玛丽画了一个怎样的天空？

幼儿根据故事内容回答。（各种颜色的，很漂亮）

二、经验回顾，回忆见过的天空颜色

师：孩子们，故事里的天空都是什么颜色的？你在生活中见到过吗？是在什么时候看到的？还见到过其他颜色的天空吗？

幼儿根据生活经验回答。（黄色、黑色、彩色；在天黑的时候见过黑色的天空，在火烧云的时候见过粉色的天空，天气晴朗的时候见过蓝色的天空等）

师：原来在不同的时间段、不同的天气，天空的颜色是不一样的。

三、观察比较，学习渐变色绘画方法

师：今天，我们也来画一画天空吧。这里有几幅天空图片，我们先来看一看。

教师播放课件，出示用不同笔画出的晴天、阴天、黄昏时天空的绘画作品，幼儿观看。

师：这几幅图，画的是什么时候的天空？是用什么笔和纸画出来的？

幼儿观察图片回答。（晴天时候的天空是用蜡笔画的，阴天时候的天空是用毛笔画的，黄昏时候的天空是用水粉画的）

师：仔细观察每一幅图，它们有没有什么相同的地方？

幼儿观察后大胆表达。（颜色都是从深色到浅色）

师：每一幅图都是从上到下用横涂渐变的颜色画出来的。谁来说一说怎样用蜡笔、水粉笔、毛笔画出渐变的效果？

幼儿根据经验回答。（先画深色的，再画浅一点，再浅一点的）

师：渐变色要先画深色的部分再画浅色再浅色的部分，比如用蜡笔画黄昏的天空，可以先画红色，然后画橘红色，再画橘黄和黄色。用水粉画蓝色的天空，先画深一点的蓝色，然后用蓝色加少许白色和水调成浅蓝色，继续画。用水墨画阴天的天空也是一样的，先画黑黑的颜色，再一点点用水将墨调成浅色。渐变色最好调出四个深浅度。

四．选笔作画，尝试渐变色绘画天空

师：你想用什么笔和纸来画一幅什么样的天空？

幼儿自由回答。（水粉笔和水粉纸，油画棒和画纸，毛笔和宣纸）

师：接下来，我们就用渐变色的方法来画一幅你见过的天空图吧。注意作画的时候除了颜色要体现出渐变，还要注意你所选择的绘画工具要匹配，最主要的是要用正确的用笔姿势来绘画，画完之后就把画先放在桌子上。

幼儿自主创作，老师巡回指导，注意纠正幼儿的坐姿和握笔姿势。

五．展示欣赏，愿意与同伴分享作品

师：作品都完成了，现在你可以请你的好朋友来看看你的画，给他（她）讲一讲你画的是什么时候的天空，或者去看一看其他朋友画的是什么样的天空。

幼儿随意走动观赏同伴的作品，与同伴分享自己的作品创意。

师：故事中的玛丽把她的作品挂在了图书馆里，我们的作品放在哪里好呢？我们就把这些画挂在咱们班的主题墙上吧！

师幼一起动手布置主题墙。

附：

谁说一定要用蓝色画天空

玛丽是个艺术家，她喜欢涂涂画画，甚至还拥有自己的专属画廊。她的作品并不都挂在自己的画廊里，大部分的画是跟世界分享的。她画了很多海报来表达自己的信念。

玛丽在学校里很出名，因为她的衣着很有创意，她的手提盒里装满了美术材料，她还坚信每个人都是艺术家。是的，玛丽是个彻头彻尾的艺术家。所以，当老师说全班同学要为图书馆画一幅壁画时，玛莉已经等不及了。教室里掀起一阵头脑风暴。同学们一边七嘴八舌地商量，一边画草图。他们共同画出一幅长长的大画。

然后，他们抬着长长的画去图书馆。“我要画鱼！”“我也要画一条！”“我要画大海！”玛丽喊道：“我要画天空！”

玛丽翻遍了颜料盒，就是找不到蓝色。“没有蓝色，我怎么画天空呢？”放学的铃声响起，他们不得不放下画笔。玛丽踏上校车时，还在琢磨该怎么画。回家的路上，她一直凝视着窗外。日落西沉，渐渐接近地平线。回到家，玛丽看着白天渐渐变成黑夜。那天夜里，玛丽沉沉进入梦乡。她飘浮在色彩绚烂的天空中，数不清的颜色盘旋交错，浑然一体。

第二天早上，玛丽站在雨里等校车。天空不是蓝色的。她笑了。到了学校，她冲进图书馆，抓起调色盘，开始往里面倒颜料。这种颜色，那种颜色，她用画笔搅拌，调制出一种全新的颜色。

玛丽开始在墙上画。有个男孩问：“那是什么颜色？”玛莉回答说：“这个呀，这是天空的颜色。”

（秦皇岛市启航幼儿园 / 冷婧）

活动六　写信

◎活动目标

1. 阅读故事主要情节，懂得关注别人的情绪和需要并给予适当的帮助。

2. 了解信的基本要素，尝试用图画、文字、数字等符号写一封信，书写时姿势正确。

3. 愿意用写信的方式与人交流，体验给人写信的快乐。

◎活动准备

1. 经验准备：有画人物形象的基础，会书写自己的名字。

2. 白板课件：《寄给蛤蟆的信》绘本故事节选图片，三个信封图片，自画的三封信件图片，写信要求图片。

3. 黑板；自画的三封信件；回信内容图片；点读笔；空白信纸、笔每人一份。

◎活动过程

一、共读绘本，懂得关注朋友需求

师：孩子们，你们平时和经常不在一起的朋友或家人，是用什么方式交流的？

幼儿根据生活经验回答。

教师播放课件，出示绘本封面，幼儿观看。

师：今天我要给你们分享一个故事，故事的名字是（寄给蛤蟆的信）。故事中朋友之间是怎样交流的？

幼儿根据故事的名字回答。（写信）

师：没错，写信。互相写一封信，说说心里话，大家就会变得很快乐。是谁给蛤蟆寄了信呢？我们一起来看看吧。

教师播放课件，讲述故事到“瞧，我的信箱总是空的，没有人给我写信”，幼儿倾听。

师：蛤蟆为什么难过？

幼儿观察图片自由回答。

师：是呀！蛤蟆从来没有收到过信，所以很难过。

教师播放课件，讲述故事到“突然，青蛙有了一个主意”，幼儿倾听。

师：青蛙去干什么了？它为什么要这样做？

幼儿观察图片大胆表达。

教师播放课件，出示青蛙写信图片，幼儿观看。

师：青蛙不想看到朋友伤心难过的样子，所以决定给蛤蟆写一封信来哄它开心。你们有没有遇到过朋友伤心难过的时候呢？你是怎么做的？

幼儿根据生活经验自由回答。

小结：当朋友伤心难过时，我们要想办法来安慰他，为朋友做一些力所能及的事，就像青蛙这样。

教师播放课件，讲述故事到“信箱里竟然有三封信”，幼儿倾听。

师：蛤蟆现在是什么心情？你是怎么看出来的？

幼儿观察图片回答。

师：是呀！蛤蟆读着信都笑得合不拢嘴了。

二、自主阅读，理解信的基本要素

师：蛤蟆收到的这三封信都写了什么呢？我们一起来看一看。

教师出示小兔、小猫、青蛙给蛤蟆的信件图片，幼儿观看。

师：现在请你们到前面来选择一封信去读一读吧。

幼儿自由选信、读信，教师观察指导。

师：刚才谁选择了第一封信（第二封信、第三封信），来给大家读一读？

教师依次出示三封信件图片，幼儿尝试读信，教师引导幼儿读出信的完整内容。

第一封信：蛤蟆，6月1日，我们去看电影吧。小兔子，2022年5月21日。

第二封信：蛤蟆，晚上睡觉时我梦到和你一起玩，很开心。小猫，2022年5月22日。

第三封信：亲爱的蛤蟆，6月2日是我的生日，我邀请你来我家吃生日蛋糕。青蛙，2022年5月23日。

三、观察比较，发现信的共同特征

师：信你们都读懂了，我们再来看看，这三封信有哪些相同的地方吗？有几处呢？请你和身边的小伙伴一起仔细地观察一下，一起来找一找，看看谁能把相同的地方全都找出来。计时一分钟，现在开始！

师：一分钟到咯，谁来说一说，你找到了几处相同的地方？都在哪里？

教师播放课件，出示三封信的图片，幼儿观察并回答。

小结：写信时我们要先写上称呼，如亲爱的蛤蟆或是亲爱的朋友，然后写上想说的话，在下面写上自己的名字，最后写上写信当天的日期。

四、动手操作，合作完成回信任务

师：蛤蟆收到朋友的信，别提多开心了。它决定给三个朋友回信，但是它从来没写过信，咱们来帮帮它好不好？

教师展示在桌面上的信纸、回信内容图片、点读笔，幼儿观看。

师：看，这里有许多图画、数字、文字，它们是蛤蟆给小兔、小猫、青蛙的回信内容，一会儿请你们用点读笔去点一点、听一听蛤蟆回信的录音，把它们按照录音的内容贴到信纸上。现在请你们自由结组站到后面的桌子旁帮蛤蟆回信吧！

幼儿分组倾听录音，合作回信，教师巡回指导。

蛤蟆回信录音1（录音内容：亲爱的小兔子，好的，我们一起坐公交车去看电影吧。蛤蟆，2022年5月24日）

蛤蟆回信录音2（录音内容：亲爱的小猫，我也想你了，周六我们去山坡放风筝吧。蛤蟆，

2022年5月24日）

蛤蟆回信录音3（录音内容：亲爱的青蛙，生日快乐，我会带着礼物去你家为你庆祝生日的。蛤蟆，2022年5月24日）

三组幼儿完成回信后，集体倾听录音进行验证。

五、动笔写信，运用图文自由表达

师：好了！相信蛤蟆的朋友们收到回信一定也会很开心的。看来写信是一种非常好的交流方式，那你们想不想自己写一封信呢？最想写给谁？信里想对他说些什么？和身边的小伙伴说一说吧。

幼儿与伙伴自由交流。

师：想好了吗？你想写给谁？想对他说些什么？谁来和大家分享一下。

请2～3名幼儿到前面来分享。

师：你们是不是已经迫不及待地想写一封信了？不要着急，写信之前我有几个小要求。

教师播放课件，出示写信要求图片，幼儿观看。

师：一，坐姿要端正，用笔姿势要正确；二，你信中的图画、数字、文字不要有的过大，有的过小；三，你的信要让别人看得懂；四，请你在五分钟之内完成，计时结束后立刻停笔。你们记住了吗？现在请你们搬起小椅子到后面的桌子上去写信吧。

幼儿搬椅子到后面桌子上坐好。

师：现在计时开始。

幼儿运用教师提供的纸、笔书写信件，教师巡回指导，提示幼儿注意坐姿和握笔姿势。

六、同伴分享，愿意写信与人交流

师：计时结束，请大家拿好你的信坐到前面来，有谁愿意把你的信和大家分享一下呢？

请2～3名幼儿分享信件。

师：今天你们学会了用图画、数字、文字写一封信。以后也可以多用写信的方式和朋友、家人去交流。现在我们就把写好的信交给或寄给他们吧。

附：

寄给蛤蟆的信（节选）

蛤蟆坐在家门口闷闷不乐，青蛙走了过来，问道："出了什么事吗？你看上去很不开心。""我在信箱旁等信，总是很难过。"蛤蟆不高兴地回答。"为什么呀？"青蛙好奇地问道。"瞧，我的信箱总是空的，没有人给我写信。"青蛙陪蛤蟆坐在门口等信，它们都很难过。这时青蛙突然说："对不起，蛤蟆，我要回家了，我有点急事。"青蛙一到家，急忙找来纸和笔，写了一封信。写完就装进了信封里，当然，这信是写给蛤蟆的。青蛙好像已经看到蛤蟆收到信时高兴的样子。青蛙马上又跑回蛤蟆家："快起来，到外边等信去。""不去不去，根本没人给我写信，我不会有信的。"青蛙说道："不，会有信的，因为我就给你写了一封信。"蛤蟆听到了高兴得又蹦又跳。青蛙和蛤蟆打开信箱一看，哇！信箱里竟然有三封信。看着信的内容，蛤蟆笑得合不拢嘴了。

（秦皇岛市启航幼儿园 / 孟微）

活动七　蚯蚓的日记

◎活动目标

1. 阅读理解绘本，知道日记的作用和包含的内容。

2. 正确使用水彩笔，尝试用数字、图画、简单的文字记录日记。

3. 对用日记记录生活产生兴趣，体验用图文的方式记日记的快乐。

◎活动准备

1. 课件：《蚯蚓的日记》绘本故事图片。

2. 彩色笔、日记本（白纸订成册）每人一份。

◎活动过程

一、观看封面，说一说对日记的理解

师：今天要讲的故事主人公就是他。

教师播放课件，出示绘本封面，幼儿观看。

师：他是谁？他正在做什么？

幼儿观察图片回答。（蚯蚓；蚯蚓在记日记）

师：你们都认识绘本上的字，所以知道了他在写日记。孩子们！那你们知道什么是日记吗？为什么要记日记？

幼儿自由表达对日记的理解。（日记就是把事情写下来；日记能让我们记住发生过的事）

师：日记可以记录难忘的事情，下面我们一起走进绘本，看看蚯蚓日记里都记录了什么内容。

二、阅读绘本，了解蚯蚓日记的内容

教师播放课件，依次出示绘本中标有日期10月3日、10月4日、10月5日的图片，引导幼儿观察画面中的时间、地点、人物和发生的事情。

师：这些只是蚯蚓日记的一部分，你记住了蚯蚓哪一天的日记，它都记了些什么？能不能读给大家听一听？

教师根据幼儿的选择，操作课件出示日记图片，幼儿根据图片画面进行讲述。

师：蚯蚓在日记里记录了自己和朋友一起做过的事情，还记录了自己的想法。原来，凡是自己在一天中看到的、听到的、想到的、做过的，都可以是日记的内容。

教师播放课件，同时出现三天的日记图片，幼儿观察。

师：我们再仔细看一看，这些日记有什么相同的地方？

幼儿观察图片回答。（都写了日期，都说了一件事情）

教师操作课件（画圈标注）小结：每一篇日记里都有日期，都出现了一个地点，说了一件事。

三、大胆表述，分享难忘的生活经历

师：你们的生活中有没有难忘的事情？是什么时候，在什么地点，和谁在一起发生的？

幼儿大胆分享，教师引导幼儿说出事情发生的时间、地点、人物和事情经过。（周末在游乐场

跟朋友一起玩等）

四、动笔书写，尝试用图文记录日记

师：大家都说了很多让自己难忘的事情，那你们想不想把这些事情记录下来，也来写一篇日记呢？可是，我们不会写很多的字，怎么办？

幼儿自由表达。（用笔画下来）

师：不会写的字我们可以画画。日记要先写什么？（时间）没错，我们还可以在时间的旁边，用画图的方式把天气情况也记录下来，晴天可以画（太阳），阴天可以画（乌云）。然后一定要把在什么地方，和谁在一起，发生了什么事情记录清楚。

教师出示水彩笔和自制日记本，幼儿观看。

师：今天，我为你们准备的是水彩笔，记日记的时候一定要注意握笔的姿势要正确，这是我送给你们的日记本，希望你们从今天开始把难忘的事情都记录下来。

幼儿运用彩色笔和日记本尝试记日记，教师巡回指导，提示幼儿注意坐姿和握笔姿势。

五、珍藏日记，对记录日记产生兴趣

师：你们的日记都记好了吗？真好奇你们都记了什么。一个人记日记，有些事情是不想让别人知道的，所以，可以藏起来成为自己的小秘密。等你们长大了，再来翻看现在发生的事情，一定会觉得非常有趣的。你们可以将本子带回家，继续将生活中发生的事情记录下来，让这个本子成为你们的第一本日记本吧！

附：

蚯蚓的日记

10月3日，今天是星期四。马上就要周末了！我喜欢周末，因为周末我可以和蜘蛛、苍蝇一起玩。我真想让他们和我上同一所学校，但我知道这是不行的。因为苍蝇没法上扭动课，蜘蛛也没法上钻地课。

10月4日，今天来了一位代课老师。玛尔施老师请假了，因为她过生日。我以前不知道老师也会请假，也不知道老师也要过生日。代课老师说："你们可以在下周一为玛尔施老师开一个生日派对。"吃过午饭，大家都在讨论派对上要送给玛尔施老师什么礼物。有人要送霉菌做的毛绒枕头，有人要送鸡蛋壳做的糖果盘。我？我的选择有点儿多。

10月5日，我可以送给玛尔施老师：1. 粪球镇纸；2. 蛛丝拖鞋；3. 废弃物再生香水；4. 口香糖纸围巾。其实口香糖纸围巾的主意还不错，只是，最后一张口香糖纸，刚刚被我爸爸吃掉了。唉！我得赶紧想想别的可送的东西。玛尔施老师可是我遇到的最好的老师了！

10月6日，我在忧愁中醒来。明天就是玛尔施老师的生日派对了，可我还是没想出来送什么。为了让我放松一下，蜘蛛和苍蝇带着我去放风筝。但我仍然高兴不起来。"谢谢你们。"我闷闷不乐地说。这时，苍蝇用她无数小眼中的一只发现了什么。"嘿，那是什么？"她说。那是一个苹果，一个大大的、红红的、闪着光的苹果。老师们都喜欢苹果！但是，等等，它烂掉了吗？蜘蛛带着我下来查看。我戳了一下那个苹果。噗。它已经完全烂掉了。哇！太棒了！我终于找到了最完美的生日礼物！现在我只需要把它弄到学校去。我使劲推，蜘蛛使劲拉，苍蝇为我们加油助威。我们移动得很慢很慢，但最终我们成功了。

10 月 7 日，今天就是玛尔施老师的生日派对！我觉得太棒了。突然，我听到有人说："我找到一张和礼物相配的卡片，玛尔施老师一定会喜欢。"卡片？糟了！幸运的是，我还没有吃早餐。我及时准备好了一切。玛尔施老师很开心。我一次送了她三样东西：一份生日礼物，一张生日卡片，还有一份生日惊喜！

（秦皇岛市启航幼儿园 / 李桐）

活动八　神奇旅店

◎活动目标

1. 感知田字格中的空间方位，知道田字格中有四个小格，分别是左上格、左下格、右上格、右下格。

2. 尝试用铅笔在田字格里按要求完成图画，掌握正确使用铅笔的方法。

3. 对田字格和文字感兴趣，萌发上小学的愿望。

◎活动准备

1. 白板课件：旅店图片；米奇、米妮、星黛露、维尼熊、唐老鸭图片；长颈鹿、大象、鳄鱼、鸵鸟、鱼、熊猫、小朋友、鸭子图片；汉字图片。

2. 田字格画纸、铅笔、橡皮每人一份。

◎活动过程

一、观看图片，感知田字格的方位

教师播放课件，出示米奇和旅店的图片。

师：米奇老板开了一间神奇的旅店，我们看看，都有谁住在里面？

教师出示唐老鸭、米妮、星黛露、维尼熊住在旅店的图片，幼儿根据观察回答。（唐老鸭、米妮、星黛露、维尼熊）

师：迪士尼的朋友们分别住在哪个房间？

幼儿观察图片回答。（唐老鸭住在左上角，米妮住在右上角，星黛露住在左下角，维尼熊住在右下角）

师：米奇老板还给这四间房间取了名字呢，分别是左上格、左下格、右上格、右下格。

二、记忆游戏，巩固对方位的认识

师：这些房间的名字比较特殊，迪士尼的朋友们都记住了，那你们能记住吗？

引导幼儿说出田字格中四格的名称。（左上格、左下格、右上格、右下格）

师：过了两天，调皮的迪士尼朋友们在自己的房间里住够了，他们想去别人的房间里住一住，于是他们偷偷地换了房间，这可愁坏了米奇老板，我们帮米奇老板找一找好不好，看看谁换了房间。

教师播放课件，出示图片三秒钟，马上翻转，幼儿观察。

师：现在谁记得左上格住的是谁呢？

幼儿凭记忆回答。(米妮)

教师播放课件，展示正确答案。

依次询问左下格、右上格、右下格分别住着谁，幼儿根据记忆回答。(左下格住着唐老鸭，右上格住着维尼熊，右下格住着星黛露)

三、观察比较，找出不同占位方法

师：看来迪士尼的朋友们藏在哪个房间都能被你们发现。米奇老板的神奇旅店，不仅有迪士尼的朋友们想来住，森林里的小动物们也想来住一住，我们看看谁住进来了。

教师播放课件，出示鳄鱼、鸵鸟、长颈鹿、大象的图片。

师：森林里的小动物与迪士尼的朋友们住店的方式有什么不一样的地方？

幼儿自由回答。(鳄鱼和鸵鸟住了两个房间，长颈鹿住了三个房间，大象住了四个房间)

师：他们有的住在两个房间，有的住在三个房间，有的住在四个房间里。动物们都住在哪些房间里呢？谁能说出房间的名称？

幼儿观察图片回答。(鳄鱼住在左下格和右下格，鸵鸟住在右上格和右下格，长颈鹿住在左下格、左上格、右下格，大象住在左上格、左下格、右上格、右下格)

师：在神奇旅店里，你可以根据身体的长短、高矮、胖瘦住在不同的房间里。

四、动手操作，尝试合理安排占位

师：神奇旅店里吸引了越来越多的小动物们来入住，米奇老板有些忙不过来了，我们来帮助米奇老板安排一下房间吧。

教师播放课件，出示鸭子、小鱼、小朋友、熊猫的图片。

师：这些朋友们应该住在哪些房间呢？请你来安排一下吧。我给你们每人准备了四张设计图纸，请你把新来的好朋友们画进合适的房间里，然后把设计图纸留给米奇老板，画图纸时大家要记得身体坐直、正确拿笔哦，我们快开始吧！

幼儿动手操作，教师巡回指导，提示幼儿注意坐姿和握笔姿势。

五、观察汉字，萌发上小学的愿望

师：孩子们，我们给米奇老板画了这么多张设计图，相信神奇旅店的生意会越来越好的。最后米奇老板为了感谢大家的帮忙，要跟你们分享一个秘密，神奇旅店里最神奇的地方就是这里不只可以住人，可以住小动物，还可以住别的东西，你们猜一猜会是什么呢？

幼儿自由猜测。(小朋友、玩具、图书等)

教师播放课件，出示汉字图片，幼儿观看。

师：原来汉字最喜欢住在这个神奇旅店里了，可是只有会写字的人才能帮助汉字们住进去，你们会写字吗？你们想学吗？等你们到了小学，就可以让这些汉字住进这间神奇旅店了，每个字应该住在哪几个房间里呢？这些答案等你们当了小学生，就可以慢慢知道了，到时我们就可以让更多的汉字都住进神奇旅店了。

(秦皇岛市启航幼儿园 / 孟微)

【个别化学习活动】

区域	名称	材料	玩法	价值
语言区	笔笔皆“识”	蜡笔、水彩笔、毛笔、水粉笔、铅笔、圆珠笔、钢笔、记号笔、白板笔、录音笔、激光笔、点读笔等挂在操作墙面上；笔筒2个。	幼儿两人一组，一人观察挂在操作墙面上的各种笔，选中一种后用语言描述出这种笔的外形特征和用途，另一人说出笔的名称，并从操作墙上将其取下放进自己的笔筒中，如另一人说不出，两人交换角色继续游戏，以笔筒中笔的数量多者为胜。	1. 学会用语言描述各种笔的外形特征和用途，发展语言表达能力。 2. 遵守游戏规则，体验听说游戏的快乐。
	蚯蚓的日记	录音笔，绘本《蚯蚓的日记》故事图片，可插入式操作板。	幼儿将同一天的日记图片，按顺序从左到右排列在操作板上，进行排图讲述，并用录音笔进行录音，然后看图倾听自己的录音。	1. 练习看图用完整连贯的语言有序讲述。 2. 了解录音笔的作用，体验倾听自己录音的乐趣。
	写信	装在信封中的信（运用图画、数字和简单的文字等符号书写的）若干；自制信纸；信封；彩色笔。	1. 幼儿选择一封信，打开后仔细观察信件内容，然后模仿信件，给自己的朋友或家人写一封信，写好后放进空的信封中。 2. 幼儿选择一封信进行阅读，然后根据信件的内容进行回信，写好后放进空的信封中。	1. 掌握信件书写的基本要素。 2. 读懂信件内容，练习用图画、数字、文字等符号的方式书写信件。
益智区	笔宝宝对对碰	方格底盘3个（数量分别为12格、16格、20格），建议用A3纸制作；自制图片3套（蜡笔、水彩笔、毛笔、水粉笔、铅笔、圆珠笔、钢笔、记号笔等各两张），与方格底盘配套使用；一次性小纸杯若干。	幼儿两人一组，同向而坐，两人商议选择好方格底盘后，共同将图片放在方格底盘上，每格内放一张，然后将一次性杯子倒扣在图片上开始游戏。 1. 一幼儿同时翻开两只杯子，如所翻出的两张图片内容相同，即可赢走图片（必须正确说出图片的名称）；如所翻出的两张图片内容不同，则扣上杯子继续游戏。两名幼儿轮流游戏，直至图片全部取走，以赢得图片多的一方为胜。 2. 观察记忆图片的内容位置，1分钟后，将纸杯倒扣在图片上开始游戏。一幼儿先翻开一只纸杯，根据纸杯内图片内容快速说出另一张图片所在位置（××图片在第×排第×个），打开纸杯验证，如配对成功则赢走图片，反之扣上纸杯继续游戏，以赢得图片多的一方为胜。	1. 巩固对各种笔的名称及外形特征的认知。 2. 发展空间方位和有意注意能力。
	趣味连点成线	操作板（上面画有两条由相距1厘米的点画出的虚线，分为直线和折线两种），铅笔，自制骰子一个。	1. 幼儿两人一组，通过猜拳的方式，决定先掷骰子的一方，两人轮流掷骰子。依据点数在操作板上进行两点连线（点数为1时不进行连线），先将点连成线的人为胜。 2. 幼儿两人一组掷骰子，点数大的人进行两点连线，先将点连成线的人为胜。	1. 练习线条基本平滑的连点成线，发展手部动作的灵活性，掌握正确用笔的方法。 2. 遵守游戏规则，正确对待输赢。
	格子里的动物	田字格轮廓操作板，小动物卡片，计时器，任务卡。	1. 幼儿两人一组，一人根据任务卡或自主提出要求，例：请把某某动物放在左上格。另一人快速放好。 2. 幼儿两人一组，一人根据任务卡内容或自选四个小动物卡片放在田字格操作板里，计时器计时五秒，另一人观察，然后扣过去，提问某某小动物在哪里？答对后两人轮换继续游戏。	1. 巩固对田字格中四小格的名称和对应位置的认知。 2. 尝试快速记忆，发展专注力。
	有趣的汉字	日、天、山、田、土、火等汉字的实物图片；象形文字金文、小篆、楷书图片；田字格书写图片；火柴若干；田字格操作板。	幼儿选择一张实物图片，分别找出与图片内容相对应的象形文字、金文、小篆、楷书，观察汉字演变的过程，并用火柴在操作板上拼摆出汉字。	1. 了解汉字的演变过程。 2. 感知汉字的结构，对学写汉字产生兴趣。

（续表）

区域	名称	材料	玩法	价值
科学区	好玩的渐变色	滴管、颜料、透明塑料瓶；各种天空（阴天、晴空万里、黄昏等）图片；水粉笔；白色小卡片。	幼儿自选天空图片，根据其色彩在不同水量的瓶子中滴入相同量的同色颜料，形成颜色深浅不同的若干瓶颜色水，并按颜色深浅依次摆放，形成渐变色排列，然后用水粉笔将这些颜色按深浅依次涂在白色卡片上，形成渐变色色卡。	1. 感知颜色深浅的变化，增强对色彩的视觉敏感度。 2. 练习使用水粉笔涂色制作色卡。
	神笔“马良”	食用糯米纸、白纸；彩色笔、马克笔；剪刀；一盘水。	1. 幼儿将喜欢的图案用笔画在食用糯米纸上，然后把糯米纸打湿，将糯米纸贴在手背上，晾干即可成为一个文身贴。 2. 幼儿用笔在白纸上画出自己喜欢的花朵图案，然后涂上漂亮的颜色，用剪刀沿着花朵的边缘剪下来，然后将每一片花瓣都向中心折，最后将折好的花放入水盆中，观察花朵发生的变化。	1. 尝试用画笔和水完成探索游戏。 2. 初步感知糯米遇水糊化和纸张中植物纤维遇水膨胀的科学原理。
操作区	削铅笔	没有削的铅笔若干，削笔器2个，削笔器使用方法示意图，白纸，铅笔盒1个。	幼儿根据示意图，先将笔插入削笔器的圆孔里，一手固定住削笔器，一手按顺时针的方向转动摇把，削好后观察铅笔的结构，并在白纸上试用后放入铅笔盒中。	1. 了解铅笔的结构。 2. 学会用削笔器削铅笔。
	编织艾玛象	艾玛象（身体中间部分用裁纸刀划出距离相等的横线，分为4条、5条和6条）造型底板若干；各色彩色纸条、剪刀、胶棒；纸条编织方法示意图；任务卡。	1. 幼儿自由挑选彩条，在艾玛象造型底板上，按照纸条编织方法示意图完成编织任务。 2. 幼儿自选任务卡，观察任务卡上艾玛象的颜色排列顺序，选择相应的彩条完成编织工作。	1. 学习纸条编织的平面造型方法。 2. 发展手指的灵活性和手眼协调能力。
	拆装圆珠笔	配有弹簧的单色、双色、多色圆珠笔；纸盒；组装示意图；白纸。	幼儿根据自己的能力自选圆珠笔，先将其拆开，并将所有零件装进纸盒，然后再按照组装示意图，将拆开的圆珠笔零件组装起来，并试写组装好的笔，检查安装是否成功。	1. 了解圆珠笔的内部构造，初步学会自己组装圆珠笔。 2. 掌握正确使用圆珠笔的方法。
美工区	遇见水墨画	吴冠中作品《春如线》《小鸟天堂》等图片；作品绘画步骤图；毛笔使用方法示意图；毛笔、宣纸、水、水墨画颜料、涮笔筒等。	幼儿认真观察吴冠中作品的构图和色彩，选择一副自己喜欢的作品，按照作品绘画步骤图用教师提供的材料进行水墨画临摹。	1. 掌握使用毛笔作画的方法。 2. 感受吴冠中作品的表现手法和艺术风格，对水墨画感兴趣。
	波点装饰	草间弥生的作品图片；马克笔、油画棒、水粉笔；调好的水粉颜料；一次性纸杯、纸碗、纸盘。	幼儿认真观察草间弥生的作品，分析其作品的配色和构图，并自主选择纸杯、纸碗或纸盘，对其进行波点装饰。	1. 掌握画波点的技巧，灵活使用绘画用笔。 2. 练习用波点装饰生活中的物品。
	创意笔筒	各种废旧宽口瓶、彩纸、剪刀、胶水、轻黏土、不织布等美工材料；各种笔筒的照片。	幼儿仔细观察笔筒的照片，根据已有材料发挥想象，运用折、剪、贴、画、捏等形式进行笔筒的手工创作，并将做好的笔筒放在美工区盛放画笔。	1. 尝试利用废旧物品制作笔筒。 2. 发挥想象力，感受自由创作手工作品的快乐。
建构区	“笔”高	废旧水彩笔（或马克笔），笔的高塔搭建图片，笔的桥梁搭建图片。	1. 幼儿两人一组，观察笔的高塔搭建图片，尝试自己用废旧水彩笔搭建高塔，两人比赛看谁搭得高。 2. 幼儿两到三人为一组，先观察笔的桥梁搭建图片，探索搭建方法，一起合作尝试用废旧水彩笔搭建桥梁。	1. 探索物体间的平衡关系，发展空间知觉及思维能力。 2. 学会与同伴分工合作完成立体造型。

【户外运动活动建议】

1. 每天多组织幼儿进行提高手部运动协调性的户外活动，帮助幼儿更好地发展手部小肌肉群。
2. 可组织幼儿进行手眼协调类的户外运动游戏，如：看谁投得准、赶小猪、套圈游戏等。
3. 在幼儿自选器械或大型玩具进行自主游戏时，鼓励幼儿进行拍球、投掷类的运动。
4. 在幼儿做团体操时，关注幼儿每节操的动作是否标准，如胳膊要伸直、膝盖不能打弯等。
5. 在队列练习中，纠正幼儿的站姿和走路姿势，使幼儿保持正确的体态。

【日常生活活动建议】

1. 每天早入园时，指导幼儿用正确姿势在签到册上写上自己的名字。
2. 对拿笔姿势正确且坐姿端正的幼儿给予表扬鼓励。
3. 鼓励幼儿运用文字、图画或其他符号记录日记。
4. 带领幼儿用数字、图画或其他符号对自然角植物做记录。
5. 在饭后散步时，引导幼儿多观察室内外环境中出现的文字。

【环境创设】

1. 展示正确的书写和握笔姿势的图片。
2. 展示各种画笔正确的用笔方法图片。
3. 展示幼儿与家长一起亲子制作的笔筒。
4. 展示幼儿运用草间弥生波点风格创作的美术作品。
5. 将幼儿给朋友、家人写的信件展示在主题墙上。

【家园共育】

1. 建议家长陪伴孩子练习书写自己的名字，并提示孩子使用正确的握笔姿势和书写姿势。
2. 家长鼓励孩子用图画、数字、文字等符号形式记录下每天发生的事情，当作自己的日记。

【社会实践】

逛逛文具店

◎活动目标

1. 知道文具店是买卖各种学习用品的商店。
2. 发现特殊的笔，感受各种笔的不同特征和用法。

3. 对各种各样的笔产生兴趣，愿意用笔进行写写画画。

◎活动建议

1. 家长提前一天选定一家文具店做好路线、环境、安全等情况的前期调查。

2. 教师和家长对幼儿进行外出规则和安全教育，如：进入文具店后不能随便拿店里的物品，不能乱跑打闹等。

3. 出发前，家长与幼儿进行交流，让幼儿说一说文具店里都有什么。

4. 到达文具店之后，引导孩子来到卖笔的区域，问一问孩子都认识哪种笔，鼓励幼儿去发现一些不认识的笔。

5. 在文具店同意的情况下，试用一下各种各样的笔，感受不同笔的用法和书写特点。

6. 家长允许幼儿挑选一支自己喜欢的笔自行购买。

7. 回家后，请幼儿和爸爸妈妈说一说今天看到了哪些以前没有见过的笔。

【发展评估】

"正确用笔"好习惯养成幼儿家长评价表

宝贝们，经过一个月的时间，你养成"正确用笔"的好习惯了吗？现在请你和爸爸妈妈一起玩一个问答小游戏。

班级：　　　　　幼儿姓名：

评价内容	评价结果
1. 请你说出《铅笔的100个梦》中出现了哪些笔？它们适合写字还是画画？	☺☺☺☺
2. 你知道"波点女王"是谁吗？请你用彩色笔画一幅波点作品。	☺☺☺☺
3. 你知道作品《春如线》是用什么笔画出来的吗？请你用毛笔和墨水画出粗粗的线和细细的线。	☺☺☺☺
4. 请你说一说《谁说一定要用蓝色画天空》中玛丽画的天空是什么颜色的？请你用蜡笔画出自己喜欢的天空颜色的渐变色。	☺☺☺☺
5. 你知道什么是日记吗？为什么要记日记？请你说说日记的主要内容有哪些。	☺☺☺☺
6. 你知道写信的基本要素有哪些吗？请你用铅笔，运用图画、数字和简单的文字等符号给爷爷或奶奶写一封信。	☺☺☺☺
7. 请你用正确的书写姿势写出自己的名字。	☺☺☺☺
8. 请你说出《神奇旅店》四个房间的名字。	☺☺☺☺

爸爸妈妈们请在沟通中对孩子的行为作出正确的评价，指导孩子用彩笔为自己的好习惯作出不同等级的笑脸评价。

评价标准：非常好 4　好 3　一般 2　差 1

“正确用笔”好习惯养成教师评价表

班级：　　　　　幼儿姓名：　　　　　　教师姓名：

目标	评价结果			
	4	3	2	1
1. 能用正确的书写和握笔姿势写写画画，有良好的书写习惯。				
2. 能说出五种以上笔的名称和它们的用途、用法。				
3. 会用大小不同的圆点来进行波点作品创作。				
4. 能线条基本平滑地进行两点连线。				
5. 能用毛笔画出粗细不一的长线条。				
6. 会用横涂画渐变色的方法画出天空的颜色。				
7. 能清晰完整地讲述《寄给蛤蟆的信》的主要情节，会运用图画、数字及简单的文字等符号写一封信。				
8. 能看图讲述《蚯蚓的日记》的故事内容，会用图画的形式记日记。				
9. 能说出田字格四个格子的名称。				
10. 会正确书写自己的名字。				

评价标准：非常好 4　好 3　一般 2　差 1

好习惯二十四　乐于动脑

【主题名称】我是智多星

全家总动员

亲爱的家长朋友：

您好！幼儿期是脑细胞之间建立联系的关键期，勤动脑、勤思考能够帮助幼儿拥有聪明、敏捷、健康的大脑，增加理解和记忆水平，提高学习能力。现在的孩子由于家长过多地包办代替，导致他们很少有机会主动去思考。在遇到困难时，常常依赖成人帮忙解决，缺乏独立动脑筋想办法的能力。培养孩子善于思考、学习运用多种方式自己寻找答案，养成乐于动脑、独立思考的习惯，不仅有助于大脑的发展，也能使幼儿慢慢拥有自己解决问题的思路和方式，成为善于思考的孩子。本月的主题活动是“我是智多星”，旨在培养孩子“乐于动脑”的好习惯。

在幼儿园，我们有目的地进行培养，希望孩子能达到如下目标：

1. 学习动手动脑寻找问题的答案，并尝试用一定的方法验证自己的猜测。

2. 知道生活中许多问题都可以用数学的方法来解决，体验解决问题后的快乐和成就感。

3. 愿意主动想办法帮助别人解决困难，并依据所处情境使用恰当的语言。

4. 练习使用简单的劳动工具或用具，体验用多种工具、材料或不同的表现手法表达自己的感受和想象。

在家庭生活中，我们建议您从以下几方面进行关注：

1. 家长要给孩子做榜样，遇到问题主动去思考和解决，并及时与孩子进行沟通。

2. 在家庭生活中，经常给孩子设置一些需要动手、动脑解决的小问题。

3. 常带孩子到大自然和社会中去感受生活，拓宽生活空间，鼓励孩子发现问题，动脑筋解决问题。

感谢您的参与，为了孩子的成长，让我们一起努力！

【主题目标】

1. 乐于动手、动脑寻找问题的答案，尝试用一定的方法验证自己的猜测。

2. 尝试用数学的方法来解决生活中的问题，并练习 10 以内数的加减运算，体验探索过程中和解决问题后的快乐。

3. 愿意用恰当的语言或其他的办法帮助别人解决困难。

4. 喜欢主动提问并能结合情境去理解一些表示因果、假设等相对复杂的句子。

5. 尝试想办法吸引同伴一起游戏，通过思考、协商解决活动中发生的问题。

6. 学习观察、记忆并用准确的语言描述画面内容，发展思维和逆向思维能力。

7. 练习使用简单的劳动工具或用具，体验用多种工具、材料或不同的表现手法表达自己的感受和想象。

8. 敢于探索，在实际操作和生活中，喜欢动脑筋或用其他方式解决问题。

【主题口号】

勤于动手，乐于动脑

【三字儿歌】

五勤歌

勤动脑，多思考，
谈见解，很重要。
勤动眼，多阅读，
开视野，见识高。
勤动嘴，多提问，
不懂处，多请教。
勤动手，多做事，
攒经验，步步高。
勤动脚，多锻炼，
坚持住，身体好。

【集体教学活动】

活动一　猜队员游戏

◎活动目标

1. 尝试在一组数字的区间内，根据已有的信息判断出自己的数字，巩固对数序、单双数的认知。

2. 理解并遵守游戏的规则，体验动脑思考后猜数成功的乐趣。

◎活动准备

足球1个，贴有1～14数字的足球发带（可自制），贴有1～14数字卡片的小椅子14把，足球贴纸若干。

◎活动过程

一、师幼交流，了解游戏玩法和规则

教师出示实物足球，幼儿观看。

师：孩子们，你们看这是什么？（足球）对，就是足球。什么样的人会踢足球呢？

幼儿根据经验回答。（运动员、喜欢运动的人）

师：想不想玩个足球队员的游戏？（想）看，这是什么？

教师拿出足球运动发带展示给幼儿看。（发带）

师：发带怎么戴在头上？我先戴戴看，看我像不像足球运动员？这个发带有什么特别的地方吗？

幼儿观察后回答。（发带上有个数字5）

师：发带上有数字吗？在哪里？为什么我看不到？我怎么才能看得见呢？

幼儿根据自己的想法自由回答后，教师摘下发带。（摘下才能看见发带上的数字）

师：还真有一个数字5，可是我戴着发带的时候是看不到上面的数字的。今天，这里的每一个发带上面都有一个数字，而且每个数字都不相同，我们就用这些足球发带来玩个游戏，让戴着发带的人不拿下来看，也能猜到自己是几号，神奇吗？我们就把这个游戏叫作“猜队员游戏”吧。而且今天我还带来了许多足球贴纸，谁能在游戏中准确说出自己是几号，或是在别人需要帮助的情况下提供有用信息，都会有足球贴纸作为奖励，想不想要？有没有信心获胜？

幼儿积极回应教师。（想）

师：现在，在你们对面共有14把从1开始按顺序贴着数字的小椅子，一会儿参加游戏的小队员们，谁猜出了自己是几号队员，就坐到贴着你这个数字的小椅子上。好，现在我来讲游戏规则，玩游戏的时候游戏规则可是最重要的，一定要仔细听。

游戏规则：

1. 戴着号码发带的人不能把发带摘下来看，也不能说话，不能向其他人问“我是几号”，当猜出自己是几号以后，不能说出来，等老师说“足球队员请坐好”后，就可以坐到贴着这个数字的小椅子上面。

2. 坐在下面不戴号码发带的人不能告诉他们是几号，更不能用手势或者嘴形进行泄露，除非他们自己猜错或猜不出，需要帮助时你才可以给他提供有用的信息，但是也绝对不能直接公布答案。

3. 如果谁违反了游戏规则，就要被停止一轮游戏。

师：明白游戏规则了吗？第一条规则是什么？第二条是什么？最后的规则是什么？记清规则，相信大家都不会犯规的。

幼儿根据自己的理解回忆规则内容。

二、首轮游戏，学习猜测数字的方法

师：第一轮的游戏，请 4 名队员来参加，谁愿意来？

幼儿举手示意参加游戏，教师给幼儿戴发带，并提醒坐着的小队员们不能提示。

师：第一轮我来提供有用的信息，你们戴的号码发带最小的数字是 1，最大的数字是 4 ，也就是 1 ～ 4，想一想 1 ～ 4 里都有哪些数字。现在请这 4 名足球队员手拉手围成一个圈，根据我提供的信息和其他人头顶上的数字，来猜一猜自己是几号。

4 名幼儿开始游戏，其他幼儿观看，不能泄露答案。教师提问 4 名幼儿是怎样猜出自己的数字的，并为猜对的队员奖励一枚足球贴纸。

小结：原来，知道发带数字的范围以后，要先看清别人头上的数字是几，给所有数字点名，谁没来谁就是自己发带上的数字。第一轮游戏成功。

三、再次游戏，掌握分析推理的技巧

师：这个游戏好玩吗？要不要再玩一次？这次请 5 名队员来玩游戏，谁愿意来？

幼儿举手示意参加游戏，教师给幼儿戴上发带。

师：谁能为他们提供一条有用的信息，就可以得到一枚足球贴纸作为奖励。

幼儿举手示意，提供有用的信息，说出号牌数字的范围是 6 ～ 10 的数字。

戴发带的幼儿拉手围圈，根据提供的信息，观察别人发带的数字，猜出自己的数字并坐到对应的小椅子上。

小结：怎样去提供有用的信息很重要，第二轮游戏成功。

四、男女对抗，巩固认识单数和双数

师：第三轮我们来进行一次男生和女生的对抗赛好吗？现在请每组派 5 名队员到前面猜数字，留下 2 名队员想办法给本组队员提供有用的信息，争取让大家都能猜出来自己是几号。

男生女生可通过猜拳结果决定先后顺序。

游戏规则：男生女生共分两组进行游戏，每组派 2 名足球队员提供信息，5 名足球队员戴着号码发带，手拉手猜自己头上的数字。

女生组头上的数字是 1、3、5、7、9（单数），男生组头上的数字是 2、4、6、8、10（双数），提供信息的 2 名队员观察出规律后可提供给队员，猜对的组内队员可得到足球贴纸作为奖励。

小结：有时只找出最小和最大的数字还不够，还要发现数字间的其他规律才能给出更准确的信息。第三轮游戏成功。

五、集体游戏，体验猜数成功的乐趣

师：想不想更多的队员都来玩游戏？（想）请 14 名队员上来，手拉手围成一个圆圈站好，我给他们戴上发带，记得不能告密哦。

幼儿自行围圈，教师给幼儿每人戴上有数字的发带。

师：我为你们提供的信息是，数字是从 1 到 14 的所有数字，请你们根据提供的信息，按照最有效的方法看清别人头上的数字，然后给所有数字点名，看看缺几，那个数字就是你了！

幼儿根据别人发带上的数字进行思考，猜自己的数字，然后听口令坐好。如有错误的，请大家相互提供有用信息进行提示，最后所有幼儿全部选择正确后坐好。

师：现在请大家一起摘下发带，看看自己猜对了吗。

幼儿摘下发带，核对号码是否猜正确。

师：还没有玩过游戏的孩子们请上来。

同样方式再玩一次游戏。

师：你们真是善于动脑筋的足球队员，请你们将足球贴纸贴在脸上，我们来拍张相片留个纪念怎么样？

请全体幼儿找个位置面向老师站好，摆一个喜欢的造型拍照。

（秦皇岛市启航幼儿园 / 程俊娣）

活动二　丽塔和鳄鱼迷路了

◎活动目标

1. 了解故事主要情节，乐意帮助鳄鱼寻找丽塔，知道做标记是防止在野外迷路的好方法。

2. 观察、记忆并用准确的语言描述画面的内容，增强思维能力。

◎活动准备

课件：《丽塔和鳄鱼迷路了》绘本故事节选图片，1 ～ 5 号草地图片，草地上不同方位的 5 座房子图片。

◎活动过程

一、观察封面，认识人物角色

教师播放课件，出示绘本的封面，幼儿观看。

师：孩子们，今天我给你们带来了一本书，书中有两个朋友，他们是谁？

幼儿根据观察回答。（鳄鱼和小女孩）

师：这个小女孩的名字叫丽塔，谁来猜猜今天丽塔和鳄鱼要去哪里玩？玩什么？

幼儿猜测，观察主人公的表情、所处地点。（要去森林里采蘑菇、公园里玩落叶等）

二、倾听故事，大胆猜测情节

师：今天鳄鱼和丽塔一起要去做一件有意思的事，他们要去森林里捡栗子。

教师播放课件，出示绘本图片，讲述故事从“他们坐着公交车来到森林边”到“她是多么希望找到回去的路啊”，幼儿倾听。

师：鳄鱼在路上等啊等啊，丽塔一直都没有回来，这时鳄鱼会怎么做呢？为什么？

幼儿猜想故事情节并说出理由。（去找丽塔；因为他们是好朋友）

师：鳄鱼决定离开小路去找丽塔。它走啊走啊，在树上发现了丽塔的小帽子，可还是没有看到丽塔，丽塔可能发生了什么事？

幼儿根据经验猜测回答。（走丢了、被野兽抓走了等）

师：在这么大的一个森林里，随时都有野兽出没，一个小女孩简直太危险了！

三、看图记忆，趣玩线索游戏

师：鳄鱼决定一定要赶快找到丽塔，但是它一个人的力量太小了，你们愿意帮它一起找丽塔吗？（愿意）它在森林里大喊“丽塔，丽塔”。大家一起帮鳄鱼喊喊丽塔。

幼儿一起大喊，寻找丽塔。

师：但森林里一点儿丽塔的声音也没有。这时候鳄鱼该怎么办？是回家还是继续找丽塔呢？为什么要找回丽塔呢？

幼儿说说自己的想法。（鳄鱼应该继续寻找丽塔；不能丢下好朋友）

师：鳄鱼吓坏了，它心想我一定要找到丽塔。走着走着，它发现了四块草地。

教师播放课件，出示四块草地图片（1 号草地没有树，有一只红色蝴蝶和三朵花；2 号草地有两棵高矮不同的绿色树，一棵黄色树、一顶黄帽子、一只红蝴蝶、一个红蘑菇和一只鸟；3 号草地没有红色，有一棵矮的绿树和一棵高的黄树；4 号草地有不同形状的一棵黄树、一棵绿树、一棵橘树、一棵灰树共四棵树，一只鸟和一只红蝴蝶），幼儿仔细观察。

1. 图片记忆，寻找丽塔在哪块草地上

师：丽塔就在其中一块草地上，你们想帮鳄鱼找到丽塔必须有过目不忘的本事。什么叫过目不忘？ 1 号草地上有什么？记住了吗？ 2 号、3 号、4 号草地上有什么？

幼儿观察四块草地的异同，记忆每块草地的标记。

师：看过并且要努力记住，叫过目不忘。现在我来提供线索一，丽塔是在森林里走丢的，所以没有树的草地没有丽塔。请问要去掉几号草地？

幼儿回忆图片内容，说出自己想法后，教师操作课件验证。（去掉 1 号草地）

师：找丽塔变得更容易了，我们继续寻找。现在我把你们分成三组，四个人一组一起找丽塔，答对一个问题加上 1 分。最后看哪个组得分最高。请你们和队友用 5 秒钟的时间，用一种颜色给自己的队起个名字。四个人要团结一致找丽塔，得分才有可能比别人高，要找到丽塔还需要考验你的是什么？

幼儿回答。（过目不忘）

师：线索二，丽塔穿着红裙子，有红色东西的地方可能有丽塔。请问要去掉几号草地？

幼儿观察，根据记忆回答后，教师操作课件验证。（3 号草地）

师：孩子们找丽塔变得更容易了，对吗？鳄鱼继续往前走，来到一块新草地，我们叫它 5 号草地吧。

教师点击课件，增加5号草地（有不同形状的一棵黄树、一棵深绿树、一棵浅绿树、一棵橘树、一棵灰树、一只鸟、一只红蝴蝶和一些栗子），幼儿观看。

师：2 号、4 号、5 号草地上都有什么？要找到丽塔，考验你们的是过目不忘的本事。

幼儿观察 2、4、5 号草地的相同点回答。（都有树）

师：线索三，有四棵树的草地肯定没有丽塔。要去掉几号草地？

幼儿根据记忆回答后，教师操作课件验证。（4 号草地）

师：现在只有 2 号和 5 号草地了。告诉你们，丽塔就在 5 号草地上，不在 2 号草地。请你们像我刚刚那样，说一句话提示大家去掉 2 号留下 5 号，如果这句话说得有效，能让别人知道去掉 2 号留下 5 号，那么你们小组加上 2 分。哪组来试一试？怎么说才能把 2 号草地去掉？

幼儿思考回答。（没有栗子的草地一定没有丽塔，有 3 棵树的草地上没有丽塔，没有帽子的草地上一定有丽塔……）

2. 方位记忆，寻找丽塔在哪间房子里

师：鳄鱼说“谢谢大家，我知道丽塔就在 5 号草地”，于是它冲进了 5 号草地。孩子们，草地上有什么？丽塔可能会在哪里呢？

教师操作课件，出示房子图片，幼儿仔细观察 1 ～ 5 号房子的位置。

师：来看看丽塔的小脚印，会是去了几号房子呢？你跟你的队友是不是还记得这个位置是几号房间？

教师操作课件，演示丽塔的脚印通向 3 号房子的位置，幼儿根据记忆回答。

师：鳄鱼走进小房子，它终于找到了丽塔。我们来看一看哪个小组赢了。

教师操作课件，演示鳄鱼在 3 号房子中找到了丽塔。

四、续听故事，发现标记方法

师：丽塔看见鳄鱼也非常激动，她说“鳄鱼，我好想你，我再也不把你丢下了，我们一起回家吧。可是我不记得来时的路了，怎么办？”孩子们你有什么帮他们回去的好办法吗？

幼儿尝试说出自己的办法。（找路上明显的标志物，用指南针）

师：你们看，鳄鱼是用什么方法找到回去的路的呢？

教师播放课件，出示鳄鱼在地上撒栗子图片，幼儿观察回答。（在路上扔栗子做标记）

师：聪明的鳄鱼早已顺着来的方向将栗子撒在了地上，做了标记。丽塔和鳄鱼沿着沿途撒下的栗子顺利地找到了来时的路，他们高高兴兴地回家去了！

五、经验迁移，思考更多办法

师：孩子们，在野外游玩迷路时做标记是一个好办法。除了做标记还有什么其他好办法吗？

幼儿自由回答。（带着指南针、看太阳的方向等）

师：在野外迷路时我们辨别方向的方法有很多，回去和你的爸爸妈妈一起找一找，并把好的方法分享给你的伙伴们吧！

附：

丽塔和鳄鱼迷路了（节选）

今天鳄鱼和丽塔要去做一件特别有意思的事情，他们要去森林里捡栗子。他们坐着公交车来到森林边。“听好了，鳄鱼！进去后，一定要紧紧地跟着我，不然的话你会迷路的，没人能找到你！森林里或许还有狼呢，狼最喜欢吃鳄鱼了！”丽塔低声说。

丽塔看了看手里的地图说：“就走这条路吧！”丽塔和鳄鱼顺着小路走进了森林。“栗子好像不多呢！”找不到栗子的丽塔很懊恼，她脑子里冒出了一个想法：不能让鳄鱼这个家伙再跟着我啦！我要把它留在这儿，自己去找更多的栗子！“看来得把你拴住了！”丽塔解下自己的红围巾，用它紧紧地拴住了鳄鱼的脖子，将鳄鱼系在了树上。一阵秋风吹过，差点吹翻了丽塔的帽子。突然，丽塔发现树丛间有好多好多的栗子，比路上的多多了。丽塔好想去捡这些栗子。“你在这里等着，我马上回来。”她叮嘱鳄鱼，“不要动。”于是她离开了小路走进了树丛。丽塔把捡到的栗子装进了口袋，可是她发现树丛后面还有更多的栗子。丽塔完全忘记了自己在哪里，该走哪条路。很快，她的口袋里填满了栗子。“咦，我是从哪个方向来的呢？怎么所有的树看上去都一样啊？”丽塔迷路了，她是多么希望找到回去的路啊！

……

丽塔终于见到了鳄鱼，她看见鳄鱼非常激动。她说：“鳄鱼，我好想你啊，我再也不把你丢下了！我们一起回家吧！可是鳄鱼，我已经找不到回去的路了，怎么办？”鳄鱼是用什么方法找到回去的路呢？聪明的鳄鱼早已在它来的路上沿途撒满了栗子，做了标记。于是丽塔和鳄鱼就沿着这个标记找到了回去的路。丽塔和鳄鱼高高兴兴地回家啦！

（秦皇岛市启航幼儿园 / 杨爽）

活动三　找找朋友“0”

◎活动目标

1. 欣赏绘本，理解“0”的意义，知道“0”的作用。

2. 尝试用提问的方法进行排除，找到“0”。

3. 自觉遵守游戏规则，愿意开动脑筋，喜欢参与数字游戏。

◎活动准备

1. 课件：卡通形象数字，0～9 的数字图，藏在汽车中的数字，绘本《向“0”敬个礼》故事节选图片，小汽车数字游戏图，10～90 的数字图；背景音乐《All the Best》。

2. 三张不同颜色的提问卡，1～9 数字卡片。

◎活动过程

一、观察课件，说出不同的数字

师：孩子们，今天我给你们带来了许多数字，你能读出它们吗？

教师播放课件，出示绘本中“卡通形象数字”图片，幼儿观察后根据已有经验读出数字。（48、7、93、23、856、1211）

师：你们很厉害！说出了一位数7，两位数23、48、93，三位数856，还有四位数1211，这些都是由这10个数字组成的。

教师点击课件，出示绘本中0～9的数字图，幼儿观看。

二、仔细观察，猜想可能的数字

师：我今天也给你们带来了一个关于数字的故事，它们生活在数字王国里，每天驾着车来来往往，你们看，数字王国里现在驾车来的是谁？

教师播放课件，依次出示绘本中“藏在汽车中的数字”，请幼儿根据车窗里只露一部分的数字来进行猜测。（5、3；2、3；0、8、9）

师：到底是哪个数字呢？

教师点击课件，揭晓答案。（5、2、9）

三、欣赏绘本，发现“0”的作用

教师播放课件，出示绘本图片，讲述绘本故事。

师：数字王国里住着一个矮矮胖胖的0，其他数字看见0都不理它，但当它和1在一起的时候，大家都会向它敬个礼，这是怎么回事呢？因为它的车子后面坐着谁？这个时候就变成了……（10）

教师根据故事情节操作课件，幼儿回答。

师：1和0在一起，就变成了10，原来后面跟着圆圆胖胖的0，数就会变得更大。于是，所有的数字都排队要和0站在一起，可是这个时候，0不见了，它去和谁做朋友了？我们一起找一找吧！

四、师幼交流，讨论提问的方法

1. 学习提问的方法

教师点击课件，出示两辆不同颜色（红色、黄色）、标有不同数字（1、2）的小汽车，幼儿观察。

师：你觉得0会在哪辆小汽车里面？

幼儿自由猜测0在1或2号小汽车，教师根据幼儿的回答操作课件。

师：0藏在了1（2）号小汽车里，它站在1（2）的右边，就变成了更大的数10（20）。

教师点击课件，出示四辆不同颜色（红、黄、蓝、绿）、标有数字（1、2、3、4）的汽车，幼儿观察。

师：现在0跑到了哪里？小汽车变成了几辆？你能猜出来吗？

请两名幼儿分别猜测，教师根据幼儿的回答操作课件，使幼儿选中的小汽车显示没有0。

师：0没有藏在这辆小汽车里，那它会在哪里呢？如果是我想知道0藏在了哪里，我会用这样的方式问一问，请问：“0会不会在1号小汽车里面呢？2号小汽车里有没有0？”当我们提出这样的问题，就能得到自己想要的答案。

幼儿尝试根据小汽车颜色、数字的不同进行猜想，教师鼓励、肯定幼儿的提问。

师：0 藏在了 1（2、3、4）号小汽车里，它站在数字 1（2、3、4）的右边，变成了更大的数 10（20、30、40）。有四辆小汽车，最后找到数字 0，我们需要问几个问题？

幼儿思考后回答。（3 个）

小结：因为问出其他三辆小汽车里没有数字 0，就能知道剩下的一辆小汽车里一定会有数字 0 了，这个方法叫作排除法。

2. 寻找发现共同点

教师出示六辆不同颜色（2 红、2 黄、2 蓝）的小汽车，幼儿观察。

师：看，现在来了几辆小汽车？

幼儿根据课件内容回答。（六辆小汽车）

师：六辆小汽车，如果我们依次提问，用排除法问几个问题，才能知道 0 藏在了哪里？

幼儿根据已有经验回答。（5 个问题）

师：可是，只有三张提问卡，你能问出 1 个问题，就可以同时看到好几辆小汽车里面的秘密吗？请你仔细观察，这些小汽车有哪些相同的地方？

幼儿仔细观察后根据颜色、数字等特点给小汽车归类。

师：红（黄、蓝）颜色的汽车有几辆？是几号和几号呢？问一个什么样的问题，能同时看到所有红（黄、蓝）颜色汽车的秘密呢？

幼儿尝试提问，教师根据幼儿提问情况操作课件。（请问红色小汽车中有数字 0 吗）

教师出示不同颜色（3 红、3 黄、3 蓝）的小汽车，幼儿观察。

师：看，小汽车变成了几辆？依然只有三张提问卡，除了按照颜色的相同来提问，还有哪些不一样的提问方式呢？小汽车上面的数字有哪些相同的地方？

教师引导幼儿仔细观察，尝试按照横排竖排、单双数寻找数字间的规律。（小汽车变成了 9 辆，请问第一横排的小汽车里有数字 0 吗？请问单号小汽车中有数字 0 吗）

小结：我们通过仔细观察、寻找规律、提出问题进行排除，只提出了3个问题就找到了数字0。

五、共同游戏，找寻不见的朋友

师：如果我将数字 0 藏到咱们班的 9 位小朋友的某一个人手中，你们还能不能只问 3 个问题就能把数字 0 找到？除了按照颜色、单双数、数字位置的不同进行提问，还有哪些不一样的提问方式呢？

教师将数字 0 藏在其中一位小朋友的手中，并在每个小朋友的耳边悄悄提醒，并引导幼儿尝试根据性别、衣服颜色、身体特征等进行提问。（请问男生手中有数字 0 吗？请问穿红色衣服的小朋友手中有数字 0 吗？请问 0 是不是在长头发的小朋友手中）

师：三个问题问完了，找到数字 0 了吗？在谁手里？

教师揭晓答案。

师：你们看，当0站在其他数字的右边，就变成了更大的数，你能读出它们吗？

教师播放课件，幼儿根据课件内容读出数。（20、40、50、80……）

师：这么多数字，它们又都在一起，恭恭敬敬去朝圆圆胖胖的0敬礼，因为尽管0什么都不代表，但是它很善良，愿意帮助别人，这个故事的名字就叫《向“0”敬个礼》。请你回去也找一找，生活中还有哪些地方有数字0，找到后带来幼儿园和大家分享吧！

附：

向“0”敬个礼（节选）

看，来来往往的数字驾着车非常忙碌，但是，在数字王国里住着一个矮矮胖胖的数字0，数字王国里的其他数字看见他都有点不理不睬，因为大家都觉得，你只是个0，你什么都不代表，什么都没有，可是尽管这样，0却是一个善良的数字朋友。

这一天，它正好路过数字1的旁边，数字1正在烦恼，正在发脾气，为什么呢？因为它觉得自己数来数去只是个1，看它对着的珠子，数来数去只是1，它好烦恼。数字0跑过去对它说，你不要烦恼，不要难过，我带你出去兜兜风吧，或许你的心情就会好一些。数字1想，反正我数来数去都是1，还不如出去兜兜风。就这样，数字0就带着数字1驾着车出发了。车开在了山坡上，开往小镇，开着开着，它们发现了一件奇怪的事情，当它们车子开过的地方，其他数字原来看见0都会躲开的，可是这次大家看见0驾车过来的时候，都脱了帽子向它敬礼，这是怎么回事呢？

……

（秦皇岛市启航幼儿园 / 陈冉）

活动四　艾玛捉迷藏

◎活动目标

1. 发现动物外形、颜色和环境的关系，并用准确的语言进行表述。

2. 知道青蛙、螳螂、枯叶蝶等动物保护自己的本领。

3. 萌发对动物保护色的探索欲望。

◎活动准备

1. 课件：《艾玛捉迷藏》绘本故事节选图片；艾玛图片；轻音乐；七星瓢虫、三角枯叶蛙、枯叶蝶、螳螂藏身图片；人们利用保护色保护自己的图片；人们利用保护色设计发明的图片。

2. 游戏用具：各种动物（青蛙、螳螂、枯叶蝶等）头饰，动物可藏身其中的场景图片，椅子5把。

◎活动过程

一、观看课件，认识艾玛记住绘本书名

师：今天，我给你们带来了一本书，书里讲的就是它的故事。

教师播放课件，出示艾玛图片，幼儿观看。

师：它是谁？（大象）没错，它是一头大象，是一头什么样子的大象？

幼儿根据图片上艾玛的样子，大胆用语言描述。（彩色格子的大象，五颜六色的大象）

师：这头花格子大象和你们一样也有名字，它叫艾玛。

教师播放课件，出示绘本的封面，幼儿观看。

师：看！这就是这本书的封面，前面两个字是艾玛，后面的三个字认识吗？可以根据封面猜一猜，这本书的名字叫《艾玛捉迷藏》。

二、共读绘本，寻找艾玛知道藏身地方

师：孩子们，捉迷藏你们玩过吗？怎么玩？怎么才算是藏得好？

幼儿根据生活经验回答。（一人蒙眼数数，其他人藏起来，藏到不容易被发现的地方）

小结：捉迷藏就是有人要躲、藏，有人要找，藏的人要尽量躲得隐蔽不被发现。

师：我们来看看书中艾玛和小动物们是怎么玩的？谁来找？谁来藏？

教师一页一页播放课件，和幼儿一同阅读绘本到“终于找到了！这真是你，艾玛，我哪里都没找到你”。

教师边讲述故事边提问：

1. 它来到了树林里，看看这里可能会藏着艾玛吗？谁能帮助小鸟发现艾玛？请你准确地说出它在哪儿。（艾玛藏在绿色大树的下面）

2. 小鸟也觉得绿色的大树下面可能藏着艾玛，它赶紧飞到大树下面去找。原来是什么？（狮子的一顶大伞）

3. 它又来到了灌木从中，这里能躲着艾玛吗？你们发现了吗？小鸟飞过去一瞧，原来是一艘轮船，是一艘什么样子的轮船？为什么觉得这艘船很像艾玛？（这艘轮船的颜色跟艾玛身上的颜色是一样的，都是格子花纹）

4. 小鸟又来到了小山坡上，这里有艾玛吗？在哪里？（小鸟飞到小山坡后面，看到了一顶彩色的帐篷，原来不是艾玛，这顶帐篷的图案和艾玛身上的花纹很像。还有一个地方，小鸟飞过去一看原来是大河马的袜子，它的花纹跟艾玛身上的花纹也一样是格子的，所以大家都觉得是艾玛）

三、观察图片，发现体色与环境的关系

师：小鸟到处都找不到艾玛，就去找其他小动物了。

教师播放课件，出示七星瓢虫、枯叶蝶、螳螂等动物的藏身图片，幼儿观察。

师：看看它一下子找到了谁？（七星瓢虫）

幼儿观察图片回答。

师：你们觉得它藏得好不好？说说理由。你觉得它藏在哪里比较好？

教师播放课件，出示七星瓢虫躲藏不同位置的图片，幼儿观察后表达自己的想法。（藏在金黄色麦穗上的七星瓢虫藏得不好，很容易就被发现；藏在红色花朵里的七星瓢虫藏得好，花朵和身体一样颜色，很难被发现）

师：谁藏得比较好？藏到哪里了？怎么藏才很难被别人发现？

幼儿大胆表达自己的发现。（三角枯叶蛙藏在枯树叶里，叶尾守宫蜥蜴藏在树干上，猫头鹰藏

在和身体颜色一样的树干上，枯叶蝶藏在枯叶里）

小结：原来，要让自己藏起来，得找一个和自己身体颜色很接近、样子很像的地方，才不容易被人发现。

四、互动游戏，掌握保护色隐藏的方法

师：我们也来玩一玩捉迷藏的游戏吧，看看你们是不是能藏得很好，不被发现。这里有一些环境的图片（落叶、枯树枝、枯树、草丛等），现在把图片放在椅子上就代表这里就是图片上的地方，一会儿藏的时候需要你站在这些场景的周围就可以。还有一些动物的头饰藏在你们的椅子下面，请你拿出来戴好。

幼儿从椅子下拿出头饰戴好。

师：谁来说一说你扮演了什么动物？

幼儿根据图片回答。（枯叶蝶、叶尾守宫蜥蜴、枯叶螳螂等）

师：我们刚刚说过，捉迷藏要有人藏，有人找，谁愿意来找？找的人要从1数到10哟，预备开始1、2、3……10。

第一次游戏，游戏后，找个别幼儿说说躲藏的经验。

第二次游戏，幼儿们来互换动物头饰。

师：我们都找一个和自己身体颜色很接近、样子很像的地方藏起来，知道了这个秘诀，我们就都是躲藏的高手了。

五、经验拓展，了解保护色的生活运用

师：这些动物为什么要躲藏起来呢？

幼儿自由回答。（能保护自己，躲避天敌，也为了捕猎）

教师播放课件，出示人们利用保护色保护自己的图片，幼儿观察。

师：看看这些图片，谁藏起来了？他们脸上、身上为什么要画这样的花纹？他们藏起来做什么呢？

幼儿大胆表达自己的想法。（印第安人、军人）

师：印第安人和军人叔叔们，脸上和身上画着花纹，并穿着和环境颜色很像的衣服，为了隐藏起来，方便捕猎生存和野外作战。人们根据这一特点发明了哪些东西呢？让我们一起来看看吧！

教师播放课件，出示人们利用保护色设计发明的图片，幼儿观察，并根据自己的理解表达。

师：生活中还有许多，回家后可以和爸爸妈妈一起找一找。好了，小鸟最后有没有找到艾玛呢？请你找到这本书《艾玛捉迷藏》翻到最后就会找到答案喽！

附：

艾玛捉迷藏

“艾玛，现在轮到你躲起来了。”

“小鸟，那一定很好玩！数到10就来找我吧！ 1、2、3……10！”

“不管你躲好没躲好，我来了，艾玛……我看得见你在树木当中！”

“哎呀！你好啊，狮子，我还以为你那把阳伞是艾玛呢！”

“太好玩了，小鸟！瞧，艾玛在那里……”

“哎呀！你们好，长颈鹿。我还以为那风筝是艾玛呢！”

“太好玩了，小鸟！瞧，艾玛在那里……”

“哎呀！你好啊，鳄鱼。我还以为那只船是艾玛呢！”

“太好玩了，小鸟！瞧，艾玛在那里……”

“哎呀！你好啊，韦伯。我还以为你是艾玛呢！”

“太好玩了，小鸟！瞧，艾玛在那里……”

“哎呀！你好啊，老虎。我还以为那面旗子是艾玛呢！”

“太好玩了，小鸟！瞧，艾玛在那里……”

“哎呀！你好啊，袋鼠。我还以为那顶帐篷是艾玛呢！”

“太好玩了，小鸟。瞧，艾玛在那里……”

“哎呀！你好啊，河马。我还以为那晾着的东西是艾玛呢！”

“太好玩了，小鸟。瞧，艾玛在那里……”

“哎呀！你好啊，猴子。我还以为那个球是艾玛呢！”

“太好玩了，小鸟。瞧，艾玛在那里……”

“终于找到了！这真是你，艾玛，我哪里都没找到你！”

（秦皇岛市启航幼儿园 / 李宝玲）

活动五　炫彩扎染

◎活动目标

1. 知道扎染是我国传统的染色工艺，了解彩色扎染的制作流程。

2. 乐于动手动脑探索扎结的方法，并学习用简单的方法扎染手绢。

3. 体验用自己的方式扎染手绢的快乐。

◎活动准备

1. 经验准备：有染纸画的经验基础，会用橡皮筋扎结。

2. 课件：奇妙小镇角色图片，不同图案的彩色扎染手绢图片，扎染材料准备图片，扎染流程图，音乐《蝴蝶泉边》。

3. 扎染材料：白棉布、剪刀、托盘、手套每人 1 份；橡皮筋线绳、尖嘴瓶染料、保丽龙球、木棒、夹子、晾晒绳、抹布。

◎活动过程

一、欣赏手绢，感受彩色扎染的艳丽

教师播放课件，出示奇妙小镇角色图片，幼儿观看。

师：认识他们吗？（奇妙小镇的人）今天小镇里的小伙伴们要举办一个有意思的比赛，猜猜是什么比赛？

幼儿自由猜想。（跑步、厨艺、跳舞比赛等）

师：他们要比比谁做的手绢最漂亮！看，这些就是他们做的！

教师播放课件，出示奇妙小镇的公民拿着各种图案的手绢，幼儿欣赏。

师：你喜欢谁做的？为什么？

教师根据幼儿回答，操作课件点中手绢并放大，幼儿观察回答。

小结：包包、咪咪和坚果三个人做的手绢颜色丰富多彩，像彩虹一样绚丽；奇奇、赛普的手绢虽然只有两三种颜色，但是色彩对比鲜明，像西瓜、花朵一样有趣；秀秀做的手绢虽只有蓝红两种颜色，但颜色红蓝红蓝这样交替，很有规律，像隧道一样神秘……这些图案都很美。

二、观看课件，了解扎染的制作流程

1. 了解扎染

师：你知道他们手绢上的图案是用什么方法做的吗？

幼儿大胆猜测。（涂颜料、染色等）

师：他们用的是扎染的方法。有没有听说过扎染？听名字你觉得什么是扎染？

幼儿自由回答。（扎成一段一段并染色）

师：扎染是我国传统的染色工艺，扎就是扎结，染指的就是染色。扎染就是先扎结再染色的一种方法。你们想不想试一试，也来亲自制作一块手绢？（想）

2. 认识材料

师：我们先来认识一下扎染所需要的材料。

教师播放课件，出示材料图片，幼儿观看。

师：谁来说一说这些都是什么，是用来做什么的？

教师引导幼儿大胆说出材料名称和用途，为下面的说流程做铺垫。（皮筋、线绳用来捆扎布；夹子用来夹布；染料用来染色；保丽龙球用来包在布里；雪糕棒用来固定捆绑；剪刀用来剪断皮筋线绳；一次性手套防止手上染色；托盘用来接染料等）

3. 学习方法

教师播放课件，出示扎染制作流程，幼儿观看。

师：你们看，这就是扎染的制作过程，一共分几步？

幼儿观察后回答。（六步）

师：谁能试着说一说这六步都要干什么？

请个别幼儿看图大胆描述。

教师边操作课件边描述：扎染的制作步骤分为浸湿、设计、扎结、染色、拆结、展开六步。第一步，将干手绢浸湿并拧干。第二步是设计，设计就是先想一想你想做什么图案，是一条一条的，一圈一圈的，还是像旋涡一样等等，想好之后就可以选择制作方法，可以像折纸一样进行折叠。你们都会折纸吗？可以把手绢怎么折？折成什么形状？

幼儿自由回答。（对角折、对边折、正反折、折成三角形等）

师：你也可以用旋转的方法。你想怎么旋转手绢？谁来试一试？

幼儿尝试各种转的方法，教师可以进行示范。（将手绢顺时针或逆时针旋转）

师：木棍或小球在扎染中有什么用？可以把它怎样包裹在布里？来试试看。

幼儿说一说包裹的各种方法。（用布将小球裹住或把木棍夹在折好的布里）

师：第三步就是扎结，扎结也是非常重要的环节。你可以用皮筋扎、用线绳扎，根据你设计的图案可以扎一个结也可以扎很多个结，但是一定要记住，一定要把每个结扎得紧紧的，木棍或小球更是要捆扎紧，这样才能固定住。你还可以用夹子夹。第四步是做什么？（染色）染色的时候注意要染得均匀，还要想一想什么颜色搭配在一起才会更漂亮。第五步拆结，染好以后需要一段时间来上色，时间到了就可以解开或剪开橡皮筋。最后一步是展开，把作品展开晒干。你会做了吗？

三、同伴交流，设计图案和扎结方法

1. 思考方法

师：扎染最重要的地方就是选择什么方法来扎结，不同的方法就会出现不一样的效果。你想一想他们手绢的这些图案是怎么做出来的？用的是什么方法？是折叠、旋转，还是包物？扎了几个结？

幼儿大胆猜测。（旋转、对边折叠、包球等）

2. 交流设计

师：现在和你旁边的小伙伴说一说，你想扎染一块什么图案的手绢，你想用什么方法扎结，怎样扎结？一起说一说吧。

幼儿之间进行交流。（想用折叠的方法，一段一段扎结）

师：谁来说说你的设计和想法？

请幼儿分别说一说自己的想法。（想扎一块条形图案的手绢，将折叠好的手绢分段扎结等）

四、动手制作，尝试扎染自己的手绢

师：是不是着急想试一试啦？先别急，看这里。

教师站在桌子旁，边操作边说：在每张桌子上都有扎染用的材料，请你们将手绢浸湿后，选择一种方法进行设计。比如折的方法、转的方法，包裹物品或其他方法。扎结的时候一定要扎紧，扎好结就把手套和染色用的托盘一起从桌子下面拿上来，先戴手套再碰染料。染料需要大家共用，一定要接着托盘上色，不要将染料滴到托盘外面。扎染的时候记住你的方法，一会儿和大家说一说。现在请每人找到一块手绢，开始进行神奇的扎染吧。

教师播放音乐《蝴蝶泉边》，幼儿动手扎染手绢，教师巡回指导。

五、作品展示，体验扎染成功的快乐

师：你们是不是迫不及待地想看你们扎染的手绢是什么样？其实，染料是需要很长的时间来上色的。今天我们第一次做，就破例现在就打开看一看吧。请你轻轻解开或剪开橡皮筋和绳子，轻轻地展开后平放在托盘上，端到前面来，把作品用夹子夹到晾晒绳上。夹好后把托盘端回桌子上，用抹布擦干桌上滴落的染料后，坐在座位欣赏大家的作品。

幼儿动手展示自己的作品。

师：谁来说一说，你的手绢是什么图案？用什么方法制作的？怎样扎的结？

请个别幼儿说一说。（扎出了旋涡一样的图案，用的是旋转法，是将布旋转后用皮筋捆扎的方式扎结等）

师：你们做的手绢都很漂亮，有的选择折的方法，有的选择转的方法，还有的试着用包的方法……你们用不同的方法都出现了不同的效果。扎染的方法还有很多很多，下次我们再来试试其他方法，好吗？

（秦皇岛市启航幼儿园 / 韩雪）

活动六　黑猫先生和白猫先生

◎活动目标

1. 积极思考，愿意与他人讨论问题，并清楚连贯地表达自己的观点。

2. 观察画面，了解工具的用途，感受使用工具的便利，知道不能过度依赖工具。

3. 初步理解辩证思维，体验动脑思考、动手操作解决问题的快乐。

◎活动准备

1. 课件：《喜欢用工具的猫和不喜欢用工具的猫》绘本故事节选图片，工具两个字的图片。

2. 操作材料：工具（扫帚、吸尘器、扫地机器人、渔网、钓鱼竿、起重机、抹布、小刀、楼梯、塑料袋、玻璃刮水器、篮子、手推车、锤子、剪刀、开罐器等）贴图四份，展板四块。

◎活动过程

一、识别汉字，讨论生活中认识的工具

教师点击课件，出示“工具”两个字的图片，幼儿观看。

师：认识这两个字吗？

幼儿根据经验回答。

师：你知道生活中有哪些工具？

幼儿根据经验回答。（锤子、钳子、扳手、剪刀、铲子、扫帚等）

小结：生活中有各种各样的工具，比如厨房用的厨具，清洁用的工具，维修用的各种工具等等。

二、观看课件，发现黑猫生活中的不便

师：生活中有这么多工具，可是我这里有一个朋友它偏偏不喜欢用任何工具，你们刚才说的这些工具它都不用，它就是不喜欢用工具的黑猫先生。

教师点击课件，出示黑猫先生的图片。

师：因为它不爱用工具这个习惯，在它身上发生了很多有趣的事情，我们一起来看一看。

教师播放课件，出示绘本图片，让幼儿自主选择画面，进行观察。

1. 吃饭画面：你们觉得黑猫先生吃得开心吗？（不开心，很费力气抓鱼吃）

2. 搬运画面：搬得怎么样？顺利吗？（不顺利，搬得很辛苦，东西一直掉）

3. 擦窗画面：擦得怎么样？安全吗？擦得干净吗？（不安全，差点摔下来；用树枝擦窗肯定不干净）

4. 摘苹果画面：黑猫先生摘了几个苹果？看上去怎么样呢？（只能摘三个，左手一个右手一个，嘴上叼一个，摘不到更多苹果）

5. 扫地画面：扫得怎么样？黑猫先生看上去怎么样？（用尾巴扫地，全身脏兮兮，扫得也不干净）

6. 开罐头画面：黑猫先生用了什么方法开罐头？成功了吗？（用牙咬，不但没成功还要去看牙医）

小结：黑猫先生不用工具可以做一些事情，但是做得并不方便。

三、选择工具，尝试帮助黑猫解决问题

师：因为黑猫先生不用工具，所以它的生活变得有点糟糕，很多事情都做不好，咱们想个什么办法能帮助到黑猫呢？

幼儿根据经验回答。（为它提供一些工具，如梯子、扫地机器人、开罐器、厨具等）

师：让我们帮助黑猫选一些合适的工具吧。我这里准备了好多工具的图片，现在每六个人为一组，请你们小组讨论按照黑猫发生故事的顺序选出你们觉得最合适的工具，并把它贴在展板上，计时三分钟，现在开始。

幼儿自由分组后根据要求操作，时间到，教师请幼儿把展板展示出来。

师：现在请每组派一个代表来说一说你们选择这些工具的理由吧。

幼儿大胆表达自己的观点。（选择扫地机器人为黑猫扫地，选择购物车为黑猫装物品等）

四、观察图片，感受白猫生活中的便利

师：现在我们的工具都帮黑猫找好了，相信黑猫使用了这些工具，一定会给它的生活带来很多的便利。你们知道吗？这个不喜欢用工具的黑猫先生有一个邻居，这个邻居是白猫先生。白猫先生跟黑猫先生恰恰相反，它特别喜欢使用工具，我们一起来看一看它是怎样使用工具的。

教师点击课件，出示白猫先生烹饪鱼的生活画面。

师：白猫先生做了跟黑猫先生一样的事情，白猫先生正在做饭，白猫先生是怎样做的呢？

幼儿根据观察回答。（用锅和锅铲煎鱼，还有各种调味料）

师：白猫先生用了哪些工具？确实需要用这些工具吗？

幼儿自由回答。（锅、铲子，做菜需要用到）

师：还记得黑猫先生是怎样做的吗？白猫先生和黑猫先生有什么不一样的结果吗？

幼儿自主回答。（黑猫先生在河里抓生鱼吃，白猫先生烹饪的鱼更美味）

教师继续点击课件，依次出示白猫先生用购物推车盛放商品、用升降机和擦玻璃器擦玻璃、用梯子和篮子摘苹果、用扫地机器人扫地、用开罐器开罐头的生活画面。

教师提问，提问过程同烹饪鱼的生活画面。

小结：白猫先生用了工具，所以白猫先生的生活看上去比黑猫先生轻松。

五、辩证思考，知道不能过度依赖工具

师：有一天，两只猫都要搬家了，这回它们有什么不同呢？谁更轻松？

教师出示课件，播放黑猫、白猫搬家的画面，幼儿观看。

幼儿观察后回答。（黑猫更轻松）

师：画面里发生了什么事？

幼儿根据观察回答。（白猫先生需要搬走的物品太多了，累得坐到地上；黑猫背一个包裹就走了）

小结：白猫先生工具太多，搬家很不方便，黑猫先生没有工具，搬家则很轻松。

师：那你们来讨论一下到底是用工具好，还是不用工具好呢？

幼儿自由表达自己的想法。

小结：有时候，使用工具可以让我们在生活中轻松、方便。但是有时候过度依赖工具也会给我们的生活带来一些小麻烦。

教师播放课件，出示绘本封面，幼儿观看。

师：这本书的名字叫《喜欢用工具的猫和不喜欢用工具的猫》。书里还有很多白猫先生和黑猫先生之间的事情。让我们有时间再到图书角去看一看这本书里黑猫先生和白猫先生其他有趣的事情吧。

附：

喜欢用工具的猫和不喜欢用工具的猫（节选）

黑猫先生没有炊具，它成天吃生鱼片，都吃腻了，该换几种酱料了。

黑猫先生逛超市，把东西全抱在手里，一路走一路掉。

黑猫先生擦窗，一不小心掉了下来。“哎呀，痛死了。”

黑猫先生上树摘苹果，左手一个，右手一个，嘴里叼着一个，“哎呀，拿不下更多了。”

黑猫先生用尾巴扫地，扫完后全身脏兮兮。

黑猫先生打不开鱼罐头，“哎哟，快送我去看牙医。”

白猫先生用胖胖的汤锅煮鱼汤，用扁扁的煎锅煎鱼排，好香呀。

白猫先生逛超市，用小车轻轻松松把很多东西推回了家。

白猫先生站在升降台上擦窗，仔仔细细擦得真干净。

白猫先生爬上梯子摘苹果，用篮子装了好多苹果。

白猫先生开启扫地机器人，家里整洁又明亮。

白猫先生用开罐器打开鱼罐头。

有一天黑猫先生和白猫先生要一起去搬家……

（秦皇岛市启航幼儿园 / 孟微）

活动七　我是小警长

◎活动目标

1. 了解破案是观察、思考、寻找线索再进行推理的过程。

2. 尝试在细致观察中，通过纹路比较、局部与整体的对比以及图案拼对，发现事物之间的联系。

3. 体验探究发现的乐趣，敢于表达自己的发现。

◎活动准备

1. 课件：黑猫警长图片；被盗屋子内景及屋门口图片；案发现场留下的轮胎印和鞋印图片；包含 5 名司机、5 辆汽车及轮胎印图片；快递单图片；《黑猫警长》主题曲。

2. 材料：每人一份案发现场轮胎印和鞋印的放大图片，嫌疑车辆及轮胎印图片，嫌疑人及鞋印图片，快递单拼图，彩笔，星星贴纸若干。

◎活动过程

一、师幼交谈，进入故事情境

教师播放课件，出示黑猫警长图片，幼儿观看。

师：你们看过黑猫警长的动画片或书吗？你们知道黑猫警长怎么破案吗？

幼儿自由回答。（动脑筋，发现线索）

师：你们喜欢黑猫警长吗？为什么？

幼儿大胆表达自己的想法。（喜欢，因为黑猫警长勇敢、正义等）

师：黑猫警长有一双善于观察的眼睛，用细致的观察破了不少案子。昨天，黑猫警长又接到了报案，说是森林里发生了一起盗窃案。

教师播放课件，出示被盗房子内景的图片，幼儿观看。

师：黑猫警长接到报案后马上展开了侦破工作。今天，黑猫警长请我们来观察案发现场，帮助它来破案，你们可以吗？（可以）

二、观看现场，寻找破案线索

师：想要抓到窃贼，一定要找到线索。什么是线索？

幼儿根据自己的理解回答。（用放大镜发现的鞋印、指纹等）

师：线索就是在案发现场发现的犯罪嫌疑人留下的痕迹。我们先来看看现场被盗的照片，看看能找到什么线索。

教师播放课件，出示被盗屋子门口的图片，请幼儿仔细观察，寻找犯罪嫌疑人留下的痕迹并说一说。

三、观察比较，锁定嫌疑人选

1. 比对胎印

教师播放课件，出示轮胎印图片，幼儿观察。

师：黑猫警长从门口发现了一个线索。这是什么？（轮胎印）让我们放大来看一下。你觉得是什么车留下的轮胎印呢？

幼儿根据经验大胆猜测后，教师出示课件中包含5个司机、驾驶的汽车及其轮胎印的图片，幼儿观察。（汽车留下的，因为是两排车轮印，不可能是自行车或三轮车）

师：警长在小区旁边的监控摄像头里发现了在盗窃发生后的时间里，有这5辆车从被盗屋子门口开出过，警长还找到了这5辆车的轮胎，请你仔细观察。

教师发给幼儿每人一张案发现场的轮胎印放大图片，和刚刚课件中出现的5个嫌疑人及车辆、轮胎印的图片，请幼儿认真观察，比对出与现场留下的轮胎印一致的汽车，用笔将有嫌疑的车辆和轮胎圈起来。

师：谁来说一说，你找出了几号嫌疑人的轮胎印和现场留下的轮胎印一样？哪里相同？哪里不相同？你是用什么方法这么快找出来的？

请幼儿用完整的话表达自己的选择，说明原因。（1号、3号、5号，轮胎花纹相同，用比较的方法）

教师边操作课件边说：根据我们的观察，1号、3号和5号车的轮胎印和案发当天的轮胎印一致，可以排除掉2号和4号嫌疑人。到底几号是窃贼呢？我们不能靠猜想，还要继续寻找线索。

2．比对鞋印

教师播放课件，出示案发现场发现的鞋印的图片，幼儿观察。

师：黑猫警长从被盗房间里发现了第二个线索，这是什么？

幼儿根据观察回答。（鞋印）

师：警长在现场又发现了半个鞋印，是窃贼无意中留下的。于是警长找到了刚才有嫌疑的1号、3号、5号车主人的鞋印，请你们仔细观察比对一下。

教师播放课件，出示1、3、5号嫌疑人的鞋印，幼儿观察。

师：案发现场发现的半个鞋印和几号嫌疑人的鞋印比较接近？

教师发给幼儿每人一张案发现场的鞋印放大图和刚刚课件中出现的3个嫌疑人鞋印的图片，请幼儿认真观察比对后，找出最接近的鞋印圈出来。

师：请你来说一说，你觉得谁的鞋印和警长找到半个鞋印的花纹比较接近？从哪里看出来的？你是用什么方法这么快找出来的？

请幼儿用完整的话表达自己的选择，并说明原因。（5号鞋印比较接近，我是通过对比发现的，因为1号和5号嫌疑人鞋印和案发现场的鞋印都接近，是四排花纹图案，但是1号鞋印花纹比较宽，所以我觉得是5号）

师：根据我们的观察，5号嫌疑人的车轮印和现场找到的车轮印一样，它的脚印也和现场找到的脚印最接近，所以它很有可能就是窃贼，让我们继续寻找线索。

四．尝试拼图，确定窃贼地址

师：黑猫警长找到了它的车，可是它已经逃跑了。不过在它的车上找到了几张撕碎的纸，你见过这样的纸吗？这张纸上会有什么线索呢？

教师播放课件，出示破碎的快递单，幼儿观看并表达自己的想法。（见过，这是快递单，快递单上会有收件人的地址和电话）

师：你们都来试着拼一拼，看看能不能把撕碎的快递单拼完整。

教师发给每位幼儿一份破碎的快递单拼图，幼儿自主尝试拼摆完整。

师：你在拼图的过程中比对了碎纸片上的哪些图案？拼完后，你在拼图上发现什么了？你觉得它们之间有什么关系？

幼儿讲述自己的推理，教师同时出示课件中有完整地址的快递单图片。（拼好的快递单上发现了收件人姓名和地址）

小结：你们真聪明，从拼好的快递单上看，收件人是小老鼠，就是它在现场留下车轮印和鞋印，快递单上的地址就是它的家。

五、佩戴“奖章”，感受破案乐趣

教师播放课件，出示黑猫警长抓获窃贼的图片。

师：因为你们的细致观察，才能帮黑猫警长这么快地找到了最有可能是窃贼的嫌疑人，你们真是聪明的小警长。黑猫警长都要感谢你们呢！现在请小警长们起立，黑猫警长要我代替它给你们每人颁发一颗智慧星奖章。

教师播放《黑猫警长》的音乐，为幼儿颁发星星贴纸贴在胸前。

（秦皇岛市启航幼儿园 / 韩雪）

活动八　文具商店

◎活动目标

1. 认识上小学要用到的各种文具，萌发上小学的愿望。

2. 探索 10 以内数组合的不同方式，发展思维的变通性。

3. 体验与同伴合作进行凑数游戏的快乐。

◎活动准备

1. 课件：《要上一年级了啦》绘本故事节选图片；文具店图片；包含不同男孩女孩数量的 4、5、7、9、10 数的分解。

2. 材料：书包、铅笔盒、橡皮、铅笔、本子、尺子、笔袋、彩笔等文具若干；地垫两排。

◎活动过程

一、观看课件，了解绘本名称

教师播放课件，出示绘本的封面，幼儿观看。

师：今天我为你们带来了一本绘本，绘本名字会读吗？

幼儿尝试读出绘本名称。（要上一年级了啦）

师：这个小姑娘叫小江，她就要上一年级啦，你们是不是也要上一年级了？还有多久能从幼儿园毕业呢？

幼儿根据自己的实际情况回答。

师：要成为一名小学生了，心里有什么感觉？

幼儿大胆表达自己的想法。（开心、激动、舍不得幼儿园）

二、倾听故事，认识各种文具

教师播放课件，出示绘本的片段，讲述到“可是，书包里空空的，都要放什么呢”，幼儿倾听。

师：你觉得小江的书包里应该放些什么呢？

幼儿根据自己的经验回答。（书、本、笔、铅笔盒、橡皮等）

教师打开已经准备好的实物书包，将里面放好的铅笔、橡皮、尺子、卷笔刀等文具分别拿出来展示给幼儿，幼儿尝试说出每种文具的名称。

师：书包里放的这些铅笔、卷笔刀、橡皮、尺子之类的学习用品，有一个共同的名字你们知道叫什么吗？（文具）去哪里能买到这些文具呢？

幼儿根据自己的经验自主回答，引出文具商店，同时教师播放课件出示文具店的图片。（去文具店可以买到）

三、学习口诀，理解分组要求

师：今天我们就一起来玩一个买文具的游戏，现在我就是文具商店的老板了，首先欢迎你们来到我的文具商店。平时你们买东西要用什么去买？

幼儿根据经验回答。（用钱买）

师：今天你们带钱了吗？没带钱怎么买呢？

幼儿动脑思考买卖的方式并回答。（用手机支付、向老师借钱等）

师：今天玩的这个游戏，没带钱也没关系，我把你们“变”成钱。女生现在开始每人代表一块钱，男生现在每人代表两块钱。记住了吗？

教师逐个询问每个幼儿各代表多少钱，确定幼儿已经记住自己代表的钱数。

师：玩游戏之前有一句口诀，一起来学学吧。“买东西，要花钱，钱不够，要凑钱，要凑多少钱？”我会说出一个钱数，这个钱数就是游戏中要卖文具的价钱。

幼儿在教师带领下尝试学说口诀。

师：游戏中要用到两排垫子，我们要分两组比赛。先请 14 个孩子上来，每组人数必须一致，而且组内既要有男生又要有女生。应该怎么分呢？

幼儿动脑后回答。（7 个人一组，每组有男生也有女生）

四、同伴合作，趣玩凑数游戏

师：现在请听清楚游戏玩法。大家一起念完口诀，我作为文具店老板，会说出一件要卖的文具的价钱，两个队可以派出相应的“钱”，站在自己队的垫子上面。如果“钱”总数是对的，就可以把文具买走。明白了吗？

幼儿根据理解并回答。

1. 理解规则

师：游戏还有四条规则，请仔细听哦。

（1）念完口诀再来站。

（2）每队派出相应数量的“钱”站在垫子上，多余的“钱”要回到座位。全组确认答案以后，集体举手，代表本队完成任务。

（3）哪一队最先举手，并且正确，就可以把这个文具赢回去。

（4）游戏结束，哪队赢到的文具最多，哪队就算获胜。

师：规则记住了吗？第一条规则是什么？第二条是什么？怎样算赢？

请幼儿用自己的语言重复规则，确认幼儿已经理解游戏规则。

2. 试玩游戏

师：我们先试玩一次吧！女生代表几块钱？（1 元）男生代表几块钱？（2 元）先要干吗？（说口诀）

在教师带领下幼儿初次尝试凑 4 元，每组幼儿计划几个男生几个女生来凑。然后，教师和两队幼儿一起检验是否凑对，鼓励幼儿用不同的办法去凑钱。同时教师操作课件，根据男孩女孩的数量点击课件中出现的卡通小人进行记录（如：数字 4 旁边可以点击出 2 个男孩，也可以点击出 1 个男孩 2 个女孩或 4 个女孩）。

3. 反复练习

师：游戏正式开始喽！第一件文具我选择 5 元的橡皮，看看哪队能赢走这盒橡皮。

幼儿齐说口诀并开始团队合作凑钱。教师提醒幼儿遵守游戏规则，并观察哪队速度最快，胜者赢走橡皮。同时教师操作课件，根据凑钱的男孩女孩的数量点击课件中出现的卡通小人进行记录（如：数字 5 旁边可以点击出 2 个男孩 1 个女孩，也可以点击出 1 个男孩 3 个女孩或 5 个女孩），鼓励幼儿想出多种凑钱方法。

按照上面的方法，教师请幼儿挑选文具，玩 7 元、9 元凑数游戏，根据幼儿的表现教师随机进行指导、回应和总结。

师：今天玩这个文具商店的游戏，请问一个人能玩吗？为什么？

幼儿根据自己的理解回答。（玩不了，因为需要和同伴一起凑数）

师：今天的游戏一个人玩不了，需要队友的帮忙，快和你今天的队友握个手或拥抱吧。

幼儿和自己本队的队友握手或拥抱。

师：在游戏的最后，人数不够时你的对手也帮到了你的忙，请你跟你的对手也握个手或拥抱一下吧。

两队队员互相拥抱。

五、再读绘本，萌发上学愿望

教师播放课件，出示小江抱着文具睡觉的图片，幼儿观看。

师：看，做好准备要上一年级的小江把这些文具像宝贝似的放在床边，甜甜地睡着了。可以看出小江对上小学充满了期待！你们也要上小学了，你知道要准备哪些文具了吗？你们要上哪个小学？有时间和你的朋友说一说吧。

附：

要上一年级了啦（节选）

这个小姑娘叫小江，她已经过了6岁的生日，她的妈妈告诉她："小江，你马上要成为一名小学生了。"她的爸爸问："小江，你能适应吗？"小江开心地说："当然能啦，我好想快点成为小学生，好想大声回答老师问题呀！"一天，小江收到了一封信，是一年级的老师邮来的。她激动得问妈妈："妈妈，信上都写了什么？"妈妈读道："森田幸江小朋友，祝贺你就要成为一名一年级的小学生了。"小江激动得在屋子里跳起了舞蹈，嘴里喊着："太棒了，我要成为一年级的小学生啦！"爷爷奶奶为小江买了一个新书包，小江觉得漂亮极了。可是，书包里空空的，都要放什么呢？

……

做好准备要上一年级的小江把这些文具像宝贝似的放在床边，甜甜地睡着了。

（秦皇岛市启航幼儿园 / 韩雪）

【个别化学习活动】

区域	名称	材料	玩法	价值
语言区	有趣的数字书	与数字相关的绘本（《向0敬个礼》《奇妙的数字旅行》《喜欢5的公主》等），每本书对应的任务卡。	1. 幼儿自选喜欢的图书，自主阅读或与同伴一起阅读，并向同伴讲一讲书中感兴趣的内容。 2. 幼儿自选一张读书任务卡，根据任务卡的要求找出要阅读的书并完成任务卡中需要寻找的关于数字、页码、人物等的任务。	1. 练习有目的地阅读，发展对画面的观察能力。 2. 愿意与同伴分享读书收获，增强对数学书籍的阅读兴趣。
	丽塔在哪里	图片6张（画有不同数量和颜色的树、蝴蝶、帽子、小鸟等图案的草地），每一张上都有一个序号；放有数字1～6纸条的盒子（每个纸条单独折叠起来）。	两人一组猜拳开始游戏，赢的一方从数字盒中任意选一个数字纸条，在不被同伴看见的条件下打开并记住是数字几。另一名幼儿将6张草地图片摆放在桌面上。抽数字的幼儿要用"有……的地方一定有 / 没有丽塔"的语言描述丽塔所在的草地。另一名幼儿根据听到的信息思考后找出图片，图片和数字一致即为胜利。互换角色再次游戏。	1. 练习用准确的语言描述画面的内容，提高语言的表达能力。 2. 发展逆向思维的能力。

（续表）

区域	名称	材料	玩法	价值
益智区	眼力大比拼	枯叶蝶、青蛙、蜥蜴、变色龙、水母、章鱼、壁虎等有保护色的动物隐藏在与身体颜色相似环境中的图片共两组；水彩笔；计时器。	两名幼儿各拿一组图片和一只彩笔准备对战游戏。计时开始后幼儿观察画面，找到隐藏在画面中的动物，用彩笔圈出来，1 分钟计时结束圈出隐藏动物多的为胜。	1. 了解保护色与其生存环境的关系，知道保护色对动物的重要性。 2. 发展幼儿观察能力和专注力。
	过目不忘	6 格、9 格、12 格、16 格的翻翻乐底板；两两相同的图案卡片若干。	幼儿任意选择一块翻翻乐底板，将卡片图案向下扣放在每个格子内，不能偷看。游戏开始后，每次可自选两张卡片翻出，若卡片内容相同则可取出卡片，若不同将卡片图案向下继续扣放回去，努力记住翻出过的卡片的图案和位置，直到卡片全部取出游戏结束。	1. 熟练掌握翻翻乐的游戏玩法，锻炼记忆力。 2. 发展空间方位知觉和有意注意。
	抓捕“一只耳”	自制棋盘（画有一个梯形和三角形一角或两角相对用圆形连接，其他角上也分别画圆形），废旧瓶盖和吸管制作的黑猫警长立体棋子和“一只耳”立体棋子各 1 个。	两名幼儿将自制棋盘摆在桌子上，猜拳选择棋子，获胜的一方可选择警长棋。游戏开始时将两个棋子分别放在棋盘的对角位置，“一只耳”棋先走，两种棋每次轮流走一步，直到警长棋把“一只耳”棋堵在棋盘一角无处可走时，游戏结束。	1. 锻炼思维和专注能力。 2. 体验与同伴玩益智棋的乐趣。
	工具消消乐	厨房工具、清洁工具、学习用具三类图片分别放在三个不同颜色的盒子里；消消乐底盘 6 个（数量分别为12格2个，16 格 2 个，24 格 2 个）。	幼儿两人一组，一起选择出一种难度的消消乐底盘人手一个，两人随机将三类图片分散粘在自己手中底盘的所有方格中后，互换底盘进行游戏，猜拳赢的一方先上下或左右调整图片位置，三种同类型的工具连成一线则消除，最先将底盘中剩下的图片不能再消除的人为胜。	1. 巩固对常见工具和学习用具的认知。 2. 掌握消消乐的玩法，学习用推理和判断来解决游戏中的问题。
	七巧板	七巧板图案（动物、植物、房屋等）若干，七巧板图案轮廓图若干，七巧板。	1. 幼儿任选一张七巧板图案，仔细观察后运用七巧板进行拼图。 2. 幼儿两人一组竞赛，猜拳胜利者有权选择拼摆的图案，选好后，两人同时拼摆同样的图案，先完成者为胜，游戏反复进行。 3. 幼儿选择一张七巧板图案轮廓图，仔细观察、思考后，在轮廓图上进行拼摆，直至七巧板与轮廓图吻合。	1. 了解七巧板图形的组成，尝试进行不同图形组合。 2. 发展观察分析和专注能力，以及手眼协调能力。
数学区	扑克牌游戏	扑克牌若干、自制底板 8 张（从大到小、从小到大、相邻数、比大小、按规律排序、单双数、分解组成、花色规律）；任务卡。	1. 幼儿自选任务卡，按照任务要求，将 1 ～ 10 不同花色的扑克牌按数字从大到小、从小到大、相邻数、比大小、按规律排序、单双数、分解组成等方式进行操作摆放；或根据扑克牌的花色和数字按任务卡的规律排序。 2. 两人各抽一张扑克牌，可进行大吃小、黑吃红的扑克游戏，手里的牌多者为胜。	1. 复习 10 以内的排序、相邻数、单双数和分解组成。 2. 发展对数的理解能力。
	文具商店	文具图片（铅笔、橡皮、尺子、卷笔刀等）；文具店价位表；10 元、5 元、1 元面值的纸币卡片；10 元购物清单任务卡。	幼儿两人一组，每人一张 10 元购物清单任务卡，观察文具商店的价目表，选择购买文具。两人各自把选好的图片贴在自己的购物清单中，然后，互相检查对方是否花费 10 元，再互相说一说自己选择文具的理由。	1. 掌握常见学习用具的名称及用途。 2. 练习 10 的分解组合和加减法。

（续表）

区域	名称	材料	玩法	价值
科学区	自制指南针	双面胶、圆环形磁铁、木棒、纸卡、实验托盘、清水、红色颜料。	幼儿先将托盘放在没有铁金属干扰的地方，然后往托盘里倒上清水。在木棒正中间粘一圈双面胶，将圆环形磁铁穿进木棒后固定在双面胶处，再将磁铁用双面胶粘在纸板上，给木棒的一端涂上红色。最后，将纸板放进水中，木棒自由旋转，停止后幼儿观察所指方向。	1. 知道指南针的作用和制作原理。 2. 体验用磁铁进行科技小制作的乐趣。
	提取指纹	白纸、胶带、剪刀、铅笔、玻璃杯、放大镜；各种类型指纹图片。	幼儿在白纸上，用铅笔连续涂画出比手指大的轮廓，用一个手指按压在铅笔涂画的位置。手指抬起后再将其按压到玻璃杯上，再用胶带粘贴在刚刚手指按压玻璃杯的位置，就可拓印出留在玻璃杯上的指纹，可用放大镜观察，通过比对从指纹类型图中找出自己的指纹类型。	1. 认识不同的指纹，了解每个人的指纹是独一无二的。 2. 产生对指纹的探究兴趣。
操作区	小工匠	四种大小长短的螺丝若干、盒子；四周有洞的各种形状的木板若干；螺丝刀、螺丝刀使用示意图；扳手、扳手使用示意图；幼儿用的钉子、儿童锤子。	1. 幼儿选取一块木板，找出与木板上洞大小合适的螺丝或钉子，按照螺丝刀使用示意图，把螺丝拧到木板上，再按照扳手使用示意图，把螺丝从木板上拧下来，放回盒子里，也可用锤子把钉子砸进洞里。 2. 幼儿从木板中挑选出自己喜欢的形状，根据木板上洞的大小选择合适的螺丝、钉子，再用螺丝刀或锤子将几块木板组合在一起，拼出各种造型。	1. 了解螺丝刀、扳手和锤子的用法并练习使用。 2. 愿意在游戏中观察、思考，尝试发现不同的玩法。
美工区	神奇蓝白染	方形白棉布；三角形、五角星形、方形木块；铁夹子；靛蓝染液；水盆；皮筋；抹布；一次性手套。	幼儿将方形白棉布浸湿后对边折两次，折成正方形，取其中一角向上对角折，另一边做同样对角折后，自主选择图形木块放在固定位置，用夹子将木块固定，再将三角形的顶部用皮筋打结扎紧，浸染靛蓝染液，静置十分钟后取出打开。	1. 学习扎染中的折叠方法，运用夹板折叠法和捆扎法进行艺术创作。 2. 感受传统蓝白染的艺术效果。
	换装变色龙	大小相同的圆形白纸（用铅笔画线分成大小相同的六块）、刮画纸各一张；海绵印章、颜料；棉签；会动的眼睛贴片；两脚钉；刮画用笔。	幼儿首先用海绵印章蘸颜料在圆形纸的每一块上有规律的点上不同的颜色，再用棉签在颜色交接的部分点一点，将颜色进行融合，接着在刮画纸上抠出变色龙的造型，并用刮画笔在变色龙周边刮出丛林里的场景，再帮变色龙贴上眼睛，然后用两脚钉将刮画纸与颜色纸在中间固定好，转动起来，变色龙就能随周围环境变换颜色了。	1. 知道变色龙的肤色会随周围环境、温度和心情而变化的特点。 2. 感受刮画绚丽的绘画效果。
	益智转盘	一次性纸盘2个、彩色卡纸、水彩笔、剪刀、棉签、超轻黏土；制作步骤图。	幼儿将一个完整的纸盘和剪成小圆的纸盘合并到一起作为转盘，再将卡纸剪成有两个洞的三角形，与纸盘做的转盘叠加在一起，用棉签和超轻黏土将三者固定，最后在双层转盘边缘都写上1～10的数字，任意转到哪两个数字上，就可以进行加法计算。	1. 学习用多种工具和材料自制玩具，发展手指灵活性。 2. 体验玩自制玩具的乐趣。
建构区	叠叠高	废旧纸杯、纸牌若干；纸牌的高塔搭建图片、纸杯的高塔搭建图片。	1. 幼儿两人一组，观察纸杯和纸牌高塔搭建图片，分别选择纸杯或纸牌搭建高塔，比赛看谁搭的高塔层数多。 2. 幼儿两人合作，选择纸杯或纸牌，探索并商量搭高的方法，合作搭建起比自己身高还要高的高塔。	1. 探索稳固垒高搭建的方法。 2. 感受与同伴合作搭建的快乐。

【户外运动活动建议】

1. 户外活动时可组织幼儿玩一些动脑思考的游戏，如：两人三足、反向拉牛、沙包游戏、打地鼠、过电网等对战类及竞技类的运动游戏。

2. 在运动游戏中，可加入与数学中数量关系、10以内加减运算有关的游戏环节。

3. 鼓励幼儿在户外运动时根据现有的器械材料，自创单人及多人的新玩法。

4. 运动区游戏时，鼓励幼儿协同合作，动脑动手将不同的运动器械进行组合，摆放出新的游戏区域。

5. 在幼儿做团体操时，提示幼儿根据体操音乐旋律的变化和教师的哨声快速找到变换队形后的位置。

【日常生活活动建议】

1. 早入园后，自主观察植物角中水培和土培的植物，观察记录并比较其生长变化的不同。

2. 提醒幼儿关注每天的天气情况，及时更换天气预报栏中的内容。

3. 提示幼儿将产生的生活垃圾分类投放到垃圾分类箱中。

4. 当幼儿之间发生矛盾或冲突时，鼓励幼儿自己想办法解决问题。

5. 饭后散步时，带领幼儿玩逻辑思维小游戏，如脑筋急转弯、谜语猜猜看、我是小侦探等。

【环境创设】

1. 展示迷宫、数独、益智连线等动脑趣味小游戏玩法图片。

2. 展示幼儿创作的炫彩扎染作品。

3. 将有保护色的动物图片及相关知识粘贴在主题墙上。

4. 将幼儿做科学实验或探究活动时的照片粘贴在主题墙上。

5. 展示幼儿使用各种工具的照片。

【家园共育】

1. 建议家长每天晚上固定的时间和孩子玩一些益智亲子游戏，如下棋、扑克游戏、拼图、魔方等，锻炼孩子的思维能力、反应能力及专注力，促进亲子之间的互动。

2. 家长可以和孩子一起做一些科学小实验，如火山喷发、点水成冰、层流现象等，增强孩子对科学探究的兴趣，鼓励孩子去寻找更多的新奇有趣的事物，并与孩子一起寻找问题的答案。

【社会实践】

参观科技馆

◎活动目标

1. 乐于动手动脑参与、体验科技馆中的科学实验活动，感受现代科技的神奇。

2. 了解科技馆的场馆布局，学习制定参观路线，懂得遵守场馆的规定。

3. 体验探究、发现的快乐，增强对科学的探索欲望。

◎活动建议

1. 家长和幼儿共同商议，确定要去的科技馆的地址、名称及具体时间。

2. 家长带幼儿一起搜集将要参观的科技馆内的主要展厅及包含的主要科学现象，共同制定参观路线。

3. 教师和家长要对幼儿进行外出安全及规则教育，如进入场馆后，保证在家长的视线范围内参与活动，不能远离；参与探究活动时，能遵守科技馆的规定，爱护馆内公物。

4. 到达科技馆后，请幼儿按照事先制定的参观路线有序参观。提示幼儿参观时认真倾听讲解，不大声喧哗。鼓励幼儿积极参加喜欢的科学探究活动，并为幼儿进行拍照或录像记录下来。

5. 参观结束后，家长与幼儿交流今天的见闻，并鼓励幼儿用画图记日记的方式进行记录。

【发展评估】

“乐于动脑”好习惯养成幼儿家长评价表

宝贝们，经过一个月的时间，你养成“乐于动脑”的好习惯了吗？现在请你和爸爸妈妈一起玩一个问答小游戏。

班级：　　　　幼儿姓名：

评价内容	评价结果
1. 你会玩猜队员游戏吗？说一说你是怎样猜到自己的数字的。	☺☺☺☺
2. 请你说一说野外迷路了应该怎么办？你能说出几种办法？	☺☺☺☺
3. 你听过故事《向“0”敬个礼》吗？请你说一说数字为什么要向“0”敬礼。	☺☺☺☺
4. 请你说一说哪些动物有保护色，它们是怎样保护自己的？	☺☺☺☺
5. 你知道什么是扎染吗？请你说一说扎染的主要流程。	☺☺☺☺
6. 请你讲一讲黑猫先生和白猫先生的故事，说一说你更喜欢哪只猫的做法，为什么。	☺☺☺☺
7. 请你说一说黑猫警长是怎样破获盗窃案的。	☺☺☺☺
8. 你会玩凑数游戏吗？请你说一说 9 的凑数方法吧！	☺☺☺☺

爸爸妈妈们请在沟通中对孩子的行为作出正确的评价，指导孩子用彩笔为自己的好习惯作出不

同等级的笑脸评价。

评价标准：非常好 4　好 3　一般 2　差 1

“乐于动脑”好习惯养成教师评价表

班级：　　　　　幼儿姓名：　　　　　　　教师姓名：

目标	评价结果			
	4	3	2	1
1. 能动手、动脑寻找问题的答案，会用一定的方法验证自己的猜测。				
2. 会用数学的方法解决生活中的问题。				
3. 能说出三种以上防止在野外迷路的方法。				
4. 能讲述故事《向“0”敬个礼》，会用排除法进行提问。				
5. 能清楚地讲述故事《艾玛捉迷藏》，说出三种以上有保护色的动物名称。				
6. 知道扎染的制作流程，会用简单的方法扎染手绢。				
7. 能讲述故事《喜欢用工具的猫和不喜欢用工具的猫》的主要内容，说出五种故事中白猫先生使用过的工具。				
8. 与他人讨论问题时，能清楚连贯地表达自己的观点。				
9. 能通过观察、比较发现事物之间的联系。				
10. 会玩凑数游戏，能熟练进行 10 以内的加减运算。				

评价标准：非常好 4　好 3　一般 2　差 1